吴祚来文集

当代中国政治批判

吴祚来 著

加拿大国际出版社

书名：当代中国政治批判

作者：吴祚来

出版：加拿大国际出版社 www.intlpressca.com

Email: service@intlpressca.com

2024 年 1 月加拿大第一版

2024 年 1 月第一次印刷

印刷版国际书号 ISBN: 978-1-990872-54-9

9 781990 872549

电子版国际书号 ISBN: 978-1-990872-55-6

Title: Contemporary Political Critique of China

Author: Zuolai Wu

Published by: Canada International Press

Website: www.intlpressca.com

Email: service@intlpressca.com

First Edition in Canada, January 2024

First Printing, January 2024

Printed Edition ISBN: 978-1-990872-54-9

E-Book ISBN: 978-1-990872-55-6

作者简介

吴祚来：著名政论家、专栏作家、文化学者，价值主义者。原中国艺术研究院学者，《文艺理论与批评》杂志社社长，现居美国。

他成长于文革时代，经历了改革时代，既全程参与了八九民

本书作者肖像油画，萧亮 作

主运动，六四最后一批撤离广场，又是零八宪章的第一批签署者，并因此被撤职，他既获得过网络公民（2007年度）荣誉称号，还被海外内民间机构多次评为华人百名公共知识分子，他以上千篇博客文章，数以亿计的点击率，而成为有影响力的网络公知大V，他还因言获罪，在茉莉花运动中两次被北京警方非法拘审，接受过美国之音、自由亚洲、德国之声、中华民国中央台（台湾）等上百次访谈，专栏文章见诸中国与海外主流媒体三百多篇，

见于：新京报、南方都市报，南方周末、中国青年报、东方早报、人民日报、新华网、中国青年报、环球时报 、德国之声、BBC 中文、风传媒、（台湾）中央广播电台、法广中文、CNN 中文、动向杂志 、新世纪杂志、苹果日报（香港）、东方日报。

另有编著十余种：

主编《中国旅游文化大辞典》（1994，江西美术出版社）

主编《中国青少年年鉴》（1994-1996）（分别由人民出版社、中国青年出版社出版）

编著《阅读奥林匹克（古代卷）（上、下）》（2007，江西美术出版社）

《文化是一条河流》（2008 年，东方出版社）

《写给自己孩子的新寓言》（2009,江西美术出版社）

《中国古典艺术观照：气韵流淌的性灵之美》（2009，广东人民出版社）

《通向公民社会的梯子：准公民社会我们的人文思考》（2010，华龄出版社）

《孔子学堂》（2011，二十一世纪出版社）（译成韩文出版）

三种中国传统文化读本在法国出版（说儒、说佛、说道）

《我们要往何处去：价值主义与人文关怀》（2013 年，新星出版社）

　　《雅典学堂·古希腊智慧》（2013 年，二十一世纪出
版社）
合著《左祸中国　百年国殇》（2023 年台湾渠成文化出
版）

目录

序篇　　百年中国政治大批判

上篇　　综论：百年中国政治宏观十论：

一、革命破坏了共和

清末以降的百年中国政治史，皆革命史：是革命破坏共和史，也是一部革命输入与革命输出史；

是民族革命、国民革命、共产革命、政治革命史、也是文化革命、社会革命史，是一部革命领袖成功史，革命人民牺牲史。

清末以降的中国革命，最终结果是中华文明失败、人民共和国失败。

不断升级的革命破坏了现代共和国，也破坏了古典传统的中华共和文明。

二、非法的革命与革命家

非法的革命：较之古代中国的古典革命，孙中山、毛泽东主导的现当代中国革命皆是非法的，既不上承天命，亦不由人民赋权，是外来的革命，是没有责任与道德的革命，更为灾难性的是，相对于古典革命的有限性，现当代的革命是无限的，不断升级，从民族革命到国民革命，从共产革命到灵魂深处闹革命，革命变成宗教，变成邪教。

革命成为一种职业，这在人类历史是极为罕见，共产革命家既不生产劳动，也不经营企业，在革命的政治正确旗帜下，剥夺与侵犯私人财产侵犯人权，他们破坏无数家庭，然后建构革命大家庭，成为革命人类，由于整个社会秩序被破坏，革命人只能依赖革命大家庭生存生活，革命人类以拯救人类、解放人类的名义，反人类侵人权，重建的是红色氏族奴隶社会。

三、革命的道统与法统：

非法的革命却成为道路、成为正义、成为法律，革命因此成为道统与法统，国共两党将反革命设立为第一宗罪，数以百千万计的人因此成为反革命，被迫害与消灭；

升级版本的共产革命开天辟地，从天空到大地，从制度到文化，从风俗衣着到人性心灵，均按照马克思理论与苏联模式，进行了编程设置，革命的动力是通过分裂人民，制造斗争，获得资源与动力。

四、革命罪人：

依据『天下有罪、罪在一人』的政治伦理原则，百年中国共和政治的失败，第一罪人是孙中山，第二罪人是毛泽东，孙中山的民族革命破坏了清末君主立宪进程，孙中山联俄联共，颠覆了中华民国（北洋共和时代）；毛泽东则在苏联援助下颠覆了中华民国（国民政府），又颠覆了中华人民共和国，败坏、毁弃了中华传统文明。

文化革命的罪人：新文化运动左翼与文化大革命一脉相系，毁弃中华文明从新文化运动开始，第一罪人是鲁迅，第二罪人是毛泽东。新文化运动开始打倒孔家店、污名化中华传统，文化大革命则对孔子遗产从物质遗产到精神遗产进行全面毁弃，二千年中华文明人文道德价值由孔子儒家奠定，倒孔毁儒就是终结中华文明。

五、近代史与辛亥革命叙事：

将中国近代史叙述为大清屈辱史，中国受西方列强入侵史，是单面历史主义也是历史虚无主义，1840 年一声炮响，给大清中国带来的是近现代西方文明，大清朝廷蒙昧落后，但从林则徐到曾国藩、李鸿章、康有为、梁启超这一批儒家政治精英向西方学习，与列强博弈与战争、合作与互利，实现了三大革命：工业与商业市场观念的革命，大清中国融入世界贸易市场；认知革命，从天下观念到世界观念，天朝天下朝贡体系被废除，大清变成了中国（China），最重要的是大清中国开启了政治革命，预备立宪是一场伟大的自我革命。

武昌兵变终结了大清预备立宪进程，而北洋军政力量主导了建立中华民国的光荣革命，北洋力量、革命力量、地方立宪力量、儒家政治精英、工商维权力量，以及英美列强中立、大清朝廷逊位，这些力量共同完成了伟大的光荣革命，才有中华民主成立，将武昌兵变书写成辛亥革命，是国民党公然篡夺光荣革命的伟大成果。

1912 年的中华民国是多重力量形成共识、共构共建的成果，而北洋主导的中华民国被摧毁，则是孙中山国民党主导完成的。

六、世界决定中国：

近现代是英国主义与英国主导的世界秩序，建构英联邦与国际自由化市场；

现当代，美国主义与美国主导的世界秩序，美国联邦主导建构了国联-联合国，决定了二战后的国际秩序；平等世界里，苏联主义与苏联建构的世界秩序，苏维埃联邦，国际共运致力于在全世界推广苏联政治模式。

英国没有宏大的政治『理想』，英国保守主义不仅保守了本国的君主制，对外也保守了大清帝国基本政制，英国要追求的是通过自由贸易获得利益，自由是权，经济是利，所谓第一次鸦片战争，实则是捍卫自由贸易与保护私有财产战争，所谓第二次鸦片战争，始于捍卫被大清侵犯的人权，同时解决大清不兑现第一次鸦片战争后签署的契约。英国所有的努力都是要大清进入到现代资本主义文明规则之中，共享市场自由带来的和平共荣，英国、列强与大清中国形成国际平衡生态，因平衡而产生共和，某种意义上，预备立宪与中华民国皆是 1840 年南海上一声炮响带来的政治成果，也是英国的政治上的保守主义、经济上的自由贸易主义（资本实利主义）、国家战略的国际平衡主义带来的。

两次鸦片战争，英国用炮火表达了国家政治观点：自由贸易与私有财产保持，高于政府主权，人权高于国家主权。

相比之下，美国确立了民族国家主权独立之后，没有英国这样的直接方式与表达，美国是通过联合国的『民主』决策进行国际干预，所以英国时代，利于中国政治转型与融入世界，而美国的民族国家主权原则，则保护了独裁国家侵犯人权甚至发动战争无法受到制约与惩罚，美国实质上保护了非法独裁政权的安全。

一战后即 1919 年巴黎和会，美国开始重塑世界，美国始于威尔逊的民族国家独立的普世理想主义，给中国一代知识精英与年轻人带来的理想也带来破灭，五四事件（不是『运动』）是中国一代青年与左翼知识精英告别美国理想主义，异入到苏联革命理想主义的分水岭。美国对华影响，始于 1919 年的普世理想，经过二战联俄联共，终于 1949 年的国家实用主义，背弃盟友中华民国，听任苏联支持中共夺取中国大陆，赤化的大洪水淹没了大东亚中华文明圈。

美国主导世界秩序的时代，二战后直接干预中国政治进程的时间，但最终结果却事与愿违。不想改革大清政治的英国在事实上促成了大清政治转型与升级，想亲手促成中国政治共和的美国，最终却使中国沦陷到共产世界。因为美国打破了中国的东亚的日俄中三国政治平衡，又在中国需要美国作为对抗苏联政治军事干预、平衡大国关系时撤离中国。英国影响大清中国的时代，因为有利益在其中，所以成为维系政治平衡的一极力量，美国在二战过程中需要中国合作，所以维系了中国政治平衡，二战结束后，美国的国家实用主义决定了不会为中国人民的理想卖单，英美对中国的影响差异性因此判若云泥。

　　所以，现当代中国的国运是世界决定的，而非中国文化或中国人民决定与选择。

　　中国沦入苏联主导的世界秩序中，苏联一面是马克思主义共产理想，另一面则是俄罗斯大国沙文主义，它帮助孙中山推翻了中华民国，又帮助共产党颠覆国民政府，真正决定现当代中国政治命运、给中国带来无尽灾难的，是共产国际、苏联。

七、现代史与五四叙事：

　　『五四新文化运动』作为一个历史概念是混乱的、错误的，新文化运动是告别旧文化的运动，左翼使其成为污名化丑化中华传统的文化政治化运动，而五四则是一代新知识青年、学生以爱国的名义（要求收回山东主权），试图影响国际会议结果的示威游行，同时出现了侵犯人权与私产的暴力行为，五四本是一起事件，它的划时代意义是，后续一系列的政治性运动，与五四事件一样都以政治正确的爱国为旗帜，反政府、反西方，背后是国共两党操控，完全符合苏联的政治需要，致力于推翻北洋政府，使英美西方势力退出中国，为苏联的政治代理人控制中国清场，新文化运动左翼鲁迅们的使命是清除中华传统文化，为共产左翼文化进入清场。

　　中共主流历史将 1919 年五四事件当成现代史的开端，他们对五四有深刻的认知。五四开启了政治正确，就可以暴力对待一切异己力量，政治正确高于人权与私有财产权。如此推演，文化大革命，是新文化运动与五四事件的升级版本，它们共同遵循一个逻辑，政治运动可以无法无天，只要政治正确，革命群众就可以直接侵犯异己者的人权与私权。

八、中华人民共和国是谁建立的：

中华人民共和国是由中共主导建构的，民主党派、主流社会民意因为认同中共在延安宣传的民主宪政理念，才支持中共建政，才愿意与中共一起通过新政治协商形成建国大纲，成立主权在民的新中国政权。也就是说，中华人民共和国成立的不是党国，主权在民。中华人民共和国不是由毛泽东缔造的，最终却是由毛泽东主导解构的。

九、党内共和时代与所谓的改革开放叙事：

华国锋联合党内力量终结文革，这是伟大的历史壮举，弱领袖开启党内共和时代，华让毛泽东迫害的群体进入政治平台，才有所谓的改革开放，改革开放一词被无限做大，做成了邓小平的伟业，既是对华国锋不公，也是对安徽小岗村民、深圳农民、还是对无数致力于改变的体制内外的人们不公。改革开放，只是新洋务运动与新修正主义的混合，成也邓小平的开放，败也邓小平的改革，没有政治领域、只有经济领域的改革与开放，党国泡沫式崛起、虚假繁荣已成为巨大陷阱、无边的沼泽。

十、习近平面临弑父选择，关系国运与人类和平：

中国政治进入习近平时代，习终结了华国锋开启的党内寡头共和时代，也终结了功败各半的经济领域的改革开放。

未来十年，习面临弑父选择：是弑生身之父、尊重自由法制的习仲勋，还是弑独裁专政的毛泽东，一条路继续在党国的绝路上夺命狂奔直到苏联式崩溃，一条路则是恢复真正的中华人民共和国，还人民以政治主权，通过公开的直选政协与人大代表，通过宪政民主实现共和。

中共真正的自我革命，就是革除马克思主义赋予中国人实现共产主义的神圣使命，国家的目的不是实现外来乌托邦思想赋予的使命，而是保障人民政治与经济权利。自我革命就是告别共产革命、终结党国，实现共和。

下篇　　　批判书：百年党国政治领袖大批判

一、孙中山批判

1、孙中山六大罪错

清末以降的中国政治第一罪人是孙中山。

孙中山的第一罪错是倡导民族革命，致力于破坏大清中国预备立宪进程；

第二罪错是通过联俄联共，联合苏联在华的政治代理人，终结了北洋主导建构的中华民国政权、使苏联的代理人中共在中国做大，并成立了国中之国，导致中国分裂；

第三罪错是缔造了党国政治模式，使宪政共和政治更为遥远无期；

第四罪错是利用会党手段，搞革命恐怖主义；

第五罪错是革命被美化、正义化，革命成为道路、成为法则，政治问题暴力革命手段解决，用革命者的生命，去实现自己的政治目的，革命家作为一种政治身份、一个群体由孙中山开始形成。

第六宗罪是通过辛亥革命叙事，篡夺了北洋主导的光荣革命成果，国共两党主导的辛亥革命叙事导致民国开国纪念日成为武昌兵变的时间，孙中山成为中华民国之父，这是公然的篡夺光荣革命的成果。

2、非法的革命两次破坏了宪政共和进程：

孙中山发动的两次大革命都是非法的，清末十年大清开启政治改革，其预备立宪是伟大的自我革命，也是低成本的政治转型，

孙中山视而不见，穷尽一切手段，利用一切海外华人或国际资源，致力于破坏预备立宪进程，用革命恐怖主义、流血革命去实现民族革命理想主义，喊出的口号是元末农民起义的口号（『驱逐鞑虏、恢复中华』），认同邹容的《革命军》的民族革命复仇。武昌兵变引发民族间仇杀，结果必然是破坏中华多民族共和，幸运的是，北洋等不同的家政力量遏止了民族革命，通过政治谈判与妥协，使其成为伟大的光荣革命。

北洋政府致力于共和，孙中山则一直致力于革命，用革命的军事手段解决遇到的重大政治问题，或者应该由法律动次解决的问题（宋教仁遇刺案）。他是革命理想主义，又是革命机会主义，但永远不不是真诚的共和主义者，他的革命理想本质是由他自己的党派、并由他本人主政，才能实现理想。推翻大清时，他驱逐鞑虏，大清逊位之后，他又主张五族共和。在南方成立临时政府，他主张总统制，当权力移交袁世凯，他主张内阁制，北洋政权被颠覆之后，他却主张三步走：军政、训政、宪政，为什么不支持北洋政府『三步走』？

颠覆共和的国民革命遇到了苏联的全力支持，用国民革

命破坏共和，建立党国一体的军政权。引发的后果是共产党的党员百倍增长遍及中国，很快就建立了军队、作为共产国际代理人建立中华苏维埃共和国。北洋时代尚有春秋大义，而北伐之后的中国，成为苏联、日本逐鹿之地，中日俄三国杀，使中国进入社会达尔文主义的战国生态，最终是没有道德人伦底线、利用外国力量的政治力量才能胜出。

3、党国领袖专制，革命成为道统与法统

孙中山 1914 年创立的中华革命党，为国共两党确立了革命党的宗法：一个党、一个领袖的党国模式、革命主义是信仰（革命教）、党内无民主自由、绝对服从领袖（领袖极权）。

从清末到民国，孙中山制造了一系列革命起义与战争、激化了冲突，进而使国内政治成为国际代理人的政治，国家陷入动乱与危机，革命家不断升级革命手段，来挽救危机，最终的结果是一切都为了保卫党国、捍卫领袖威权，共和精神与共和国破产。

蒋介石继承的国民党党国，告别了苏联模式，接受了美国政治理念，最终在台湾被转型到宪政民主制度；共产党的党国由毛泽东缔造，文革后失败，又由习近平成功复辟。党国模式是战时共产主义集权模式，只有战时状态才有合法性，所以国民党政府在台湾一直保持戒严，而共产党政权与西方文明世界、与台湾甚至与大陆人民保持战时状态。

革命成为宗教，也成为战争、运动，革命家成为拯救者，革命领袖成为教主，可以说，孙中山开启的革命，既是

无限革命，也是外源性革命，是外国力量支持或全力援助的革命，外力支持的革命与外国需要的政治运动，使现代中国发生的战争成为外国代理人在华的战争，外国力量的平衡与失衡，决定中国命运。

4、孙中山的罪错，皆因无知而导致：

孙中山的革命理想主义是因为无知：对中华传统无知、对共和无知，对革命无知，对宪政无知，对国际形势与中国时局无知。革命家只讲革命，不讲道德与底线，更不承担革命后果与责任。

孙中山无知于中华民族：中华是孔子儒家定义与主导缔造的，凡遵守儒家礼制教义的，就是华，华即文明，凡尊孔子、继承尧舜王道传统，敬天爱民，即具统治的合法性，满清统治不比明朝汉人朝代更廉明勤政。孙中山不懂得，孔子儒家现世理性已然解决了西方世界主要冲突与战争的民族与宗教问题，中华文明人文道德精神包容了异族异教，孙中山山『驱逐鞑虏』的口号，破坏的正是多民族共和，唯我汉人才才统治中国，孙中山不知道，刘邦的汉朝是因为儒化，接受道家与儒家政治理念，才有汉朝文明，后世任何一个异族只要接受儒道政治理念，就是中华共同体的一员。

孙中山无知于共和：中国古代政治是致力于共和的政治，尧舜之道是共生共和之道，追求天人之和、朝野之和、华夷之和、人与人之和，如何实现共和？分道政治与礼制，君臣各守其道，礼制高于法制，现代共和则是分权政治，三权分立，通过不同阶级不同党派之间的政治博弈，来实现权力制衡，孙中山的宪政只为限制对手政治权力，而且用一党力量、一党立法、一党标准来实现『共和』，英美的大宪章、联邦宪法不是军政府或革命党人确立的，中国革命导致立法与执法、行政均由革命党人主导完成，这就注定了它只利于革命党与革命领袖，而不利于共和制度的确立，多重政治力量的平衡，才能带来共和。

宪政共和不仅是权力分立，更重要的还有联邦分权分治，无论是权力制约不成功还是应对地方独立，孙中山都是祭出革命战争方式来解决，古典共和政治讲『为政不杀』，现代共和必须告别革命思维，不用革命与暴力手段解决政治问题。

孙中山无知于宪政：宪政是不同的政治力量间的平衡，英国大宪章、英国确立君宪制度，都不致力于推翻帝制，保守王位或荣誉性王位，不仅使传统人文道德得以维系，还使不同的权力纷争时有一个调节器，使王权在政治力量平衡中发挥作用体现英国保守主义智慧，而英国政治成功是政治平衡精神带来的。

美国宪政联邦制第一步是政治精英立宪，形成宪政共识，第二是各州认可，形成联邦共识，同时有联邦党人系列论文促成宪法与联邦的共识的契合，成为整个社会的共识，使宪法变成宪制、宪制可实施为宪政。这是一个高智慧、高道德、高协作与妥协的过程，而中华民国只有共和观念，立宪与宪制都缺共识，不断的立宪不断的改制，这个过程导致分裂。

孙中山的革命不断制造失衡，导致不断的革命与战争；

是革命制造了家国危机，革命家又扮演家国灾难的拯救者、大救星。

孙中山也无知于革命：中国古典革命是汤武革命，革除天命，然后开启人文道德之治，孙中山全然不懂得英美革命与法国大革命、俄国大革命的区别，也不考量政治成本与革命政治后果：孙中山的民族革命不考虑种族仇杀的后果，只致力于颠覆，孙中山的二次革命不考虑对共和制的破坏，只考虑用革命党来拯救国家危亡，孙中山的国民革命、北伐战争，更不考虑联俄联共的灾难性后果，只要有外来经费，他就可以配给革命人民成为牺牲品，献祭革命之神。

5、孙中山不考量革命成本与生命代价：

建构共和是一个和平工程，制造革命是一项牺牲工程，建造共和工程，没有孙中山的领袖位置，制造革命的项目，孙中山只要能在海外运作到经费，购买武器与并获取勇于牺牲的生命，就可以一次次地革命，直到获得更大的投资更多的革命者卷入项目，实现革命理想。

清末民初的政治转型，可分为低成本、中成本与高成本：大清君主立宪是低成本，低代价的政治转型，传统精英在各地参政议政，进入世界贸易体系中的国家经济可以支撑君宪政治体制。

北洋中华民国政治则是中成本政治，议员与政府行政、军事长期无法得到经济保障，政府依赖借款，政治必然受制于外国政府，革命力量的不合作、不断重启战争，导致增加军事经费，特别是南方革命党的分裂导致军阀割据，税收被军阀收割，政府只有责任不再有经济力量支撑，而联俄联共的国民革命力量却获得了苏联的支持，中成本的政治转型失败；

中日俄三国杀是孙中山革命导致的，国民政府又以民族危亡的拯救者通过战时集权，一手剿共，一手抗日，一直到二战后立宪行宪，是高成本高代价的宪政转型。

共产党建党建政，是无限成本的政治转型，以数千万国人牺牲为代价，无可估量的社会成本，共产党推翻国民党主导的政府，不过重复了国民党推翻北洋民国政府一样的故事，得苏联支持，联合民主党派，更理想的政治追求，更无底线的战争与权术，结果呢，建立的中华人民共和国，是更专制、无人性的革命党国，中国人民为此付出无限的生命为代价。

我们看到，从清末预备立宪，到北洋民国立宪、国民党立宪再到共产党主导的宪政民主共和制度，革命一次次升级，共和一次次被败坏，成本与代价一次次提升，革命越理想，共和越遥远，成本越增高，代价越巨大。结果不是不仅得到了假共和，还毁弃了传统中华文明。

孙中山的革命，口号是农民起义与法国大革命口号的混合，获取革命启动资金靠不断的筹集或借力，毛泽东的革命则是农民起义加马克思主义中国化，孙中山制造了国家分裂，毛泽东则通过马克思主义的阶级斗争，分裂人民，通过打土豪分田地获得可持续的革命经费与革命力量。毛泽东在革命理想上高于孙中山，而在革命手段、突破人伦道德，则低于孙中山、蒋介石。

　　孙中山的革命因为无知而无畏，毛泽东的革命，则是对中国历史社会、国际与地缘政治。甚至对人性有深刻的认知。

二、毛泽东批判

1、毛泽东颠覆两期民主共和国

　　与孙中山一样，毛泽东也颠覆了两期共和国，建构了个人主导的党国，一个党、一个领袖、一个国家，才是孙中山与毛泽东的理想国。

　　毛泽东不仅颠覆了中华民国，还颠覆了通过新政治协商会议共建的中华人民共和国，延安的中共只有联合民主党派建国，在当时才具有合法性，既能在政治上夺得话语权，符合人民意愿、获得民主党派、社会各界的支持，又能获得美国的中立不干预，『新中国』建国纲领上写的是人民民主专政，而非党领导下的人民民主专政，中共建政之后一步步使政治协商虚置，成立全国人大由党控制，古有『挟天子以令诸侯』，毛泽东则是以『为人民服务』为幌子，『挟人民以行专政』。

　　虚置政协、党控人民代表大会，使宪章变成一纸虚文，所以毛泽东解构了中华人民共和国。毛泽东的中华人民共和国，毁弃中华，奴役人民，无共和属性，国为党国，实质上是一个红色权贵统治集团压迫剥削中国人民的政治机器。

2、毛泽东的主要罪责：

第一宗罪是颠覆了二战后已立宪、行宪的中华民国；

第二宗罪颠覆了通过新政治协商建立的中华人民共和国；

第三次宗罪是制造了文化大革命十年浩劫、党天下实质上变成了毛个人的天下；

第四宗罪是通过人民公社、集体化剥夺了农民的土地与私营工商经营权，城乡二元制、人民没有迁徙自由等所有自由权利，这是退回到商周文明之前的氏族公社制度，毛泽东将中国变成了帝国形态的红色氏族公社，所有的氏族之上的共主共父是伟大领袖毛泽东，毛泽东背后的四大天尊是马、恩、列、斯。

第五宗罪是终结了中华文明，毛泽东成为秦始皇加马克思，中华文明从器物到人文道德皆被破坏。从秦到明清，只有秦朝不尊尧舜之道（即『道统』），不讲人文道德，突破人伦底线，用严刑酷法（革命恐怖主义）奴役人民，而毛泽东则用马克思主义理想，尊法反儒，美化其制造的人间灾难，通过无限的宣传洗脑，使整个国家陷入红色宗教迷狂状态；

第六宗罪是赤化了泛中华文明圈，使大东亚陷入共产灾难之中，造成数以千万计的生命被迫害与非正常死亡，毛泽东向亚非拉输出革命与援助，倾国家财力劳民伤财，建构第三世界，与美苏两大政治集团抗衡。

毛泽东的革命胜利史就是中华民国、中华民族的失败史。毛泽东的共产革命，摧毁了中国古代共和传统与现代共和制度。

毛泽东说他一生干了两件大事，一是推翻了蒋介石政府，二是发动了文化大革命。推翻国民党政权，建立了更为专制的党国，终结了民主宪政的共和国，中国失去现代政治文明，异入到共产主义世界；而文化大革命，表面上看是颠覆了党内走资本主义道路的司令部，终止了修正主义，其实是几乎完全毁弃了中华传统文明、几乎灭绝了中国知识精英与财富精英，造就一代（以习近平为代表的）毛泽东的革命传人。

3、毛泽东的两个『坚持』

毛泽东政治生命体现在两个坚持：坚持社会主义道路，坚持个人独裁。只有坚持个人独裁才能坚持走社会主义道路，只有走社会主义道路，才能实现个人独裁。可以说中共建政后，毛泽东的重大政治运动与不惜一切代价、不择一切手段的镇压与迫害，都是为了两个坚持。

人民公社、大跃进、大炼钢铁是为了建设社会主义，造成大饥荒也在所不惜，解构政协、党领导人大，用党国取代共和国、目的都是建设社会主义制度，这是他的革命理想主义，凡是反对他的革命理想、反对走社会主义道路的他都会遇佛灭佛，遇人杀人，以此确立个人绝对威权。

反右，是因为民主党派、知识精英反党、反社会主义，当然也反对个人崇拜；

与苏联决裂，因为苏联新一代领导人揭露了斯大林专制与个人崇拜，开始搞修正主义，并批评毛泽东的社会主义路线，所以毛泽东开始重塑共产主义世界秩序，建立第三世界；

文革，毛泽东是动用了最底层人民的力量，号召人民造反，融合了新文化运动、五四事件的学生运动、延安整风、镇压反革命与反右运动方式，全方位对党国政治体系进行全面清理，炮打另一个司令部，反修正主义，反党内走资本主义道路当权派，捍卫的还是社会主义、确立神圣不可侵犯的领袖崇拜，毛泽东升级到神格之位。

人们总是追问，毛泽东为什么反右，为什么与苏联决裂，为什么搞文革？背后都是因为毛泽东的两个坚持，坚持一条革命理想主义道路，坚持个人极权。而修正主义不仅修正社会主义道路、反个人崇拜，实行党内甚至国内与资本主义共存共和，违背了毛泽东的两个坚持。

毛泽东主导的革命每一次成功，对中国人民与中华文明都是非法的，都是背叛祖国与人民的犯罪：参与成立中国共产党，是国际共产主义运动的一个分支，从思想到组织、从经费到政治顾问都是外国势力，致力于推翻政权，在全球实现共产主义。从秋收起义到建立苏维埃共和国，建立的军队（红军源于苏联）、发行的货币（印有列宁头像的苏区货币），都是共产国际在中国的政治军事基地的非法行为。

4、毛泽东分裂人民、破坏社会

孙中山的民族革命，分裂民族，国民革命，分裂国家，而毛泽东的革命最大的罪恶是分裂人民，人民被分裂为阶级，是马克思主义的发明，通过阶级斗争生成社会发展动力，代替现当代社会的经济驱动力，经济驱动或利益驱动是和平的、通过资本市场竞争、流通、交易，实现无产者的有产化，而阶级斗争以牺牲人民生命为代价，通过消灭地主富农、消灭新兴的资本主义来实现人类的平等赤贫、平等被奴役、平等被迫害。

中华社会被赤化、革命化、流氓化，既失古代人文道德的共和文明，又没有现代政治文明的普世价值，毛泽东使中国异入到新政治野蛮生态。从造反到造神，中国现当代革命，只有毛泽东获得了最后的胜利，获得神格之位，其他人都是失败者，党国、人民、中华传统文化与文明都失败或被败坏了。

5、政祭合一、祭战合一

马克思的共产革命教，使远古的氏族公社有了理想与精神追求，革命党人通过奉献与牺牲获得生存的意义与光荣，马克思主义确立的大神是『人民』，领袖是大祭司、大主宰（『主宰』就是主持宰杀牺牲品，人民的生命由党主宰），对所有人有生杀予夺之决定权。奉献与牺牲都是为人民，但决定权在大祭司与大主宰。主宰在古代叫皇帝，辅助宰杀牺牲品的叫宰相，在现代中国叫主席 、大祭司叫领袖，宰相叫总理。

祭祀与战争用语在现当代政治用语中大量出现，文字决定文明与时代，返祖性使用商周时代的祭祀语言，说明了文明返祖现象，土地制度返回氏族公社，祭祀则返回到祭战合一的体制。

文革中大量使用敬祝、歌颂，祝颂是远古时代祭战仪式中专用词，通过祝与颂使大祭司（人民领袖）、主宰（党国主席）获得神格的地位，人民神、领袖、党国三位一体，党是救星，主席也是，党是太阳，领袖也是，人民的神位逐渐让渡给了主席，这种让渡是通过歌曲与红色歌舞仪式来完成的，从延安唱响《东方红》，到文革前学习雷锋、东方红舞蹈史诗，再到文革时代的忠字舞、红宝书，完成了领袖神的塑造。

从造反到造神，毛泽东文革实质上实行的是『祭战一体』的远古宗教政治战争模式，不断的纪念英雄人物，宣传牺牲奉献精神，生命成为砖瓦、成为工具，生命的意义在于为共产主义的理想国而奉献牺牲。革命教的红太阳升起，以血祭旗也是古老的战时祭礼，革命的红旗是用烈士鲜血染红。革命恐怖主义通过革命教，通过仪式与史诗、祝颂，而具有英雄史诗般的辉煌诗意。

他的思想『战无不胜』，写在新华门墙上，他的形象悬挂在天安门城楼，他的纪念建筑仿照帕特农神庙，矗立在天安门广场上，阻断了古代皇帝祭昊天上帝的神道。

古代君主帝王『祭于郊』，在郊外祭神祭天，这是告别祭政合一的远古政治形式，重视政治的人文道德理性，而中共在天安门广场核心区矗立祭祀建筑，纪念碑纪念的是 1840 年以降（近现代）的反帝反封建英雄，纪念堂纪念的是共产革命导师领袖毛泽东（现当代），两个纪念建筑之外，是南京中山陵，比历代皇帝陵还要雄伟壮观，多少人意识到，三大纪念建筑，是由无数革命先烈的生命鲜血凝聚而成？

应该建成共和大厦的砖石，建成了纪念陵与纪念堂，百年中国政治只是造了两只巍然屹立的神兽，一尊是国共两个党国的共父孙中山，一个是中共党国的缔造者毛泽东。党国只有一个红色基因之子：习近平。

无量头颅无量血，可惜换得假共和。如果将孙中山与毛泽东发动的革命，或者将 1840 年以降的『反帝反封建革命』删除，中华史便和平安宁，共和宪政制度会相对和平地建成。

6、毛泽东有知识有『思想』却开出恶之花

如果说孙中山是因为『无知』，才不断革命，成功地破坏了两次共和制度确立的进程，而毛泽东却因为『有知识、有思想』，使中共革命获得了『成功』，使共和国彻底失败、使中华传统文明与中国人性被败坏。

毛泽东深谙中国古代权术、深知中国农民天性、懂得知识分子性情、知道当时世界时势、懂得马列主义精义并成功与中国现实相结合。

毛泽东熟读二十四史，深谙古代宫廷内斗权术，所以在党内斗争中立于不败之地；

毛泽东将共产国际的城市斗争转到农村，用农民起义的方式，剥夺地方财富精英的财富，征召流氓无产的农民，使红色恐怖基地迅速做大；

毛泽东参与了新文化运动、知晓五四一代理想青年，懂得利用新文化运动与普世价值口号与理论，使青年一代投奔延安，又使国统区的知识精英与中共建立了统一战线；

　　毛泽东建政之前与建政之后，都能成功利用国际政治与地缘政治的平衡，借力国际力量实现党国政治成功，借力抗日战争成功制造了西安事变，获得合法性，借力苏联并使美国中立，成功推翻了国民政府，利用美苏冷战，又成功进入联合国；

　　毛泽东懂得马克思主义斗争哲学精义，成功利用了阶级斗争，使毛泽东思想战无不胜，又使自己成为共产革命世界中，唯一获得神格地位，至今屹立不倒的革命领袖。

　　毛泽东的革命观念有着极其丰富的来源，既有来自传统法家、秦皇，又有来自马克思的共产主义理念，所以他称自己是秦皇加马克思；毛泽东利用了梁启超的『新民』说，来造就一代社会主义新人；毛泽东还利用农民起义的土匪方式、造反精神，以及新文化运动中的反传统倒孔子、抬鲁迅为革命文化的圣人，只有污名化、黑化传统中国，中共的革命才有合法性，新中国才是光明的中国；毛泽东更是孙中山确立的革命道统与革命法统的唯一继承人，坚定捍卫党国政治模式，一个党一个领袖一个国家。

　　毛泽东对革命理想主义、革命实用主义、革命机会主义、革命恐怖主义运用出神入化，比革命主义者孙中山有过之而无不及，高大上的政治正确与卑下无耻的土匪流氓习性浑然一体，宏大的共产主义理想与他个人极权无法割离，每一次历史机遇期他都能巧妙利用，使共产党的危机化险为夷，而其革命恐怖主义因为革命理想正义、革命道路正确，而被人们漠视，被红旗掩盖，变成正义，成为史诗。由于鼓动人民群众参与，使底层群众既有狂欢、卷入、认同，也产

生敬畏、精神依恋之情，因为共产党所做的一切都是为了
『拯救』家国危难，实现人间的天国梦想。

百多年中国革命，只有孙、毛两个人获得了超世成功，
他们的政治异己，甚至革命同志、革命大家庭、小家庭皆失
败。幸运的是，中华民国在台湾转型到民主宪政的共和之
道，而中共政权仍然在共产之道、社会主义之道上，无法告
别革命。

三、邓江胡三代批判

邓小平之恶是附庸之恶，江泽民之恶，是半附庸半平庸
之恶，胡锦涛之恶是平庸之恶。

华国锋呢？貌似平庸，实则奇崛，他的伟绩，就是及时终
结了万恶的毛泽东文革时代，开启了党内共和，衍生出国内、
国际共和的新时代。是的，直到习近平终结党内共和时代，
都是可以说，所谓的改革开放三四十年，都在伟大的弱势领
袖华国锋宽厚笑容的照亮下，才有百草丰茂、百花盛开。

1、对『改革开放』叙事的批判：

『改革开放』与『辛亥革命』、『五四新文化运动』一
样，都是党国叙事而非基于史实的叙事，这些概念定格了主
流话语叙事，使谎言成为历史。

其一，改革开放只是对中共所犯的罪错的一系列修正或
改变，仅限于经济与生活领域，并没有根子上修正，也就是

没有政治上的改革与开放，共产党无法从本质上进行改革，政治领域不能自由开放，结果必然使华国锋开启的党内共和与社会有限的自由最终全面溃败。

其二、经济领域的改革开放，1860 年代大清朝廷已然开启，共产党为什么将近 120 年之后，还在将改革开放当成伟大光荣的创举？共产党的革命甚至孙中山的革命，是不是都是一场又一场浪费生命制造国殇的闹剧？

其三、华国锋比邓小平的历史意义重大，华国锋终结了文革极端革命政权，开启了党内共和新时代。邓小平主导的党内共和时代是寡头共和、修正主义或新民主主义、新洋务运动的复合，完全没有进入到清末预备立宪的自我革命阶段，也就是说，共产党在政治革命上，无法与大清朝廷比肩。

所谓的改革开放，恢复高考、开放国门，也已由华国锋开始启动，华国锋开启的党内共和尽管没有放弃党的领导，但党内共和仍然使社会拥有了开放度与自由度，使受文革迫害的各界精英返回主场。华国锋政治人格的伟大在于，不致力于擅权专政，不重新制造斗争、迫害异已以谋取个人威权。

不应该将改革开放叙述成邓小平的历史伟绩，新洋务运动是深圳农民与安徽小岗村农民突破旧体制的结果，中共各级政府只是顺应了民意，恢复了基本的人性常识，邓小平只是使改革更快速，他任用了锐意改革的政治精英胡耀邦、赵紫阳等人，又弃之如敝履，邓一直残酷地打压新洋务派精英，反自由化、清除精神污染、镇压八九民运，用『四个坚持』抵制政治改革，没有还权于民、没有还地于农民，使新洋务运动变成对国家对百姓特别是对农民的一次残酷的掠夺，贫富差距更为严重。

2、从枪杆子出政权到枪杆子出核心

对毛泽东的党国来说是枪杆子里面出政权，对毛泽东、邓小平等党国领导人来说，是枪杆子出领袖、出核心，一个党一个领袖或一个核心，由成功控制枪杆子而决定。

华是弱领袖，邓是强核心，弱领袖更能共和，强核心既打压左也打压右，不再搞继续革命，但却在权贵资本主义共同体继续摸石头，永远不过河。回头是岸，可修复政治协商建立的共和国，向前到彼岸，则是军政、训政、宪政三步走的中华民国模式，邓都不走，只在河中摸石头，摸石头有利于自己，有利于红色权贵利益集团，有利于党国的稳定。

正是邓的摸石头不过河，才导致习近平重建党国山头，终结了权贵资本主义的修正路线，一党一国一核心，习掌控了枪杆子，不再党内寡头共和，而是通过集权回归极权政治。

枪杆子里面出政权，是毛泽东井冈山-长征派的政治叙事，它对白区、对大后方的共产党人抢占权力制高点，他是在说共产党的天下是靠自己领导的队伍打下来的，以确立自己威权的至高无上。

华国锋是枪杆子支持下成为党的最高领导人，邓小平又一次政变，还是枪杆子决胜负，自定义为党的核心，从此党的总书记与党的威权核心异位。八九年邓小平捍卫自己的核心大位，靠枪杆子镇压和平民主运动，九二年南巡，坚持修正主义路线不允许江泽民走回极左的社会主义道路，邓小平的枪杆子既打左也打右，靠枪杆子邓小平废黜了华、胡、赵三任中共总书记，江泽民如法炮制，用枪杆子维持自己的核心大位，将胡温当政的十年置于自己的威权之下。

由于核心与总书记错位（总书记胡锦涛不是党的领导核心），枪杆子在不同力量手中，薄熙来、周永康事变，寡头制分裂，极可能引发兵变、党内斗争引发军事冲突，习近平拥有党政军大位时，夺取了核心之位，十年时间集权，实现个人极权。

3、新修正主义与新洋务运动失败

邓小平开启的修正主义，只是形而下的修补了共产党的经济，只是在党内实现了共荣共和、共同分肥，顶层改不了一党专制，不能还权于民，底层改不了村支书控制村庄集体土地，不能还土地于民，顶层设计与底层设计都没有改，这有利于谁？当然是有利于核心领导下的寡头共同体。

新洋务运动被美化成改革开放，经济繁荣被认为是邓小平主导的改革开放的成果，这是政治谎言，邓小平锐意修正形而下的社会问题，也顽固地坚守形而上的意识形态，而新洋务运动的成果，某种意义上是恶意的繁荣，是在坏的体制下取得的无良成果，不可持续，必然溃败。

新洋务运动不如大清的洋务运动，因为新洋务仍然在吃毛泽东时代红利血本：本属于百姓的土地被党和政府肆意开发利用，如果把因土地而带来的利益去掉，党国取得的成果几何？农民应该与城市市民一样有城市居住权，但农民工却不能享有自己参与建设的城市发展成果，户籍制度使他们只能只身服务于城市，如果将数以亿计的农民工创造的剩余价值或被剥夺的应得利益还给农民工，也将是一个天文数字，中共政权在新洋务运动过程中创造的财富是负价值、负资产。中共成立之初曾经高喊：劳工神圣、一切权利归农会、工会，靠工农革命起家，却异化为通过一党专政，剥夺压迫工农、制度性地侵犯工农人权，在人类历史上绝无仅有。

新洋务运动没有修正毛泽东时代根本错误，并立法改正，导致改革成果为权贵集团占有，当基于土地的房地产不再升值或升值到极限、当工农无法消费或持有自己的房产与维持现有的生活标准，当人口因经济压力而不能正增长，当国际社会也深受党国体制的经济危害，当中共政权不断侵犯公民人权甚至破坏世界经济与政治秩序，文明世界将中国作为市场风险之地，因国际资本与国际市场而繁荣的新洋务运动，面临断崖式跌落。

新洋务运动最终是三个不利于，不利于百姓，也不利于国际社会，因为普遍滋生的腐败，也不利于党国，只利于权贵寡头资本（50个家族或五百个家族），它是恶意的政治经济学。

终结文革之功主要归华国锋，这是大前提，寡头共和时代是由华国锋开启的、而新洋务运动失败，则归因于邓小平与习近平，邓小平的不政改，习近平的逆向政治改革。新修正主义没有修正党国政体，没有修改与宪法背离的党章，没有修改宪法序言（党不能在宪法之上），实施三权分立，让人大与政协通过民选而非党控制下的举手机器，寡头政治不可能持续共和、新洋务运动或红色洋务运动必然失败。

温家宝说过，如果没有政治改革，文革还会再来，不幸言中，习近平无法全面发动文化大革命，人民不可能被政治力量唤起互相斗争，但他却复辟了毛式集权、复辟了党国专政体制。

4、历数百年中国错失的政治改革机遇期

清末到今的一百多年，每一次政治改革窗口期，一般都是十年，而一个朝代或时代，也就二十年时间窗口时间，这个时间窗口不完成立宪改制，不是革命来了，就是大灾变使整个社会陷入无边的动乱。

清末错过了两次政治改革历史机遇期，一次是维新变法，一次是预备立宪，时间窗口一错失，大清就被终结。

袁世凯北洋政权要做实宪政政体，历史窗口也只有十年二十年，1912 年开始，1928 年就北洋政权就被终结，袁世凯在第一个窗口期没有完成，退而搞君主立宪，成为天下人讨伐的对象，后续的北洋力量不断重建共和，共和与革命力量竞赛，革命力量获得了苏联外援，共和失败。

孙中山联俄联共，使中国内政问题完全国际化，一个中国问题变成两个中国与日本（中华民国与中华苏维埃共和国）的搏杀，直到二战结束，才真正开启政治协商与议会立宪、行宪，被共产革命终结，整个过程也是二十年，与袁世凯一样，真正有效的立宪与行宪时间，五年左右；

中共在延安 1939 年成立宪政促进会，开始底层民主实

验，到 1949 年通过新政治协商形成建国大纲，十年的时间完成了宪政民主共和国建立，建政之后只需要五年时间就可以真正完成宪政体系建设，将政协做成参议院，将人大做成众议院，司法与军队独立，但毛泽东逆向政治解构，虚置政协，党化人大，五年的窗口期做成了党国，十年之内做成三年人造大饥荒。又通过文革十年，毛泽东推翻了党国，建构了个人王国，中央革命委员会垂直领导全国各级革命委员会，一直到村庄。

邓、江、胡时代，各有十年或二十年的政治改革窗口期，整个八零年代都是邓小平政治改革的窗口期，由于他的四个坚持，决定了他对八九民运祭以屠城的方式，誓不政治改革；1990 年代，他仍然可能通过威权，迫使江泽民政治改革，但他只发展权贵资本主义，政改窗口期被废。

同样，江泽民在自己主导政权的时代与控制胡温十年的时间，都可以推进、促成或将政治改革列入政治议程，像大清预备立宪那样制订立宪时间表，也可以战略性地像孙中山那样，军政、训政、宪政三步走，每一步五至十年，他们既不如孙中山的宪政方略，也不如大清朝廷，有自我革命的勇气，邓江胡三代，或是附庸之恶，或是平庸之恶，他们是历史的罪人。

邓、江、胡都是平庸的政客，政坛的过客，当中国需要伟大的政治家的时代，迎运而生却就是党国的一位红色嫡传太子，他要成为党国伟大的思想家，拾起毛泽东破败的旗帜，复辟党国，挑战西方，重塑世界。

四、习近平批判

1、习近平的知与无知：

习近平懂集权之术，独享极权之位之尊；不懂分权之义，无法得到共和之光与荣。

习近平最大的无知，是无知于极权专制将带来险恶的结果，不懂得宪政共和，则是通过权力分立制衡，给自己、给国家人民带来可持续的和平与福祉。党国一体的革命极权政治，造就一尊国父孙中山，一尊神化的领袖毛泽东，而习近平既不可能成『父』，也不可能成神，天安门广场上，不再有一个空间有他的『父位』或『神位』之地。

习的『中国梦』是他的中国皇帝梦，重建大唐盛世，雪大清国耻，反西方帝国主义，复兴中华君主威权，通过统战大东亚原中华文明圈，以突破美国建构的印太政治经济链；

习的『新长征』，其实就是一带一路突围，中共不可能遵守国际政治与经济秩序，决裂是迟早的事情，习撒币数千亿美元，通过一带一路，面向非洲与俄罗斯、中东，依靠美元建构的道路，正在烂尾，因为美元无以为继；

中华文明追求以德威远，以亲和的精神建构了朝贡体系，中华皇帝成为天下大庭的共主，习近平一手用斗争的大棒制造冲突甚至是战争，一手撒美元与项目，输出中国腐败模式，必然左支右绌，黔驴技穷。

毛泽东是马克思加秦始皇，习近平是外儒内法、外孔内马，习近平威权不足，就借力传统文化粉饰中共的无良形象，对内是法家是革命专政，文宣与外宣却是中华传统文明辉煌灿烂，异于毛泽东文革毁弃一切中华传统文物与文化，习对外继续建孔子学院，讲好中国故事，对内大建马克思主义学院与习近平各种思想研究中心，与毛泽东不同，习更愿意当唐朝皇帝享万邦来朝的荣耀，而不愿意像秦始皇那样成为孤家寡人。

政治上，习沿着毛泽东的路线，轻车熟路，因为他是文革时代培养出来的红二代，他的个人梦想，就是『长大后，我就成了你，人民领袖毛泽东』。靠枪杆子、以反腐败为名实现集权，十年就完成了一尊大位，习的集权过程就是国家与国民经济失败的过程，也在所不惜。

习的军政，训政与个人专政，习的宪政也是限政，就是限制其他社会力量的权力，把影响党国安全与个人安全的一切力量关进笼子。党国安全，我有安全，党国至尊，我至尊，是党国独裁者的至高准则也是政治底线。毛泽东只有搞社会主义，才能实现个人集权，搞个人专制，才能保证国家走社会主义道路，习则将党国安全与个人安全、党国强大与个人威权强大捆绑在一起，党国与个人形成命运共同体。

习近平要重塑世界秩序，毛泽东通过建构第三世界，在苏联与美国西方之间寻找政治空间，习近平则升级了重塑世界的理想，既要与美国划太平洋而分治，实现区域霸权，以图一统台湾，又倡导人类命运共同体，抢占道义与理论制高点，这是满足他要成为世界领袖的巅峰之梦。

习的大国方略可以概括为：联俄（联中东）联恐，对抗美国西方世界，置中国或中共党国于极其险峻之地。习较之毛，成功在于倒置了中俄关系，苏俄驱使中国援朝、援越，与美国西方热战耗尽国力，而习却诱使俄罗斯启动了对乌战争，正在耗尽俄国力，也使欧美穷于应对。

习的联俄无论是政治上还是经济上都获得了战略上的成功，却使西方世界开始视中共为共敌，把坏事干得成功，是中共极权领袖人的传家秘技。在联合中东、联合恐怖主义战略上，使中共与美国为首的西方关系开启了历史性的巨变。毛的第三世界在美苏之间，联合第三世界、美国基于冷战需要统战中共，使中共得以进入联合国，911事件之后美国启动反恐战，又一次统战中共，使中国经济获得了繁荣与崛起的历史机遇期。而习开启联俄、联恐、联中东，对美国西方形成实质性的战略威胁，加上美国受中国不遵守国际规则的恶意经济威胁、因疫情遭受的经济重创，美国与西方对中国的战略正在发生历史巨变。

此时习近平才意识到，自己对世界的影响力或『威权』，是建立在美元基础上，一带一路与他的世界性影响力必须由美元铺垫。

美元带来的经济泡沫已如潮水退尽，习近平才发现，自己穿的只是一身皇帝的『新衣』。全世界看到的是他在裸泳，而他的众臣与群众演员将他团团围绕，仍然在歌颂他新衣的华美锦绣、他的思想如日照耀。

2、习近平的罪错

其一是逆向政治改革，终结了寡头共和时代：

　　当习近平的卫士将上一代中共总书记胡锦涛从二十大会场强行架走，邓江胡时代被强行终结了。习在会场上清除的不是胡锦涛个人，而是邓、江、胡三个人，是一个时代。

　　共和是平衡带来的，华国锋开启的党内共和新时代，党内不同的政治力量相对平衡，并逐步建立了通过信访与律师、媒体平台实现人民与政府、官、商、民、知识精英之间的博弈准公民社会共和生态，这一平衡在八十年代与胡温时代体现充分，所以八十年代，有『我们的家乡在希望的田野上』的歌声唱响，而胡温时代网络问政参政，媒体与律师、网民倒逼强权屈服，西方与中国、江派、团派、左派、右派与红二代、民间力量多力平衡，国际国内共和度达到高峰状态，八十年代，未来充满希望，胡温时代则一切皆有可能。

　　八十年代的希望被邓小平终结，九十年代进入到权贵资本主义时代，胡温共和时代被习近平终结，进入到党国个人极权时代。

　　极权政治是失智的政治，只相信个人，相信党国，相信枪杆里面出核心，还出真理，出思想。一人失智，整个党国、社会因此失信、失和、失义，也就无道、无德、无耻。

　　寡头共和的分权分治分肥体制带来了中国的经济繁荣，同时带来了腐败与巨大贫富差距，但相较于毛式集权，寡头共和远远好过个人极权，解决寡头共和带来的腐败，唯一的正解是通过政治改革还权于民，而非再次集权专制；

　　习当政第一个十年，发生人为的三年疫难，实验室病毒加上习惯性的掩盖真相，导致疫情扩散到中国与世界，给世界经济造成重创，又一次造成无数生命病亡。既因疫情，又因专制极权对经济的控制与经商环境的破坏。

习通过修宪要将个人极权终身制，与毛泽东一样，只有权力没有监督、没有责任，『忠诚不绝对就是绝对不忠诚』，口号效忠的势力获得提拔，个人崇拜通过无限量的出版自己的书籍、通过所有的媒体头条、街道广告渲染。

其二是经济上修正了开放的方向：

不致力于遵守国际准则，不加强对西方的经贸合作，而是倡导内循环，面向非洲、中东、面向北方（俄国等）与南方国家，试图通过内循环、通过一带一路甚至通过人民币国际化来与西方抗衡。

从一带一路到雄安新区建设，从农村合作社，到严厉打击民营经济，习亲自指挥亲自制造了一个又一个烂尾工程、终结了新洋务运动的经济成果。现在，习又不得不与美国主导的西方国家妥协，以恢复正在败落的经济，但为时已晚。

其三是与西方文明为敌，扫荡新洋务运动时代三四十年进入中国的西方元素，特别是关于民主自由宪政，『收复』香港，使香港自由、法治不再，香港内地化，已然失去国际自由港地位（旧洋务运动的成果也被毁弃），使台湾忌惮，南方经济与金融失去重要的窗口与平台，也使国际资本对中国失去信心。加之国安法、对台湾的武力恫吓，对南海诸国持续的挑衅，使南中国处于准战状态；

其四是战狼外交，对内对外均重启斗争方式，地缘政治与国际政治处于极其紧张的关系中，政治上四面树敌，经济上被围堵、断链，限制高新技术与产品进入中国，使中国经济处于悬崖边缘；世界工厂地位失去，大量工人失业，加之房地产经济不可持续，三四十年来最严重的经济危机已然来临；

其五是破坏了准公民社会生态：

习近平除了继承邓江胡三代的政治性维稳政策措施外，强化了对社会的管控、升级了打压与迫害：新疆民族问题祭以集中营的方式强行教化、对维权律师与维权上访残酷打压与迫害、摧残私营经济，恢复实验合作社与社区大食堂；打压公民社会。复活文革时代的『枫桥经验』；严令『八不许』，宪政民主理论不再能出版与进入课堂，大量教师因言获罪或下岗；

其六是联俄联恐联中东，打造与西方对抗的命运共同体，习终结了中共与美国西方通过经济关系建立的政治暧昧关系，通过战狼外交与军事亮剑，挑战美国主导建立的国际秩序，

美国致力于建构印太民主链，习近平致力于拆解，习近平致力于一带一路建设、致力于从巴基斯坦-阿富汗（塔里班）-伊朗-叙利亚-巴勒斯坦（哈马斯-俄罗斯-朝鲜，一条国家（民族与宗教）恐怖主义带建构，而在南太平洋、非洲、南美不断布点，以点成片，建构南方国家共同体，将南方国家看成中国政治与经济的新的势力圈，习当政后既利用旧的地缘『劫材』（围棋术语）、制造新的劫材，与周边国家发生冲突，与日本在钓鱼岛、与南太平洋周边多个国家争夺海权、与印度重启边界纠纷，引发冲突与伤亡，习通过冲突制造军事紧张气氛，尽管伤害了地缘经济，但却有利于自己树立军中威权。

从东升西降，到南升北降，从太平洋能够容纳中美两个

大国，到人类命运共同体的倡导，习对整个世界的统战、布局、设点，从宏观战略到技术性经营、从网络到实体、从经济到政治、从文化到民间外交，都达到了毛泽东时代不可企及的高度、力度与广度。目的只有一个，他要重塑多极世界，输出中国模式，与美国西方世界分庭抗礼，结果也只有一个，成为文明世界公敌。

美国国防部长奥斯汀 2023 年 2 月 2 日在加州西米谷出席了一年一度的"里根国防论坛"，强硬表态："中华人民共和国是我们唯一有重塑国际秩序的意图、而且越来越有这种能力的对手。——我们已经与我们的盟友和伙伴一起，在应对中国的挑战和建立一个更加安全的印太地区方面取得了非凡的进展。"

3、『三代』无思想，只有『王（沪宁）主义』

邓小平是政治实用主义者，没有理想更没有梦想，邓的四个坚持实为三个不可动摇，一是我是核心，我说了算（党和枪都归核心领导）不可动摇；二是坚持马列主义、毛泽东思想等政治底线不可动摇；三是经济上改革开放不可动摇；邓小平所作所为皆是基于这三条。

江、胡、习三代皆无思想，只有王沪宁一人有『主义』，或者说，江胡习三代的所谓思想，皆出自王沪宁主义，王沪宁主义已然修正了毛泽东思想与马克思主义。

江泽民是工程师出身，胡锦涛是团干部出身，习近平是下乡青年，既无马克思主义理论修养，对当代民主宪政理念知之甚少，江只能说出『闷声发大财』、胡只能说出『不折腾』、习只能说出『撸起袖子加油干』这样的俚俗语言，与邓小平的『白猫黑猫』、『摸石头过河』一样，最能代表他们的理论水平。

王沪宁为江泽民拟定了『三个代表』重要思想，核心观点是中；是先进的政治力量，所以有代表人民、领导人民的合法性，为胡锦涛制造了『科学发展观』，百年前的中共第一任总书记陈独秀倡导了科学、民主精神，王只能为胡说出了一半，民主这位德先生，丢失了。

王沪宁应该为习近平制造『民主发展观』，以承续胡的科学发展观，习肯定不愿意，王只能为习量身定制『中国梦』，与美国梦遥相对抗，中国有中国梦，美国有美国梦，各梦其梦。至于中国梦里有什么内容，习近平自己可以任意添加。

王沪宁深知邓江胡都是政治上的修正主义者，修正毛的极左政治，所以只能提出一些模糊的政治概念，使他们主持的时代有一个标志性口号，有一个政治主题，使这些无理论思想的政客们，有理论高度，以提升政治威权。

习显然不满足『中国梦』这句口号，因为它没有理论内容。

当王沪宁为习近平制造出『人类命运共同体』概念时，王沪宁主义成型。

习近平没有意识到，王沪宁修正了马克思主义，人类命运共同体放弃了政治色彩，更不讲阶级性，将人类当成一个共同体，而马克思主义者是将无产阶级看成一个共同体，全世界无产者联合起来，用暴力方式推翻资本主义制度，在全球实现共产主义。

没有人追问习近平，是不是放弃了共产党宣言里的誓词，不再通过分裂人民搞阶级斗争，而是告别革命，将人类看成命运共同体。

一战至二战，苏联与美国都致力于建构人类命运共同体，苏联的建构理论源于马克思主义，共产党宣言是最高宪章，通过国际共运在全世界建立苏维埃政治模式，美国则主导建构了联合国（始于一战后的『国联』），政治理念源于『威尔逊主义』，国际关系由《联合国宪章》确立，人权作为核心价值由《世界人权宪章》奠定。

苏联解体，意味着马克思主义的无产阶级命运共同体建构失败，中共的中国特色的社会主义，则只适合中国，习近平曾公开声言：中国不输出革命。

美国主导的联合国，形成人类文明共同体，有联合国宪章，有世界人权宪章，王沪宁提出的人类命运共同体，宪章是什么，核心价值是什么？中共的世界宪章是《共产党宣言》。

『人类命运共同体』口号的提出，是为了迎合习近平重塑世界秩序之梦想，中共大量翻译出版习近平的著作，是通过这些所谓的思想观点，影响一带一路相关国家，在输出投资与产品的同时，输出中国文化元素作为掩饰，而输出习近平有中国特色的社会主义发展模式，则有其政治用意，就是用习思想训政非西方世界，毛泽东建构的只是第三世界，而习近平升级了，要建构对抗西方的第二世界或另一极世界。

习近平近期访问越南，投资巨大的铁路做为馈赠以换取越南对美国中立，或弱化越南与美国的战略盟友关系，同时，提出中越命运共同体，并没有得到越南响应。人类命运共同体在越南建构，只是一种统战，但越南不接受，所以失败。所以，王沪宁宏大的主义，也只能等而下之地用于权术，而无法成为国际社会的主流、主导性叙述，更无法重塑世界。

结语篇：习近平必须弑父

前面总结过，清末以降的中国，每一届政权都有十年或二十年的政治改变历史机遇期，习近平当政十年，完成了集权，清末慈禧用个人极权决定了大清政治改革，开启了预备立宪，中华民国在蒋经国时代也是用专权或威权，开启了终结党国政治模式，使中华民国由训政时代，通过解严，开放党禁报禁，进入到宪政时代，实现了低成本、少流血或不流血的政治转型。

习近平终结党内寡头共和，也终结了寡头权贵利益集团阻挡政治改革的阻力，所以，习近平未来五年十年，是政治改革的最佳历史机遇期。如果不告别革命之道，回归共和宪政、还权于民，错失历史机遇期，还将给中国甚至给世界造成不可估量的灾难。

延安有两个，习近平也有两个。

一个延安是国民政府边区的延安，开启了宪政民主促进与宣传，接受美国民主宪政普世价值，致力于民主实验，赢得美国与尊重与民主党派的亲睐，通过新政治协商建构了中华人民共和国；另一个延安是共产国际领导下的延安，搞整风运动，迫害知识分子，开启领袖专权与个人崇拜之风。建政后，毛泽东用共产国际的延安，颠覆了民主的延安，解构了中华人民共和国。

习近平也有两个，一个是习仲勋之子，一个则视毛泽东为精神之父，改革派认为习近平是开明的、有自由精神的习仲勋的后代，加以培养提携，一路绿灯使其成为中共最高领导人。毛泽东精神继承人，则是另一条路径：在党内重建君臣关系，领袖之下的臣民从此没有尊严，只是革命工具。一人伟大，所有人卑微，一人得道成神，万民皆成牺牲祭品。

习近平现在是唯一的红二代最高当权者，正宗的红色基因，革命吃了自己的儿女，习近平是革命大家庭的嫡长子，党国之子，习近平应该意识到，共产党人的初心不是建立党国，革命的目的是建立共和国，为人民服务不是中南海门前的屏风与牌匾，而是通过公民投票，选出人民的议员，通过议会政治来建构共和社会。

习近平面临弑父难题：是弑反专制的父亲习仲勋，还是弑专制之父毛泽东。弑习父，走向专制极权，弑毛父，走向民主宪政；生身之父习仲勋曾是延安的参议长，代表民主宪政的延安，精神之父毛泽东则代表共产国际的延安。习近平的自我革命应该是告别革命，解构党国重建中华人民共和国，终结清末民初以降的大革命灾难与国殇。

无论是面向极左转入新文革时代，还是向右融入普世政治文明，历史机遇期又一次呈现，向左是复辟党国，向右是重建共和国。

复辟党国，或是毛泽东的结局，或是苏联的结局，或是古巴朝鲜的现状。复辟党国，统一台湾、挑战美国、联俄联恐、联合中东，建立中共主导的另一极世界，将会内外交困，一败涂地。

重建共和国，重述民主宪政的延安，直选公选政协与人大代表，将政协做成参议院，将人大做成众议院，司法独立，军队独立，以极低的政治与经济成本，就可以实现共和国重建，实现百年中国无数仁人智士与人民的梦想。

复辟党国，永远不可能为父成神，毛二世将是个丑陋不堪的称谓。而重建共和国，则能成为新共和国之父，将孙中山与毛泽东扫入历史灰尘，习近平必须弑父，才能成为真正的父、伟大的王。

习近平的结局，或是自我革命，终结革命，成为宪政民主政治新时代的开启者，或是被革命，使其代表的红二代成为红色大家庭最后一代。

秦鉴不远，始皇帝希望秦天下万世一系，结果是二世而斩，中共希望党国万岁，也难逃二世而灭的专制命运。

2023-12-19

书前三篇

篇一　　五四之后无中华
——历史大视野下看『先生运动』与『学生运动』

【题记】

暴秦之后无诸夏

崖山之后无中国

鸦片战后无天朝

五四之后无中华

【概述】

中国历史上第一次『先生思想运动』是春秋战国时期的百家争鸣，先生们建构了中华文明的思想道德体系，周秦之变的历史却由儒家的『学生变法运动』（法家）所决定，法家联手暴秦终结了诸夏多元化的封建邦国文明。

秦终结了诸夏多元文明形态，汉初道家与儒家等精英们延续了先生们的思想，遵循孔子的『祖述尧舜、宪章文武』（中庸），重建了中华文明政治伦理体制，君主儒政体制从汉至清一直延续了二千多年。

尽管宋朝被北方草原民族蒙古所灭，中国的统治者不是『中国人』，但是异族征服者却接受了中华道德文明，既祭祀孔子，也由儒政精英参与政治治理，元朝因此被纳入到中华编年史之中，可以说，宋朝亡国而没有亡中华之天下，满清灭明亦是如此，满清统治者较之蒙元更加尊儒，重加重视中华政治道德与社会伦理；

鸦片战争是西方文明与中华文明的『冲突』，冲突的结果是大清由天朝被打成一个『国家』，从『天朝』变成了现代国家，没有了天子与朝贡体系，中华也因此被赋予新的政治涵义：五族共和、国族意义上的中华民族。东西方文明冲突中，中华文明开启了现代政治的进程。

中华文明在新文化『先生运动』与五四『学生运动』之后被终结，新文化运动的『进步』先生们对中华传统进行了否定，而五四学生爱国主义运动之后，共产主义进入中国，共产中华压倒了共和中华，中华文明从此深陷百年灾劫。

一、新文化与五四运动：进步毁弃了传统，革命压倒了共和

新文化运动是一场『先生运动』，先生们引进了西方理念，欲以『德先生』、『赛先生』取代『孔先生』，发起白话文运动、倡导文学革命、要在思想、信仰领域发动革命。

1912 年中华民国成立，宪政民主的德先生作为制度已然确立，1840 以降的社会精英们抬眼看世界，通过认知世界、开展了洋务运动与变法维新、预备立宪，没有成功实现君主立宪，但开启了国家经济与军事、思想与观念上的近代

化转型，也就是说，在新文化运动这场先生文化运动之前，一场持续七十年的儒家先生们的思想运动已然引进了赛先生与德先生，辛亥革命之后，大清和平逊位，实现了东方文明史上一次伟大的光荣革命式的政治转型，清末民初宪政民主是主流社会的共识，南方革命党与北洋军政集团开始了共和宪政的进程，中华五族共和，民族与国民平等也成为共识。

民国初年面临的是政治的技术性妥协、宪法的确立与可实行，而新文化运动的先生们，致力于文学革命、打倒孔子，在社会领域用德先生、赛先生取代孔先生，致力于在民族性与人性领域发起运动式革命。在政治革命已然完成的时代，缺的不是一场新文化运动，而是通过美国当年联邦党人文集那样的系列论述，使临时宪法成为永久宪法，使临时政府变成宪政政权，使共和精神取代革命精神，而新文化运动中的先生们在保守文化与文化革命上争讼，思想领域里革命压倒了继承，政治领域中革命精神也压倒了共和理念，随之军人政治取代了议会政治，北洋民国在内卷与外力双重作用下失败。

尽管批判是先生们的使命，但在东西方文明交汇点上，源于西方的宪政文明嫁接在数千年君主儒政之上，这是史无前例的伟大的政治转型与社会转型，与美国建构非君主制度下的联邦共和制度一样，知识精英们参与政治建构比批判重要，如果没有联邦党人文集中的系列文章在争论与思辨中进一步建构，美国的制宪就难以行宪或无法行宪。北洋时代不断修宪，府院之争，袁世凯复辟帝制，都是宪法无法成为宪政所造成的，宪政专家宋教仁遇刺引发的政治动荡，说明宪法与宪政精英的匮乏，如果宪法、宪政专家像新文化运动参与的先生们一样的众多，一样的有社会地位与影响力，并成功地影响政治，当时的南北冲突不会如此险恶，并引发无可挽回的历史悲剧。

用革命与运动的方式解决一切社会问题，是历史大转型时代的悲剧之源。新文化『先生运动』转而进入『学生运动』，五四运动某种意义上意味着先生运动的失败，进步的先生们随之也卷入到学生运动之中，成为苏联的学生与政治工具（陈独秀、李大钊等），五四运动作为一次倒逼国际政治的运动，『内惩国贼，外争国权』，受伤害的是脆弱的北洋民国政府与相关官员，从呼喊美国总统『威尔逊万岁』到对『巴黎和会』的不满，使得年轻一代对美国主导的新国际秩序绝望。

一战英美等协约国胜利，陈独秀认为公理战胜了强权，但公理的阳光没有解决山东问题，对日本的仇恨、对国际社会的绝望，使『新青年』学生们走向运动与革命，如果说新文化运动中的先生们致力于告别一个旧中华，那么五四运动开始，学生们要通过社会革命，建立一个新中华。这个新中华将按照苏联模式建构，而非北洋民国的美国模式，这个时代的伟大使命本是建构五族共和的中华国族，以形成美国联邦共和，通过宪法建构民主政治体制，这一伟大的历史进程因五四学生爱国运动而误入歧途。因为爱国所以政治正确，就可以突破法律与人伦底线，爱国与革命的流氓化因此成为必然。

五四之后一年，共产国际与苏联支持成立中国共产党组织，又一年共产党召开了第一次代表大会，十年之后建立了一个国际共产主义的中华基地，用中华人民的血肉，建立国际共产主义运动与苏联的长城，中华文明的核心价值道德正义被政治正确的革命所取代，儒家建构的传统中华成为应该废弃的旧文化，马恩列斯作为导师（相当于其思想祖宗或革命圣贤）主导中国革命历史进程，从清末到民国初年倡导的中华民族（国族）也因此失败，一个更『理想』的人类命运共同体组织『共产国际』更为伟大，全世界无产阶级联合起来，不仅要终结中国的旧文明旧制度，还要终结全世界的旧文明旧制度。

先生运动只是从文化传统角度认知中国文化人性的黑暗丑陋，而先进的共产主义思想将一切旧制度归因为私有制与私有观念以及资本主义的邪恶，共产主义运动将是一场终结私有制与深入灵魂的革命运动，新文化的左翼先生们开始拥抱马克思主义，先生运动之后的学生运动也进入到革命运动洪流中。

五四『学生运动』之前的新文化『先生运动』在精神上打倒了中华第一店『孔家店』，在理念上丑化了中华传统二十四史里只有『吃人』二字（鲁迅），宣告了《布尔什维主义的胜利》（李大钊）政治流氓运动与底层流氓运动通过布尔什维主义而获得合法性，革命成为时代主流，传统中国社会是讲道德讲道理的常识社会，而革命主义不再讲道德讲道理，而是讲政治讲革命，不讲人伦道德，不讲人性只讲党性。

清末民初的儒家主流精英们致力于保守传统、和平地转型到君主立宪或民主宪政，而新文化运动开启了反传统的文化革命运动，传统儒家精英认为英美文明的良风美序是儒家建构的理想国『三代』之境，所以要引进宪政民主，『西儒』与『东儒』在价值理念是可以一致，而新文化运动的领袖们从批判礼教到打倒孔子，进而解构传统家庭模式以求平等与个人自由，这为五四后选择苏联作为理想国将共产主义作为最终目的扫清了路障，新文化运动由反儒家转而尊法家。

法家是中国传统的丛林病毒（古代社会达尔文主义），能够突破人伦道德底线只求成功，儒释道二千年的的遏制，这一病毒只会间歇性传播，而到了五四之后，布尔什维主义病毒传入中国，与中国原有的法家病毒合流，迅速传播，赤化了中国，它成为一种红色基因，使中华黄变成了马列红，完全异化了中华民族的文明属性，中华民族的属性从根本上被改变，代之以阶级划分民族性，全世界无产阶级是一个民族，是一个大家庭，这个民族的先进分子共产党人不是中华基因，而是红色基因。

五四之后无中华，中华文明因为共产主义革命的侵入，而第一次失去文明主体性，而中华民族共和主义也因此失败。

中华民国的失败，第一次是一战后苏联支持国民党与共产党联合北伐，革命压倒了共和，使一点零版本的北洋版中华民国被终结，中华苏维埃成立；第二次是在二战后苏联支持中共推翻了国民党主导的中华民国政府，中国共产党政权以中华人民共和国的名义建政。宪政民主的中华民国败退台湾，传统意义上的中华与现代意义上的中华国族民主共和失败。

二、『先生运动』、『学生运动』与『中华』、『中华民族』

从历史大视野看，中华史经历过多次先生运动与学生运动，其中两次引发思想性与社会性大革命：一次是春秋战国时代『先生运动』，百家争鸣，产生了影响中华思想史的诸子百家，随之而起的『变法运动』则由学生辈的法家发起，引发社会性的革命，它不是和平的进步运动，而是突破习惯法与人伦底线的社会革命，导致大一统君主帝国的形成，终结了周封建社会，另一次是清末民初的『先生运动』即新文化运动，与文化运动平行的是北洋军政力量与南方国民革命力量宪政共和建国运动，这两项运动在五四『学生运动』之后开始改变了方向，五四之后不再有宪政共和的中华，爱国与革命、斗争与战争成为成为主流思潮与运动形态。最终结果是既没有了共和，也没有了中华，宪政民主共和的中华国族建构被终结，中华成了苏维埃的中华，传统的人文中华、道德中华被完全异化、蜕变、毁弃。二千年中华史或始于商朝的诸夏中华都拥有信仰与道德的主体性，包容异族异教文明，苏维埃中华时代使中华文明第一次失去主体性，中华成为共产主义运动的一个基地，从此没有了文明的主体性。

春秋战国时期与清末民初两场影响中国历史的思想领域

的革命均由『先生运动』发起与主导，而后续的社会革命则由先生们的学生发起与主导，『先生运动』与『学生运动』影响甚至决定中华文明的性质与历史进程。也可以说，春秋战国时期先生们的思想运动，建构了中华文明，而北洋时期的新文化先生运动与五四学生运动，开启了解构中华文明的进程。

第一次『先生思想运动』是春秋战国时期的思想运动，以老子、孔子、墨子、荀子等为代表，先生们通过道德保守主义挽救礼乐崩坏的社会，无法完成使命，学生的革命运动反其道而行之，商鞅、韩非、李斯等学生一代变法运动引发了一场社会革命，使秦一统天下，终结了周封建制度，使中华史进入到漫长的后封建时代；

封建诸夏本质是氏族联邦，以周为共主，即『宗周共和』，以亲戚为纽带，形成一个诸夏文明共同体，对抗的是蛮夷，孔子认为管仲的伟大是九合诸侯，避免了诸夏文明的覆灭（『微管仲吾其被髮左衽矣』见《论语》），"中国有礼仪之大，故称夏；有服章之美，谓之华"（《春秋左传正义·定公十年》），以服饰与礼仪来区别华夷，自视诸夏为文明而蛮夷没有进入文明状态。

汉以后的中华成为多民族共同体，以魏孝文帝元宏（467－499）汉化为标志，唐朝达到一个民族融合的高峰，韩愈认为："孔子之作《春秋》也，诸侯用夷礼则夷之，夷而进于中国则中国之。"（《原道》），明末名士瞿汝夔（字太素）说："其人而忠信焉，明哲焉，虽远在殊方，诸夏也。若夫汶汶焉，泪泪焉，寡廉鲜耻焉，虽近于比肩，戎狄也"。如果说中国与汉族更是一个区域性的族群概念的话，中华则超然于中国与汉民族之上，尽管语义有重叠使用之时。

『中华』被赋予人文道德内涵，是春秋战国时期先生思想运动建构的成果，这个时代既塑造了人文始祖黄帝，复述出尧舜禹『三代』圣贤之治，孔子儒家重视礼乐之制、倡导仁义礼智信，形成中华道德核心价值体系。孔子圣者地位超越了民族国家与朝代，甚至决定性的影响着东亚文明。由此建立了中华-东亚文明的天人秩序：天地圣、君亲师，天地信仰之下，圣人至尊，中华圣人孔子在所有君主之上，中华文明的精神一致性、道德价值的一致性由孔子奠定，也因此决定了中华二千年文明史的一致性。

中国、中原是一个可以逐鹿问鼎的开放平台，孔子奠定的中华文明则是一套人文道德编程，一旦中原逐鹿游戏结束，就接受儒家的编程，进入和平治理模式，并以此维系统治的合法性与可持续性，中华文明因此成为一个中央人文道德高地。儒家无法遏制丛林生态中的国族博弈与战争，但无论战争结局如何，胜出的王者都要拜祭孔子，尊孔子为圣人，用孔子的学生参政理政，接受孔子倡导的道德礼制，通过人文、人伦重建中华天下秩序，否则天下无序，统治不可和平持续。

孔子如果被打倒，意味着中华文明的精神领袖被清除，对天地的敬畏与感恩，亲情社会与亲情伦常一并溃败，整个社会就陷入无序与流氓化状态。

『崖山之后无中国』，宋朝被蒙元灭国之后，终结了一千年中原汉族为主体的统治史，『蛮夷』开始统治中原，但儒家的道德普世性与儒政精英的治理能力，使蒙古征服者以元朝之名，被编入中华史，尽管元朝并没有汉化，却遵守了儒家道德政治，并由儒家精英参与治理，而满清统治者儒化程度最高，对儒家道德的践行甚至超过了许多前朝汉人皇帝，蒙元与满清均进入中华史编年，崖山之后尽管不再由中原汉人统治，但元朝与清朝的异族统治因为尊崇了孔子确立的中华文明道德宪章，所以中华文明得以延续，宋朝与明朝『亡国没有亡天下』。

这一切都是春秋时代先生们思想运动的伟大成果，主要功绩在孔子儒家，它的宪章编程具有超级兼容功能，不仅使北魏等融入汉儒文明，还使征服者蒙元、满清融入中华文明，孔子的圣人地位与儒家道德宪章的普世性或普适性，经过了历史的考验，后封建帝国的君主儒政，是区域文明中最不坏的一种制度形态，它带来了一定时期的和平与稳定、发展与繁荣，从文化人类学角度看，它使人文中华民族得以延续与扩散，成为东亚文明的主导者。

近代史上第一次先生思想运动从林则徐抬眼看世界开始，1840 年代开始东西方文明大碰撞，激荡出认知与思想革命，儒家精英成为西洋学生，以林则徐等人为代表，到李鸿章落实的洋务运动。公车上书时康梁们启动的是学生运动，而维新变法时，他们是变法运动的主力，他们是预备立宪的先生，大量的讲演与著书使维新与立宪成为主流社会的常识，以康有为、梁启超为代表。革命先生孙中山也应运而生，革命成为他的生命追求与政治宗教。这个时代的先生运动与学生运动同时进行，他们具有双重身份，是西方思想与理念的学生，却又在中国引领时代思想，辛亥革命是新兵起义或者说是学生起义，而袁世凯迫使大清逊位，他的身份既是李鸿章的后学，也是西方兵家的新学。有限的辛亥革命与北洋军人集团的逼宫，内外合力实现了一次伟大的光荣革命，中华进入到新的宪政共和文明时代。

先生运动与学生运动、革命运动与政治妥协、进步主义与保守主义几乎是完美的配合，不仅使大清王朝被终结，二千年的后封建制度也被终结，中华成为一个宪政共和国家的名字出现在东亚与人类文明史册上，中华史从主导区域天下朝贡体系，成为新世界文明中的一员。历经元朝与满清，中国实质上已成为中华帝国，中华成为一个包容异族、异教的『天下』共同体，从汉后形成的相对单一的中原汉民族，已成为一个复合民族，『中华民族』的『国族』概念呼之即出。

『中华民族』『五族共和』是清末伟大的国族建构设计，意味着可以通过和平的方式在新的宪政体制中，通过统治民族的平身，所有民族的人民成为平等的国民，实现人民平等与民族共和，终结民族间仇恨，实现永久的和解与融合。

清末立宪运动之时，君主与人民关系将被颠覆、礼法、宗法与宪法、民法将要调适，还有民族问题，统治民族将要与其它民族平等共和，梁启超与满清精英达成了共识，就是五族共和，以儒家的大同精神，建构中华民族（国族），清朝君主在逊位诏书中表示"仍合满、汉、蒙、回、藏五族完全领土，为一大中华民国" 1912 年 1 月 1 日，孙中山发表《中华民国临时大总统宣言书》，提出"五族共和"论："国家之本，在于人民。合汉、满、蒙、回、藏诸地方为一国，即合汉、满、蒙、回、藏诸族为一人。是曰民族之统一。"

就在五四运动这一年，孙中山在《三民主义》中继承了国族主义理念："汉族当牺牲其血统、历史与夫自尊自大之名称，而与满、蒙、回、藏之人民相见于诚，合为一炉而冶之，以成一中华民族之新主义……"孙认为美国文明强大的根本原因是国内几十、上百种之种族、民族融合为一个美利坚民族，如果中国要实现统一与富强，也必须将国内诸族融合为一个民族。

三、五四之后无中华，中华文明失败

如果说 1840 年以降是英美等列强主导了大清的国门开放与经济上融入近代世界体系，晚清七十年，是近代的春秋时代，大义尚存，国家领土完整与信仰道德并没有被破坏，五四运动或 1920 年代以后，中国历史进程则由苏联主导与控制，中国由此进入战国时代，分水岭就是五四运动与中国共产党成立，共产党作为国际共运在中国的延伸，后来成立的中华苏维埃作为苏联的延伸，成为国外或国际力量在华的政治工具。

五四学生运动的负面清单

一是转移了社会主题，由倡导民主、科学，转到了爱国主义，进而异入到共产主义；

二是学生无视国内现实与国际局势，以运动倒逼政府不遵守国际约定，无法达到目的，却导致政府失信与失效，为革命力量推翻政府制造了声势；

三是破坏了北洋与日本政府之间的关系，『西原借款』维系了北洋政府的运行，英美日支持的北洋政权被颠覆，苏联扶持的共产党与国民党因此做大，苏联力量对华的决定性影响因此不可逆转；

四是导致年轻一代对美国的失望，加之英美欧洲一战后对华保持中立，使中国被苏俄与日本逐鹿，日本与俄国两种不同的侵略与占领，决定着中国现代史的走向。而学生运动在共产党的领导下只爱国反政府，年轻一代因此投奔革命，不惜流血牺牲。

五是被新青年与共产主义思想教化的青年学生，是精英无产阶级，除了年轻与热血，理想与躯体，一无所有，他们与乡村流氓无产者合流，成为中国共产革命的主体。

六是进步青年开始形成一个共识，世界上的理想国不是英美，更不是日本，而是苏联，蓝图已有马克思设计，并由苏联实现。

毛泽东列出了五四运动对共产党人的正面清单，在《五四运动》等文中，毛泽东认为：新民主主义革命是从五四运动开始的，五四运动是世界社会主义革命的一部分；五四运动在思想上、干部上为中国共产党的成立作了准备；这种新式革命，五四运动后的指导者属于无产阶级了。

五四学生运动之后，《新青年》变成了党『青年』（共产党机关刊物），新媒体第一影响力平台从此被国际共运与苏联资助、收编。五四运动之后的三十年时间里，共产党利用学生运动制造社会动乱，达到政治目的成为其斗争的重要法宝，与五四运动一样，五四后的学生运动均是『革命先生』们利用了年轻学生们的爱国热情，对中共与共产国际的本质没有充分的认知，卷入历史事件，被中共政治利用，深刻地影响了社会，促使更多的热血青年投入到中共红色革命的洪流中，最终摧毁的是传统的中华与民国中华，而建立的是苏维埃中华、共产中华。由革命先生们策划与主导的学生爱国运动，均以反合法政府、反西方特别是反美国、反日本为主题，苏联成为红色中华的祖国。

这个时期的先生运动、学生运动与周秦之变一样，使中国发生了社会大革命，而非仅仅的改朝换代的政治革命。与周秦之变不同的是，秦一统天下后二世而斩，而中共极权政治建政后已持续七十多年，仍然是革命的党章高于人文道德宪章，领袖高于一切。

五四之后，中共主导的媒体，不再讲民族共和，而是倡导地方自治与民族独立，社会革命压倒了中华共和：1920年9月3日，毛泽东在长沙《大公报》发表《湖南建设问题的根本问题——湖南共和国》，主张建立"湖南共和国"，使湖南脱离中国北洋政府独立，并主张中国应该像其他帝国一样解体为至少二十七个国家。

作为新文化运动熏陶出来的一代，毛泽东、周恩来等一代人成为革命者，中华传统是黑暗的，北洋政府、国民政府卖国、腐败，是应该被推翻的，中华共和应该被解构，北洋民国的失败意味着民主共和的失败，一个崭新的理想国模式，在苏联实验成功，苏联也正在以全新的传教与殖民模式，向周边国家与全世界扩张，这种扩张模式不是传统的军事征服与经济殖民，也不是宗教传教，而是通过国际共产主义运动组织，在全世界发展党员建立党的组织，收购或控制其媒体，影响一代年轻人，然后通过党组织建立国中之中苏维埃红色根据地、苏维埃共和国。它像一种极其先进的病毒，攻入生命体内部，使健康细胞被病毒感染后转而攻击生命体，最后整个生命体成为一个病毒体，也成为病毒源，向更多的生命体传染，通过控制生命体的意识，使其受病毒操纵。

五四运动意味着日本扶持的北洋政府与新生的共和宪政体系即将失败，它掀起了整个国家的反日运动与仇日情感，并对西方文明绝望，苏俄因此获得了巨大的政治空间，支持南方国民革命军与共产党合作，推翻北洋政权。当蒋介石意识到苏联扶持下的中共的性质时，为时已晚，共产党的力量快速扩张到全国各地，中华苏维埃在南方诸省建立，1931年在江西建立了苏维埃中央政权，共产党人在苏维埃统治区印制的钞票上印着列宁的头像。所以苏联支持的力量成功，将完全改变中华文明的属性。

五四之后无中华，是五四运动终结了中华民主共和国的建构，它在精神与行动上开始与苏联共产主义运动成为一个契合的整体，学生运动者是天然的有知识的无产阶级，与城乡流氓无产阶级合流，成为共产主义最理想的战士，无产阶级知识精英们得到了追求理想社会的精神力量，而流氓无产者可以通过阶级理论与革命斗争，『打土豪分田地』，『参加红军，睡地主家的小老婆』。

所以，五四运动之后的共产主义运动，不仅终结了北洋时代来之不易的中华共和国的政治建设，还开始毁弃中华文明的信仰与道德价值。

中华史的尾声：先生与学生被运动、被镇压

苏联利用宏大的共产主义叙事，利用『全世界无产者联合起来』口号与共产国际组织，在中国获得传播与苏维埃基地建设，中共像一头食血魔兽，中华儿女的血肉喂食它成长强大，它最终却成为异教将中华吞噬，使中华成为外壳虚饰，共产专政才是它的本质。

中华苏维埃与中华人民共和国概念里的『中华』只是一个区域概念，传统人文道德内涵被归零，『人民』所指是党的人民，一切异于共产党的力量都不是人民，共和国的共和，是党的专制之下的组合，通过暴力征服与屠杀，西藏新疆失去自治权，通过政治运动，民主党派的先生们与对中共抱有幻想的知识分子被打成右派（1957），政协制度与人民代表大会制度被废弃，当年追随共产党的民主先生们，被中共的政治运动所迫害与虐杀，1966 年毛泽东发起的学生运动『文化大革命』席卷全国，先生们不仅被学生政治运动迫害，既自上而下，又自下而上，这些在传统与民国文化教育出来的知识分子们，是中华文明的『逸民』，在封建与后封建数千年朝代更替的政治革命后，都会被推举到新政权中，既是对传统的尊重也是对知识精英的尊重，『兴灭国、继绝世、举逸民』（孔子）的中华人文传统被终结。

学生运动之后，毛泽东又开展一场上山下乡运动，学生们像被右派的先生们一样，被运动到农村，与 1930 年代学生运动由城市转向农村形成巨大的反讽，共产党只要创造一个宏大叙事，一个政治正确的口号，就能无成本的使一代人成为其政治工具与牺牲品。

文革时斯的学生运动是打倒先生的运动，文革群众运动是造神运动，先生与学生从共产党成立开始，一直追随着共产党而运动，而中共建政之后，是被共产党运动，由主动的受害者，开始变成被动的受害者，学生们上山下乡运动，是因为城市无法供给新生代的工作机会与住房，没有犯罪的年轻人被集体流放，通过劳动进行改造，接受贫下中农再教育，本质上是一次集体『劳改』运动。文革打倒了最后的传统精英，同时毁弃的还有物理意义中的中华文化遗产，从精神上与物质上消灭中华传统文明。这是一种人文灭绝，与对政治异己的灭绝（屠杀与虐杀）同时发生在中共治下，从中共成立的那一天起，至今没有停止。

中共建政后中华概念淡出，『世界人民』概念突出，中华文明的天空被重新建构。传统亲情代之以革命化、阶级化：亲不亲阶级分，亲情社会与人伦被破坏，中华传统是讲道德、讲道义、讲道理的社会，而文革确立了『革命无罪，造反有理』的革命法则，不讲道德、道义与道理。

正所谓："欲要亡其国，必先灭其史，欲灭其族，必先灭其文化"（龚自珍），还要加一句：欲灭其族，必毁其神，中共按马克思主义历史观重述了中华史甚至人类文明史，将历史归结为阶级斗争促进人类文明进步，历史的正面价值被删除：即，人类各民族间的和解妥协共和带来了文明，而战争与斗争带来的只是征服与屠杀。因为中共将斗争与革命视为历史进步的价值，所以以制造斗争与革命为正义，以推动所谓的历史进步。

中共将传统的宗教信仰与民间信仰一概归之为封建迷信进行人文灭绝，却神化中共的历史与领袖，文化大革命就是一场『始于造反、终于造神』的政治运动，毛泽东成为共产中华的神圣与精神领袖，而在这个过程中，『批林批孔』运动上承五四运动打倒孔家店的口号、、打倒孔子，以树立中共领袖的思想至尊之位。

集权的最高境界是形成宗教狂热式的神圣崇拜，毁弃传统神圣的同时，解构传统亲情，所有人的土地与工作机会被政府控制后，千万颗红心只能向着北京、向着『红太阳』，无数的话儿不是给父母亲人讲，而是要对北京、对党、对领袖歌唱与倾诉。党、人民、领袖成为三位一体的神，其中人格神是伟大领袖，即党和人民的领袖。

当毛泽东与文革谢幕，中共出现统治危机，又开始使用『中华』概念，通过中华民族来重建人民对中共的信心，中华概念甚至恢复传统人文道德，中共的目的是通过民族主义来补充无产阶级的世界主义的空洞，用传统道德人文来弥补马克思主义荒诞与不适应新的经济市场进程。这个过程中，『为中华崛起而读书』（而不是为共产主义而读书）、『中华文化复兴』（而不是共产主义文化的伟大复兴）成为中共重建合法性与凝聚民族民粹主义的宏大叙事。

经济改革成就了中共的权贵腐败，政治领域没有改革也没有自由开放，文革结束后，一场先生思想运动又开始萌发，由文艺界到思想界，由媒体人到出版界，而中共则以反自由化反精神污染进行打击，一场突如其来的学生运动席卷北京与中国，这就是举世罕见的 1989 年民主运动，学生运动迅速发展成为全民运动，市民与先生、体制内外广泛参与，从纪念中共党内开明派代表胡耀邦逝世开始，升级到反腐败反官倒，争民主争自由，中国学生运动史上最和平理性的运动，结局却是世界民运史上最惨烈的结局，被共产党的军队用坦克与枪杆子镇压。真正的先生思想运动与学生争自由民主的运动，却为中共所不容，这是中华民族的悲剧一页，无数抗争者以血为证，共产党人不属于中华民族，也不属于人类文明任何一族，它是由虚拟的红色基因决定其邪恶特性，与中华传统文明为敌，也与人类普世文明为敌。

中共没有共和的理念，只有统战的政治，没有法制下民主，只有造反与斗争的利用。中共的早期提出民族独立自治只是统战的需要，宗教信仰自由与民主协商制度也是为了统战目的，以对抗国民政府，一旦党的敌人被消灭，统战的意义也就解除，所以对民主党派与被统战的民族以及宗教信仰全部纳入维稳机制之下，任何力量只要出现不稳定因素，就要消灭在萌芽状态，不惜付出任何代价。

现在不仅中华共和难以重构，民主宪章更无法超越中共党章，习近平当政后重视祭拜的是红色圣地，第二个任期开始带领常委到中共的诞生地对南湖红船宣誓对共产主义的信仰，没有祭拜过黄帝陵等象征中华民族人文始祖的纪念地，对『中华民族』也只是用『实现中华民族伟大复兴的中国梦』

的宏大叙事一语带过，对五族共和与民族自治更是从不言及。对民族问题、宗教问题、台湾问题与香港问题，都是以高压的方式严厉对待，使中华多民族共和的重建越来越不可能。

五四之后有中共无中华，有专政无共和，中共不除，中华文明不可能复活，更不可能复兴。

【综述】

暴秦之后无诸夏：暴秦一统天下，改变了诸夏多元文化生态；

崖山之后无中国：蒙古灭宋朝，改变了汉人统治中原的历史；

鸦片战后无天朝：近代西方使满清天朝成为一个平等的国家；

五四之后无中华：五四运动之后，共产中国终结了共和中华。

2021　5　30

67

t>67

篇二　　当自由城邦遭遇末日帝国

——六四幸存者眼中的今日香港

「城邦的新生代与帝国的新极权遭遇，形成必然性冲突，问题在于，它所激发的，仅仅是一时的悲情？还是像六四一样，产生一场新的历史悲剧？」

1949 年后的中国，虽然名为"人民共和国"，但仍然是一个帝国形态，是传统帝国与共产体制的复合。天安门广场是帝国的广场，三十年前的"八九"一代抗争者获得了一个多月的占领，最终失败，自由的声音被枪声泯灭，广场归于沉寂。

而香港由于百年时间在英国治下，已拥有相对成熟的法治与自由，它是一个自由城邦，却不具有真正民主的政制。作为一个位于帝国南大门的自由城邦，它的幸与不幸，盖因地缘关系而注定，帝国的威权要扩张，必然挤压城邦的自由空间，通过消解独立法治，实现威权掌控。

而香港城邦的新生代要进入"价值主义"时代，自由民主法治是第一价值，并与生命人权价值相维系，城邦的新生代与帝国的新极权遭遇，形成必然性冲突，问题在于，它所激发的，仅仅是一时的悲情？还是像六四一样，产生一场新的历史悲剧？

近日李鹏去世，引发坊间莫名狂欢，但中共对他的讣告却令人不安，大陆主流媒体上多年不见的"制止动乱"、"平息反革命暴乱"这样的政治定性又一次出现。

中共高层不仅要将六四血债让李鹏去背负，同时又一次利用其"屠夫"角色，对抗争运动中的香港进行威慑，这也发出不祥的信号。

抗争运动如何和平持续，如何把握节奏适时进退，直接关系到抗争运动的绩效与最高目标的达成。作为六四运动的全程参与者，笔者深知，当局最希望看到的，是暴力活动在城邦肆虐，为出动军队镇压找到口实，善良的人们不得不警惕、提防。

帝国与城邦：三个自由广场

在天安门广场悲剧三十周年之际，笔者作为六四幸存者之一，六月初在台北的自由广场等地参与一系列讲演与研讨，在活动中我多次强调，三十年前的天安门广场曾是一个"自由广场"，但失败了；而香港是第二期"自由广场"，它位于中国大陆的南大门口，正在沦陷中，香港人正在通过抗争，守护自己的自由，争取真正的民主；而台湾的自由广场（如其本名所示）则是第三个"自由广场"，是已然胜利的广场，如果香港沦陷，台湾（作为更大规模城邦、或城邦国家）将退无可退，面临更大的考验。

如果香港沦陷，台湾将退无可退，面临更大的考验。

在相关的讨论中，我因此提出了城邦民主与帝国民主在抗争过程中的大不同，台湾的民主路径步步为营，分众抗争，尽管也是步履维艰，充满血泪，但路径正确，人们终于走到了自由的广场上，享受自由的空气。

城邦的自由民主法治制度一旦确立，难以逆转，而帝国正相反，中共建政之初，从宪法到政体，特别是政治协商与人民代表制度，一度体现民主共和的理念，但从 1950 年代到 1960 年代，共和国蜕变成为党国，从党国又退步到个人极权专政国家，甚至成为政教合一的领袖崇拜国家。在习近平当政之后，改革开放的有限成果又一步步被蚕食，普世价值被禁谈，公共知识分子、维权律师、敢言的媒体与媒体人被打压、迫害，失却生存的空间。

大陆的民主抗争运动现在看起来如此无望，几乎没有了抗争的空间，但不可持续的专政极权，也有其宿命的悲剧终结。帝国的倒退路径如此鲜明，但从苏联经验来看，其崩溃瓦解也在一夜之间，后续的问题就是如何重建民主法治。

香港城邦的抗争，日益成为对抗庞大帝国专政的一部分，也成为拖垮帝国的韧性力量。

在这种背景下，香港城邦的抗争，日益成为对抗庞大帝国专政的一部分，也成为拖垮帝国的韧性力量，如果说八九之时香港人对北京民主运动的声援支持是基于道义，那么今天香港人的抗争，既是当年民主运动的持续，更是在守护城邦的自由，对抗大陆威权、争取本地的民主。

反思三十年前北京的抗争运动，对比香港今天的抗争运动，也许可以得到经验，更能获取教训。

退无可退，致命的抗争

八九一代的大陆抗争群体，是新生的、脆弱的政治力量（包括广场领袖在内的主体都是年轻学子），由于相对封闭的环境，它并没有得到国际社会有效、有力的声援与支持，国际社会更无法对中共暴行进行有力反制（这与香港现在的情形迥异）。

与此同时，成人精英也只有非常有限的参与。而不公开直接参与的原因，主要是为了"避嫌"，即有民主宪政意愿的成年知识精英们，不愿成为当局怀疑的、学潮或民主运动的"幕后黑手"。相比之下，四年前香港的"占中"争普选民主运动，大学教授等成人精英们，公开站在前台，亮出底牌，与控制城邦的力量公开抗争，强势发出争取"双普选"的呼声。

当年北京的抗争者之所以能够持续在四十多天的时间占领广场，有多重原因：一是起因，学生与市民能够走上街头，是为中共的开明领导人送花圈，如果不是这一起因，抗争者不可能大规模上街。二是理性和平，抗争者持续如此长的时间，整个过程和平理性，甚至自发组织了纠察队，最重要的背景是中共高层内斗没有结束，无法动用军队暴力镇压，军队因抗争者全力阻止，无法大规模进城，双方和平僵持。

现在，香港是不是面临同样的危险？解放军就在香港城内外，之所以没有像对付北京抗争者那样悍然镇压，又是什么力量在无形制约它呢？只要解放军出动，场景还会与当年北京"六三"之夜一样恐怖。如果说当年军队无法进城、或迟迟没有动用屠城方式，是中共高层内斗没有结束，那么今天香港的背后，则是大国博弈，全球关注，北京有所忌惮，从而在雨伞上面支撑起一片有限的天空。

抗争运动的入场需要理由，退场也需要理由。

示威和平，诉求合理，为什么要离场？——身处局中的抗争者，似乎没有离场的理由。当八九学潮组织者在五月中下旬得知上层斗争结束，极左保守力量将祭出杀器之时，有关学生组织确有离场动员，但仍然有不少学生坚守，不为可能的镇压所畏惧，他们是抗争的另类"分众"。普众的大规模抗争，分化出"分众"力量。

而这种与普众相异的分众力量，在这次香港"反送中"抗争运动中也有出现，激烈者冲击立法院，是更年轻的决绝者所为，而现场理性的力量甚至有年长议员前往阻止，以保证整个抗争运动总体呈现和平性。近日我们看到，分众抗争正在蔓延到更多的区域，更多的人群。

大型抗议运动中，数百万计的民众能做到和平理性，已是伟大壮举，想做到精确一致的共进退，是不可能完成的任务。

大型抗议运动中，数百万计的民众能做到和平理性，已是伟大壮举，想做到精确一致的共进退，是不可能完成的任务，普众有普众的进退，分众有分众的特殊方式与追求。正如此次抗争运动中被广泛提及的"兄弟登山，各自努力"，香港人能够理解运动中不同层次的追求。

当年北京当局不仅将民众阻止军队进城当成暴乱，甚至故意制造事端，颠倒时间先后顺序以制造假象，为屠城暴行找到借口。帝国抗争运动面对的专政当局，与城邦抗争运动中面对的城邦管理者，也有重大的不同。

1989 年，北京乃至中国大陆形成的超大规模的学潮与市民抗争，不是反对一则条例实施，或者为胡耀邦历史地位正名，而是要解决"宏大"的政治问题（宪法上的言论结社自由、民主选举权要兑现），却被当局视为要颠覆中共的政权，而对当年统治高层来说，他们家族腐败也成为自身的痛点，这使他们感到某种恐惧——只要政权失控，他们面临倒台后的清算。所以，帝国统治者无法承受失败，因为后果不堪设想。

在八九年宏大的抗争运动中，也有很小的诉求：学生们组成了代表团，要求与当局公开对话、电视直播，要求当局收回对学潮"动乱"的定性。为抗争者退场提供基本的安全保证。而当局担心的是，具体的对话过程必然涉及政治改革、当局收回"动乱"定性，无异于自食其言，由此失去威权。对威权中央来说，退一步就得步步为退，直到退出历史舞台。致命性的后果推定，导致他们一步不退。

对威权中央来说，退一步就得步步为退，直到退出历史舞台。

反过来说，如果抗争者退一步，争取校园民主或县市级民主选举，是不是可能？但帝国转型的模式，一切都要中央首肯，环环相扣，牵一发而动全身，中间路线仍然可能被中共视为致命颠覆（例如现在大陆对维权律师的打击，多以危害国家安全定罪）。而对学生或抗争群体来说，连动乱的定性都不能解决，公开对话这样的胆量、诚意都没有，也就没有退出广场停止抗争的理由。广场的坚守必然持续，悲剧因此成为宿命。

而香港这样的城邦抗争，对城邦管治当局来说，难以出现无法想象的悲剧性后果。当局有恐惧与无恐惧，处置手段与方式，对待最后结果的心理预期，因此有天壤之别。

这一次香港人"反送中"抗争，只是影响了威权者的面子，对中共政权不构成致命威胁；争取"双普选"却是一条坎：双普选之后，香港政府更加独立，北京对其控制将被弱化。

"反送中"抗争，只是影响了威权者的面子，对中共政权不构成致命威胁，争取"双普选"却是一条坎。

但其实当局应该明白，开明对待香港，不仅香港人会对大陆更有善意，对台湾与大陆的关系，也只有百利而无一害。那种观点认为香港"双普选"民主化，对大陆构成示范效应，恐怕是杞人之忧——韩国对朝鲜又构成了怎样的示范效应呢？而香港人持续的抗争，对北京越来越不信任、甚至充满敌意，这难道是当局希望看到的结果？

分众抗争的界限

天安门广场民主运动总体上和平理性，没有极端化暴力冲击事件发生。第一阶段是纪念胡耀邦，只是学生们向新华门送花圈时遭遇象征性冲突；第二阶段是争取民主自由，提出政治诉求，以及公开对话的具体要求；这一阶段是中共对抗争运动的"动乱"定性引发的，导致步步升级，从绝食到绝水抗争，相关部门的欺骗性对话，无济于事的广场探望，以及李鹏与吾尔开希的互相训诫，都使广场抗争运动无解。第三阶段，即等待与观望阶段，绝食绝水与大规模的示威均结束，大量学生回到校园，部分高自联成员继续占领广场，外地学生开始进京，成立外地学生联合组织，广场抗争疲惫地继续，"天安门民主大学"与侯德建等人的艺术表演，使广场不再像绝食绝水时那样悲愤，这样的方式如果说是引发中共屠城的原因，无法令人信服。

而对于中共强硬派来说，不用暴力流血方式来宣誓对专制的维护，不制造恐怖，就不可能使抗争运动完全平息。"六三"夜间军队进城，坦克与冲锋枪开道，激怒和平民众，造成流血悲剧，这正是强硬派所需要的恐怖效果。

军队入城可以有军事动员，而当年抗争者并没有整体有效动员，更不可能形成有力的对抗，国际社会更无法及时参与阻止与遏制，但广场仍然有和平的退出机制，最后时刻侯德建等四人与包围广场的军队谈判，广场学生临时投票决定退出，这何尝不是抗争运动的奇迹呢？四十多天里和平抗争，致命之时和平退场，仍然体现了决绝的抗争意志、以及对残酷现实的妥协精神。

刘晓波六三之夜在广场上"砸枪"行为，可以在广场运动史上大书一笔。一个人、一杆枪，也许可以在广场上产生悲壮对抗，但对整个和平广场带来悲剧性的后果也可以想见。相反，天安门城楼画像泼墨事件，即便是象征性行动，却无益于广场抗争，反而激怒原教旨红色权贵集团。民主运动应当有非常清晰的诉求，如果激烈的分众行为频繁出现，它会使公众的抗争被弱化，甚至会被引向歧路。

民主运动应当有非常清晰的诉求，如果激烈的分众行为频繁出现，它会使公众的抗争被弱化，甚至会被引向歧路。

三十年后的今天，香港的抗争者仍然面临严峻的追问：激进抗争者是否会把整个运动带向不可挽回的地步？如何看待冲击立法会、中联办和占领地铁等行动？所谓"分众抗争"，有没有界限？当年胡平所说的"见坏就上，见好就收"，对于香港有没有实质借鉴意义？

抗争者已然取得局部胜利，这便是送中条例已"寿终正寝"，港府想重新启动，事实上难以可能。那么，抗争者应当血性激情地冲击立法会、中联办，砸毁门户涂污墙壁与中国国家象征？还是动员更多的力量，加盟到普众抗争队伍中？切近的目标，是要特首取消抗争运动的暴乱定性，惩罚过当施暴的警察，追究元朗暴力事件的幕后力量等等；而韧性抗争与长期追求达到的目标，仍是"双普选"。

分众不妨各自寻找和平路径，譬如分工游说现有的立法委员或有影响力的香港知名人士，对话特首，组建国际游说团队，寻求欧洲与国际人权组织的支持，甚至要求与大陆当局就香港"双普选"问题进行对话。但分众抗争应该有自律、有界限，要与普众抗争相呼应，至于"见好就收"，如果没有"双普选"，香港人抗争恐怕难以收场。保持韧性、寻找路径，将考量香港抗争运动的小成果与大目标的实现。

保持韧性、寻找路径，将考量香港抗争运动的小成果与大目标的实现。

倘若坚守和平抗争轨道，或有悲情，但难有悲剧。如何避免悲剧发生、或抗争运动被中共军方遏止，这将体现抗争者智慧。

中国国防部在回应记者关于香港驻军是否会干预香港事务时，发言人搬出的是《驻军法》，其第 3 章第 14 条所谓"协助维持社会治安"，实质针对的是香港大动乱、甚至走向独立，这是中共的底线。触碰其底线，是否能提升抗争的效果，达至目标的实现？还是更能激怒中共当局，使形势变得复杂、胶着、无解？

和平示威在城邦是合法的，国际社会也在密切关注，在此前提下，驻港部队不敢公然参与处理城邦事务。更为重要的是，城邦的和平抗争对中共当局与城邦本身，都不构成"致命威胁"，城邦抗争因此有可能收获有限的胜利。

2019 年 7 月 7 日，有网民首次发起于九龙区大游行，表达撤回修例及暴动定性，撤销控罪，追究警队滥权及实行双普选等五大诉求。摄：陈焯煇/端传媒

真正的普选权事关城邦人的政治生命，否则自由与法治仍然难以有效保证，所以，城邦的抗争不可能休止，不可能有"退出机制"，只会有节奏进行，如何可持续、形成动员力，并达到预期的效果，考验城邦抗争者的智慧与行动力，也考验帝国的宽容度与开明度。

在送中条例被遏止之后，最重要的抗争诉求，要让北京与港府清楚，"双普选"并不是致力于独立，而是通过议会民主，使香港民意得到制度性的呈现，通过议会博弈，使城邦获得理性和平与文明繁荣。没有双普选的政府，只效力帝国中央的政权，才是社会冲突与街头动荡之源。

帝国与城邦的价值之战

城邦守护自己，需要凝聚自身力量与国际力量支持，使帝国无法延伸掌控权，而城邦民主要进一步，不仅与上述因素相关，还与帝国的文明进步相关联。但可以肯定的是，城邦的抗争也许不会像北京当年那样出现悲剧，但却充满悲

情。

相对于 1989 年，帝国与城邦都有了新生代，新生代意味着价值观的升级更新，也意味着价值冲突发生机率大增。

相对于 1989 年，帝国与城邦都有了新生代，新生代意味着价值观的升级更新，也意味着价值冲突发生机率大增。这当然不是说，帝国治下的年轻人与自由城邦的年轻人必然要发生冲突，而是说，帝国在新君主手中，而城邦的新生代要按照理想与价值生存方式践行。帝国的威权要进一步，必然会压缩城邦的自由与法治空间，而城邦的新生代要进一步，则是要通过"双普选"，使自由与法治得到民主政治的保障。

作为帝国统治者，习近平不仅放弃了"韬光养晦"的基本国策，对香港问题也呈威权扩张之势，邓时代强调的是"两制"，甚至乐观认为，五十年后香港的制度没有必要改变了，潜台词是：大陆五十年后应该与国际社会政制接轨了，一国两制也就不成为问题。但习时代强调一国，甚至不再承认中英联合声明的相关承诺，对香港的渗透与控制也步步进逼，甚至将书商、富豪直接绑架到大陆受审。

在这样的背景下，林郑月娥迎合中央旨意，拟通过"送中条例"使香港进一步受控于大陆，一旦送中条例实施，不仅香港公民，连路经香港转机的政治异见者、"颠覆政权者"，都会以莫须有的罪名送交中国大陆处置。

习近平主导下的中共，在香港问题上又走上了极左保守之路，对香港一直是"维持现状，充分利用"八字方针，对香港争普选严加抵制。

对于香港的年轻世代来说，"双普选"既是基本法的法定承诺，也是香港民主进步之必然。但原教旨马列主义者或极左中共派是体制内另一条主线，从上世纪五六十年代至今，并无改变，或者说习近平主导下的中共，在香港问题上又走上了极左保守之路，对香港一直是"维持现状，充分利用"八字方针，对香港争普选严加抵制，在雨伞运动与"反送中"运动中，管控大陆民众的信息也达到极致，重要城市开启"新疆模式"，在地铁口或大街上公然检查年轻人手机，虽然名为防范暴恐信息，但它真正防范的，是香港抗争运动的效应波及大陆，引发更大的抗争风潮。这种民主政治的恐惧，限定了他们在这场价值之战中的底线，使他们不能在香港"双普选"抗争中退让一步。

香港的命运在谁手中？

八九民运遭遇镇压之后，抗争链被恐怖斩断，国际也因冷战而无法有效制止暴行。相比之下，城邦的抗争运动则是幸运儿。不仅全世界都可以通过直播看到现场，全球声援与国际干预，也会直接影响现场。

林郑在中央支持下，只是表述送中条例提案终止，对自己的错误决策表示道歉，但没有收回对抗争事件的暴乱定性，没有答应惩处违规使用暴力的警员，更没有允诺释放抗争被拘人士。显然这种立场无法平息事态，如果要守在位置上，就应该将自己的决策错误揽下来，处置违规警员、释放被拘的抗争者，向市民表达诚意。显然，北京的政治意志正在左右香港特首，对警方违规的纵容、对和平抗争者暴乱的定性等坚决不改，与八九当年中共对待抗争者的强硬态度，如出一辙。

如果城邦能够成功抵制帝国的强压，至少可以获得暂时的和平安宁，甚至有机会改造帝国体制，赢得真正的长治久安。

如果城邦能够成功抵制帝国的强压，至少可以获得暂时的和平安宁，甚至有机会改造帝国体制，赢得真正的长治久安；相反，如果城邦屈从于帝国威权，那么后者就有更强的信心将其理念强加于更广阔的区域。但正如有评论所说的，这是习近平当政以来的第一次真正失败，或者至少是第一次遭遇重挫，因为他发现，在这个小小城邦之中，他无法予取予求地行使自己的威权。这也正是香港虽小、却意义重大的原因之所在。

美国主导的经贸战，正升级为一场国家软实力之战，而香港、台湾正处于在这场战争的前沿。这场战争不可避免地具有逐利色彩，在"修昔底德陷阱"的语境中，可以被视为另一场伯罗奔尼撒战争，但对于香港和台湾这样的自由城邦来说，亦是另一场希腊-波斯之战，一场事关价值观与生活方式的战争。

对城邦人来说，与生而来的自由法治权利不可让渡，而对帝国专制政权来说，没有威权与控制，帝国没就有了光荣与脸面。帝国与城邦之战，将是一场持久的软性战争。

香港的命运，现在正被看不见的手所管控；但最终，必然会在香港人自己手中。

端传媒 Jul 26, 2019

篇三　　造反与造神
——关于无产阶级文化大革命的性质的思考

一、"造反"与颠覆，是中国革命的主旨

无产阶级文化大革命，发动者在发起之时，就已然对这场运动进行了"定性"：参与主体是无产阶级（红卫兵是新生的无产阶级，他们一无所有），性质是革命（革命即"造反"），主要领域是文化（实为心灵革命或灵魂领域的革命）。而宣布结束无产阶级文化大革命的中共官方，认为这是一次决策"错误"，发起人是毛泽东，主要责任在四人帮反革命集团，造成的后果是"十年动乱"。

本文想从人类历史进程、中国共产党与毛泽东的历史、以及文革过程，对这场运动进行分析与定性，本作者的分析基于这样一个逻辑来定性：结了桃子的树，可以定性为桃树，即便它是由梨树嫁接而成，最终的结果决定一棵树的被定性。

文革这棵其大无比的树，结了无数恶果，但最大的恶果，就是造了一尊神，以太阳为形象符号（"东方红、太阳升"），以伟大为体征，以万岁为呼号，以其思想、语录为教义，以开天辟地为其新创世神话，同时他也像宗教领域的救世主："他为人民谋幸福，他是人民大救星"。

马克思倡导的革命被毛泽东等人做成了中国特色的造反，主要原因是中国在１８４０年之后，在面对东西方文明

的撞击之时，没有像日本那样完成政制改革，日本的明治立宪使日本通过学习西方政制文明与技术文明、学术思想，从而变成一个强大的近代国家，自上而下地完成了维新，而不是通过革命或造反的方式。

相比之下百年中国，所有的领域都进行过革命，几乎所有的人都卷入革命或被革命，唯有当政党与最高领导人，没有实现自我革命（中国共产党与中共最高领导人无法自我革命）。中共开启的模式是自下而上的革命与造反，新文化运动是先声，五四运动开启了暴力模式，十月革命一声炮响，为中国送来了革命与造反有理的"福音"，湖南农民运动是底层社会的一次社会大革命，其中我们可以看到后来文革的方式：通过马克思主义革命原理，分裂人民为不同阶级，组织农会甚至农民武装，通过阶级斗争剥夺地主土地与财富，非法进行人身迫害，为颠覆国家政权或者是为建设中共的"新中国"做准备。

延安整风与延安文艺运动，是中共对党内知识分子与异己者进行的一场扩大化整肃，也是一场小规模的文化革命，迫使文化为中共的政治服务，歌剧《白毛女》是八个样板戏的鼻祖，丑化、罪化地主阶级，制造阶级仇恨，为夺取国民党的政权做准备。《东方红》歌曲在延安唱起，毛泽东思想在延安提出，造神运动已具雏形。

延安确立毛泽东的党内至尊地位之后，中共夺取了国家政权，立即开启了继续革命的模式，而在传统中国，用天道模式打得天下之后，立即开启人道模式，遵守仁政道德原则来安定天下，中共反其道而行之，继续反人道进行革命运动。中共建政后一系列的运动，三反五反等等，都是制造革命恐怖，致力于迫害人权消灭异己者甚至无辜者的生命。而激进的社会主义运动，则造成数千万人非正常死亡。同时进行的文化革命是从反右到庐山会议，对知识分子、民主党派的迫害，对党内异己的清除，毛泽东成功摆脱了三年灾害的罪责，又一次确立党内至尊地位。

直到１９６６年新的文化大革命又一次被发动，我们看到，从湖南农民运动，到无产阶级文化大革命，毛主导的革命与造反、颠覆几乎每十年进行一次。

湖南等地农民运动，颠覆了传统中国社会模式，这是一次底层威权与秩序的破坏与颠覆；

延安整风与延安文艺运动，国共内战，颠覆了国民党政权。这是毛泽东的第二次颠覆。

第三次颠覆是五十年代，废止全国政协的独立政治权利，迫害民主党派与知识精英，使共和国成为党国。

第四次颠覆是继续迫害党内异己，并大量迫害知识精英，颠覆共产党政权，成立革命委员会，造神运动获得成功。

而最终形成的颠覆，是对马克思主义的颠覆，所谓秦始皇加马克思，实为举着马克思的旗帜，行着秦皇暴政。毛泽东其反人道、侵人权、奴役与欺骗人民，恢复的是超越帝制的极权，形成的是红色革命政教合一的党国体制。党国全部占有了国民的剩余价值，甚至私有财产。

从一切权利归农会，到农民成立武装组织，到红军变成党的军队（党组织建在连队上）、党指挥枪，党指挥枪，军队成了党卫军，国家最终异变为党国，党内毛泽东指挥枪，枪最终指挥了党，枪杆子制造了个人极权，并成功实现了个人的神化。

文革实现了毛泽东最高的人生目标，就是成为人神，成为精神领袖，成为万岁，他不能从血亲上实现政权的万世一系，但可以实现思想万岁，致力于红色基因的万世一系。

从新文化运动到文化大革命，每十年毛氏都会启动一次政治文化运动，每一次运动的结果，都让毛的地位升级一次，直到成为中共的一尊神圣。

二、"文革"：过程与结果，都是一种宗教状态

触及心灵、灵魂的是人类最高价值，但它可能会使人产生宗教情感、精神迷狂，古希腊人所言的酒神精神与日神精神，前者使人迷狂，后者让人崇拜。毛泽东穷尽自己在中国的政权最高权力地位之后，在人类的思想巅峰上，最终实现的是思想万岁、形象万岁，就是达到人神或偶像神的位置。这不仅是秦始皇加马克思，而是耶稣、天皇、教皇、皇帝、革命领袖、舵手、思想家、革命导师、统帅这样的崇高伟大元素的集合体。

"东方红太阳升"，这不是一句简单的歌词，它在中共的红色宗教情境中，如同基督教中的那句：上帝说要有光，便有了光。中国历史一直黑暗，因为有了毛泽东这个大救星，如同太阳升起，中国便有了光明。

　　1976年9月9日下午，我们（安徽怀宁）村庄的一位年迈老人广播里听到毛逝世的消息，泪流不止，她说，为什么死的不是自己，她愿意为毛而死。

　　同一个时间，安徽皖南（绩溪县）田野里，生产队农民在田间劳作，突然，从村庄那边疾跑来一位老地主，他边奔跑边疯狂地高喊：

　　你们的主席死了，你们的主席死了。

　　声音响彻南方的原野天空。

　　这个时间应该是下午四点左右。

　　我当时读初中二年级，被通知全体同学坐在教室里，收听重要通知，当时我们不知道发生了什么，当哀乐阵阵传来，我的内心并没有悲哀，只有莫名的惶恐，收听完中央人民广播电台的广播，我们又被极左的教导主任集中到学校的院落里，听他诉说悲痛，他掏出手帕擦拭眼泪时，站在我前面的一位同学回过头来，对我轻微一笑，他的笑化解了我受到的现场情境感染，我内心瞬间有了某种轻松。太阳正在西沉，当时我突然在想，这轮灰黄的太阳将会怎么样？（这是当时真实的个人体验，所以记忆深刻）

　　一个人去世了，一个党国领导人去世了，一个十三四岁的少年居然会对永恒的太阳产生莫名的焦虑，有一份惶恐不安。因为我们失去了一种宗教关怀，实为一种邪教的虚假关怀。

　　对于一位地主，压抑他的魔王死掉了，他解脱了，或者说精神上获得了一次胜利，那个人并没有万岁，他自然死亡了。

老地主似乎在呼喊：你们的主席死掉了，你们没有主席了，你们没有保护神了，你们怎么办？而对于一个中学生，是一直被宣传的像太阳一样光辉、伟大的神一样的领袖突然没有了，这不符合逻辑，因为他已被塑造太阳一样的形象，生命将万岁永远。

我们有多少话儿，要对你讲，我们有多少歌儿要对你唱、千万颗红心向着北京……

后来，我进入教堂，才知道，那些美妙绝伦的颂歌，应该是信众们献给神的，但那个时代，这些颂神一样的歌曲，全部都是用来歌颂一位独裁者的。

2011年重庆，我去亲身体验闻名一时的红歌广场，听到了这首：《祝福毛主席万寿无疆》多少年没有听过，突然听到来自年少时的颂歌，无比真诚无比喜悦，突然又复活了一种宗教情感。我是多么希望这首歌献给一位真正的神或英雄，因为这首歌让我的灵魂有了皈依，内心因信仰而温暖感恩，但理性告诉我，这是一场巨大的骗局，有人披着神的外衣，公然把全中国的人欺骗。一时间的感觉是：情感在复活，惺惺在作呕。

我们对一棵树的定性，是这棵树最终结了什么果实。

我们对文化大革命的定性，也应该看它最终结了怎样的恶果，最大的恶果，就是通过政治、文化、造反、斗争，迫害、恐怖方式，造了一尊邪恶神，借助了太阳的光辉。通过编造神话"东方红"史诗、通过无数改编的颂歌、通过圣经一样的语录出版、学习与教材背诵，通过一切的方式，通过一切人，还甚至通过向海外传播，塑造了一尊红色邪神。

马克思共产党宣言中的那个幽灵，终于以肉身的方式呈现在东方大地，肉身之人却被呼喊万岁，万万岁，最终却像所有人类一样，死生由命。

文革结束，国家成为废墟，只有一尊神仍然在神圣矗立。

毛泽东走下了神坛？

他的画像仍然悬挂于国家象征之门，他的思想仍然是国家指导思想，战无不胜的毛思想万岁，仍然写在新华门前，人不能成为神了，但他的思想他的灵魂却成为神一样的存在，继续决定着一个国家的命运。

网络上有无数的毛迷，村庄里残留着无数原有的毛画像，现在新的画像又在重印，并配上新的领导人形象，大城市出租司机曾时兴挂毛像章辟邪，而民间农村，更是如此，民间社会的人偶神现象，通过毛形象大量出现。

因为没有完成近代化，没有进入政治文明现代化，所以中国无法走出文化大革命陷阱：当年一隅重庆，文革之风如火如荼，人们仍然会在情感上去依赖神一样伟大的领袖，靠着他为人民谋幸福。

而现在，当年重庆的放大版又一次上演，又一位伟大领袖要指点江山，既有马克思一样的新思想，又为党国未来描绘蓝图，他遍读人类名著经典，他的讲话是新时代伟大思想，他的思想被写入党章，并成为数以百项国家社会科学研究课题。拥有最高权力者，即拥有神圣不可怀疑的思想，这就是政教合一，这就是重建神圣信仰，这就是文革再现，最终还是一场造神运动，结出一枚邪恶的果实，让整个国家民族自受其恶。

文革只有一个结果：国家成为废墟，只有一尊神矗立。

三、对比明治维新，看中国百年革命

"文革"是无产阶级专政下继续革命，所以它是中国百年革命不可分割的一部分，也可以视为百年中国革命的收官之作，最后的巅峰。因为文革之时中共已完成了制度革命、土地革命，而文化革命是思想革命、文化革命、也是心灵革命，已触及到灵魂层面的革命，所以它是革命的极致，进入到革命宗教状态。

如果对比明治维新，会发现，中共的革命，是共产主义革命逻辑的产物，符合中共的真理与历史逻辑，同时陷入死胡同，就是不仅要与人类的私有制进行革命，还要进入人类心灵，进行革命。为什么中共会陷入这样的死结？因为中国没有像日本那样，在应该完成近代化的时间，完成近代化，在应该完成现代化的时间，完成现代化，社会与政治的近代化与现代化，路径是以政制的近代化与现代化，带动社会的近代化与现代化。

西方世界的近代化与现代化过程是渐进的过程，是主动因变的过程，或者说西方是主导世界近代化与现代化的领导者，而大清中国与邻国日本，则是应变应急过程中，被迫的近代化。

近代化一词对中国与日本独具独特的历史意义，它意味着：国门被迫洞开、市场面向全球、国家必须改变政制以应对资本主义的自由化（民主化）、工业化、市场化，通过军国主义来保障社会达尔文主义主导的近代世界生存法则（东方近代军国主义是西方列强激发出来的）。

日本明治维新以东方文明特殊方式，完成了政制改革，幕府大政奉还给天皇，天皇主导宪政改制，学习西方、工业化、天皇主导的民主化、资本主义市场化、富国强兵、文化与农村通过改良方式，随之实现近代化。而中国在明治维新之时，有同治维新（维新变法），又有君主立宪，均是表象之作或无法完成社会转型，终结大清之后，或因军阀混战、外力干预、国共北伐、日本入侵与苏俄渗透建立红色政权，使大清之后的中国，尽管已经进入到近代化进程之中，但一直无法完成政治近代化或者一直被破坏。中国至今仍然走在近代化的路上（有工业化进程而无世界认可的市场化），没有实现政治现代化。

政治近化化与现代化之后，农村土地问题、文化习俗问题、信仰问题，通过自由与市场去完成，或通过政制去调节，完全不用革命与颠覆的方式去完成。正是因为无法政治近代化，所以才有清末与民初的各种乱象，正是因为无法完成政治现代化，所以中共一直通过社会颠覆的方式，一次次去解决一党专政无法解决的问题。

从湖南农民运动到文化大革命，都是中共解决社会问题的特有方式，就是底层无产者或流氓无知者们，对有序社会与不公社会进行破坏性甚至毁灭性的颠覆（不自上而下的改良，而只采取革命暴力），迫害人权，毁灭传统与契约，法则，最高教主或动乱的制造者却坐收天下与红利，比较一下日本明治维新初十年，有近二百次农民起义，但精英们没有去发动底层革命，明治维新也没有革命性地去剥夺底层地主的土地，原有的社会精英则融入新的政制行政系列中，转型成为新生的力量。

有趣的是，日本近代化过程中，天皇神圣性的复归，某种意义上，明治维新成为一个政教合一的国家（天皇之下人人平权，文革之时毛神之下，人人平等，日本的近代人人平权，有宪法保护，而毛神之下人人平等，只靠毛语录的造反方式来实现），而这使日本获得了近代军国主义的精神力量或宗教力量，如果仅有西方的政制，而没有东方特有的政教合一的力量，包括武士精神、效忠精神、家国一体，日本近代不可能战胜大清与俄罗斯，也不可能在二战时与美国在东亚进行决战。

二战之后，美国主导被征服的日本政治转型，完成了现代化，天皇成为国家象征，不再政教合一，变成和平正常的民主宪政国家。西方政制与东方文化传统，美妙的结合在一起。

如果说毛泽东的军国主义只是在朝战争、以及对台湾、对越南、对苏联进行过有限的战争的话，它更多的是对内军国主义，对外是革命输出模式。而反思当今的中共新文革，南海造岛与一带一路，既在致力于重建军国主义模式，又在通过经济殖民经营的方式，隐藏意识形态与党国影响力的输出，现在在积蓄实力、扩张地盘，以空间换时间，只要时机成熟，必然展开正面对抗（所谓"以牙还牙"）。庞大的红色党国，不能进步到宪政民主状态，必然要退回到军国状态，对外害怕敌对国家颠覆，对内担心各种力量结盟颠覆，对内是党国对外必然是军国，以保障政权的安全。而元首人物的神圣化，也是为了政治安全，或者它是极权政治的最高形态。

四、新文化运动，开启了漫长的近代文化革命

春秋战国的百家争鸣，是中国文化思想勃兴的时代，某种意义上说，它是原生态文化思想，春秋战国时代中国圣哲创造了字概念：仁、义、礼、智、信、道、德、忠、诚、福等等，这些文字体现传统中国文明的核心价值。

而日本文化的近代化过程，通过翻译与利用传统中国文字，创造了词概念：维新、大政奉还、神武、物理、武士道、文明、开化、厚生等词是利用传统中国文化，旧词新用，但更多的概念则完全是日本近世创造或翻译时的创造：社会主义、共产党，干部、封建社会、观念、理想、主义——我们今天中国使用的绝大多数近现代语汇，均来自日本近世创造。而近代语汇，某种程度上影响甚至决定了近代思维、近代价值观，语言文字中隐藏着一个文化民族的心灵内含。

日本人并没有发起一场宏大的群众文化运动，而是一个个学者按照实际需要，来完成了这样一件文化升级，它不是一次运动，更不是一次革命，而儒释道文化精神仍然潜在地影响着日本人的心性，东方文化的底蕴没有被革命性消除，

尽管明治维新之初，也有激烈的争论，关于汉字、儒文化的落后性，甚至人种低劣论，都有争论，但一旦主流社会主导的政制改革开启，随后的文化问题就变成一个纯个人的自由选择、自发创造的问题。

汉武帝之后，儒家成为"封建社会"的主导思想，所以古代传统封闭的社会结束之后，必然要有新的文化思想以适应新的近代社会、面向开放的世界。日本明治维新也一样，佛教的国教地位废止，天皇的神圣性确立，书院教育中的儒家经典让位于兰学、洋学，大量的西方经典文献被翻译出版。

兰学与西学给日本的是筋骨架构，以及新的政治价值体系与行政管理方式，但其文化血脉与文化元素，仍然是东方传统或者萃取了华夏文明文化基因。

相比日本的明治维新，新文化运动则走了极端：１９１９年１月１５日，新文化运动期间，？陈独秀在《新青年》杂志上发表文章《＜新青年＞罪案之答辩书》说：反对《新青年》的人，无非是因为我们破坏孔教，破坏礼法，破坏国粹，破坏贞节，破坏旧伦理，破坏旧艺术，破坏旧宗教，破坏旧文学，破坏旧政治，这几条罪案。这几条罪案我们直认不讳。但是只因为拥护那德莫克拉西（Democracy）和赛因斯（Science）两位先生，才犯了这几条滔天的大罪。要拥护那德先生，便不得不反对孔教，礼法，贞节，旧伦理，旧政治。要拥护那赛先生，便不得不反对旧艺术，旧宗教。要拥护德先生，又要拥护赛先生，便不得不反对国粹和旧文学。

新文化运动错误表现在：社会精英们过多的关注文化问题而缺少对宪政民主制度的启蒙与研究，特别是宪章的普及奠定，激进的共产党人在政制革命、宪章宪政领域几乎一无贡献，追求的只是革命与颠覆、造反与斗争。

其二，用革命的方式而是不扬弃的方式，将传统道德与非人性的礼教完全等同，废弃传统道义，导致中国近世社会日趋流氓化、暴力化。德先生与赛先生，解决不了儒释道先生心灵层次的问题。脱掉儒家的长袍，却又无法制作西人的西服，所以国人在道德领域只能裸奔。反传统导致流氓文化成为近当代中国的主流文化。流氓并不可怕，可怕的是流氓群氓被理论包装，并加以科学化、革命化、赤化。大量涌现的革命理论符号，如同陌生的病毒，中国普众无法抗拒，从大脑到躯体，均被侵蚀，成为红色革命病毒的牺牲者或病毒感染者、传播者。

其三：学生与社会底层的人成为运动的主体，学生们更多的是理想激情代替理性与现实，而后来的一系列学生运动几乎影响了整个百年中国历史进程，学生的爱国与热情都可歌可泣，问题是成人主流社会没有成为主力，而成熟的文明体中，无论是英国大宪章还是美国的宪政制度确立，甚至黑人争取平权运动，都是成人主导，精英主导，而不是靠热血激情的学生运动来争取。

其四，五四运动开启了学生暴力正义，前有打倒孔家店，后有火烧赵家楼，因为有新文化运动倡导的打倒孔家店，到了文革之时，就会有毁孔庙孔林，毁坏无数古代文物的悲剧发生。毁灭私人府宅在中共历次运动中，特别是文革抄家，更是成为风行的方式。

第五、革命精英们用更革命更激烈的方式，对中国社会与政治、文化与经济进行颠覆性的毁坏，而马克思主义被引进中国更是造成了灾难性后果。

革命成为宗教，马克思主义成为教义，中共第一代领导人因新文化运动与五四运动而登上历史舞台。而陈独秀、李大钊们，正是毛泽东的革命导师、带路人。

陈独秀这些导师们即便进行革命，还是有一定的底线，而到了毛泽东一代，无底线的革命，利用流氓进行革命，暴力革命，迫害人权的革命成为主流。

后来呢，共产党人拥戴的不是德先生与赛先生了，而是马列先生，而到了文革之时，只有毛泽东一个人被神圣化，成为唯一被拥戴的对象，陈独秀们所有的革命性毁坏，只是为了树立德先生与赛先生，而文革之时的所有破坏与迫害，最终是为了树立毛泽东个人的神圣地位。

新文化运动、五四运动，相距半个世纪，却与毛泽东的文革，形成精神上的链接、呼应关系。

新文化运动开启了什么呢？反礼教，兴政教，政治启蒙与政治教育成为潮流：政治教育并没有致力于进行政制改革，而是致力于颠覆传统文化传统信仰，而礼制一方面禁锢了社会自由，另一方面，却是维系社会和平的一种道德力量，对比日本明治维新我们会发现，日本维新方式不是革命造反的方式，而是扬弃的方式，道德价值元素被肯定，社会通过新的政制完成平等与自由、开放。日本的精英成为主导社会变革的主力，学生与农民，并没有被精英们煽动起来，而中国的学生们用青春的热血与激情，在中共的领导下破坏一个旧世界，但却无力建设一个新政制，特别是新道德体系。

　　德先生与赛先生不可能建立起道德价值体系，特别是民间社会的价值体系，这两位先生神圣地位还没有确立，另两位先生急促进入中国，就是马克思、列宁，或者说马恩列斯主义，革命就是造反，马克思主义就是科学、是真理，五四运动开启的，是学生运动，是工人罢工，是反帝反"封建"，这些都是口号，在当时改变了一定的时局，但潘多拉魔盒一旦打开，在中国，群魔邪恶同时涌现，它以光明与希望之神的面目出现，但百年来人们遭遇的却是黑暗与绝望之魔。

　　爱国、反帝也会进入迷狂状态，反传统，还是进入迷狂状态。这些都是革命教的表现，因为爱国、反帝、反"封建礼教"都是政治正确，政治正确神圣不可侵犯，谁反对中共的政治正确，就是反革命。

　　陈独秀、毛泽东在中共随后的纪念五四活动的同时，纪念五五，即马克思诞辰，马克思成为革命神圣的符号。中国近代政治启蒙的开始了大转型，而这一转型，是文化革命向政治革命转型，是革命宗教取代传统的社会道德。极端化、暴力化、革命化成为新总体特征。

　　所以，新文化运动、五四运动，开启了中国文化大革命之门。播种了革命的种子、选择了红色转基因。政治成为新宗教，它也有排异排它性，需要独尊马术，罢黜百家。新文化运动本应该是新启蒙、文艺复兴运动，因五四救亡图存，而演变成为新政治宗教运动、革命造反运动。这不是救亡压倒了启蒙，而是救亡异变了启蒙，使启蒙变成了革命启蒙与造反宣传、暴力煽动、侵犯人权、颠覆国家。

五、湖南农民运动，从底层开启的颠覆模式，侵犯人权成为革命常态

湖南农民运动，是从社会最底层进行一场深刻的历史性的社会革命与文化大革命，如果说新文化运动、五四运动毛泽东还只是学生状态的话（毛泽东说陈独秀是自己的革命导师），而到了湖南等地的农民运动之时，毛泽东则升格为革命运动的领导者、理论指导者与总结者，而这一切为日后毛的文化大革命，奠定了实践基础。

我们摘取两段《毛泽东的湖南农民运动考察报告》：

那些从前在乡下所谓踏烂皮鞋的，挟烂伞子的，穿绿长褂子的，赌钱打牌的，总而言之，一切从前为绅士们看不起的人，一切被绅士们打在泥沟里，在社会上没有立足地位，完全剥夺了发言权的人，现在居然伸起头来了，不但伸起头，而且掌权了。他们在乡农民协会（农协之（的）最下级）称王，乡农民协会在他们手里弄成很凶的东西了。他们举起他们那粗黑的手，加在绅士头上了。他们用绳子捆绑了劣绅，给他戴上高帽子，牵着游乡（湘潭，湘乡叫游团，醴陵叫游垄）。他们那粗重无情的斥责声，每天都有些送进绅士们的耳朵里去。他们发号施令，指挥一切。他们站在一切人之上——从前站在一切人之下，所以叫做反常。

戴高帽子游乡。这种事各地做得很多。把土豪劣绅戴上一顶纸扎的高帽子，在那帽子上面写上土豪某某或劣绅某某字样。用绳子牵着，前后簇拥着一大群人。也有敲打铜锣，

高举旗帜，引人注目的。这种处罚，最使土豪劣绅战栗。戴过一次高帽子的，从此颜面扫地做不起人，故有钱的多愿罚款，不愿戴高帽子。

打倒帝国主义，打倒军阀，打倒贪官污吏，打倒土豪劣绅，这几个政治口号，真是不翼而飞，飞到无数乡村的青年壮年老头子小孩子妇女的面前，一直钻进他们的脑子去，复从他们的脑子里流出到他们的嘴巴。

由此我们不难理解，为什么文革之时政治口号满天飞。通过口号打击敌人、打击政治异己，毛泽东二十年代在湖南就深谙其巨大的精神力量。打倒帝国主义之类的宏大口号，与具体的财产剥夺、人权侵犯，如此协调在一起，这是毛氏革命的法宝，分裂人民，制造革命狂欢，让底层的群氓通过革命获得精神力量，并融进革命队伍，成为革命战士或牺牲品。

通过打土豪乡绅，最重要的是获得了革命经费、革命人力资源，而让流氓无产者与热血青年通过革命获得成就感、精神渲泄、扬眉吐气，这是通过迫害阶级敌人获得的，共产党不用任何成本，就收获了异变的民心。而这也是后来文革的手法，毛泽东几乎不需要党国支付成本，就启动了声势浩大的文化大革命（中共现在新造文革的成本却代价巨大）。

从大清向民国政府转型之时，地方农村出现行政权力真空，毛泽东共产党成功利用农村社会存在的不公平与贫富悬殊等问题，以及传统礼教对人性的压抑，进行政治宣传，并发动了文化运动，新文化运动到了农村，成了中共的文化宣传运动。湖南农民运动时，基层组织是农会，农会权力决定一切，而到了文革，则是革委会，革委会取代了党和政府组织，权力高于一切。

早期毛泽东与晚年毛泽东，都是致力于建立一个全新的权力体系，破坏社会伦理与法律，秩序与规则，通过恐怖与迫害，整肃异己，以实现自己的权力意志，最终完成革命运动造神。

湖南农民运动让中共得到了工农红军，得到了革命经费，得到了底层民心，培养了干部队伍，得到了破坏底层社会的经验，而这一经验模式在后来的国统区、抗日战争大后方继续使用，为最终战胜国民党政府，奠定了坚实的基础。

由于中共革命是为了共产主义，所以，中共的战争又具有宗教性质，宗教性质的战争不仅无成本，而且更多的力量是基于奉献与牺牲而进行。通过中共不断的宣传塑造，毛氏进而扮演了革命战争教主的角色，毛泽东思想战无不胜，实为一句宗教性质的宣传（因为只有神才会战无不胜）。

六、延安的"文化小革命"到庐山会议

延安的政治文化运动，即党化文艺（中共并没有如此命名，但实质是进行了一场内部文化革命），延安的文化革命，是革谁的命？是打压进入延安的文化人、知识分子的自由化思想，特别是知识分子的对延安的批评，经过五四新文化运动洗礼的知识分子要求的是个人身体的自由与个性思想的解放。进入延安的新文艺人士不认同毛泽东的想法，认为

"文艺为政治服务的方针"是"把文艺的水平降低了"（萧军语）。

　　毛泽东无法容忍自由化思想，康生、王震、贺龙等均表达了严重不满，王实味１９４２年２月在他的《野百合花》等文章中，大胆揭露了延安"新生活"的阴暗面，遭到几个月的批判斗争、隔离，第二年一月被康生下令逮捕，关进监狱，后被砍头。

　　毛泽东要对整个知识分子进行清理，认为其中一半是有问题的，通过审干——肃奸运动，让人人写？"学习笔记"、"反省心得"到写"小广播调查表"，再三番五次地写"个人历史自传"、"思想自传"，作家刘白羽说，"在那难熬的日日夜夜里，惶惶不安、彻夜难眠，在上司指导下，竟写下数十万字之多的自传资料"。

　　据王明在《中共五十年》中透露，"整风运动"中被杀害的有五六万，被捕过的更无法统计。毛泽东？"他的目的只有一个：以暴力震慑全党，造成党内的肃杀气氛，以彻底根绝一切个性化的独立思想，使全党完全臣服于唯一的、至高无上的权威之下——毛泽东的权威之下。应该说毛泽东达到了他的目标。"（参见《红太阳是怎样升起来的》ｐ５８０香港２０００年版）

　　延安的小文革，与五十年代的反右、六十年代的文化大革命本质上没有什么不同，只是，这个时代没有红卫兵可以发动，延安文艺革命是内部整肃，也不愿意扩大化，给中共全国性的统一战线带来不利影响。毛泽东发表的延安文艺座谈会上讲话，这篇讲话倡导的似乎是文艺为人民服务，而实质则是要求文化人的创作为中共的政治服务。毛泽东完成自己的核心地位、军队的党化之后，开始要求文艺政治化、党化，文化人、知识分子要成为党的喉舌，否则就被迫害，没有生路。

与此同时，毛泽东要抢占了党内的话语制空权：刘少奇首次提出了毛泽东思想成为党的指导思想，使毛的话语具有绝对的权威性，刘少奇成功地拥戴了毛的领袖地位。

《东方红》歌曲（改编自延安民间小调）出现，使毛泽东通过歌曲获得文化上的神圣地位，造神运动开始了，毛氏既有思想，又有文化形象，毛的政治形象与太阳符号形成神圣的关联。

《白毛女》的出现，是中共文艺史上划时代的政治作品，这是湖南农民运动的继续，通过文艺形象，丑化地主，恶化地主与农民的关系，把农民斗地主合法化、正义化，为中共扩大大后方制造民意基础、播撒仇恨的种子。正是白毛女一剧在政治上巨大的成功，才有后来江青的八个样板戏又一次达到中共红色文化的巅峰。

从延安小文革到北京大文革，我们由此发现一个规律，中共的文化革命或文化运动，开始之时，均是一场带有恐怖主义色彩的整肃迫害，对异己"敌人"进行迫害与羞辱（戴帽子游行、批斗），然后才是宣传与文化运动跟进，而其中，伴随一场特殊的心灵改造或洗脑，就是写检查，不停地写检查，要让每一个文字都体现你的屈服，要让每一个文字都记录下你的耻辱。

中共真的不知道写检查可能是口服心不服吗？这是一个

过程，一种精神折磨与摧残，因为文化人写字，字是写在纸上，实则是刻在心中，铭心刻骨，言为心声，字则更是证据，让你在屈辱中开始扭曲自己，或者不敢继续有公开的批判精神与自由独立的状态。

而湖南农民运动中的一系列迫害人的方式，在中共建政后三反五反运动、反右、文革中又大量用于对地富反坏右的斗争，知识分子、商人、地主富农、有海外关系者，甚至抗日国军老兵、国民党投诚人员等等，因为无法忍受屈辱，许多以自杀的方式结束生命。

让内部统一到中共的政治意识形态中，独立自由者要不就信服党组织的力量，要么被清除或人身消灭，"人民群众"开始相信领袖的思想力量，领袖的思想在自己的政教体系中确立为神圣，抢占了理论制高点，它的威权性就真正确立了，再加上文化宣传，六十年代造神运动的雏形，已然胎孕形成。

五十年代还有一次重要的革命，人们更多的看到的是反右，而忽略了毛泽东政治集团在这一过程中颠覆共和国的政变，反右迫害的对象是知识分子与民主党派，而这些精英，正是中国政协的基本组成，中共主导的国家政治协商，使中共建政获得了合法性，也使人民共和国获得广泛的社会认同，中共毁弃了政协，使党外没有了制约力量，这是一次深刻的革命，实为反革命，因为，它将革命成果最终归于一党专政，背弃了政协联合时的承诺，使共和国成为党国。

当毛泽东在总路线人民公社这场他亲手指挥的巨大灾难中受到党内质疑时，个人威权与极权受到挑战，政治迫害与制造个人崇拜，又一次隆重上演。标志性的会议就是 1959 年庐山会议，迫害异己，在全党树立毛泽东的"绝对权威"

庐山会议上彭德怀就大跃进问题向毛泽东提出意见，令毛泽东听了大为恼火，认为彭德怀"从打击斯大林后，服从赫鲁晓夫"，"要鞭我的活尸"。刘少奇发言，指出彭德怀"几次提议不要唱《东方红》，反对喊'毛主席万岁'，这次又讲了什么'斯大林晚年'，……要在中国搞反'个人崇拜'的运动"，这样做"要么是散布糊涂观念，要么是背叛无产阶级专政的事业"。周恩来的发言，指责彭德怀"犯上"，表示"所有领导同志都要驯服"（参见：毛泽东的个人崇拜"思想史"冯建辉《炎黄春秋》１９９９年第７期）。

这一场大戏，我们看到了什么？个人崇拜不仅是党首的个人需要，也是利益集团或政治共同体的需要，利益共同体是有强大的排异性，反右是整个中共利益集团对民主、知识精英的排异迫害，而庐山会议，又一次开始在党内进行排异性迫害，彭德怀首当其冲，后来又有习仲勋、高岗等，再后来就有了刘少奇、林彪，最后甚至开始动到了周恩来的头上（批林批孔批周公）。

结束语：始于造反，终于造神

１９７０年１１月１６日接见斯诺，毛泽东曾说："总要有人崇拜嘛！你斯诺没有人崇拜你，你就高兴啦？……总要有点个人崇拜。"斯诺说："对于人们所说的对毛主席的个人崇拜，我的理解是：必须由一位个人把国家的力量人格化。在这个时期，在文化革命中间，必须由毛泽东和他的教导来作为这一切的标志，直到胜利的终止。"毛泽东说："这是为了反对刘少奇。过去是为了反对蒋介石，后来是为了反对刘少奇。他们树立刘少奇、蒋介石，我们这边也总要树立一个人啊！"

这段对话我们不仅可以看到毛泽东对个人崇拜的解释，也可以看到文化大革命的重要因由，蒋介石不是一个人，而是整个国民政府，中共需要一个精神领袖来凝聚战斗力，推翻国民党政权。而到了庐山会议之时，为了打倒彭德怀，为了使毛摆脱五十年代一系列罪责，打倒了彭德怀，刘少奇、邓小平等人，又一次制造领袖崇拜，１９６３年中共宣传系制造了雷锋精神之后（读毛的书做毛的好战士，将整个党的军队变成毛家军，使文革有了军队保卫），１９６４年，十一之时，中共在经济刚刚得到恢复，隆重纪念建政十五周年，周恩来嗅觉灵敏，开始主导制作大型舞蹈史诗东方红，将共产党的历史神化，将毛泽东的形象神化，某种意义上，这是文化大革命的前奏曲。文革之时，文艺大旗被江青扛取，成为文革红色文化的旗手。

毛泽东与斯诺的对话可以看出，文革就是要夺取刘少奇的权力，炮打司令部，就是炮轰刘少奇的司令部，毛泽东夺蒋介石的权，始于湖南农民运动，是底层社会革命，流氓无产者被利用，通过颠覆性的革命运动，不惜流血牺牲与人伦道德毁弃，也要制造阶级斗争裂变，使革命队伍获得能量。

延安整风与五十年代的反右、庐山会议，都是通过体制内的整肃，就完成了权力集中，毁弃了政协权力，党国一体，使共和国成为一个空名词。

对刘少奇，毛泽东又一次祭起湖南农民运动方式，要搞一次全民运动，同时要将党内的官僚主义、"修正主义"、走资派一网打尽，依靠体制内的力量无法行政运作，毛泽东要整体上毁弃掉共产党权利体系（还包括传统文化、文物、文化知识分子、党政官员），他要建立新的革命政府，在充分发动红卫兵之后，形成一次超限战，使法律与中共规则无法执行，刘少奇手拿宪法，也保卫不了共和国国家主席的基本人权（因为共和国已被刘少奇们早已废掉），他面对的是湖南农民运动时一样的新流氓无产者的直接专政与人身迫害。

如果用体制内的力量来整肃呢，必然还要动用体制内的部分官员，而且体制内的党政官员会按照规则与法律来比对，不能对刘少奇们形成致命的打击，所以发动红卫兵与工宣队或革命群众对异己者进行残无人道的迫害，可以根本性的解决毛泽东希望解决的问题，就是消灭对手，精神上肉体上都予以摧残、灭绝。

周恩来的行政布局与操控能力、江青的文化宣传与文化创造能力、张春桥、姚文元等人的理论水平以及组织理论写作组的策划能力、林彪的号召力与极致的投入、宗教般的造圣、还有康生等人暗中组织迫害，毛泽东自己只是象征性的挥挥手，喊几句人民万岁，就达到了人类表演史上的极致，相比之下，希特勒还需要长篇讲演、煽动才达到万众欢呼的效果。

这是人类文明史上，宗教与政治、现实与历史、文化与宣传、群众运动的无组织与整个文革的有力量，都达到一个堪称奇迹的高度。恶之花的完美是邪恶的完美，它的巅峰是罪恶的高峰，它的极致是反人性、反人权的极致。前面我说中共的革命战争带有宗教性质，而中共的文革，同样具有宗教性质，用制造的政治神性侵犯人权，红色教主为神圣，神圣则不可侵犯，任何侵犯者都会遭到超越法律的迫害与残害，其他人的生命在政治神圣领域如同草芥。

毛泽东成为一座人偶，他挥手，他发表最高指示，他象征性的出席会议拍拍手、挥手致意，都表演得像一个教皇，年轻一代是通过中共编造的科书来认知他，通过东方红歌曲与东方红舞蹈史诗来崇拜他，还有无数的颂歌，以及宗教仪式一样的早请示晚汇报，而毛泽东的异己与对手们，都被摧残或消灭。

这是人类怎样的一场文化革命运动？又是怎样的一次红色革命宗教迷狂带来的灾难？

毛泽东成为马克思加秦始皇了吗？马克思没有毛泽东这样的实战实用的理论，秦始皇没有毛泽东这样的思想，毛泽东的神圣性达到了明治维新后的天皇的地位，而他在马列教义中的地位，却又是一位红色教皇、革命教主，他可以对任何一个人进行摩顶训诫，而任何一个看到他的人，都会有一种宗教感受。

血沃中华肥中共，红色革命造人神：从陈独秀们主导的新文化运动到毛泽东一手制造的无产阶级文化大革命，它是一条红色的革命河流，源头有些清澈，但很快就被搅浑，整个过程血腥浑浊。它起于革命、造反，终于颠覆、造神。过程是阶级分裂、人权迫害、斗争战争，革命既是革命者权力内斗的绞肉机，又是迫害国民的绞肉机。

百年中国革命：社会革命、政治革命、经济革命、文化革命、灵魂革命，它是一个逐步升级的过程。始于造反，终于造神：整个中共的革命历程如此，整个文化大革命过程，也是如此。

（原载《文化大革命定性学术研讨会专辑》，中国战略分析杂志社，２０１８年９月）

批判共产党

中共需要重建合法性

当政党的合法性，其来源被认为是历史与人民的选择，与传统王朝被认为是天意的选择本质是一样的，就是一次被选择，永远可当政。历史的选择不等于现实的选择，人民的选择，不等于公民（通过选票）的选择。

中共的历史合法性，是被毛泽东一步步破坏的，邓小平只是在生活与生产领域有一定的修复，人民一日没有享有宪法保障的自由权，公民一日没有真正的选票，当政党就没有一日的合法性。

王岐山让中共合法性问题脱敏

为期 3 天的"2015 中国共产党与世界对话会"9 月 9 日开始在北京人民大会堂举行，在多达 60 位中国国（境）外的前政要及知名学者面前，王岐山提到了一个对中共而言堪称敏感的话题——中共执政合法性。

王岐山指出，执政党的使命决定了必须从严治党，执政党对人民的承诺就是它的使命。要兑现承诺，执政党必须对自身严格要求。中国共产党的合法性源自于历史，是人心向背决定的，是人民的选择。办好中国的事情，就要看人民高兴不高兴、满意不满意、答应不答应。执政党代表人民、服务人民，就要确立核心价值观，坚守在行动上。

尽管官方背景的"学习大国"对王岐山讲话作了独家解读，譬如，解读之时不忘提醒读者，王岐山所言的执政党的合法性，是指政治层面，与法律层面上的合法性是不同的。政治层面上的合法性，更多的是指当政者的正当性，中共是历史与人民的选择，中共打下了江山，因此有了正当性，也就是合法性。

王岐山的讲话，除了让"中共合法性"这一话题脱敏，主体内容并无新意，仍然停留在中共打天下坐天下的逻辑里，这样的逻辑在党内或其控制的官场也许可以自圆其说，却与当代政治常识与社会逻辑相悖反。

王岐山没有触及问题的本质

其一，这次会议名之为"2015 中国共产党与世界对话会"，官方背景的微博"学习大国"的解释是，这样的对话意味着中共的开放性。

在我看来，如果中共与世界有代表性的其它国家的当政党公开对话，并公开会议发言或对话内容，我相信这会是中共开放性的第一步，但中共纪委书记与有关中共部门物色的一些国际友人，假装成中共与世界对话，这样的会议是对话不如说是在演戏。

中共领导人或王岐山书记也许不懂得什么叫开会，什么叫对话，什么叫做报告。记得上次王岐山书记在清华与福山等知名学者对话，实则是王岐山先生在做报告或讲演，其它人象征性的针对他的讲演发表一点看法，因为王岐山先生还有一份当年的学者情怀，所以愿意与学者进行所谓的"对话"，但由于王岐山位居中常委之位，所以参会者实则是听了王岐山书记的一场报告；这次所谓的对话还是一样，王岐山书记继续演绎一遍中共自说自话的党国逻辑，完全见不到其它人与之对话的内容，参会人员只是扮演了代表"全世界"的对话嘉宾，集体合作表演了一次中共与世界的对话的行为艺术。

其二：中共创造了一个概念，叫历史与人民的选择。我们知道，中国古代皇权创造了一个概念，叫天意："天命玄鸟，降而生商"、"苍天已死、黄天当立"，与此"天命论"相对应的还有天谴论，以及皇帝的罪己诏。无形的天，被赋予人格神的力量，不仅主管着人间生老病死，而会操持朝代更替。

共产党是无神论者，不再相信天意或老天爷对朝代更替的主宰，于是创造了历史与人民的选择这样一个宏大的概念。按照历史与人民的选择这一理论，我们要问的是：历史与人民的主体性如何体现？按照中共历史唯物主义解释，历史与人民选择了大秦，还选择了唐宋元明清，这种朝代兴亡的周期律，在延安时代毛泽东与黄炎培就谈到过，毛泽东当时的说法是，要摆脱这种朝代兴亡的周期律，只有通过民主的方式（中共在延安还有过用黄豆当选票，选举地方政府官员的民主实践），而对民主自由人权与宪政的认同与倡导，延安时代就有车载斗量的文章发表，笑蜀主编的《历史的先声》里，可以较完整地看到（有趣的是，中共中宣部却封杀了这本自己当年的声音，历史的承诺因此可以通过历史虚无主义方式，让公众忘却）。

人民的民主，通过选票或普选方式，产生领导人，这是普世民主，后来，中共通过所谓的民主集中制，通过党领导一切，通过中组部选拔领导干部，将民主转变为党主，党领导民主，本质是党主导一切。党管干部，党管经济，党管文化教育，党管社会，中共承诺的民主联合政府、人民共和国的政治模式被一步步转换成一党极权政制，中共通过枪杆子，使历史与人民不可能进行现实的政治选择，党领导一切，连历史与人民都改由中共来主导。

其三：毛泽东有计划地破坏了中共应有或可以有的合法性，即便在传统皇权时代，皇帝打下天下之后，就由天道合法性，转入人道合法性，天道合法性，就是丛林法则，靠实力打出自己的天下，而人道的合法性，就是顺从民意，让民休养生息，尊重民意以顺应天意。

而当代政治的合法性，则是通过战争夺取政权之后，实现宪政，还权于民。1945 年 4 月 22 日延安中共发表的《论联合政府》（毛泽东在中国共产党第七次全国代表大会上的政治报告）说得非常清楚，中共不搞一党专政：

日本侵略者被打倒之后，在全部国土上进行自由的无拘束的选举，产生民主的国民大会，成立统一的正式的联合政府。没有人民的自由，就没有真正民选的国民大会，就没有真正民选的政府。———人民的言论、出版、集会、结社、思想、信仰和身体这几项自由，是最重要的自由。在中国只有解放区是彻底地实现了。关于军队的国家化，毛泽东在《论联合政府》中也有具体论述：

"军队是国家的"，非常之正确，世界上没有一个军队不是属于国家的。

而关于人民的统一，毛泽东并没有强调当政党的领导，而是强调"自由"、"政治民主"对统一人民的价值基础：

没有人民的自由，没有人民的民主政治，能够统一吗？有了这些，立刻就统一了。

我们看到，毛泽东的中共在延安时代的价值追求，与当代公共知识分子的普世价值追求如出一辙。有人说，这是毛氏骗局，用欺骗的方式，谋取当时知识分子与国际社会的支持。如果视其为政治欺骗，整个中国知识界或中国人民只能自认上当，并承受相应的灾难。

但我们如果将其看成历史的承诺呢？王岐山说，执政党的历史承诺是其政治使命，人心向背决定执政党的合法性。当时人心向背，是根据中共的政治价值追求，就像中国有权要求日本侵略者道歉一样，中国人民有权要求中共兑现历史的承诺。这历史的承诺，在毛泽东《论联合政府》里写得清楚明白。

从上世纪五十年代开始，毛泽东的中央政府，背弃了自己庄严承诺，先是将联合政府变成党的政府，然后就是打击各民主党派与知识分子，没收或国有化各种商业资本，将农民土地公社化集体化，变相成为国有土地，将联合政府变成党的政府之后，又将党的天下，变成毛的天下，全国人民与军队，只热爱与效忠毛泽东。毛泽东一步步破坏了中共的历史合法性。

如果毛泽东按自己的延安承诺，建政后实现军队国家化，土地私有化，言论结社信仰自由化，以及联合政府与真正的人大代表制度（政治宪政化），中国在当时就已然进入准宪政社会主义制度。

中共需要重建合法性

秦以降的中国史，没有很好重建合法性的，一是秦朝，得天下之后，没有还民以休养生息，其治不过二世；其次就是元朝，将汉人、南人贬为三四等国民，打天下统治天下者一直将自己视同征服者，国族和解与文化精神统一性，一直没有完成；与秦相对应的是汉朝，尽管汉初统治集团内也是刀光剑影血色宫廷，但黄老之治、与民休息，使其统治具备历史的合法性，与元对应的是清，大清尽管也有八旗制度，但对汉传统文化的尊崇，追求道义之治，包括族群和解，仍然有其可称道之处。

中共政权在毛泽东治下，继承的是秦、元之治，打天下之后坐天下，坐天下，乱天下。通过无产阶级专政下继续革命，进行无休止的迫害与专政镇压，天道的合法性，没有在和平时代转化到人道的合法性，毛泽东之乱，直到邓小平时代才重建了生活与生产、市场领域的秩序，但邓小平一直到江泽民、胡锦涛时代，一直没有重建中共的政治合法性（当代政治意义上的合法性）。

王岐山等中共精英们应该清楚，当代政治的合法性与传统统治的合法性不可同日而语，中共政权建政至今，甚至连传统社会的政治合法性标准都没有达到。传统王朝打天下符合天道，治天下，却转型到人道，当官为民做主，即为民主持正义，统治者与百姓共同遵守共同的道德标准，即仁义礼智信，当天下出现大的灾难（主要是自然灾难或异像），最高统治者会下罪已诏，反省自己的罪责。

中共从毛泽东当政以来，一直超越于法律与道德之上，以伟大光荣正确自居，毛泽东走下了神坛，但中共没有走下神坛，一个没有走下神坛的当政党，怎么可能会有当代政治意义上的合法性？

人民与历史的选择，代替不了现实与公民的选择，人民是一个宏大概念，人民只有手持选票，成为国家公民，选举自己的人大代表或议员，通过真正的民意代表，选举各级领导人，将历史的选择，转化为每四年或五年一次的现实的选择，中共才有可能重建自己的合法性，台湾国民党现在拥有执政党地位，不是历史与人民的选择结果，而是公民与现实选择的结果，国民党在台湾的执政，是重建合法性的结果。

在谈到中共合法性之时，王岐山点到了历史与政治承诺这样的话题，无论是个人还是政党，在社会生活领域与政治舞台上，都要面对自己的历史承诺，兑现或追求实现自己的曾经的政治承诺，也体现其政治合法性。中共一时无法兑现实现共产主义的远大目标，但完全可以兑现延安承诺，追求延安价值。

中共的政治合法性重建，必须要做到，天道的合法性，转型到人道的合法性，历史的选择，要转型为现实的选择（每四年或五年有一次大选），人民的选择，转型到公民的选择，专政之治，要转型到宪政之治，即党主社会要转型到民主社会。

2015-09-23 BBC

中共政权能够中国化么？

著名新儒家学者、清华大学陈来教授给中共中央政治局讲课的消息，最先我是在自媒体上看到的，但打开大陆主要网站首页，却没有看到在显著页面上得到报道。我通过关键词检索，才在新华网等官方媒体上看到有关消息：中共中央政治局（2015 年）12 月 30 日下午，就中华民族爱国主义精神的历史形成和发展进行第二十九次集体学习。

有趣的是，新华网这则报道中，绝大部分篇幅都是报道习近平关于爱国主义的重要讲话，而关于主讲者，只有一句介绍：清华大学陈来教授就这个问题进行讲解，并谈了意见和建议。中共中央政治局各位同志认真听取了他的讲解。

新儒家学者陈来教授到底会对中共高层说些什么？我们通过中共官方访谈，仍然可以见其观点端倪。

五个月前，也就是 2015 年 7 月 31 日，陈来接受王岐山治下的中纪委网站专访，提出"执政党要中国化，要更自觉地传承中华文明"。从这次访谈的标题看，这是一个非常有价值的话题，与前不久王岐山提出的执政党合法性问题，一样可以夺人眼球、引发思考。

陈来教授在这次接受中纪委网站访谈时，关于儒家德治并没有多少新意，但其新儒家思路却是明晰的：其一：你们当政党官员倡导那些道德理念，你自己得践行，不能马列道德对别人，自己却做不道德不仁义的事情；其次，传统中国社会讲德治，一味的刑法威权暴力控制，是没有出路的；最重要的一条，就是相关网站上出现的标题：执政党的中国化。

提出中共政权中国化问题，是提出了一个当代中国社会面临的重大政治问题，也是真问题。其一，它意味着中国政权没有中国化或没有完全中国化；其二，它促使人们思考，中共政权如何中国化，是回到独尊儒术的中国化，还是像台湾那样民主宪政中国化，或者新加坡那样有一定民主法制的中国化（可以参照的还有东亚文化圈中的日本与韩国民主化）。

中共成立之初是国际共运机构的资金启动，甚至是作为国际共运组织的分支机构在中国的政治存在，因为全世界无产者要联合起来，无产阶级没有祖国，其指导思想是马克思列宁主义，政治理想是通过暴力方式推翻资产阶级的政府、消灭私有制，实现人类的共产主义大同。就在 2015 年度，习近平还公开倡导过共产主义理想，认为共产党人应该有崇高的理想。

执政党的指导思想决定了其执政的性质与政制结构，这种政制在苏联与东欧已然被汰弃，它不可能与民主宪政兼容，陈来教授提出中共政权的中国化，它不可能是简单的初级阶段的中国特色社会主义，必须在指导思想是中国化，那么，中共面临的问题是，要改变中共的指导思想，由马列主义改变儒家思想或儒佛道互补的意识形态？那共产党就不叫共产党，改叫共和党或其它名字了。

陈来教授在中纪委访谈时强调，中共作为中国的当政党，应该自觉传承中华文化。现在中共难道不重视传统中华文化吗？但在他们重视的文化领域，文化与艺术只是一种市场消费或文化元素而已，当学术著作《走出帝制》（秦晖

著）出现之时，仍然面临封杀的命运，走出帝制这样的学术
图书为什么遭到封杀？因为中共在回归中国传统之时，他们
更喜欢帝制的威权模式，毛泽东没有走出帝制，而习近平的
威权，却正在走向新帝制。

　　新儒家学者们努力让中共政权中国化之时，他们难以摆
脱这样的悲剧命运，就是要通过威权，树立一个新威权核
心，有一个不叫皇帝的新帝王，让中共政权成为一个新帝国
政权。然后由儒家主导一个宪政院，为帝王师，为天下师，
以儒家道德来重新秩序化社会。

传统帝制与党治中国（家天下与党天下）

　　中国古代是王法之治，现在是党法之治，党的利益与党
内法则高于国家法律。中国古代的儒家德治某种意义上是政
教合一，以儒家思想为国家指导思想，由于教化与政权紧密
维系，所以一荣俱荣，一损俱损，政权强盛时，道德昌明，
政权没落与崩溃时也礼崩乐坏。而欧洲文艺复兴之后确立的
政教分离原则，使社会信仰与道德与政权分开，上帝的事情
归上帝，凯撒的事情归凯撒。而中国一直缺少这样一个政教
分离的革命性变化。

　　中共现在的政权也是政教合一，政法合一，政治态度决
定道德品质，政治意识决定法治状态，也即，传统帝制与当
代中共一样，都是人治社会，传统皇权号称替天行道，使政
权具有天然的合法性，而中共号称为人民服务实现共产主
义，使自己的政权具有历史的合法性（因为历史选择了中共
的执政权）与未来的正义性（因为未来要实现共产主义伟大

理想，所以现在的一切作为都是合法的）。

为什么许多学者敢于倡言要求中共回归中国传统？为什么中共高层多次让历史学者到中央政治局讲课？因为中国古代传统的帝国之治，在许多方面是优于中共的政治治理的。

古代帝王敬天畏民，当代中共的统治者们何尝有过敬畏？中共之治，只有政治信念，没有相对独立的社会信仰。中共的意识形态把政治理念当成社会信仰，这仍然是政教合一，所以在思想禁锢方面，与欧洲中世纪无异。

有政教合一必有政法合一，依法治国因此就成空话。政教合一另一危害性在于，用政治理念来教化民众，用乌托邦思想对民众洗脑，使普众失去独立的思想，没有常识没有逻辑没有理性。

古代社会是皇家与儒家（或多家）共治，一家不可能真正控制天下（秦以酷法治国，所以秦朝很快灭亡），汉代开启了共治模式，广征社会贤才，以德才取人，特别是隋唐以后的科举取士制，规范了社会治理者的标准，道德文章优秀者才是国家精英，由精英来家治理皇家的国政，民间社会呢？秦制县以下基本是自治方式，由士绅或家族来管治（皇家、儒家与家族，三家共治天下）。皇家有最终的裁决权，儒家有掌管道德精神（皇家的教育权在儒家手中），而民间社会，家族通过家规或家法，使民间社会有道德与秩序。

传统中国社会的三家之治，构建了中国古代社会的超稳定性，它无论怎样天然合理或拥有道德秩序，仍然摆脱不了官僚的腐败，以及礼教的非人性禁锢，为什么？因为它是单面的社会，只强调道德秩序与社会稳定，只有君主没有民主，只强调三纲五常上下尊卑，社会没有开放性与自由度，有纵向的发展，没有横向的社会自由。通过红楼梦与巴金的家春秋，可以就可以形象地看到儒家传统的家国腐败与没落。

中共需要新三权共治

中共建政之初，创建的是政治协商制度，并在此基础上建立了全国人民代表大会，全国人大是国家法定的最高权力机构，而当时的宪法上也明确写着，中国人民（年满１８岁）有选举与被选举权，当时的选举被视为是普选。

由此说来，中共最初的政治体制也可以说是三权共治：人民代表大会、政治协商会议与中共中央，全国人大拥有立法权与对政府最高领导人的任免权，中共中央作为当政党，全国政协作为各民主党派、社会贤达、名流、工商代表等的议政之所，并通过宪法保障人民的言论、结社与信仰自由，这种政制尽管也是在中共一党"领导"之下，但仍然有着某种强大的制约作用。

但上世纪五六十年代毛泽东一步步破坏了三权共治，使人大政协沦为花瓶或举手表决的机器，三权之治，成为一党独治。"文革"之时，一党独治又变成了毛泽东一人之治。

现在中共这样的政制，一步进入欧美宪政民主制度，勉为其难，为什么？不是中国人民不具备民主普选的素质，而是中共庞大的身躯不可能一步扭动过来，中共不仅是一个庞大的政治集团，也是一个利益共同体，立即剥夺他们的政治与经济特权，掌握国家机器的官僚体系不会合作，除非发生革命性巨变；而一步回归到传统中国社会的所谓德治，更是不可能，经济如此发达的社会，仅靠道德的力量不可能使社会有序与发展，只能通过社会自由信仰的方式，以及普遍的商业信誉记录，提升全民道德品格，当代社会的秩序维系，靠的只能是独立的宪法体系下的法治。

将人大与政协做实，就可以实现中国政治改革的第一步，而这一步是没有政治风险的（不违反中共的政治正确性，因为三权共治是中共与民主党派共同创立的政制），中共建政之时建构起来的政制，既是历史承诺的实施，又在某种程度上体现了中国特色。在这一政制下，中共只扮演了一种政治角色，而不是全部的政治角色，中共的独裁在一定程度上可以得遏制，不至于像毛时代或邓时代那样，一种政治力量说了算，一个人说了算，最后出现灾难性的错误。

有人会说，习近平正在构建自己的威权，这种三权共治模式，如果全国人大真的拥有最高权力，会不会弹骇习近平？如果习近平真的有如此担心的话，他自己在下一任期可以担任全国人大委员长兼国家主席，并让军队国家化，自己就可以担任三军统帅，这样，他的威权就可以用在政治改革这样宏大蓝图上了。2016-01-09

正义应是中共第一价值追求

中国新一届政府成型。在刚刚结束的两会上，中国媒体报道说"维护社会公平正义"拟增补进《政府工作报告》。也就是说，"维护公平正义"这条世所公认的政府第一公义，被政府工作报道给忽略了，直到人大会议上，才由代表建言提案，将补入政府工作报告。

我们记得，2010 年 3 月 14 日国务院总理温家宝与中外记者见面时说，集中精力发展生产，其根本目的是满足人们日益增长的物质文化需求。而社会公平正义，是社会稳定的基础。公平正义比太阳还要有光辉。李克强也在首场记者会上强调社会公正。

习李新政正在启航，如果仍然把发展经济当成国家第一使命，那么社会公平正义仍然只是梦想。

孔子说，国家最重要的东西不是军队，甚至不是粮食，而是信誉，国家领导人不能失信于民，为国民主持正义是取信于民的不二选择，儒家的核心价值理念是正义第一，甚至要舍生而取义，而不义的富贵不过是浮云。

从 2008 年刘晓波提出零八宪章到去年张千帆等 72 位学者提出宪政建言，再到今年数百位知识分子与公民要求全国人大批准《公民权利与政治权利国际公约》，以及许志永博士等提出的城乡教育平权，人们普遍意识到宪政改革、依法治国、保障人权，是社会一切发展的核心价值，国家如果不能通过世界公民权力公约精神实现宪政，那么国家就不可能实现正义，没有正义的国家，无论怎样强大富有，对百姓而言都没有意义。甚至政府可能利用经济的强大，使权贵坐大，危害公民社会。

政治泥潭

中国共产党一直致力于发展经济，目的似乎是使所有的人都摆脱贫困，并梦想全中国人民共同致富，但共产党似乎一直没有把实现公平正义当成执政党与政府第一要义。在边远山区也许找不到一家特别困难户，但在北京却可以找到成千上万寻求正义的上访者。遗憾的是，中共没有主张正义的能力，也没有为国民主张正义的想法。

中共是以革命正义的身份诞生在中国的，自由民主平等正义曾是中共早期最响亮的口号，也正是延安中共高举自由民主宪政公平正义这些普世价值大旗，才使中共占有了道德制高点，使人民用脚投票，选择了紧跟中共。

毛泽东得到天下后，背叛了自己，背叛了人民，也背叛了自己的战友，所以导致从五十年代持续到文革的灾难性错误。

历史给了邓小平一次主张正义的机会。遗憾的是，邓小平只是在生产生活领域回归了常识，并没有汰弃毛思想教条，1992年之后，也只是在市场经济回归了常识并融进了世界大市场。

由于政治领域没有回归常识，中共不将正义当成政治追求第一要义，而把经济发展当成执政党与政府第一追求，发展当成硬道理，而人权与法治不是，普世价值不仅被回避，成为敏感词，还被发文禁止主流媒体公开讨论与传播。

　　毛时代没有让中共与国民合法地文化革命与保护公民合法财产，邓时代，没有让一部分人合法地先富起来，更没有让保障人权高于经济发展，江泽民时代更是通过三个代表理论，让权力与资本联姻，政协与人大由权贵把持，国家资本主义或权贵资本主义成为现实，胡温时代无力扭转，只有通过维稳，漠视正义。

政治常识

　　毛与邓通过主张正义，取得人民信任之后，却将自己变成新的独裁者。邓与毛不同的是，毛是以无产阶级专政下继续革命的理论，而邓与后继者是以经济发展、实现国家复兴梦想的名义。

　　胡温时代是一个经济上极其主动与激进，而政治上极其被动与保守的时代，它的激进主要在突破道德底线、法治底线与环境底线，当它遭遇到公民维权与抗争之时，中央政府并不是通过法律与行政力量来纠正地方政府的非常行为，而是用更权威的错误、更非法的方式，包括打压维权律师、截访、黑监狱、劳改等方式，来阻止上访遏制维权。最终，胡温时代的维稳经费超过了军费，成为世人共诟的恶政。

　　不把人权看成发展的核心价值，没有司法独立，没有民选的人大代表，所以地方政府的恶政没有任何力量可以遏制，权贵资本主义特色制度模式，被冠以特色社会主义帽子，但这种制造了巨大的贫富悬殊，中央政府无力为社会主张经济领域的公平与正义，文化领域没有自由、中宣部系统管控媒体，文化思想领域的正义也无法实现。

习近平和李克强说，中国的改革进入深水区。如果他面对事实，他应该看到，邓小平经济改革之后，中国再无真正的改革，中国因为不进行真正的政治改革，所以使政治经济文化与宗教民族问题，陷入深入区，中国政治家不应该在深水区里假装摸石头，而应该回头寻找政治常识之岸。

历史"选择"了习近平，习近平需要选择正义作为自己的旗与剑。

BBC 2013 年 3 月 18 日

顶层设计：谁能制约共产党？

中共面临的关键问题，是一场自我革命，让自己还俗，成为一个通过合法登记的正常政党；顶层设计，从为自己设计笼子开始……

中共用人民的名义神化自己

传说中的黄帝登基，就有登基大典，为什么要有登基大典？通过仪式，来强化其身份地位，并使其身份地位具有神圣性与合法性，以此昭示天下。当代社会，民选政府的总统就职时，也会举行隆重的就职典礼，我们看到美国总编奥巴马就职时，手抚圣经，宣誓遵守美国宪法，履行神圣的使命。当代统治者，有宗教信仰的国家，要接受其宗教经典教义的精神制约，而在社会行为上，接受宪法制约。

古代传统社会与当代文明社会中，最高统治者都在接受权力制约，古代统治者接受的是虚拟的天或神的意志制约，一定程度上接受道德律或宫廷规则制约，传统皇权时代，上有天意，下有民意，皇帝身边有饱读诗书的儒家博士，即有儒家经典道德文献制约，我们要问的是，中共核心集团受什么力量制约呢？共产党宣言或马克思经典中，没有道德体系，只有革命与斗争的理论，那么，中共只有完全依赖组织力量与暴力维稳，不断地刺激经济，来使自己的政权获得某种表象的稳定。

康德说两样力量使他敬畏，一是头顶上星空，二是内心中的道德律，而这两项内外敬畏，也正是中国古代社会的顶层设计，儒家的道德律、传统社会天人观或儒家体系中的天人相应，天听自我民听，天意自我民意，将皇权置于天命之下，天道之中，毛氏坐定天下之后，与天斗与地斗与人斗，唯物主义无所敬畏，"人民"也只是一个工具化概念，从货币到公园、从道路到警察，无不标榜"人民"，但人民没有任何力量制约公权，没有任何机制改变制度，人民在信仰、道德、政治、经济、文化上，全部被执政党代言，当政者垄断了一切权力与资源。

顶层之上的设计，传统中国有天，天意，西方社会有上帝、圣经，道德力神圣化了，而在中国，被神圣化的力量过去有毛领袖，共产党，还有人民，三位一体，现在呢，两样力量还是神圣的，一是共产党，伟大光荣正确，另一个是人民，人民创造了历史，共产党与人民的关系是领导与被领导的关系。

中共自己一直没有改革与开放

共产党是一条龙，中央或共产党领导人就是舞龙人，毛时价舞龙时，龙身上刺着斗争二字，邓舞龙时写着改革开发致富，而江泽民在龙身上写着三个代表，让权贵共同舞龙，胡时代在龙身上写着科学和谐稳定，现在这条龙在习时代叫梦龙，龙身上写着中国梦。这条龙的梦想从来不是民主自由宪政，而是发展或致富，从来不以主持人间正义为自己神圣的使命。某种意义上，这条龙可能是财神爷的化身，但它口吐莲花，总是口含天宪，梦想带领全中国人民一起富起来，结果是一部分权贵富了起来，百分之零点四的人，占有了国家财富的百分之七十以上。

把公权力关进笼子里，那么我们要问习总书记，谁来制约公权力最强大的中国共产党组织？我们现实生活中总能看到听到许多通知，都是"组织决定"的，"组织决定"超过宪法规定。理论上中国国家最高权力机构是全国人大，全国人大制约中共中央，但不幸的是，全国人大归属于中共中央领导，人大只是中共中央的下属机关。

古代的皇帝是真龙天子，精神理论上受制于天，所以天下灾难或动荡之时，皇帝要下罪己诏，反思自己的过失，但中共到现在对自己的罪错从来没有对人民谢罪过，中共只对毛的过错或其它领导人的过错有过文件认定，但对整个执政党的罪错，从来没有反思与忏悔，所以，所谓的顶层设计，只能是权贵们设计笼子，设计人民，人民的权力被设计进党的权力笼子之中，各个省委书记兼任人大常委会主任、省市行政首长兼任政协主席，就是一种制度设计，把民权民意机构圈入自己股掌之中。

真正的顶层设计，应该是制约顶层或极权的制度设计，毛氏因为自然生命的限制，他自然走下了神坛，结束了一人独裁的时代。而中共自己，并没有走下神坛，从伟大光荣正确的三个自许，到三个代表的自我认定，再到三个自信的自我迷信，这个当政党一直没有完成自我的合法化、正常化或世俗化，国家改革与开放了，而中共自己一直没有改革与开放。

从为自己设计笼子开始

党支部设在连队上，党支部设在村庄上，现在习总书记更是将临时党支部设到了出访的团队上。中共仍然保持着战时的习惯，思维上没有进入和平时代，仍然用组织控制的方式对待经济发展与社会发展，整个社会都是开放竞争的，但中共自己拒绝开放与竞争，任何独立的人大代表候选人与公民组织，都对中共的竞争性挑战者，而这些组织与个人，完全是在宪法赋予的公民权利范围之内活动，却没有任何存在的空间。

中共所谓的改革开放三十年，只是在经济与社会日常生活中部分地回归了常识，而在政治与意识形态或信仰领域，完全没有改革与开放。

世俗的政治应该是开放的、自由的、公开的，只有属于信仰领域的神，才可以是神圣的、保守的、不可竞争的。只要中共不改革不开放，那么中共就是一个政教合一的执政方式，这样的执政方式，不可能实行真正的顶层设计，也不可能制约公权，也许可以将公权涂上防腐剂，但这样的防腐剂也只有短期的效果，不可能长治久安，个人的腐败可以定点清除人，但当政党整体的权力纵欲则没有任何力量可以遏制。

不喜欢外国人对中国问题指手划脚说三道四，鞋子合不合脚，只有脚知道，外国人不可能知道。但中国人民走什么道路、中国人穿什么样的鞋子，不是中国人民自己说了算，而是领导中国人民的神圣力量说了算，为什么中共可以为中国人民制定合适的鞋子、指定合适的道路？因为中共发现了这条道路适合中国人民，因为中共是先进的组织，还因为中共对自己的理论、道路与制度，具有完全的自信。中共的理论绕口令，似乎可以自圆其说，但它的大前提是不成立的：中共是神圣的，中共的领导权是神圣不可改变的。

中共由人组成，但人的组成的组织却通过理论或自信，肆意地将自己神圣化了。

中共面临的关键问题，是一场自我革命，让自己还俗，成为一个通过合法登记的正常政党，并主动接受全国人大的权利制约。顶层设计，从为自己设计笼子开始，而这只笼子应该由真正的全国人民代表大会设计，钥匙应该交给权力独立的全国人大保管。

民主中国 2013-04-17

历数中共建政后四中全会的罪与错

上篇：毛时代只开过两次四中全会

建政后第一次四中全会是中国共产党第七届中央委员会的第四次全体会议，召开于 1954 年 2 月 6 日至 10 日，地点在北京。出席会议的有中央委员 35 人，候补中央委员 26 人。中央各部委、中央人民政府党组，军委各部门和人民团体的主要负责同志共 52 人列席了全会。这样一次重要的会议，毛泽东却在杭州度假，没有出席，但他操控了整个会议议程。

全会揭露和批判了高岗、饶漱石的"反党分裂活动"；批准了中央政治局提出的党在过渡时期的总路线，即要在一个相当长的时期内，基本上完成国家工业化和对农业、手工业、资本主义工商业的社会主义改造；这是中共建政后毛泽东第一次在党内出重拳打击政治异己，使中共东北的政治力量被重创，而在经济上，开始社会主义化运动。

中国共产党第八届中央委员会第四次全体会议 1958 年 5 月 3 日在北京举行，会议重点讨论了党的"八大"二次会议的议程、二中全会正式通过了"鼓足干劲、力争上游、多快好省地建设社会主义"的总路线。5 月中共八大二次会议提出要使中国在 15 年或更短的时间内，在主要工业产品产量方面在十年内超过英国、十五年内赶上美国，掀起了"大跃进"的高潮。而此前的整风运动与打击右派，对知识分子与民主党派予以整体打击，并继续打击政治异己，彭德怀等人被迫害。

　　激进的大跃进运动，使中国经济生态与自然生态被严重破坏，民族资产阶级、个体手工业者基本失业，农民失去私有土地，工人阶级成为国家工业奴隶，而农民成为国家农业公社里的奴隶，激进的社会主义化是以社会主义名义奴化人民的运动，知识分子与民主党派被整体打击，或坐牢或劳改或流放，失去政治权与工作权。三年激进的社会主义运动，农民因饥饿造成非正常死亡达 3600 万人以上（据杨继绳相关专著）。对民主党派与知识分子的整体打击（中共党史资料说错划右派人数达 55 万人），是为了使毛泽东的政治激进行动没有任何阻力与反对的声音。

　　中共的九大与十大都是文革之时极不正常的政治生态下召开的，均没有四中全会，九大于 1969 年 4 月 1 日至 24 日在北京举行，各地党组织处于瘫痪状态，无法正常进行代表的选举，多数代表由革命委员会同各造反组织的头头协商决定或上级指定，有些代表甚至不是中共党员，在进京列车上突击入党而进入会场，这是毛泽东踢开党委闹革命后出现的政治荒诞闹剧。中共十大于 1973 年 8 月 24 日至 28 日在北京召开，主题是粉碎林彪反革命集团，周恩来主持中央日常工作，王洪文到中央工作。

　　毛泽东在上世纪五十年代召开了两次四中全会，六七十年代之后，连这样的全会也不正常召开了，文革之时不开会，政治意志由革命委员会执行，基本用阶级斗争与无产阶级专政代替了宪法法治，个人极权政治达到巅峰，不仅不讲法治，连党内的规则章程也不讲了。

下篇：邓、江、胡的四中全会

江青政治集团被颠覆之后，中共代表大会开始正常举行。中共十一届四中全会（1979年9月25日至28日），会议讨论通过了《中共中央关于加快农业发展若干问题的决定》，显然，中国的农业直接影响到国民正常生活，国家粮食无法自给（直到1990年代初才废除粮票）。一年前的1978年，安徽小岗村农民分田到户，而1979年春，《人民日报》发社论不准包产到户，3月15日人民日报一版头条刊发张浩来信，反对包产到户。三中全会是不准包产到户，四中全会是不要包产到户。但现在呢，功劳记在邓小平与陈云们的帐上，而当时的会议记录显示，是华国锋认可的山区农民可分田到户，并对小岗村这样已分田到户的地方，不予追究，使四中全会之后，形成了分田到户的全国性热潮。到1982年，中共即开始了全国性的推广分田到户承包制，农业生产回归了常态，但根本性的问题中共并没有解决，即土地应该成为农民私有财产，国家没有还地于民。

是生活困窘与绝境，逼迫小岗村这样的地方农民分田到户，回到自给自足的小农经营状态，而地方政府默认，万里、赵紫阳这样的省级领导支持，中共高层则是被现实所唤醒，不仅承认了农民的"创造性"成果，不追究其"非法"责任，还心推行，回归农业生产常识，是对毛泽东时代人民公社的否定，农民不仅因此养活了自己，还养活了整个国家。是共产党在引导人民，还是人民在引导共产党？不言自明，但仍然有人不顾历史史实，认为是共产党养活了中国人民，是邓小平作为总设计师改革了中国，使农民得到了温饱过上了小康生活，其实农民分田到户，是恢复几千年的农业常态，是农民引导了万里、邓小平，而不是邓小平策划设计了分田到户。

中共十二大之前，邓小平策划了剥夺华国锋最高领导人职务，这是不争的事实。所以才有中共十二大邓小平主持大会，胡耀邦做报告（《全面开创社会主义现代化建设新局面》），华国锋时代被结束，会议选举胡耀邦为中央委员会总书记；决定邓小平为中央军事委员会主席。批准邓小平为中央顾问委员会主任，陈云为中央纪律检查委员会第一书记。中共第十二届四中全会（1985 年 9 月 16 日召开）通过了《中共中央关于制定国民经济和社会发展第七个五年计划的建议（草案）》，决定将这个文件提请中国共产党的全国代表会议审议。全会讨论确定了关于进一步实现中央领导机构成员新老合作和交替的原则。尽管叶剑英与黄克诚示范性地主动提出退出中央领导职位，但中共并没有真正解决最高领导人退而不休、老人干政问题，最为严重的是，邓小平开启了枪指挥党的新极权政治新时代，正是枪指挥党，邓小平才有可能在废除中共最高领导人华国锋之后，接着又废除了胡耀邦与赵紫阳总书记职务（邓小平是系列政治颠覆活动的总设计师），并策划制造了八九六四血案。

历史因此翻到百年中国最惨痛的一页，中共十三届四中全会全（1989 年 6 月 23 日至 24 日），审议并通过了李鹏代表中央政治局提出的《关于赵紫阳同志在反党反社会主义的动乱中所犯错误的报告》，江泽民被邓小平扶上中国政治舞台。胡耀邦、赵紫阳积极推进的中国政治改革进程被划上休止符，体制内政治改革力量基本被清除。

中共十四届四中全会以后，主要聚焦"党建"。十四届四中全会、十六届四中全会、十七届四中全会均以党建为主题。

江泽民之后，党的建设与党的整风运动一波接一波，党系被做大，赵紫阳时代开始的党政分离，被党委领导一切所代替，尽管从江时代不断提出精简政府工作人员，但精简的同时，党系仍然被做大，从村支书到各级党支书，拥有绝对的权力，同时被做大的还有政法系，以政治代替法律，实际是以权力代替法律，稳定压倒一切；宣传系与政法系一样，用所谓的宣传维护稳定，封杀自由言论，制造繁荣景象。

习近平新政的第一个四中全会，主题是依法治国，相对于党建主题，是一个历史性的进步。十八届四中全会，政法沙皇周永康个人或其体系会被清理，政法系维稳模式会被清理吗？政法系超越法律，以权代法，以专政方式代法，发展与稳定压倒法治与人权，仍然为害国家、国民，与政法系相毗邻的是宣传系，仍然坐拥宣传沙皇之位，动辄封杀媒体与媒体人，对网络控制无所不用其极。法治精神与法律条文，在宣传系里，见不到影子，宣传系完全做到了电话管治，一切只有上级指令，没有任何规则可言。

依法或依宪治国是一个系统工程，中共如何成为一个合法的政党（依法登记）、中共最高领导如何在宪法之下行使权力、甚至党政分离、政法与宣传系应该退回到中共内部组织中开展活动，而不应该直接干预政府与社会，等等，都将面临重大改革与转型。依法治国做实了，中国的宪政就开始转型了，而做虚了，只会有行政层面的法治，法律将只是党政的工具，用来治国治民而已。

2014-10-21 东网

二十大后的极权体制使臺湾更加危险

中共二十大之后，极权制成为现实，习终结了邓、江、胡时代确立的寡头分治体制，使党天下一统为习天下。从歷史上看，个人独裁的极权体制更易于发动战争，甚至将启动战争当成自己的神圣使命。

习近平与毛泽东不同在于，毛在九大之后垂垂已老，加之他本人对美国强大的军事实力有认知，所以并无意于真的去「解放臺湾」，统一大梦只是用于政治宣传而已，但习近平不同，只要国际社会稍有绥靖或国内矛盾无法调解，他会不惜一切代价，在臺海间点燃战火。

邓江胡时代对外遵循韬光养晦的基本国策，尽管红色权贵腐败，但这种基于经济发展获得合法性与威权的体制，最难发动战争，因为战争会对经济造成毁灭性的打击，西方对中共国的制裁更是不利于红色权贵利益集团。

现在，中共已然放弃了以经济建设为中心任务，党内讲团结，对异已力量讲斗争，二十大前后「斗争」又一次成为中共主流政治领域的热词，并将「统一臺湾」写入党章，当成共产党的神圣使命，这使得习时代的共产党成为东亚和平最大的威胁者。

中共二十大之后的备战状态

以前的中共寡头分治制，是不利于战争的，不同的政治派别在政治局与常委中难以形成共识，而且也不容易对关系到国家命运的战争进行严格保密，现在从政治局到中央常委，全部是习近平钦定的人马，习在高层没有任何政治异己，无论是执行还是保密，都有利于启动战争。

现在习重用的干将都是以绝对忠诚习近平为标准，这些人只唯上，不讲人性、不讲科学与常识，也不讲法规，只绝对服从最高首长的指令，无论是清除低端人口，还是对疫情动态清零，从不考虑任何后果或次生灾难。

三年来，通过疫情测试官员的忠诚度，办事效率，进而测试各地百姓的配合度或被驯服度，习共中央让高级幕僚臣服，然后由行政官员一级一级下压，使所有国民被驯服。现在人们看到的是，局部有动乱，但全国并没有大规模抗争，所有的压力都压到了百姓身上，人们无法反抗。

如果中共发动战争，到时对百姓的控制也可以如此而为之，动用民兵或志愿者，就可以实现对城乡维稳佈控，这种佈控还可以用防疫过程中使用成熟的红码技术，对每一个国民进行动态跟踪。

战争过程中引发的物资匮乏，会不会引发居民动乱或暴动？这次疫情过程中，中共也测试了人们的忍耐度，对城市与乡镇的佈控最长可以达到或超过三个月，并没有出现不可控制的动乱局面。

中共现在正在推展的大食堂与合作社，都是备战之举，战时配给制，政府控制一切物资，不由私人囤积居奇，这有利于在国际社会制裁的情况下，中共可以进行持久战。

美国海军上将理查德日前在「海军潜艇联盟」2022年年度研讨会和行业更新会议上表示：「我们现在所处的这场

乌克兰危机，这只是热身赛，大的危机正在到来。而且不会很久，我们就会以很久没有被测试过的方式被测试。」

理查德又说：「我要告诉你们，目前的（俄乌战争）情况生动地说明了核胁迫是什麽样子，以及你如何，或你如何不抵制它。」

各种迹象表明，中国在习当政之后，正朝着军国主义方向发展，多年前中共半官方人士渲染的「超限战」现在看来并非戏言。

超限战计划比俄罗斯入侵乌克兰还要残酷，其一是战略摧毁臺湾重要军政设施，还有与生活有关的水电设施，并快速占领臺湾造成既成事实；其二是对美国或西方干预进行核威慑，这与俄的核威慑一样；其三是全民皆兵，大量徵收渔民船只运送物资与人员。

军队与「人民」的准战状态

人们都记得，三十年前解放军报发表过一篇重要社论：《解放军要为改革开放保驾护航》，邓小平南巡喊话「谁不改革开放谁下臺」，使改革开放得以继续。

此一时彼一时，当时的深层中央元老在军中还有强大的影响力与人脉，而习上臺后，整治贪腐，不仅多位军委副主席落马，军中高层将领也多受牵连成为阶下囚，或退出军伍，使得军队不再受政治老人影响，这应该是二十大深层中央无力干预习近平连任的背景原因。

现在人们看到的是军队开始成为习家军，「听习主席的话，做习主席的好战士！——武警北京市总队新兵二大队掀起『学习习主席一句话』热潮」这类的新闻屡见报端，这样的个人崇拜会带来严重的后果，习近平一挥手，一场战争就可以开始，这显然比毛泽东指挥「志愿军」参与朝鲜战争更容易决定。

普通百姓多被中共武统臺湾进行洗脑，认为中共对臺湾的入侵有天然的合法性，只有战争给人们带来普遍的灾难性后果，他们才会有所觉醒，遗憾的是，中共支持当年的朝鲜战争，直到今天还被歪曲真相，赋予保家卫国的神圣使命与正义性，所以，中共武统臺湾，人民作为一种力量，不可能制约中共的决断。

不仅如此，中共仍然沿袭当年内战时的伎俩，广泛徵用民用船只，服务于战争，美国之音去年 8 月 29 日就有报导说：中共解放军在最近一次对臺军事演习中徵用了一艘大型民用船只运送部队、武器及车辆等装备，显示在未来可能的入侵臺湾的军事行动中，将会利用民船进行跨越臺湾海峡的两栖作战。陆媒近日又公布了中共解放军进行「军民融合跨海运兵演训」，动用大型民船运送登陆部队与大型武器装备，发布此类消息主要是藉此进行对臺军事威吓。

美国海军退休情报官迈克。达姆（Mike Dahm）指出，自 2016 年以来，中共为了将民用远洋渡船用于军事目的，设定所有民用渡轮必须达到「能容纳军用坦克」的国防标准才会准予航行，北京几乎没有隐瞒「将民用远洋船只应用于作战」的企图（2022-11-15 台湾中华民国中央电台）。

共同富裕为什么是一个政治谎言？

最近一篇未署名文章，写毛、邓、习的政治逻辑一致性，在学者圈中引发讨论，毛邓习有没有政治逻辑上了一致性？当然有，共同点在我看来，就是党国政治模式下的个人威权管治模式，由个人威权来统领全党全国人民，实现自己的政治意志。他们希望引领人民过上幸福的好日子，物质层面的需要被无限放大，大同的梦想被画成美丽的馅饼，悬在红色的天空上，但总是无法落实到人间。政治家最应该致力于追求的宪政民主，却被故意漠视与回避。

当然，我不认为毛邓没有巨大的区别，毛认为只有合作化、人民公社、反市场经济才能实现共同致富、不至于贫富两极分化；而邓时代却完全相反，通过农民承包土地与市场经济，来实现他认为的共同致富。邓恢复了经济常识，习呢，现在仍然走在集权通往极权的路上，个人极权可以向恶，也可以向善，如果能够恢复政治文明常识，习将华丽转身，使其与毛邓有本质的区别，但现在我们还没有看到他转身的迹象与路径。

共同富裕这个概念或口号，给人非常美好的感受，其一是富裕，其二是共同，看起来非常平等公平，就像家族里的一个长者，他说话要把一碗水端平，要全家人共同努力，把家里弄富起来，每一个人可以平等享受财富。

国与家一体化，天下大同，是中国人自古以来的梦想，但每一个中国人躬身自问：什么力量能让天下每一个人都能平等得到财富？什么力量能保障财富被平等分配？什么人能带领天下人去共同致富？

　　既然有伟大领袖提出了伟大梦想，没有人去质疑，更不会有人去反对，试想一下，谁会反对美好的共同致富呢？

　　"共同富裕"这一概念最早出现在党的正规文献中是1953 年，中共中央通过了《中共中央关于发展农业生产合作社的决议》。决议指出："为进一步地提高农业生产力，党在农村中工作的最根本的任务，就是要善于用明白易懂而为农民所能够接受的道理和办法去教育和促进农民群众逐步联合组织起来，逐步实行农业的社会主义改造，使农业能够由落后的小规模生产的变为先进的大规模生产的合作经济，以便逐步克服工业和农业这两个经济部门发展不相适应的矛盾，并使农民能够逐步完全摆脱贫困的状况而取得共同富裕和普遍繁荣的生活。"

　　中共中央的决议是不是美好的构想？这一构想据称在党内外广泛征求过意见，特别得到广大农民所接受。毛泽东说："康有为写了《大同书》，他没有也不可能找到一条到达大同的路。"我们却"造成了一种可能性：经过人民共和国到达社会主义和共产主义，到达阶级的消灭和世界的大同。"1956 年，全国工商界青年积极分子大会致毛泽东的保证书说："我们只有在中国共产党和您的教导下，才懂得了资本主义腐朽的本质和社会发展的必然趋势，而选择了使全国人民共同富裕的社会主义康庄大道。"

　　我们对比一下 1949 年 3 月，毛泽东与黄炎培等民主人士谈话，认为发现了民主道路，可以化解王朝兴衰周期律，而刚刚建政之后不到二三年的时间，毛泽东完全忘却了民主道路，改行党领导下的社会主义道路，党不再带领人民搞民主宪政，而是带领人民共同致富。一个宏大无边的政治阴谋开始启动，为了这个宏大的政治阴谋，毛泽东需要一系列残酷的政治行动相配合，三反五反、反右，使任何敌对者、异端、知识人都被全面打击（当百万人被人身消灭），与联合国在朝鲜战争之后，开始合作化，开始大跃进人民公社，人民成为人民公社里的合法自甘奴。

农民得到的是虚拟的馅饼，失去的是什么？是永久的土地，还有自给自足的小农经济形态。小农经济形态被庞大的政治性的人民公社取代，生产工具生产资料全部充公，就在这个充公过程中，大量的猪、牛、羊被屠宰，特别是耕牛被屠宰，人们幻想着进入公社之后，一切都会由党和国家来安排，进入社会主义之后，就可以跑步进入共产主义天堂。粮食被集中起来在大食堂里食用、还因放卫星而向国家多交粮，造成巨大亏空，天国的幻影很快崩塌，史无先例的大灾难成为现实，三年人为灾难，造成数千万人被饿死或非正常死亡。

共同致富、社会主义道路这么美好的愿景，为什么酿就巨大的灾难？

毛泽东的中共想用几年的时间，改变中国几千年的社会生态，想用社会主义大家庭取代血亲小家庭，如果要说共产主义社会，人类自从有了家庭，基本就实现了家庭本位的共产主义形态，当这种形态扩大到一个村庄、十几个村庄共同体时，它必然出现变数，而这种变数，是一个领袖、一个政党无法控制的。

邓小平当政之后，放弃了阶级斗争，结束了文革，但没有结束毛时代共同致富的谎言，仍然在用虚幌的馅饼，来虚化文明社会对选票、宪政的真实需求，邓小平说："社会主义的本质，是解放生产力，发展生产力，消灭剥削，消除两极分化，最终达到共同富裕。""共同富裕"是人民大众最终达到富裕，但绝不是"同时富裕、同步富裕、同等富裕"，我们要允许一部分人一部分地区先富起来，让先富带动后富，实现共同富裕（共和国的本质是人民民主，毛没有说，邓也不会说，话题总在财富致富这一层次上无限展开）。

不允许一部分人富起来，甚至不允许致富，是文革思维，邓小平的允许一部分人先富起来，则是对文革时期极端反财富思维的否定，在当时有积极意义，邓小平后面接着说出的话，则是虚幌一枪、无法落实了，先富带动后富，实现共同致富。人们永远记得，当学生与市民要求当政党反腐败，要求宪政民主之时，邓小平悍然进行了镇压与屠杀。人们反对的是什么呢，反对的是当权者通过权力，来发家致富，而这一点，邓小平没有致力去反，还有，官员财产公开公示，邓小平也没有去做。说了无数句共同致富，还是没有将属于农民的土地还给农民。让农民承包本属于自己的土地，但却不能还地于农民，还选票于公民。

当政治家不致力于政治文明建设，不让人民有自己的代表、选票、自由发言权及正常的社会组织，只让人民一心一意谋财富之时，这样的政治家不是正常的政治家，而是阴谋家、无良政客。所有的财富创造与成果，都在极权者手中，孙悟空无论怎样创造，都在如来佛手掌心，毛泽东玩共同致富，破产了，邓小平玩共同致富，时至今日，我们看到的是国家全面溃败，从自然生态到道德生态，都在比突破底线，突破法治与人伦底线，腐败从政治到经济到人心浸透每一个领域层面。

邓小平违背社会常识，却无人说道，让一部分人先富起来，一个让字，体现极权者的霸道心态，我可以让你先富起来，我也可以让你立即破产。而让先富起来的人带动后富起来的人或地区，实现共同致富，这是最荒诞不经的事情了，国家的责任在哪里？国家应该通过税收来平衡财富分配，富人多交税，多交的税不仅仅是用来养党和政府的，也不仅仅用来用于军备与维稳的，而是要更多地用在教育与医疗保障上，用在保障最低收入人群的生活补助上，个人富不富不是国王或当政党要解决的问题，但贫困与疾病的保险，却是国家政府应该急切要做的事情，一些人永远不想劳动不想致富，你如何去带动他们致富？先富起来的人或地区，还要花力气去带来后富，世界上哪个国家民族如此而为过？

习近平当政以来，在不同场合仍然习惯性地讲共同致富，似乎不讲共同致富，就不是社会主义制度。现在是习近平超越邓小平的时候了，邓小平说过，社会主义可以搞市场经济，在经济领域回归了人类常识，在政治领域，习应该勇敢地说出：社会主义，也可以搞民主宪政，没有宪政民主的保障，先富起来的人可能一夜之间财富荡然无存，社会主义不仅要保障公民的私有财富的神圣不可侵犯，更要保障公民的政治权利神圣不可侵犯。

中共的大外宣，意在控制海外话语制空权

一、纽约时报是否被中共利用？

我们都记得七十年代乡村，当时村庄或公社里的大喇叭，每天早上六点半就开始广播，声音高飘在空旷的田野上空，整个世界的信息似乎都是通过这只喇叭来传达，当然，主要内容、信息，除了天气预报较真实可信，其它多是歌颂领袖，中国形势一派大好，各国人民生活水深火热，对百姓进行愚民洗脑。

由于国力的增强，中共开始致力于把"大喇叭"安装到了世界各地，意在夺取国际话语的控制权，3 月 29 日人权团体公民力量等机构在位于华盛顿的美利坚大学举行讨论会。一些异议人士和活动人士呼吁美国公众警惕中国对美国公众的信息渗透。他们说，中国在美国的宣传掩盖了中国令人堪忧的人权状况。

中国人权倡导者、政治分析家伯顿·怀兹（Burton Wides）在这次会上说，"中国运用各种能力，特别是经济力量来渗透美国人所能看到、听到和读到的有关中国的内容。中国在宣传上花费了大量金钱。"这位分析家点名了美国的主流媒体《纽约时报》上近日发表的一篇文章，讲的是习近平主席如何给中国的宗教带来好处、他和一名中国僧人的友谊，却只字不谈数百所教堂和藏区寺院被毁和灵修组织法轮功的情况。"

怀斯所指的《纽约时报》文章，是 3 月 25 日发表的题

为《习近平和中国的宗教复兴》一文，讲述了习近平与河北省正定县僧人释有明的交情，文章渲染了习近平对传统宗教心怀尊重。

既然习近平对宗教心怀敬意，那么怎么解释习当政之后，浙江对基督教堂的强拆，还有对家庭教会的更强的控制，以及对藏区宗教控制更为严酷？而中国大陆的佛教场所市场化、行政化已非常严重，完全脱离了佛教原有的精神宗旨，纽约时报显然没有真实地报道中国佛教体系的堕落，特别是中国宗教协会与统战机构对他们的行政化控制。

人们有理由怀疑这些文章有特殊渠道来源，即中共通过特殊方式，将自己想发表的稿件，通过西方主流媒体的编辑或主编，送达到每一个读者手上。而这并不是空穴来风，就在近日，流亡海外的中国巨富郭文贵披露了一封协调中共高层与纽约时报的信函，这封协调函，直呈国家主席习近平，关于钓鱼岛相关的报道，可以通过纽约时报发表，这如同纽约时报当年披露温家宝家族巨额财富一样，他们可以认为这样的内容符合媒体报道范围，可以获得新闻效应，但，媒体在一个特殊时间里，特别是中共内部权斗激烈之时，只报道某一方丑闻，这难免令人心生疑问，而郭文贵披露的信函原件，说明一些中间人是可以准确送达"新闻稿"，直达纽约时报的版面。

曾担任驻美国公使的中国侨办副主任何亚非认为，"中国声音"较弱，"中国故事"穿透力影响力有限。所以他呼吁本国传媒要打破西方舆论围堵，"杀出一条血路"，打破西方舆论围堵、垄断和霸气。（参见：大外宣包装的中国如何

改善国际形象 2015-6-12 美国之音）

从何亚非的观点可以看出，中共这些驻外官员感受到被西方媒体围堵了，所以要不惜血本，杀开血路，制造影响力，正是这一思路或焦虑，才使得中共的海外力量，致力于公关有影响力的国际媒体，只要能够将中共的意图发表于相关媒体，或者让中共领导人的形象正面地展示于国际主流媒体，都是对中共的莫大贡献。这些协调中共与国际主流媒体之间关系的人员，从中获得了巨大的政治与经济利益，纽约时报这样的媒体编辑或主编们有没有因此获利，他们自己要站出来说话，而延续的观察或质疑，读者有权保留。

二、中共在收买、猎取国际主流媒体话语权

下面这则最新的报道，确实只有在西方愚人节时间才会出现：

参考消息网 4 月 2 日报道 英国《金融时报》网站 4 月 1 日发表作者吉密欧撰写的题为《美国应承认南中国海现实》的文章称，美国必须承认中国在南海航道占有军事优势的事实，并制定一项将本地区所有利益相关方纳入在内的应对之策，避免因意外而滑向战争。

英国媒体向美国喊话，要美国承认中国在南海的既成事实，而且美国人应该避免因意外而发生战争。英国政府无论怎样在讨好中国大陆，或致力于在一带一路项目上捞取国家利益，英国的媒体人也不会如此斗胆，直接在南海事态上如此鲜明的表态。

据资深媒体人介绍，中共巨资投入大外宣始于 2009

年，当时《南华早报》有个报导，中国准备 450 亿元人民币来推动媒体的国际扩张，改善国家在国际上的形象。中共官方的解释是，2008 年奥运会期间遇到了一系列的公关危机，3。14 西藏事件、（奥运）火炬传递事件、毒奶粉事件，在国际上引发极其负面的效应，在中共看来，这与奥运大国形象完全"不相称"，如何扭转？最简单的办法，就是控制或影响国际媒体，大陆无论发生什么，国际媒体要么不发声，要么更多的报道中国"正能量"。

让我们看看如下事实：

2014 年 3 月 11 日中共两会期间，一家来自澳大利亚、名为《环球凯歌传媒》的记者克鲁思多次获得官方点名提问，事后该媒体也被挖出背后的股东是中国官方所属的传媒公司控股。

2014 年 9 月香港占中期间，涉及数十个国家的 142 家海外华文媒体发布"保卫香港联合宣言"，力挺中国当局，被中国媒体人戏称为假外媒集体站场。（自由亚洲电台：重金铺路中共大外宣海外扩张 2015-11-05）

《金融时报》2016 年 6 月 9 号报导说，中宣部部长刘奇葆上个月访问悉尼时，跟澳大利亚顶级媒体公司签署了一系列协议，根据协议，中共喉舌《中国日报》制作的增刊将被塞入号称言论自由堡垒的《悉尼晨锋报》。

不仅仅是澳大利亚，中共还跟美国《华盛顿邮报》、英国《每日电讯报》和法国《费加罗报》签订了类似的协议。

乔治。华盛顿大学教授沈大伟表示，中共大外宣的规模是史无前例的。他估计，中共每年花费 100 亿美元在对外宣

传上，远远超过美国的 6。66 亿美元。-

　　路透社去年的一项调查发现，中共建立了一个拥有 33
个电台的国际网路，该网路从美国蔓延到澳大利亚，涉及
14 个国家，广播用的是英文、中文或是当地语言，但内容
却由中国国际广播电台制作或提供。

三、中共对华文媒体的控制更是得心应手

　　中共对华人华文媒体的控制就更为简便，一是直接在海
外创办华文媒体，譬如侨报，其实是大陆国务院侨办的下属
媒体，但对外叫美国侨报，还有上海的新民晚报，创办了一
个海外版，环球时报，也有海外版，刊登海外广告，大量免
费赠送华人机构、饭店、商场，数以万计的免费赠送；第二
种方式就是买海外华文媒体的版面，刊登所谓中国声音、中
国故事，以期影响海外华人，并对华文媒体形成影响力与控
制；第三种方式就是施加影响，给予待遇，譬如让海外华文
媒体免费到中国旅游参观、考察，每年得到两会采访机会，
经费由不同的机构支付，一些由中央级别的大外宣支付，一
些则由各省市的统战部、侨联等支付，这些华人还在其它方
面配合中共的活动，譬如领导人出访，组织人员欢迎。

　　最低级的方式就是威胁了，我曾在香港东方日报网络版
写有专栏，因为文章内容涉及到刘云山，北京直接打电话让
报社删除我的专栏文章，后来又写了一篇内容涉及到中共最
高领导人习近平（完全是正常的时政议事），有关方面通过
威胁东方日报，直接把我的专栏给停掉，直到现在也没有恢
复。令人不解的是，本人在 BBC 中文网上的曾写过不定期专

栏或评论文章，从去年开始文章即便进入编辑程序了，也不能发表出来，而倾向大陆中共的专栏文章却成为常客。BBC中文网或BBC媒体是不是与中共在进行战略合作，不得而知。

中共的大外宣，意在控制海外话语制空权，通过影响、收买国际媒体，来影响国际社会，而通过华文媒体，则意在从文化上继续给华人洗脑，制造国内歌舞升平的景象，利用华人的家国情怀，来做大中共在海外的势力。

中共的大外宣有着宏大的计划，有着多层面的推进，深谋远虑，细致缜密，自己巨额投资搞文化与政治渗透，同时却大肆制造舆论，要反击西方普世价值的渗透，对西方出版物的出版严加控制，甚至包括绘本童书也在限制出版之列。

文明世界在对等地要求中共开放网络、媒体与出版物市场方面，几无作为，不仅如此，一些主流媒体反而讨好中共，或合作或出卖版面，以谋取一时之利。如果对中共的大外宣没有有效的制约机制与警惕，其后果必然是看着中共步步做强做大，形成难以控制的中共外宣病毒，为害国际社会价值观念与社会文化生态。

新长征路上，习中央被财阀围猎？

2017-05-09

旧长征路上，红军围猎土豪、财主，以获得经济支撑；新长征路上，中共又开始了对土豪与财阀的围猎，而这样的猎捕，在薄熙来主政重庆时，已演练过一次了。

一、习近平为什么重提新长征

2016 年 10 月 21 日，纪念红军长征胜利 80 周年大会上，中共中央总书记习近平强调，弘扬伟大长征精神。习认为回顾长征中的每一个生死关头，中国共产党都展示出强大的"挽狂澜于既倒"、扭转乾坤能力。

习上任之初，第一场公开亮相是在中国国家博物馆，率七常委参观近代史展览，其讲演的主旨是，近代以降，中国衰落，所以复兴中国，是中国梦。现在，习当政快满一届，习面临的问题是突破重围，解决面临的困境。怎么解决呢，就是发扬中共的长征精神，倡导党的绝对领导，党员干部自觉的纪律，对百姓秋毫无犯。

显然，宏大的政治叙事无解于中国具体的政治问题，习面临多重焦虑，近年先是高调警告，党内有阴谋家、野心家，这个问题要跟全党说清楚。现在，话锋一转，高官的矛头开始指向"经济政变"，经济领域里的资本大鳄由于已然做大，开始影响国家政治，所以，官方开始发出警告，认为这是危险之举，肖建华从香港被拘传到北京，因此具体风向标意义。

习近平能依靠什么政治力量呢？还是回到毛泽东的长征思维，就是建立强大的党系力量，让政治统帅一切，让党领导一切，党政一体，似乎是解决中国问题的唯一路径。

长征之时党的领导，就是把党组织建在连队上，而现在已建到了村庄上，甚至民间组织、公司、律师事务所，都要建立党团组织，以便于政治控制。自由的社会是一个开放发展的社会，而以维稳为目标的社会，必须是一个党治的社会，甚至会是一个警察国家，不是依法治国，而是依警治国。

中共一直致力于改造人性，毛时代是想改造整个国家的人性，要求人民大公无私，现在中共退而求其次，要改造干部的人性，要求党员干部按中共新公布的纪律条例管控自己，所谓从严治党，遵守中共的政治与工作、生活纪律，一直都有"严格"要求，但总是会刮上一阵风，最后回到新一轮严治严管。为什么？因为中共自己管治自己，从来没有想过通过公权分立，来制约公权力，没有外部独立的监督，没有自由的媒体，更没有政治竞争，其腐败是必然的。

习近平还提到对百姓的秋毫无犯，当年的长征，中共数以万计的干部军人生活费用从哪里来？打土豪得来，土豪就是农村当时先富起来的人，他们获得的财富多是世世代代经营积累的财产，一夜之间就被红军扫荡充共，红军的打土豪方式与行为，给所过之地均是灾难性的，中共一直没的反思与忏悔。当然，中共也不可能忏悔，因为后来的"解放区"土改，以及最后的农民土地收归集体与国家所有，均是这一

革命思维的结果，共产党一直致力于"共他人之产"，对他
人财富的强行共有是其发展之道，也是谋财生存之术。

　　由于官场腐败，加之党系精神涣散，习中央感受到某种
威胁或没有行动力，所以重提新长征，也是感受到了政治危
机。

二、权贵联盟是中共崛起的腐败力量源泉

　　重庆薄熙来事变以来，中共进入大分裂、大清洗时代，
近年查处的腐败案件动辄数亿、数以十亿甚至更巨大，以至
于有关部门都不敢公之于世，以免造成巨大的负面影响。因
为清洗政敌，加之大面积打击腐败，造成中共内部普遍的堕
性对抗，人心浮散，当政敌被清洗，当军头被内部处置，当
各个异已的政治山头多被平整，财阀问题开始浮出水面，中
共突然意识到问题严重性，不亚于当年各路军阀对中共的围
堵。

　　习近平因此何用一句术语：围猎，强调中共各级官员不
要被财阀围猎。

　　但习中央应该意识到，财阀不是一天养大的，邓小平提
出让一部分人先富起来，就注定会出现财阀。

　　而六四屠城之后，陈云说，还是自己孩子放心，中共高
层一家一个或二名副部级上位，李鹏的女儿与儿子，就是这
样得到国企高管位置的。而这些人用自己手中权力寻租，可
以得到上方宝剑的庇护，所以通行无阻。

　　这就注定财阀与最高权力当局的血亲盟友关系，特别是
与红二代的盟友关系。江泽民的三个代表理论，资本家可以

入党，可以参政议政，让权力与财力形成合法的联合，从暧昧到公开，让有钱人与有权人进入人大与政协，形成强势的体制性力量，驱动中国经济崛起，江时代可以说是权贵联盟的蜜月期。胡温时代继续，甚至让私人老板进入中共党校培训，中共党校本是各级官员的政治派对与勾兑的合法场所，再加上私营老板加入，权贵势力就更加肆无忌惮，在中共多个高层平台展开合作。

权贵资本主义获得黄金二十年，邓时代是一个铺垫，江、胡二十年，是发展强大，不仅做大了国家经济泡沫，同时做大了权贵经济与同盟。

三、权贵开始功高盖主，主子不答应了

在肖建华事件之前，郭文贵与李友的斗争，曝光了体制内权贵勾结的许多内幕，当郭文贵在明镜电视上曝光更多的黑幕之时，郭文贵口中却有一位高层"老领导"在某种程度上仍然在对他施加影响，郭、李事件，涉及到多位副部级官员，特别是国家安全部副部长，甚至指涉到令计划、李源潮，幕后还有没有更高层的领导人被卷入，暂不得而知。

这些大鳄级的企业家或金融巨头，都是在二三十年之间，疯狂崛起，少则几百个亿人民币资产，多则能控制上万亿人民币财富，这不仅是富可敌国，更是因富而成为党国的敌对势力。如果没有看不见的高层权力之手在背后支持，人们很难想象，一个四五十年的年轻企业家（白手起家），能如此呼风唤雨，创造财富神话。

这些资本大鳄或超级企业家们，围猎高层权力是真，说

他们要谋取中共最高权力，甚至颠覆中共，这个有点言过其实，他们是中共腐败土壤上的恶之花，他们最喜欢并依赖中共的政制，只有独裁的政制，他们才有巨大的掠夺财富的空间，他们不会致力于"政变"中共，他们的存在，只是让中共不安，甚至会掏空中共，使中共成为这些资本大鳄的高级打工者。

习当政之初，所谓习李新政，一是想通过创新创业，来激活全民经济活力，二是想通过股市融资，而不是通过继续刺激房地产或滥印钞票，来使泡沫经济软着陆。

但体制内的力量与资本大鳄们，利用自己的信息渠道与金融操盘，将股民与国家补仓的巨额金钱揽入手中，股民与国库均蒙受巨额损失，尽管中共抓了一些高层，但仍然找不到操纵的源头。这场股灾，使习李新政遭受重创，甚至是一次金融破产。现在我们看到，习李仍然在等而下之沿用房地产与印钞之术，挽救党国经济，并通过限制兑换外币，以及控制境内资产对外投资，使中国泡沫不至于影响世界，造成人民币卢布化或信誉破产。

现在习与中共高层能够整肃的，也不过是郭文贵、肖建华这样的所谓资本大鳄，并没有触及重量级的官二代与红二代。

中共真正要突围的，是自己的意识形态与党政一体的极权体制，想靠极权发展自由的市场经济，又想不腐败而永远稳定，世界上不存在这样的逻辑。2017-5-9

已实现和未实现的中国梦

中国主管宣传、教育的部门和共青团正在启动一轮春季宣传攻势，目标是让国民特别是青少年接受"中国梦"。主管意识形态的中共中央政治局常委刘云山要求，对"中国梦"的宣传教育要做到"进教材、进课堂、进学生头脑"。

习近平上任总书记伊始，便选择在中国国家博物馆亮相，借参观"复兴之路"展览，道出了他心中的"中国梦"："实现中华民族伟大复兴，就是中华民族近代以来最伟大的梦想。这个梦想，凝聚了几代中国人的夙愿，体现了中华民族和中国人民的整体利益，是每一个中华儿女的共同期盼。"

中国将 1840 年鸦片战争之后称为近代。在官方审定的历史课本中，中国近代史就是一部西方列强的侵略史，也是中国割地赔款的屈辱史。官修历史并不倾向于把这段历史描写为，大清被迫改革开放并向西方学习，甚至被迫尝试君主立宪的现代政治文明的进程。这种历史教育客观上起到了激发民众"爱国"和"仇外"情绪的作用。

如果说清末民初中国人的梦想首先是民族独立、国家强大，那么这个梦想今天已然实现：1945 年日本投降，中国就实现了民族独立，现在中国经济总量已位居世界第二。中国近代以来没有实现的伟大政治梦想只有一个：民主宪政之梦。

当代中国，对社会与青少年最需要的教育，是公民教育、宪政教育与法治教育，无论是中国社会还是青少年学

子，缺少的不是梦想，也不是爱国情怀，缺少的是公民政治
常识与生活安全常识。

科学家讲求科学精神，政治家也应当追求政治文明，践
行人类共同的价值，使国家政治获得真正的进步。民主宪政
是中国人的百年梦想，中国政治精英在清末之时，梦想的是
君主立宪，君主立宪的核心是用宪法约束权力，是让君主制
和平过渡，只作为国家象征而存在，主权在民。

1940 年代，中国共产党与国民党进行政治斗争时，倡
导的也是民主宪政。国民党声称，中国需要通过军政、训
政、宪政三步，过渡到政治文明社会，而共产党主张，中国
的民主宪政可以一步到位，延安农民可以拿黄豆当选票，就
可以实现民主选举，由此推论所谓军政训政，只是国民党不
实行宪政的托词。

1949 年中共建政后，抛弃对民主宪政的追求，毛泽东
的个人权力登峰造极，中国为此付出了惨重的代价。文革结
束后，邓小平及其后任者们，恢复了经济领域的常识，靠市
场的作用实现了中国的经济起飞，在政治领域则固守"四项
基本原则"的底线，不容民主宪政制约党权。

前任全国人大常委会委员长吴邦国更明确表态，中国政
府五不搞——不搞多党轮流执政，不搞指导思想多元化，不
搞"三权分立"和两院制，不搞联邦制，不搞私有化。倡导宪
政的《零八宪章》的发起者刘晓波被判刑。

当《南方周末》以自己的方式呼应习近平的"中国梦"，
在"2013 年新年献词"中将"中国梦"与"宪政梦"联系起来
时，便不容于广东省委宣传部的意识形态官员。媒体禁谈宪

政梦想，近期网上热传的红衣大叔《我的中国梦》视频，网友把自由民主宪政看成自己的中国梦，也遭删除。

将普世价值归入西方价值，并加以对立，又屏蔽了媒体与民间的民主宪政梦，习近平今天提出"中国梦"，能够装进去的也只有民族主义。将中国梦统一为党国复兴梦，继政治经济文化之后，梦想也被党垄断。

习近平说："国家好、民族好，大家才会好。"这句话是"蛋糕论"的翻版，即只有大家一心做大蛋糕，每一个人才能分享到更多的蛋糕。不过，人们会问，蛋糕做大做成之后，依据什么原则来分蛋糕呢？三十年来，中国穷尽人力资源与自然资源，把中国这块蛋糕做成世界第二，但整个社会财富，集中在不到人口百分之三的权贵手中。

就是马克思也不认同这个逻辑。马克思曾说，每一个人的自由发展是一切人自由发展的条件。马克思的逻辑是，每一个人好，国家民族才会好，所以当政者应该通过宪政，保障每一个人的自由与民主权利，以实现社会公平正义与和平幸福。也就是说，国家应该帮助人民实现梦想，而不是将人民视为国家实现梦想的工具。

大清不改变君主专制，败于日本。日本不放弃军国主义，最终战败。缺少民主宪政的"中国梦"，既无法承续中国近代以来现代化的努力，也无法在现实中凝聚支持中国政治进步的社会力量。在中国孩子们大脑中安置"中国梦"，不如为中国人建立一个民主宪政的制度。至于把领导人的讲话当成重大的教育内容强力推行，更是不可取的。

纽约时报中文网 Apr 28, 2013

文艺不需要复兴，需要结束的是一党文化专制

一、文艺复兴的伟大成果是什么？

中共官方大谈中华文化复兴，中国学者则谈中国需要一次文艺复兴，这似乎让人们看到，官方与主流学者在此话题上是一致的，其实，双方话题背后，价值追求迥然异趣。

官方大谈文化复兴，是党领导下的传统文化的繁荣，是用旧瓶装自己的红色酒，而主流学者或倡导普世价值的学者们倡导文艺复兴，则是强调文艺作品人的主体性，文化的多元性，以及文化的自由精神。

但学者们谈文艺复兴，仍然失之于谈文化的繁荣或文化的自由精神，在大陆无法谈西方文艺复兴重要的成果：实现了政教分离，就是宗教精神不再完全主导文化精神，上帝的事情，归上帝，凯撒的事情，归凯撒。如果将此精神引入中国现实，则意味着，党文化不能垄断自由的社会文化，党的教化与人类文化不应该混同，党政要分离，党与文化也要分离。

我甚至要提出：中国不需要文艺复兴，如果说中国的文艺初兴是在西周的话（诗经时代），理性启蒙时代在春秋战争的百家争鸣时代，汉朝可以说是一次文艺复兴（汉赋），唐宋又一次文艺复兴（唐诗宋词），甚至魏晋南北朝动荡年代，亦有文艺繁荣状态。

而如果从中国与世界文化接轨的角度来看，则中国的新文化运动是一次文艺复兴（摆脱礼教），

　　1978年之后，中国文化又一次与世界共振（思想开放），又是一次文艺复兴。

　　中国真的不缺文艺复兴，不断有文艺复兴与繁荣，却一直没有结出伟大的正果。

　　文艺复兴的正果应该是什么？就是政教分离，结束党文化，结束一党教化，人权是社会的核心价值，社会进入启蒙与理性时代，并用制度保障人与人的平等、自由，而上述这一切，成为主流社会的追求与共识。

二、五四开启了中共革命的暴力文化

　　文艺复兴（意大利语：Rinascimento，由 ri-（"重新"）和 nascere（"出生"）构成），是一场大致发生在 14 世纪至 17 世纪的文化运动，在中世纪晚期发源于意大利中部的佛罗伦萨，后扩展至欧洲各国。

　　文艺复兴在当时的欧洲是必须的，因为当时的欧洲笼罩在教会集团的控制之下，神是伟大的，但教会不是，宗教与教会通过几次自我革命或宗教改革，使宗教与社会达到一种和谐之境。如果说基督教第一次过红海，是获得生存与独立自由的话，新教徒五月花号第二次飘洋过海，则使新教创造了新大陆文明，使古老的欧洲文明获得了二点零版。整个美国文化，是对欧洲文化的复兴，也是对全世界多元文化的包容与更新。

　　中华民国初期的新文化运动，使传统社会的礼教崩溃，礼教不再吃人，孔家店被打倒，这是一次文化革命，它的成功之处在于，中国开始进入理性看世界的时代，接受自由民主科学的普世价值，它的不成功是因为救亡压倒了启蒙，民族主义压倒了宪政主义，礼教被结束了，党教却开始左右年轻一代，这种党的教化，既有国民党的教化，又有共产主义思想的教化，中国思想文化最大的悲剧莫过于此，就是刚刚结束一种愚昧的教化，却引进了一种暴力的教化，这种教化就是暴力的民主教，即革命教，或人民革命教，主旨思想认为只有通过暴力革命，不断革命，才能让社会进入一个理想状态：没有人压迫人、剥削人的新时代。

五四运动，就决定了中共的文化大革命，毛泽东说五四运动为中共培养了人才，岂止如此，五四的暴力民主、革命斗争、非理性运动，构成了中共动员社会、狂热革命的基因。通过革命理想、革命文化、革命精神，中共控制了一代又一代年轻人，操控这些年轻人，是中共致胜的法宝。

三、中共致力于延安文艺复兴

中共的文艺复兴，是复延安文艺的兴，而弘扬传统文化不过是一种表象。

毛泽东在抗日战争吃紧的时局中，却用大量的时间抓文艺，并发表了"划时代"的经典文艺讲演：延安文艺座谈会上讲话。其倡导的文艺为人民服务，只是幌子，文艺为中共的政治服务才是核心内容，文艺为政治造势、为宣传领袖造势，成为中共文艺的大方向。

看看毛泽东的延安文艺讲话之后，戏剧白毛女呈现于舞台，就是革命文艺的一个代表作，一个红色文化的新经典。一个子虚乌有的故事，改编成地主逼迫欠债的农民自杀，并将其女儿迫害到山林中生活，最后白毛女的对象，一位八路军战士回乡，打倒了地主，申张了正义。这样的文艺直接影响百姓心理，使人民在情感上支持中共的革命斗争与血腥复仇，仇恨的种子一旦播种，就会发芽做大，一代又一代暴民，就会成为社会主流中坚力量。中共建政之后五十年代三反五反，没有民间社会的暴民参与，仅靠中共的行政力量，是不可能完成的任务。

而中共的延安文艺复兴，在文革之时发扬光大，江青主抓的八个样板戏，还有后来的金光大道等小说，以及周恩来主抓的长征史诗，都是将中共革命史诗化，革命领袖神化，美化革命暴力，革命成为正义，反革命成为罪行。

当今现实的情形是怎样的？是传统礼教文化与中共红色文化的合流。既让孩子们背弟子规，公开宣扬丑陋甚至邪恶的二十四孝，同时让孩子们背诵社会主义核心价值观，当政治风暴来临之时，孩子们又一次被利用与发动，譬如这次韩国萨德事件，乐天企业只是将土地转让给了韩国政府，并不是主导萨德的引进与建设，却遭到中共引导的百姓抗议，一些地方让孩子们宣誓，不买乐天零食。洗脑的政治文化直接影响着新一代儿童身心成长。

还是那句话，文艺复兴没有成果，文革复兴方兴未艾。

罪他律与分裂人民

国家分裂可怕不可怕？三国演义第一句话就是：话说天下大势，合久必分、分久必合。把国家的分裂与统一看成一个自然过程。

是国家分裂可怕还是人民被分裂可怕？人民被分裂最可怕！

不同的宗教信仰造成的宗教冲突，可能造成人民分裂，也会导致战争与仇杀，一个国家之内的族群之间冲突，是人民分裂，会造成生灵涂炭、人道灾难，人民被分裂，在历史上并不总是因为土地、财富或水资源造成，有些因信仰或政治理念造成。

二战结束后，因意识形态而造成的国家分裂，有东德与西德、南朝鲜与北朝鲜、还有台湾与大陆，而苏联呢？却是因意识形态而造成的一个国家联合体（意识形态暴力的结晶），这里要强调的是，人民被分裂是因为人民被意识形态所蒙骗，被暴力集团所裹胁。无论是像苏联这样的联合体还是像东西德这样的分裂体，都因意识形态而造成，而这在人类历史上是从未有过的现象（法西斯也是分裂人民，但并不是阶级分裂，而是人种分裂，对犹太民族实施种族灭绝），国家分裂造成人民被分裂，但国家与人民的分裂背后，是意识形态的分裂，马克思主义政党以人民的名义，控制人民，分裂人民，对政治异己制造原罪，社会主义阵营最终变成一个个牢笼，被"解放"的人民被囚禁在社会主义牢笼里。东西德统一、苏联解体，是对反人性、侵人权的政体的一种反动，苏联解体了，各个被联邦的国家独立了，人民获得了自由，东西德的统一也使人民不再被分裂。

阶级理论造成的阶级斗争，是赤裸裸的分裂人民的理论。把人民分成阶级进行殊死斗争，而得到解放与自由的，并不是所谓的无产阶级或工农阶级，而是以这些先进阶级名义获得统治权的利益集团，而这个利益集团一直披着人民的外衣，以伟大光荣的形象，以先进代表的身份来主宰国家政权。

毛泽东最大的罪行是什么？是分裂人民罪，因为制造了人民的分裂，所以才有他从秋收起义到文革的一系列恶行。毛泽东自己没有亲手处死一个人（他甚至没有佩过枪），但他通过分裂人民、制造敌人、阶级斗争，使他主导革命的半个世纪成为中国历史上最邪恶的时期。

阶级理论的内置定律，是罪他律。

罪他律就是一切的原罪，都在别人（统治者与财富拥有者、思想异己者、有信仰者）那里，要寻找别人的罪错，并置其于死地，使整个世界变成一个按自己政治意志来决定的理想社会。在神化自己的同时，神化另一个虚拟的力量，这个力量就是人民。把人民变成一个神圣的概念，而这个概念被控制于自己手中，变成一个政治法器，这个政治法器比武器还要强大，它具有意识形态魔力，只要念起咒语，就可能置任何个体、组织或阶级于死地。

这些政治咒语耳熟能详：地主、反革命、反动派、右派、封资修、资本主义、资产阶级、敌对势力、颜色革命等等。只要被意识形态定性为有罪，就会有相应的罪名，这个罪名被政治咒语诅咒，就会万劫不复。譬如"反党"就是咒语，而利用小说反党，就是习近平的父亲习仲勋的罪名。

共产党是为人民服务的，但人民是相对于敌人而存在的一个政治概念，当你被有罪化，你就不是人民，你就是专政对象，专政对象不是人民内部矛盾，而是敌我矛盾，敌我矛盾用无产阶级专政方式解决，人民内部矛盾用法律或规章来解决，党内问题由纪检委解决。

不断从人民中划分出敌人，不同的历史时期有不同的联合对象，也就有不同的敌人，抗日战争时期，需要联合一切可以联合的力量共同抗日，所以地主富农民族资产阶级等，都是可以联合的对象，当抗日战争结束后，中共要联合各民主党派与民族资产阶级，推翻国民党，抗日战争时期联合的国民党，成了敌人，国民党是有罪的，在抗日主战场抗日的国军，一夜之间成了不抗日的力量，成了下山摘桃子的窃取胜利果实者。

我在分析《白毛女》一剧被中共制造成仇恨文化经典时，就可以看得清楚，马克思主义制造阶级，就是分裂人民，就是制造仇恨，就是将一部分人变成有罪的人，通过打击敌对阶级，使整个社会回到蒙昧，并一步步流氓化。而这样一种流氓与蒙昧群体，却被一种神圣的理想主义包装，这使它与其它流氓蒙昧群体完全不同（传统社会里的土匪山寨），它使人民获得神圣感，而从人民之中，永远只会剥离出百分之五或百分之十的比例使其有罪化，让他们戴上有罪的帽子，成更多的人在政治恐惧中获得某种安慰甚至是一种幸福感。

所有的罪名，都是人为制造出来的，而人为制造罪名均是基于马克思主义阶级理论。

这些政治罪名，都与法律无关，地主或右派在法律上属于什么罪行？而反党或反社会主义，也只是一种政治观点，在法律层面上讲，它属于言论自由，但这些罪名却堂而皇之地存在，并变换不同的名目，继续对政治异己进行有罪化打击。

中共的红线正在编织成一张大网

没有底线才有红线

为了写这篇文章，我在维基百科与百度知道中检索"红线"二字，可惜这一新词还没有写成辞条，人们对"红线"特定的政治含义还没有通过辞条的方式呈现出来。维基百科里关於红线，介绍的是东亚民俗中的男女婚姻关系，红娘牵了红线，使一对男女喜结百年之好；百度百科里介绍《红线》，只是一部日本的游戏作品，延伸得到的内容也是建筑规划红线，中国耕地十八亿亩红线等等。红线在当代中国人的语境里则与政治同，内涵已然上升，碰触政治红线，意味着轻则被禁言销号，重则有牢狱之灾。

文革时，对知识分子或政治异己的打击，多是戴帽子的方式，帽子是自天而降，可以把人盖得严严实实的，譬如习仲勋被康生诬陷，说利用小说反党是一大发明，通过毛泽东之口，就完全坐实了习仲勋反党罪行，一人戴帽，全家遭殃。

如今，有关部门对媒体人、网络发言者、大学教授、学者的打压，则是通过政治红线，只要是碰了他们设置的红线，或敏感词，就会被禁言或解职，甚至被拘审。

红线一词，近期通过《纽约时报》刊登专栏作家弗里德曼的文章中醒目地出现，弗里德曼批评中国政府驱逐外国新闻记者，反对新闻封杀；而中国官方则认为外媒的报道踩到了红线，因此才发动大规模的驱逐记者行动。弗里德曼反驳说："是你的同僚与其儿女踩了红线，从事大规模的贪婪行为……"。

其实，红线与底线完全不同，红线是说不出口的，是暗线，是潜规则，例如国内媒体被要求不得"擅自"报道省部级以上领导人财产或家属经营情况，还有中央九号文件中规定的七不准之类的政治内容，这些红线明显违反新闻自由准则。但弗里德曼说权贵们及其儿女们踩了红线，实则是权贵或其子女们越过了底线：一是领导人们没有公开财产，导致媒体无法知道真相，并引发多起公民因要求领导人公开家庭财产而被拘审的事件；二是领导人家属不得经商，中共中央一九八六、一九八九年均有公开的文件严加规定，但现在看来，这些规定早已被废弃，所以，领导人或其子女可以堂而皇之地越过中央文件规定的底线。

权贵集团不守底线，却为社会暗划红线。

红线制造政治迫害

中国学者或媒体人入狱或遭受打击，多不是因为触犯法律或道德底线，而是触犯了所谓的红线。刘晓波因为发起签署"零八宪章"，而以颠覆国家政权罪入狱，刘晓波的一切行为只是言论与文本，连组织行动或抗议都没有进行，显然他触犯的只是中共的政治红线，不允许有组织地向中共提出政治诉求，过线者即以莫须有的罪名予以判处。现在正在被拘审的新公民社会促进者许志永、王功权、独立参选人大代表的江西民主人士刘萍、民主人士郭飞雄，还有失去大学教职的北大夏业良副教授、华东政治学院的张雪忠副教授以及早前炮轰中宣部的北京大学焦国标副教授等等，他们无一不是因为触动了有关部门所谓的红线而被拘审或遭受打击。

西北政法大学副教授谌洪果因为私自去香港参加一次学术研讨会，大学有关部门不问他在香港是否参与了违法活动，也不问他的学术发言内容，只以一条违规出境，就定他有"罪"，最终迫使这位副教授辞职。以这样的方式打击异见知识分子，可以拉出一个长长的清单：焦国标、张博树、刘军宁、范亚峰、夏业良、张雪忠等等。

红线时时在延伸之中，刘晓波被判刑，他的妻子就成为红线中的人物，长期被软禁，为什么被软禁？因为刘晓波妻子刘霞为刘晓波说的任何一句话，都可能引发媒体关注。如果有人擅自突破红线，这些人也将面临被处罚，成为被有关部门盯上的人物，红线会不断延伸，这也是维稳部门不断增加经费的原因，而经费增长过程，也是维稳系扩张自己地盘与势力的过程。

红线并不是像法律那样一视同仁，红线会因人因单位不同而不同，这次西北政法大学副教授谌洪果因赴香港开会被迫辞职，而其它高校教授却平安无事。也许因为谌洪果在当局内部规定七不许之时，发表了言辞激烈的批评讲演，使他成为敏感人物，因其身份敏感，所以不允许出境参加学术活动，一旦擅自出境，就会以此作为藉口，迫其辞职，使高校老师队伍"纯洁化"。

政治红线无处不在，对宗教信仰者、对政治异见者、对维权上访者、对公民社会建设者，甚至对有独立自由追求的艺术家都用看不见的红线予以控制与打压。一旦触及有关部门私设的红线，就有可能被定点清除。我们看到，尽管周永康时代的政法委被降格处理，周本人也可能被拘审，但政法委时代遗留的非法维稳思维与方式却仍然大行其道，政法警方与宣传系共同建立红线网格，以制造政治迫害为己任，使国家人权法治丧失殆尽。

红线越多法治越渺茫

当中央设置红线之时，各级政府也会相应设置自己的红线，不同的单位更会相应设置政治敏感的红线，这样，就会到处都是地雷，无处不是红线。

对网络名人或知识分子、律师、媒体人、维权人士的红线禁忌，有点像中共党内的"双规"，它多是通过法外执法，内部悄无声息地处理，以达到打压异己、维护稳定的目的。遭遇到这种打击的个人，无法通过任何方式维护自己的权益。网络上被禁言甚至被销号，你无法通过合法途径来为自己辩解，网站给出的解释是，上面通知禁言或销号，网站无权过问。近期知名政治与历史学家章立凡、张千帆、李伟东还有本人都被禁言或销号，新浪与腾讯等网络没有一句解释与说明，被问及相关编辑，则永远只有一个回覆：接到上级通知。这些网络都是独立的市场法人企业，网管办或宣传部门为什么会成为他们的上级单位？甚至在大网站里，警方还设有专门的办公室，直接控制网站后台，不经网站自己的技术人员与编辑，就可以直接删贴或封杀博主。

政治迫害有时会以其它名目遮掩，譬如对北大夏业良副教授，北大不敢公然政治迫害，只能藉口他的教学或研究有缺憾，不再聘任；西北政法大学谌洪果副教授被迫辞职，则是上级的暗示或指令，不留任何文档。如果其所在学校不处理谌洪果，那么学校领导就会遭到处分，或受到莫名打压。我们看到，在触碰红线之后，有关部门对触线者的打压，你看不到任何责任人或责任单位，红线操控者隐身其后，受害人上司具体实施，却似乎是无可奈何，最终的结果，受害人只能通过网络公之於众，如果影响太大，有关部门又会一个电话，全网封杀，辞职信或公开信在国内的网站上会瞬间消失。

有关方面并不希望你去触碰红线，因为正是这些勇敢的人们触碰红线，使红线突显出来，当这些人受到打击与惩罚，或被拘被判刑之时，人们看到了党和政府的真容，他们守不住宪法的底线，也罔顾道德底线。人为设置红线，肆意侵犯人权，虚拟的红线因此令人触目惊心，它束缚了人们思想与行为的自由。中共明知暗设红线是基於政治迫害与侵犯人权，任何一个案例出现，都会成为国内外新闻事件，所以，无论对国内外媒体还是对学者教授，他们都希望有自我审查或"自律"，因此现在的迫害与过线，成本越来越大，特别是信息化时代，政府可以控制纸媒或删除网贴，但它的传播与影响力是不可能删尽的，越禁锢越删除，往往传播得越广泛，并获得更大的影响力。

中共的红线正在编织成一张大网，红线越多，禁锢越多，法治越渺茫。似乎只有习近平可以以一己之力，帮助受害人解除红线。《纽约时报》着名专栏作家弗里德曼直接写信给习近平，一些国际媒体人被解禁了。刘晓波的妻子刘霞、郭飞雄的妻子张青也写信给习近平，习能收到这些信函吗？

那些无数因触碰红线而遭到打击的人们，都一一写信给最高领导人，这些信都能抵达天庭，并受到公正公平的对待吗？通过人治树立的威权，是虚伪的，不可持续。中共编织的红线成为一张大网，束缚了法治社会与公民人权自由，最终也必然将中共高层束缚住，因为他们在红线的大网中一样被蒙骗，一样不会有自由。《动向》2014 年 2 月号

颂圣的惯性——后文革时代对中共首领的歌颂

民众对中共最高领导人的习惯性歌颂，这种歌颂如果不遭遇高层的特意处置，就可能形成蔓延之势。习本人对毛的某种情感，以及在许多场合引用毛的诗句，对文革前后三十年互不否定，均是造成人们用文革方式歌颂习近平个人的风向标。

后文革时代的颂圣惯性

毛时代对毛泽东的歌颂，是一场疯狂的造神运动，每天广播里的《东方红》、每一封信上的最高指示，以及海量的毛像、毛语录、毛雕塑几乎无所不在。这场惊天地泣鬼神的造神运动，几十年之后仍然没有根除其精神病因，毛像仍然悬挂上天安门城楼，毛遗体仍然摆放在天安门广场，毛思想仍然被当政者视为"战无不胜"（写在中南海南门墙上）。中共的党化国家，无人能够改变与撼动。文革后遗症在民间的遗存，就是数以万计百万计的毛迷，仍然前往韶山或毛纪念堂朝拜。一场在人民大会堂的红歌被遏止，而在自由世界，仍然有人公然要纪念毛逝世四十周年，如果不是正义的人们抗议，也会得逞。

文革的幽灵，仍然披着红色外衣，在中国显灵，发出魔力，影响着国家精神。甚至试图走向世界，挑战普世价值。

毛逝世之后不久，对中共领导人的歌颂惯性，仍然强大，艺术界仍然沿用歌颂毛泽东的套路，歌颂华国锋，从宣传画到口号标语，再到颂歌，无不照搬颂毛的方式。我们看看当年的宣传画标题就非常清楚：听华主席为首的党中央指挥（吴敏）、华主席和我们心连心（克里木）、高举毛主席的伟大旗帜紧跟英明领袖华主席胜利前进（杨受安）。而对新领导人的歌颂也开始盛行，最著名的有《献给华主席的歌儿唱不完》，刘洪作词，王师林作曲；还有歌颂华国锋版本的《交城山》：

　　交城的山来交城的水／交城的山水实呀实在美／交城的大山里住过咱游击队／游击队里有一个华政委／华政委最听毛主席的话／毛主席引路他紧跟随／华主席为咱除"四害"／锦绣那个前程放光辉。

　　文革之时人们对毛的颂歌不敢议论，但华国锋显然已是弱势，在普通百姓或文艺工作者那里，只要当上最高领导，就是领袖，就应该无限歌颂，但在中共内部有资历的圈子里，并不把华国锋放在眼中，当时就有人质疑："你那个华政委，是个什么政委啊？是个县大队的政委嘛，一共只有十八个兵。"

　　果不其然，陈云等人与复出不久的邓小平联手，"劝"华国锋让贤，元老们对华国锋的指责，就包括他搞新的个人崇拜，所以，国家出版局·一九八一年九月九日·（八一）出版字第六〇八号通知就是《关于清理歌颂华国锋同志的图书的通知》，对歌颂华国锋个人的图书不允许销售，造成损失由出版社负担。

暧昧的表达：邓之后不点名歌颂

禁止歌颂华国锋之后的十多年的时间里，中共主流媒体基本没有指名道姓的歌颂党国领导人的歌曲见诸媒体。胡耀邦逝世之时，文艺人对其歌颂，却只能以不点名的方式使其出现在主流媒体，这首《好大一棵树》（邹友开词）：头顶一个天，脚踏一方土，风雨中你昂起头，冰雪压不服。而一九九七年才有公开歌颂邓小平的歌曲《春天的故事》，对他主导的改革开放时代，以及一九九二年春天南巡积极推动进一步的市场化改革进行歌颂，但这种歌颂仍然是不点名的。

歌颂江泽民，还是不点名方式：这首知名的歌曲是《走进新时代》。歌颂江泽民的歌词仍然是暧昧的，甚至有一种个人情感式的情歌式暧昧"我想对你表白，我的心情是多少豪迈"云云，如果歌唱者在小空间里对着江本人歌唱，其情其境，会是怎样？江之所以在位之时传出那么多的香艳绯闻，不是偶然的。这首歌传唱之时，在一九九七年九月文化部一次为中共十五大举办的文艺名流座谈会上（我当时列席了会议），遭到著名戏剧家吴祖光先生猛烈批评，他说：这样的歌对着领导人唱，（江泽民）在台下能坐得住吗？这首歌其中三句歌曲点明了毛、邓、江三个时代：

我们唱着东方红当家作主站起来

我们讲着春天的故事

改革开放富起来

继往开来的领路人

带领我们走进那新时代

艺术情感是暧昧的，但政治叙事却是非常明晰，毛时代唱东方红，人民当家作主，邓时代唱春天的故事，富了起来，江时代应该民主起来吧，"但这个真的没有"，只有一个大词叫新时代，人民进入新时代了。有趣的是，唱情感表白时，歌词用的是"我"，我想对你表白，而政治叙事之时，却用了"我们"，"我们"走进了新时代。这是怎样的一个新时代呢？政治模糊术，如同当年说毛建立一个新中国一样，其毛氏新中国实远不如一个旧中国祥和升平。

　　《江山》一曲被视为胡时代的颂歌，但有趣的是，这首颂歌并没有歌颂胡，甚至没有一句暧昧的歌颂与胡有关，只是强调共产党打江山坐江山的目的是为了百姓，甚至认为老百姓是山是海、是共产党人生命的源泉。

　　这首歌曲的作者是晓光，当时文化圈子里就流传一个笑话：邓、江时代都有颂歌，谁要是为胡时代写一首颂歌得到首肯，就可以当副部长，没想到一语成真，晓光真的成为文化部的副部长了。为什么有那么多的人趋之若鹜地为中共最高领导人写颂歌，因为说不定天上会因此飘下一大片馅儿饼来。

颂习直逼颂毛

　　习当政之后，颂歌开始井喷式出现：《我们的习大大》、《全民偶像习大大》、《要嫁就嫁习大大这样的人》、《中国出了个习大大》和最著名的《习大大爱着彭妈妈》、《包子铺》、《要做就做习大大这样的人》、《习主席寄语》。有媒体分析其中原因是，习中央对腐败的严厉打击，迎合了民众心理，歌颂强势的领导人并寄托梦想，是老百姓的普通心态。

　　中国出了个习大大 / 多大的老虎也敢打 / 多大的老虎也

敢打，天不怕嘿地不怕／做梦都想见到他！／中国还有个彭
妈妈／最美的鲜花送给她

　　民众对中共最高领导人的习惯性歌颂，这种歌颂如果不
遭遇高层的特意处置，就可能形成蔓延之势。习本人对毛的
某种情感，以及在许多场合引用毛的诗句，对文革前后三十
年互不否定，均是造成人们用文革方式歌颂习近平个人的风
向标。

　　宣传系统非常不好处理这种来自民间社会的歌颂，如果
封杀，可能是对领导人不尊，如果不封杀，另一个声音就会
发出：习在制造个人崇拜，没有任何制止的举措。据传，应
该是来自最高当局的决定，不允许在主流媒体上出现习大大
这样的民间称谓。

　　习的讲话被当成国家学术课题研究，习的形象被制成瓷
盘在中央党校与天安门纪念品商店公开出售（还有大幅照
片），有关当局并没有令行禁止，如果放在华国锋当政之
时，可能都是个人崇拜的罪状，为什么现在却可以大行其
道？

　　没有元老们出面了，华国锋当政之时，元老们还可以老
当益壮，在文革之时积蓄了生命能量，正好文革结束之时得
以爆发，几个元老联手，华主席就下台了。现在朝野四望，
天下无敌手，各地大员在比拼效忠习核心之时，民间与地方
政府当然也在办各种歌颂习近平的"赛歌会"。

动向杂志（香港）2016 年 10 月号第 374 期

极左复辟，义和团复活——党国走在黑恶化的路上

有人说今年的春晚有七十年代文风，而整个二〇一六年，文革回潮已非常明显，中共会退回到文革吗？当然不可能，他们只是借用文革的手法与方式，用民间的极左打击右边敢言人士而已。习近平对极左力量的兴起是乐观其成的态度，如果把他助推到毛的圣坛上，也许正是他本人的中国梦。

春晚：党文化复兴"繁荣"

鸡年春晚我第一次完全没有看，只能通过朋友圈的观感，来感受春晚。譬如有统计数字显示，东北地区观众高达百分之八九十，而南方城市最低达到百分之十左右，整个收视率非常精准地从北向南递减。

我形容这个统计数字，实则是主动接受洗脑的数字，也是中国因政治洗脑造成的脑残比率图表，越蒙昧的地方越落后，越落后的地方越主动接受中共主流媒体洗脑，并获得官方提供的红色娱乐。

春节晚会从开始，就是一次公然的文化侵略，官方文化对民间文化的侵略，红色文化对多元文化的佔领，党文化对社会文化的洗脑。在没有春晚的夜晚，每一个家庭都有自己的活动，或敬祖，或话家常，或族人聚餐聚会，我在南方的故乡村庄，大年夜家家户户是互相串访，主要是向长者老者拜年。自从有了春晚，这些民间活动就成为文化记忆了。

现在，我们看到的现状是，人们回不到从前了，不能像往日那样，互访，敬老，祭祖，但人们也得不到八九十年代那样较为单纯的娱乐了，中共的政治意志，决定着春晚的主题，要打造什么梦想，他们就会炮制什么内容，甚至可以把一位八十六岁的老人，包装成百岁老红军，当人们计算出六岁参加红军长征的历史真相后，他们也不会道歉，只会让其在画面上删除、消失。

而他们打造的雷锋、长征、抗日英雄等等红色传说，已完全神化，不允许质疑与更改，已是红色文化的神圣规则，也是洗脑神器。去年，我们看到，对琅琊山五壮士的质疑，最后以质疑方败诉，中共政法委与中宣部等机构公开宣称，要捍卫自己传说的神圣性，不允许任何"玷污"。总之，春晚这样的党国文化阵地，他们一旦佔领，就不允许民间文化或普世文化佔领，每一座山头对他们来说，都是严防死守之地。

死守之地，最终就像埃及金字塔一样，变成终结他们命运之地，专制文化的宿命，无一能逃过同样的结局。

对内强力打压，对外文化渗透

今年一月二十七日二十一时，联合国官微发佈：（消除饥饿）亲，年夜饭吃完了吗？一定很丰盛吧！然而，你知道吗？全球现在仍有近八亿人每天忍受饥饿折磨。另外，还有约八亿人生活在极端贫困中。……

该博文一经发出，立刻有大量网友跟帖评论。有网友说："是中国人造成的吗？我知道你说的是事实，但是大过年的发这个，真的感觉怪怪的。"还有网友直接质问："为什么要在中国的除夕夜上发，而不是圣诞节？"La Minutede Silence"的用户说："是成千上万的中国工人和商人给非洲带去了繁荣和可持续发展。西方国家只是杀鸡取卵式的掠夺。自己就有很多生意夥伴在非洲做生意，很多年没回国过春节了，在这里祝福他们。"（我们稍加注意，就能发现这些新义和团们，有自己一套话语逻辑）。

新义和团们背诵："朱门酒肉臭，路有冻死骨"诗句之时，会将不义归因於万恶的旧社会，而当自己有了酒肉飘香之时，不允许别人在自己的吉日里说道路有冻死骨了，非洲那边路有冻死骨，联合国当然铭记於心，就像习近平在春节致辞时所言，自己最牵挂的是贫困家庭。当然，习近平说道之时，网友们是不敢妄议习核心的，联合国无权无势，更无力封杀禁言新浪网友，所以，怎么喷怎么怼联合国，都完全政治正确，并表达了自己爱国之情。

我们看到，文艺复兴没有搞起来，文革复兴真的来了。

对外，中共动用巨大的国力，搞文化渗透，因为胡锦涛时代与西方贸易逆差巨大，巨大的外汇没有用来投资产能的更新升级，却挥霍在中共意识形态领域还有国际统战领域，或者投资在一带一路这样的落后地区，以转移落后产能。中共的国际投资，不是市场主导，仍然沿用的是意识形态主导。显然，中共是在努力摆脱西方，而不是遵循西方主导的市场自由经济，并合作与融入。

意识形态领域的大外宣，每年以数十亿美元的资金用於收购境外媒体、网站，特别是兴办孔子学院、中国文化中心，既向境外输出文化，又向国外输送自己的"人才"，做大自己的国际力量、在异域建立党国的文化堡垒。

　　国内的民粹力量一部分文革化，一部分则义和团化，当然，这两种方式根子都是一样的，就是借助非法暴力方式，以正义爱国的面目出现，对异己者口诛笔伐，甚至拳脚相加，而国家机器却暗中支持这些力量，使其成为军警力量之外，有效对付异见者的一种维稳工具。

信仰的分裂：中国要领导世界？

中国是退回文革式的马列原教旨信仰，还是顺应世界潮流，以普世价值为原则，重建社会信仰？

中国意识形态重新分裂，邓小平当年主要反左，言犹在耳，左派在江时代受到打压，以中流等杂志被消号为标志，而习时代，极左反扑，以炎黄春秋杂志被剥夺为标志。

正是习近平上台之后前后三十年互不否定，才有极左力量逐步升温，直到他们能够上街示威，能够公开打骂异见老者，能够威胁有关当局剥夺邓相超等的职位，更极端的建议则是中国社会科学院马克思研究院的院长程恩富的公开倡导，要重建国际共产主义联盟。如果真的重建，那么中国必将成为新共产主义运动的基地，并当之无愧地成为新国际共运领袖。

有趣的是，习近平在国际论坛上，讲的都是自由经济、普世原则，但其治下的中国大陆，却在天天叫嚣向西方普世价值原则亮剑，显然，中国在国际上要争民主自由，而在国内，则要讲稳定讲专政。专政有效率，而国际社会的公平开放，却有利於党国拓展。

外交部相关负责人则在提醒西方，如果美国放弃自由市场，那么中国随时要担当大任，充任世界经济领袖角色。如此说来，中国既要当世界无产阶级领袖，又要当世界资本主义领袖。如此精神分裂，邪魔共举，世之罕见。

中国不是融入世界怀抱，而是要重建世界，并用自己的方式来引领世界，用什么引领，以中国领导人的制度自信？只有专制才有力量，但专制的力量，只能在国内使用，在国际上，可以集中国力来做一带一路、可以用十四亿人的市场来引诱西方与西方共同分享大陆市场？以此获得西方世界的尊重，并自命为世界经济领袖？

习中央悲剧性纠结在於，既融不进自由世界，又退回不到封邦锁国状态，即：既无法退回到文革状态，又难以进化到宪政民主状态。中国在灰色地带滞留得越久，就会滋生出更多的问题，灰色中国，完全退回到红色中国（打土豪分田地）是不可能的，但变成黑色中国，却正在成为现实。不能站在中南海立场上看改革——对吴稼祥文章的批评 2017-02-18

中共南海困局，戴旭们亦罪不可恕

有人嘲笑右边的习惯于想通过万言书，来影响朝政，使其获得改良，我不知道右边的万言书有无作用或影响力，但左边的万言书，现在看起来，确实发挥了巨大的政治效力，甚至可以说，戴旭们通过万言书，已攻陷习中央，并产生巨大的国际影响。中央高层如何采信这些极左鹰派势力的建言，是一个值得思考与探讨的话题。当然，最终的责任，是决策者承担，苦果，也由决策者品尝。

南海吹沙造岛向世界示"强"？

现在我们看到，南海吹沙造岛、示强于世界，是需要付出巨大成本的。整个造岛过程遭遇几重阻击，一是南海南边国家对中国的敌意，中国需要通过外交力量，主要是金元外交化解相关国家的联手"维权"；二是美国集结力量，以保卫自由航行的名义，强化其在南海的军事力量；三是菲律宾已诉诸国际海洋法庭，中国要么遵守国际法庭裁决，要么动用更大的外交（金元）力量，有限地化解这一危机。菲总统达到第一个目标之后，开始将虚的价值变为现实的利益，菲国表面上需要法定的海洋与海岛，实际更需要美元。菲总统杜特尔特穿着牛仔裤一趟北京行，一百六十亿美元援助就轻易落入腰包。

试问：中国得到了什么？得到了一个字：强。

中国化解了敌对势力的"国际图谋"，使国际法庭的裁定变成一纸空文（但这种化解是暂时的，菲国完全可以翻手为云覆手为雨）。一个"强"字背后，中国造岛成本几何？化解南海相关国家的"不争议"，又将付出怎样的代价？陆上的一带一路，数以十亿百亿美元的挥撒，现在又在海上丝绸之路上用数以百亿美元砸水漂，也许有人可以安慰当局：这是国家战略投资，中国因此获得了亚洲周边的政治与经济空间（事实上，制造周边国家敌意，空间只会变得狭小）。

正是邓、江、胡时代的隐忍国策，特别是跟随美国主导的国际社会，加入国际经贸组织，才拥有如此巨大的成长空间与财富红利，现在一边挥撒几十年的国际经济红利，一边制造与主流国际社会的不信任甚至冲突，这样的经济会持续多久？

制造出来的海上危机，损己利人

中国对外似乎有取之不尽的办法、用之不竭的美元，去应对各种国际危机，尽管这些危机多是自造的，是些毫无价值的争端，只为获得自我强大的虚幻感觉，被一些鹰派爱国贼们诱惑着，也被一些极端的民粹们怂恿，一步步的陷入困局。可悲的是，习中央仍然执迷不悟，仍然固执地认为，通过国际性争议，可以获得自己想要的国家利益。

海洋权益时代早已结束了，殖民时代，西方列强通过殖民扩张，获得自己的国家利益与资本利益，这一过程随着二战的结束而结束。二战之后，我们看到海上大的争端几乎没有了，各国享有的是美国主导的国际准则，要的是海上航行的自由，以谋取市场利益。而美国在南海不断声明的，也是这一条，美国要海上航行自由，而国际法规定的，海岛的经济权属区与无人居住的屿，不能因为人为造岛而改变其性质，菲律宾正是基于这一点，通过国际海洋法庭获得了法定的认可，而中国在法律层面上，已然失败，如果一意违反法庭裁决，会引起国际社会的公愤（中国是相关公约的签署方）。

苏联在星球大战对抗中，已然失败，所谓的鹰派还在别人早已不玩的海上想玩对抗与扩张，愚昧得不可思议。

怂恿习中央继续在南海雄起的国家决策，无外乎二点，一是国际战略地位，此位置可以锁住各国海上通行的咽喉，一旦爆发战争，这条生命线将发挥巨大作用；二是，只要人为造岛成功，形成既成事实，中国就拥有这片海域的经济开发权，南海周边诸国就会被置于自己的控制之下，以此形成中国军事势力范围，而经济专属权，也使中国拥有海上的石油与矿藏开发。

中国鹰派要的是宏大政治叙事，菲国则瞄准这一弱点，寻找自己的利益源。

你政治上宏大地耍横，我要的是经济上得实利。菲新任总统深知中国领导人需要什么，需要他骂美国，他就无底线的骂美国总统奥巴马，中国人喜欢讲亲情，他马上抬出自己的血统，自己外祖父是中国人，他身上流淌着中华血液，中国希望他与美国断交，与中国成为精神共同体，他口头上马上就可以做到，要与美国断交。

事实是，至今美国没有收到菲国正式通知断交的函件，而菲总统从中国回国后，也坦承，与美国的战略同盟关系，

符合菲国最大的利益。并坦言，菲国需要美元，美国不可能
提供，只有中国可以提供，而且，中国不摧债，甚至到期后
还可以免债。如此毫无顾忌地通过地缘政治，获得巨大的国
家利益，在菲国百姓看来，他也许是一个充满智慧的总统，
尽管手法非常流氓低级，但它确实符合菲国最大的政治经济
需要。对于中共，是不是通过巨大的美元攻势，又养育了一
个替代北朝鲜金家的战略合作流氓政府？

戴旭们参与制造中国南海困局

　　中共在南海陷入外交困境，军方与社会上的极端势力的
推波助澜"功不可没"。我们翻开早前军方所谓的鹰派势力
公开的万言书，就可以看到这一势力对习中央的决策，有着
多么强大的误导力。军方在胡锦涛时代就开始南海吹沙造
岛。建造三峡之时，毕竟还有一个论证与经济回报时间表，
但造价远高于三峡的南海造岛工程，人们既没有看到论证过
程，也没有看到经济回报数据，只凭军方势力以所谓国家海
洋权益的宏大叙事，就贸然上马，现在落得个骑虎难下的困
局。

　　戴旭在其万言书中认为："继东北亚、台海之后，美国
正在将此地开阔为第三大海空战场。"所以，要趁着美国在
其它地区安全没有搞定之时，迅速造岛，占领南海制高点，
"要破除恐美症。纵观俄美关系可以看出，美国是尊重强者
的思维方式。"由此可见，军方通过制造南海冲突，废止邓
小平主导的韬光养晦的国策蓄谋已久。他们为什么要鼓动胡
中央、习中央与美国在几无意义的南海产生冲突？这当然是

军方做大自己、并掩盖军方普遍腐败的最有效的方式，只要与美国产生哪怕是像徵性冲突，党国政府必然要更多的经费投资于军队，军方就可以借此牵着中央的鼻子走。因为军方完全知道，中央最高领导人好大喜功，把所谓的国家形象利益放在首位，为了所谓的抗衡美国，可以不惜一切代价。

戴旭完全知道南海冲突的后果："可以肯定，欧、美、俄、日、印等当今世界大国或集团在南海问题上都不会支持中国"，与当年的八国联军入侵一样。八国联军是慈禧纵容义和团拳匪之乱，造成外国军队为保护自己的使馆与侨民、传教士而出兵，慈禧也只能出逃陕西才躲过一劫。现在戴旭们又像义和团一样，以为自己刀枪不入，只顾制造国际性冲突，至于后果，那由皇上去处理吧。

戴旭反对"克制"，认为："克制"，无异于抱薪救火。还认为敢于争议是一种自信，"中国不怕。惟其不怕，才能和解。"满嘴的爱国狂言之后，居然还以利诱党中央上钩："军事战略重点转移到南海地区，还可以带动中国一系列经济发展战略的调整，大大促进"十二五"新兴产业的发展。"戴旭还认为：只要中国卷入南海诸国的军备竞争之后，中国就可以拉动相关的产业，这样国民经济就可以上一个台阶。

军备竞赛在南海周边国家间展开之时，外交攻防战火亦正在燃起，菲律宾当然不敢轻易与美国解除军事关系，而日本亦携钜资，开展对菲的金元攻势。这样的比拼，对中国的经济发展有巨大的助力作用？对南海诸国与中国的关系有积极意义？

做大南海的冲突，习中央一定要闭门三思，到底会得到
什么？

动向 2016.11

不能站在中南海立场上看中国问题

摘要：无论是社会主义的初级阶段理论还是三个代表理论，都被吴稼祥视同摸石头过河中，被统治者摸到的石头，这些石头只能用于中南海的自慰，而不可能引渡中国达到政治文明的彼岸，只有自由、民主、宪政、人权、公平、正义的巨大价值支柱，才可以支撑政治文明的桥梁，使每一个中国人都可以平安走在这座雄伟的大桥上。

邓小平没有彻底打破教条

我的朋友吴稼祥先生曾供职过中南海，曾参与中共十三大报告的起草，后因八九民运而遭到打击，在秦城监狱里待过多年。

近日在《中国青年报》上，稼祥兄发表了一篇题为《突破教条束缚，改革不能走老路》的文章，主要谈的是有关改革"方法论"问题。在我看来，他的这篇谈话主谈的倒不是改革方法论，而是一篇站在中南海立场上说话的告白书。

吴稼祥开篇就说，调侃邓小平"猫论"的人，是没有认识到猫论的实质，它是反对教条主义，主张实践是检验真理的唯一标准。稼祥还博引出猫论来源于四川民间俗语，以及当年刘伯承在战场上也说过类似的话。他总结猫论的核心价值是：一切都要看情况而论，不能把自己锁定在教条与本本上。

在我看来。邓小平的猫论是让共产党人回到常识，为什么要回到常识？因为毛时代一切都是反常识的，从大跃进到打击右派，从大锅饭、大炼钢铁，到"文革"，毛时代用斗争与运动的方式来解决一切社会问题，邓小平的猫论主要体现在经济方面，或者在农村承包土地政策方面，万里与赵紫阳通过回归常识，使农民解决了温饱，所以他们就是扮演了好猫的角色。

吴稼祥认为邓小平一直在除教条化，这不确切。邓小平只是废除了部分教条，或者废除了生产生活领域明显反常识的教条，但最大的教条邓小平不敢反，也不想反，譬如邓小平说，马克思主义老祖宗不能丢，毛泽东思想不能丢，这两根粗如卧龙的大教条邓小平一直紧抱不放，这不仅是邓小平的巨大缺憾，也是后来造成六四灾难的根源。不放弃教条，不追求人类共同的政治伦理或政治价值。邓反了两个凡是，却创造出"四个基本点"，两个凡是是两个教条，四个基本点是四根教条，邓小平只是在劳动生产与经济层面回归了常识，在政治层面，没有回归常识。

吴稼祥说：按照"两个凡是"，别说改革，连邓小平和陈云恢复工作都不行，因为他们两位都是被毛泽东罢黜的。

如此说来，邓小平反的两个凡是，完全是一种实用主义心态，反的只是毛时代形而下的决定，而对毛时代形而上意识形态，不仅没有反，而且还强加维护。为什么吴稼祥没有看清这一点？

邓小平不政改直接导致六四学潮

更为严重的是，邓小平说"让一部分人先富起来"，看起来是释放某种自由竞争的善意，但一个"让"字，使我们看到极权者的开放语言背后，誓不放开的是铁腕：我让哪一部分人先富起来，哪些人就会先富起来。在农村与小商品领域的自由竞争，人们靠体力与小商品生产流通可以得到某些财富，但邓小平时代的价格双轨制，不仅使特权阶层暴富、物价飞涨，也直接促成了八九学生运动。

邓小平不仅暴力镇压了民主运动，还将运动的责任推到民运师生头上，认为这场风波迟早会来，迟来不如早来，因为早来，他们这些老人还在。这些"老人"是什么人？是毛泽东思想武装起来的人，是敢于杀人放火的人，是敢于在把坦克开到广场上，公开镇压和平抗议人群的人。

因为邓小平的改革没有主张公平正义，开放没有引进民主自由的普世价值，所以邓小平的改革开放是低层面的，只在器物层面上，而非精神层面与制度层面。当年他为一所小学题词：中国教育要面向世界、面向未来、面向现代化，但在中国政治改革方面，他不是面向蔚蓝大海，而是跑到小河中，假装摸石头，仍然面向马克思与毛泽东。

普世价值是检验人类实践的唯一标准

胡耀邦支持实践是检验真理的唯一标准大讨论，这是改革派在占领理论制高点，以迫使华国锋们走下政治舞台。对邓小平来说，实践就是实用，实用是检查真理的唯一标准，对邓小平不实用的，就不可能是真理，枪杆子里面在毛泽东时代出政权，在邓小平时代出真理。邓小平凭借枪杆子，使三任党的总书记"杯酒失政权"，（在邓时代是枪指挥党，江时代过度到胡温时代，仍然是枪在指挥党）在理论领域不争论，不争论的本质是不允许别人与自己争论，一意孤行，一言九鼎，邓小平自己成为国家教条与禁区。

中国的政治伦理从实践是检验真理的唯一标准之后，再无任何建树，中共一直没有进入到形而上的价值思维。由于邓小平的局限，直到今天，中共一直视普世价值为西方价值，不允许宣传与讨论，视中国特色社会主义为不可逾越的政治教条。

实践是检验真理的唯一标准，那么用什么来检验实践呢？不能用真理来检验实践，只能用价值，实践如果不能给人类带来价值，实践是没有意义的。人类共同的价值原则来检验改革开放三十多年来的社会实践，这些实践使人类共同的价值原则得到实现吗？自由、平等、正义、人权、民主、宪政、博爱、诚信，这些是人类共同的价值元素，你生产食物，人们需要的是食物中的营养价值，你发展政治，人们需要的是政治文明中的普世价值元素，这些价值元素不仅仅属于西方，中共在延安时期就已明确倡导，可惜中共的政治实践由于继续遵循马列教条，不能回归政治常识，所以南辕北辙，离他们自己的特色很近，而离人类普世价值越来越远。

邓江两个时代确立了权贵资本主义体制

邓小平在精神层面与毛泽东一体化，他的进步只是体现在生产生活及相关流通领域，邓没有任何理论建树，江泽民时代把邓的实践理论化了，邓的实践就是红色权贵主义，红色是帽子，权贵资本主义是实质。红色权贵资本主义与西方资本主义根本不同在于，中国特色的权贵主义用红色做资本，而不是用金融、科学发明为资本，所以红色权贵资本主义主要依靠掏空国家利益与做空国民利益，以牺牲人权、环境、牺牲公平正义与政治文明为代价，以牟取权力集团的巨大利益。江时代最可怕的是败坏了社会道德，把知识分子包括教育科技与医药均推向市场，金钱利益左右着每一个人的灵魂，这样的影响一直持续到胡温时代，利益成为社会主流追求。社会中间力量、应该坚守价值伦理的知识阶级，被拉下了水。而红二代稳居上流，纽约时报报道的中共八老后代掌控巨额资金，显然不可能是按照市场经济规则经营的结果，而是红色权力带来的巨大利益。

江泽民的三个代表，从中南海角度看，它使中共变成全民党，使中共具有了开放性，保守的左派强烈反对中共的这种开放，认为它违背了原教旨的马列主义精神，中共应该由无产者、工人农民等组成，绝对不允许资本家进入中共集团，但江泽民在形而下的经济领域与邓小平一致，只要不反对中共，只要你的知识与资本能为我所用，就可以进入中共，成为中共权利共同体一员，形成权贵利益共同体。

大量资本家、名流明星成为人大代表、党代表、政协委员，新兴的资产阶级新贵成为中共宝座边的贵宾。

吴稼祥认为，江泽民的三个代表起了稳定人心的作用，因为他在中南海时，讲的是社会主义初级阶段，允许一部分人先富起来，如果社会主义到了中级与高级阶段，会不会重新实行共产均富，先富起来的那一部分人心里没底。

吴稼祥显然是以君子之心度君王之腹，中共权贵资本主义体制一旦形成，红色政治就完全破产了，王震无法控制自己的儿子，其它八老或十老也无法控制自己下一代的资本膨胀，中国的高速发展完全是权力与资本的纠集，形成巨大的内驱力，既促使经济泡沫化发展，又通过国家无休止的投资，使经济持续高位运行。有评论家形象地调侃：中国是高速骑行的自行车，只要停下就会倒下，中共已无力再次发动红色革命运动了，国家财富都集中要权贵们手中，权贵们左右着中国的政策方针，他们会发动一次以剥夺资本为目标的革命？

结语

    无论是社会主义的初级阶段理论还是三个代表理论，都被吴稼祥视同摸石头过河中，被统治者摸到的石头，这些石头只能用于中南海的自慰，而不可能引渡中国达到政治文明的彼岸，只有自由、民主、宪政、人权、公平、正义的巨大价值支柱，才可以支撑政治文明的桥梁，使每一个中国人都可以平安走在这座雄伟的大桥上。

    中南海不是海，它只是一条臭水沟或一潭死水，稼祥兄不要以为站在中南海就望见了政治文明彼岸，中南海的视野高不过大清遗留下来的破落的红墙。

    （原载法广 2014 年 5 月 7 日）

共产党在语言上已经穷途末路

2012 年 10 月初，胡耀邦赵紫阳基金会在纽约举行了胡赵精神和宪政改革研讨会，应邀发表讲演的吴祚来先生概括了他对胡赵精神的理解。他认为：胡赵精神就是回归常识的天道精神，回归人性的人道精神，勇于平反面对历史，勇于改革面对现实，同时兼具面向世界之胸怀和面向未来之眼光。

吴祚来先生在这次研讨会上发表讲演，题目是：共产党在语言上已经穷途末路。下面为您介绍一下这一讲演的主要内容：

理论思维困顿，回避"普世价值"

关于这篇文章的观点，吴祚来先生介绍说：共产党在语言上已经穷途末路，他们一直使用个性化的语言，特色的语言，实用的语言，而不使用符合政治哲学的语言。邓小平的"摸着石头过河"，"白猫黑猫"就是如此。看起来他们这是回归常识，但过度使用这样的语言之后，使他们在理论思维上出现困顿，最后是无话可说。胡锦涛曾经有"科学发展观"，"维稳"这些关键词。到了习近平时代，大家就在替习近平想他的"关键词"该是什么？他的时代该怎样定性，但现在找不到词了。就是说他的语言已经穷途末路无话可说了。广东提出"幸福广东"后，北京可以提出"幸福北京"，别的省也可以提出类似的东西。

中共政治口号大杂烩

吴祚来先生列举了 30 年来中共提出的一系列政治口号并进行分类：从"两个凡是"到"五不搞"，完全是庸俗化的语言；从"不争论"到"不折腾"是家长式的劝告；从"摸着石头过河"到"一心一意谋发展"是机会主义的实用思维；从"三个代表"到"科学发展观"，是极力回避普世价值的语言；从"让一部分人先富起来"到"以经济建设为中心"表示国家对财富的崇拜；从"四项基本原则"到"稳定压倒一切"，其实都是一种强盗逻辑。总的来说，所有这些口号都回避了普世价值的语言。一个执政党一不倡导正义，二不倡导民主，三不坚持宪政，而这些本是表现执政党元素的承诺，全被回避掉了，只是有时作为点缀才出现在一些文本当中，完全是淡化的。政治家最应该追求的是价值，但被他们环顾左右而言它。

"对我实用的才是检验真理唯一标准"

对于胡赵时期提出的"实践是检验真理唯一标准"，吴祚来先生认为：这个积极的口号被邓小平利用，变成了"实用是检验真理的唯一标准"，最后再变成"对我实用的才是检验真理的唯一标准"。邓小平对"六四"的处理就是依据"对他实用"的方式。

吴祚来先生总结说：在提出"实践是检验真理唯一标准"之后，中国主流社会和中国共产党没有在理论领域有任何进步，甚至有大倒退，表现就是反对"普世价值"。08 年中国出现关于"普世价值"的大讨论，温家宝在也国外多次表示对"普世价值"的认同，但由于背后的压力和阻力，迫使胡锦涛温家宝，特别是胡锦涛回避"普世价值"的话语，最后内部文件通知不允许讨论"普世价值"。

吴祚来先生谈到08年中国知识界讨论"普世价值"被扼杀的历史后，感慨的说：其实政治家追求的应该是"价值"，而不是"财富"。但整个中国几十年来崇拜追求的不是马克思，不是人民；而是财富。整个中国的国格被降低了。

中国改革可能？不可能？

对于中国改革的可能性和不可能性，吴祚来先生最近有一些思考。关于中国改革的不可能性，吴祚来先生认为：中国共产党的理论基础是马克思主义，是暴力革命改变世界格局，除非共产党改叫共和党，否则是不可能改变的。所以吴祚来先生认为：从意识形态来讲，中国的领导人是不可能完成这一革命性的变化。

中国改革不可能性的第二个原因是：中国的行政体系非常强大，中国财富的百分之六七十都是为了维持行政开支，要进行改革，就要削减三分之二的行政工作人员，非常困难。

中国改革不可能性的第三个原因是：中国历史负担沉重，从剥夺地主的土地问题到现在的拆迁问题，民族问题等等，不管赔多少也赔不起共产党带来的所有灾难。同时公民社会难以建立，这次"抗日"出的"暴民"就足以说明。

吴祚来先生提醒人们看到：现在中国的执政者是红卫兵

红小兵时代成长起来的一代人，他们的思维有很多毛泽东时代的影子，这种状态还会持续十年以上。由于技术化已经非常发达，"科学维稳"，"和谐维稳"，反人性的潜规则被制度化，中国执政党面对世界和外部民主力量的影响，死抱着"我不改革你拿我没办法"之态度。因此吴祚来先生的个人感觉是：中国的政治改革既不可能很理想，也不会很快到来。10/23/2012 法广

党的边界在哪里？

中国近日两则新闻：司法部近日下发通知，要求中国律师宣誓对党效忠；另外是党的组织要进入非公企业。就此中国学者吴祚来撰文质询：党的边界到底在哪儿？

律师忠诚于执政党违背常识

最近两则新闻，让我们不得不严肃地思考，中国执政党的边界在哪儿？一则新闻是司法部最近发布新规定，律师要向执政党宣誓忠诚，另一则新闻是党的组织要进入非公企业。司法部的通知是：为引导广大律师牢固树立做中国特色社会主义法律工作者的信念，自觉践行"忠诚、为民、公正、廉洁"的核心价值观，培育和形成中国特色社会主义律师执业精神，司法部决定建立律师宣誓制度，所以要让执业律师宣誓，誓词中明确写进：拥护中国共产党的领导，拥护社会主义制度。世界上没有哪一个国家要求律师忠诚于执政党与社会制度，律师要忠诚的是法律，这是人类社会常识。为什么司法部要违背人类常识呢？最应该宣誓的是国家法官，甚至国家元首，但最应该宣誓的角色，却没有宣誓。

律师通过法律维护的是人类的正义，中国已是一个开放的国度，不仅港澳台的律师会进入大陆参与律师活动，国外的律师也会处理涉及中国公民的法律事务，如果律师必须宣誓对执政党与社会制度效忠，那么，域外或境外的律师不能效忠，如何处理？同理，如果律师遇到境外的党派组织人士与中国大陆的共产党员之间的官司，律师是遵守党派利益前提呢，还是尊重法律准则呢？法律具有超越党派利益的属性，它维护的是人类的正义，而党派利益，它具有政治利益集团的属性。

按照中国执政党的说法，中国的法律是执政党带领人民制定出来的，既然法律已体现执政党的政治意志，那么，执政党的党组织与党员、律师与全体国民在法律上不仅一律平等，共同遵守，而且律师维护了法律的尊严，也就等于维护了执政党与人民的根本利益。党、国家、人民的根本利益，是通过法律得以保障的。为什么司法部还要画蛇添足，附加一个针对律师的特别誓词呢？

北大法律教授贺卫方在微博中不无调侃地说，"让律师忠于某个政党"这是典型的政党"过网击球"行为。我很怀疑出台这种规定的机构居心不良，让党管辖范围无限扩大，以便于把各个领域出现的问题都推到党身上，制造民众对党的仇恨。高层诸公，可不警乎？

问题复杂性还在于，党在不同历史时期有不同的政治追求，在不同的地区，有不同的党委党组织在发号施令，譬如文革时代的执政党，就犯了严重错误，如果有律师的话，是应该忠诚于当时的执政党呢，还是忠诚于法律与人类正义准则呢？再说重庆，薄熙来主导下的重庆市委，也是中共执政党组织分部，重庆律师是忠诚于他主导的重庆党组织呢，还是忠诚于国家法律？

"无限党"应该成为有限的政治组织

党是抽象的存在，它是一个政治组织，它通过具体的组织与党员，成为具体的社会组织存在。贺卫方教授一直呼吁执政党作为社会组织应该正常化，即通过合法登记，使其成为一个符合国际惯例的执政党。而中国共产党从建政后，不仅将自己神圣化，真理化，也变成一个无限的政党，一是时间上的无限，"中国共产党万岁"这样的口号，就使自己变成一个在时间上无限的政党，而毛泽东时代的胸怀天下放眼世界以及建立第三世界共同体，并致力于在全世界实现共产主义，是在空间上要使自己变成无限党。全世界应该归无产阶级先锋队领导，即归共产党领导。共产党的自我真理化，则体现在通过教科书与宣传品，将马克思主义科学化，马克思发现了人类历史的规律，而共产党掌握了历史规律，成为人类历史进步的推动者，成为人类实现共产主义目标的领导者。

　　当改革开放使中国人民意识到外面世界的真相与本国现实的时候，中国执政党致力于发展经济，通过经济发展与国家崛起，来体现自己的合法性，并以此奠定社会稳定性基础。现在新的问题又出现了，地方权贵利益集团无所顾忌地侵犯民间社会的权益，大量上访案件与冤错案积压，贫富差距拉大，物价上涨，造成社会不稳定因素增加，这个时候，是选择政治改革，限制各级执政党权力，还是强化执政党的权力，使执政党变得更为强大，更为全能？

　　无限党就不仅超越时间与空间，在社会事务中，更是超越法律。执政党登记不登记成为一个社会合法组织，不是一个手续问题，而是一个是不是把自己看成一个有限政党的问题，是不是可以将自己的权力超越法律的问题。执政党不登记，意味着它超越法律权限，它的任何政治意志如果与法律相一致，就通过法律实施，如果法律与其不一致，则按自己的政治意志行事。文革的悲剧就是领袖与执政党的权力意志超越法律造成的。

因为执政党的无限性，也就不存在政治竞争问题，由于执政党掌握了真理与人类历史发展规律，所以，执政党的一切行为都被真理化了，为什么人们必须要服从，律师必须对执政党宣誓忠诚，都是基于执政党是伟大而正确的，是先进性的代表，这样的一个假设前提，被当成事实前提运用，而这正是社会所有悲剧之源。

全国人大委员长吴邦国在全国人大会议上表态，全国人大要保证执政党的政治意志通过全国人大付诸实施，显然是本末倒置，人民的意志应该通过全国人大，成为国家的意志，并通过执政党的组织来付诸实现。我们现在看到，执政党的政治意志正在一步步坐大，它可以要求律师对执政党与政治制度效忠，也可以制定规则，让执政党的组织进入私营经济体，使其政治意志渗透到每一个社会组织细胞之中。

私企设党组织是政治滥权

3月21日，全国非公有制企业党的建设工作会议在北京召开，中共中央政治局常委、中央书记处书记、国家副主席习近平会见会议代表并讲话。他强调的不是非公经济成立自己的工会，以保障工人的权益，而是要强化非公有制企业党建工作在整个党建工作。要抓好"两个覆盖"即党组织覆盖和党的工作覆盖，党组织要在职工群众中发挥政治核心作

用，在企业发展中发挥政治引领作用。习近平寄望于通过党
组织来保障职工权益，而不是职工自己的工会来维护自己的
合法权益。

当执政党从宏观管理，进而进入到微观管治的时候，这
个社会可能一时会获得强权管治下的表面稳定，但社会付出
的是不民主不自由，公民社会因此不能健康发育，人们也不
再相信法治，唯一的依靠，只能是执政党与政府。人们只能
通过进入执政党党内或成为公职人员，才能有安全感与成功
的可能性。传统中国社会，国家的权力只进入到县一级政
府，县以下由社会或家族自治，百姓生活与劳作有相当大的
自由度。而现在，执政党的公权既进入村一级组织，村支书
成为每一个自然村庄的政治细胞核，看起来是使村庄社会政
治化，其本质却是通过政治意志，来发展他们自己需要的经
济。

执政党已然忘却了自己的信仰，他们把经济发展当成信
仰，而不是把人民当成信仰。

在共产党的辞典里，"人民"是创造历史的主人，一切靠
劳动人民创造，共产党是人民的公仆。"人民"一词，相当于
基督教中的"上帝"一词。毛泽东时代，形成双重崇拜，就是
人民崇拜执政党与领袖，而领袖也崇拜人民，毛泽东就喊出
了"人民万岁"这样的口号。文革时代形成三个万岁：中国共
产党万岁，毛主席万岁，人民万岁（中华人民共和国万
岁）。和平时代，人民应该成为公民，执政党应该成为正常
的合法执政者，但现在看来，执政党在精神理念上，还没有
真正进入和平时代，对待国际形势与国内事务，没有和平思

维，"国内外敌对势力"一词，就证明执政党的战争焦虑。

军队建在连队上，是战争年代的需要，军队由党指挥或军队属于执政党，也是战争年代造成的，中国共产党在反对国民党时，明确反对军队党化，要求军队国家化，这在和平时代应该完全可以做到。不仅军队属于国家，法律更应该属于社会正义，而不能满意于一党政治意志的需要。

以神治国，通过宗教信仰与内心的精神，来管治自己，使每一个人不超越道德底线，宗教精神使道德精神神圣化。

公民社会的非政府组织，包括工会农会商会，以及无数民间自治组织，这些力量的健康成长，是社会的希望，如果执政党继续做大自己的工会、共青团、妇女联合会等等，甚至将文学艺术组织、教育机构均政府化、党化，社会不仅要为此支付巨大成本，更为严重的是，这些组织都是人治机构，每一个人都有自己的利益需要，都有自己的权力意志，造成社会不稳定，只要细加分析就会发现，正是这些拥有公权力的人，肆意侵犯公民私权，才造成社会基层不稳定，每一个动荡案例背后，都是公权力没有受到制约，超越法律造成的，连公益慈善组织出现一系列严重问题，也是行政化造成的。

这样在一个庞大的利益共同体，它最终必然以侵蚀民众利益为生存之道，现在所有发生的上访事件与被维稳事件，均与权贵集团侵犯百姓权益有关。如果继续坐大权贵利益，社会必然出现的就不是贫富分化问题，而是社会断裂导致的崩溃与瓦解。

是相信人民与公民社会，还是只相信执政党自己的体系？这是摆在领导人面前的严峻问题，如果将党组织层层设到村庄与私营企业，显然是通过强大的人治力量，来管控公民社会，当公民社会正当的权益被党组织控制，社会是可以带来暂时的稳定，但权贵利益会更加有恃无恐地扩张自己的版图，这样的力量不仅会绑架中央政府，更会倒逼政府，走向反人民的极端。

西周确立的血缘分封制失败了，尽管有血亲力量与礼乐之治，但仍然摆脱不了战乱动荡的命运，自秦至清，既有家族强有力的统治，汉以后又有儒家道德教化，但最终也是崩溃。只相信自己的强权与行政体系，没有权力监督与制约，没有政治文明与公开竞争，没有民主宪政，没有有信仰有责任的公民社会，靠自上而下的集权体系，永远都是一厢情愿，最终害的是国家人民。

执政党应该知道自己的边界，不要无限地扩张自己，执政党在自己的组织能力与行政能力强大之时，应该启动的是政治改革，通过竞争性的竞争体制，来激活自己政党的活力，在未来的政治格局中，通过竞争强大自己，这才能引领国家走向政治文明。2012 德国之声

顶层设计与底层设计

这几天，有关习近平的新闻仍然占据各大新闻网站头条，但并不是习近平视察访问或参加各种活动，而是习的形象宣传类文章，最令世人瞩目的，是《习的深化改革顶层设计师身份渐显》，这篇文章由香港媒体首发，内地媒体头条纷纷转载，人们在这篇文章里，并没有读到新任国家领导人在政治理念上的任何突破，也没有在政治领域深化改革方面的宏大规划，而是看到了一位习在个人权势方面做大的集权，即，习成为多项中央领导小组组长，已拥有超级政治权力，个人权力已达巅峰，习因此是中共历史上，继毛泽东之后，享有权力最多的党国元首。

习是不是已一步步开始实施传说中的"总统制"？如果实施总统制，那么，共和宪政国家，总统的权力不仅受独立的司法审视，更受国会议院监督制约，中国的特色的总统制，是不是可以拥有顶层的权力，而不受任何制约？因为这样，政令就可以出中南海，就可以威加海内，让四海升平，以快速实现中国梦？

习获得至上的威权之后，面临两种选择，一种是强力构建自己的威权体系，做成极权体制，从形象宣传到制度建设，都将最高领导人领袖化、神圣化、全能化，通过领袖的强大政治号召力，以净化社会、管治政坛，纯洁组织，消灭异己，只搞经济发展，不问政治改革，除最高权力者，其它一切力量都可以被关进笼子（这样下去，是不是做成了朝鲜模式？）。还有一种选择，就是获得最高权威之后，致力于宪政制度建设，让人民有自己真正的代表，让公权在独立的人大代表与独立的司法监督中，推动政治文明建设，经济发展不再是第一优先，人权正义，是国家核心价值，民主宪政是人权正义的保障，让自由平等成为国民的梦想。

一年多时间的新政，我们看到当局追求的是第一选项，即消灭异己与异见领袖，打击公民维权者与独立候选人，打击公民社会发起人与参与者，封杀不同声音的媒体人的博客微博，甚至一些极端的方式也开始被当局采用，譬如对公民家庭性的纪念六四活动，进行拘捕，让受审未判的犯罪嫌疑人通过央视承认罪错，对独立参选人大代表、要求官员公开财产的人士予以重判等等。现在我们看到的威权的建立，完全依靠枪杆子与笔杆子，通过形象打造与权力控制。

威权，分为有德之威与无德之威，有德之威，是通过自己的节制与开明，来赢得世人爱戴，从而树立威权，所谓周公吐哺，天下归心，人们因此追随他，从而形成精神共同体，共同去实现有价值的目标。无德的威权靠控制与打压，迫使众人服从与畏惧，只让自己说话，不让别人表达，只让自己稳坐权力巅峰，不允许任何人对公权力说三道四。

文明政治生态中的顶层设计，同时都是在做底层设计，没有底层设计的顶层设计，只会是空中楼阁。中华人民共和国的最高权力，属于全国人大。这是共和国的最高权力设计，如果习要确立没有总统名分的总统制，必须确立全国人大对自己的制约机制，因为，真正的权力属于人民，人民在社会的最底层，让人民通过选票选举自己的代表，这是共和国的底层设计，底层人民有选票，底层人民有代言人，人民的代表构成全国人大，形成国家的最高权力，决定与制约国家行政领导人的权力。

现在，"总统"或组长的权力实化了，人民的权力却仍然严重虚化。

让底层与顶层联系成为一个整体的，一是钞票一是选票，国家无止境地发行钞票，激励人民为财富而奋斗，财富梦想成为国家与国民唯一梦想，顶层设计者应该自问：共和国是建立在钞票之上还是建筑在选票之上？国家最高权力由钞票堆垒而起，还是由选票构筑而成？可惜，现在的统治思维依赖的是党票，以党治国，以党为法，以党代表为人民的代表，让党票取代人民的选票，使国家一切政治权力皆为党所有，人民只有被统治权。党票与钞票合体，驱逐人民的选票，党国的权贵政治因此成型。党在某种意义上，就像古代的元蒙统治者一样，是高人一等的族群。

习因此要面对顶层设计的核心问题，为谁进行顶层设计？最高权力者是不是置身于被设计的政治建筑的体系之外？

如果是为国家国民设计共和国的顶层，那么，就要还权于民，让选票而不是钞票与党票，来决定共和国的高度与安全度，如果一心一意为一党专政而设计党国的顶层，那么，"总统"的权力越大，越集中，党国也许会更强大，但人民会更加卑微，成为被奴役者或被殖民者，只能听从党国的号令，为党国崛起与强大的梦想而生命不息奋斗不止。

顶层设计师，请为底层人民设计一张神圣的选票，而不要致力于为顶层的自我设计至高无上的辉煌冠冕。

中共的政治身份与文化身份

中共开始回望传统文化？

政界人物的口头语，会不知不觉泄露某些秘密，或者具有某种政治导向意义，当年邓小平说搞经济改革，马列毛的东西没有丢，"老祖宗不能丢"，丢了就会丧失根本。今年1月4日，中共意识形态掌门人刘云山在宣传部长会议上说：老祖宗不能丢、大道理还要讲。在刘的潜意识中，意识形态的老祖宗就是马克思。此话一出，立即引发网络如潮的非议，许多网民嘲笑刘是数典忘祖。

其实，马克思主义是共产党的祖宗，但并不是共产党人的祖宗，每一个人既有血亲祖先，又有精神之祖，譬如信仰基督教的信众们认为，上帝是信众们天国之父。除了信仰层面上的祖先、意识形态的祖先、血亲祖先，还有人文祖先，这次王岐山在两会上谈及流行的韩剧，认为韩剧继承了中国传统文化，却走在中国人的前面，王岐山感慨：说起文化产业前景，中国人离不开老祖宗的东西。

王岐山的感慨，看似无意，却暴露了一个秘密：中共高层正在文化精神领域向中国传统文化回归。中共也许已开始意识到要尊重并回归中国传统人文精神，以中国文化身份向世界展示自己的文化创造，在传承中国传统文化的基础上，创新出属于时代的精神文化产品。革命文化、马列文化或红色文化，不可能成为中国社会的主导或主流文化。

邓小平、刘云山、王岐山都在说道"祖宗"，但王岐山已不愿意违背人文常识，视马列为祖，其弦处之音，不言自明。

原教旨共产党人的荒诞在于，要用意识形态的祖宗，代替其它一切形态的祖宗，信仰基督教，要在党的领导之下，喜欢传统文化，不可违背党文化宗旨，即使是血缘祖先，也要让位于马列之位。所以，像邓小平、刘云山这样潜意识中视马列为祖，对于传统中国人来说，是不可思议的事情。

党文化是自由文化之敌

在中国，文化问题被政治化，甚至祖宗问题也会政治化。

两会之前，中共总书记习近平突然问访孔子故地，表示了对孔子的敬意，并带回两本有关孔子论语的书，说自己要回去好好读。

作为中共总书记，拜访孔庙有着重要的政治意味，其背后充满着政治博弈或文化纠结。我们可以看到，作为中共身份的习在强调读孔子著作时，不忘告诫公众，要用唯物主义分析方法读孔子。也就是说，读孔子之时，不要忘了用马克思主义的观念去分析与领会。

中共引以为精神源头的五四运动，要告别传统文化精神，打倒孔家店也是中共认同的口号，到了毛发动的文革时代，孔子及其家园又遭到自秦以来最大的重创，甚至到了林彪事件，批林彪之时也不忘了把二千五百年前的孔子拿出来批斗一番。习近平参观孔庙之时，也不得不承认，文革造成了传统文化的灾难性破坏。

习没有意识到，秦的焚书坑儒，文革时再现，而在网络时代，封杀公民的言论自由，拘审批评政府的公共知识分子，仍然是文革方式的再现，只是毛时代一句利用小说反党，到了网络时代，则冠之以利用网络言论反党，或利用教育平权、利用普世价值、利用公民社会组织反党、颠覆社会主义制度。换一个说法，其非法打压公民合法权利手法并无二致。而党文化与维稳思维，通过严加管制与审查制度，使当代中国文化没有出现激动人心的作品，文化山寨化、嬉谑化、媚俗化、粗鄙化或者喜大普奔，充满肉麻无趣的对党国的歌颂与谄媚。

由于中共在意识形态上强调党文化，并以马克思主义或共产主义文化、中共自己书写的历史为自己的主流文化，所以对任何倡导中国传统文化的复兴，都持特别警惕。

无论是习近平考察曲阜孔子故里，还是王岐山谈到中国文化的希望在继承自己祖先的文化传统，我们都看到了新的领导层在中国人文传统中寻找文化身份，而不是用党文化来覆盖一切、指导一切、审查一切。当然，王岐山还没有谈到关键的问题，文艺是自由女神的女儿，没有自由的创造，一味的审查与删节，是不可能出现伟大的作品，甚至连流行的市场畅销作品也难以出现。

当代中国文化没有信仰、没有伟大的原创，也不以追求普世价值为精神追求，根本原因在哪里？因为党国主流社会通过五个一精神文明工程、通过新闻联播、通过央视娱乐节目、通过作协与文联、通过政治课，培养党的文化、扶持党需要的文化人，以党的信仰为信仰，以党的兴奋点为价值追求，以革命者的形象为审美取向，编造历史、圆谎现实，使中华民族文化前所未有的充满暴力、低俗不堪。

中共政治信仰与文化身份的悖离

胡温十年，中国传统文化通过无数方式复兴，譬如非物质文化遗产申遗与保护成为热点，孔子像矗立到天安门广场东侧，各地祭祀炎黄二帝，一些传统节日成为法定国家节日等等，传统文化回归是经济发展到一定程度的结果，人们一方面走出国门看世界，消费世界名牌，另一方面，回望自己的人文传统，寻找自己的文化身份。地方政府为什么热衷呢，他们并不是为了用炎黄二帝来取代马列，也不是因为百姓喜欢传统文化，而是为了扩大地方影响，通过活动招商引资，并使自己端坐主席台上电视，风光一时。

在公祭之风盛行之时，我曾撰文批评相关地方政府，"无信仰勿公祭"，对炎黄二帝或历史人物并没有信仰，特别是地方党政一把手，你信仰的是马列，公祭的却是炎黄二帝，文化信仰出现严重错位。

传统中国人并没有严格意义上的共同信仰，炎黄二帝从人文逻辑上也难以成为共同信仰对象，因为远古时代的炎黄二帝之间是敌我双方，如果按照中共的立场规则，你到底是站在黄帝一边，还是站在炎帝一边？中国人的信仰崇拜多是以家庭或家族为单位，共同的姓氏、共同的祠堂，共同的血缘、共同的祖坟、共同的祖先，祖先崇拜在中国传统社会里有至高无上的地位，中国人除了敬畏天地神灵之外，核心信仰就是信仰自己的血缘祖宗了，譬如对中国人最大的侮辱是挖其祖坟，毁其宗祠，对家族成员严厉的惩罚是驱逐门户，使其永远不能同姓，如果中国人人生失败，死后则无脸见祖宗，而中国人成功的目的，是为了光宗耀祖。

中国人共同的祖宗，则是一个虚拟的概念，特别是崇拜炎黄二帝，与中华民族这样一个虚拟概念一样，都是近代的事情，因为要驱逐满人鞑虏，要恢复中华，所以在汉人之上，做出一个五族共和的中华民族概念来，这个概念与崇拜背后，其政治意味不言自明。传统民间社会里，没有公祭炎黄的传统。

孔子被祭，从汉至清，都是帝王要实施德政仁政于天下的象征，帝王们上尊天命，下敬孔圣，现在习近平作为党国元首，他如何协调孔子的道德精神与马列的革命精神呢？一个讲仁政，一个讲专政，一个讲仁义礼智信，一个讲革命、集体、奉献、爱党、爱国，儒家讲君君臣臣父父子子的三纲五常，这样的伦理秩序，无法在当代社会倡导，因为当代社会的核心价值是自由平等博爱等等；至于有学者从儒家出发，要中国转型到儒家宪政，儒家是一套生活伦理，如果要进化到当代政治伦理领域，并通过儒家重建当代宪政政制，无异于长袍礼服裁成西服，结果只会不伦不类。

呼吁习第三次国共联合创国共新历史机遇

台湾政坛的门，已暂时对国民党或马英九关上。上帝关上了这扇门，却为你打开了另一扇窗。对国民党或马英九来说，门泊民国万里船，窗含大陆千秋雪。国民党要回望大陆，未来四年或八年，要通过和平的方式"反攻大陆"，来找回自己新的空间与历史机遇。当然，这也是实现老蒋总统或国民党当年的中国梦：三民主义、光复大陆、统一中国。

台湾进入政治文明新常态

马英九与太太从总统府搬回到陈旧的居民楼中，中华民国总统这样的"下场"，在一些大陆人看来，有点凄凉。大陆正国级、政治局级领导人甚至省部级领导人，哪个退休后不是照样有专车有秘书，甚至有专门的楼堂庭院供其免费享有？

大陆流行一句政治名词，叫新常态。小蒋总统时代奠定的台湾政治转型之后，民国领导人就已然平民化，退休之后当然也就没有了衣锦荣华，这正是孙中山当年主张的三民主义之精神体现，也是世界政治文明新常态。

可怜的大陆民众，一边感叹马英九从此没有了政治待遇，一边却非常愤怒地通过自媒体传播中共高层领导人退休之后，享有的各种超级待遇，这些待遇每年要花费纳税人数以百万、千万计的费用。也有网友一针见血：如果像西方国家或民国领导人这样退休，中共领导人当然不乐意，当然觉得这些方式不符合中国国情。中共高层顽抗西方文明、反对普世价值，根子上，还是出于自己的切身利益考量。

马英九有点生不逢时，他当政这八年，是为台湾拚经济的八年，在两岸政治上，也有积极的推进，临离任前，还与大陆中共总书记成功握手，这一对冤家党魁，能够握手也成为历史性的事件，这正是这个号称历史悠久的文明古国的莫大嘲讽与悲哀，这什么是悲哀？内战结束六十多年，两党两岸仍然没有达成真正的和解，政治文明进程没有同步，这当然是家国民族的莫大悲哀。

特别是大陆当局，嘴上说对岸是同胞，血浓于水，中华一家亲，到了政治领域，或国际场合，一句不和，一点利益冲突，甚至没有利益冲突，只有意识形态相异，就露出咄咄逼人的气势，似乎台湾不承认中共主导的一个中国，就不允许有其有国际社会存在的空间。

大陆政治倒退引发台湾变局

马英九与大陆这些年，给人的感觉非常暧昧，为了经济层面不至于太难看，马政府积极向大陆靠拢，这引发台湾年轻人及对大陆怀有戒心的人们的强烈反弹，一旦与大陆经济形成过多的依赖，台湾在政治领域必被大陆牵制，得到的可能是有限的经济利益，失去的那就是无价的自由精神。频发的香港事态，特别是大陆跨境拘捕香港出版界人士，还有香港的雨伞运动，大陆不仅强力阻止香港普选特首，还试图通过暴力方式来制造恐怖，更激起香港民众的愤怒，也引起台湾民众的警觉，一句话：选举国民党，台湾变香港。

当年的大陆飞弹，促成了陈水扁民进党上台，而这一次，诸多因素，造成的国民党溃败。这些诸多因素中，大陆的极左势力，功不可没。大陆体制内的红二代，习近平的发小马晓力如此说道：其实，造成民进党上台的不是别人，正是大陆体制内的极左势力！这些人的破坏力比台独要大得多！因为他们造成的危害已不仅仅是台湾和三千万人口，而是整个中国与华人的兴亡！要警惕那些口口声声叫嚷"美国阴谋论"，"对台一战论"的体制中极左势力和民间犬奴暴民，他们是文明社会的危险份子，是破坏者！大陆已被他们毁坏殆尽，还想进行两岸同胞相残！

国民党要争取大陆的政治空间

当年国民国政府的腐败与对言论自由的管控，使中共倡导民主宪政自由正义，有了政治空间，并有了广泛的民意基础，历史正在轮回翻转，现在的中共政府的腐败无底线，控制公民自由以及法治的失败，正使大陆民众怨声载道，而政治上公然反民主宪政，此时通过抢占普世价值制高点，通过力促中国遵守、兑现历史承诺，尊重普世人权与世界民主潮流，可以收拾大陆民心民意。

加之，大陆的民国热、大陆的赴台旅游，都使大陆民众重新认识中华民国的历史价值与台湾民主宪政的现状，只要国民党有合法的登陆机会，就有做大的空间，通过政治博弈，在大陆获得新生机会。

大陆会容得下国民党或者允许国民党登陆么？这需要两党高层的政治智慧，其一，这可以展现大陆一党两制的诚意与决心，大陆如果连国民党都无法容纳，那么如何容忍台湾的政治民主化？毕竟国民党进入大陆，或设立办事处，或设立和平统一促进组织，都可以促进大陆的政治改良，如果国民党第一个五年能够实现登陆，能够有限的发展党员，那么，第二个五年，就可以与中共政治协商，以一个县市甚至一个省为实验单位，参与政治竞选，获得议员或人大代表资格，并进而竞选市长县长。

大陆的政治民主化与一国两制的实验，既可造福两岸人民，又可以使习近平、马英九成为历史伟人，共同获得诺贝尔和平奖也是水到渠成的事情。

大陆中共应该意识到，不通过民主竞争的方式，而仅仅希望通过自上而下的纪检监察，或苦口婆心的训诫，或强化党的领导，都不可能使政府廉洁，更不可能使官员高效作为，政治竞争形成的优胜劣汰，它是自下而上的，也是最低成本的。还有就是，国民党在大陆有限的政治发展，不可能给整个社会造成动荡，政治民主化进程在可控的范围内实验，会使两岸政治经济文化面目一新，也会让全世界看到，中华民族的政治智慧与和平的愿景。

伟大的中国国民党，曾参与了大清王朝和平逊位，也曾主导过国共两次合作，特别是二战参加世界反法西斯联合阵线，成为胜利国，不仅废除了清政府一系列不平等国际条约，更使台湾从日本统治者手中收回。中华民国成为联合国常任理事国，中华民族开始屹立于世界民族之列，是时已然实现。而中共主导的大陆政府到现在还没有真正融入文明世界之列，在中共自己看来，党国是特色国，而在文明世界看来，则是非正常国家，是不文明的独裁政体。

习近平必须正视中共现状，如果能够与国民党第三次联合，允许国民党登陆成立自己的机构，发展党员，继而参与政治竞争，中共因此凤凰涅盘、浴火重生，那么，这既是国民党的荣耀，也是中共新生的机会，更是中华民族之大幸。

当年国共两党没有利用重庆谈判与和平建国纲领，引领国家进入民主宪政，其结果不仅是四年内战，数以百万千万的生灵涂炭，其持续的恶果，更让两岸百姓深受其害。现在如果两党联手，让大陆逐步过度到民主宪政政体，这也是两党向深受苦难的中国人民谢罪的最好方式。

天将降大任于国共两党，机不可失，时不我待。动向杂志（香港）2016年6月号

中央放弃正义、底层将会怎样？

中国国家信访局近期印发《关于进一步规范信访事项受理办理程序引导来访人依法逐级走访的办法》，禁止越级上访，连日来引发大规模抗议潮。上海数百访民在新规生效前打出标语横幅示威，谴责信访局的这部新规，因为不允许访民越级上访，等于置访民于死地。

中央为什么要出此新规？因为中央维稳的压力太大了，上海动辄上千访民赴京，加上全国其它地区访民，数以万计的访民聚集北京，北京维稳的压力巨大，一方面，每到两会或国家节庆日，各地访民就会云集北京，而各地的信访办、警察、政法官员也会到北京截访，高峰之时，来京处理或截访的官员、工作人员就高达十几万人。

因信访与截访而形成两个黑色产业链，一是黑监狱，北京某些有背景的人士组成黑保安公司，参与截访，截到的上访人员被关押到他们私设的黑监狱中，然后按人头计价收费，移交给地方政府，有时北京警方直接将收监的上访人员移交各地政府，也会收取相应的维稳费用；二是信访部门出卖上访人员信息，或删除上访人员信访记录，使地方政府免于被中央政府问责，而这背后，也是权钱交易。著名社会问题专家于建嵘在这方面有过调研与披露，引发社会广泛关注，为此他建议废除百无一用的信访制度，改为依法处理相关问题。

但依法处理，在现行司法体系下是不可能的，因为地方政府把持着公检法所有公权机构，任何司法审判都是另一种权钱交易，而公权干预之下，一些连立案的可能都没有，这种情况下，中央级的信访办反而有一种象征性的威慑作用，因为总有一些越级上访的访民案件得到处理，或得到中央级媒体关注，使地方政府不得不对信访者做出一些让步或补偿。

我接触过一些地方来截访的官员，他们给出的理由多是，这些上访者提出的条件太苛刻，有些完全是敲诈政府，到北京越级上访完全是想得到更多的利益。但我反问这些官员，既然这些人动机不纯，为什么当地电视台不制作现场办公节目，让这些上访者在电视上面对公众、与有公信力的律师、记者、法官等对话，然后让现场观众来评判，看看上访者是不是要求不合理。常言说公道自在人心，如果政府秉公办事，让上访者用合适的方式公开自己的诉求，许多矛盾是可以当地化解的。

上访得不到受理的案子越积越多，矛盾也越来越严重，中央不堪重负，用一个新规定，一推了之。中央关闭了为底层百姓主持正义公道的窗口。

我曾经在西周出土的金属器皿文字上看到，周王会亲自处理百姓的土地纠纷，并将处理结果刻在铜器上，相当于是做为案例公诸于众。也就是说，从周至清，从血亲封建社会到皇权时代，中国民间土地在和平时代是有产权保障的，还有一些朴素的、为百姓所熟知的方式：可以鸣冤叫屈，譬如到县府击鼓鸣冤，上级官员出行时拦轿喊屈，这些方式背后，统治者在遵循一个常识：如果百姓生活得好好的，是不会到官府或官轿前找事的，他们用超常的方式来呼喊，必然是正常的生活被破坏了，需要官家来主持公道。当官不为民做主，不如回家卖红薯，说的就是这个道理。为民做主，不是替民做主买卖土地，而是替民主持公道正义。

在法治没有健全的情况下，今天的中央政府主动放弃了为百姓主张正义的渠道，这在中国几千年文明史上，是罕见的。我们知道，朱镕基任总理时，将地方税与中央税分开收取，中央政府可以直接得到地方税收，所谓收人钱财，替人消灾，中央政府可以直接收取百姓的税赋，那么为百姓主张正义，是理所应当的，如果不允许百姓越级上访，那么，中央政府有什么方式，使需要主张正义、遇到因地方政府造成冤屈的百姓问题得到解决呢？

中央政府只要政治稳定，地方政府只要经济发展，但百姓需要人权保障与正义实现，私有财产保障是人权保障的最基本元素，如果百姓投诉无门，上级政府不能为底层百姓主持公道，百姓可能只能选择最原始的暴力方式，为自己谋求公义。而这，只会加剧社会不稳定，甚至造成暴力恐怖事件多发。

时至今日，中央政府仍然把发展当成硬道理，认为靠发展可以解决中国一切问题，但人权问题、正义问题，自古是人类第一问题或核心价值，如果人权与正义得不到保障与实现，发展只会带来更多的灾难，反恐将不仅是边地民族沉重的负担，也会延及内地，地方政府一旦认定中央政府不再过问上访与维权，会胆子更大，出手更狠，制造的不公不义会更普遍更离谱，最后，这些问题如同遍地野火，总会燃到北京，那时候，一切就为之晚矣。

别把中共党史当麻花捏

天大研究员的文章，完全是把历史当儿戏，把中共党史当麻花捏

香港媒体近日发表署名文章，以"中兴领袖习近平"为题总结习新政以来三大建树，并创意性地提出一党民主新概念：

"1911 至 1949 年，中国形式上采取西式民主制，但实质为军阀混战，让日本侵华有机可乘。多党代议制不合国情，中共掌权是国家大一统的必然选择。中国政改的前途是一党民主化，即在加强党权的同时，扩大民权，塑造党权与民权双强的模式，而司法独立和基层民主乃此模式成功的基石。习治国理政的实践暗合这一思路。"

香港媒体发表的这篇文章，出自香港天大研究院研究员之手，文章发表后，大陆主流网站均予以转载，特别是官方的人民网予以转载，可见其已得到大陆有关部门的认同。

我们分析一下我引用的这位研究员上述一段话，可见其中国逻辑使用之娴熟，他的意思是，中国已在 1911 年实行过西式民主了，但西式民主带来了什么？军阀混战，多党代议因为不符合中国国情，所以中共的一党专权，是历史的必然选择。

这位研究员读不懂世界历史大局势，一战到二战期间，中国确实实行的是西式民主，二千年或三千年东方文明古

国，突然实行西式民主，在磨合实验过程之中，像一个婴儿学步，当然会步履蹒跚，而此时的世界格局，按马克思的说法，是帝国主义瓜分世界的丛林社会，强者为王，适者生存，中国大量知识分子之所以选择了马克思革命思想，并倾向于与苏维埃联合，完全是革命实用主义思维所致，当然也有对西方列强的强势霸权的抵触与对抗。

我们稍微翻看一下延安时代中共对国民党的指责，就可以看到，国民党为了打击日本入侵，实行的是一党专政，连军队也是党国化，而当时这些战时做法，中共持强烈批评态度，中共认为，延安在战时通过黄豆投票，就可以完成基层民主，只有民主，才可以团结全国人民，共同抗日，只有军队国家化，脱离党派，才能有真正的抗日联合。

"照我们经验，在敌后那样艰苦的环境中，人民尚能进行普选，讨论国事，选举抗日政府，实行地方自治，那有大后方不能实行民选和自治的道理？因此，一切问题都看执政的国民党有没有决心和诚意实施宪政，如果有，就应该在抗战期中提前实行。因为民主的动员是能最有力的准备反攻，取得抗战胜利，而且从民主中，才能找到彻底解决国共关系的途径。"（1944 周恩来《关于宪政与团结问题》）

我党毛泽东同志老早就说过："没有民主，抗日就抗不下去。有了民主，则抗他十年八年，我们也一定会胜利。"这个道理，现在全国人民都了解，所以各地人民的宪政运动，都一致嚷出：要实施宪政，就要先给人民以民主自由；有了民主自由，抗战的力量就会源源不绝的从人民中间涌现出。（1944 周恩来《关于宪政与团结问题》）

　　周恩来《关于宪政与团结问题》的演说，重申中国共产党要求修改国民大会选举法和组织法，重选国大代表的主张，并提出实施宪政的三项先决条件，即保障人民的民主自由，开放党禁和实施各地自治。林伯渠代表中共中央，在三届三次国民参政会上，发出了立即召开紧急国事会议，废除国民党一党专政，建立联合政府的号召。

　　我们清晰地看到，中共延安时期对民主宪政的清醒认识，对一党独裁的强烈反对，以及全民普选的可能性与必然性，而将开放党禁、言论自由、地方自治看成民主宪政的三项先决条件。

　　我们知道，既便是民主摇篮古希腊，在战争之时，均是采取战时独裁制，只要发生国家战争，一切都会听战时最高元首，没有民主讨论的时间或程序，战争结束之后，最高元首要还权于民，所以，国民党实行军政训政与宪政三步走，当时在理论与实践上，都没有问题，问题当然出在延安方面，一方面要求军队非党化，而在重庆谈判之时，却不愿意放弃自己的根据地与党的军队。战时不到主战场上与敌厮杀，却在后方打土豪分田地，扩大势力范围，搞所谓的民主普选。

　　最为重要的是：共产党当时并没有认为，民主宪政三权分立的西方宪政民主制度不适合中国，不仅如此，反而致力于要求国民党实行真正的民主宪政，要求开放党禁、言论自由与地方自治的呼声，可谓穿透时空，直刺现实。

　　由此看来，天大研究员的文章，完全是把历史当儿戏，把中共党史当麻花捏，为了证明当代中国不适宜搞西式民主，于是，就肆意解读历史真相，1911年之后，因为军阀混战，而难以实行真正的民主宪政，被写成军阀混战是实质，民主宪政出问题，日本对华入侵，是因为二战之后国际环境，加之日本因改制而强大，中国因清末以降没有完成民主宪政转型，而国力薄弱，使日本有机可趁，这是国际环境加上中国历史转型造成的，而非民主宪政造成的。作者以此否定民主宪政在中国的实验，目的是否定民主宪政在中国当下的可能性。2014-08-16 东网

五四决定了六四？

　　1919 年五四运动之时，中国刚刚结束二千年的皇权帝制，而世界资本主义结束了第一次世界大战，古老的中国，是帝国主义新的殖民机会、新的发展空间，如果说 1840 年之后西方列强与大清开启了东西方"文明冲突"的话，这次巴黎和会，算是第一次冲突的尾声。由于涉及国家领土主权，所以，激发了年轻学子们的民族主义热情，外争国权，内惩国贼是五四爱国学生们主题口号，但以陈独秀为代表的知识精英们，在新文化运动中还引进了西方社会主流价值：人权、民主、科学。同时引进中国的，还有十月革命一声炮响，送来的马克思列宁主义的暴力革命思想。

　　五四运动或五四时期引进马列思想，对中国社会最大的影响是什么？是开启了社会暴力，使革命暴力被美化，被合法化，被主流化，最为"先进"的是，它被科学化、理论化，其一是将人民性抬高到神圣的地位，其二是将宗教的天国改为现世的共产主义理想社会，正是这两点，具有极大的欺骗性，使人民为主义的理想献身，而整个过程与手段，都是通过暴力方式，暴力被美化成革命，对一切敌人与异己革命，否则就是反革命，"反革命"一直是罪行中的罪行。市场经济时代之后，反革命罪被终结，用颠覆政府罪或寻衅滋事罪来代替。

　　其实五四运动被放大了，五四之时的新文化运动，打倒孔家店，也只是对传统礼教与人性自由禁锢层面的反思与批判，并没有对传统文化中的仁义道德精神全面否定，而学生上街抗议政府签订屈辱条约，火烧赵家楼等过激行为，也完全是个案，是一时之义愤，学生运动，只是学生的一次运动，新文化运动，也只是一次文化启蒙与革新运动，对中国社会并无直接的深层次的影响，特别是破坏性影响。

真正对中国社会破坏性的影响，是十月革命一声炮响，不仅马克思列宁暴力革命思想进入中国，共产国际的组织分部，也渗透到中国，学生运动与新文化运动中的新生力量，被卷入一次史无前例的暴力革命运动之中，而这才注定了中国人与中国社会的百年灾劫。新文化运动，直接转化为党文化运动，五四爱国主义、科学主义、民主主义，逐渐被国际共产主义所取代。

五四时期的新文化运动或民主精神科学精神，并没有深刻地影响中国社会，这也是学界所言的五四时期，救亡压倒到启蒙。现在看来，当时的国家被已工业化市场化的西方列强瓜分并不可怕，像香港澳门那样被殖民地反而有利于中国社会的文明进步，而一步倒入苏联的怀抱，成为红色殖民地或世界共产主义运动的一部分，才是中国历史上最大的恶梦。

五四只是一次泛政治类的抗议活动，它被做成旗帜，甚至被做成中共需要的一面旗帜，它与五四已然无关了。五四新文化运动所倡导的，中共有无继承？五四精神中的德先生，中共是不是一直被遗弃？五四运动只是五四运动本身，学生当时的抗议政府当局签订屈辱条约，无可指责，五四过程中出现的火烧赵家楼以及人身伤害官员，则是非法行为，当事人应该受到指责与法惩，它并不是多数人主导或共同实施的行为，后世的肯定与倡导，则暗合了中共暴力革命理论，所以五四在中共话语体系中，是被重塑的，突出了爱国民族主义，而忽略或有意虚无了它的普世价值因素。

五四时期的学生运动还有后来抗日反蒋的学生运动，学生们面对的军政府都基本上是讲理的，而且在关键问题上多有妥协退让，但五四之后马列主义熏陶出来的无产阶级，却成为不讲理、不讲法、反人性、反传统的革命者、破坏者。如果说五四真的有所谓的传统的话，五四的爱国民族主义传统倒是传承了下来，但五四精神中的人权与民主传统呢，中共传承几何？

新文化运动，变成了革命文化运动、党文化运动，或红色文化运动，打倒孔家店，变成了打倒知识分子与镇压一切异己的力量，火烧赵家楼，变成了推翻国民政府、消灭地主富农，上述这一切，与五四学生运动有关吗？红色文化的革命暴力基因，决定了五四到六四这样一个漫长时期的暴力红线。

五四与六四，都是学生首先发出声音，学生们敏感到社会的问题，并走上街头抗议，学生是另类的无产者，既因年轻有活力有激情，又因无生活阅历而缺少经验与应变，激情有余而理性不足，学生运动背后总会有知识分子介入，但知识分子阶层无论在五四时代还是六四时代，力量都非常单薄，他们并不是操纵者或策划者，而只是参与者，学生运动的后面的泛支持群体，就是市民或工商各界，这些力量仍然在社会中下层，整个社会没有行动起来，统治集团内部没有发生裂变、整个社会没有觉醒时，学生运动致力于社会转型极其艰难。孙中山倒清运动之所以能够成功，是因为统治集团内部分裂，袁世凯在清政府内拥有军权，这决定了革命获得了一半的胜利，即成功推翻了清王朝，但却并没有建立理想的共和政体。

通过鲁迅的一系列小说，譬如风波、祝福、药、阿 Q 正传等，我们可以看到当时的社会百态，整个社会仍然在蒙昧之中，民间社会的觉醒与独立意识，是社会转型的强大动力与基石。如果没有这一点，学生运动一是容易被扑灭，另一种结局就是被极端的政治势力利用，五四之后，极端的革命暴力思想被引进，并被广泛接受，五四因此走上了不归路。

五四被中共不断弘扬，六四却被当局空白虚无，严加防范。五四与六四在价值理念倡导上有什么不同吗？一个内惩国贼，一个是内惩腐败，一个是外争国权，一个是争民主人权，中共虚置了五四精神中的新文化精神与民主精神，仅将五四当成一面所谓的爱国主义旗帜在使用。

尽管相距七十年，但五四的结局在某一程度上决定了六四的命运。学生运动是显性的力量，激情的力量，而决定学生与学生运动命运的，则是中国暗力量、潜规则。

相比近百年前的五四运动，八九民运是和平理性的，也提出了现代政治文明的价值理念，但八九民运却在六四遭到当局弹压。镇压者是谁？是视五四精神熏陶出来的一代革命家？真正参与与影响五四的是陈独秀等中共第一代领导人，而决策镇压八九学运的邓小平、李鹏、杨尚昆等，基本算是延安一代，是在革命战争的腥风血雨中成长起来的，这些人在延安时期也许阅读过当时中共媒体的社论与评论，对民主自由宪政应该并不陌生，但他们本质上与毛泽东一样，是革命的功利主义者，民主自由宪政当时是用来反蒋介石独裁的政治武器，而解决自己面临的社会问题，唯一的手段就是用枪杆子说话，当年是枪杆子里面出政权，现在是枪杆子里面出真理，枪杆子里面出稳定。

五四开启了整个社会的暴力革命运动，五四学生运动只是一个药引子，真正的火药是马列主义毛思想体系，六四之后呢？党国权贵资本主义或党国权贵社会主义体系形成，明火执仗地对人民公开使用国家暴力机器，国家暴力机器在戒严时期用坦克清场，非戒严时期用推土机来开拓权贵资本的疆土。

天安门广场属于谁？

某种意义上，八九民运时军方从戒严到镇压，都是非法的政变，当局与军队对人民发生了一次侵略与征服。

在有关八九六四民运的一些讨论中，总会出现一种声音说，如果学生早早撤离广场，军方就不会出动军人、坦克了。

人们总容易在弱者身上找错误的缘由，如果弱势一方再退一步，强者就不会置弱者于死地了，你弱者把强者逼得不得不置你于死地，所以，弱者有很大的责任。这种伦理逻辑显然是中国式的，一些自己本身就是平民的人，却不自觉地拥有统治者或强者的逻辑。

在八九六四问题上，我们要追问，天安门广场属于谁？

天安门广场属于天安门管理委员会？属于北京市政府？属于中国政府还是属于中国人民？天安门广场在所有权上，是不是属于人民？人民共和国成立之后，天安门广场在产权上应该属于人民。而宪法上白纸黑字写着，公民有游行示威的自由、有言论自由。既然如此，学生们怎样驻守天安门广场，怎样发表政治观点、提出政治诉求，都是正当合法的，也没有任何时间的限制。而军队开动坦克进入和平的北京，则没有合法性可言。因为军队是保卫国家、国民的，而不能卷入政治派性之争。某种意义上，八九民运时军方从戒严到镇压，都是非法的政变，当局与军队对人民发生了一次侵略与征服。

回到广场的话题，共和国的广场永远应该是一个自由开放的空间，除去国家性的庆典与外事活动，百姓在这里可以歌舞可以散步，甚至可以有一些集市商业活动，而广场政治性的活动，则是最有意义与价值的行为。

其一因为广场离中国的政治核心最近，可以为当局及时了解与传递相关信息，使当局有所知情与反应；其次，广场不是行政建筑，与人民大会堂、中南海等功能完全不同，在广场这样一个巨大的空间里发声、行动，并不会影响国家行政功能；还有就是，广场较之长安街与王府井，它不会影响到交通与商务，所以，广场是最好的公共政治空间，市民、学生们因为政治原因而驻守广场，无论是对于城市商业活动还是对于政府，均无损害，无妨任何人工作生活。

有人说议政厅内的议会民主决定了国家政治文明，但议事厅或议会建筑的政治功能，晚于广场的政治功能，民主政治之初的雅典，在没有议政厅建筑之前，人们的民主议事都是在广场上进行，而有了议事厅之后，广场民主仍然不失其政治功能，广场民主是议事厅民主的补充。人类的民主政治史，离不开广场民主运动，没有广场民主，议事厅民主会是苍白的，甚至可能是阴暗的。

回首百年中国历史，政治文明一点一滴进步，都与广场民主相关，1919年五四运动，就是中共诞生的先声，无论是五四之时倡导的新文化运动，还是德先生与赛先生引进，都与五四广场民运有关，后来无数次学生运动包括反国民党独裁、反内战等等，都可以视为五四广场运动的延续，中共是广场运动最大的受益者，当然，也是主要策动者。对学生广场运动的策动与利用，一直持续到文革，达到人类历史上一个巅峰。

直到 1976 年四五天安门广场事件，广场运动才出现一个转折，人民在广场上自发表达自己的心声，而不是由最高领导人或党组织策划，广场活动第一次有了人民性，人民自发主导了广场运动。一直到八九民主运动，达到又一次高峰，市民与学生在自己的广场上发表自己的声音，提出自己的政治主张。不同的是，四五运动之后，毛泽东时代自然结束，促使邓小平上台，而八九六四民运，邓时代并没有结束，反而使中国进入专制治下的权贵资本主义新时代。

八九六四之后，不仅广场被视为政治禁忌之地，连示威游行也需要到警方申请，尽管为了零八奥运，北京做出了开放部分公园用于示威游行的公示，可以申请示威，但至今没有一起政治性的示威游行得到批准。这并不意味着广场风平浪静，无论是涉及信仰者的自焚，还是访民散发传单，甚至各种维权与纪念六四的行为艺术，在广场上时时上演，防不胜防，广场上更令人醒目的是各种警车，还有大量的警察与便衣警察，使广场变得怪异可怖，甚至令人窒息。

传统中国的皇权时代尚可以在官府门前击鼓鸣冤，甚至拦截皇帝出行的车马呈递状纸，而共和国的广场却被封锁成政治戒严之地，这是和平时代统治者最大的无能与失败，当局无法与百姓交流对话，无法面对社会真正的问题，只有封闭言路，封锁广场，不允许百姓示威游行，以维持消极的稳定。

百年广场史，几度夕阳红。没有开放的广场，就没有自

由的国度，当广场属于人民的时候，共和国才是真正的人民共和国。2014-6-3

『六四』遗产——中共的不归路

六四的官方精神遗产体现在两个方面，一是更加严密地管控学生与知识界，将任何政治异见组织消灭于萌芽状态；二是通过党领导下的市场经济，使整个社会卷入争夺利益的狂欢之中，从而忘却六四灾劫，通过所谓的发展，使中共获得暂时的合法性与稳定性。

毛的最大罪行是什么？分裂人民，与斯大林一样，通过划分阶级分裂人民，使一部分人民与另一部分人民永远斗争与厮杀。他们通过军队或国家机器，来支持所谓的革命人民，与阶级敌人进行殊死斗争。

因为马列主义认为阶级斗争是"人类历史进步的动力"，人类的历史就是阶级斗争的历史。正是基于马克思阶级斗争学说，所以，才有斯大林毛泽东们分裂人民的社会实践。

毛泽东的成功，就是不断地制造敌人，然后号召人民与敌人进行斗争，毛像个斗蟋蟀的大师，人民就是好斗的蟋蟀，他只要举动手中的旗帜，人民就会疯狂地争斗。

毛泽东永远发生群众斗群众，但邓小平时代失灵了。毛泽东热衷于在不同的历史时期建立不同的统一战线，以战胜敌人夺取政权，邓小平不再组成广泛的统一战线，而是在内部联合实力人物，组成权力共同体，通过控制中央与军权，以摄取国家最高权力。

毛泽东可以通过政治运动，从反右到文革，都大获"胜利"，邓小平发动的政治性运动，清除精神污染、反自由化等，却并没有获得真正成功，不仅如此，民主运动在八九年却达到高潮，政治手法无法解决问题，邓只能通过军事方式来解决政治问题。

邓小平只能动用军队，结果呢，邓小平分裂了党和人民之间的"血肉关联"。

为了缝合这一巨大的裂痕，邓小平不顾极左力量的阻挠，"不争论"姓社与姓资的问题，"社会主义也可以搞市场经济"，通过南巡让中国走上了市场经济新时代。

枪指挥党，在毛时代出神入化，整个社会完全看不出毛在用枪指挥党，而邓时代、江时代，枪对党的指挥却是赤裸裸的，人们想到毛泽东，可能想到的是红旗或红语录，但对邓小平的敬畏，则是枪与金钱。毛时代被遮掩的枪与被漠视的钱，在邓时代耀眼地呈现在世人面前，中共信仰的是枪与金钱，相信枪可以维护专制与稳定，相信钱可以带来繁荣与幸福。

当邓小平在六四后深感极左没有出路、自己一手启动的经济开放可能毁于一旦时，又倚仗枪杆子的力量，把中国拉入市场经济轨道，江时代进一步加入世界经济组织，使中国经济融入世界市场。但中国的市场经济是党领导下的权贵资本主义经济，为了捍卫权贵资本主义掠夺的成果，江开放性地提出了三个代表思想，将新兴的资本力量与跻身上层社会的权贵拉入主流社会，使他们成为人大代表与政协委员，或进入各种民主党派与准官方组织，江打造了权贵资本主义大船，在政治形态上，稳定与做大了统治集团。

六四之后，市场经济开放的成果，尽收于权贵资本主义囊中。

邓小平成功了，用强大的经济泡沫，来洗刷六四血污，如果他不启动开放的市场经济，整个社会必然会时时面对那堵血污的红墙，而经济大潮一起，所有的人都陷入经济潮流中。但人们没有意识到，权贵资本主义治下的市场，既没有人权保障，也没有私产保障，每一个人得到的财富，都可能因为政治动荡或经济泡沫破灭或权贵的直接掠夺，而变得一无所有。

毛时代运动是一头怪兽，而邓开启的时代，"发展"是一头怪兽。要发展就得强拆，要发展就得滥发货币，要发展就得通过腐败的润滑剂，就得通过强权来维护稳定，稳定压倒一切，发展超越了法治人权，超出道德人伦，发展的目的是为了一党专制的长治久安，发展的核心价值不是保障人权。

但枪杆子驱使下的经济大潮与经济泡沫势不可挡，毛时代因政治运动而制造了数在百万计的冤假错案，邓时代多有平反，但邓开启的新时代因经济运动而制造的冤假错案，邓及其后继者，越来越无力化解社会各种矛盾，只有通过强力或暴力维稳，来维持社会稳定。

习时代到了一个节点，权贵资本主义与极权社会主义分道悖反了，权贵资本主义利益集团正在掏空党国。而人民已开始变成公民，中共没有进入二点零版，但人民开始进入二点零版。网络扮演了重要角色，网络无论是观念上还是行动上，都提前进入二点零版，人民的二点零版就是新公民。

习近平李克强都意识到，改革开放释放出来的红利已被利益集团蚕食完毕，肉都被吃了，只剩下骨头了，所以，命中注定习李必须要啃权贵利益集团这块硬骨头。当习近平要通过集权方式来应对权贵利益集团做大之时，公民社会也正在崛起，习李应该正视公民社会的崛起，并与公民社会力量形成联合，共同对付权贵利益集团，但统治集团的思维惯性，视公民社会为洪水猛兽，不仅没有支持与合作，反而出重拳予以打击。

利益集团正在制造敌人，维权者、新公民运动参与者、政治异见者、信仰者等等，都视同敌人，同时制造出一个国内外敌对势力的概念，将维稳提升到一个空前高度，维稳经费超过军费，极端的维稳又催生出种族分离主义与恐怖主义，使一些地区又进入冷戒严状态。

对八九民运的暴力镇压，使中共走上一条不归路，发展走到了尽头，维稳也走到尽头。六四是邓时代最大的冤案，一个冤案不了结，后面接着就有了更多的冤假错案，正义的旗帜无法树起，只能靠不义的棍子来支撑权力，冤声载于道，动荡遍于野，当政者唯一能做的，就是政治高压、封闭言路、暴力维稳，让自己装睡、鼓励别人做梦。2014-6-14

令计划："党内民主"的牺牲品

党内只有丛林没有民主

中共政党最高领导人与领导集体的产生，理论上讲是
"民主集中制"的产物。

在说到中共党史上人们喜欢谈论的七大、八大的党内民
主时，着名党史研究专家吴国光教授有专着出版，他认为那
个时期的"党内民主"，完全是被操控的。一些人甚至连党
员也不是，居然被上级内定为党代表，进京参与选举，最为
可笑的是，有人甚至在进京参加党代会的列车上被突击入
党。

毛泽东是通过控制党代表，来控制选票，通过多种暗
示，使自己中意的人进入中共高层领导集体，淘汰自己不喜
欢的高层。当毛泽东在六零年代发现自己难以控制中共官僚
体系之时，他认为中共主机有严重的病毒，於是发动文化大
革命踢开党委，通过外挂的"政治服务器"——革命委员
会，操作整个国家，让原有的主机处於休眠或废弃的状态。
毛泽东凭藉这样的国家暴力机器，可以置任何一个异己者於
死地。

毛泽东之后，中共几乎没有形成真正的领导人选举制
度，毛泽东曾通过法定方式，将林彪安排为自己的接班人，
后来又有王洪文、华国锋、江青等被选择，这些人被毛选择
为继承人，完全是他一个人的好恶决定的，没有任何规则可
言。正是没有公开的选举制度，才有了当代中共高层诸多悲

剧事件的发生，无论是刘少奇，还是林彪、江青、华国锋，还有胡耀邦、赵紫阳，以及我们现在看到的薄熙来与令计划，无不是中共党内民主或中共党内无真正的民主选举制度，造成的政治牺牲品。

我们看上述中共重量级受害人名单，毛泽东时代，迫害最为惨烈，刘少奇死时白发覆面，火化时甚至不能有真实姓名，林彪死於飞机出逃，江青死於后来的监禁自杀；其次是近年来，薄熙来、周永康、令计划都是无期，相比之下，邓小平时代的三位中共最高领导人华国锋、胡耀邦与赵紫阳的结局显得并不惨烈。当然，这三位中共最高领导人是在最高位置上被邓小平联合元老们拉下马的，如果按中共的规则说事，邓小平与相关元老们犯了参与非组织化活动重罪，他策划并主导颠覆了当时的中共最高领导人。而薄熙来、周永康、令计划，按照海外媒体普遍的说法，则是意在撼动中共既定的领导人接班安排。

如果说薄熙来只是想通过公开的政治博弈，以期进入中央政治局常委的话，海外媒体披露的令计划的政治"计划"，则意在问鼎中共最高领导人之大位。但这里有一个令计划没有公开追问的大问号：江泽民与曾庆红主导的中央党校高层民主选举，习近平得票高於李克强，所以形成了十八大的习李领导的中央集体，那么，令计划与李源潮在十八大之前通过他们策划的党内高层民主测评，为什么在党内就不可以作为进入新领导班子的参考？这里，我要强调一点，本文只是质问中共的党内民主规则，并不在意谁最终问鼎中共核心大位。

薄熙来事件与令计划事件，让人们看到的现状是：党内仍然是丛林状态，胜者为王，赢者通吃。至於赢者如何吃定败者，那则要看内斗的激烈程度，或胜者的吃相了。

令计划与习近平之间的"误解"

有网友说，令计划不愧为中共高级笔杆子，在受审判之时，用了一个成语"负荆请罪"，就完全表露了自己的心声。这个成语故事发生在战国时代，赵国重臣廉颇、蔺相如之间因误解而造成不和，但最后，廉颇知道实情后，亲自背负柴薪，到蔺相如门下请罪。令计划通过这则成语告诉世人，他与组织之间或他与习近平之间，是重臣之间的误解，面对这样的误解，他是主动负荆请罪的，在他被捕之前，他已在中共核心刊物《求是》杂志上发表了文章，表示自己臣服於习的核心地位，愿意扮演属下角色。（令计划这篇刊载在二〇一四年第二十四期《求是》杂志上的文章题为《坚持中国特色解决民族问题正确道路为实现中华民族伟大复兴中国梦团结奋斗》，在这篇约四千字的文章中，令计划至少十六次引述习近平讲话精神。）

既然令计划认为自己与习之间只是某种误解，那么，其它的所谓非组织活动、政变或贪污腐败，在令看来，都只是一种说法而已。

党内民主不可能真正落实的原因是，中共体制内长期养成了听从组织安排的党内奴性，组织考察与安排成为惯例，而党内的人身依附与派系，使官员们更相信人脉关系是升迁的法宝，所以，党员干部们从现实中发现，党内民主是靠不住的。所以也是不可行与不可能的。

党内民主并不是绝对没有可能，在派系博弈能量达到某种平衡，或出现内部危机之时，党内派系可能会坐下来，让元老们说话，让一定级别的党代表或中央委员们投票，来选举新一代最高领导人或最高领导集体。当然，党内民主有一个前提，就是军队、武警等力量完全中立，任何政治势力可以支配军警力量，或军警力量拥挤某一政治派系，党内民主就不可能出现，枪杆子里面出政权，在党国体系之内，则演变成枪杆子里面出极权、威权。

这次令计划被审判，是党内权斗的结果，如果细细观察，某种意义上他也是所谓的党内民主的牺牲品。

"党内民主"与非组织活动

胡锦涛能够成为江泽民之后的中共最高领导人，是因为邓小平隔代指定，江泽民没有成功撼动这种指定，但他可以效仿邓的作法，隔代指定上海市委书记陈良宇，只是陈良宇因为过分藐视胡温，被胡锦涛打击掉，江系只能在红二代中物色自己新的政治代理人，习近平成为幸运者，而习的备胎则是薄熙来。所以，二〇〇六年的中央党校中共高层选举，习近平得票最高，并被视为是江、曾系运作的结果（如果这种党内选举的方式公开化，在中共党内形成一种制度，那么，后来的事情就不会如此複杂诡异了）。

由於是党内暗箱操作，这给了团系一个机会，也就是十八大之前的北戴河会议时，由令计划、李源潮操作了另一次党内高层的民意测评，得票最高的，是令与李，这意味着，十七大之前由江曾决定的党内民主，有可能让位於令、李操作的党内民主，习近平、李克强班子，可能要让位於令计划、李源潮的班子。

中共党内已胜出的派系不会容忍来自党内的颠覆，这种颠覆，就可以定性为非组织活动或"政变"，即便不判处极刑，也要监禁终身。

胡锦涛在这一过程中扮演了怎样的角色，人们不得而知，但有一点可以肯定，胡、温最终舍弃了令计划，因为令计划儿子的那场车祸，以及他自行其是的处置方式。更为重要的是，胡放弃了江泽民的留任方式，不再续任中央军委主席两年，将所有党政军权力，转移给习近平，习因此高度讃美胡锦涛"高风亮节"，但这给团系的覆灭埋下了伏笔。

像朝鲜、古巴这样的小国家，红色政权能够顺利地搞血亲继承，与皇权时代无异，当然接班过程中清理异己，比传统皇权时代更血腥残酷，而老牌红色帝国苏联与中国，却搞政治血缘（红色基因）继承，中国的毛泽东终身制之后，血亲继承因故没有可能，政治血缘继承也告失败，华国锋靠联手老将与军方的政变，得到继承权，而邓小平靠另一次不流血政变，将政权转换到自己名下。邓小平发明了最高权力的隔代指定方式，这种方式并不是全党智慧的结果，也没有写入党章党规，只是成为某种潜规则，但这种规则，说被废弃，就立即会被废弃，只要最高领导人自信自己拥有政治实力，完全不在乎其它派系的意见。

中共的党内民主，完全是虚谈，实用的、随机性的方式，主导着权力的移交更递。

　　传统皇权时代立太子立皇储，是风险与影响极大的事件，稍有不慎，就朝廷震荡，甚至出现政权危机与颠覆。而中共现在的权力移交，看似和平，但风险指数越来越大，变数越来越多，为什么？红一代靠打江山有了威权，有了某种血酬秩序，红二代勉强有一些政治遗产可资继承，但其政治资产很快就会耗尽。红二代之后，威权靠封杀与灭杀，不可以得民心，不可以得合法性，而靠政治业绩，又非常困难，各种危机都在爆发中，只能拼命维持政权的稳定性，穷尽一切手段，但其结果难以避免山穷水尽。2016-08-19

枪杆子里面出腐败

历史已证明，没有军队的国家化，就没有国家与军队的正常化；党化的军队是国家安全、人权灾难最大的隐患。军队腐败，只是谋财，而军队党化与家丁化，则会引发剧烈灾难。因此强化军队的党化，比经济腐败的危害更加深远。

从红色传说到黑色传说

从前，中国人民解放军是一个神话故事、传奇传说：红军长征是神话，八路军新四军抗日是传奇，消灭国民党八百万军队，建立新中国更是宏大叙事，甚至还有后来的抗美援朝伟大的"胜利"。总之，这个红色神话是："这是一支用毛泽东思想武装起来的军队，所以战无不胜、攻无不克。"如果说，以前的中国人民解放军是红色传说，那么现在，其则是黑色传说或黄色传说——譬如"军中妖姬"至今仍然成谜。红色传说，是写在纸上的，已成往事，而黑色传说则是实打实的现实。新华社报道："2016年7月25日，军事法院依法对中央军委原副主席郭伯雄受贿案进行了一审宣判，认定郭伯雄犯受贿罪，判处无期徒刑。"之前，还有徐才厚案、谷俊山案……在徐才厚、郭伯雄与谷俊山出事之前，军中普遍的买官卖官就是人们茶余饭后的谈资，譬如升到排级，价码是十万；连营级是几十万；依次往上，乃至百万、千万。据说郭伯雄的太太也参与卖官，先收巨额贿金，之后安排升迁，如果升迁不成，则退回贿金，正所谓盗亦有道。

但我听到的另一则传说则是盗却无道：一位北京地区的营级军官，想升迁，送了几十万现金，结果官没升，贿金也没退，对方甚至查他的账，迫其放弃索回贿金。这些黑色的故事总归是传说，人们无法核实，军中腐败似乎是军事机密。判决郭伯雄的新闻报道也就是区区几百个字，至于到底贪污了多少、怎么腐败、都涉及到什么，则毫无所及。但是纸包不住火。新华网报道，军事科学院杨春长、罗援、姜春良少将等人接受媒体采访，曝徐才厚卖官提干皆有价码，从排级到师级行情不等，曾有大军区司令向徐行贿 2000 万。当局尽管遮掩，但审判两位军委副主席徐才厚、郭伯雄，一切就尽在不言中了。由于其贪污数额之巨超出常人想象，"党"怕全国人民心理上无法接受，因此当局避实就虚，在判决郭伯雄的报道中只说"数额特别巨大"。《凤凰周刊》援引接近军方高层的知情人士透露，徐才厚被带走当晚，解放军军事检察院的办案人员对北京阜成路上徐才厚的一处豪宅进行查抄，在这座 2000 平方米豪宅的地下室中，查抄的现金足足有 1 吨多重，而徐宅内各种金银珠宝更是不可胜数，包括上百公斤的和田玉。由于财物堆积如山，办案人员只得临时叫来十几辆军用卡车才将其全部运走。经济效忠链与政治权力效忠链，构成中共军事黑色同盟之长城。这座长城有多大危害？徐才厚曾有一句名言"反正现在又不会打仗"。只要军队没真刀真枪地打仗，腐败就不会露出马脚，"万里长城"就不会轰然倒塌。所以，权钱交易，使军队形成一个基于市场的利益链，也是和平时期维系部队利益平衡的一种方式。

枪杆子里面出腐败

　　国家化的军队是难以产生腐败的，因为有社会与第三方监督，并有国家对军队制度性的审计与制约。而党化军队，说起来是军队效忠于"党"，但其实是效忠于党的"核心"人物：毛泽东时代效忠于毛泽东；邓小平、江泽民时代效忠于邓小平、江泽民；到胡锦涛时代，由于军方高级将领都是江时代任命，所以军方仍效忠于江泽民，而不是胡锦涛，于是江泽民成为胡时代的太上皇。江泽民给予徐才厚、郭伯雄军中高位及腐败的机会，以此换取徐、郭对自己的效忠。江泽民甚至破坏了中共的体制。他在不担任中共总书记、甚至不是中央委员之后，却留任中央军委主席二年。媒体曾披露：2002年中共十六大召开前，郭伯雄力挺江泽民卸任中共中央总书记后继续任中央军委主席。《南华早报》2015年3月援引军方消息称，徐才厚是前中共中央总书记江泽民卸任后继续施展决策影响的代理人，架空军委主席胡锦涛。江泽民如此行事，除了权欲，还有一个重要原因，就是政治安全。中共的极权领袖极害怕被继任者"颠覆"，致使自己家人与亲信系统遭清洗。胡锦涛主动放弃一些特权，但他卸任后，其亲信体系很快就遭到习中央清洗，连胡的大内助令计划也被绳之以法，整个团系溃不成军。由此可以看到极权体制之恶。邓小平说，军队要为改革开放保驾护航，但重要的是军方也要在其中分得一杯羹。军队严禁经商，军头们捞好处即买官卖官。中央不知道军队腐败吗？当然知道。但是为了保障党国体制的安全，只能容忍，乃至纵容军队腐败。各级政府官员都大捞好处，军头们就喝西北风吗？弄不好，军人造反怎么办？军头们也都清楚，只要军队不挑事，能保卫党中央，保卫党国体制的安全，捞些个人"好处"不是问题：当今，哪个官不是家缠万贯？习中央高调反腐败，对军中高官严加清理，毫不手软，这是因为他看到胡被军头们架空的危险。他要坐稳大位，有实权，能控制军队，就必须要清洗江系在军队中的势力，要让老人们没有任何干政的可能。一朝天子一朝臣，只有把军队牢牢控制在自己手中，任命自己的人，才可以高枕无忧。军队之腐败是问题，但问题根于极权体制。中共极权体制，军队效忠于党，进而效忠于党的领袖。军头们"奉献"给领袖的是忠诚；领袖给予军头们的回报是对特权、腐败的默许和纵容。双方各得其所。至于国家怎样、民生如何，是其外之事；即使到了祸国殃民的地步，也不会动摇领袖与军头们这种效忠于腐败特权的关系。毛搞文革，得到军界的支持；邓与越南开战、"六四屠城"，靠的正是军队；江在军队无根基，因此其执政后，就更是要笼络军队，一方面大肆提拔将领，一方面鼓励军头们腐败。目前，习在对军中江派势力进行清洗的同时也正安排着自己的人马全面掌控军队，以强化个人对军队的绝对控制权。历史已证明，没有军队的国家化，就没有国家与军队的正常化；党化的军队是国家安全、人权灾难最大的隐患。军队腐败，只是谋财，而军队党化与家丁化，则会引发剧烈灾难。因此强化军队的党化，比经济腐败的危害更加深远。

2016-07-27

中共「深层中央」还能左右政局吗?

记忆中的七十年代,只要有广播的地方,这首歌曲每天都会播放:『东方红,太阳升,中国出了个毛泽东』—『共产党,像太阳,照到哪里哪里亮』

中共用东方红颂歌,成功地完成了党与领袖的神化形象塑造。一个党,一个领袖,一个中央,三位一体,但史实呢?百年中共史,不仅有另立的中央、『深层中央』,中共中央上面一度还有『上级中央』。

宋平露面,『深层中央』能不能影响政局

105 岁高龄的中共元老、原政治局常委宋平前不久以影像的方式露面,他在短片中提到「改革开放是中国发展必由之路」,引发海内外媒体热议。这位对胡锦涛、温家宝、朱镕基甚至习近平上位均有提携或恩准,所以成为现存元老中最具影响力的人物,中共因习近平修宪、又要进一步修改党章,以满足个人终身制,使中共政权又一次面临重大异变,并带来党国危机。

毛泽东的终身制与个人极权、个人崇拜给党国带来巨大的灾难,现在习近平当政的十年,社会民生与经济也遭受重创,改革开放的成果正在被归零。这个时间点,人们期待有一个「深层中央」发力,遏止习近平的终身制,迫使其下臺,让中共回到改革开放的路径上,而不是又来一次文革或朝鲜化。

『深层中央』的正负面

毛时代终结之后，中共的『深层中央』或隐或现，一直发挥着决定性的政治作用。

1977 年 7 月，叶剑英、聂荣臻、陈云、王震等中共元老合力，邓小平得以復出参加中央领导工作，中共的最高领导权应该在华国锋手中，邓小平復出后，与元老们形成了深层中央，迫使华国锋退位，邓成为中共的领导核心。

胡耀邦与赵紫阳先后担任中共总书记，应该是中共中央的最高领导人，事实上中共实际的掌权人却是邓小平。1989 年北京民运高潮之时，邓主导的「深层中央」，在家里召开一次会议，就能弹劾中共总书记赵紫阳，并指令对广场学生进行军事镇压。邓小平是「深层中央」的核心，所以他能够一相废三帝：华国锋、胡耀邦、赵紫阳三任中共最高领导人均被他废黜。

「深层中央」维护的是党的安全，为了党国安全可以不惜一切代价，也可以动用一切力量，对当政的中央强行干预。邓小平在退居二线后，江泽民当政开始搞政治倒退，邓通过南巡对江泽民喊话，谁不改革谁下臺，军队要为改革开放保驾护航，才迫使江泽民回归到改革开放路线上来。

江泽民在胡温时期仍然实际控制着军权，所以成为胡温时期的「深层中央」的领袖。这一隐形体制加上七常委的寡头政治，在薄熙来与周永康事件中，极易引发内部烈性冲突，由于胡锦涛反感江泽民干政，所以在退位时不再在中南海与中央军委设置首长办公室，并以此终结了江泽民「深层中央」的核心大位。

温家宝预言：如果没有政治改革，文革还会再来

江泽民与胡锦涛一起放弃了在中南海的首长办公室特权，负面作用也很快显现，习近平通过反腐败开始集权，进而修改宪法，大搞个人崇拜，人们看到文革之风又一次盛行，十年前时任总理温家宝在最后一次记者招待会上预言，如果没有政治改革，文革还会再来，人们看到了他的预言正在成为现实。

这个时间点，宋平为体制内最具权威影响力的元老，与江派、胡温等团派联合，能否形成「深层中央」，阻止又一次文革发生，成为最大的看点。宋平与邓小平、江泽民不同，邓、江退休之后仍然拥有军中影响力或军权，宋平仅有党内威权，他在军中的影响力如何，人们并不清楚，所以军方的政治立场变得最为重要。

中共之上的『中央』

共产党歷史不写「深层中央」的问题，也不写中共中央的上面，还有一个『国际中央』或『上级中央』，即中共的母体共产国际；中共从成立、召开第一届中共代表大会，到第六届中共代表大会，『上级中央』都是共产国际，中共只是国际共运或苏联共产党的分支机构，从共产党的经费到组织管理，从共产党的斗争方向、策略到最高领导人的选定，都离不开上级中央–共产国际的支持与确定。

譬如 1929 年中东路事件爆发，『上级中央』明确要求中共中央「武装保卫苏联」，中共立即回应，组织了大规模的

反对国民党和拥护苏联的群众示威。

中共建政之后，毛泽东的中央要走毛道路，与上级中央（苏共）产生意识形态之争，中苏开始分裂，1958 年 8 月赫鲁雪夫秘密访华，与中共发表了联合公报：「双方就……解决国际问题……取得了完全一致的意见。」结果在 8 月 23 日，解放军就炮击了臺湾金门。

中共欺骗利用了『上级中央』，使美国和中华民国方面误以为这是赫鲁雪夫和毛泽东共同商量好的军事行动。事实上，毛泽东从未向赫鲁雪夫透露过炮击金门之事，苏联问题专家沈志华认为这件事后来成为中苏分歧的重要诱因（《中苏关系史纲》，沈志华主编，新华出版社，2007 年版）。

中共中央的『上级中央』苏共已解散了三十多年，现在中共没有了上级中央，也没有另立中央，党内路线斗争依旧，从抗疫措施到改革开放、从修改党章、当政不受时限，到禁止个人崇拜，使中共面临又一次大考，中共的「深层中央」会不会出现，并遏制极端的政治专制出现，不仅关系中国大陆国运，关乎台海稳定，也影响着国际社会的安全。

2022-09-26 台湾中央台

中国大陆正在启动文革式迫害

题记：文革式迫害，就是在上纲上线的政治迫害，当年的政治罪是反革命罪，现在换个名字叫颠覆国家政权。如果马丁·路德·金活动于今日中国，那么他将会以寻衅滋事罪或颠覆国家政权罪被指控。

马丁•路德•金如果在中国会被判处重罪

1月18日，是美国的国家假日，这个假日是纪念美国平权领袖马丁·路德·金博士，而在近期的中国，却正在加大力度对像马丁·路德·金这样的平权或维权人物进行迫害，并将维权人士或律师冠之以"涉嫌颠覆国家政权罪"，予以拘捕。

总部位于香港的"中国维权律师关注组"统计显示，截至目前，已有超过300名各地律师、律所工作人员、维权人士和家属子女等遭到警方约谈、传唤、限制出境、软禁、监视居住、刑事拘留、逮捕或失踪。其中，"锋锐律师事务所"负责人周世锋、律师王全璋、王宇、刘四新、李姝云、胡石根、赵威等七人被控涉嫌"颠覆国家政权"；包龙军、谢燕益、谢阳三位律师被控涉嫌"煽动颠覆国家政权罪"；高月则被指控"帮助毁灭证据"。也就是在马丁·路德·金日，新华社发文，公布中国警方抓获了一个涉嫌颠覆国家政权的组织，甚至指有国际人士参与其中。

最新的消息是，1 月 20 日，李和平、李春富、勾洪国三人的家属收到其被逮捕的通知书，三人都是以"颠覆国家政权罪"逮捕；被逮捕的律师已达 15 人。

早前被捕的许志永博士，争取的也不过是教育平权，但却被以寻衅滋事罪批捕。而现在这些被捕的律师们参与的维权，仅仅是为当事人主持公道，只是他们面对的侵权对象，是各级党国政府；这些正常的维权行为，已然升级为涉嫌颠覆国家政权罪。城乡居民教育平权问题不解决，它既影响了社会公平正义，又埋下了不稳定的种子，使这个社会失去机会平等，甚至制造了大量的失学儿童。今天多建一所学校，将来就少造一座监狱，这是社会学常识，为什么中国政府不能尊重常识，把眼光放远一点！如此消极的稳定，如此制造冤狱，真的可以保证中共长治久安？同理，地方政府恶性地侵犯公民各种正当权益，只有通过律师们帮助弱势群体维权，才能体现社会公平正义，才能有效减少恶性的报复性事件的发生，而这才是最有效的维稳。

当马丁·路德·金号召争取平权的人们前往华盛顿抗议，有 50 万人响应号召前往；如果在中国，这完全是一次超级的颠覆政府、制造大动乱的罪行。为什么美国政府没有动用国家暴力工具进行镇压？当然美国的制度决定了他们不可能动用警察或军队对和平的抗议者进行打压，同时，主流社会或政府在积极思考与应对这样的问题：既然宪法赋予人人平等的人权，为什么不解决这样严峻的社会问题呢？主流社会退一步，民权就进一步，社会文明也就进了一步，马丁·路德·金成为民权英雄，并被以国家纪念日方式予以永久纪念。

　　而中国，反其道而行之，遇到严峻的社会问题，不是解决问题，而是解决提出问题的人，认为是维权者在给政府制造麻烦，是维权律师在找政府的茬，把依法维权看成是与政府对抗；而有组织或国际力量予以人道支持时，更是以国外敌对势力视之，使维权问题上升到政治问题，如同文革时代，只要有国际力量参与，就是敌对势力参与，就是反革命，就是颠覆国家政权。在法律还没有审判之时，先启动喇叭审判，让新华社发文，或让当事人上央视认罪，通过各种残酷手段，迫使当事人认罪悔过。

对维权组织的打击正无耻地升级

　　新华社北京 1 月 19 日的报道触目惊心：近日，国家安全机关和公安机关联合破获一起危害国家安全案件，成功打掉一个以"中国维权紧急援助组"为名、长期接受境外资金支持、在境内培训和资助多名"代理人"、从事危害国家安全犯罪活动的非法组织。彼得·耶斯佩尔·达林（瑞典籍）等犯罪嫌疑人被依法采取刑事强制措施。

　　从上述报道看，新华社与央视一样，善于未判先定罪。"境外资金支持"？中国的改革开放就是境外资金支持下搞起来的，为什么境外资金就不能用于公义公益事业？"中国维权紧急援助组"如果名符其实，它就不是颠覆国家政权的组织，而仅仅是一个国际性的公益组织在中国的延伸，或对中国维权活动的一种紧急支持。

　　我们还要追问的是，在香港注册一个民间组织，需要在大陆注册备案么？如果不备案违反了哪条国法？海外资金进入中国，从人道意义上支持维权人士，目的是维护公民的正当权益，怎么能扯上颠覆国家政权？至于搜集各类社会信息，也只是通过访民、维权律师与网络上公开的信息资源，这些信息不可能绝对准确，媒体或有关方面完全可以坐下来，与维权组织逐一核实，按中共自己的话说：有则改之，无则加勉。现在中国社会底层侵犯人权情况非常普遍，它与当政者普遍的腐败是一致的，中纪委公开的数据显示，去年立案的腐败案件就多达 33 万起，而各级政府对百姓的侵害案，远远超过腐败案件。

如果中国政府讲法治，应该正视海外的中国人权报告，利用这些信息资源，对侵犯人权的案件进行严厉打击，以保障大陆公民人权。这是取信于民的唯一有效方式，而现在却要堵海外人士的信息搜集，它能堵得住腐败与基层政府对公民的人权侵害么？

律师参与热点与敏感案件，非法么？新华社或警方如何界定哪些是热点问题，哪些是敏感事件？律师不可以参与这些案件么？"蓄意激化矛盾"，这是以动机来定罪。至于公益组织培训维权人士，是使其通过正当的方式维护自己权益，只要不蓄意制造恐怖活动，不侵犯其它公民人权，就是合法的。正所谓，法无禁止，政府不应该干预，更不应该通过公权力干预，致其于有罪之地。

说到王宇律师的儿子出境，说起来都是泪。王宇律师送儿子出国留学，当局竟以危害国家安全名义，不允许王宇出国，也不允许她已办理留学的儿子出境。这样的株连之术，只有在皇权时代才会使用，共和国的今天居然还如此侵犯人权，当局已是无耻至极，新华社居然还将这事提出来，当成别人的罪证。不仅王宇律师的儿子不能出国学习，连没有入狱的刘晓原律师的儿子，也被北京国安以危害国家安全的名义，通知其户籍所在地江西有关方面，不允许出国留学。

谁在制造与激化矛盾？只有手持国家公器者。谁在破坏中共自己信誓旦旦提出的依法治国理念？当然是这些以所谓的国家安全名义制造事端与冤狱的有关当局。2016-01-27

解析习近平纪念胡耀邦讲话的含义

解读习近平在纪念胡耀邦座谈会上讲话，可以看到胡耀邦在习主导的中共中央的真正身份与价值。其一，习在纪念讲话中，将胡耀邦与自由化思潮切割开，避而不谈胡耀邦被迫下台的冤屈，而将其一生看成为共产主义奋斗的一生，为人民服务的一生；

其二，在这份纪念讲话中，习似乎第二次揭开中共内部超级规矩：中共最高领导核心可以不是中共总书记，一旦成形成了中共的领导核心人物，其权威就在全党、中央甚至在中共总书记之上，即使核心犯有罪错，也具有绝对的豁免权。

胡耀邦被定格在执行官

习近平纪念胡耀邦讲话，是一篇关于胡耀邦的宏大的政治叙事，但这篇叙事，充满吊诡与悖论，看起来是以极高的规格纪念中共前总书记。但通篇叙事，让我们看到的胡耀邦只是一个红小鬼的角色，一个中共体制内执行任务得力的干将，只有个性而没有思想，只有听令的使命，没有决策的头脑。

某种意义上，这样的叙事，是对前中共总书记胡耀邦的矮化。

这篇讲话的叙事中，出现了一次毛泽东对胡耀邦的表扬，当时胡耀邦年纪小，被人们看成红小鬼，参加长征到达陕北后：他领导的"扩红"、"筹款"和青年工作成果显着，受到毛泽东同志称赞。

紧接着，在习的纪念讲话中，就是邓小平在一直"表扬"胡耀邦：中共建政后，肃反、土改、剿匪、担任中共川北区党委书记、行署主任、军区政委的胡耀邦，受到邓小平称赞："有主见，不盲从"。

但习近平应该意识到，当时是毛中央，邓小平的评价并无特别重要的价值，而其有主见，不盲从，不盲从谁呢？是不盲从当时的毛中央指令吗？

习近平后面的讲话，透露出的信息，一是将邓小平定位在中央总书记之上，是核心，而总书记只是中共的"首席执行官"：（胡耀邦）在 1981 年 6 月至 1987 年 1 月担任中共中央主席、中央委员会总书记职务期间，他积极参与制定和贯彻以邓小平同志为核心的党的第二代中央领导集体的重大决策和战略部署，……为推进中国特色社会主义事业作出了多方面重大贡献。

胡耀邦同志坚持党的解放思想、实事求是的思想路线，组织和推动了关于真理标准问题的讨论。在邓小平同志等老一辈革命家领导和支持下开展的这场思想解放运动……

胡耀邦同志认真贯彻邓小平同志全面改革的思想，强调要充分认识改革的艰巨性和复杂性，把改革贯穿现代化建设的整个过程，为推进改革倾注了大量心血。

（以上引自习近平纪念胡耀邦的讲话）

　　纵观习近平的这篇讲话，有一处提及毛泽东对胡耀邦的肯定，而有五处提及胡耀邦与邓小平的关联。中共 1949 年建政后，胡耀邦就不断得到邓小平的表扬与肯定，甚至邓小平在 1975 年短暂复出，也任用胡耀邦到中国科学院主持工作，为什么邓小平如此喜欢任用胡耀邦呢？

　　答案既在习近平对他的赞美中，也在民心中，因为胡耀邦"一身正气、品节高尚"，是中共党内罕见的良心代表，中共转型或拨乱反正之时，特别需要这样有作为的官员，去充当核心人物的马前卒，去拼搏去战斗，为突破过去的禁区杀开一条血路。

　　但一旦居高位者的权力得到稳固，胡耀邦锋芒毕露的个性，"有主见，不盲从"，就会被最高权力者视为眼中钉，欲拔除而后快。当胡耀邦同情自由派知识分子、对自由民主有自己独立的看法，并希望邓小平适时荣退之时，邓胡联盟就宣告结束，胡耀邦就成了邓小平的对头或敌人。

　　习讲话中，除了大谈胡耀邦的共产主义理想，还引用了马克思的用人观：马克思说，为了实现思想，就要有使用实践力量的人。胡耀邦同志崇尚干实事，他希望领导干部不要当平庸之辈，更不能当昏聩之徒，而是要做有为之人。

　　马克思说思想需要实践者，于是，胡耀邦就成为一个能干的实践者。中共前总书记被现任总书记定格在实践者的层次上。文革时代，中共要实现的是毛泽东思想，改革开放之时，要实现的是邓小平理论，现在呢，要落实的是习近平提出的梦想，无论是思想、理论还是梦想，都需要执行人，习近平无疑在说，自己的手下，需要胡耀邦这样的执政官，需要工具人格的胡耀邦。但胡耀邦的另一面是执义仗言，是一身正气品节高尚，是"有主见，不盲从"，而正是这些高贵的品质，注定了他在毛时代敢与所谓的林彪、江青反革命集团进行无所畏惧的斗争，也敢于向新的独裁者邓小平说出自己的观点或想法，其悲剧性的命运，因此奠定。

习近平不提胡耀邦的良知良心，只赞美其工具化人格，这显然是矮化了胡高贵的品格，也没有把胡当成中共最高领导人看待，只是将其当成邓核心的一个助手。既然是邓核心的政治助手，邓打压或解聘胡耀邦，也是理所当然的事情了。

"核心"可免追究政治罪责？

世人永远好奇的是：中共党内基于怎样的秩序或规格，将邓小平定位、定格在"核心"这样一个至高无上的精神领袖位置上了呢？新的核心又将如何确立？

当时的胡耀邦既是中共中央主席，又是中央委员会总书记，按照中共党章他理应是领导核心，按照中共的规矩，所有的中央委员、中共党员都应该团结在以胡耀邦为总书记的党中央周围，同心同德，改革开放。

但在党的最高领导人之上，居然出现了一个领导核心，中共中央都得按照这个核心的政治意志办事，一旦与核心观点有异，或者核心对其不信任，甚至被人为挑拨，都可能让中共的最高领导人蒙冤受辱，习近平如何解释中共体制内这一奇特现象？

如同政教合一的国家，在具体的国家领导人之上，还会有一个精神领袖，习近平无疑在坦承：邓小平当时是中共最高精神领袖，他有绝对的领导权，并可能行使特别否决权，终止任何一个中共最高领导人的政治生命。

胡耀邦之后的中共总书记赵紫阳，正是公开说出了中共最高决策权在其"精神领袖"邓小平这样一个党国机密，所以遭到邓小平的痛恨，并因此出局，最后的岁月一直被囚禁。

这样一个严峻的诘问，今天又一次抛向习近平：中共内部，是如何产生精神领袖或领导"核心"的？胡锦涛任中共总书记期间，江泽民是不是也因是领导核心，所以可以掌控胡中央？现在是习中央，如果按中共规矩，习会不会在有生之年，像邓小平一样，即便退休二线，不担任中共总书记，但仍然可以是中共的精神领袖，可以主宰以后中共总书记的命运？我们还看到这样一个既成事实，只要存在一个领导核心，那么，中共的总书记就只有责任，没有权威，而核心（"精神领袖"）本人，只有权威，没有责任。毛泽东发动文革还有反右等一系列重大罪错，都因为毛泽东是第一代中共领导核心，所以他没有任何责任，他仍然被视为中共伟人，享有中共无上的尊崇（邓小平对其三七开，就完成了对毛泽东的反思与审判）。

再看邓小平作为第二代领导核心，不仅他对八九六四的屠城没有被追究，即便在党内他犯的错误，譬如他对华国锋的废黜、对胡耀邦的加害、对赵紫阳的非法罢免，都被视为正常。而八九民运期间赵泄露了邓小平的核心政治地位，使邓大为恼怒，而这也直接成为邓以核心之地位废黜中共总书记赵紫阳的导火索。

把胡耀邦剥离历史事件

　　习近平的纪念讲话，将胡耀邦与重大历史事件剥离开来，甚至将胡耀邦与之搭档的赵紫阳完全隔离，中国中央电视台播放当年人民日报对胡耀邦出任总书记时的报道，居然将赵紫阳的照片删除，乾坤大挪移、历史虚无手法，可谓登峰造极，令世人惊叹。它体现了一个中共宣传精神：历史要服务于宣传，宣传服务于政治，政治要听令于中共最高权威或核心。

　　胡耀邦是中共体制内一个悲剧角色，但纪念活动，却致力于把他打造为党内英雄，网民们看到的，却是中共的喜感或制造喜感的能量。习近平要通过纪念胡耀邦，完成习家对胡家的私谊回报，因为胡耀邦在习仲勋平反过程中，起着决定性的影响，但习近平又不愿意或不能够追究加害胡耀邦的保守派们的责任，所以，习要做的，就是极尽缝合之能事，绝口不提邓、胡之间最后的冲突，长篇大谈邓对胡的认同与赞扬，并将胡的行为抬升到追求共产主义理想的高度，以完成纪念讲话充满正能量的宏大叙事。

　　胡耀邦之子胡德平说，其父的遗愿，是希望中央对他有一个结论，现在，习中央给了胡耀邦一个结论，习中央给了胡耀邦一个"全面的"评价，但这是胡耀邦需要的结论么？胡耀邦被结论，是当时的核心邓小平决定的，邓核心让胡耀邦下台，终止其政治生命，现在的习中央，能让胡耀邦的政治生命复活么？

真正的胡耀邦只能通过民心民意复活，不可能通过中共中央复活。2015-11-24

两会，花瓶里的风波与花瓶外面的风暴

花瓶里的风波，你真的看懂？

两会召开前夕，人们只听得中南海里不时传出打虎的声音，但总是见不到被打死的老虎被抬出来。

全国政协发言人吕新华在新闻发布会上回答记者提问周永康案时，先是说了一句官话：无论什么人，不论其职位多高，只要触犯了党纪国法，都要受到严肃追查和严厉惩处。接着，又说了一句网络流行语："你懂的"，引来哄堂大笑，也引发网络上的语言狂欢。由于周永康案的敏感性，或者按照中共高层的规定，还没有到面向社会公布的时间，所以，政协发言人个性化表达很快在网络上被删除干净。

暗箱政治，必生暗示性政治语言，人们只能通过消费这样的暗示语言，获得某种快感，或者隐约获得相关信息。发言人说自己也是通过网络媒体才得到一些信息，并不知内情，但人们通过其轻松的调侃，完全可以看到打虎案的既定结局。只是，谁也不能捅破最后一层窗户纸。

如果用"你懂的"造句，我们也许可以读懂两会的某些潜规则或潜台词：

为什么人大代表与政协委员身份可以花钱买到？你懂的。

两会代表为什么在会议上昏昏欲睡？你懂的。

政协人大两会代表，为什么不能行使有效的决策与监督权力？你懂的。

政协人大代表为什么不敢说真话？你懂的。

为什么官员财产不能公布，你懂的。

两会政治成为政治艺术，它所传达的一切都需要人们心领神会。政治文明需要把公权力关进笼子，现在我们看到的却是，公权力把人民的意志关在笼子里，政协与人大因此成为政治花瓶、成为权力的橡皮图章。据武汉大学法学院教授秦前红统计，官员、党员和企业老板在全国人大代表中的比率占约80%，他们大部分为权贵集团发声，所以草根阶层的确缺乏表达自己声音的渠道。

而两会前曝光的湖南衡阳人大代表贿购案，以及美女政协委员刘迎霞案，都只是暴露了人大政协贿选的冰山一角，由于人大代表与政协委员均由上级组织部门与统战部门遴选内定，所以各级代表、委员名单完全是暗箱操作的结果，为公权腐败预留了巨大的空间。人大与政协本应该是共和国的两大支柱，而这两大支柱已被置换成权贵的花瓶，如此这般，共和国的大厦焉有不倾覆之理？

两年前人大换届之时，多地公民独立参选人大代表，遭到严厉打压，被视同颠覆国家政权行为。典型的案例是江西的刘萍，至今仍然身陷囹圄，没有最终判决，而北外教师乔木也因为独立参选人大代表，而成为被内控人员，许多国际性学术活动无法参加。

习时代如果不根本性扭转权贵把持人大政协的局面，公权腐败就不可能得到根本性的遏制，民主共和遭遇假人大伪政协，连帝制时代都不如。无责任的人大、政协，不仅无法制约无责任的政府，还会权贵合谋，衍生腐败、制造冤诬、掏空国家。

把花瓶打造成暗箱

　　人们都知道人大政协的本质，是作为政府合法性的一种存在，政府供养两会，就是要通过他们的举手表决，使政权看起来具有合法性。但，人们仍然希望花瓶里能起一些风暴，使表演性的两会，能出点彩，或者使花瓶出现裂缝。人民日报的微博"人民微评"故作天真地发表感言：【代表委员沉默，就是人民失语】两会召开在即，代表委员纷纷抵京。在人民大会堂共商国是，这是荣誉，更是责任。如果只知道热烈鼓掌、点头称是，人民民主如何体现？质询政府，请动真格；会场讨论，何惧观点交锋？代表委员当铭记：你沉默，就是人民失语；你认真，民主才能运转起来！

　　没想到的是，假天真遇到了真较真，原央视实话实说主持人崔永元是政协委员中的一个例外，他通过微博回应道："说得很中听。我们敢发言你敢发布吗？"

　　崔永元的话把人民微评顶进了墙角，每年都会有敢言的委员，但，并不是委员的真话，都可以得到媒体发布，得到媒体发布的，也可能石沉大海，譬如有委员每年都提案领导人公布财产，而领导财产永远都是国家秘密。每年成百上千的人大议案与政协提案，都不能公布，他们如何发言，代表谁发言与提案，都无法公诸于众。纳税人用于两会的钱，购买的是一堆自己永远无法知情的国家秘密。

　　更具反讽意味的是，政协主席俞正声鼓励委员们，说真话，保证不打棍子，不戴帽子，但政协主席应该想一想，这些委员们为什么要说真话？为谁说真话？他们为谁当人大代表或政协委员？政协委员与人大代表是一个购买来的政治身份，还是一个上级内定的政治角色？一个身份来历不明、代表角色不明的会议，说真话只不过是一种食品调味剂，使外界看来，这个会议里还有人说真话，不完全是无声的沉默。

去年不能谈雾霾，今年写进了政府工作报告，更早前的时间呢？三年前潘石屹在微博里公布美国使馆里测得的污染数据，却要被删除、被警告。宣传管制部门极尽掩盖之能事，河流被污染了，不允许报道，土地被污染了，不允许公布数据，最终呢，雾霾起来了，掩盖不住了，开始动用一切力量来改变，变成一场全民政治运动，用更大的成本来消除危害。

无法掩盖花瓶外面的风暴

新疆民族等边地民族问题难道不一样吗？昆明暴力恐怖事件发生在两会之前，但造成事端的原因，却非一朝一夕之功。新疆的自然资源被权贵们以国家名义掠夺，新疆本地百姓无法分享经济发展的成果，出现矛盾与问题时，有关当局一味用高压政策，甚至新疆人在外地无法租住民房，无法入住旅馆，这样的背景下，出现暴力恐怖事件，我们在谴责暴力恐怖的同时，最应该反思的是政府在新疆的政策失败，而两会上，新疆书记张春贤却说："现在新疆的暴恐，90%是翻墙，根据网络上一些视频，不断形成暴恐"，如何反恐呢，他号召打一场全民战争，压住暴力事件发生。与此同时，首都网警也贴出李承鹏等知名大 V 网络发言截图，认为他们发言过当，伤害了人民的感情。李承鹏等网络知名人士只不过在反思制度深层次原因而已。

官方不仅不反思自己政策与行为失当，反而发出禁令，据中国数字时代网报道，宣传部门近日发布指令：1，不报道涉及有关高级干部的传闻，如3月2日新闻发布会有关周永康问题；2，要稳妥把握乌克兰局势报道；3，不转不报有关撤销国家地震局的消息；等等，并要求对张春贤有关疆独的讲话跟帖予以删除。

当局并不愿意直面真相与问题，而是一意高压，对自己的控制力与打压能力充满自信，似乎控制住了言论，就等于没有相关的社会问题，打压住了对抗势力，就证明自己的政策措施是正确的，仍然不改政制，按老套路继承自己的统治。

新疆问题专家、中央民族大学教授伊力哈木在两会之前就被拘捕，新疆没有了有份量的专家学者，而政协委员与人大代表中，又有谁能为新疆或边地民族代言，并提出有价值的提案议案？不致力于民族和解、却扬言对极端势力不讲仁政。治疆大吏应该懂得，是由于长期不施仁政，才造成新疆如此局面，世界上依宪政、仁政法则治理的国家，不可能出现如此惨烈的恶果。

结语：

无论是一句网络流行语"你懂的"，还是崔永元与人民日报微博较真，都是花瓶里的风暴，而这尊花瓶由宣传部门统一封口，它在社会上掀不起波浪，而新疆问题或更多的社会矛盾冲突，拥有三个自信的中共当政者，相信自己有实力把一切社会不稳定因素收入自己的魔瓶中，也要让它起不了波浪。前者是靠长期形成的体制的封闭性达到，后者呢，则完全靠维稳经费加上铁腕手段布控与打压，高压统治能圆中国美梦呢，还是会产生中国噩梦？

中共挥刀解决自己制造的困境

传说亚历山大东征，遇到一个千年难以解开的绳节，他没有去寻求解绳的技巧，而是直接挥刀，绳节应刃而解。

有趣的是，中国传统文化中，应刃而解也是一个成语，表示问题得到顺利解决。用挥刀来解决问题，问题真的就能得到顺利解决吗？

一、中共的亮剑挥刀思维

习近平当政以来，各个领域都都叫喊着"亮剑"，要敢于用挥刀的方式来解决现实中的问题。亮剑不仅封杀了网路上的异见声音，而封杀了无数个大V与线民帐号，维权律师们也因亮剑而身陷囹圄。当然，亮剑甚至切断了中国大陆与国际网路之间的正常访问。

我曾在专栏文章中建议习近平当局，要用亚历山大挥刀断绳的方式，来与中共原教旨马列意识形态告别，重建中国新的政治文明形态。我们现在看到的是，大刀不是向鬼子们的头上砍去，而是向和平的人们头上砍来。

习中央一手亮剑，一手拿着盾牌，这张盾牌用来保护自己，同时还用来掩盖当局各种恶行。当红黄蓝幼稚园侵犯儿童权益的恶性案件发生时，当局抓的是曝光曝料者与受害者家属，并通过官方发布的新闻掩盖事实真相。而当北京郊区大兴一场大火夺走了19位无辜者的生命之时，他们不是挥刀向相关责任者，而是挥刀向所有"低端人口"，一夜之间或限制三天之间，驱逐数以万计的外来务工人员。

外来人口是北京的建设者与服务者，外来人口如此庞大，是多少年累积的结果，而不合规范的建筑或不安全的建筑也是数十年快速建设的结果，现在出现问题了，中共不在政府身上找原因，却把大刀向百姓头上砍去，推土机向百姓的建筑开来，暴力场景与法西斯当年对待犹太人一样，非常残忍，而这种残忍的背后，是北京市、区两级最高领导者的宣传动员会上的暴力思维与暴力鼓动的结果，北京市委书记蔡琦就声言，要刺刀见红。他忘记了习近平所说的，共产党人就是有一块被子，也要撕一半给百姓。一心想着百姓，为百姓谋福利。

而现在的刺刀见红，刺刀面前是谁呢？这场运动有几个北京贪官被惩处？

二、"低端人口"包围北京城的成因

有网友以 2008 年"北京欢迎你"来对比现今的北京对外来人口的恶意驱逐，似乎北京不再欢迎"你"。

这些网友高估了北京当局，当年北京欢迎你，"你"是指外国人，或者是指来围观奥运会的外国游客。北京当局从来没有主动欢迎外来人口。限制外来人口的门槛，就是户籍制。

令人发指的限制方式，是当年的查身份证，北京员警或临时协警随时在街上查验外来人口的身份证件，或当场罚款，或抓到昌平等地筛沙子，找到关系的，花钱赎回，找不到关系的，就直接送上火车，筛沙子的工钱，就是火车票钱。

直到广州发生孙志刚事件，被南方都市报报导，各大城市的这一针对外来人口的恶行，才得以终止。当然，南方都市报付出了沉重的代价，总程式设计益中因此被拘捕，总经理也因此下狱。这是胡锦涛当政不久发生的事情，整个胡温时代，北京城市扩张在无限铺开。

邓时代只是将北京扩展到三环，江时代因奥运，扩展到四环，而到了胡温时代，五环六环成为现实，并由此带动相关地带的房地产业。

在官方批准的房地产业与农业用地或农村居民房之间，形成了一个巨大的无法制约的灰色地带，就是小产权房，或者由当地政府默许的各种用房，这种用地用房相比高居不下的城市房产，便宜五倍以上，满足了来北京讨生活、找工作的蚁族或"低端人口"的需要。

而城市之中的地下室，并不是用来居住人的，或是防空或战争时期的需要，也被物业公司通过向有关部门攻关行贿，获得批准，这样城市中的社区人口，也迅速扩张。摆地摊的，买羊肉串的，也确实造成了诸多社会问题，特别是交通问题。

房地产无限扩张，并没有相应的配套，譬如幼稚园与学校，还有文化设施等，民主治下的城市建设，是为百姓自己建设，非民主治下的政府为发展经济而建设的城市，是眼前的利益驱动的建设，这种建设就会先天不足，外地人口涌入，正是弥补这些城市不足，当然，没有外地"低端人口"的建设，就不可能有北京的发展，没有外地人口到北京购买房产，仅靠北京原住民，房价也不会是现在这样的天价。

城乡结合地带的灰色空间，基层中共政府（乡村一级）制造了大量小产权房，从根本上说，这是上级政府控制土地造成的，农民可以在土地上种庄稼卖，为什么不可以建房卖？由于政策不到位，这些灰色地带建设的房子，多不达标，存在安全隐患也难以避免。由于各级官员收取了基层官员与相关建房者的好处，所以无法及时改变小产权房现状，上级指令下来，也是半推半就，或者象征性地处理部分小产权建筑，风声一过，一切照旧。

出现灾难性的事件，高层一追究，中层官员的乌纱帽要丢掉，此时就有了蔡琦与各区委领导人挥刀亮剑，运动式执法，一夜之间就计数以万计的外来人口无家可归，成百上千间店面与厂房，尽皆拆毁。

这场非法的运动式的整顿，被网友们称之为北京排华运动，中共本质上是外来政党组成的外来政权，中国人民不仅被分裂成不同的阶级，百姓甚至知识阶层被迫害被排斥，贯穿中共运动史。

外来人口居住的这些房屋，如果安全有问题，应该处罚房主，责令房主改正，并安排房客适当的住处，最不应该驱逐的是房客，但北京等地方政府通过运动式执法，强行驱逐外来人口，把北京本身的问题给掩盖了。

中共应该问责的是各级政府官员，并追缴他们因参与非法建筑而得到的贿资。

三、对比洛杉矶的城市扩展，我们能发现北京的问题

对比一下美国大洛杉矶的百年扩张，每一个城市扩建的

之时，必然会伴随着市场空间的配套，包括停车场的面积，还有学校与医院等设施，每一个大社区都相对自足。当然，没有驱逐所谓的低端人口之说，连非法移民都有人道保护政策。

城市可以有流浪的人，可以有无家可归的人群，但不能对这些人进行非人道的驱逐，当然，这并不意味着，一个城市的社区可以无限扩张或将不能居住的建筑空间租给其它人居住。这是美国的城市社区制度决定的，譬如一个社区要建设大型商业设施，需要征求附近的居民同意，如果商业设施带来了超多的人流，影响到人居环境，那么居民就可以抗议或否决。

通过对比我们就可以清楚看到，中国城市扩张既没有人文关怀、人权第一的观念，又没有细致的管理机制，而社区居民对官方主导的城市扩张、地下空间的商业化，没有发言权，这样，既造成了安全隐患，外来人口没有法律保障，社区居民的人居环境也是混乱的。

中国的大城市发展，造成互害生态，而位居"低端"的人口，成了最直接的受害者。

这种混乱，每一个人都成为受害者或潜在的受害者。当一场大火发生时，直接受害的是外来人口，此时，党国政府开始运动式的大清理大驱逐，因为火灾使他们感受到某种危机，大量的人口包围北京，也使北京官方感受到政治不安全，如果有动荡发生，这些人就是革命的力量。所以，无论是面子上，还是利益层面，或为了政治安全，中共当局都不愿意看到大量外来人口汇聚北京周围，在各方面造成压力。

　　洛杉矶无论怎样扩张，都不会危及白宫的政治安全，当然华盛顿特区的扩张，也不会造成白宫的困惑，但中共北京当局完全不同，政治经济文化教育特权都汇集在北京，政治集权之下必然是文化与经济甚至教育的特权与集权，人们之所以汇集北京，就是来分享集权带来的下流利益或低端利益。在乡下捡拾不到的破烂，在北京都可以捡到，这就是中国的现实，也是人们汇集到北京周边，分享低端利益的因由。

　　过去有新民谣：村骗乡，乡骗县，一直骗到党中央国务院。

　　无论是村级政权还是县级政权，都不受居民与人大代表的制约，所以，只要对上级负责，同时对上级欺骗，就可以获得大量的灰色利益，而这种灰色利益，也可以不断进贡到上级，以获得直接上级的默认。

　　而这在美国是不可能出现的，地方政府不会去刻意欺骗白宫，欺骗白宫没有利益可得，因为各级地方政府受议员与居民直接监督，只要损害百姓利益，就有打不完的官司，还有媒体批评指责。

　　美国的各级政府每天都可以处理与房屋相关的问题，甚至非常琐碎的细节问题，我所在的城市，甚至细致到不允许空调安装到房屋临街一边，房间里应该有多少插座，大厅里有怎样的照明，都有规定。有些是基于家庭安全考虑，有些则完全是公共安全或公共观感的需要。

　　因为每天都在处理这些事务，所以美国政府不需要运动式的执法，动辄驱逐数以万计的房客，或者强拆千百间非法

建筑或不安全建筑。2017-12-10

中共的斗争哲学为什么玩不下去了？

习近平重提『斗争』

习近平主政十年，『斗争』又一轮成为热词，为什么？

因为改革开放与和谐社会都失败了，改革开放的失败，是形成了权贵共同体，掏空了中共的国家经济，而且资本主义权贵共同体是国际性的，这对习政权构成实质性的威胁，迫使习以斗争的手段，对国际国内资本力量予以重拳打击，不允许其做大，温家宝总理在任的最后一次记者招待会上说，如果没有政治改革，文革还有可能再现，可谓一语成谶。

习近平要用斗争的方式告别改革开放，告别权贵和谐腐败共同体。

刘晓波等人起草的零八宪章提出的解决方案，是中共还权还政于民，宪政民主法治的政治改革，使国家正常化，才是解决改革开放腐败的钥匙，但习近平的方案是重回毛泽东的斗争，习是用斗争之剑，来解决所有面临的党国危机。

习近平二十大报告中，认为未来五年是"关键时期"，报告要求全党"准备经受风高浪急"。尽管中共对公众隐瞒疫情与经济危机真相，习的报告字里行间仍然可以让人们感受到，疫情灾难与经济危机双重夹击，中共正在经受沉重打击。

如何化解国家危机，特别是在危机时刻如何关怀百姓的生命与保障基本生活？没有亲自部署与承诺，报告中却17

次提到"斗争"，50 次提及"安全"，号召全党同志"务必敢于斗争、善于斗争"。

毛泽东时代是阶级斗争为纲，制造阶级，挑起群众斗群众，鼓动红卫兵斗中共内部的『资产阶级司令部』，以及走资本主义道路的当权派，最终人民受害、党国失败，文革失败，但毛泽东却成为唯一的胜利者。习时代无法重启阶级斗争，那么，习倡导的斗争最高追求是什么？斗争对象又是谁呢？习的斗争哲学会胜利吗？

『斗争』是为了确保自己核心大位与连任

习近平上台之初的 2013 年，在重要会议上大讲斗争，主要是讲反腐败斗争，也讲军事斗争准备，这是他上台面临的最大问题，也是他最看重的大事，当然，反腐败斗争与军事斗争都有政治目的，反腐败是为了清除异己，讲军事斗争以确立军中威权，并借军队确立自己党内威权。

直到十年后的中共二十大后，中共主流媒体宣传说，习近平的反腐败斗争仍然『在路上』，每年数以十万计的党政官员腐败被惩处，而这只是冰山一角。应有的政治制度改革不在路上，反腐败只会追着腐败的影子走，习共的反腐败斗争功败各半，败在没有制度建设，怎么吹反腐冲锋号，都是徒劳，成功则是清除了异己派系，对体制内的官员形成强力威慑，确保了习自己派系人马上位；

当中共最高领导人倡导『斗争』成为政治关键词之时，就是号令全党特别是中共干部不讲法治，用斗争的方式来解决面临的困境，斗争不仅要针对政治异己，还要针对不服从中共管治的普通百姓。

　　通过『斗争』培养忠诚自己的队伍：疫情之前，北京市委书记蔡奇清理低端人口，用秋风扫落叶的方式，撤除各种被政府认为违章的建筑，即便是各种合法手续齐备，也要强行撤除，以此驱离低端人口出北京，疫情期间的上海市委书记李强也不讲人道也不讲科学、法制，用斗争的方式应对疫情危机，封城封社区甚至封门，引发了无法统计的次生灾难，这些敢于斗争的政客都获得了高位，敢不敢斗争，是检验是否效忠核心的试金石。

　　习是毛的传人，得毛氏斗争之精髓，在二十大之前不断鼓励各级干部要敢于斗争、善于斗争，在制造干部斗干部，鼓励自己的派系要与异己的派系进行斗争，将二十大的主动权牢牢抓在自己手中，不允许体制内任何力量撼动自己的连任。

　　斗争的最高层级，是两个维护的政治斗争，对撼动习近平连任或影响习二十大布局的任何异己力量进行坚决斗争，不仅要敢于斗争，还要善于斗争，习本人在二十大会场做了示范：决定二十大常委人选时，通过内定程序，使主席团无法发挥党内应该的制衡作用，主席团无法实质性参与常委人选的决定，中共高层制约的最后一层屏障被清除，对会议过程中有疑问的前任中共总书记胡锦涛请离主席台，逐出大会现场，这是『敢于斗争』的最经典场景，让全世界都看到了中共内部权斗超出想象，没有脸面，不讲人性人情，谁影响自己的大位与政治布局，谁就是被斗争对象，即便是上任中共总书记。

斗争哲学必然失败

斗争在外交领域，促成外交战狼群体出现。2022 年 10 月 20 日的二十大新闻中心"记者会"，外交部副部长马朝旭说，中国外交队伍将依据习近平的外交思想继续敢于斗争，善于斗争，面对外部的无理打压，中国外交团队进行了针锋相对、坚定有力的斗争，包括有力回击佩洛西访台，打击台独势力，连续拿下台湾当局 9 个"所谓邦交国"。这些不义之举，均被外交部视为战绩。

最近，新任外交部长秦刚将战狼赵立坚调离发言人岗位，因为咄咄逼人的气势与蛮横无礼的语言，将外交变成了外斗，不仅影响了国家形象，也对中共的外向经济与引进外资产生严重的负面影响，斗争哲学使战狼外交失败。

在疫情过程中，『大白』像文革中的红卫兵一样被上级赋权，可以封锁街道社区与小区，甚至可以焊封居民门窗，我们通过自媒体可以看到无数的冲突在底层社会发生，这就是敢于斗争与善于斗争吗？底层社会的斗争在民间被复活，这是群众斗群众的另类版本，斗争双方都为生存所迫，百姓要维持基本的生活，而社区工作人员、警察、『大白』只有通过执行上级指令，来保住自己饭碗。由此看出，习时代的斗争，异趣于毛时代对领袖的迷信与崇拜，更多基于利益与生存需要，底层的斗争制造出来的次生灾难，对无数人与家庭都留下的创伤，许多人为此付出了生命的代价。

挑起底层的互斗，激发人民抗争，二十大之前，有孤勇英雄彭载舟在四通桥挂出标语，喊出审判习近平的口号，二十大之后，全国兴起白纸抗争运动，以及春节前的焰火抗争，应验了习近平自己说过的话：中国人民是不好惹的，惹翻了就不好办了。习近平重新启动的斗争，很难像毛时代那样引发全民激烈的互斗与揭发，随着人民的觉醒，还有体制内对文革斗争的警觉与忌惮，所以其斗争哲学只给自己带来麻烦与失败。2023-1-15

二十大后的极权体制使臺湾更加危险

中共二十大之后，极权制成为现实，习终结了邓、江、胡时代确立的寡头分治体制，使党天下一统为习天下。从歷史上看，个人独裁的极权体制更易于发动战争，甚至将启动战争当成自己的神圣使命。

习近平与毛泽东不同在于，毛在九大之后垂垂已老，加之他本人对美国强大的军事实力有认知，所以并无意于真的去「解放臺湾」，统一大梦只是用于政治宣传而已，但习近平不同，只要国际社会稍有绥靖或国内矛盾无法调解，他会不惜一切代价，在臺海间点燃战火。

邓江胡时代对外遵循韬光养晦的基本国策，尽管红色权贵腐败，但这种基于经济发展获得合法性与威权的体制，最难发动战争，因为战争会对经济造成毁灭性的打击，西方对中共国的制裁更是不利于红色权贵利益集团。

现在，中共已然放弃了以经济建设为中心任务，党内讲团结，对异已力量讲斗争，二十大前后「斗争」又一次成为中共主流政治领域的热词，并将「统一臺湾」写入党章，当成共产党的神圣使命，这使得习时代的共产党成为东亚和平最大的威胁者。

中共二十大之后的备战状态

以前的中共寡头分治制，是不利于战争的，不同的政治派别在政治局与常委中难以形成共识，而且也不容易对关系到国家命运的战争进行严格保密，现在从政治局到中央常委，全部是习近平钦定的人马，习在高层没有任何政治异己，无论是执行还是保密，都有利于启动战争。

现在习重用的干将都是以绝对忠诚习近平为标准，这些人只唯上，不讲人性、不讲科学与常识，也不讲法规，只绝对服从最高首长的指令，无论是清除低端人口，还是对疫情动态清零，从不考虑任何后果或次生灾难。

三年来，通过疫情测试官员的忠诚度，办事效率，进而测试各地百姓的配合度或被驯服度，习共中央让高级幕僚臣服，然后由行政官员一级一级下压，使所有国民被驯服。现在人们看到的是，局部有动乱，但全国并没有大规模抗争，所有的压力都压到了百姓身上，人们无法反抗。

如果中共发动战争，到时对百姓的控制也可以如此而为之，动用民兵或志愿者，就可以实现对城乡维稳佈控，这种佈控还可以用防疫过程中使用成熟的红码技术，对每一个国民进行动态跟踪。

战争过程中引发的物资匮乏，会不会引发居民动乱或暴动？这次疫情过程中，中共也测试了人们的忍耐度，对城市与乡镇的佈控最长可以达到或超过三个月，并没有出现不可控制的动乱局面。

中共现在正在推展的大食堂与合作社，都是备战之举，战时配给制，政府控制一切物资，不由私人囤积居奇，这有利于在国际社会制裁的情况下，中共可以进行持久战。

美国海军上将理查德日前在「海军潜艇联盟」2022年年度研讨会和行业更新会议上表示：「我们现在所处的这场

乌克兰危机，这只是热身赛，大的危机正在到来。而且不会很久，我们就会以很久没有被测试过的方式被测试。」

理查德又说：「我要告诉你们，目前的（俄乌战争）情况生动地说明了核胁迫是什麼样子，以及你如何，或你如何不抵制它。」

各种迹象表明，中国在习当政之后，正朝着军国主义方向发展，多年前中共半官方人士渲染的「超限战」现在看来并非戏言。

超限战计划比俄罗斯入侵乌克兰还要残酷，其一是战略摧毁臺湾重要军政设施，还有与生活有关的水电设施，并快速占领臺湾造成既成事实；其二是对美国或西方干预进行核威慑，这与俄的核威慑一样；其三是全民皆兵，大量徵收渔民船只运送物资与人员。

军队与「人民」的准战状态

人们都记得，三十年前解放军报发表过一篇重要社论：《解放军要为改革开放保驾护航》，邓小平南巡喊话「谁不改革开放谁下臺」，使改革开放得以继续。

此一时彼一时，当时的深层中央元老在军中还有强大的影响力与人脉，而习上臺后，整治贪腐，不仅多位军委副主席落马，军中高层将领也多受牵连成为阶下囚，或退出军伍，使得军队不再受政治老人影响，这应该是二十大深层中央无力干预习近平连任的背景原因。

现在人们看到的是军队开始成为习家军，「听习主席的话，做习主席的好战士！——武警北京市总队新兵二大队掀起『学习习主席一句话』热潮」这类的新闻屡见报端，这样的个人崇拜会带来严重的后果，习近平一挥手，一场战争就可以开始，这显然比毛泽东指挥「志愿军」参与朝鲜战争更容易决定。

普通百姓多被中共武统臺湾进行洗脑，认为中共对臺湾的入侵有天然的合法性，只有战争给人们带来普遍的灾难性后果，他们才会有所觉醒，遗憾的是，中共支持当年的朝鲜战争，直到今天还被歪曲真相，赋予保家卫国的神圣使命与正义性，所以，中共武统臺湾，人民作为一种力量，不可能制约中共的决断。

不仅如此，中共仍然沿袭当年内战时的伎俩，广泛徵用民用船只，服务于战争，美国之音去年 8 月 29 日就有报导说：中共解放军在最近一次对臺军事演习中徵用了一艘大型民用船只运送部队、武器及车辆等装备，显示在未来可能的入侵臺湾的军事行动中，将会利用民船进行跨越臺湾海峡的两栖作战。陆媒近日又公布了中共解放军进行「军民融合跨海运兵演训」，动用大型民船运送登陆部队与大型武器装备，发布此类消息主要是藉此进行对臺军事威吓。

美国海军退休情报官迈克。达姆（Mike Dahm）指出，自 2016 年以来，中共为了将民用远洋渡船用于军事目的，设定所有民用渡轮必须达到「能容纳军用坦克」的国防标准才会准予航行，北京几乎没有隐瞒「将民用远洋船只应用于作战」的企图（参见雅虎新闻 2022 年 9 月 25 日）。2022-11-15 台湾中央台

中共不能超然于改革之外

习时代又要失去一次政改机会？

国务院发展研究中心提供的官方改革报告近日出笼，对十八届三中全会之后的改革名之为"三位一体"改革，其改革关键在于"正确处理政府和市场的关系"，为此必须推动行政管理体制、垄断行业、土地制度、金融体系、财税体制、国有资产管理体制、创新体制以及对外开放等八个重点领域的改革。

人们期待的政治改革包括司法独立、言论出版结社等自由、领导干部财产公开等，均不在议程之列，"政改"又一次与新政失之交臂，当政党总把自己置于改革与开放之外。

邓小平在世时，一则政治段子说，八十岁的人召集七十岁的人开会，讨论六十岁的人退休问题。而今天的网络段子更为细致：有那么一群人，从来都不会失业，却在研究着你的下岗。 从来不用交养老钱，却在研究着你的退休社保。从来不要买房，却在研究着你的房价。从来不要买油，却在研究着你的油价。儿孙都在美国，却在研究着你该如何爱国。

曾经有一个概念，叫"经济双轨制"，八十年代后期开始流行，由于计划与市场之间的差价，导致卖批文与官倒赚取巨额利益，权贵腐败由此产生，也因此引发了八九学潮。经济双轨制背后是政治双轨制，一部分人置身改革之外，改革带来的阵痛，他们不可能切身感受到，而对社会造成的损害，却对他们构成利益，面对无数工人下岗，他们通过歌声来引导下岗工人："不经历风雨哪能见彩虹"，"大不了从头再来"，但受政治双轨制保护的党政要员与利益集团自己呢，却没有"从头再来"的勇气与决心。其实，对岸的国民党，却真正的从头再来，被民进党赶下台后，脱胎换骨，通过竞选重新获得了在台湾"为人民服务"的机会。

毛泽东开始，党与领袖就成为超然于人民的政治力量，甚至是神圣的存在，毛泽东认为批评与自我批评是党的法宝，但这一法宝从来没有在他自己身上实验过，说自己是"秦始皇加马克思"、"老和尚打伞无法无天"，不知道这是独裁者狂妄的自夸，还是也属于批评与自我批评？

批评与自我批评对内是表象批评，对外则是表象安抚，既不公开各级领导任命的理由，又不公开领导人财产，最起码的政治文明要件都不具备，批评只能是洗洗澡除掉点臭味，使当政者看起来有个人样，其它问题呢？其它问题都在制度上，无法改变，只能通过批评与自我批评，使最高权力集团增加一点威权与面子上的自信。

当政党要正视自己的历史罪错

中共从秋收起义开始，剥夺乡村社会合法致富的一部分人财富，以积聚革命经费与革命力量，打土豪分田地贯穿整个中共革命过程，直到邓小平时代让一部分人先富起来，中共恢复的，仍然是自然经济中的市场原则，轰轰烈烈革命五十年，一夜回到解放前，但中共对革命过程中的掠夺与迫害甚至屠杀，一直没有正视与忏悔。中共建政之后，成立的是联合政府，无论"共同纲领"还是《五四宪法》，都规定国家主权属于全国人大，人民拥有政治自由，土地私有，允许私营经济存在，国家性质是人民民主国家，宪法甚至规定国家主席与总理任期为四年。毛泽东通过反右与激进的人民公社，颠覆了国家宪法，剥夺了农民的土地，剥夺了公民的政治自由权，也剥夺了民族资本家与私营业主，剥夺了民主党派的政治权，使联合政府成为一党专制，而一党专制的核心权力在毛泽东个人手中。

１９５８年开始的三年灾难，饥饿导致三千万以上人口非正常死亡，反右造成数百万知识分子与其它政治犯遭受迫害，到了文革更是大规模迫害知识分子与其它类政治犯（有海外关系家庭亦在受迫害之列）。这一切灾难都是因为毛泽东个人废止了五四宪法，颠覆了联合政府，使新民主主义直接进入所谓的社会主义，社会主义制度是由毛泽东虚拟起来的空洞虚伪的政治制度，也是非法建立起来的政治制度。

党国一体模式五七后之后开始由毛泽东一手奠定，直接造成了反右与人民公社大跃进，造成三千万以上人口非正常死亡，而这一模式通过１９７４年的全国人大将党领导全国人大写入宪法，使其成为国家基本大法，党凌驾于全国人大之上，党夺取了共和国的至高权，而这更是毛泽东与四人帮集团非法摄取国家权力，将非法的方式挟持全国人大投票的结果。

如果习时代不能正本清源，不破解党国一体化，不让人大成为真正的最高权力机构，那么，社会灾难还会以不同的方式重演。毛的国家社会主义时代以政治方式造成社会灾难，而邓建立起来的国家资本主义时代正在以经济方式制造各种灾难。

中共不能超然于改革开放之外

邓小平只是对毛时代形而下的冤假错案有了平反，使社会生活生产基本恢复正常，但邓小平及江、胡时代一直没有使中国政治生态正常化，一直没有恢复到被毛颠覆国家政体之前的状态，也就是，中共一直没有践行人民民主国家的政治生活与实践，全国人大还没有恢复最高权力地位，五四宪法体现联合政府的政治意志，是中共推翻国民党之时，中共与中国人民、各民主党派之间的神圣契约，共和国是联合股份公司，在毛时代被一党甚至一人独占，直到现在股权还没有回到股东手中。

习的改革，必须回望毛时代颠覆联合政府与全国人大最高权利历史事实，把颠覆与篡改的宪政，改回来，党凌驾于全国人大之上，是文革时代被极权者操纵强加上去的，必须予以改正，顶层设计，就得让人民主权在国家顶层，任何政党组织的权力，不能高于人民主权，还主权于民，还土地于民，还自由于民，还正义于社会。

习近平正在重建威权，中央靠什么重建威权，靠一厢情愿的宣传，已不可能，人民不再相信，媒体已进化到网络时代，人们不再迷信威权与领袖。中央只有靠宪法与正义，靠透明与公开，靠政改与限权，使自己拥有属于民主时代的新权威，新威权不是靠打压与控制、造神与宣传，而是靠透明政治与宪政民主，不仅要在养老与医疗保障等领域废除双轨制，更要在政治改革领域废止双轨制，共产党与中央政府加自己纳入到政治改革进程中来。

共产党应该自觉接受全国人大的领导与监督，而全国人大的人民代表，更应该由独立候选人公开竞选，任何指定候选人的行为、禁止公民参选的行为，都是对共和国制度的颠覆，都是违反国家宪法的行为。

共产党要通过对自己的改革开放，使自己成为正常党，不要扮演伟大、光荣、正确的神圣力量，从神圣党变成世俗党，对历史罪错的要公开真相与忏悔，才能得到人民的谅解与宽恕，中共要从无限党变成有限党，一个主权国家的政党不应该设立实现全人类的共产主义的虚妄梦想，把中国建设成民主宪政国家，才是正道。

没有增量的民主，必有增量政治倒退

政治改革如果没有突破性的前进，必然会有突破性的倒退。因为社会问题积累到一定程度，只有通过积极的方式予以改变，要么积极地前行，要么积极地后退。

习李新政以来，有没有积极性的改革？当然有，譬如取消劳动改造，就是依法治国的一个亮点，但上有政策下有对策，律师与公民们前往黑龙江建三江时就发现，当地警方用黑监狱方式，仍然非法拘押上访公民或信仰者，只是当地政府不再名之为劳改农场，而是以法制培训班之类的名义开设。

为什么局部的改革没有对策快，因为局部的行政改革没有从根子上有改变，尽管地方法院系统开始垂直管理，但省级法院并没有由司法部直接管理，更没有由全国人大直接监督管理，根子上，应该司法独立，公检法由全国人大监督，并依法公开相关案卷与程序，让社会法治置于公开的阳光下。

习极当政以来，三个案子引发国际性关注与热议，为什么反响巨大？因为人们似乎嗅到了文革的气息，感受到法治领域的政治性倒退。

许志永推动新公民运动，并没有形成政治性的组织，他主要致力于教育平权活动，背后触及的根本问题是城乡二元户籍制带来的教育不公平，一些孩子在京沪等城市成长生活，父母亲在这些城市打工交税，甚至有自己的私有住房，但却不能与有相关城市户口的孩子一样，享受平等的受教育机会，胡温当政之时，曾对许志永以偷漏税的罪名予以拘审起诉，迫使许志永交纳了巨额罚款，获得了人身自由。而到了习李当政，则开始痛下狠手，直接以寻衅滋事罪名拘审，并重判了四年徒刑。

胡温之时，泛政治类的案件经济化处理，通过经济方式重创有公民活动组织者、参与者或政治异见者，或直接系狱，或使其在经济上陷于穷途末境，无法持续从事相关活动，而习李时代的倒退，是把寻衅滋事罪做成一个框，任何异议者、行动者、参与者，都可以装进这个魔框里，用非法的方式，打击合法的公民行动。

显然，习李新政，想以重拳高压来遏止公民合法活动，以维护消极的稳定。公民社会主导者或参与者与当局没有任何妥协与回旋的余地。这种高压与强硬，在一些领域或地区已见出效果，应验了共产党当年所说的，哪里有压迫，哪里就有反抗。现在的情形是，哪里有高压与残酷的打击，哪里就可能产生恐怖主义事件或流血事件。

许志永致力教育平权活动，完全可以通过对话与协商来解决，其实，美国人到现在也没有绝对公正地处理好教育平权问题，譬如说，是完全按考试成绩来决定大学升学，还是要照顾弱势族群的教育机会（对一些族裔学生加分）？还有，美国的中小学校教育水平也参差不齐，政府只能通过就近入学的方式，让孩子们分片入公立学校，如果你想进入理想的学校，要么你迁入好校区，接受高高价、高税赋，要么就去上私立学校。中国政府完全可以做这样的试点，使物产税与基础教育直接关联。政府不愿意在制度上有进步，那么，只好在法治上用强权倒退，来应对社会问题。

徐友渔、浦志强等在一个家庭聚会上，与十多位朋友一起，纪念与讨论了八九六四民运，他们制作了条幅，并通过网络得以传播。很快这些参与者均被警方问话或拘审，至今徐友渔、浦志强、郝建、刘荻等还在拘审中，当局以什么罪名拘审呢？还是寻衅滋事罪。

十多位朋友在私人场所纪念一个历史事件，这顶多是表明一种态度或一种情感，并没有任何行动策划，对任何人不构成任何影响，这样的私域行为，却被警方视为涉嫌寻衅滋事，泛政治行为被严重地政治化打击，而打击的方式仍然是以最低级的刑事犯罪来拘审，寻衅滋事源于各种社会场所的流氓骚扰行为，并以侵犯具体人或扰乱公共秩序为特征，现在公权力却将打击触角延伸到私域，法治倒退，已然越过门槛，进入私宅，直指人心。

五四之前，习近平到北大与学子们交流，其政治导向当然是意在六四，但习近平为什么不勇敢一些，亲自与这些具有严重六四情结的公民、学者、律师们交流对话，直视历史问题，并寻求解决之道。高层领导人虚无历史灾难、不能勇敢地对话，必然会默许警方勇敢地违法，打击的公民合法的社会活动。当警方勇敢地抓捕合法的公民之时，法治就必然大大地倒退一步。那些被拘审的公民没有蒙羞，蒙羞的必然是习李新政与法律。

最近拘审著名记者高瑜，据称她泄漏了国家机密，她泄漏了什么样的国家机密呢？媒体报道说，她私自将中央文件录入电脑，然后提供给境外媒体。中央文件是指中央九号文件，主要内容是网上曾一度热传的"七不讲"（即不讲普世价值、新闻自由、公民社会、公民权利、中国共产党的历史错误、权贵资产阶级和司法独立），七不讲明显是一次政治倒退，前人大委员长吴邦国曾说过五不搞，认为民主宪政、三权分立与军队国家化等均不适合中国，所以不搞，完全是一种被动的宣示，但习李新政完全是一种强势夺人，通过中共中央内部文件，向行政机构以国家机密形式颁发，既将党政一体化坐实，又使中共作为当政党，变成地下党，党政完全不分。记者高瑜得到党内机密文件，完全是党内泄密的案子，高瑜只是一个传播者而非泄漏者，更为重要的是，中共的党内文件明显违反了宪法关于言论自由、学术自由的法律条文，无论当政党还是政府，都没有任何权力暗中颁发文件，不允许大学老师与媒体谈论或研讨普世价值、新闻自由、公民社会等相关问题。

从许志永新公民运动案到高瑜所谓的泄密案，我们又一次看到当政者的政治与法治的严重倒退。中央违法了，百姓却被问罪，习李新政，会把中国带向何方？

我们没有看到习李新政的增量民主，倒是看到了增量文革或增量的政治与法治倒退正在中国上演。

中宣部如何文化体制改革？

近日成立的中央文化体制改革和发展工作领导小组，由中宣部部长刘奇葆任组长，国务院副总理刘延东任副组长。从这个组织架构来看，党的宣传部门仍然在左右着国家文化的改革与发展，但其中一些说法与提法，仍然可以看出微妙的变化。

刘奇葆在文化改革小组成立的会议上强调的，是完善文化管理体制和生产经营机制，促进公共文化服务，重视发展民族民间文化，及文化开放。刘延东要求高举的，并不是马列毛的旗帜，而是改革的旗帜，把思想和行动统一到中央精神上来。

近期还有两则报道见诸媒体，一个是现任文化部长蔡武，在接受媒体采访时谈到，文化的发展、艺术大师的出现，政府要减少权力干预；另一则是已退休的中宣部副部长王大明在接受媒体采访时也说："谈解放思想，〈必〉须彻底清算文革思维"。

关于减少权力干预，我们知道，任何机构组织要搞一项全国性的文化活动，都得文化部甚至中宣部审批，出版一本书，也要通过出版社到新闻出版部门申请书号，如果出版社觉得没有市场，还得作者出钱购买书号，电影电视网络视频的监管与审批，也是如影随形，世界上哪个国家像中国政党与政府这样防范、监管文化艺术？党管文化，本身就是文革遗产或革命遗产，这一条如果没有根本性改革，文化不可能有真正的发展。现在的文化保守不像文革时代那样的政治化、极端化，但权力部门却通过审批与监管来使自己权利与利益最大化，以此寻谋求租空间。当文化产业化、当文化开始与金融领域合作之时，最应该担心的，是权贵利益集团正在通过文化与艺术，掠夺国家与社会利益。中国书画市场如此虚假繁荣、书画作品天价涌现，其背后并不是中国人的收藏实力已达到世界一流水平，更不是中国人比其它国家人更热爱艺术，而是艺术市场已成为贿赂与洗钱的有效方式。

我们要追问的是，中宣部会在此次改革中改掉自己无所不在的监管权吗？文化部、广电出版部门会在多大程度上减少或消除文化领域的审批权？我们希望看到简政放权、减少审批的清单。如果在一些领域要设置红线或禁行线，也请予以公示，免得别人生产出来了艺术品，到了你的关口，就泥牛入海。

还有一点重要的是，中宣部应该废除五个一工程评奖，废除各种政治类献艺活动，而对作家协会、各艺术家协会，也应该使其社会化，而非官僚化行政化，大量民间艺术家完全靠市场获得生存与发展，而官俸的艺术家们，他们既有官方资源，又利用市场经济，这样的文化艺术双轨制，怎么可能有艺术大师涌现？艺术没有自由、没有平等，只会生长出畸形的花朵，甚至是恶之花。

我们要记住那句老话的智慧：上帝的事情归上帝管，凯撒的事情归凯撒管。中宣部最应该做的是管理党内文化，而主导文化发展的，应该是文化创造者，各类真正的民间的艺术协会与组织，还有文化市场。如果不理顺党文化与社会文化之关系，文化行政与文化创造之间的关系，这样的文化体制改革，很难有根本性的进步。在大地上覆盖你单色的旗帜，怎么可能见到鲜花盛开的季节？

外交战狼与中国病毒

一、慎用「中国病毒」，要考量负面效应

中共外交部被网友们戏称是「对外交恶部」，它现在同时扮演着双重角色，一是军方角色，中共军方无法突破的国际区域，由外交部战狼用「口炮」对敌进行纵深打击，二是中宣部洗脑的角色，通过在国际媒体上口出妄言，出口转内销，愚弄国内百姓，激发国人的爱国情感。

中共外交部发言人赵立坚在 Twitter 上发的一连串推文公开指称，新冠状病毒可能来自美国，美国军人在武汉军运会期间造成传播，赵立坚先用英文、后用中文追问「零号病人是什么时候在美国出现的？」「有多少人被感染？医院的名字是什么？可能是美军把疫情带到了武汉。美国要透明！要公开数据！美国欠我们一个解释！」这一惊世之问，激怒了美国总统，川普先是调侃的口吻，说，自己与习主席都清楚病毒来自哪里，赵发言人说法与习的看法不一样，进而怒怼中共：病毒来自武汉，来自中国，叫 CHINESE 病毒合适。

总统如此回应中共发言人的无端指责，可以理解是一种应急性反应，但它造成的正负面影响却超乎意料。一些网友不仅认同「中国病毒」或「中国人病毒」这样的冠名，甚至更进一步，认为应该叫中共病毒。但另有网友非常不认同川普总统对新冠病毒的地域性冠名，其一是世界卫生组织已明确规定（2015 年），不再以地名来命名病毒，以免引起歧视；其二是，科学界已有学术性定名，就是新冠状病毒，不

应该再有其它非专业性的名称。

　　当然，反对川普如此回应的，是认为川普打击面太大，把整个「中国人」都得罪了，尽管病毒就目的的发现看，无疑源于武汉或中国，但为了一时之怒，没有考量其它。一些极端势力可能因此获得政治正确的心理支持，把袭击中国面孔的人当成宣泄仇恨的物件，而这类事端确实已然发生，无论是在欧洲，还是在美国，所以，政客或大国领导人在表述政治正确的同时，更应该考量一种表达可能引发的负面效应，如果多一份对人性的悲悯、对异域普众的同情，会更有道义力量，孔子所言「己所不欲，勿施之于人」被列入国际伦理学界的黄金道德律，具有普世警示意义。

　　中共外交部门最喜欢就是搅浑水，你只要延伸打击中共，很有可能就涉及中国，一涉及中国与中国人，中共就获得了无尽的能量，代表中国人民来回击「敌对势力」，无法翻墙看到自由世界资讯的人们，也就被中共绑上了战车，成为仇恨美国的力量。所以中共外交与宣传部门最害怕的就是文明世界将中共与中国严加区分，中共只是寄生在中国或中国人身上的红色病毒。国际社会要做的是帮助中国人祛毒，而非把「中国人」视同病毒或变成一个病毒专用词。

　　所以，我们在警惕中共渗透与毒害普世文明的时候，我们也要警惕，西方极右力量因为反共而反中国人，由此引发新的种族歧视，危害到民间社会安全。

二、外交战狼火力全开，中共高层需要「口炮」

　　当赵立坚对美国军方的污名化暗示、指责遭到美方严厉回应时，人们多以为中共会对这位口出妄言的发言人进行严肃处理，但美国时间 3 月 21 日的新浪重要新闻中，仍然显示这样的标题：《华春莹赵立坚推特火力全开外国网友神补刀》。

说明什么呢？说明赵发言人并不是个人随机性的口不择言，而是体达了党中央的意思，两位重量级的发言人不仅利用中共的外交部平臺，还利用美国媒体推特，「火力全开」，美国可以驱逐几十名中共媒体人员离开美国，但难以驱逐中共发言人利用互联网平臺开动火力，为中共洗地，帮中共洗脑，火力全开对付国外敌对势力。

华春莹在推上发文：「为什么不派遣一个世卫组织专家组去美国调查？美国疾控中心估计，本季流感迄今已造成至少 3600 万人患病，2。2 万人死亡。美国疾控中心主任承认，有些实际上是新冠肺炎。美国人民需要也应该得到更详细、更透明的解释。」

当中国世卫组织无法进入毒源地武汉，中共面临如潮的批评无法回应，外交部发言人成功地转移话题，要求世卫组织调查去年美国的流感，甚至暗示美国流感死亡者中，早已有了新冠状病毒。

外交部在台海危机或中美军事摩擦时，充当了国防部角色，现在又成功地扮演了中宣部角色，将意识形态话语发挥到了极致，当美国政府驱逐约 60 名驻美国的中国官媒记者离境，中共不仅更多的驱逐美国主流媒体以及美国之音等记者、工作人员，同时通过外交部发言人耿爽（3 月 20 日），又一次火力全开：「从中美建交的第一天起，美方就清楚的知道中国是共产党领导的社会主义国家」、「每个国家的国情不同，媒体管理和运作的方式也各不相同」、「如果美方像自己声称的那样，相信自己制度的优越性，相信西方民主自由终将取得胜利，那么为什么惧怕中国共产党，惧怕中国媒体？」这位外交部发言人甚至要求美方：先消除自身携带的意识形态偏见的「政治病毒」。

他的意思非常直白，中共一直是党领导下的「特色媒体」，一直可以纵行于美国，为什么现在不可以？回答也可以简洁直白：美国希望中国加入世贸组织，实现经济自由化，进而开启政治自由化进程，但事与愿违，中共却正在逆世而行，又一次回到文革，并向习近平宣誓过，媒体姓党，中共退回到文革原教旨状态，令文明世界恐惧，所以要通过驱逐官媒记者，以儆效尤。美国并不害怕正常国家正常媒体，而对有红色意识形态病毒的党国，尽可能阻止病毒在美国传播，也是新时代新要求，如果中共能够成为正常的非极权组织，党国成为像臺湾一样正常的民国，媒体记者还可能被驱逐吗？2020-03-28

武汉新冠状病毒真相与中共军方的魅影

不敢公开真相背景不可告人

2020 年 4 月 17 日外交部发言人赵立坚主持例行记者会，法新社记者问：有人怀疑新冠病毒源自武汉。中方是否同意接待世卫组织(WHO)专家到访武汉调查疫情资料真实性和病毒源头问题？

中共外交部发言人对此没有一句回应，王顾左右而言它，中共当局不回应，更不会同意国际专家组到武汉实证考察，但无法阻止国际社会持续的追问与追责的声音出现。美国之音最新报导：美国总统川普 4 月 18 日在白宫例行记者会上说，如果中国对新冠病毒疫情的爆发负有故意的责任，就应该为此承担后果。川普还对武汉病毒研究所提出了质疑。他说他领导的政府，正在寻求确定新冠病毒是否是来自一家中国的病毒研究所。

美国总统的质疑不会是随意提出的，而且美国政府也在展开进一步的调查求证，中方为什么至今不愿意接受世卫专家以及美国专家小组到武汉现场调查？问题的癥结大家似乎都非常清楚（所有国家的病源线索最终都指向武汉），但却无法有充分的证据与证明，中共不仅掩盖了疫情的真相，还刻意掩盖了病毒成因或病毒源。前者是过于自信，以为在有限的时间内中共可以在党领导下控制住疫情，不至于影响到中共稳定大局，后者则是害怕真相曝光，国际社会将由此问责追责。不同意国际组织专家到访武汉，其实已等于说明了一半真相，病毒是不是「人造」由科学家们一步步认证揭示，但病毒洩漏或人为嵌入组合，却极有可能，而这正成为科学家们热议的焦点。

近日多家国际媒体报导：诺贝尔医学奖得主、法国病毒学家蒙塔尼耶（Luc Montagnier）4月16日接受博客「医生，为什么」（Pourquoi Docteur）访问时指出，新型冠状病毒肺炎（COVID-19）是中国武汉实验室发生意外的结果。

上述观点早在二个月前国际媒体就有媒体报导：

名叫Dr. Eric Feigl-Ding的人日前在推特上转发印度科学家有关新冠病毒基因的示意图，他指出武汉新冠病毒被发现4个S蛋白可让这款病毒更好地进入细胞部分，是来自爱滋病基因。（法国国际广播电臺2月1日）

与印度科学家的说法形成嗯应的，却是来自中国的一则消息：

中国国家卫健委专家组成员王广发确诊感染新冠病毒后，在1月23日接受採访时称，爱滋病治疗药物克力芝对他很有效，服用后一天体温就好转。（BBC中文网2月7日）

这则消息给公众带来联想，治疗爱滋病的药对武汉新冠状病毒「很有效」，是不是病毒中隐含了爱滋病毒元素？还有更为隐性的追问与质疑：按照常识，爱滋病与肺炎完全是风马牛不相及的病毒，卫建委专家是如何发挥超级想像，选择用治爱滋病的药作为治疗自己的药物？由此人们自然联想到，中共内部的专业人员可能清楚，因为病毒研究所研究人员通过病毒混嵌方式，希望爱滋病毒与新冠病毒能产生抗体，并进一步研究出疫苗。

毒源背后中共军方的影子

专业人员研究病毒无疑是科学行为，P4 研究所的建立具有国际合法性，但中共的党国特色，加之超限战思维，进而使人们有理由怀疑，有中共军方参与了研究，以服务于生化武器的实验与将来可能的应用。P4 研究所背后是不是由军方掌控或者直接服务于中共军方生化研究？

这是超级联想吗？不是，网友们在推特上翻出多年前中共的电视访谈节目，军事专家直言不讳地说，核武器无法使用，只能使用生化武器，特别是针对人种进行设计的生化武器，还有军方已拥有疫苗的新生物病毒。

而这一超限战思维却与中共将军陈薇开始实验武汉冠状疫苗形成相关性的「连结」，中国官方网站报导：由军事科学院军事医学研究院陈薇院士领衔的科研团队，成功研制出重组新冠疫苗！

再看一则法广的报导：据微博豆瓣昨天 2 月 7 日的消息说，陈薇少将已在武汉 10 多天。她接管 P4 实验室犹如一枚「定心丸」。该文介绍说，陈薇将军是中国首席生化武器防御专家，是军事医学科学院科学院生物工程研究所所长。（法国国际广播电臺 2 月 8 日）

通过这些公开的报导与各种管道透出的资讯，我们可以看到，在武汉病毒研究所之上，还隐隐存在一个「上级」单位，武毒研究所只是被工具性使用，科学家们只是广泛搜集病毒，研究病毒甚至合成病毒（许多研究成果多已在国际专业刊物上发表），但最终将被谁去再利用，他们无法知道。是由武毒所不慎泄漏（实习生被感染），还是军方实验性失控，永远成谜。现在公开的报导我们只能看到，中共生化武器专家陈薇团队已研发出重组新冠疫苗，更深层面的问题，幽不见底，可惜，国际媒体与政要对中共军方的参与程度还有生化武器的可能追问太弱。2020-04-20

中国「战狼式外交」走到尽头

一、战狼何以变成宠物羊？

国际媒体近期热议的话题是，外交三战狼近日话风突变，中方三位主要人物，赵立坚、崔天凯和胡锡进在推特上也同时变脸，不但删除美军是零号病人的推文，强调美中合作对抗疫情，还说煽动美中冲突的人将受到歷史谴责。从过去的咄咄逼人，扬目剑出销，变成温和求同，积极宣导全世界要联手战胜病毒。

这是党中央按下暂停键？还是中共的「战狼外交」从此要转型到和平轨道上？

中共外交战狼变脸，直接原因是一个：3月26日，中共最高领导人习近平要出席G20领袖会议，应对新冠肺炎特别峰会（网路视讯），美国总统川普已然升级了对中共控制疫情公开资讯的指责，并将病毒名之为「中国病毒」，美国主流社会也更加激烈指责中共不负责任的行为，引发了美国病情灾难性扩散，外交事态升级，皆由中共外交战狼引发。

如此情势下，应该是习近平亲自按下了暂停键，这批外交战狼立即变成了宠物羊，在世界面前装亲善使者，原来，外交战狼实为外交狼犬，既具狼性，又有犬性，训练有素，可以像川剧变脸一样，随时变换面孔，同样的事态，即可以怒目以怼，也可以面沐春风，一切皆听党中央的指令。

中国境内知情者在朋友圈里一篇表述，道出实情：此次刹车，是高层根据形势作出的重要决策，决不是愤青们想像的什么发言人「主动出击」的结果。中宣部紧急约见各主流媒体，通知刹车。

随着疫情在全球爆发，死亡越来越多，各国民众及政府，怨恨情绪迅速增长聚集。虽然病毒发源地未定，但疫情源起武汉，因初期应对不当（外媒抓住如湖北地方官隐瞒，李文亮训诫……）造成疫情暴发，延烧到全中国乃至于全世界，这一基本事实过程，并无争议。世界这股怨气，正在逐步往中国武汉汇集。中国驻各国使领馆，也报告了排华、反华的趋势和事件。所持的理由在于，中国尚处于贸易战中，再加上疫情打击中国经济，此刻一旦再被孤立，那么形势就难以估计了。所以，目前集中精力做危机攻（公）关。比如宣传部门降低声量力道，改採主动联繫援助各国，强调国际合作……。

由此可见，战狼外交被紧急叫停，完全是中共基于现实状况作出的应急对策，战狼的狂犬病症会不会定期发作，有待观察。

二、战狼外交回顾与分析

习当政之后的战狼外交话风，始于外交部长王毅在 2016 年 6 月 1 日的一番话，当时，一名加拿大女记者就铜锣湾书商接二连三失踪事件，追问访加的王毅如何看中国人权问题时，王毅狼性毕露，手指记者反问：「你去过中国吗？」「知道中国从一穷二白，帮助六亿摆脱贫困吗？」「知道中国人均 8000 美元的第二大经济体吗？」「知道中国把保护人权列入到宪法当中了吗？」

典型的狼性狂燥、强辞夺理，铜锣湾事件是中共公然破

坏一国两制的行为，侵犯香港媒体出版人的基本人权，这与
记者去没有去中国内地无关，更与中共有没有帮助六亿中国
人摆脱贫困这个伪命题无关，连珠炮似的一系列对记者的追
问，完全改换了主题，外交部部长立即化身中宣部长的角
色，通过宏大的政治叙事，来掩盖中共非常具体的侵犯人权
的个案。

中共不允许大陆人在脸书与推特上发言、议政，但却在
强化中共官方媒体与外交官通过脸书与推特註册，抢佔国际
网路话语权，英国广播公司（BBC）发表的《中国外交官的
2019 推特「元年」，行文风格酷似川普》一文介绍，中国外
交界系统 2019 年新增推特帐号有 32 个，而在之前 7 年总计
只有 23 个。

为什么会如此呢？2018－2019 年，中共更主动出击，
扛旗一带一路之后，又开始宣导构建人类命运共同体，几乎
同一时间点，突遭各种困局：中美贸易战、华为遭美国打
压、香港修例风波，新疆再教育营…等问题，中共认为遭到
国际媒体抹黑，所以奋力反击、火力全开，外交战狼一齐出
动，外交语言也是充满火药味，剑指美国。

2019 年 11 月 27 日，耿爽就美国驻德国大使格雷内尔
（Richard Grenell）称「中美在道德上无法相提并论」的
言论进行回击，强调中国始终维护和平，促进发展，坚守道
义；反观美国却损人利已，唯我独尊，背信弃义。

2019 年 12 月 11 日，在谈及华为与丹麦法罗群岛签署
5G 协议中的美国因素，华春莹质问提问题的记者：「美国可
以满世界抹黑、攻击、打压中国，而我们连名字都不可以

提，更不能还嘴……我告诉你，这样的时代一去不復返了！」

外交战狼对美国更多是话语回击，但对其它国家却完全是经济战的恫吓方式：据德国电视一台报导，德国联邦议会如果颁发法律，禁止华为参与德国 5G 建设，中国领导层不会无动于衷。德媒何出此言？缘由是今年 1 月 5 日，中国驻柏林大使馆负责经济商务的外交官王卫东，曾对中国媒体《环球时报》称：如果排除华为，德国在华企业将承担后果。

当然，最具「侵略性」甚至挑衅意味的战狼语言，是赵立坚通过推特等媒体发出的，直接追问，零号新冠状病毒病人是不是美国参加武汉军运会的军人。它不仅引发美国主流社会的激烈反应，美国总统川普更是直接强调「中国病毒」，强调病源在中国、在武汉。

物极必反，中共战狼外交 2019－2020 年初，达到极致，但无力持续，中共高层应该意识到如此极端语言，只会引发国际社会对中共当权者更多的反感与不满，甚至造成更强力的反制，逞口舌之快，反而因言惹祸，引火上身，解决不了中共「挨骂」的困局。中共的反民主反自由的政制，制度根源上註定了它与文明世界的敌对、紧张关系，这是中共的宿命，外交战狼只能偶尔引喉叫嚣，国家间的博弈较量，最终不仅要靠实力说话，更靠文明度来提升国际形象。

2020-04-16

日本被中共一鱼三吃

上篇：

我在推特（TWITTER）上写了一条评价中共对日本的政治利用，被当成"段子"广泛转发：日本被中共一鱼三吃，抗战时，利用日本打民国政府（鱼头），经济开放时利用日本搞活中国经济（鱼身），现在利用日本搞爱国主义民族主义（鱼尾），提升人民忠君（民族）情感。

抗战时，日本人被中共当成"鱼头"，蒋介石的民国政府是一道"豆腐"，做成了鱼头豆腐宴，尽管毛泽东发表《共赴国难宣言》，但却在延安大后方，谋取中共的势力范围，中日战争，日本最后战败，国民党军队牺牲惨重，中共赚取了抗战最大成果，在苏联军队的支持下赴东北收缴了大量战利品，并在苏联的支援下，战胜了中华民国军队，夺取大陆政权。

相关史料显示：中国国民政府领导下的国民政府军与日本军共有 22 次大型会战、1117 次大型战斗、小型战斗 38931 次。中华民国国防部 1946 年统计，国民政府军作战伤亡 322 万 7926 人、病亡 42 万 2479 人，总计损失 365 万多人；军令部统计自七七事变以来陆军阵亡 131 万 9958 人、负伤 176 万 1135 人、失踪 13 万 0126 人，空军阵亡 4321 人、负伤 347 人，海军舰艇全部损失。让日军阵亡 48 万 3708 人，而伤者更达 193 万 4820 人。据日本厚生省 1964 年调查后统计，日军在侵华战争中死亡的人数约为 44

万人。我们看出，中日统计日军阵亡数字的误差，但我们仍然可以想见，位于后方游击区的中共军队，消灭的日军，不会超过国民党军队的十分之一。

翻开延安史，我们可以看到，国民党在前线浴血战斗之时，毛泽东在延安所做是整风运动、抓特务，发表延安文艺座谈会讲话，利用文化来塑造自己的抗战形象，特别是通过残酷地打压异已，摧残知识分子，成功实现了个人集权。二十年前，我曾经与王稼祥夫人聊过毛在延安时期的生活，她说，当时毛的生活相当放松，许多时候是打麻将与跳舞，打麻将三缺一的时候，毛会让她去，当她深夜回到家时，王稼祥捧著书和衣躺在床上睡着了。显然，毛泽东是在旁观蒋介石与日本军队的持久战，中共的军队坐等着收拾战场。最令国民政府无法容忍的是，毛泽东对国民政府发表共赴国难宣言，对内却坚持要求部下"不受国民党的限制，超越国民党所能允许的范围，不要别人委任，不靠上级发饷，独立自主地放手地扩大军队，坚决地建立根据地"，由于急剧扩张自己地盘而与国民政府军发生冲突，最终导致震惊中外的皖南事变。

我们在中学读过中国历史课本的大陆学生都知道，在历史教科书中，国民党是消极抗日的，对日本侵略军是望风而逃，是中共领导全国人民通过持久战打胜了这场战争，而战争结束时，国民党蒋介石却想下山摘取胜利果实。文革之时的电影故事书地道战、地雷战、平原游战等等，使一代又一代大陆年轻人既看到中共军队与人民在抗日战争中"血染的风采"，也看到了国民党军队的无能与"汉奸卖国本性"。

　　直到抗日战争胜利六十周年纪念活动，中共最高领导人胡锦涛才第一次公开承认国民党军队在主战场抗击日本军队。但宣传部门主导的媒体，只是一阵风地报道了胡的纪念讲话，媒体宣传抗日的时候，仍然认为中共领导了抗日战争并因此取得了伟大的胜利。

　　这次中共中央在卢沟桥抗日纪念馆高规格纪念七七事变，媒体报道一个细节令人玩味：

　　习近平曾两次与讲解员提到国民党军：在铭刻着295位在抗日战场中牺牲的旅职或少将以上国共两党将领的抗日英烈环廊前，习近平先是仔细地查找张自忠、左权、杨靖宇等抗日名将的名字，在听到14块名录碑中收录了295位将领时，问道："是国共两党都包括在内了吗？"之后在听取日军在中国投降的10个战区时，习近平再次提问："受降的都是国民党啊？"

　　习两次问及与国民党军队有关的问题，这些问题对于熟知抗日史的学者或普通人来说，完全不是问题，但习近平问及了这两个最初级的问题，可以想见，在他的脑海里，仍然可能认为中共军队是抗日主力，或是对日军造成重创的力量。但在历史事实面前，他能否改变虚假的历史观？抗战中牺牲的295位高级将领，习能找的中共将领，也只有被中共千百次宣传的左权、杨靖宇等抗日名将的名字。由此可见，主战场与后方游击战无论是牺牲的将士还是对日军的重创，都不可同日而语。

　　台湾前行政院长、95岁的郝柏村在北京参观中国人民抗日战争纪念馆时，就向媒体表达不满，其一，抗日纪念馆没有明确书写蒋介石总统是抗日阵线总指挥；其二，没有展览毛泽东发表的《共赴国难宣言》，这份重要文献里，中共宣誓要为实现三民主义而奋斗，放弃暴力推翻现政权，取消苏维埃政权，将中共军队编入国民革命军共同抗日。

习近平面对郝柏村揭示的真历史，将面临艰难的选择，是继续含糊其辞地认为中共抗日伟大辉煌，还是尊重历史重述真相？而重述真相，过去的历史虚无主义与编造的抗日神话、故事，又将如何处理？特别是毛泽东出尔反尔，本是历史的罪人，抗日战争胜利果实的窃取者，又将如何还原真相？

习象征性地提及了一些历史事实，只能给人一些联想，习也许会因此亲自去翻阅历史，去看看父辈们究竟做了什么，编造了什么。郝柏村的追问真相的讲话只是在港台媒体上有报道，大陆媒体完全噤声，那么，即便为了实用性的统战工作，习还是难以回避历史真相。一句"度尽劫波兄弟在，相逢一笑泯恩仇"，太过轻飘，度尽劫波真相在、罪责应该有忏悔，这样才是尊重历史、重建未来的诚实态度。

习近平邀请郝柏村这样的国民党老将来参加抗战纪念活动，显示他对历史有开放的胸怀，还是仅仅为了一时的场面？需要后续的项目跟进，譬如两岸联合写作抗战史，两岸共同编写相关历史教材，通过对历史真相的还原，使中共意识到自己的历史的罪责，通过共赴国难宣言与重庆谈判协定，两岸当政者共同正视历史，描述未来。如果两岸特别是中共连国共共同走过的历史都不能面对，所谓的五千年文明、中华文化共同体、两岸同胞这些概念又有什么意义呢？

当年毛泽东集团将日本与蒋介石民国政府之战做成鱼头豆腐盛宴，现在，习通过象征性地邀请台湾国军老将参加抗日纪念，习需要什么呢？又能给予什么呢？郝柏村这样的老将们，需要的已不是荣誉与财富，而是要求中共正视并还原历史真相。

下篇：

毛泽东对日本人的感激看起来是一种调侃，其实是发自内心的：1961 年 1 月 24 日，毛泽东会见日本社会党议员黑田寿男等人时说："日本皇军过去占领了大半个中国，因此中国人民接受了教育。如果没有日本的侵略，我们现在还在山里，就不能到北京看京剧了。正是因为日本皇军占领了大半个中国，让我们建立了许多抗日根据地，为以后的解放战争创造了胜利的条件。日本垄断资本和军阀给我们做了件'好事'，如果需要感谢的话，我倒想感谢日本皇军侵略中国。"（《毛泽东外交文选》）

邓小平 1978－1979 年两度访问日本，也多次提到，到日本来看新老朋友，中共对日本的情感，还有背后不为人知的隐秘，由此可窥一斑。中共无数次激发民间社会特别是青少年一代对日的仇恨，但中共高层对日本的态度，却完全是云淡风轻、卷舒从容，见不出半点仇恨与隔膜。日本对毛泽东来说是鱼头，而对邓小平来说，则是硕大的鱼身，自从邓小平时代与日本签订了中日和平友好条约之后，持续三十多年的时间里，日本对中国改革开放的经济注入了巨大的活力素。

　　主流媒体谈到中国改革开放三十年时，功绩都给了改革开放的总设计师，还有党的领导，顺带说一下全国人民的努力，其实改革开放三十年，中国经济处于洼地，世界经济与技术潮水很快汇聚到这里，很容易促成洼地经济的抬升，1979 年以来，日本对中国低息贷款援助（即 Official Development Assistance 简称 ODA）达 3200 亿元，成为对华最大援助国，占中国外来援助经费的 66。9％，从北京地铁、首都机场、中国电气化铁路约 4600 公里的改造、中国470 个大型港口泊位中约 60 个等等均由日元贷款建成或正在建设，一位资深的日本问题研究专家曾感叹："（在中国）你找不出来哪个大型工程没有日元贷款的影子。"

　　日本对华援助与 ODA 项目相呼应的是无偿资金援助项目，包括"一般无偿资金合作"、"利民工程无偿援助"、"文化无偿援助"、"紧急无偿援助"等方式，其领域涉及教育、医疗、农业、环保等方面。中日友好医院、中日环保中心、贵州农村改水等等均属无偿资金援建的代表性项目。还有技术培训、技术援助等等。

　　中国人自己对外援助，不敢大张旗鼓地宣传，因为中国自己一直是受援国，日本及西方国家对华援助，无论是低贷款方式还是无偿援助方式，在主流媒体也难以见诸报端，见诸报端与电视媒体的，只有党国各级领导人对不发达地区或贫困户的施舍式看望与送温暖活动，而接受看望与送温暖的困难户们，对领导与党国必然充满感激之情，千恩万谢溢于言表。为什么大陆媒体对日本如此巨大的援助、对中国改革开放三十年经济促动如此巨大，却无片言感谢之辞呢？《读卖新闻》撰文宣称："不要求中国人感谢，只希望中国人记得"，中、日、韩有专家认为，日本政府这样做也是基于谢罪心理，还有些专家认为这是日本政府的"支票外交"。日本媒体已认定中国人不会感谢，但希望中国人能记得，如何记得？记在深宫大院里账本上，难以示之于公众，而说日本的援助是一种支票外交或谢罪心理使然，也不全错。

但问题的实质不在这个层面，二战之后，世界格局发生革命性变化，殖民地方式被完全终结，基于对土地与人民的征服时代结束了，代之以经济与市场的征服、文化征服与价值观念的征服。日本支持中国的改革开放，更多的考量是宏观经济层面，由于中国经济与世界经济特别是与日本经济差距巨大，所以日本通过巨额经济援助（低息贷款）来激活中国经济，使中国经济具备基本的发展能力，以此培育中国市场与消费群体，而这是巨大的潜力，日本与世界经济三十年来利益于中国市场的扩展，回馈的利益也是巨大的。日本通过改善中国经济，使整个亚洲经济生态得到改善，通过经济发展，使中国的经济文明促进政治文明进步，这比中国花巨资培育一个无赖的朝鲜要高明一万倍。

经济征服的同时，文化征服与价值征服随之而来，日本的动漫、游戏、日本的电影、流行歌曲等等风靡中国大陆，文化的征服是情感领域的征服，只有创造了美、拥有创意，才能实现征服。那么价值征服呢，无偿援助与环保公益活动是价值征服，价值征服是比赛谁更慈善更博爱更仁义更宽容更尊重天道与人性。

相比之下呢，中国政府唯经济发展马首以瞻，只有经济发展是硬道理，其它都是云烟。完全还是大清那一套，只接受西方技术与器物，不学习西方的政治文明与普世价值，不问日本为什么能征服大清，也不问为什么日本人在二战之后的焦土上如此快速地成长为世界强国，眼睛只盯着餐桌把日本当鱼肉吃，吃得自己脑满肠肥，最后结果，还要把日本这条鱼的鱼尾做成一锅汤，奉献给全中国人民吃，许多人因此被吃成了脑残。

　　从毛泽东时代开始，就通过无数方式宣传中共领导的游击战地道战地雷战打败了日本，一直到江泽民胡锦涛时代，抗日题材的电影电视动漫小说戏剧累计产品数以万计、十万计，只要中国国内出现问题或与日本有政治经济摩擦，立即就会启动民间抗日闹剧，公安规定不能示威游行，但有关部门随时可以组织对日本的抗议，甚至出现在大街上公然火烧日本车、暴力殴打日系车主的恶性案件，日本成了永恒的敌人、永恒的艺术题材、永远的仇恨宣泄对象。2012 年，全国上星频道黄金档播出电视剧 200 多部，其中抗战剧及谍战剧超过 70 部，遥遥领先于其他类型剧。仅横店电影基地，一年消灭的日本鬼子可达 10 亿（据羊城晚报 2013 年 02 月 06 日报道）。中国人在电影电视上杀日本人（自我意淫式征服），在网络上谩骂日本人仇恨日本人，由此制造了多少幸福感、快感，还有激发了多少仇恨？车不可载，海可以量。

　　鱼身日本基本吃完了，大块朵颐的日子结束了。但鱼尾日本却似乎余味无尽，这道食之无味无营养的鱼尾，中共还要利用多少年，中国人民还要食用多少代？2014-07 东网

封建社会也没有中共兇残

北京大学教授孔庆东在微博转发一则八十岁老人因为被强打疫苗而死亡的博文，并评论称「封建社会也没有这般兇残」。（作者提供）

7 月 16 日，北京大学教授孔庆东在微博转发一则八十岁老人因为被强打疫苗而死亡的博文，并评论称「封建社会也没有这般兇残」。

孔庆东与林岳芳一度都是以极左翼面目出现在网路平臺上，对毛泽东与文革情有独钟，他们对现实的『批判』一般都是以文革为标准；有趣的是，中共的疫情暴政使得极左翼人士也无法容忍，这次他们不再以文革的毛时代为标准，而是以所谓的封建社会为标准，习时代制造的人道灾难已远远超过他们心目中的『封建社会』的残忍。从百年前的新文化运动开始，中国左翼文人们反传统、反封建、反帝国主义，今天面对现实，却突然念起封建社会的好来。

孔庆东这类左翼文人们一忽儿极度推崇毛泽东思想与文革，一忽儿又缅怀封建社会的传统温情，主要原因是，他们在文革时没有受到残酷迫害，而今天的现实，以另一种方式回归到文革时态，这些侵犯人权的事端已屡见不鲜，他们才『深刻』意识到，中共的政治正确制造出来的灾难，已远远超过封建社会。

孔教授们观念中的『封建社会』，或者『旧社会』是新文化运动特别是共产主义运动宣传、丑化的结果，真正的中华封建社会是周朝，秦终结了封建社会，建立了极权专制社会，而汉朝到清朝的二千年，由于尊儒家道统，由秦制的极权专制转为威权政治，传统的威权政治有追求道德仁义的一面，既然天下与人民都是自己的，那么天子就有替天照顾天下百姓的道义，显然，相比秦制与中共专制，传统君主威权政治反而有尊重天道人性的一面。

而到了中共治下，按照毛泽东的说法，是秦始皇加马克思，与传统中国社会相比，不讲道德与人伦常识，只要政治正确，就可以牺牲一切，以实现某种权力意志确立的目标。

中共把动态清零当成政治目标之后，最高当局的权力意志就凌驾在人权之上，制造次生灾难远远超过疫情也在所不惜。极权在疫情危机过程中表现出来的暴政，本质上是不惜牺牲所有人的权益，它与传统社会威权政治或者与封建社会不可同日而语。

『封建社会』的防疫有人文诗意

中国古代真正的『封建社会』在周朝，封建亲戚以屏周室，朝廷将天下分封给了亲戚，统权在朝廷，分治的权力在亲戚诸侯，周朝确立的封建社会是一个重礼乐、讲常识的社会，即便春秋战国之时礼乐崩坏，封建精神中的人伦道德元素仍然为主流社会与世人尊崇。

《周礼·秋官》记载：「凡驱蛊，则令之」；「除毒蛊，以嘉草攻之」；「除蠹物，以莽草熏之，凡庶蛊之事。」当时的人们意识到病毒来自虫类，所以用莽草、嘉草等烧熏驱蛊防病抗疫，在医学不发达的时代它简便易行，从朝廷到民间均可以实施，最为重要的是，我们没有从史书中见到防疫暴政，官方没有用行政逼迫的方式对民众出行限制，或者对疑似染疫人家封门封户。

殷人洒扫火燎防疫图。（作者提供）

而从敦煌石窟中保存着一幅「殷人洒扫火燎防疫图」，描述了殷商时代以火燎、烟熏方法来杀虫、防疫的情景，这一图像描述将国人烟熏火燎的抗疫方式推向周之前的商朝。

源于三千多年前的商朝与周朝的防疫、抗疫传统，并没有被强行推广，但却成为中原特别是长江流域节庆习俗：人们将五月视为毒月，并总结出「五毒」蛇、蝎、蜈蚣、壁虎、蟾蜍，民谣说：『端午节，天气热，「五毒」醒，不安宁。』人们互送辟毒香包，驱邪、消毒和避疫成为节庆习俗。我儿时的记忆中，端午节与纪念屈原并无关系，也没有吃粽子，而是蒸麦粑米粑与鸡蛋，以及艾草驱邪。

这个过程中，我们看到的是传统的诗意，人们将防疫避毒做成了生活日常，每年到了春夏之交病毒滋生之时，相应的习俗就会适时应对，人们增加营养，防病毒虫害，不用政府号令，更不需要行政强迫。

后封建社会也没有封城封村封户

秦朝一统中国，终结了周朝的封建政治，开启了皇帝专制，通过编户齐民、连坐举报，破坏了底层民间『封建』亲情，对比周朝与秦朝，会发现疫情发生后秦朝更重视行政管控：

1975 年在湖北出土的《睡虎地秦墓竹简》记载：某里典甲诣里人士伍丙，告曰：『疑疠。来诣。』：乡里出现了疑似的传染病病例，地方有责任调查上报，官府为传染病设置了「疠所」，显然，秦朝开始面对传染性疾病，已要求层层上报，并对病人进行隔离，秦朝法律并没有对传染病区域进行封村封城，更没有隐瞒疫情。强权的秦专制，对疫情的处置是严厉的，但并没有突破人伦底线。

从汉唐至明清，尽管是秦式君主制，但和平时期均是尊儒家道德，一定程度上有仁政的理想与追求，动用朝廷或国家行政力量，防疫、抗疫。

汉朝：《博物志》记载长安大疫，宫中皆疫病，汉武帝焚烧香丸「以辟疫气」，「长安中百里咸闻香气，芳积九月余日，香由不歇」，当时已设置了收容和医治平民的机构。《汉书》记载：「元始二年（西元2年）……诏民疾疫者，舍空邸第，为置医药。」

再看唐朝：唐玄宗下令州县抄写《神农本草经》，颁布《广济方》，把瘟疫预防知识和药方烧录在石板上，放置于病坊、村坊和路边，以示民众。宋、元、明、清基本效法隋唐防疫、抗疫作法。

古代朝廷无法做到免费医疗，但大疫发生之时，从汉代到明清，政局稳定的治世都能做到为疫区和患者免费提供医药，并成为惯例。在财政上，政府发放资金购买防疫药物。除了施医问药，各级官员还为病者发放钱粮，赈灾施粥。

譬如唐朝大和六年，唐文宗下诏：「其疫未定处，并委长吏差官巡抚，量给医药，询问救疗之术，各加拯济」，朝廷统一领导抗疫行动，地方官吏配合医疗人员，免费发放医药，开仓赈济。再如明朝报灾不实的官员会遭到处罚。朝廷会动用国家力量设置隔离与医治机构。但没有动用官兵对染疫的百姓进行封城封户，所以没有制造次生的人道灾难；如同孔庆东所言，封建社会不会像中共政权这样凶残，动用专政手段，利用公权力的同时广泛发动群众，制造出疫情灾难，人们无法正常生活、工作与就医，甚至孕妇临盆也难以及时送达妇产医院。

清大传单说出时代真相

如果说北大左翼教授发现了中共疫情暴政比封建社会凶残，而近日清华大学校园的传单以《从法西斯手中保卫生活》为题，嗯吁同学们在权力面前保持自己的道德和良知。中共政权以抗击疫情的名义，用法西斯手段对付国民，清华园里贴出的传单，说出了这个时代的真相。

- 2022-07-25 台湾中央台
-

中国共产党批判（下篇）

公祭疫难只是中共的一场政治表演

　　週六（4月4日）是中国国务院决定举行全国性哀悼活动，悼念抗击新冠肺炎(武汉肺炎，COVID-19)牺牲的烈士及民众。似乎要给武汉病毒引发的疫难划一个句号，也想证明中共高层是一个有同情心、有人文关怀的领导集体。

　　但有更多的网友追悼的不仅是蒙疫难而逝去生命的人们，还有"404"这样一个封杀言论的网路符号，病毒也许是自然生成或人为洩漏，但疫情如造成如此巨大的灾难性后果，完全是中共隐瞒真相造成的。吹哨人李文亮被警方非法拘审，中共只是派出一个监察小组前往武汉进行调查，并声称要"一查到底"，结果是网友一句话就洞穿了中共的「天机」：一查到底，是查到底层，而不是一查到顶。决定隐瞒真相的不是地方员警，而是中共最高领导决策层或一尊。底层员警的维稳禁言是习惯性的，动辄拘审民众并严厉训诫，从来不会受到调查或处理，这次拘审吹哨人李文亮引起国际国内强烈反响，所以中共上层要做做样子，结果还是举起的锤子很大，砸下去的时候轻柔，最终以追授李文亮为「烈士」对公众进行安抚。

真相不彰 何以告慰冤魂

　　无论是国际社会还是国内民众，都希望看到病毒来源的真相，武汉病毒研究所先是把病源确定在海鲜市场，然后又把视点引到云南蝙蝠，并认为穿山甲是中介宿主，现在呢，他们又在在武汉感染新冠状病毒的猫身上找线索了。更具公信力的世卫组织专家组与美国派出的专家组，无法靠近病源发生地武汉，所以，中共在病毒源上无论怎样出现怎样的说法，都无法令人听信。

没有真相，无法追责，更无法告慰因疫难逝去的人们。

如同中共在天安门广场英雄纪念碑上所写的纪念雄文，空洞宏大，纪念碑上看不见一个真实的人名，这次中共领导人的象徵性悼念，人们看到的只是亮相的领导人在表演，而那些真正的疫难者的名字，却永远成谜，不仅成谜，他们的亲人们想得到真正的骨灰都成为难题。中共如果真诚纪念因疫难中的逝者，就应该像美国纪念911那样，在武汉与全国各地，建立纪念碑，把那些蒙难的人们名字铭刻在石头或青铜墙上，永志纪念。

知名时评家笑蜀在脸书上写道：

真相不彰，何以告慰冤魂
哨声不灭，何须汽笛悲鸣
反思无力，何谈慎终追远
权力本位，何来生命至尊
生命不尊，何来中华復兴

民间叙事撕破中共虚假宣传

对武汉疫情的扩散追责当然是奢谈，中共在中国制造的苦难，包括给周边国家制造的苦难，从来没有过反思与忏悔，更不可能究责。但有一点完全不同了，人们通过民间社交媒体，通过翻墙方式，向世界传递真实的疫情，不仅有作家方方式的武汉日记，更有无数网友上传自己的生活记录与观察，使武汉疫难变得真切，让那些悲伤感同身受，与中共的哀悼表演形成强烈的对比。

请看推友李蔚 WayLee@azurewaylee 四月五号发的帖子：

「今晚是春节后第一次与武汉表姐通上话。她曾患上新冠肺炎，不过症状较轻。2020 年 2 月 18 日，表姐夫因新冠肺炎去世，年仅 50 出头。表姐夫的侄女比他还早去世，年仅 24 岁。表姐还没有去领表姐夫的骨灰，诸多困难和问题没有解决。他们两口子的医药费和部分自费药花了 3 万多。表姐的墓地打 7 折仍需付 8 万多。」

而新浪网首条今天（北京时间四月六日）新闻却如此报导：《战「疫」中习近平始终牵挂困难群众》，底层百姓因疫难而造成了不幸之后，又面临经济困窘，习中央关心这些困窘中的人们，具体政策又是什么呢，补贴方式又是如何？只有一个标题一句牵挂，这就是典型的「用新闻来解决党关心困难群众的问题」。

发给家属的骨灰令人质疑 让家属不知如何安葬

国内自媒体还有网友揭露武汉有关部门向疫难家属提供的骨灰是随意分取的。从来没有植牙的，亲人在领取骨灰里发现了义齿，体重轻一半的亲人，骨灰居然还体重的亲人还重一倍，领取的骨灰不能让人相信，所以无法安葬，对逝去亲人的家庭造成了又一层伤害。不仅如此，在领取骨灰时，还得向警方登记申请，由专人陪同，不得拍照与公开信息，以使逝者的资讯不至于公开于世，一旦像推友这样公开，就可能泄露死亡人数的「秘密」。

中共高层只想通过一次国家悼念日，将因他们处置不当造成的巨大疫难，划上句号，然后又重新开始号召人民为党国贡献，开始载歌载舞歌唱祖国强大，报导全世界抗疫不力，以唤起又一轮爱国热潮。中共的洗脑与宣传术，屡试不爽，制造了无数爱国粉，实则造就了一批批脑贫困患者。

2020-04-06 台湾中央台

從《大秦賦》看秦病毒與中共病毒合流肆虐

一、熱播《大秦賦》，是應景，也是應合

《大秦賦》在中國大陸熱播，大秦又一次被歌頌。秦終結了周朝的封建分治制度，大一統使華夏多元政治文明被歷史性的破壞，2000 年無法修復。2000 年之後，秦病毒遭遇馬克思主義病毒，大一統思維與階級鬥爭理論融為一體，既危害了中國大陸，又危害了周邊區域的和平與穩定。

沒有人對中共整肅孫大午、並正在以反壟斷的名義整肅馬雲等商業巨頭，與央視正在熱播的《大秦賦》聯繫起來評論。

習近平當政之後，不僅在很暫的時間內達到了毛時代文革狀態，正在進行的運動式侵吞私有商業財富，讓馬雲這樣的富商大賈拱手交出已累聚的巨大財富。對公民社會、對律師與公知的打壓與迫害之後，進而對富商大賈進行國有化兼併改造，目的是做大黨國與軍國，集中一切資源搞政治極權化。

熱播《大秦賦》，是應景，也是應合，聽聽習近平 2021 年的新年祝辭：『站在「2 個 100 年」的歷史交匯點，全面建設社會主義現代化國家新徵程即將開啟。征途漫漫，惟有奮鬥』。他使用的是『征途』與『征程』，即征服的旅途，征服的行程，奮鬥與征服，仍然充溢其內心，與『2 個 100 年』的神聖使命相呼應。

為了政治正確，《大秦賦》不顧歷史史實，『楚雖三戶，

亡秦必楚』被編劇導演篡改成為楚人盼望統一，暴秦的征戰成為追求和平的正義行動，這無疑是要美化當代中共一統港台甚至主宰『人類命運共同體』的狂妄夢想。

　　秦制思想病毒是以一統天下為使命，馬克思病毒則是要解放全人類，自由、共存、共和的精神蕩然無存，大陸中國百年歷史中，沒有清理毛澤東的政治遺產，必然會出現毛二世，中華 3000 多年文明歷史，沒有清理秦始皇的歷史遺產，中華歷史的悲劇不會終結。

二、『大一統』是一種意識形態病毒

　　所謂的秦統一中國，完全是製造出來的概念，歷史上並不存在一個『命定』的『中國』。周封建是邦國分治，因為封建分治，才有多國多元文明競相呈現，而從春秋到戰國數百年時間，儘管不時有戰爭動盪，但邦國分治仍然是經濟與文化、技術與教育發展的最好時期，但這一自由發展的過程被秦的大一統終結了。

　　大一統像病毒一樣，至今仍然侵蝕著無數中國人心，特別是中共最高當局，居然視『解放』台灣、統管香港為偉大的夢想與目標（秦皇漢武知道香港、台灣在哪裡嗎？），今日香港已實質性被一國一制，如果台灣被中共一統，新疆、西藏的管治模式隨之會成為現實。

　　大一統不僅侵蝕了中共當局，也成為新秦制之下無數百姓的精神追求，秦當年統一文字與度量衡等，無法統一語言，中共當局現在仍然在繼續著秦人的『偉業』，要把新疆、西藏、內蒙古語言與文字納入到一統體制中，價值理念的同化更是在黨化統一過程之中。

　　中國漫長的歷史上，只有兩個朝代以舉國之力破壞傳統文明、突破人倫底線，一個是暴秦，一個就是中共政權；中國歷史上也只有兩個朝代歌頌秦政，一個是秦皇自己，在泰山刻碑自我頌聖；另一個就是從毛澤東到習近平政權，毛尊法家，而習時代又有了《大秦賦》這樣的奇葩作品問世。

　　秦代周，是從傳說時代、商周時代之後最大的一次歷史性的巨變，商鞅變法的本質是對傳統社會一次根本性的破壞，天道與人倫一併毀棄，它破壞了上千年已然形成的自然法則與人倫法則。

　　只要看看今天的中共破壞了什麼，就能想見當年暴秦破壞了什麼，只要看看當年暴秦追求什麼，就知道中共政權也將追求什麼，相隔 2000 多年，這兩大暴政集團形成歷史性的呼應。

三、秦製造成了兩極暴力輪迴

　　周的封建分治制度，春秋時代開始君權式微，邦國貴族權勢強大，從而形成了強大的中間社會，中間社會的存在，使暴君與暴民不會毀滅性的對整個社會造成破壞。無論是英國的大憲章與光榮革命的產生，還是日本明治維新的國家轉型，都是從類似於周朝的封建分治背景中產生，從而順利進入到近代社會，政治文明與經濟科學的近現代化進輳轉型順利。

　　秦制看起來是形成了一極權力，整個國家的大權在朝廷皇帝一人之手（孤家寡人），當秦二世這樣的皇帝被權臣控制，國家暴虐無度，底層暴力就會席捲天下。而始皇帝擁有極權之時，底層暴力也被激發出來，連坐製造成鄰里舉報，製造了大量有罪的役民，據裡耶秦簡 7-304 記載：秦始皇 28 年，一個總編戶人口才 2000 人左右的小小遷陵縣，奴隸、居貲就死了 189 人，151 個隸臣妾當年就死了 28 人。這種死亡與中共治下的 5、60 年代一樣，都是底層暴力在中央朝廷的律令之下，製造出來的，底層暴力被中央律令激發。

從李悝變法到商鞅變法，都致力於消滅繼承製貴族，以軍功來讓底層民眾用犧牲自己生命與消滅他人生命的方式，去追求身份爵位。看起來是百姓擁有了平等的上升機會，也有了財富與自由的想像，但最終結果不僅使舊貴族的生命財產被歸零，自己的生命也同歸於盡，能留下來的，只有秦制。秦的『平權法案』是讓無數的生命去對沖封建分治的邦國諸侯與貴族，兩相殘殺，唯有秦朝廷受益。將『王侯將相』、門閥巨室斬盡殺絕，窮人們就能過上幸福美好的生活嗎？

孟子曰：「為政不難，不得罪於巨室。巨室之所慕，一國慕之；一國之所慕，天下慕之，故沛然德教溢乎四海。」《孟子·離婁上》

2000 年後，托克維爾在《舊制度與大革命》一書中也認識到大革命的毀滅性：

永遠值得惋惜的是，人們不是將貴族納入法律的約束下，而是將貴族打翻在地徹底根除。這樣一來，便從國民機體中割去了那必需的部分，給自由留下一道永不癒合的創口。多少世紀中一直走在最前列的階級，長期來發揮著它那無可爭議的偉大品德，從而養成了某種心靈上的驕傲，對自身力量天生的自信，慣於被人特殊看待，使它成為社會軀體上最有抵抗力的部分。

也是相距 2000 多年，孟子與托克維爾都看到了封建貴族階級被消除，導致道德與社會精神上的巨大創傷，傳統貴族階層使中間社會強大，是阻止君主暴力與民間暴力的重要屏障。當這一屏保設計被廢除，暴君的律令可以直達村莊，而村莊的暴力也可以直達朝廷。秦並不是褲子強大的異國所滅，而是陳勝吳廣與劉邦這些揭竿而起的草民所滅。周制歷經 800 年被秦終結（西周之後，周室在春秋戰國仍有 500 年的綿延），而秦朝被民間力量終結，只用了 2、3 年的時間（前 209-前 207 年）。

陳勝吳廣起義時一句話：『王侯將相寧有種乎？』，通過《史記》而流傳 2000 多年，這句話的理念落後李悝變法 200 多年，因為從李悝在魏國變法開始，就不再承認王侯將相的『種子基因』屬性，暴力原則下的鐵血軍功，才是獲得王侯將相新身份地位的唯一途徑。

秦朝廷暴力是一極暴力，它製造了另一極暴力，而另一極的暴力報復。貴族傳統私權不被保護，邦國諸侯的私權也得不到保護，周室接著被廢棄，秦王朝也不例外，問鼎朝廷、逐鹿中原的遊戲，因此上演了 2000 年，導致分久分合、合久必分，直到中共政權建立，黨天下取代了家天下，秦制病毒因為注入了馬克思主義『科學』病毒，而極具韌性。美國著名漢學家黎安友先生所言的中共政權的韌性，是因為中共政權的黨性直通每一個村莊，所以比秦制更加嚴密，身段更柔軟，手法更先進，借助經濟力量與大資料管控，另一個大秦正在難以遏制的崛起。

結語：

賈誼在《過秦論》中說秦朝：「廢先王之道，焚百家之言，以愚黔首；墮名城，殺豪傑；收天下之兵，聚之咸陽，銷鋒鏑，鑄以為金人十二，以弱天下之民」。

天下之民並沒有被弱化，而是比暴秦更為強大，秦的覆滅成為後世王朝警鑑：「秦人不暇自哀，而後人哀之」，遺憾的是中共治下，無恥文人們通過篡改歷史，變成了「秦人不暇自哀，而後人做賦頌之」（引自網評語）。該片的導演延藝說：我們為這部劇所做的努力，就是想激起人們心中的那股勁兒，那是兩千多年來先人們傳下來的，是我們血脈裡與生俱來的，是願為國家慷慨赴死的豪情，也是「天涯靜處無征戰，兵氣銷為日月光」的理想，這是全劇的魂，是根。

《大秦賦》導演的話使人們看到了秦病毒的復活，和平時代的人民不追求自由幸福，卻仍然在宣導鐵血軍功，這不禁使人聯想到，導演是在鼓勵百姓在某一時刻為『統一』台灣或佔領釣魚島而付出一切。既然生命都可以付出，其它的私產或富商大賈們的企業，當然更應該隨時回應黨的召喚奉獻充公。

為國捐軀奉獻生命的死亡美學，是秦病毒與馬克思病毒的合流的產物。2021-01-06

雷锋，一颗被政治利用的镙丝钉

从毛泽东为雷锋提词到今日，三月依然是"雷锋精神"引导全民的月份，只是在今日，公众对"雷锋精神"及隐含的政治意味有了更多的审视和判断。

雷锋是自己塑出来的，也是官方塑造出来的

1963 年 3 月 5 日，《解放军报》发表了毛泽东题词："向雷锋同志学习"，一场轰轰烈烈的学雷锋活动就在全国展开了。一首《学习雷锋好榜样》歌曲，很快就在全国传唱，这一唱，就快半个世纪，可以说，它浸透或占据了数以亿计中国人的成长记忆。

一个普通的军人，在一次自己也有责任的事故中遇难，这本是一件令人痛心的事情，据中国人民大学教授周孝正的说法，雷锋在这次意外事故中，负有重大责任，他让没有驾照的学徒倒车，自己在车后指挥，汽车撞倒了电线杆，砸中了雷锋，雷锋因伤势过重而"牺牲"。这样的事情，应该作为责任事故予以通报批评，使其它人吸引教训。但宣传部门习惯于将丧事办成喜事。

他们发现了雷锋日记，尽管雷锋日记许多内容也被人视为后来有关部门的代笔之作，但将日记公开，通过日记来表彰一个人，或通过日记来指证一个人犯罪，也是那个时代的产物。那是一个倡导无私的时代，既然无私，那么，一切都可以公开，自己写日记，也是在公开写个人的宣传材料，写

日记的时候，想到的不是它的私密性，而是在面对组织或上级，表达一份可以公之于众的内心情感。

写日记因此是一种"交待"。

个人财产公有化之后，就是个人的思想情感公开化或公有化，一切都在在组织的掌握之下，这样才能真正保证，每一个人都是革命的镙丝钉，保证党叫干啥就干啥。雷锋日记的公开化，并出版成出物，数以亿册的发行，雷锋不是受益者，因为雷锋是孤儿，孤儿是党和政府的孩子，某种意义上也是公有的镙丝钉，后来文革样板戏中的男女主角，也是这样的身份，无家无室，无牵无挂，独自一人闹革命。无家化，无私化，这样的无产者、革命者，最纯粹，最有示范价值。

从学习雷锋好榜样歌词里，我们可以看出雷锋的核心价值：忠于革命忠于党、艰苦朴素、愿做革命的镙丝钉、集体主义精神、为人民服务精神、共产主义精神、毛主席教导记心上及毛泽东思想来武装、保卫祖国、继续革命当闯将、立场坚定斗志强。

这里，毛主席教导与毛泽东思想被两次提及，这是重中之重，既是回报毛泽东关于向雷锋同志学习的号召，又突出听毛主席话，用毛泽东思想武装的政治意志。忠于革命与忠于党，只是一顶帽子，雷锋自己呢，只是一个镙丝钉，不是人，而是工具，工具箱中的一颗钉子而已。而这一切，都是自愿的，没有任何人强迫他这样做。这是革命者的最高境界，人类社会中，只有宗教精神能够达到这样的高度。

仅有政治情感远远不够，不能收获广泛的民心民意，雷锋全心全意为人民，则可以使人民满意，因为人民都希望看到道德高尚的人，为自己无偿提供服务，雷锋出门一千里，好事做了一火车。雷锋牵老大娘过马路，雷锋大年初一为生产队捡粪肥，雷锋在雨夜里送母子回家，民间社会能做的好事，雷锋基本都做到了。如果没有做到，也会有人补写雷锋日记，让雷锋做到，雷锋日记要服从组织与宣传的需要。雷锋是自己塑造出来的，也是有关部门塑造出来的。

学习雷锋是为了为人民服务吗？学习雷锋能提升人的道德境界吗？答案是否定的。

1963 年开始学习雷锋，到 1966 年毛泽东发动文化大革命，也就三年时间，学习雷锋三年之后，这些学习雷锋的青少年们，就参与了残无人道的打砸抢行动，对自己的父母、对教师、对陌生的知识分子或过去地富反坏右，都痛下狠手或杀手，由此可见，学习雷锋不是为了提升个人道德品质，而其核心内容是听毛主席的话，是对所谓的敌人秋风扫落叶一样无情。

学习雷锋，无疑成为文革前的一场宣传热身，它通过学习雷锋，使所有青少年、士兵无条件地听毛泽东的话，接受毛泽东的指令，把自己变成完全的斗争工具。某种意义上，学雷锋在三年自然灾害之后，为重新确立毛泽东形象与毛泽东政治地位，奠定了牢固的基础。看起来雷锋被塑造成了精神典型，而雷锋所崇拜的，正是毛泽东这尊神。

所谓忠于革命忠于党，完全是个幌子，革命与党，都是没有具体人格的，也不会发出声音，只有一个人民领袖，是一个人，一个可以发号施令的个人，一旦对他形成终极崇拜，国家的灾难就来临了。学习雷锋过程，让所有的人都学习毛泽东思想，用毛思想来武装人们头脑，使毛泽东的地位勿容置疑地崇高，神圣不可怀疑。

伪造的神话，总会被人揭出破绽

人类朴素的互助精神，自古而然，传统社会通过三字经等读物，使孩子们知道做好事是一种人道或孝道，慈善、乐于助人在宗教文化里，也是获得善报的必要条件。学习雷锋不从人类文明宝库中获得素材，而是将雷锋打造而一个革命圣人，其政治用意昭然若揭。毛泽东号召向他学习，因为雷锋日记里有一条，人不吃饭不行，干革命不学习毛泽东思想不行。将学习毛泽东思想与人的吃饭看成一样重要，一个是生存食物，一个是干革命的精神食粮。

人类本能的善良仁爱精神，没有任何尊重，似乎一切做好事，行善举，都是学习雷锋，而学习雷锋做好事，又与雷锋的政治热情联系在一起。这样的一种巧妙联姻，几乎做到了天衣无缝。但它却使人忘却了自己源于内心的真诚与爱意，人的互助与关怀，只能与政治行为联结在一起。雷锋成为精神符号，每一个人行善都要从雷锋这里出发。

当年中考，我们考试作文题就是《当我听到学习雷锋好榜样》，我无从写起，我的作文有史以来第一不及格，而在日常作文课中，我的中小学作文几乎都成为范文，在班级中被阅读，或被抄在黑板报上，供同学参考。我内心无法接受学习雷锋这样的政治号召。令人不可思议的是，直到上大学，还有学习雷锋的活动，我们被组织到城市市区一些脏乱差的地方，清除应该有城市环境卫生部分清理的卫生死角，我们到轮船码头候船大厅，帮助他们打扫他们几十年没有打扫过的窗户与墙壁。

学习雷锋就帮助那些失职的人们，做他们不愿意做的事情，青少年们一年又一年，被当成扫把与抹布，去清洁这个永远垃圾满地的社会。学习雷锋成为成人世界的谎言，而被制作成青少年世界的蜜糖，孩子们被迫服用，服用这颗蜜糖之后，就会反智，不顾常识，被组织或有关部门驱使，利用，制造另一种假像，让整个社会感受到，雷锋还活着，还有大街小巷里表演着。

但随着网络时代到来，雷锋日记不断被质疑，伪造的神话，总会被人揭出破绽。

譬如雷锋大年初一帮农民捡粪：在 1960 年的一次录音报告中，雷锋说："比如，我在过去的一年当中，我想到，一定要在新的一年当中，多做更好更多的成绩。因此，我连过年所放的假都没有休息，我去捡大粪，初一初二那两天我一共捡大粪 600 来斤。我想到这也是响应 D 的号召，大积肥，也搞了卫生运动，也能够促进农业生产。"（这次录音报告以"一辈子学习毛著"为题收入《雷锋全集》）

有网友找出雷锋三次为农民捡粪，每次都能捡到 300 斤以上，在农村生活过的人都知道，粪的来源一般是狗粪或牛粪、猪粪，这些多会由农民自己捡拾到粪坑里成为肥料。一般二三个小时最多只能捡拾到五六十年，也就是一担，因为稻谷一担也只能装满一百多斤，如果按这样的最高效率，雷锋一天不吃不喝，也难以捡到三百斤重的粪肥。而且粪肥各

有其主，各家田地里、房屋周边的肥料各归其主，雷锋如果
去捡拾了，可能损害了别人的权益。

我们在上初中时，被一位政治先进教员驱逼着每天早上
给学校田地捡肥料，每天早上二三个小时最多能捡二十来
斤，如果想捡到五六十斤，只有一个办法，就是偷偷进入别
人牛棚，把别人的粪堆装在筐里挑回学校。雷锋捡粪故事，
显然是后人代笔的，而且严重违背生活常识。

"东方论坛"上一位叫王凯奇的家长说，自己四岁女儿就
质疑雷锋日记的真实性，雷锋雨夜遇到一家母子，雷锋将雨
衣披在母亲身上，自己帮人家抱着孩子，最终呢，孩子没有
淋上雨，这样的违背常识常理的故事，幼儿园的小朋友都能
识破，为什么还堂而皇之让孩子们学习呢？

在稻草背后做着自己的政治游戏

新华网北京 2012 年 2 月 22 日报道说，自 1973 年开
始，北京一所小学的学生坚持连续写雷锋日记。这所学校就
是北京雷锋小学。21 日，该校学生在升旗仪式上宣读了本
学期的第一篇雷锋日记。

日记是日记，作文是作文，日记是不能公开宣读的，为
什么学校不从小培养孩子们珍视自己与别人的私密生活？这
样的公开日记，就不叫日记了，应该改成每日作文，或者叫
作文素材。如果唤起孩子们内在的爱心需要，那么，这份爱
心是持久的，发自内心的，而一旦将其作为日记公开化，孩
子们私生活与公开生活就无区别了，容易产生假像人格，做
事不是为了内心的感受，而是为了得到表扬，或者与某一个

精神符号联系起来，成为给雷锋贴金的外在行为。

这篇报道说：当年的日记本如今已经泛黄，一些用铅笔写的字甚至也已经开始模糊不清，但雷锋精神却在随后的一本本日记中传递。"我帮一位老人拎菜篮子""国庆彩排大家互相关心"……现在，孩子们仍然用笔记录着自己学雷锋的点滴。因为学雷锋做好事，曾有一个笑话，一位老人过马路，不断被孩子们牵到马路对面，来来回回无数次，因为孩子们好不容易发现一个老人过马路，老人只好配合学雷锋的孩子们，来来回回过马路，这样孩子们好回去写学雷锋日记。

关于北京的雷锋学校，新华社的报道还说，2006年，两个三年级孩子发现学校附近60路车站的公交工作人员经常没有水喝，就自发每天给他们送水。现在两个孩子早就毕业了，但送水的任务却被学弟学妹们接下来，一直坚持到现在。

我们要追问的是，60路公共汽车的管理者严重失职，不关心工人喝水，五六年都没有改观，是因为没有工会造成的，还是其它原因？为什么孩子们在弥补成人社会的缺德与失职呢？

国际在线报道2月23日报道：重温《雷锋日记》：2月22日，湖南省会千所学校、百万学生"续写雷锋日记，争当雷锋传人"活动启动式在湖南大学举行。省委常委、长沙市委书记陈润儿说，希望每位学子在学雷锋实践中不断创新学习载体、丰富时代内涵，续写雷锋日记，书写青春篇章。

陈润儿这样的官员，自己学过雷锋没有？网络上检索，没有看到他自己学雷锋的日记，也没有看到他学雷锋的报道，现在他突然要求百万学生学雷锋，当年毛泽东要求全国人民学雷锋，他自己呢，学过雷锋没有？陈润儿这样的官员应该公开自己的财产，中国的成人社会与领导阶级，只有一厢对下面的各种精神要求，但对自己呢，只有领导权，既无监督，又无公开，这样的学雷锋，到底是一种什么行为呢？

他们实在是找不到别的玩法了，实在是没有任何道德精神引导了，搬出雷锋这根稻草，做成稻草人，让别人跟着稻草人起舞，他们自己呢，在稻草背后，做着自己的政治游戏。Feb 24, 2012

G20 与杨改兰悲剧：极权美学的败局

极权美学用政治手腕制造完美

G20 会议之前，巴西举办了国际奥运会，整个开幕式以平易示之于世界，却也赢得一片喝彩。这个国家的精英们向世界展示的，是自己真实的历史，当然包括令他们难以忘却或不堪的场景，其中一首巴西诗人卡洛斯·德鲁蒙德的诗歌《花与恶心》就足以反映这个国家的内在良知与自我警醒："被我的阶级和衣着所囚禁，我一身白色走在灰白的街道上。忧郁症和商品窥视着我。我是否该继续走下去直到觉得恶心？我能不能赤手空拳地反抗？……"

这是一首关于与巴西军人独裁抗争的诗篇，某种意义上甚至反映了当代巴西人对当局的不满。

当代巴西没有党文化的笼罩与全面控制，所以才有奥运会开幕式上文化精英们的自由而真实的展示，而这样的表现，也让人看到巴西的宽容精神或胸怀，它比粉饰与掩盖，不知要高明多少倍，或者说完全不在同一个文明层次上，无法进行比较。

镜头拉到中国杭州，2008 北京奥运总导演张艺谋又总导演了 G20 峰会主题晚会，名之为《印象西湖》，似乎是在歌吟西湖人文历史，又似乎在替一位多情歌女回忆青春时光。整个 G20 会议的筹备与表演，都可以说无所不用其极，极度的安全保障也许人们可以理解，但对杭州居民进行清空城市式的迎宾，世所罕见，商店大量关门，工厂停工，市民外出旅游景点免门票。媒体报道这次会议花费达二千亿人民币，如果加上这个城市停工停产等带来的损失，最终的数字会更令人吃惊。

G20 峰会，本是大国领导人与经济领域精英汇聚，以解决世界经济相关问题，但极权政府却将其做成了一场政治秀。这场政治秀既通过各种铺张华丽的文艺表演，又通过无所不用其极的政治管控，这些管控包括将当地维权与异议人士逐离杭州；禁止基督教信徒聚会；不允许任何人对相关决策有任何批评，批评的文字在网络上会被删除，而公职人员如果批评，则会令其下岗（据澎湃新闻报道，2016 年 7 月 10 日，浙江台州椒江区白云街道办公室副主任郭恩平在 QQ 空间发表题为《杭州，为你羞耻》，批评浙江官方为了筹办 G20 峰会，大兴土木、粉饰美化、劳民伤财，随后他被开除公职和以"涉嫌利用信息系统寻衅滋事"遭警方刑拘）。国际媒体譬如经常批评中国人权状况的媒体"德国之声"，其记者就不允许入境，后经德国外交部门协调进入中国，但无法进入会议报道现场，美国之音一名记者也受如此冷遇。

可以把一场面向世界的表演办得完美，也可以把一次国际会议办得滴水不漏，因为极权政府手上，有的是人力资源，也有不受限制的经费可供铺张。这一切看起来是给全世界看的，但本质上它是给中共最高领导人看的——只要最高当局满意，一切付出就是正当的、合理的。至于这次会议到底会起到怎样的效果，人们还无法看到，但大陆的宣传却在高调推出系列文章：《从 APEC 到 G20 中国引领世界经济之船再启航》（新华社）、《【老外谈 G20】杭州峰会：中国引领世界经济的契机》（国际在线）。这些文章做出来，既是给杭州或大陆百姓一个"交待"（继续愚民），也是继续自我美化自我宣扬。

习近平本人则留下莫大遗憾——喜欢翻寻古籍的秘书们，好不容易找到了一则古代关于商业自由贸易与保护农业的典文，其中一句"轻关易道，通商宽农"，被习近平在演讲过程中读成"通商宽衣"。宽衣解带，一般是要脱衣上床了，一字之错，立时成为中外华文网络最热点新闻。无论是领导人还是教授专家，谁人没有过口误或知识盲点？为什么习的一句用典之误却哗然成为一场席卷网络的风波？因为杭州倾数以千亿的纳税人经费，要打造一个绝对完美的场景让全世界来领略中国盛世，让最高领导人满意，现在，喜欢用典的领导人自己出了差错，人们用一场哗笑，来释放一种无以言表的愤怒。

极权美学的宏大救不了杨改英一家

说到"宽农"的话题，农村农民的焦点话题在 G20 之后就接踵而至。极权政府无论如何强大，可以布控一切，但却控制不了公权力的腐败、腐败带来的社会溃败及其引发的灾难性后果。

2016 年 8 月 26 日 18 时许，甘肃省康乐县景谷镇阿姑山村村民杨改兰残害了自己的 4 个亲生子女。直接原因是贫困与绝望，她家近三年来没有得到低保救助，而原有的贫困户救助款给了与村支书有关的村民。杨改兰家有三头牛，所以不符合认领困难补助的条件，国家所谓的精准扶贫的钱还是存在的，由村支书给了自己的关系户。

好话都由中共总书记说了，坏事全由村支书们完成。这就是中共体制的善恶黑白。精准扶贫当然政治正确，但村支书不给杨改兰贫困补助，看起来也不无道理。杨改兰的丈夫呢？在一个企业打工，还没领到工钱，而早前应该领得的工钱，包工头仍然拖欠着。这些民间欠债或打工无法挣钱养家，似乎也是"正常"现象。这些现象，天天发生，不可能天天造成恶性的悲剧性事件，唯一的例外，在杨改兰身上发生。

是的，当年只有一个女子去哭长城，她的名字留了下来，叫孟姜女，千里之堤崩溃之时，也只会在一个蚁穴或一处溃口发生。

杨改兰一家子的悲剧事件，人们都在"归因"：有人归因于杨的性格；有的归因于地方政府的无人性；有人归因于中共体制的痼疾。是的，悲剧性的事件，不可能有单一性的动因，许多因素交汇在一起，灾难性事件就必然会发生。

我想到的是：国家外汇存贮数以万亿美元计，还有"一带一路"撒出去的钱，数以千亿美元计；给委内瑞拉这样的国家贷款或援助，数以百亿美元计；西湖 G20 会议，数以千亿人民币计，但这些宏大的国家经费，都与平民杨改兰没有产生一毛钱的关联。杨改兰与无数中国底层平民一样，都要衣食自给，二千三四百年前甚至更早的时间里，中国精英们就知道让商道通畅，对农民宽松，不误农时与民休息，而当代世界，仅仅宽农是不够的，农业与农民需要补贴，贫困线以下的农民，特别是他们的孩子，需要及时救助，而党国一体、没有监督、没有真正民意代表的社会里，国家决策的"宽农"，总会被村支书们弄成自家"宽衣"的经费。最高总书记口误一句"宽衣"，只不过引发一阵哗笑，而村支书们把宽农操作成宽衣，引发的则会是人道灾难。

当地村民焚烧了杨改兰孩子们的遗物，白色的纸灰随风飘散到天空，而西湖之上，那首哀怨的歌曲仍然在天际回荡。雨还在下，这首歌曲最后悲伤的结尾似乎是为杨改兰和她的孩子们而唱："白色翅膀，分飞了流年，长叹一声，天上人间。雨还在下，淋湿千年，湖水连天，黑白相见。"

《中国人权双周刊》（第 191 期 2016 年 9 月 3 日—9 月 15 日）2016 年 09 月 15 日

中共榨干了供养它的中国农村

大背景：发展压倒了人权

中国国务院总理李克强 1 月 17 日主持召开的国务院会议："确定进一步支持返乡下乡创业的措施，启动农村资源要素促进乡村振兴"。"进一步支持农民工、高校毕业生和退役士兵等各类人员返乡下乡创业、推动更多人才、技术、资本等资源要素向农村汇聚"。

李克强与习近平都有过上山下乡的经历，由于毛泽东时代中共一直搞政治运动，城市几乎没有任何经济与工业的发展，或者城市的发展无法满足新生代人口的就业与生活，特别是住房。

毛泽东以宏大的政治叙事，来掩盖中共的经济困顿："知识青年上山下乡，接受贫下中农再教育"，同时，又以政治传言来暗中恫吓年轻一代撤离城市：苏联要对大城市进行核攻击，上山下乡是疏散城市人口，是出于国民安全的需要。

依靠上山下乡运动，上千万的城市青年进入农村，由农民提供住房与生活来源，总体来说，是农民帮助经济危机的毛时代摆脱了灾难，而当中共要发展经济之时，回乡知识青年还有无数农民工，又成为城市建设的廉价劳力，只有部分农民工融入城市，更多的农民成为浮民，浮动工作于城乡之间，随时成为城市的劳动人口或城市的驱逐对象。

现在的回乡创业，仍然是宏大的政治口号，掩盖着中共城市建设与城乡协调发展的失败，因为中共仍然在坚守不平等的城乡户籍政策，改革开放四十年来，只把城市建设当成发展国家经济或权贵经济的发动机、摇钱树，而没有顾及新市民特别是非城市户籍市民的其它需求，譬如子女教育与医疗养老等保障。

中共的经济领域的改革开放，并没有在政治领域改革开放，所以，发展压倒了人权成为必然。现在中国大陆出现老兵维权、教师维权、工人维权、农民工维权、民办教师维权、房子土地被侵占维权、司法不公正维权等等，背后都是政治因素造成，中共以政治稳定压倒一切，通过经济发展来维系政权的合法性，政治与发展压倒了人权。

由于城乡发展不平衡、东西部发展不平衡，发达地区的农村土地易被强占强卖，而不发达地区的土地多被荒废，发达地区的农民感受到的是不公平，而不发达地区农民感受到的是被遗弃。中共现在致力于宣传的"冰花男孩"，他只是不发达农村地区儿童现状的一个缩影，无论中共怎样宣传与包装，都无法让人相信，中共能够根本性改变贫困农村地区的现状，唯一能够改革的方式，一是靠宣传包装，二是数字出政绩，地方政府会按照中共高层的政治需要，提供脱贫的资料，最后完成习近平交办的精准扶贫任务。

二、政治与运动持续破坏村庄

即便在抗日战争时期，国民党军队也不会在田野里抓劳作的农民去当"壮丁"，这是一条保障农民耕田种地的基本准则，这条准则看起来是保护人权，实则是保护社会的基本生活供给。如果种田的人都被拉去参战了，整个农村社会就破产了，国家供给也就断线了。

土地制度与私有房产等等，在日占时期也没有任何变化，而在"解放战争"之时，中共对农民的宣传是，打过长江去，解放全中国，农民将分得田地，从此过上幸福的日子。

事实是，农民在"解放后"分得了部分地主富农的地产，田地还没有"捂暖"，一场不可逆转的公社化集体化运动随之到来，农民们必须将土地汇集到集体，以此换取公社社员的资格，从此可以吃上大锅饭，并快速进入共产主义大道。

村庄没有任何抵抗能力，日本人来了，对村庄的抢掠村庄无力抵抗，国民党来了，如果有不守军纪的军官对村庄社会巧取豪夺，村庄也难以抵抗，真正无法抵抗的力量，是中共的到来，传统社会到民国时代，村庄都没有被政治化，也没有运动式的改变村庄的形态，但中共通过政治运动，一次次的破坏村庄，有些则以改造与发展的名义，进行破坏。

村庄的信仰被破坏，所有的宗教建筑都被强行征为公用或毁坏，宗教信仰被名之为封建迷信；村庄固有的土地制度被破坏，传统社会通过土地经营而"先富起来"的农民，被名之为地主（其它每一个拥有土地的农民都是地主），将地主富农有罪化，成为阶级敌人，成为斗争物件，甚至消灭物件。农民几乎所有土地集体化，而在极端公社化时期，将所有粮食上交"公家"集体，造成了全国性的三四千万人口非正常死亡。

破坏了乡村士绅与家族自治制度，中共党组织进入最底层的村庄，使每一个自然村都被政治化，或被政府监控，村庄没有了和平安宁。

村庄的传统精英文化背景消失，民间文化失传，政治文化侵占并主导乡村。传统社会的精英文化是儒释道文化，到了中共建政之后几乎完全废弃，代之以红色革命文化与歌颂领袖的歌舞。我的老家安庆，既是清桐城派的重镇，又是徽班进京的文化源头，清以降的繁荣景象文脉断流。

村庄通过自毁式的劳动，获得基本生存，大炼钢铁的过程既是各个家庭砸锅成铁的过程，也是毁坏山林的过程，生态完全被破坏，而所谓的鼓动农民兴修水利，也是倾村庄之力，去建设大的国家工程，对相关的区域有意义，更多的民众无法分享。

学校教育被政治化，传统的人文教育与道德熏陶、礼仪训导没有了，只有阶级斗争与革命文化内容，历史被篡改。

对地富反坏右的斗争成为不定期的文化娱乐活动，而文革之时对文物古迹与知识人的批斗，更是一次彻底的破坏，政治斗争、人际分裂深入到村庄、学校，这是中国历史上第一次出现，造成个人的人格分裂、人伦破坏，传统文化【小编推荐:探寻复兴中华之路，必看章天亮博士《中华文明史》】中的中庸和谐、友好亲善几乎茫然无存。

人们都知道计划生育对乡村女性的摧残，而这种摧残在中共建政之后就开始了，在传统乡村时代，许多女性是不需要参加繁重的体力劳动的，为什么女性会裹小脚，因为女性不需要在田野劳作。中共建政之后，将南方稻作改为双季，使田间劳动量增加一倍，加之兴修水利与重大国家工程无偿公派劳动力，女性在"妇女解放"、"妇女能顶半边天"的政治口号下，不仅与男人一样参与各种劳动，还要负责生儿育女、烧饭洗衣等等，现在回想起农村生活中的女性，完全是集中营一样的被奴役生活。

三、中共只会利用乡村而无法修复或建设乡村

当中共总书记习近平提到中共的"初心"之时，将其锁定在中共对底层贫困农民的关怀，共产党人就是，即便在长征那样困难岁月，自己有半条被子，也要撕开半条留给困难群众。

但他没有说这半条被子是打土豪抢劫而来，中共从秋收起义、从建立苏维权红色政权之时，就致力于破坏乡村政治经济文化生态，关怀贫困人口，只是一个幌子，打土豪分田地也只是一种政治手段，抢掠得到的财富，主要用来保证中共军队的供给。

而中共的求是杂志刊登的有关中共初心的文章，指接点题：共产党宣言或马克思主义的核心内容，一句话，就是消灭私有制。正是中共在推翻中华民国过程中，以及建政之后一直在破坏私有制、剥夺社会与个人私有财产，所以中共的初心严格来说一直并没有改变，只是在改革开放时代，变得更加隐晦，更多的通过市场方式来掠夺与控制社会财富。

乡村没有真正分享改革开放的成果，乡村不能与城市一样获得经济文化的发展，部分原因是乡村农业的因素，全世界城市化、市场化过程，都伴随乡村衰落，人口与财富向城

市汇聚，但中国问题的党国因素是，农村的土地没有私有化，农民无法将土地变现，同时，由于农村土地归集体所有，这就等于归村支书或乡镇领导所有，成为他们开发、交易的财富之源。同时，农民在城市劳动，无法融入城市，因为户籍门槛，这样数以亿计的农民成为中共渔猎的工具。对比同一社会形态与文化背景的台湾，我们就能看到中共治下的大陆农村，为什么出现巨大的贫富分化，以及人道灾难。

留守老人平静而惨烈的自杀，留守儿童被性侵被拐卖，农村学生更难进入一流大学升造，边远地区的孩子上学甚至没有鞋子穿，午餐也无法供应。

近有经济学家追问，有一点三万亿美元的外汇存贮"失踪"了，但巨额外汇消失只是冰山一角，几十年来，中国农村数以万万亿的土地增值、农民工创造的数以万万亿的剩余价值，又去了哪里？中共改革开放以来看起来是通过城市的发展获得经济繁荣，但只要分析创造财富的主力人群，以及城市建设用地的来源，就会发现，中共的经济是建立在破坏与掠夺农村、农民的基础之上。城市只是一种表像的存在。

地方政府也不是一点作为都没有，建设发展有特色的城镇乡村，让新农村成为旅游消闲的新空间，但这种建设只有部分乡镇农村可行，中共的风格是运动式的，行政权力决策，更多的新农村建设只会打水漂，文化与市场的准则在党治的生态中，无法改善农村的经济与文化生态。

像传统中国帝王一样，中共最高领导人偶尔会大发善心感慨，希望穷困的农民们能衣食荣足，也会有一些减税赈灾的举措，但这就像干旱地区偶然飘来一片有雨的云彩一样，只有象征性的作用，无法对穷困干旱的生态有根本性的改观。

　　风传媒 2018 年 02 月 07 日

从乌坎事件看大陆基层社会—不民主化必黑恶化

　　律师无法当面确认当事人声明的真实性，他认为公诉人员的做法是违法的。为什么是违法的？因为只有律师当面见到当事人的签名声明，才可能真实有效。

　　当局为什么不让律师会见当事人？显然，当局还没有坐实林祖恋的贪污之罪，现在公众看到的，是电视审判，还有就是林祖恋被迫声明自己有贪污行为。

　　新发生的乌坎事件，让人们看到，有一点基层民主希望的广东乌坎，仍然难以逃脱被地方当局窒息的命运，地方当局己与最高当局不同的部门形成联动机制，通过电视审判、通过胁迫当事人制造罪名、禁止当事人自选律师等方式，来做实被打击对象，让百姓合法维权成为泡影，也许这是当局反基层民主化的一盘大棋正在推演。

电视审判："依法"治人

　　在律师都还没有请到的情况下，乌坎村支书林祖恋就上央视了，说自己是"主动"投案自首，公开承认自己受贿的犯罪"事实"。

　　应该上电视公开审判的，应该是薄熙来、周永康、谷俊山等人，因为他们过去曾通过央视等媒体风光无限，现在通过电视审判，一是以正视听，让人们看到他们的真面目，消除过去电视给他们的正面形象；还有就是，他们罪行昭彰，并已得到相关司法审定，走一下电视公开程式，让民众知情。

近年我们看到的情形却是，警方刚刚抓住一个薛蛮子这样的因私生活过失或高瑜、周世锋这样因言论与公义而被警方拘捕而未被审判的异见人士与维权人士，立即通过央视让他们公开认罪，这本身就是公权力在犯罪，因为员警、司法与媒体都由中共有关部门一手操持，现在进行警、法、媒联动，也许做不实别人犯罪事实，但可以通过媒体制造影响力，在心理与宣传上造成被拘审者既成的"犯罪事实"。

世界范围内，通过电视审判甚至通过电视处决"罪犯"的，可能只有中国政府与基地恐怖组织，以及 ISIS 组织。如果说恐怖组织是硬刀子杀人的话，中国当局则是用软刀子制造恐怖。

中共的这种电视审判，需要三个部门密切合作，就是警方、司法、检察机关，还有就是党的喉舌媒体，而这三个部门之上，必然还有一个中央级别的统筹协调机构，只有中央级别的指令，才可以形成联动，并最终通过央视播报。

林祖恋不过是一个广东的小小村支书、村主任，为什么要动用国家级的力量，进行干预并曝光？

这显然是视乌坎问题具有广泛的国际国内影响力，中共官方要通过"最有效"的方式，来发布消息，控制局面。至于林祖恋是不是真的受贿了，电视曝光者是不会去考虑的，他们要的，就是林祖恋通过电视公开认罪，中共官方的逻辑是，当事人都已经认罪了，其它媒体与声音还有什么好说的呢？甚至都不需要其家人聘请的律师，官方要垄断一切资讯源，做实当事人的罪行。

正阳光下的黑色手段

让有影响力事件的当事人上央视认罪，看起来是很公开很阳光的事情，但正阳光下，人们看到的却是无底线的黑暗，当地警方要拘审林祖恋的同时，拘捕了他的孙子，与抓捕著名记者高瑜，同时抓捕她的儿子一样，通过制造血亲家属的"罪行"，来威胁当事人屈从，官方的电视导演准备好台词，当事人只有念台词的份，没有其它选择。否则，你的亲人就可能面临不可测的危险。

近日，大陆有影响力的网友只要通过微信公号或微博谈论乌坎，即被立即封号，显然，中共体制已形成网路与警方、地方政府联动的机制，只要地方政府将一个事件做成上纲上线的政治事件，并进行污名化处理，中共主流媒体与网路管理机构就会立即跟进，对不同的声音进行封杀，以保证地方政府对敏感事件的处理悄无声息，不造成更大的影响力。

他们说服中共高层是非常简单的：一条就是编造国外敌对势力渗透，要通过乌坎事件制造对中国不利的新闻报导，进而影响更多的村庄；另一条就是，乌坎村支书贪污，已在电视中承诺犯罪的事实，所以要"依法"进行处理。

于是我们看到了一系列的技术性的跟进，中共地方政府已经非常熟练地用极其低级的方式，甚至黑社会手段，打压村民维权行动，并形成自己的话语逻辑。林祖恋要组织村民上访，以索回村庄的土地，以及一些租地卖地款，这一组织行为，触怒了广东官方，因为这些土地与经费一旦追究，可能引发一系列腐败问题被曝光，所以地方政府必然要痛下杀手，林祖恋预感到自己将受到官方打击，所以与妻子离婚，以期使家庭不受影响，但官方还是拘捕了他的孙子，以此逼迫林祖恋通过电视认罪，这与当年拘捕著名记者高瑜的儿子，以此胁迫高瑜电视认罪，手法如出一辙。显然，中共有关机构已形成黑道手法加电视审判，来达到自己"依法"治民的目的。低级的方式予以配合的，还有学校校长通过让学生签名，来收集证据，证明林祖恋有依法行为，但这一行为很快被家长识被，予以痛斥，并通过网路公开相关图片。

我们看到林祖恋被电视认罪后，当局进一步的技术性跟进方式还有，对林祖恋家人聘请的律师，一律由相当司法局严令不得介入，即使已经汇款，也要立即退回，以保证相关审判，由官方指令或相信的律师参与，对海外执义敢言的媒体，进行污名化，高调造势说香港的苹果日报、端传媒等介入到乌坎事件中，并要追究记者的法律责任。将记者的正常采访，诬为非法采访。当境外媒体与民间 NGO 撤离之后，官方就可以随意打压村民维权行动，底层政权正在流氓化，甚至黑社会化，对民间正常的社会维权进行无底线打压，制造恐怖。

乡村管治走向黑恶化

这里有一个问题是，地方政府为什么要抓林祖恋？仅仅因为林祖恋是上届政府柔性政府下，选举出来的民选村领导？根本原因是，民选村领导拥有了民意的力量，开始维权与问责，而这样的维权与问责的力量，是合法的村级政府的有组织行为。村里土地遗留问题，还有以前村领导出租或卖出的土地相关利益没有获取，新的领导班子必须追索。这样的追索，必然侵犯相关权贵的直接利益，甚至可以把他们送刊监狱，地方政府相关责任人不可能吐出从前获取的巨大利益，只能通过黑社会方式，制造冤狱，陷林祖恋于不义，并通过层层公关，将林祖恋问题上升到地方稳定、重大国际影响层面，使上级机构支援地方政府，重拳打击民选村官。

中共喉舌则通过高音喇叭来呼应官方对村民维权的处置：《人民日报》旗下的《环球时报》在周一（20日）发表的一篇英文评论说："如果全国各地的矛盾都用乌坎村民的激进方式表达的话，中国基层看到的将是一片混乱和骚动"。环球时报说出了当局对乌坎事件深感恐惧的根源，就是害怕中国民间社会因乌坎的民主实验而产生蝴蝶效应，似乎基层民主化，就是中国垮台的先兆。

因为民间的维权活动，令当局恐怖？还是民间政治的兴起，令中共当局畏惧？即便是乌坎人故意将其非政治化，并在示威活动中高喊中共万岁也无济于事。因为中共当局内心明白，维权不仅仅是经济权益的维护，最重要的是真正的民选基层官员，将对中共政治形成质的改变，而这种改变，他们无法承受。毕竟，自上而下的反腐败，只是隔墙扔石头，偶尔会有腐败官员死伤，但自下而上的监督与民主化进程，则使官员的生态发生根本的改变。

汪洋当年支持民选村官，柔性处理乌坎村，被认为是一个标志性事件，但汪洋本人在当年的两会期间接受记者采访时说，广东并无创新，只是按照村民组织法与相关选举法规，选举了村民委员会与村支书。汪洋不愿意将事态上升到乡村政治层面，只是认为乌坎村的选举是做实了，按规则办事而已。那么，推而言之，其它的地区村民选举，都被基层官员掏空了，让相关法规徒有其名，民主自治的基层，完全变成了官主官治的社会。

汪洋与当时的广东基层官方，不是一个共同体，因为汪洋知道自己要进入中南海办公，他的目标或共同体在更高处，他有自己的诗意的远方，所以，相对超脱，当年对乌坎村的处理，可以开明地柔性的解决。但现在的地方政府官员，内心却是"臣妾做不到"，为什么做不到？如果村民维权成功，官员就没有了任何想像的权益空间，林祖恋启动的村民集体维权，将"制造"地方动荡，也可能引发蝴蝶效应，地方政府官员以前的官商合谋，可能受到上级的追究，而进一步的掠夺村民土地，也会更加困难，地方政府现在主要靠土地财政供养，没有了这块与民争食的肥肉，地方政府可能一事无成。

无论是对村民还是对官员来说，乌坎之争，都是最后的斗争，谁能团结起来，谁能获得胜利，谁就拥有明天。不是地方民主拥有明天，就是地方权贵拥有明天。怎样才能有效打击乌坎维权行动？当然一是将乌坎事件泛政治化，对境外媒体进行污名，认为他们参与了乌坎维权行动的策划，以引起中共高层的重视，并可以重拳打击；还有就是对林祖恋这样的当事人进行人身控制，通过各种胁迫，使其认罪，同时阻断当事人与律师及非官方媒体之间的一切联系。这一切方式与手段，都是公权力在黑恶化，非法化。所以，当有关当局公开林祖恋受贿八万元人民币赃款时，网民们调侃道："八万块，动用三百武警，上千警力，半夜私闯民宅强行拖走一个年过半百的老人。中国真法治。"与之鲜明对比的是，电视已曝光的江苏与北京的学校有毒跑道，尽管造成相当多的孩子生病甚至死亡，却至今没有下文。当局打击乌坎的用力点在哪里，不言自明。2016-7-4

回头看那场清除精神污染运动

似乎在中国，保守派只要一声令下，文革立即可以死灰复燃，一夜之间就可以实现祖国山水一遍红。

党报浙江嘉兴日报社评论员王垚烽，因在微博发布反党反共反毛言论，而被开除，这是我们见到的第一例因公开"反共反毛"而被除名的媒体人。有媒体评论人认为，身为党报评论员，不能首鼠两端，如果要反共，就得净身出门，如果想端着这只党给的饭碗，就不能反共。

在我看来，中共应该既容得下党外的尖锐批评，也应该容得下党内的尖锐批评，习近平早已讲过这样的话，尽管是在政协会议上讲的，但应该适用于党内外。如果中共媒体人不能批评甚至指责中共，中共的包容性在哪里？如果所有的人沉默、没有任何异见与批评，中共又如何意识到自己的罪错或缺憾？

前事不忘后事之师，让我们回过头来看看中共八十年代初发起的清除精神污染运动，也许可以看出，一场运动的兴起，往往是中共内部极少数保守派为达到个人或利益集团的目的，挑起事端，但中共最高层有无健康力量予以制衡，将直接影响中共是不是在错误的道路上越走越远，直到酿成灾难。

七十年代末的西单墙事件以抓捕一系列参与者而告结束之后，八十年代初，媒体人、文艺界与知识分子们又在文艺领域及异化理论、人道主义理论上与中共保守的意识形态展开博弈。

文艺界，有伤痕文学兴起，揭露与反思文革灾难，而军旅作家白桦的《苦恋》更是将问题直指本质，主人公在文化大革命中更备受折磨。他女儿在逃亡国外前曾反问父亲："您爱这个国家，苦苦恋着这个国家，可这个国家爱您吗？"主人公无法回答，以"一个硕大无比的问号"为剧终。

新闻界，当时的人民日报由社长胡绩伟主导，从1979年开始讨论党性与人民性的问题，给予社会的答案是"人民性高于党性"、"党性来源于人民性"、"没有人民性就没有党性"。而1980年8月发表的关于人道主义再认识文章，为人道主义正名，无疑，也是对北京日报特约评论员文章认为的人性论不是无产阶级口号的否定。

理论界以光明日报为阵地，重要文章有严家其《改革政治制度，需要研究政体问题》，吴明瑜《研究世界政治是改革的需要》，鲍彤《对官僚主义的认识不能停留在过去的水平上》，政体改革问题、中国与世界政治文明接轨问题等都成为主流声音。

1981年1月23日，胡乔木在中国社会科学院的讲话中开始批评胡绩伟的"党性和人民性"的言论，成为了清除精神污染运动前奏。这里，我们要看到的是，作为中国社会科学院的院长胡乔木（四十年代毛泽东秘书），其一个人的作用，对中国改革的反制，亦可谓"中流砥柱"，当时，邓小平曾有意于政治体制改革，对传统封建专制理念侵蚀中共亦开始反思与警觉，但波兰工人大罢工事件，使胡乔木看到了改革对中共体制的危害性，立即起草信函给邓小平，邓小平因此警觉工人群众运动对党国的颠覆。八十年代初的政治改革机遇，就此丧失。而胡乔木对抵制精神污染或清除精神污染，也"居功其伟"，1983年3月7日，周扬纪念马克思逝世一百周年学术报告会上发表题为《关于马克思主义的几个理论问题的探讨》的演讲稿（该演讲稿实为王元化、王若水、顾骧三人起草），胡乔木与邓力群通过理论说服无法对付周扬等人，就找到胡耀邦，但被时任总书记的胡耀邦阻止，保守力量并不甘心，就直接找到了邓小平，邓小平时任中央军委主席，当笔杆子找到了枪杆子，或者是笔杆子说服了枪杆子，一场政治运动就可以疾风暴雨式的开始了。

胡乔木的声音成为中共十二届二中全会上的主导声音，因为邓小平的讲话由胡乔木与邓力群们起草。

这次中共会议通过《中共中央关于整党的决定》，要求"同资产阶级腐朽思想和制造精神污染的行为作斗争"陈云发表了"不搞精神污染"的讲话。会议的最后一天邓小平使用邓力群为其准备的讲话稿《党在组织战线和思想战线上的迫切任务》，特别提出"思想战线不能搞精神污染"。

邓小平在讲话中说："理论界和文艺界还有不少问题，还存在着相当严重的混乱，特别是存在精神污染现象。""精神污染的实质是散布形形色色的资产阶级和其它剥削阶级腐朽没落的思想，散布对社会主义、共产主义事业和对于共产党领导的不信任情绪。""有一些同志热衷于谈论人的价值、人道主义和所谓异化，他们的兴趣不在批评资本主义而在批评社会主义。""人道主义和异化论，是目前思想界比较突出的问题。"

当异化论与人道主义争论被邓力群胡乔木送到胡耀邦面前时，胡耀邦当然意识到它的政治因素，但仍然把它当成理论问题，要求在理论层面上进行探讨，但这一问题转到邓小平手中，邓小平立即将其政治化，理论问题被泛政治化之后，就会带来一场政治运动，就会绞杀一些政治异己力量。而这，也许是邓小平最希望达到的目的。

胡乔木与邓力群这样的人，他们要通过这样的运动，达到怎样的目的呢？

他们确实是原教旨马列主义者，没有斗争，就激发不出自己的政治生命力，也无法体现自己的理论价值，而通过斗争的方式，使自己与邓小平上下其手，打压理论对手，获得政治领域与理论界双重身份地位，这是他们的目的。

精神污染是一个意识形态的口袋罪，任何被中共各级官员视为异端的东西都可以装入，譬如当时连李谷一的《乡恋》这样的抒情类歌曲都被视为靡靡之音，科幻小说也一并打击（钱学森曾多次表示，科幻是个坏东西，因为科学是严谨的，幻想却没有科学的规范）。在活动的高峰期，《马克思传》内页因为有马克思夫人燕妮展露肩膀和颈胸的传统欧洲装束的照片，被视作"黄色书籍"没收。《了望》周刊封面因为刊登世界冠军的女子体操运动员在高低杠上的动作，在一些地方当作"黄色照片"被收缴。

清除精神污染俨然成了一场文革式的反文化时尚的闹剧，不知道胡乔木与邓力群们如何看待这样的闹剧场景？而这样的闹剧如果没有官方制止，又将如何收场或演变成怎样的结局？似乎在中国，保守派只要一声令下，文革立即可以死灰复燃，一夜之间就可以实现祖国山水一遍红，各种革命派打着红旗扫荡天下。

当时还好，有胡耀邦与赵紫阳，在一定程度上对精神污染打击扩大化进行阻击，11 月 14 日，胡耀邦、赵紫阳在中央书记处对"清污"正式发表讲话，提出限制清除精神污染。中国青年报发表评论员文章《污染须清除，生活要美化》，11 月 17 日刊登。此社论及后来的数篇文章，对清除精神污染运动提出批评。清污运动的高潮期持续了不到一个月时间，一方面是清除精神污染运动扩大化，日益变成一场文革式的整人运动，另一方面是党内改革派的积极干预，通过中国青年报发表系列文章对清污运动予以遏制。12 月 20 日，胡耀邦在中央书记处会议上总结，称邓小平的清污决定是对的，但是在下级执行时出现了偏差。12 月 31 日，中共中央发出《关于在清除精神污染中正确对待宗教问题的指示》，"清除精神污染"运动被结束。

现在，我们看到，打击抹黑中国（或反共反毛）的运动正方兴未艾，中共党内还有胡耀邦与赵紫阳这样的改革派出来力挽狂澜么？如果没有，这场新的打压知识分子与民主人士的政治运动，会走向怎样的极致呢？2014-11-25 东网

资本主义没有实现"自由化"

中共主管高干的人事部门——中央组织部发出通知，要求干部坚定信仰和民族精神独立性，不要成为西方道德价值的"应声虫"。组织部门发文，强调官员的意识形态信仰，并不多见，我们常见到的是中共宣传部门，动辄批评西方资本主义腐朽生活方式，西方、资本主义、自由化、腐朽生活方式，在中共宣传与组织系统语言里，是一个密切相关的"坏词链"。这说明什么呢？说明他们所指的资本主义，还停留在马克思生活的时代，他们似乎全然不知，斗转星移，西方资本主义社会已进入追求普世价值的新世纪。

马克思在十九世纪中叶，看到了资本不受制约时或遇到暴利时，对人性与社会的摧残，马克思说："一旦有适当的利润，资本就大胆起来……有50%的利润，他就铤而走险；有100%的利润，他就敢践踏一切人间法律；有300%的利润，他就敢犯任何罪行，甚至冒绞首的危险。"马克思说的是"资本"，其所指主要是经济领域的资本，但权力资本呢？暴力资本呢？山中土匪、官府中的官吏，还有城中的劫匪与小偷，有百分之三百的利润（这些人更可能是无本万利），一样的铤而走险。这里我们看出了马克思理论出发点中的问题了，他唯一想制约控制甚至消灭的是"资本"，他没有看出，问题不是出在"资本"身上，也不是出在资本家身上，而是出在人性之中。人可以通过资本来追逐暴利，也可以通过公权力、通过一己体力（暴力），来非法谋取他人财富。

马克思的理论出发点一错，后面就跟着大错而特错了。既然资本是逐利的，所以必然会是剥削的，必然会异化人性与社会，从而造成无产阶级或工人阶级对资产阶级的革命，而革命要解决的问题是消灭私有制，解除资本的剥削特性，没有资本、没有私有制，也便没有了剥削与压迫，这样就要消灭地主富农资本家，实现生产生活资料公有化，从社会主义逐步过度到共产主义，人类幸福美好、平等自由的时代就来到了。

如果马克思把问题归结到人性上呢，就会看出问题的另一面，无产阶级得到了政权之后，仍然是一部分人管理与控制国家机器，这些人披着无产阶级外衣，即便是无产阶级，但人性的贪婪本质，决定了他们在没有有效的权利制约的情形下，革命家与资本家一样，为了利益而铤而走险，问题是，人性的贪婪在资本主义社会中，人们一旦意识到，就可以通过各种力量予以制约，因为资本主义毕竟是在自由市场与法制社会中产生出来的，并没有发展成为国家资本主义，即并没有控制国家权力，而暴力革命起家的社会主义，从一开始就以非法暴力剥夺财产所有者，如果说资本的每一个毛孔都流着脏污的血的话，革命者所获得的权力与财富，则是通过砍人头堆垒起来的。资本通过市场毕竟还有利他性，而革命通过暴力，没有双赢，只有革命者获得绝对的成功与胜利。

但资本主义一步步走到今天，经历了初始期的少人性缺人道，到中期的大萧条与战争（一战、二战），再到二战之后，逐步进入稳定期，新教与资本主义伦理、国家调控、社会力量制约、民主宪政制度等等，共同发挥着作用，使资本臣服于社会，又不失其适度的野性（自由属性）。

资本主义通过国家暴力经济以殖民地方式、瓜分势力范围的方式，以实现市场国际化、自由化扩张，这种方式在二战之后被遏制，这是资本的国际扩张的被终结，那么资本还会通过人性的弱点，腐蚀人性，使社会普通产生享乐或纵欲主义，这又由什么力量来遏制呢？韦伯认为，新教伦理是促使资本主义精神形成的关键，也可以说，它是促使资本主义经济平稳、有序发展的保证，韦伯引用圣经里箴言 22：29 里所描述的："你看见办事殷勤的人吗？他必站在君王面前，必不站在下贱人面前"，新教徒从这种宗教来源里得出了"事业"的概念，将一个人的经济成功视为是救赎的象征，而挣钱的行为在现代的经济秩序下则代表了一个人服从其使命的呼唤。有趣的是，日本人二战之后居然也能从佛教精神中，找寻到资本主义的道德精神，即劳作与创造是一种修行，稻盛和夫在自己的书中如此总结："工作对人类而言，其实具有更深远、更崇高的价值与意义。劳动可以帮助我们战胜欲望，磨炼心性，培养人格，其目的不只是换取生活所需，因为换取生活所需只不过是劳动所附带的功能而已。"

经营管理是一种工作，体力劳动也是一种工作，工作都是修行，新教伦理视同一种责任与事业，当这种形而上的宗教精神浸染资本经营领域之时，资本与财富的理念在价值观层面就发生了根本性的改变。正因为宗教对资本主义精神的改变，我们看到，许多资本家在致力于赚钱的同时，同样致力于公益慈善，许多美国大资本家甚至联合要求政府对富人多征税，盖茨这样的巨富，除了留极少部分财富给自己的孩子，其它个人财富全部捐组慈善基金，以回馈社会。英国著名的社会学家安东尼·吉登斯也说过："通过正当的经济活动而全力以赴地投身于财富的追求，与避免把这样得来的钱财用于个人享乐，两者独特地结合在了一起，这便是现代资本主义精神的特征"。这种资本主义精神使得人们相信，"在一个选定的职业中有效地工作是一种义务和美德"。

资本主义社会通过宗教信仰提升自己的道德价值层次，但这并不是唯一有效的方式，国家与民间社会在制约资本力量过程中，也发挥着巨大的作用，譬如工会组织，有效的维护劳动者工作权益，政府则通过颁布最低工资标准，保障劳动者基本收益，通过税收调节高收入与低收入人群的贫富之差，通过独立的司法体系，来审理社会各种纠纷与冲突，通过选票来选举各级议员及州府县府甚至国家最高领导人，以使国家政权代表全民利益。当然还有无所不在的自由媒体监督与批评，以及公民合法的示威罢工权，这些力量对资本与公权编织出一个有效的笼子，使其难以为害公民与社会，"资本"主义因此不可能"自由化"。

共产党人如果稍有良知，会发现他们批评与丑化的西方当代资本主义社会越来越像马克思描绘的社会主义社会，而时下中国的社会主义社会，却完全是一副权贵资本主义模样。中宣部提拔的各级党员干部，每年数以万计、十万计的腐败案发生，他们不检视自己的制度因素，把问题归结到资

本主义道德价值观，真是令人啼笑皆非。2014-07-24 东网

打压知识份子的运动又开始了？

辽宁日报（中共辽宁省党媒）说因为经常接到大学生们一些反映，说大学课堂上许多老师、教授在理论上、情感上都与中共主流意识形态不一致，以批评或抹黑中国为荣、以不入党为精神独立标志，所以辽宁日报就派出记者，遍听了上百所大学老师的课，记了十几万字的课堂笔记，发现问题确实很严重，所以发表长篇报道，抨击大学教师，向全国高校教师喊话，请不要抹黑中国，"呲必中国"，问题很严重。

中国如果出了问题，那么问题出在批评者指责者身上，出在大学教授或公知身上，不可能出在党国制度或官员身上。为什么，因为中国的当政党是伟大光荣正确的，只要确立这样一条神圣原则，其它一切都可以依此原则予以推论。现在又有新说法，叫三个自信，道路自信、理论自信、制度自信。中共的道路、理论与制度不容置疑，如果高校教师在课堂上讲课内容不符合三个自信或有损三个自信，那么，党报就有理由对其抨击，要通过各种打击，使这些教师教授们失去自信，从而转而相信党和政府。

现在让我们来重述一下社会常识：

知识在哪里？在党和政府手中，还在大学与研究机构？知识传播与知识研究、进步，当然都在教室与实验室里，不可能在当权者手中，连中国古代皇帝都懂得尊重孔子与儒生，如果有人认为，自己掌握到枪杆子，枪杆子里不仅出政权，还出真理，那么，它的真理与它的政权，都已走到极点或终点了。一个地方党报，不去思考为什么大学教授对党国政府或意识形态都有意见，那是党国政府出了问题，还是大学出了问题呢？

知识分子的使命是什么？不仅是授业解惑传道，还有批评政府、警醒社会，如果把说真话、批评政府的知识份子当成异见者、当成抹黑祖国者，那么，这个社会就只剩下歌颂政府者，当一个政府只接受表扬与歌颂，对任何批评与谴责都予以封杀，它就不是人民的、文明的政府，而完全是黑社会了。

美国或欧洲的政党与政府，背后都有高校与上千所智库在为它们提供知识与决策服务，这些机构是独立的，完全按自己的资料或调研或观察思考来做理论研究与决策研究，当权者要做的，一是尊重这些研究成果；二是在众多研究成果中做出自己的选择；三是对智库成果选择使用之后，由政府承担一切后果。

现在的中国现实情况呢？是党领导下的大学与研究机构，按照党的政治意志来研究来思考来调研，包括辽宁日报，看到的是教授们观点与党和政府的意识形态有偏离，或完全相异，如果学者教授们与党的观念不一致，那么，按照党国逻辑，问题必然出在高校与研究机构里，而不可能出在党国当权者或意识形态掌控者那里。

对大学的控制已到了怎样的地步呢？

一位朋友告诉我，南方的大学教师与媒体高管被约谈，一一过关，被问的问题主要是对宪政的看法和对普世价值的认同问题，如果被视为政治异见者，后面的事情就接着来了。而中部地区一位商学院的老师告诉我，高校老师的自由度最近一二年变化巨大，老师难以调课、难以自主决定考试方式，甚至一上午不允许连上四节课，对兼职与外出开会，也有控制。总之，就是通过一切手段，让老师没有自由度，没有自由空间，也不可能有自由的思想与传播。

如此高压对待高校与知识界，显然有重回文革之势。为什么会这样？

因为焦虑，官方认为，六四之后，经济社会发展到今天，社会矛盾又开始激烈起来，党国与社会的冲突越来越多、越来越严峻，国外从东欧之变到北非茉莉花革命，到中国周边国家地区的政治变局，都使中共变得非常焦虑，中共担心一旦再出现八九民运那样席卷全国的抗议潮，政权可能一夜之间土崩瓦解，所以，对任何风吹草动都丧胆有加，祭以重拳。

而打压者，既有中国社会科学院王伟光这样的位高权重者，又有辽宁日报这样的媒体帮凶，还有自干五周小平这样的年轻力量，这些都是我们看得见的，更多的看不见的，是那些党系干部，包括宣传系、党委党办干部、团系干部等等，这些人在政治文明社会里，完全没有他们饭碗，他们是寄生在一党专政国家的特殊群体，一旦社会转型，实施宪政民主制度，这些人连开计程车的机会可能都没有，因为他们养尊处优、不劳而获惯了，所以，他们必然誓死捍卫一党极权，保卫他们的饭碗与保卫党国体制是统一的。

这也使我们看到，此前有关吃党的饭，砸党的锅之说，党的媒体、党的文艺人、党的干部们，吃的不是人民的饭，而是党赐给的饭，这些体制内的人，只能听党的话，为党分忧，为党国唱颂歌，如果吃着党的饭，还传播政治异见，那就是砸党的锅，你砸党的锅，党就砸你饭碗。

政治文明在中国，不仅是墙的问题，更是饭碗的问题。几千年来中国人饿怕了，一旦把问题还原到饭碗上来，就会让与之相关的人警醒过来，意识到，自己的生存底线正受到严峻的挑战。

如果共产党人意识到饭碗来自人民，如果害怕失去饭碗的知识人意识到自由的价值高于饭碗，这个社会就会有变化。现在这种圈养式的安定与繁荣，核心是把知识人当猪，当政者也把自己的体制内的人，都当成猪，因为只有猪是以圈养换有限的生存权的。

大学与媒体人在某种程度上已进入市场化状态，但党的组织仍然控制着大学与媒体，现在中共保守力量觉得大学与媒体有些控制不住了，不顺从自己的政治意志，所以就有王伟光这样的人祭出阶级斗争理论进行恫吓，有辽宁日报这样的媒体出来进行报道式威胁，目的是什么呢，就是要收紧大学自由度，在精神上圈养知识份子与媒体人，使其不敢越雷池半步。

辽宁日报的文章，是不是意味着，打压知识份子的政治运动又开始了？2014-11-20 东网

反对北京逼迫小学生向党旗敬礼

——致北京市团市委公开信

北京团市委：你们春节期间让孩子们写身边的党员作文，现在又经常升让孩子们向党旗敬礼，这是一种行政强迫行为，我表示严正抗议与强烈不满！

一，党旗是党内旗帜，不应该公开让不是党员的孩子们敬礼，你们党员自己经常敬礼吗，自己不做的事情，为什么要让别人做？孔子说过，已所不欲勿施于人，你们做得到吗？

二，共产党是一个政治组织不是一个宗教组织，所以党不能作为信仰来崇拜，政治组织不能信仰，只能有政治信念，政治信念是可以不断修改的，譬如中共从文革进步到改革开放，从以阶级斗争为纲进步到科学和谐观念，都是一种观念上的改变，但宗教信仰不可改变。

三，孩子们未成年，不能参与政治组织，宗教与政治不应该进入中小学校，特别是未经家长许可，孩子不是党的，不是团中央的，监护人是家长，不能不经家长同意，擅自用政治与宗教信仰来影响未成年人。

四，共产党员应该以身作则，通过行动使全社会包括孩子们看到你们的先进性，如果通过行政方式让孩子们来歌颂你，来向你的旗帜敬礼，令人不屑。

五，应该对孩子们进行公民意识教育与民主教育，让孩子们从小学会通过公开竞争，通过志愿与公益精神来服务于社会，而不应该通过行政安排强行让孩子们尊重你们，这样只会适得其反，当年让我们学雷锋，有用吗？许多地方老人倒地都不敢扶起，团组织为什么不组织团员们去作为呢？

六，请北京市团委委员们写一篇作文吧，我身边的党员，我自己作为一名党员，如果写得好，就发给孩子当范文学习，用团委行政方式来强迫孩子敬礼与写作文，应该停止。

此信请转北京团市委，北京市委，团中央相关领导

公民吴祚来

儒教能否取代"党教"？

一条道上既跑孔夫子的马车，又跑党的红旗车，是难以实现的中国梦。

人民日报近日刊文，主题是"儒家伦理可替代西方个人主义"，文章认为当今世界文化长期由西方强势的自由主义所主导，如果这种文化秩序到了破旧立新的关键时刻，中国传统思想和价值在新世界文化秩序的形成中会扮演什么样的角色？结论是：儒学在关系结构中确立的人的观念，可以成为西方个人主义的强有力替代。

上述这段话非常有趣，当今世界长期由自由主义主导，二战之后自由主义主导的世界，是不是走向了和平与繁荣？中国现在复兴儒教，是为了对抗文明世界的自由主义？中国经济领域引进了自由市场经济，只是一定程度上引进了或开放了市场，三十多年来就发生了巨变，但中国政治、文化、信仰等领域，有自由主义的影子吗？

与文明世界的自由主义为敌，就像与文明世界的敌对势力为敌一样，是堂吉诃德大战风车。当代中国复兴儒教，不是儒教能不能战胜自由主义或抑制自由主义的问题，而是儒教能不能取代"党教"（或"红教"，即红色教育、党的教育）这样一个更为严峻的问题。

党教在一党专制的国度里不可能消失。什么是党教呢，就是党的教育，被美化的党的历史、被真理化的党的理论、被正义化的党的行为，通过教材、各种文艺作品、新闻宣传等方式，对整个国民进行洗脑，使人民忠于党，将党国一体化。党化教育有自己的逻辑方式，有自己的文风规范，有自己的价值体系，有自己的政治目标。

这种无处不在、充满谎言与诡辩的党教，从延安时期开始做强做大，一直到恢复高考之后，它将整个中华民族文风与世风完全改变，人类的历史变成了阶级斗争的历史，阶级斗争成了人类历史发展的动力，人民是历史创造的主人，但中共却要永远领导人民，人民的好日子也是中共带来的，中共成为当政党是历史与人民的选择，比传统皇帝的天意选择还要不可改变，党永远伟大光荣正确，党犯了错误可以改正，这就证明党伟大，日本人在正视自己的侵略历史，但中共不需要正视自己对人民犯下的罪错。

令人痛心并以为耻的，不仅是每一个入党者都要重述自己不相信的谎言，而且每一个要中考高考、获得学分的孩子都要背诵党教谎言，最为荒诞的是，这种谎言还在大行其道，成为主导中国的政治语言，它砌起阻隔人类普世文明的高墙，成为打击知识分子与公民社会的棍子与刀剑。马克思主义成为中国国家指导思想，这是古老的中华民族最大的耻辱，汉武帝确立了独尊儒术，儒家服务于皇权帝制，毕竟还有中庸和谐、天下和平大同的普世价值理念，但马列主义倡导的却是革命斗争与反人性，它不仅造成国家民族的精神分裂，将人民分成阶级更造成了人民分裂。

党教与政法一样，成为专政的武器，但它与政治专政又不同，它是通过洗脑方式深入人心，但由于网络信息时代，启蒙与知识超速普及，党教已穷途末路，人民不再相信党教。

复兴儒教话题伊始，就有人搬出毛泽东说过的话：中共请出孔夫子的时候，证明自己也不行了，因为共产党是打倒孔家店起家的（大意）。

共产党的阶级斗争与仇恨教育，当然已经失败了，共产党的集体主义教育，在市场化时代也无法有效组织实施，共产主义理想教育更是乌托邦式的空对空的没有边际，面对世风日坏、道德沦丧，中共复兴儒教，某种意义上，还是一种人文道德上的回归，有一定的现实与进步意义。

有新儒家学者非常兴奋地高喊：驱逐鞑虏（文化）、恢复中华（文化）。当代中国真正的鞑虏文化，应该是马列红色文化，即党教文化，中共不可能摒弃它的立身之本，因为没有红色文化、没有党教，中共就连本本式的教条语言，都没有了。

现在中共面临的问题是，党教与儒教双轨制并行，还是以儒教逐步取消党教，或者以儒教补充党教？我的看法是，中共在意识形态领域，会让红色文化作为旗帜，让这面旗帜高高飘扬，而在社会生活领域，倡导传统儒家文化，让人像个人样，如果整个社会都讲党性，不可能，如果整个社会都不讲人性，比雾霾与水污染、土地污染还可怕。因为整个社会人心，都被兽化了。所以，中共复兴儒教，实在在道德领域迫不得已，但统治中国的超越法律的中共存在，就是无良的道德示范，统治者讲党性，却要求人民讲人性，一条道上既跑孔夫子的马车，又跑党的红旗车，是难以实现的中国梦。2014-11-11 东网

服务于中共大外宣的洋喇叭

引言：服务于中共的三只洋喇叭

今天国际社会开始警惕和阻止中国的大外宣，但大外宣并非中国的发明，一百年前，共产国际和苏联就成功地以中国为阵地，向西方国家开展了大外宣。这场没有硝烟的战争的代价极为高昂：苏联支持在中国的政治代理人获得了胜利，中华民国失去大陆，美国失去中国，东亚历史甚至东亚文明被改写。

在那场深刻影响了中国和世界的宣传战役中，共产国际和苏联不仅利用李大钊、陈独秀还有后来的宋庆龄来宣传马克思主义与共产国际，而且进一步利用西方左翼力量加盟到中国的大外宣中，使其向西方世界宣传，并出口转内销，影响中国的政治与意识形态。

西方左翼媒体人对共产主义的宣传、对中国共产党策划的工农运动与红军的宣传是中共大外宣战争的重要内容，左翼媒体人也因此成为西方世界进入中国的共产主义宣传战士。斯特朗、史沫特莱和斯诺等人就是共产国际和苏联向中国革命输送的三只金喇叭。

1925 年斯特朗首次来到中国，报道省港大罢工，由此带动了更多的美国或西方左翼人士随之进入中国。共运史上"伟大"的时刻，大外宣开始登场中国。1928 年 9 月斯诺抵达中国，他以《密勒氏评论报》助理编辑的身份，到中国各地采访报道。1928 年底史沫特莱以《法兰克福日报》驻远东记者的身份进入中国东北，之后奔走于中国各个地区采访，考察共产主义运动在中国的革命实践。

西方左翼媒体人不仅选择性无视，反而对共产主义实验区苏维埃政权大加赞赏，并由此影响到西方主流社会，甚至影响到白宫的决策。

传记作家陶涵在其《蒋介石与现代中国》一书中，说到西方世界对共产党统治区的认知匮乏，以及西方左翼亲共作家们对国统区的描写："《西行漫记》是本重要、迷人的书，但基本上它是对毛泽东毫无批评的一本传记，也是以毛泽东及其同僚的角度写成的中国共产党党史、国共斗争史。近年的世界经济大萧条、美国与法西斯主义的生死斗，以及苏联英勇抗德，全都助长时代精神，使得具有理想主义的美国人倾向于相信鼓吹没有剥削或贫穷的人人平等运动之主张。"

事实上，斯特朗、史沫特莱和斯诺不是独立的媒体人，而是亲共的红色宣传战士。他们不仅公开支持中共军队与政策，还参与了隐秘战线工作，配合间谍情报，替中共充当信使，既穿梭于国共之间，游刃于战争前线与民间社会，还能将报道传播到西方世界，成为影响白宫决策的红色媒体人。

斯特朗与后来进入中国的斯诺和史沫特莱，在华文世界的影响力远超过华盛顿、林肯与马丁·路德·金。中国曾专门成立以他们三人名字命名的"中国三 S 研究会"，斯特朗和史沫特莱去世后被安葬在八宝山革命公墓（相当于日本的靖国神社），享有崇高的礼遇。中国原邮电部于 1985 年 6 月 25 日发行一套《中国人民之友》纪念邮票 3 枚，其中第二枚 20 分的邮票图案就是斯特朗。

一、中共大外宣战士：斯特朗

俄国"十月政变"后，斯特朗被其深深吸引，她搜集了大量有关布尔什维克的资料，把它们刊登在《西雅图工会纪实报》上，使其成为美国第一家支持苏共的报纸。1921 年开始，她就被苏联宣传机构利用，创办了《莫斯科新闻报》，向英语世界介绍苏联。该报服务于苏联外宣，对内则以数千在苏联工作的美国技术工人为主要读者。创刊号头版便刊登五年计划的宣传画，号召用"苏联力量和美国技术建设社会主义"。沃尔特·杜兰迪曾说她是世界上描写苏联国内政策的最好的作家。

苏联社会主义实验给斯特朗的冲击是巨大的，她在写给父亲的信中兴奋地描述：这些俄国人是在为世界上从未有过的巨大实验，而贡献他们的力量和生命。

1925 年斯特朗首次采访问中国，属于为苏联与共产国际的大外宣工作。在北京，她向大学生们发表演讲，宣传苏联；在内蒙，她采访了苏联扶持的军阀冯玉祥；在上海，她见到了后来成为共产国际地下党员的孙中山的遗孀宋庆龄，正是宋庆龄的帮助，她南下广州报导了省港大罢工，并采访了罢工领导人苏兆征。

从『五卅运动』到省港大罢工，都是在共产国际指导下，中国共产党策划的政治运动。通过一个美国记者的报道，以提升该运动在西方世界的说服力与公信力。1927 年，斯特朗第二次来到中国，既报道城市工人运动，也报道湖南农民运动，后来写下了《千千万万的中国人》一书，大赞中共革命，而对中共对城市工商业的巨大破坏、对农村地主富农的阶级屠杀与虐杀，不置一词。正是国产国际与苏联指示中国共产党发动了一系列的工人运动，严重破坏了北洋民国以降中国城市工业化与市场化，导致国民党政府与共产党力量分裂，同时开始了中国历史上最惨烈的战争，反对共产主义在中国制造仇恨与破坏社会的战争。

十年后的 1938 年 1 月，斯特朗到山西八路军总部写成了《人类的五分之一》一书，热情讴歌了共产党领导下的部队"是一支新型的军队：他们不奸淫掠夺，尊重农民并帮助他们收庄稼，特别是教育他们认识自己的力量，并告诉他们如何战斗并赢得胜利"。与斯诺一样，外国左翼作家记者均是在中共导游引导下对红色统治区进行的采访。这种采访与其说是战地采访，不如说是红色拍摄基地被安排的采访，只要是共产党的线人带来的采访记者，任何人都不可能说出另面真相。

共产党人不可能完成的大外宣任务由斯特朗在美完成。皖南事变发生前，周恩来就亲自与她长谈。周知道即将因新四军的军事扩张而引发冲突，而这一冲突现在看来是毛泽东的故意，既打击了在中共内部独立于一方的异己力量，又置国民党政府于不义之地。周亲手将一卷秘密资料提供给了斯特朗，并叮嘱待通知后再发表，其目的在于影响美国主流社会，进而影响白宫与五角大楼的决策者，证明国民政府不顾抗日联合而发生内战。周恩来的目的达到了，斯特朗找到一位在《纽约先驱论坛报》工作的朋友，署上了那个人的名字发表了关于皖南事变的内情报道。

2009 年 9 月 29 日，香港凤凰网刊发的有关斯特朗的采访专稿披露：有关皖南事变真相的报道在美国传开后，罗斯福总统非常重视。凤凰卫视对当年斯特朗的秘书赵风风的采访，让我们全景式看到了中共在延安与重庆利用美国左翼媒体人（甚至是苏联特务），不仅从事大外宣活动，进而参与到中共布局的重大事变中，成为影响国共双方、美国政府决策的重要当事人。

赵风风在采访中说："周恩来代表还告诉斯特朗，蒋介石在十二月十日发表命令，下的命令，就是要新四军解散，到长江以北的区域去。他说这个是，看来是一个军事上的布置，其实上是一个政治目的，蒋介石就想占华中和华南。他这个阴谋，然后这样就让我们的军队，就处于日本靶子的范围内，谈完了以后还给了她二十六页材料。总理呢，就这样跟她讲，你回去了以后还不要发表这些东西，因为你太早发表了这些个冲突，会引起更多的摩擦，等那个蒋介石，如果加紧进攻的话，那么我们就认为是时间可以发表了。斯特朗离开重庆以前，还见了蒋介石，她有时候遇到一个事，她完了见到另外一个人的时候，她还要核实。见蒋介石的时候她就问了，你有没有要分裂中国，有没有想跟日本人讲和，她说蒋介石气得不得了，一口地否认，她说我也不理他，那个斯特朗说我也不理他。她担心的就是现在她手头的材料怎么过那个海关，第二天要走了，她说怎么过海关。后来她说幸亏海关检查得非常马虎，她就这个材料很容易地就带出去了。"

"得益于美国记者的身份，重庆海关并没有对斯特朗进行严格检查，怀揣着二十六页的机密文件，她登上了返回美国的轮船。"

赵风风披露，"没多久她就收到了一封，从马尼拉寄给她的一封匿名信，里面还附了蒋介石要审判叶挺军长时候的情况，跟她说你可以发表你已经有的材料了，她就积极地、赶快地、积极地行动起来，马上就去纽约，罗斯福夫人就给她介绍，让她见那个财长，结果好，财长正好出去休假了，要一个礼拜才回来。那这个事很紧急，她就找了那个他们国务院的，还有国务院管财政的，告诉他们，他们援助给蒋介石的东西没有用在抗日的上面，而是用在内战了。她后来呢又找到了《纽约先驱论坛报》总负责人，跟她认得的，她就说我提供你这些材料，你能不能给我发表，那个人就说我就是手头没材料，有材料我当然发表，那么后来就给他了，结果他发表了这个材料。"

斯特朗的材料一经公布，在国际社会引起了强烈震动，而早在一个星期前，美国记者埃德加·斯诺也曾在《星期六晚邮报》上披露过皖南事变的真相，此时斯特朗的文章发表，显然与斯诺互为印证，这促使美国当局开始介入此事。1941年，美国财政部中断了对重庆国民政府的一笔贷款援助，国际压力骤增，蒋介石不得不终止了进一步的反共行动。"

斯特朗整理撰写了关于"纸老虎"的那场谈话，并根据刘少奇的介绍，撰写了一篇阐述毛泽东思想的文章，成为第一个将毛泽东思想上升到理论高度的外国人。"

从凤凰网报道可以看到，中共利用美国左翼媒体人达到出神入化的程度，不仅将他们需要报道的内容在美国媒体发表，使西方世界看到他们提供的"真相"，还能够影响到美国政要，特别是影响到总统。凤凰网在这篇专访中还谈到了1959年斯特朗被周恩来安排报道镇压西藏所谓的"西藏达赖叛乱"，投入给美国《民族》杂志被拒绝，"不久斯特朗收到了一封罗斯福夫人的来信，信中这位曾与她私交甚好的总统夫人，措词严厉地指责了斯特朗维护共产主义的立场，这封来信让斯特朗意识到，她不仅不能再在美国发表文章，而且已经被她的祖国抛弃了。"

1946年8月6日，斯特朗第五次来到中国，在延安的杨家岭对毛泽东进行了采访。访谈中，毛泽东提出了"一切反动派都是纸老虎"的论断。这篇文章在当时是为了向苏联宣誓效忠，不惜以中国人生命为代价，也要与『敌人』决战到底，它的心理战意义深远。

此刻，斯特朗充当了中共一只金喇叭，她是任何军事力量无法比拟的。

斯特朗在《来自延安窑洞的世界眼光：毛泽东访问记》的说明文字中指出，他们在谈话过程中涉及美国将大量的战后剩余物资以原成本价四分之一的超低价格让售蒋介石一事；在《明日中国》、《中国人征服中国》等著作中，有多处记载表明正是毛泽东本人告诉她美国政府已把价值20亿美元的剩余战争物资售与蒋介石，时间就在美国公开发表声明宣布交易合约已经两国政府正式签立的那一天。

二、从苏联间谍到加盟中共隐蔽战线：史沫特莱

史沫特莱出生于美国矿工家庭，其在成长过程中接触到社会主义。她与共产国际发生关系肇始于 1920 年代，在德国柏林，她结识了共产国际成员德国人威利·明曾伯格和苏联驻柏林大使馆工作人员雅各·马娄夫－安布拉莫夫，从此她开始为苏联和共产国际服务。

1929 年初，与斯特朗一样，史沫特莱是经苏联洗脑培训后来到中国。她的身份是法兰克福日报记者。在上海，她很快就与左翼作家鲁迅、郭沫若等联系上，以此获得对中国的认知与人脉，同时还协助宋庆龄处理一些文件，显然这个时间宋庆龄已成为共产国际在上海的重要联络员或领导者。1930 年的上海是国际间谍的重要集散地，史沫特莱与从事情报活动的佐尔格开始组建情报小组，帮助佐尔格建立远东情报网，在共产国际的指令下积极联络中国左翼势力抨击国民政府，宣传共产主义。比如由她主编的英文杂志《中国呼声》和由其推荐的美国人伊罗生主编的英文周刊《中国论坛》，都是共产国际出资、发表接受共产国际和中共领导的左翼作家的作品。

宋庆龄作为共产国际在中国的最重要成员，苏联、共产国际的特务以记者身份进入中国，均会受到她的接应，然后才是周恩来进一步协力。以身处上海的宋庆龄为中心，中共形成了一个泛统战网络，上有共产国际与苏联，下有苏维埃中国基地组织。与史沫特莱这样的苏联特务配合的还有外围的左翼作家、知识分子群体。由于左翼作家的作品多是反映中国历史传统的丑陋与现实的阴暗面，对当局的批判，这符

合共产主义摧毁旧世界的观念，所以翻译这些作品，向全世界展示旧中国的严峻问题，可以为中国革命寻找到合理性与合法性。

史沫特莱的美国公民身份使她既可以受到美国政府的保护，在中国大地上自由无阻，又可以将共产国际的大外宣文稿发布到英美媒体，既以采访的方式考察中国工农革命运动，又可以替共产国际考察中共高层干部，甚至通过结识国民政府高层以获取资讯。共产国际对美国左翼的利用，中共与共产国际力量的合作都达到了无所不至其极的境地。

这些力量组合的经典的案例是营救了头号共产国际特务牛兰：

1931 年 6 月 15 日，同属于苏联军方情报系统、持有瑞士护照的牛兰夫妇，在上海被公共租界警务处英国巡捕逮捕。同时被捕的还有他们的儿子和保姆，罪名是特务嫌疑。同年 8 月 14 日，牛兰由于顾顺章的出卖而被认定为国际间谍，秘密引渡给了国民党军事当局，并传言将被判处死刑。

牛兰是俄国十月革命时攻打冬宫的指挥官，牛兰只是他多个化名中的一个。在中国，他以"大都会贸易公司"等三家公司老板做掩护，登记了八个信箱、七个电报号，租用十处住所。共产国际通过秘密渠道，将援助亚洲各国党的资金汇入该公司。据记载，1930 年 8 月到 1931 年 6 月，援助中国共产党的资金平均每月达 2。5 万美元，高出其他支部十几倍。1932 年新年刚过，苏联间谍左尔格奉共产国际书记皮亚特尼茨基之命，开始介入此案。他一方面请史沫特莱进一步动员国际知名人士，如宋庆龄、鲁迅、高尔基、蔡特金、罗曼·罗兰、爱因斯坦等发表声明，要求释放牛兰；另一方面责成方文秘密侦察牛兰被押解南京后的下落，并疏通与国民党高层的关系。

在内外舆论的强大压力下，国民党被迫开庭审理牛兰案件，于1932年8月以扰乱治安、触犯"民国紧急治罪法"的罪名，判处牛兰夫妇死刑，随后援引大赦条例，减刑无期徒刑。1937年12月日军占领南京前夕（12月8日），他们逃出监狱，后在宋庆龄协助下回到了苏联。

左尔格以记者和农业专家的身份，随史沫特莱环游中国，与各地的中国共产党成员建立联系。1932年夏，国民政府同日本签订《淞沪停战协定》后，蒋介石筹划对苏区的第四次围剿。左尔格从军事顾问团朋友处得到对鄂豫皖根据地的进攻计划以及"掩体战略"详细计划后，在电告莫斯科的同时，把情报转交给中共。据俄罗斯解密档案，左尔格在上海期间，通过其报务员马克斯·克劳森的地下电台发回莫斯科597份电报，其中有335份直接通报给了中共。苏联国家安全部第四局局长帕维尔·苏多普拉托夫中将指出，"左尔格搞到的情报在整个30年代都相当受重视"，它们为苏联制定其远东政策提供了可靠的依据。

史沫特莱与周恩来的合作，使震惊中外、改变中国国家命运的西安事变被直播。她按照中共的意愿，使国民党名誉扫地，使共产国际也处于无奈的被动境地。联合抗日成为一个道义高地，被中共抢占，反法西斯成为政治正确，中华民国政府反共产主义革命的战争被终止，而对共产主义的战争，才是东方世界面临的最重要的世界大战、世纪大战，西安事变改变了国民政府的战争面向。四十年代之后，日本也被迫与中共势力妥协签署密约。日本筑波大学名誉教授远藤誉撰写《毛泽东与日军共谋的男人》，根据她收集的中国、台湾、日本三方面资料，论证了中国国民党军队抗日时，前中共领导人毛泽东率领的中共与日本驻上海的特务机关-岩井公馆合作打击国民党的史实。

史沫特莱成为西安事变的大外宣：1936年9月，史沫特莱在时任张学良最高副官刘鼎（共产党员）的安排下，来到西安城东，大约二十英里的临潼华清池进行疗养。这一安排显然是为向国际性报道张学良杨虎城兵变，逼蒋抗日做准备。其幕后策划人就是周恩来，也就是说，西安事变不仅由周恩来一手策划，还同时策划了让美国媒体人提前到达西安，为向全世界现场直播做好了准备。这在现代政治战争中，是罕见的手法，整个过程看起来是如此的自然随意，其背后运作又是如此的费尽心机。

西安事变发生5天后，周恩来率中共代表团到达西安，史沫特莱在与周恩来进行了简短的交谈之后，开始每晚在张学良的司令部进行40分钟的英语广播，披露了蒋介石在西安事变中允诺的条件。

据《西安事变中神秘的史沫特莱》一文披露，当时"刘鼎把这次请史沫特莱到西安的目的作了说明：周恩来和张学良的秘密会谈获得成功以后，共产党相信争取与东北军和陕西的其他武装力量联合起来抗日反蒋的努力一定可以成功，而这将是一件具有重大历史意义的事件，周恩来希望能有一位同情进步事业的外国记者对这一过程进行客观的报道。史沫特莱听了很兴奋，她很愿意有机会承担这样的任务。" 由此可见，史沫特莱出现在西安是被刻意安排的，也充分说明西安事变是由中共策划的政治事件。

史沫特莱的亲共报道，对事实进行倾向性选择，引起了国民党政府强烈不满，说史沫特莱的广播是煽动"本来十分知足的"陕西农民发动暴乱，称这个外国女人是个阴谋分子、政治骗子，并要求美国领事馆收缴史沫特莱的护照。

《联共（布）与中国苏维埃运动（1931—1937）》第十五卷公布了一封尘封70年的密函，证实史沫特莱是苏联派到中国的间谍。1937年宋庆龄写给王明的信，直陈史沫特莱的背景是共产国际指派："几周前，宋子文对我说，蒋介石获释有一些明确的条件，这些条件经商定是严格保密的，并且蒋介石在过一段时间是要履行的。但是他说，共产党人出乎意料地通过西安电台公布了这些条件，而其英译稿也经史沫特莱报道出去了。……但我不明白，为什么我们的同志让她在西安工作，给我们造成了麻烦和困难。或许他们认为这只是我个人的看法。"

史沫特莱如何能够得到绝密资料，显然是周恩来安排的。她的报道有利于中共，不利于其它任何一方，包括共产国际与苏联，宋庆龄因此要求有关方面孤立史沫特莱。但史沫特莱是延安的要人，1937年1月初被中共派人接到延安。

史沫特莱1937年到访延安，是第一位到访延安的外国女性。在赴延安之前，她就已经出版过多部宣传中国革命的著作，如《中国的命运》、《中国红军在前进》等。史沫特莱在延安待了 8 个多月，之后她出版了《中国的战歌》、《伟大的道路：朱德的生活和时代》等。

1937 年 3 月 13 日，季米特洛夫致电中共中央，要求中共中央书记处"必须公开声明，史沫特莱同中共或共产国际没有任何关系，使她没有可能以共产党的名义发表演讲和同革命组织取得联系。" 至此，史沫特莱被共产国际彻底抛弃。

毛泽东与红军长征的宣传已由斯诺完成，史沫特莱的任务就是写朱德。媒体人的新闻"挖矿"冲动与红色宣传需要已完全融合在一起，但有一点是可以肯定的，与斯诺一样，史沫特莱选择性地报道了延安。延安严酷的整风与消灭异己声音，甚至以抓特务的方式广泛侵犯人权，中共高层的特权服务，萧军笔下的延安与李锐日记中的延安均有记载，但史沫特莱的文章都未涉及。

正是这些红色外宣对延安的片面报道，不仅误导美国在华将军与外交人员，进而误导了白宫，问题就变得非常严重。因为对中共的认知，影响了白宫对华政策，认为中国共产党将放弃土地革命，更廉洁、更符合中国主流民意，其平等与自由精神、牺牲精神和理想主义风范，符合美国左翼的理念，致使美国主流社会更多的支持中共，或主动与共产党合作，以谋求抗日力量最大化。

皖南事变发生后，史沫特莱将事变的消息发表在《纽约时报》上，与斯特朗、斯诺的报道互相呼应，而这都是周恩来的大外宣的成功之作。不仅如此，周恩来还利用中共特务秘密会见了在华考察的美国作家海明威，给了他一份秘密材料，而海明威当时是替美国政府考察国统区。一起皖南事件，被周恩来制作成新闻脏弹，通过各种渠道投放到美国，轰炸的对象却是国民政府，引发的效应是美国主流社会与白宫不相信蒋介石政权致力于抗日，而是致力于内战。

美国部分军方人士与外交人员甚至白宫如此认知，既促成了美国考察组进驻延安，也影响了美国对华国策。日本投降后，1947 年马歇尔强力遏制国民党军队对中共军队的清剿，甚至武器禁运，就是对中共缺乏认知的结果，认为中共有可能通过和平谈判来建立和平过渡政府。对中国与中共的认知严重缺失，导致国策重大错误，史沫特莱们功勋卓著，标柄中共史册，而美国反思为什么失去中国这一严峻话题时，很少去分析研究，共产国际、苏联、中共利用西方、美国媒体人对中共的片面宣传和它的重大影响力。

尽管史沫特莱在延安时执意要加入中国共产党，但中共更希望她以非党员身份为中共服务。没有加入中共的史沫特莱是真正的共产主义战士，确实做到了生命不息，为共产主义奋斗不止。后因病回到美国的史沫特莱，仍然表现出对中国抗战事业的忠诚。她到处讲演，撰写文章，介绍中国抗战的情况，为中国的抗战募捐。

1949 年，史沫特莱在麦卡锡主义的反共潮流中被当作苏联间谍，被迫流亡英国。1951 年 5 月，在她逝世一周年时，北京为她举行了追悼大会和隆重的葬礼。她的骨灰被安放在北京八宝山中国烈士陵园，大理石墓碑上用金字镌刻着朱德写的碑文："中国人民之友美国革命作家史沫特莱女士之墓"。

三、毛泽东、中共与红军的美容师：斯诺

从最后被中共盖棺论定看，斯诺一直没有加盟中共，他只是一位忠诚的左翼亲共作家，中共大外宣志愿战士。"三S"中两位女记者最后归宿是中共的八宝山革命烈士公墓，而斯诺只在北京大学校园获得了一席之地，但他在中共的地位却远远高过对燕京大学有巨大贡献的司徒雷登。

斯诺将他创作的中共大外宣作品《红星照耀中国》在英国出版，影响数以万计的西方读者，还因此影响了美国主流社会，特别是白宫。总统罗斯福曾三次召见斯诺，从他那里认知共产党统治区的"真相"。

1945 年 3 月中旬，罗斯福与斯诺有过一次长谈。斯诺在《复始之旅》一书中记述，罗斯福对国共谈判没有进展感到失望，他对斯诺说，蒋介石对共产党要求的某些类似人权法案的保证"提出了一些十分荒谬的反对意见"，而在他看来，共产党的要求是"完全合理的"。他认识到中共作为游击区的实际政府，其实力正在日益增长。他正在考虑直接帮助中共抗击日本，打算在美军更加接近日本本土时，将物资和联络官员运送到华北沿海地区。斯诺问他："我设想，我们的立场是，只要我们承认蒋政府是唯一政府，我们就必须只通过他来向中国供应所有的物资，对吗？我们不能在中国支持两个政府，是吧？"罗斯福回答："我一直在那里同两个政府打交道，我打算继续这样做，直到我们能使他们双方联合起来。" 这段谈话往往被用来证实罗斯福有意援助中共，然而谈话给斯诺留下的印象是罗斯福"显然无意抛弃蒋

介石政权"，"可能想把中共当作对蒋介石施加压力的一种手段，以促使他走向革新他的政府，成为统一和进步的中国的核心"。

斯诺与斯特朗、史沫特莱不同，没有受到苏联或共产国际的教育与培训。他到了中国，宋庆龄与鲁迅等左翼作家对他的影响，决定了他对中国的认知与政治立场。

2018 年 11 月 16 日，《海上琼英 国之瑰宝——宋庆龄与上海》宋庆龄文物展览上，陈列了一本宋庆龄的藏书，是斯诺题赠宋庆龄的《西行漫记》。书的扉页上有斯诺亲笔题词："送给勇敢的革命家庆龄同志，你是中国第一位鼓励我写作此书的人，而且是此书的第一位读者。对书中的不妥之处请见谅。"

斯诺曾称赞鲁迅："是他在四十年前教我懂得中国的一把钥匙，正是在这几年后我完成了西北之行，写出那本见闻录，将中国共产党人及他们的红色奋斗事业介绍给全世界"。如果说鲁迅与新文化运动中的揭露传统阴暗面有一定的醒世意义，但书斋里的革命与文学揭露一旦被政治化，革命与屠杀就成为正义。革命者们为了摧毁一个丑恶的旧世界，不惜踏着前人的血迹去建立自己的乌托邦就成为了伟业。鲁迅揭露了旧世界，而鲁迅的洋学生斯诺则歌颂红色革命者们浴血建立苏维埃新世界。

斯诺深度卷入到红色革命漩涡中，"一二·九运动"之前，与学校里的现代青年和进步思潮经常接触的斯诺，对当时的学生运动总是热情支持，许多学生领袖（如龚澎、龚普生、黄华、陈翰伯等人）也喜欢与他来往……（他）还把自已秘密收藏的反映中国工农红军生活的书籍和苏联出版的书刊报纸提供给学生阅览。美国进步女作家史沫特莱写的《中国红军在进行》，燕大的许多进步学生都看过，这本书就是斯诺借给他们读的。"

在很短的时间里，斯诺就变成了中共的拥趸。一是左翼作家特别是鲁迅的影响，二是代表共产国际的宋庆龄赋予他特殊的使命。1936 年 6 月，宋庆龄安排他首次访问了陕甘宁边区，3 个多月的考察都由当地共产党的组织接应安排。1937 年卢沟桥事变前夕，斯诺完成了《西行漫记》的写作。10 月，该书在英国伦敦公开出版。

1938 年 2 月，《西行漫记》中译本在上海出版。这是由美国人生产的宣传材料，出口之后转内销。据中国社会科学院原秘书长吴介民回忆：当他读到了斯诺的《红星照耀中国》，心中豁然开朗，得出了结论，"只有中国共产党才是抗日救国的中坚力量"。这本书在短短的十个月内就印行了四版，轰动了国内及国外华侨集聚地。在香港及海外华人集中地点还出版了该书的无数重印本和翻印本；在国民党统治区，它被大量青年人竞相传阅乃至辗转传抄，并导致一批批青年人抱着满腔爱国热忱辗转奔往延安。据统计，1938 年至 1939 年间，来到延安的学者、艺术家和知识青年大约有 6 万人。为什么有如此之多的年轻人涌入延安？延安不是抗日前线，却是共产青年的理想国，斯诺与红色外宣，起着不可估量的作用。

斯诺的《红星照耀中国》在形象上塑造了毛泽东的革命领袖与思想家风范。毛泽东变成了革命运动中的改良派，与共产党人中的激进派不同，不从肉体上消灭一切地主富农，而是没收土地分给农民，没收财富用于革命事业。而这与国民政府收税是一样的，只是国民党政府收税对农民不利，而共产党人剥夺富人的财富与土地对穷人有利。

《红星照耀中国》完美地塑造了毛泽东、中国共产党、工农红军的革命形象，被称为美颜版的『毛泽东戴八角红军帽』照片，也被广泛刊登在中共各种媒体上。它既代表了青年毛泽东，成长中的共产党，也代表着红军的形象。如果说延安时期开始奠定毛泽东思想的概念与影响力，斯诺通过自己的著作，奠定了毛泽东的『伟大』形象。

宋庆龄安排斯诺采访苏区，是共产国际与中共的一种导演，斯诺只是扮演了记者角色而已。张国焘在回忆录中说，媒体无法进入红军控制区域，必须有路条。从斯诺的书中可以看到，他每到一处都有红军组织接待，配备专人负责导引，并有骡马服务，对红军有意见的人不可能出现，而地主富农因为财富与土地被没收而逃亡或被处死，不可能被斯诺采访报道。

斯诺看到了中共在苏区的教育洗脑：陕北苏区文盲率达百分之八九十，对文盲村民的教育从识字开始："这是什么，这是红军，红军是什么，红军是穷人的军队。" 而传统中国的教育是"子曰诗云，是人之初性本善"。马克思主义改变了中国共产党人思维，共产党人又通过红军学校、列宁学校进行识字教育，在识字的过程中改变了所有苏区人民的认知。传统中国人知书是一个阶层，而识礼、不违背常识，是另一回事。中共的教育洗脑完全改变了国民的常识认知，剥夺他人私产、迫害甚至屠杀阶级异己，成为政治正确，成为革命之必然，也成为常态。因为剥夺富人财产有利于穷人，所以得到贫困阶层的拥护，中共因此得到了民心民意。

斯诺最喜欢问当地百姓：是愿意生活在白匪统治之下，还是愿意生活在苏区？二选一的情形下，而且有中共的联络人员在场，百姓只会选择苏区。但百姓不知道，苏区是苏维埃统治区，是共产国际或苏联的一个分支。如果问题由异见者向红军或斯诺提出来，会是这样：中国红军是应该接受中国政府领导，还是接受外国政府或外国政治组织领导？是通过和平的方式进行土地改革，还是由外来政治力量主导，通过暴力方式剥夺地主土地，进行土地革命？显然，斯诺已经自觉或不自觉学会了中共的话术，抛出一个常识性的选择题让百姓选择，得出的答案必然符合中共的宣传需要。

延安也被史沫特莱、斯特朗与斯诺等人描述为官民平等之地，充满革命理想主义情愫，甚至后来到延安考察的美国延安观察组也有如此认知，真相的另一面，被真正的延安人揭示：

萧军在他的延安日记中写道："遇见毛泽东的老婆骑在马上，跑着去高级干部休养所去了。这里连个作家休养所也没有，无论哪里的特权者，总是选择最好的肉给自己吃的。" 当年六月二十四日他写道："李伯钊自带小鬼，每天做饭五次，罐头、牛乳、蛋、香肠等应有尽有，馒头也是白的。据小鬼说，杨尚昆买鸡蛋总是成筐的，每天造成以牛乳，鸡蛋，饼干代早餐。毛泽东女人生产时，不独自带看护，而且门前有持枪卫兵。产后大宴宾客。去看病人时，总是坐汽车一直开进去，并不按时间。一个法院的院长女人住单间，彭家伦女人生产也住单间。各总务人员总是吃香芋，买二十几元钱一斤的鱼，各种蔬菜由外面西安等地带来……。虽然他们的津贴各种是四元或五元。我懂得了，這卑污地存在原来到处一样，我知道中国革命的路还是遥远的。……"

斯诺《红星照耀中国》中讲述的几段关于"红小鬼"的故事，给读者留下深刻的印象。 刚到根据地时，斯诺在百家坪交通处用不礼貌的"喂"称呼了两个孩子，结果不被理睬，在李克农的提醒下才意识到自己的错误，赶紧改口称他们为"同志"，得到两位"红小鬼"的原谅。 少先队员们在斯诺幽默风趣的叙述里，"红小鬼"的形象鲜活而可爱，给"红色中国"增添了无限的希望与活力。

这些曾经在美国从事维护妇女儿童权益的记者，到了延安却完全漠视延安对儿童少年权益的侵犯，因为延安将这些童工不叫童工，而是叫"小鬼"，中共高层领导都配有小鬼服务，这种方式不过是传统中国社会中的书僮、门僮与童仆。红小鬼则是许多离开家庭或家中生活困窘，只好进入"革命大家庭"以劳动换生存，而加入作为小红军战士，中共不仅使用童工，而且使用儿童少年参加战争。许多未成年人因参战而被杀害，还有儿童团也因为参与送情报或站岗放哨而被当成战士造成伤亡。斯诺在其著作中说红军平均年龄士兵的平均年龄是 19 岁，军官则为 24 岁，其中 96%来自于无产阶级。

斯诺所做的报道也是一种自觉与不自觉的宣传，通过片面的真实，来改变人们对中共与红军的认知，使不明真相的西方世界甚至白宫都被误导。罗斯福总统能够三次召见斯诺，是认为他能够提供不同的信息。罗斯福决定让美国考察团进入延安，甚至准备装备中共军队联合抗日，都说明左翼作家与亲共力量决定性地影响了美国对华政策。因为许多亲共的美国外交人员为延安辩护，说共产党是中国农村的民主派，完全不同于苏联共产党，所以是可以联合的力量。正是对中共的误判，导致了美国政府二战后错误决策，最终失去了中国。

马克思主义本是要解决工业革命中的工人被资本家剥削的社会不公不义，而中共在城市工人运动失败后，毛泽东主导了农民起义，确实是中国特色马克思主义的"伟大实践"。斯诺通过一个个访谈与所见事实，证明了毛泽东革命符合人民民主的精神。

西方世界是怎么解决土地不公与财富分配不公的？当然是合法政府通过税收调节来实现。议会民主与党派政治是通过和平的方式而非直接的暴力方式，而中共成立苏维埃政党与政府却直接用暴力剥夺了大地主大资本家的财富。国民党政府1928年已开始"训政"，即县以下的民主选举，并有和平的土地改革计划。中共完全可以在民主制度中争取选票，通过议会民主来实现公平正义的理想，但却通过接受国际共产主义势力的思想与指示，进行暴力革命夺取地方政权，没收富人通过各种努力积蓄的财富，这在文明世界即便在战争状态中都不能容忍的事情，却被来自美国的作家歌颂，极左思维对人心性的改造，如同染上病毒，改变了常识思维，认知被革命了。

马克思主义阶级斗争与人民至上理论，将底层人民的暴力合法化，譬如饥荒年代的抢夺粮食，它是一种生存应急导致的失序与非法。赈灾本应是政府的职责，但政府体系被革命破坏或无法正常运作，导致底层人民将仇恨转向富人与粮商。共产党人将这种灾荒年代非常态抗争合法化、常态化，以此获得两种资源，一是民力资源，使更多的人加盟到红军队伍中；二是军事财富资源。共产主义宣传是通过改变人的认知，改变千百年来人们形成的关于私有财富与生命的观念，为其革命与暴力合法合理化奠定了基础。

斯诺等大外宣配合了中共的政治行动，并将其美化。由于他们回避了中共军队的残暴与屠杀，浓墨重彩地描述了底层人民对红军与共产党军队的拥护，通过生动的文学形象描述，以强大的情境力量，成功地制造了一种假象，即共产党得到底层社会广泛的同情与支持，它将异于苏联，是一种成功的底层民主实验模式。这些理念影响到后来进入中国的美国军政人员，包括史迪威将军，也影响到著名学界人物如费正清博士。由于白宫多次召见斯诺，其作品与言论对罗斯福总统的认知与决策也是无形而深刻的。

其实，延安与中国后来的横店影视基地一样，是中国西部革命的好莱坞，抗日与民主都是虚拟的布景，任何人进入这个基地，都会自觉或不自觉成为群众演员，"三S"只是场记，而后来进入延安的美军观察组，也成为中共设局而自投罗网的洋人群众演员。

结语：左翼媒体人"三 S"祸害中国

从国别看，"三 S"都是美国人，有着崇尚自由平等正义的国族背景；从立场观念上看，他们是一道红色风景。他们利用了美国的公民身份与记者身份，甚至是国际慈善公益身份，掩盖了他们宣传并参与的红色血腥战争。他们由此获得了巨大的成功，与中共的成功一样。作为来自美国的媒体人，中国人民用血写的现实被他们伪饰成墨写的谎言。

由于他们深度卷入到中共的宣传战之中，不知道自己已然是参与政治的战争行为，将自己的理想与生命与中共的事业融为一体。无论他们有没有加入中国共产党，实质上或精神上完全是虔诚的中共党员，共产主义的红色宣传战士。他们死后能够葬于中共的八宝山革命烈士公墓或北大校园，说明他们在中共体系内受到至高的尊崇，做出了巨大的贡献。他们在整体红色宣传过程中，都享有美国公民的身份保护，而当战争结束时，他们成为追责的对象，但却逃脱了应有的法律惩罚。

无数共产主义受难者，他们有一份孽债；共产主义耻辱柱上，也会铭刻他们的名字。（感谢张杰博士对编辑整理此文的贡献，本文收入《左祸百年，中国之国殇》）

亲左亲共使美国失去中国

概要

　　本报告通过史实与分析，旨在揭示与说明，西方特别是美国左翼与亲共产党的的力量，在二战前后成为中国共产党的大外宣与政治盟友，决定性地影响了美国社会、军方政要与白宫决策。正是美国左翼与亲共力量对中国共产党缺乏认知，所以对中国当时的现实产生严重误判，这种误判的结果，不仅导致中国国民政府被颠覆、中国共产党开始统治中国大陆、『美国失去了中国』，也牵涉后来的朝鲜战争与越南战争，使数十万美国军人伤亡。最严重的后果还表现在共产党力量在东南亚的灾难性统治，造成广泛的人权迫害与政治屠杀，数以亿计的人被『政治性屠杀』，数以十亿计的人从此生活在红色恐怖之下。

　　本报告意在提醒美国政府与西方主流社会，要意识到西方左翼与亲共势力的巨大危害，正视当年的危害造成历史性决策失误带来的灾难性后果，这些后果由中国人、东亚人承受，基于历史道义，美国政府既应该对此反思，并为此郑重道歉。

　　鉴于共产主义的巨大危害性，美国政府应该致力于改变共产主义势力在中国与亚洲的现状，终结共产党在中国的统治权，这才是冷战之后国际社会最大的责任与使命所在，这是践行历史正义，也是对无数被共产主义迫害、屠杀的人们灵魂的安慰。中共不仅正在危害中国、亚洲的和平，也正在深刻地影响着国际秩序，共产主义意识形态像病毒一样，需要国际社会合力遏制。

近期我们看到，中共政权在与美国、西方冷战的同时，强化与塔里班等国际反美力量的公开联合。美国政府与美国主流社会当时没有意识到，中共红军就是一支受外来政治力量支持而建立的红色恐怖主义组织，是国际共产主义对文明世界发动的国际战争的一部分。这场战争是与西方第一次世界大战、第二次世界大战并行的国际性战争，源于西方的一战、二战，某种意义上是造成共产主义势力成长与蔓延的重要背景因素，一战结果导致苏联共产主义势力建国，二战结束纵容了苏联在中国与东南亚的扩张。

遗憾的是，二战结束前后美国左翼媒体与主流社会将中国共产党政权视同正常的政党组织，将当时的中国政府对恐怖主义的战争视同国家内战，压制国民政府对共产主义势力的进攻，纵容共产党势力扩张，最终任由中共一统中国。

因为对中共政权的国际属性、意识形态属性及恐怖主义性质没有基本的认知，美国政府在联苏反法西斯反纳粹的战争中，开始了联共或意图扶持中共成为战争盟友，二战结束后，意图拉拢中共成为非苏联政治集团的良性力量，组建战后中国联合政府。美国的错误认知导致国家决策重大错误。所谓的马歇尔计划，只是动用二战后的国际力量保护西欧免受共产主义扩张侵略，而听任苏联支持中共对中国的占领。马歇尔计划是在西方筑墙，在东方泄洪的罪恶计划，马歇尔因此获得诺贝尔和平奖，这枚奖章的一面闪光着西方世界的金色光芒，另一面却浸透着东亚人民的血渍。

　　马歇尔只有形而下的调停，对盟友中华民国没有实质性的保护与积极支持，导致最终美国失去了中国，中国与东亚东南亚人民沦陷到共产主义红色恐怖统治之下。

　　为了推脱美国政府的责任，时任总统杜鲁门与国务卿艾奇逊主导了一份针对中国内战与中国问题的政治文件《中美关系白皮书》(The China White Paper)，正式名称为《美国与中国的关系：注重 1944 年至 1949 年间》(United States Relations with China: With Special Reference to the Period 1944-1949)，1949 年 8 月 5 日，由美国国务院正式发表。

　　白皮书严词批蒋，表示中华民国对中国共产党的战争失败，与美国无关，美国已尽责尽力，最后失败应由国民政府负起全责。报告书发表后，美国停止对中华民国的军事援助，1950 年 1 月 5 日美国总统杜鲁门发表"不介入台湾海峡争端"声明，意在将台湾拱手让给共产主义势力，完全置美国国际利益与国际正义于不顾。直到朝鲜战争爆发，整个美国社会才意识到杜鲁门政府巨大罪错，开始修正对亚太的国家策略，将台湾纳入西太平洋防御体系。但共产主义势力对中国大陆、对中共扶持的亚太其它共产国家却造成无可修复的灾难性后果 ，这些灾难性的后果是美国左翼思潮与亲共势力一系列的错误决策导致的。

一、美国的联俄容共成功与失败

　　现代史上两次联俄联共，一次是孙中山主导的，目的是终结北洋政治的军阀化，通过联合外国力量（俄共）以及外国在中国的代理组织的力量（中共），终结北洋政治，实现中国新的一统；另一次是美国主导的，在国际反法西斯反纳粹战争中，联合苏联，并在中国抗日战争中利用中共、并试图联合中共，在这个过程中，产生出大批西方左翼与亲共人士，并致命地影响着国共内战，改变了中国与东亚的政治版图。

孙中山主导的联俄联共，使一点零版本的中华民国北洋政府被颠覆，革命代替共和成为主流，中国南北政治力量失去一次妥协联合的可能，更为严重的是，联俄使共产主义势力在中国得以合法发展，并建立了苏维埃基地，发展出自己强大的组织与红军。

而美国的联苏，收获了二战的胜利，美国的亲共、容共与联共，迫使国民政府与外来政治力量建构联合政府，是导致国民政府失败的重要原因，甚至是决定性的原因。美国在华亲共力量使大量有关中国的报告有利于中共而不利于国民政府，加之左翼媒体人与左翼知识分子的影响，从而影响到美国国家决策，从积极的平衡国共与促成政治联合，到消极的接受苏联支持中共夺取中国大陆，最终中国成为共产主义世界的一部分。

美国在二战结束前后的中国，被中共牵着鼻子走，想统战中共，却被中共成功统战。当美国政府意识到调停失败，无法实现美国在中国的计划时，从一个极端走向另一个极端，放弃盟友中华民国，任由共产主义势力一统中国。而在这个过程中，美国政府对中华民国政府的武器禁运一年，对整个国共战争局势起着巨大的逆转作用，一面是苏联大量投入力量支持中共的战争，另一面却是美国压制国民政府军的战略攻势，在历史时刻停售武器。与 1919 年五月巴黎和会西方宣布对华武器禁运一样，『大好心』办了大坏事，一战后的武器禁运十年，苏联扶持了中国革命力量做大，推翻了北洋民国政权，而这一次武器禁运一年多的时间，二点零版本的中华民国又一次毁于苏联扶持的更为激进的革命力量。

美国联苏容共，对美国的国家利益是有利的，所以获得了战时的成功，但对中华民国与美国后来的国际战略却是重大失败。

美国对华政策的目标与内在缺陷

美国在中国的目标与苏联的目标：第 47 任美国国务卿赫尔（Cordell Hull，1871－1955）概括罗斯福政府对华政策是："我们在中国有两个目标：第一个目标是采取共同行动，有效地进行战争。第二个目标是在战争之中和战争之后，承认中国是大国，她享有与强大的西方盟国——俄国、英国和美国平等的地位并得到复兴。这不仅是为建立战后的新秩序作准备，而且是为了在东方建立稳定和繁荣。"

1943 年 8 月 12 日起，赫尔利和委员长会谈了三天。时任美国驻华大使赫尔利说，美国战后政策是反对任何形式的帝国主 义，包括英国的帝国主义，并且支持以自由、强大、民主的中国作为 亚洲最主要的、稳定的力量。蒋告诉赫尔利，他很感谢罗斯福总统 的"最高尚道义"。

学界认为罗斯福偏左，从他反英国殖民主义可见，而对中国的道义支持，又充满理想主义情愫，他将反英殖民主义当成重要的事情提出来，而没有将苏联共产主义对资本主义世界的战争当成严峻的问题提出来，说明了罗斯福因左倾而出现认知缺陷，正是这一认知缺陷，导致严重的问题发生，就是二战结束前的雅尔塔会议与苏联密约，让苏联出兵中国东北，以快速结束与日本的战争，这一密约对美国与苏联有利，也对中共有利，但对亚洲特别是中国人民造成了不可估量的灾难性影响，因为听任红色赤化病毒从东北开始在亚洲传播。

继任的杜鲁门政府马歇尔特使想通过和平手段解决国共联合政府问题，因苏联占领了东北、中共是苏联在中国的代理人而无法实现。马歇尔实质性的在压制民国政府而给予中共力量以充分的时间，这个时间是中共与苏共观察美国与西方世界干预中国的决心，也是中共与苏联形成强有力的军事合作的时间。

马歇尔任国务卿，杜鲁门任总统，与马歇尔计划相配合的是杜鲁门主义。

罗斯福时代的美国两个目标只是两个理想，因担心与苏联的战争或担心与苏联的直接冲突，使美国国策更具现实主义、利己主义本质。但这种现实与利己主义，五年后就遭遇巨大的失败，美国与西方被迫卷入朝鲜战争与越南战争，并付出了数十万生命伤亡的巨大代价。

如果将纳粹、法西斯发动的战争视同西方急性病症的话，共产主义思潮则是慢性或隐性的传染疾病。更为重要的是，纳粹-法西斯主义启动的战争使西方世界面临毁灭性的破坏，而共产主义在西方并没有土壤，对欧美没有造成灾难性的伤害，所以，在华美国军政人员将中国的共产党看成民族主义或农村民主主义的共产主义变种，是一种可以合作的、可以转良性的存在。美国在容共之时，更倾向于联合中共，使其成为美国的合作者，或者在苏联与美国之间的中立力量，而不愿意得罪中共，使其完全投靠苏联，更不愿意看到得罪中共之后，而导致美国与苏联发动战争。

这是美国实用主义或实用理性的一面，正是现实的属性或国家利益导向，使美国政府不知不觉地同情与支持中共，或容忍中共的扩张。

罗斯福的认知与美国外交报告

1943 年 11 月 24 日早晨，罗斯福的儿子艾略特（Elliot）发 现父亲在床上用餐，问起昨晚的情形。罗答说："发生好多事喔。我见到委员长了。"艾略特问他对这位中国领导人的印象如何，罗先耸耸肩，然后说："昨晚和蒋氏夫妇交谈所学，胜过我和联合参谋长团开四 个小时的会。"固然蒋花了相当长时间叙述中国军队的困难处境，罗 斯福对儿子说，他还是对某些问题不解，如："为什么蒋的部队不打 仗？" 为什么蒋"试图阻止史迪威训练中国部队"？为什么他 "将数以千 计的精兵留守在共产中国的边界"？

罗斯福两大疑问，成为中美之间最大的隔阂，随之形成的缝隙，成为中共统战的空间，中共的重要大外宣人员斯诺却与罗斯福有三次面谈。

1945 年 3 月中旬，罗斯福与斯诺有过一次长谈。斯诺在《复始之旅》一书中记述，罗斯福对国共谈判没有进展感到失望。他对斯诺说，蒋介石对共产党要求的某些类似人权法案的保证"提出了一些十分荒谬的反对意见"，而在他看来，共产党的要求是"完全合理的"。他认识到中共作为游击区的实际政府正在日益增长的力量，正在考虑直接帮助中共抗击日本，打算在美军更加接近日本本土时，将物资和联络官员运送到华北沿海地区。斯诺问他，"我设想，我们的立场是，只要我们承认蒋政府是唯一政府，我们就必须只通过他来向中国供应所有的物资，对吗？我们不能在中国支持两个政府，是吧？" 罗斯福回答："我一直在那里同两个政府打交道，我打算继续这样做，直到我们能使他们双方联合起来。"这段谈话往往被用来证实罗斯福有意援助中共，然而谈话给斯诺留下的印象，是罗斯福"显然无意抛弃蒋介石政权"，"可能想把中共当作对蒋介石施加压力的一种手段，以促使他走向革新他的政府，成为统一和进步的中国的核心"。

从上面一则关于左翼红色作家斯诺与罗斯福的长谈，我们不难发现背后的问题：

其一：斯诺是宋庆龄、周恩来安排、由鲁迅等左翼作家引导的中共大外宣作家，他的书能够影响美国主流社会，特别是能够进入白宫，进而斯诺本人能够与总统交流关于中国的『实况』，中共的大外宣的成功达到了极致，因为它已实质性的影响到美国核心决策机构与人物；

其二，斯诺看到了罗斯福对国民政府的支持，也看到了总统利用共产党来平衡国民政府，以促使其更新。美国的理想主义者在这里犯了另一个错误，就是用美国思维与现实，来要求战时的国民政府。当时的国民党政府所属的军队许多是旧军阀力量整合而成，政府腐败与军队没有战斗力不是战时政府能够及时解决的问题。而美国的亲共力量因此贬损甚至歧视国民政府，支持共产党的声音也因此高涨，而共产党是一支在野力量，对国家不负责，暴力掠夺社会财富以充军费，由于斯诺等人的美化宣传，屏蔽了中共力量的邪恶，而放大了它的民主与正义属性。

其三：罗斯福『看到了』共产党的力量在壮大，共产党为什么在后方做大？总统听信了斯诺等大外宣的见证，也看到了亲共外交人员与军方人员的报告，但总统犯了常识错误，只要看一眼国共双方在抗日战争中牺牲的将士，就知道国民政府的力量在抗日过程中消耗，而中共军队利用抗日战争在扩张地盘。将中共当成平衡国民政府的力量，甚至当成可以联合的力量，是左翼力量与亲共力量误导白宫的结果。

『两个政府论』，即将国民政府与共产党政权平等对待，是变相承认了中共的合法性，如同现在承认塔里班是合法的政权一样，它利于非法的中共是无疑的，而要求国民政府与红色恐怖组织进行和谈，建立联合政府，这是将水与火放在一起实现共和的美式幻想。美国的『好心美意』第二次祸害了中国宪政民主进程，第一次是一战后美国主导的西方中立，对北洋政府进行武器禁运十年，导致北洋政权溃败，而这一次，在国共战争中武器禁运了一年，国民政府遭受重创，从此形势逆转。

美国的延安考察组目的是联共，被赫尔利挫败，但亲共势力却强势存在着，战时通过容共来获得中共对抗日战争的支持，战后则是期冀中共成为正常的政党，脱离苏联控制，融入国民政府，成为独立国内政治力量，美国的战时设计可以理解，美国的战后在苏联强化对中共的战略与战争支持之时，仍然固守这一国家计划，无异于让水火共容为一体，结果是以国民政府与美国的失败而告终。美国的目标非常明确，那么苏联的目标呢？

美国对苏联的认知有前瞻性，但应对失据

美国认为，苏联在制定政策时首先从国家安全角度出发，为达此目的，扩散对周边国家的影响力，促使周边国家在意识形态、政治结构上与自身相同，这是苏联最大的目标。

长久以来，苏联对中国西北、华北、东北地区抱有极大兴趣，这些地区也恰好是中共所在地。倘若日苏开战，苏联很有可能会改变过去对中共的政策，加大对其援助军事物资力度。届时，苏联可能会占领满洲及朝鲜地区，而中共会接收华北大片区域。

战后（中国）爆发内战可能性很大，一旦发生这样的情况，苏联极有可能援助装备落后的中共而不会对其坐视不管，美国则会因支持国民政府而在国共冲突中与苏联发生摩擦，这恰恰是美国在抗战胜利后应该极力避免的局面。

美国情报机构一度对苏联扶持中共有正确的认知，却得出错误的决策。美国避免与苏联发生战争，必须有大前提，就是苏联为了争夺中国全部的权益，不惜与美国一战，而 1945 年，也就是上述报告之后的两年，美国已拥有核武

器，苏联不可能因中国而敢于发动一场新的世界大战。规避
与苏联战争的前置思维，一味的容共亲共，甚至准备联共是
美国在中国战略失败的思想根源。

美国避免与苏联在中国发生战争，是美国既定的国策，
从国家利益出发，无可非议，但致命的问题正在这里，美国
将放弃或背弃自己的二战盟友，听任苏联支持中共一统中
国。美国在背弃盟友与不发生直接与苏联的战争之间，有一
条安全的中间路线可以走，这条路线是『魏德迈方案』。这
个方案的主要内容是，多国共管中国东北，以阻止苏联对中
共的支持，迫使中共与国民政府和谈，但这个方案被美国亲
共力量搁置放弃，这是美国失去中国的根本原因。

美国只有通过国际力量来制约苏联，才可以平衡中国国
民政府与共产党的力量。直白地说，中共在中国发动的战争
不是内战，而是一场国际性的战争，必须提升到国际政治层
面上展开角力，才是求解中国问题的关键。

在历史的节点上，美国指派的是将军而非政治家调解国
共关系，他们看到了具体的问题，而没有看到问题背后中苏
关系的实质。如同英美与法西斯的战争不可调和，国共的关
系更是不可调和。共产党的军队尽管从红军改名为国民政府
的第八路军与新四军，但共产党的党章没有改变，共产党作
为苏联政治力量的延伸没有改变。从史迪威到马歇尔，甚至
司徒雷登、费正清都没有从政治高度与中日俄三国之间的地
缘政治角度进行思考，所以穷尽政治手段只是迫使国民政府
妥协退让，以求得中共参与到政治谈判的和平进程之中，甚
至促成美国政府放弃中华民国，承认中共政权以图联合中

共。

不仅如此，更为严重的是在历史时刻压制了国民政府对中共的战争打击，四平街战争之时，本是消灭与驱逐中共东北主力的最佳时机，却被马歇尔调停，为了压制国民政府军对中共的战争，禁运武器一年，导致国民政府无法与有苏联支持、又无道德底线的中共军队抗衡。

最终，杜鲁门政府只是用一纸『白皮书』来指责中国国民政府腐败，推脱美国政府决策重大失误的责任。

二、美国亲共力量的形成与周恩来的统战

1942 年史迪威（Joseph Warren Stilwell）被派遣到中国战区担任总参谋长兼总统特使。对一位美国将军来说，能够指挥全部的中国军队，不惜一切代价打击日本军队是其神圣使命也是其迫切需求。但作为中国三军总统帅的蒋介石既有自己的国家战略考量，也有与美国将军在战术上的分歧，因为蒋同时在打两场国际大战，一场是对抗苏联在中国的代理势力，另一场才是与美国联盟的对法西斯的战争。

罗斯福问史、陈两人对蒋介石有什么看法。史迪威对这个问题可一点也不缄默，他说："他是个优柔寡断、奸诈、靠不住的无赖，说话从来不算话。"陈纳德予以反驳："长官，我认为委员长是今天世界上两三位最伟大的军政领袖之一。他对我的承诺，从来没有失信过。"而正是利用蒋史之间的矛盾，史迪威被中共统战成了亲共的美国将军，甚至成为仇恨蒋总统的美国政要。由于史迪威是由马歇尔推荐担当重任，所以蒋史矛盾也直接或间接地影响着马歇尔与军

方对华的态度，史迪威一度密谋废蒋，而后来他与亲共力量
共同促成的延安考察组，是为替代蒋政府寻找与中共的合作
可能。

　　史迪威与蒋之间从战略到战术上造成的矛盾，不仅使美
国军方最高领导层与蒋形成冲突甚至敌意，而此时周恩来则
刻意请求美军与共产党军队合作，由美军武装中共军队并完
全听任史迪威指挥，史迪威亲共情感由此注定，也深刻地影
响着美国军方、美国国务院甚至美国总统。而国民政府军队
更重视防共与反共，不得不分散部分军力用于封锁中共军队
在大后方的扩张，蒋对中共的戒意与防备是基于对中共的清
醒认知，因此对共产势力的战争更为严峻，显然罗斯福没有
同理心与同情心，这是整个西方政界军界的认知缺陷，也有
国家利益因素。

　　我们再看中国大陆媒体对史迪威的看法：史迪威对中共
却怀有相当好感，认为中共是真正有能力抗日的力量，而中
国共产党不过是土地改革者。他认为赤色份子是革命份子，
而革命是美国的传统，所以美国必须支持中国共产党的革
命，曾建议将部分美援给予延安。蒋中正自 1943 年起曾两
次要求美国撤换史迪威，但因为战时两国关系而撤回建议。
史迪威背后，有着美国亲共的外交人员报告对其不断的信息
洗脑：美国驻华使馆二等秘书戴维斯（John Paton Davies
Jr.）在写给史迪威的备忘录中表示，中共领导的第 18 集团
军约有 50 至 60 万人，覆盖了华北及西北大部分领土，甚至
在海南也有中共的部队。国民政府宣称中共抗日不力，但实
际上中共军队始终坚持抗日。八路军副参谋长左权在抗日战

争中牺牲，国民政府拒绝举行追悼会，以防让更多人知道中共抗战。

周恩来巧妙地利用了皖南事变，通过史沫特莱向白宫递送其精心准备的情报，通过斯特朗、斯诺在美国媒体发表皖南事变『真相』的报道，甚至通过来华考察的海明威传送中共希望传达的资讯，使白宫认定，蒋致力于打内战，对抗日不尽力，消耗了美国支持的战争资源，这既影响到美国主流社会对国民政府的看法，更直接影响到美国对华援助。皖南事变被中共做成极具影响力的事件，让整个世界特别是美国主流社会认为，蒋政权致力于内战，消灭了抗日的异己力量，美国政要的亲共、打压与不信任国民政府由此开始，我们来看中国共产党新闻网站（http://dangshi。people。com。cn/n1/2016/0311/c85037-28192011。html）上发表的文章：

1941年2月14日，周恩来与美国总统罗斯福代表居里会谈，向居里提供了国民党制造摩擦的材料，同时周恩来巧妙运用美国希望中国牵制日本南进兵力的心理，向他说明若不制止国民党的反共行为，势将导致中国内战，便于日本南进，从而威胁到美国的战局。居里随即承认：如果内战扩大，抗战将更加不可能。随后他会见蒋介石时正式声明："美国在国共纠纷未解决前，无法大量援华，中美间的经济、财政等各问题不可能有任何进展。"居里在离开中国之前又一次批评了国民党，给予了蒋介石巨大的心理压力。美国在援助国民党问题上的态度发生这样巨大的变化，对国民党造成了很大的压力。蒋介石在日记中也写道："新四军问

题，余波未平，美国因受共产党蛊惑，援华政策，几乎动
摇。"

　　周恩来和英美国家的驻华使馆和一些援华的民间人士建
立了稳固联系，同他们成为朋友。其中包括多个领域的杰出
人士，如时任美驻华使馆官员、美国总统的代表、著名作
家、知名学者等。周恩来与他们亲切交流，深度对话，取得
了良好的效果。正是有这些工作取得的良好效果。周恩来在
1941 年 5 月 16 日致电廖承志并报毛泽东说："根据海明威
等所谈，我们在外交方面，大有活动余地"。

　　周恩来在重庆的对美活动取得了什么效果？盟军东南亚
战区副最高统帅史迪威在其日记里回忆："国民党腐败，混
乱。共产党的纲领……减租，减税，减息。提高生产和生活
水平，参加管理。实践诺言。"而另一位美国将军魏德迈则
作出了这样的评价："在我奉令接替史迪威时，上述四位政
治顾问为戴维斯，谢伟思，卢登与伊默生……他们的报告一
致苛责国民政府，而且都对共产党大捧大吹。"可见周恩来
在美军方高层所造成的影响，让美国对中共的认识与了解无
疑上了一个台阶。

　　周恩来经常出入美国大使馆，提供他对事件的看法，推
动他主张有助于战后中国民主，和平，友善的政策。他的影
响力相当大，特别是在史迪威的幕僚群中。美国左翼媒体人
『发现』并宣传共产党的好，而美国在华重要的外交与军界
人物却『发现』了国民政府的坏，左翼媒体人更多的是基于
左翼立场，还有就是被中共刻意的欺骗，采访过程几乎都是
中共人员的安排与陪同，而美国政要的亲共，更多的与国家

利益相关，国民政府只有一心一意的配合美国抗日，而不防共反共，才符合美国心意，无论是不是中共挑起的冲突与战争，只要国共冲突，美国的拍子只能打在国民政府头上，这是一场迪士尼电影中的猫鼠游戏，『主人』永远只能看到猎的过失，却看不见老鼠的故意。

陶涵在《蒋介石与现代中国》一书中说：温文儒雅、讨人喜欢的周恩来，在重庆的西方记者和外交官圈子 当中是颇受欢迎的人物，许多人接受他所描绘的中国共产党形象，认 为他们是良性的改革派政党，甚至还是民主政党。周恩来经常出入美 国大使馆，提供他对事件的看法， 推动他主张有助于战后中国民主、 和平、友善的政策。他的影响力相当大，特别是在史迪威的幕僚群当 中。

戴维斯是个年轻的外交官，派在史迪威底下担任高级政治顾问，他形容中共是"农村民主派"。另一位重要官 员谢伟思（John Stewart Service）则认为中共的方案是"单纯的民 主"——"在形式和精神上，美国味大过俄国味"。这些是聪明、爱国 并相当投入的美国人，认为抗日及早成功是最高优先，如果共产党能有助抗日，最好不过。 斯诺、史沫特莱等左翼媒体人对中共的认知，加上周恩来的欺骗性说辞，深刻地影响了戴维斯等美国军方与外交人员，这些人进而影响了史迪威与白宫，根本性的观念是两条，一是中国共产党异于苏联的共产专政，是农村的民主力量；二是联盟中共，有利于美国的统一战线，利于抗日。还有一条非常重要，就是美国如果统战了中共，就可以避免与苏联的冲突与战争，如果冒犯了中共，使其投靠了苏联，不利于美国抗日，也不利于美国二战后应对与苏联的关系。

戴维斯等人不知道的事实是，中共在隐蔽自己的真实目的，抗日只是中共的战略口号，利用抗日消耗国民政府力量，做大自己在后方的地盘，才是真实的目的。美国一旦统战了中共，就像孙中山当年联俄联共一样，迅速做大的是中共的军队。而日本已与中共秘密协定，只有偶发的冲突，没有根本性的对抗与大规模的战争冲突。

对国民政府处境险恶的认知严重不足，与对中共的片面认知形成巨大的反差，是导致美国外交人员甚至情报人员误判中国的重要原因。我们看 1942 年以后，美国外交与情报人员向上级的汇报备忘与报告内容，可以到看反蒋亲共的大致脉络：

美国驻华大使馆参赞范宣德（John Carter Vincent）在发给美国驻华大使高思（Clarence E. Gauss）的备忘录中表示，国民党统治思想保守，总是想着如何保持自身领导权。 美国驻华代办艾奇逊（George Atcheson）在写给国务院的备忘录中援引与印度援华医疗队巴苏（Bijoy Kumar Basu）博士的谈话称，中共在华北受到了人民群众的极大欢迎，因国民政府对人民采取高压措施，绝大多数敌后战场人民都不支持国民党转而支持共产党。在政治上，中共在其所统治区域内实行政府代表的民主选举，且按照三三制原则，即共产党员只占百分之三十。在经济上，中共的税收合理，大力发展合作社及家庭工业，保证了统治区内人民生活用品，防止了像棉花等原材料输往日军占领地区。

上述这些报告片面真实性或表象的真实性，现在我们看

到的是其亲共立场决定的，也是中共在战时利用『民主』方
式，既欺骗国内的人民与知识精英，又可以使美国人看到延
安民主与美国民主的共通性，这是中共非常高明的政治伎
俩，而它得到所谓人民广泛的认同，则是打击的对象锁定在
地主富农，利用亲共力量、利用美国媒体启动对国民政府的
宣传战，中共得心应手，美国政要与媒体人自觉或不自觉地
充当了中共大外宣工具：

原本在蒋、史之争中强烈支持蒋介石的居里，却开始试
图破坏华盛顿对蒋氏夫妇的支持。他也安排暂时回到华盛顿
的谢伟思和皮尔森(Drew Pearson)会面，皮尔森评论中国的
专栏批蒋越来越凶。居里也开始搜集美龄被控贪污以救灾为
名募集来的捐款之罪状——联邦调查局报告引用"可靠性不
明"消息来源，另外日本从占领的香港之电台发出的宣传，
也说孔宋家族涉嫌贪渎。一九四五年，联邦调查局获悉，居
里此时涉嫌提供信息给伊丽莎白·本特利(Elizabeth
Bentley)——克格勃在纽约的情报员。

在延安考察组成行之前，1944年5月当时主流媒体进
启程奔赴延安。美国记者有美联社和《基督教科学箴言报》
的斯坦因，《时代》杂志、《纽约时报》及《同盟劳工新闻》
的爱泼斯坦，合众社的记者福尔曼，《天主教信号》杂志和
《中国通讯》的编辑和记者夏南汗，《巴尔的摩太阳报》的
记者里斯·武道等。记者团到达延安后，毛泽东接见了记者
团全体成员。与斯诺等在延安受到的『礼遇』一样，记者团
在延安参观一个多月，都是在中共人员的安排或陪同下进行
采访。国民政府中央社的记者由于对中共有认知，所以报道

与西方媒体有异。而美国媒体对中共几乎是一边倒的正能量宣传。这些媒体不知道，延安文艺活动，使延安成为革命者在大后方的表演之城，而延安整风运动，使整个延安的异己者均被减除，剩下来的要么不敢讲话，要么都是紧跟中共的革命分子，即便进入中共其它控制区也是一样，『反动分子』都被中共消灭或赶走，剩下来的革命群体只会对中共一片叫好。

福尔曼的《来自红色中国的报道》，斯坦因的《红色中国的挑战》、《毛泽东印象》，以及爱泼斯坦等发表的评论，都没有揭示中共不为人知的一面，连过去一向对共产主义思想抱有敌意的夏南汗神父亦认为"边区是好的"。1944 年 7 月 1 日，《纽约时报》根据记者发回的报道发表评论："毫无疑义，五年以来，对于外界大部分是神秘的共产党领导下的军队，在对日战争中，是我们有价值的盟友，正当地利用他们，一定会加速胜利。"

戴维斯后来在他的回忆录中介绍共产党员、左翼媒体人厄特丽(Freda Utley)，我们也可以看到被中共的假象所欺骗带有普遍性：厄特丽生于英格兰，1928 年加入共产党，1930 年赴苏在共产国际工作，对苏联共产主义失望透顶。1936 年她在汉口遇到斯诺、卡尔森、史沫特莱等，她很激动地发现自己找到了新的信仰——中国共产党，后来她还在著作《战时中国》中盛赞中共抛弃了独裁，采取了资本主义和民主路线改革的政策。

三：延安考察组：中共的统战成果

蒋介石最不愿意看到美国『联俄联共』抗日，因为蒋与共产主义阵营的战争更攸关国家前途与命运，这正是蒋与美国政要发生冲突的根源。

西安事变破坏了国民政府与中华苏维埃红军的热战，中共借『抗日』名义脱掉身上的苏维埃红军服，换上了八路军新四军的国军服，成为『抗日』军队。但蒋深知中共的本质，迫于抗日的国际大势，特别是美国的意愿，只能与中共保持『冷战』状态。当美国与国民政府联合抗日之后，蒋与中共的『冷战』又一次面临被破坏。美国政府在国家利益之外，仍然有理想主义的成分，对中共抱有幻想，就是将共产党作为一个政党，参与到战后中国民主进程中，成为一支常态的政治力量。周恩来利用史迪威手下的戴维斯等人，通过正式报告推动延安考察组成行。官方渠道与民间渠道，不仅总统受到触动，也使美国政要形成『联俄联共抗日』的共识，由总统委托副总统华莱士亲自到重庆与蒋介石协调，促使美军考察组进入延安，『落实』了周恩来的意愿。从此开始，美国政要一直被周恩来牵着鼻子走。

联俄联共曾给国民党政府带来无穷尽的灾难性后果，现在美国政府为了抗日又一次联俄联共，历史后来证明，又是一次无边灾难之源。

1943 年 6 月 24 日，戴维斯向美国白宫呈上了一份长达 10 页纸的报告，较为详尽地分析了蒋介石集团与中国共产党之间存在的分歧与斗争及美苏卷入这一斗争的危险性。最后，戴维斯在报告中提出了美国与中共方面直接进行接触的大胆建议，并主张向中共控制区派驻美军观察员。为早日打败日本法西斯，史迪威于 1943 年 9 月提出了装备和使用中共军队的建议。

1944 年 9 月 13 日，史迪威在重庆会见了中共代表。史迪威告诉中共代表，他愿意到延安访问。他随后向马歇尔汇报说："他们转告我，愿意在我的指挥下打仗，但是不接受蒋介石任命的中国军官指挥。"此前史迪威曾收到包瑞德的信，信中说："共产党人愿意同日军打仗，他们的军队有战斗力……他们愿意在你的指挥下打仗。"由于与周恩来过多的密切接触，谢伟思在众多的亲共人士中表现特别，他几乎就是共产党或周恩来在美国外交部门中的代言人：

谢伟思称，中共领导人同样认为外国势力特别是美国政府对国民政府施加影响，是解决当前国共矛盾的最有效手段。中共希望美国承认中共在抗日中的地位，并获得美租借法案物资。谢伟思认为，除此之外，美国政府还应派代表访问中共地区，只有这样美国才能获得有关中共方面更加全面及可靠的情报。通过访问延安，美国才能找到长期困扰美国的一系列问题的答案。为此谢伟思建议，应由美国政府派遣一到两名精通中文的外事官员访问中共地区并常驻延安。观察人员不要拘泥于官方教条的指导，而是要通过个人细致地观察中共的实际情况，并发回报告。

1944 年 2 月 10 日罗斯福本人即向蒋介石发电，第一次提出美方派遣观察组的意向。

谢伟思在备忘录中总结，延安经济实力与自给能力持续增长。中共在过去几年中得到长足发展，获得人民的普遍支持。基于以上因素，中共军队实力有所增加。观察组若能进驻延安，必将获得中共在情报搜集、外出调查、日本战犯审问、美国空军救援等事务上的大力协助。

罗斯福决定向延安派遣美军观察组，未必真是想与中共发展实质性的合作。促使他下决心的，也许是戴维斯报告中的这样一段话："蒋介石对共产党人搞封锁，从而使他们处于孤立无援的境地，这就迫使他们逐渐依附于俄国。要是美国派一个观察代表团到延安去，那就会打破这种孤立状况，削弱依附俄国的趋势，同时又能遏止蒋介石试图以内战消灭共产党的愿望。"唐德刚引用美国档案"戴维斯方案"（PLAN DAVIES，由史迪威与戴维斯拟订的作战计划）："当美军于东南沿海登陆时应联合中共军队，共同占领沪宁地区，并以欧洲战场缴获之德军武器大量装备共军，此一方案在完成前不应让蒋介石知悉。其后应视此一共产政权为享有主权之唯一政府，并把蒋介石的政府排斥在外。

1. 迪克西使团在延安配合中共演戏

美国副总统华莱士受罗斯福委派作为特使到重庆同蒋介石会谈，1944 年 7 月，美军延安考察组进入延安。促成延安考察团成行是美国对中共误信的结果，也是中共统战的成果，还有一份西左式理想主义情怀与对异域文化好奇心。组长包瑞德下飞机后的大喊『雅呼』，将自己与对方视同好莱坞明星。他没有意识到，延安是红莱坞，美军将士们进入延安，是参与一曲大戏，演给世界看给美国人看，也是给蒋与中共官兵看。

美国延安考察组史称『迪克西考察团』，『迪克西』（泛指美国南方反政府各州）。他们没有意识到，这是共产国际力量在中国的据点，他们已煽动千百万人民卷入内战，而对日本的战争完全是表演对美国人看，美国媒体人与美国观察组成员，全部都在他们的剧本程序中，按照他们的编剧配合表演。

1944 年 7 月 13 日，毛泽东向共产国际通报了观察组即将来延的消息，表示将利用国民党的进一步失败，推动美国向它施加更大压力，以解决国共关系问题。8 月 15 日，《解放日报》发表了经毛泽东修改的社论指出"美军观察组战友们来到延安，对于争取抗日战争的胜利，实有重大的意义"，"这是中国抗日以来最令人兴奋的一件大事"。8 月 18 日，中共中央就中外记者访问团和美军观察组来延安发出由周恩来起草的《关于外交工作指示》。指示强调，应把这两件事"看作是我们在国际间统一战线的开展，是我们外交工作的开始"。为帮助美方搞好气象观测，中央从延安科学院调来 4 位同志配合工作。观察组配备的中方人员有两名英语翻译、四名后勤管理员、八名厨师、一名女打字员、一个警卫班，从延安自然科学院调来两男两女配合搞气象观测。美军观察组在延安享受到中共领导人级别的招待，甚至拒收他们应交的食宿费用。

1944 年 8 月 23 日，杨家岭毛泽东居住的窑洞，毛泽东和谢伟思进行了一场长达 8 小时的谈话。中共领袖同驻华外交官开诚布公地谈了他对国民党和蒋介石的看法。毛泽东说："很明显，国民党必须整顿，其政府必须改组。像现在这个样子，它是不能指望进行有效的战争的。要是美国替他打赢这场战争，胜利后也肯定要发生动乱……

　　1944 年 10 月日军轰炸机飞临延安，专门轰炸美军观察组。观察组所有的行动都在中共严密的设计中进行，在很长的时间里与日本达到默契，2015 年年 11 月，日本筑波大学名誉教授远藤誉撰写并出版的《毛泽东与日军共谋的男人》一书揭露了中共与日本的密约，所以小规模的战争多是表演性的。而国民政府军队是抗日战场的主力，并付出了巨大的牺牲，美国主流社会居然对此视而不见。

　　根据共产国际一九四四年十二月的一份报告，直到当时抗战已进行七年半，中共八路军仅有十万三千一百八十六人阵亡，以游击战为主的中共新四军极可能只折损数千人；但是政府军死者逾一百万人。换句话说，从周恩来一九四〇年一月给共产国际的报告，至一九四四年十二月此一报告之间——这段期间是史迪威等人坚称中共承担抗战主要负担而国军并无作为的时间——中共只有约七万名士兵牺牲性命。

　　亲共力量为了达到自己联共的目的，不仅无视国民政府军队的巨大牺牲与实质性的抗日主力，令人不可思议，延安考察组的报告，有利于中共。这些亲共人士已形成一股势力，以马歇尔为中心，上影响国务院与白宫，下与外交人员呼应。

　　美军观察组进入延安，是中共统战的结果，同时培养了一批更亲共的美国政要：1944 年 7 月 28 日，谢伟思到延安后所写的第一份报告中写道："我们来到陕北后，发现这里是中国具有许多现代事物的地方"，"我们的全体成员有一个同样的感觉，好像我们进入了一个不同的国度和遇见了不同的人民"。他认为，在共产党那里，"有一种生机勃勃的气象和力量，一种和敌人交战的愿望，这在国民党的中国是难以见到的"，"共产党在中国之地位，比现存任何团体都高"，共产党将在中国生存下去，中国的命运不是蒋介石的命运，未来的中国属于中国共产党，蒋介石的封建的旧中国，不能长期与华北的一个现代化的、有活力和有人民拥护的政府并存。

1944 年 9 月 30 日，包瑞德在其军事报告中说，共产党的军队"是一支年轻的、经受战斗锻炼、受过良好训练、伙食和服装都不错的志愿军，这支队伍本质极好，情报工作水平很高，士气旺盛"。他建议立即决定向中共军队提供援助。还建议向中共各军区司令部提供无线电台，并派驻懂中文的美国军官，直到战争结束。

11 月 7 日，戴维斯在其所写的一份报告中指出：在长城和扬子江之间，中共已经强大得可以指望在敌后至少能控制华北。

在延安考察组到达延安之前，美国的媒体也到此一游，他们对中共的报道也充满赞美，中共在自己的控制区完全清除了异己，对内整风，对外打击地主富农，所以在『解放区』是一片军民共和同乐的场景，『解放区的天是晴朗的天，解放区的人民好喜欢』，美国左翼媒体人与亲共政要们，也充满好奇与喜欢。

1944 年间，戴维斯是驻延安美军观察组的一员。起初，戴维斯认为美军观察组可以显著削苏联对中共的影响，后来却认为共产党是真正可以替代国民党的政治力量。

谢伟思的报告认为国民党没有能力与共产党抗衡，且共产党作为一定会夺取政权的胜利者，是美国需要拉拢的对象。在国共内战之前，谢伟思就认为共产党会获胜，因为他们能治理腐败、赢得民心、组织下层群众。

2. 赫尔利的阻击与美方两条路线的斗争

1945 年 1 月 25 日，赫尔利提出一个与宋子文共同策划的四点方案，内容是：在行政院下设立战时内阁；成立整编委员会，由美国军官一人，国共两方各一人组成；由一名美国军官作中共军队总司令，国共两方各任命一人为副司令；整编委员会成立后，政府承认中共合法地位。毛泽东在给周恩来的电报中揭露了赫尔利的『险恶用心』："这是将中国的军队，尤其是我党军队隶属于外国，变为殖民地军队的恶毒政策，我们绝对不能同意。"这个时间段，美国对华的认知与提出的方案，只有美国驻华大使赫尔利是对的，他因此既被中共反对，又被美国同僚孤立，由于他能直接游说罗斯福总统，所以他成功于阻止了美国在中国联共的实质性进展。

1945 年 2 月 28 日，美国驻华使馆代办艾奇逊利用赫尔利回国的时机，向国务院发出由使馆全体外交官集体讨论、谢伟思起草的长电，对赫尔利一味袒护蒋介石的政策提出严厉批评，建议美国政府明确告诉蒋介石，美国将与中共以及其他能够在对日作战中提供帮助的集团合作。赫尔利看到这个电报后异常恼怒，破口大骂起草电报的谢伟思。1945 年 4 月 2 日，赫尔利在华盛顿举行记者招待会，宣称：美国政府只支持国民党政权，不承认也不援助其他的政府或政治势力。在 1944 年 12 月 24 日答复新任国务卿斯退丁纽斯的询问时，赫尔利为自己辩解说："我理解美国的对华政策是：
（1）防止国民政府崩溃。（2）支持蒋介石作为中华民国主
席和军队的最高统帅。"1945年四月二日，赫尔利在华盛顿
举行记者会。根据他和总统谈话的内容，他宣布美国对中国
唯一承认、支持的是中央政府。

美军观察组多次提出向中共军队提供物资援助的要求，
均遭到了赫尔利的否决。他竭力主张罗斯福拒绝会见共产党
人，而加紧准备在即将召开的雅尔塔会议上设法赢得苏联对
蒋介石的支持。

在抗战胜利前夕召开的中共七大上，中共中央判定美国
的对华政策已经走向扶蒋反共，并相应地调整了自己的对美
政策。6月2日，毛泽东在中共七大主席团和各代表团主任
会议上说：美国现在定下的方针是联蒋抗日，拒苏反共，全
面称霸东方，决不会退让。

《解放日报》发表长篇时评《从六人被捕案看美国对华
政策的两条路线》，毛泽东撰写《赫尔利和蒋介石的双簧已
经破产》、《评赫尔利政策的危险》两文，公开点名批判"赫
尔利之流"的对华政策。

共产党的本质与欺骗性没有迷惑赫尔利，反倒使中共现
出其不堪的面目。

1945年11月最后辞去驻华大使一职，赫尔利长达15
个月的"调解"不仅未能缓和国共之间的紧张状态，却使得
美国与中共的矛盾日益凸显。美国亲共势力促成的延安考察
团与相关的装备中共军队的计划，被赫尔利完全否决。美国
政府内的两条路线斗争造成『两败』结果，亲共势力失败

了，但赫尔利同样遭遇失败，因为他支持国民政府的努力无法得到美国政府的支持，他只能辞职。

赫尔利，坚定不移地支持盟友中华民国，完全认知中共的意图，只允许中共在中国政府主导的前提下，进入政治体系内获得参政权，而不是独立拥有军事武装，联合苏联对抗政府。而赫尔利最终的失败，则是美国国务院与亲共的外交政要们不支持与配合赫尔利的正确方案。不仅如此，赫尔利引退之后，推荐的魏德迈继任美国驻中国大使被竟然被中共否决，代之以中共能够接受的司徒雷登担任，美国如此忌惮中共，如此配合延安反政府力量，是后续美国对华决策重大失误的重要原因。美国屈从于中共意志，否决了能够执行赫尔利路线的魏德迈，是一件不可思议的事情，美国政要对中共寄予幻想，被周恩来牵着鼻子走，最终陷入失败的泥潭。

四、『铁幕』已在中国布下，美国视而不见？

罗斯福联苏，但没有受亲共势力影响在中国联共，罗斯福在雅尔塔会议时作出的决策，决定性的影响着二战后国际形态，苏联共产主义势力的铁幕因此在中国与东亚布下。罗斯福反对法西斯主义，同时反对殖民帝国主义，他没有意识到比法西斯主义更隐蔽，比殖民帝国主义更邪恶的共产主义帝国已然发动了世界性的战争。

雅尔塔会议改变了苏联的战略目标，英美苏三国元首密约，美国请求苏联从中国东北展开对日本的进攻，以牺牲中国东北的局部利益为代价。斯大林同意在击败德国以后三个月内，加入对日本作战。苏联战胜日本后，将可收复库页岛南部、获得千岛群岛，并保障其在大连港、中东铁路、南满铁路的利益，以及恢复苏联海军在旅顺的租赁作为报酬。

这是饮鸩止渴，或者说是中国人被迫饮鸩，美苏英得以止渴。这次会议使得苏联及各国共产党得以控制中欧、东欧以及亚洲许多国家，那么，罗斯福为什么要这么做呢，既是因为他是左翼政治家，对共产党启动的国际性战争失明，更是基于国家利益考量，让苏联进入东方战场，以减少美军的损失。在中国联共没有成功，美国在这次会议上却成功地联俄进入东方战场。

美国的这一次联苏抗日，致命地影响着二战后东方世界的政治格局。它是将共产主义的洪水泄入东方。雅尔塔会议一结束，斯大林立刻告诉毛泽东:苏联红军要来了!毛立刻发电报到重庆给周恩来，要他停止赫尔利调停的国共会谈，立即返回延安。毛并号召全体党员准备向美、蒋发动浴血奋战。

大约此时，斯大林命令远东地区的红军八十八旅，准备进入东北。八十八旅是由 20 世纪 30 年代初期被日军赶到西伯利亚的中共抗日游击队改编组成。这支部队持续受训已有 14 年之久，加上能说中国话的苏联军官，已经等不及要回到故土。1945 年 4 月 6 日，斯大林正式宣告废止《苏日中立条约》。

毛又在 1945 年 7 月写了三篇文章抨击美国。他预测美、苏之间在很近的未来就会爆发意识形态和政治的冲突，并宣布中共"一面倒"倒向苏联的政策。1947 年，斯大林将大量武器与资源交给了毛共，使其在东北坐大。收编了

75000 名满洲国伪军进一步征召了大量无业青年，壮大实力准备内战。

中共在东北立即开始招兵买马，把 75000 名满洲国傀儡部队纳编，从失业的东北青年征募数千名新兵，也把流窜山区的盗匪约莫 8 万名纳入编制。同时，苏联也迅速把大批接收来的日本武器和军事物资移交给中共。红军把较先进的武器、机械送回苏联，较老的日军坦克、大炮放到中蒙边境城市满洲里某仓库，等待以后再移交。他们也把数座日本军火工厂移交给中共，中共自己也找到好几座红军漏掉的地下军火工厂。

中共史料出版社出版的书本、中共官方刊物的文章，以及苏联档案材料，都详述苏联红军自攻入东北就开始广泛、深入与中共合作。然而斯大林却故布疑阵，告诉哈里曼红军横扫东北没遇上任何中共部队。斯大林说，他期待中国政府可迅速派兵去接收东北大小城市。

幕后，苏联军官建议中共将其近 50 万大军大部分部署到东北。毛泽东根本不需要鼓励——他视此为"千载难逢的大好机会"。他告诉党内同志，东北之战将"决定革命的命运"。毛虽然仍在蒋寓邸的宾馆作客，但已命令新四军主力从长江之南各个基地渡江到华北，阻断前往东北的要道。起先，美国海军没打算在 12 月之前运送政府军到东北。但是在蒋警告，莫斯科可能利用此一延搁藉口把东北移交给中共，杜鲁门安排美国海军尽速运送 20 万名政府军到东北。这是美国总统希望蒋介石接收东北的又一个迹象，也是鼓励蒋为东北一战的重要因素。

　　综上所述可以看到『铁幕』已在中国布下，美国主流精英视而不见，他们走在亲共反蒋的路上，既是政治正确，也符合美国的政府的既定方针，就是容共或联共，防止惹中共生气，投入苏联的怀抱。其实中共与苏联是血亲关系，这一点马歇尔没有充分认知，司徒雷登、费正清也没有基本认知，他们不仅成为亲共的重要力量，还成为倒蒋的中坚力量。

　　对费正清，余英时先生有专文研究与分析，通过费正清可以看到美国知识精英甚至主流社会对中共的认知态度，需要指出的是，费正清的认知不仅影响着当时的美国政要，也持续影响着冷战时期美国与中共的关系。

　　从 1946 年开始，费正清便在美国舆论界公开主张美国应该完全放弃对国民党的支持，赶快和中共取得谅解。他相信中共领导的革命史无可阻挡的，并且中共不是苏联的附庸。到了 1948 年，国民党眼看着要退守华南和台湾了。费正清更大声疾呼，警告美国政府决不能继续承认蒋介石的流亡政府。美国只有及早回头，支持中共，才有可能把中国从苏联那里争取过来。余英时在上文中分析了费正清亲共思想的来源，一是 1942 年进入中国之后，广泛交往的是重庆与西南联大的自由派知识分子，这些人希望国民党行宪、保障自由，也就是对国民政府提出了战时民主宪政的理想政治。另外的重要原因是，共产党的统战，

　　当时中共在重庆的两位女将龚澎（乔冠华的妻子）和杨刚（大公报记者）是最受美国外交界与新闻界欢迎的人物。她们不但能说流畅的英语，而且也具有第一流的统战技巧，

他们并不向美国人宣传延安多么好，而是集中火力攻击国民党怎样践踏人权——暗杀、摧残言论自由、逮捕民主人士、剥夺人民游行与罢工的权利。这些说辞当然句句都震动了美国人的心弦。一般年轻而热诚的美国人固不必说，即便像费正清这样比较成熟的人也觉得左派集团是沉闷的山城重庆中一股清新的空气，他与左派的交往越来越密切了。

　　1946 年 7 月 11 日，刺客在昆明开枪杀死民主同盟知名领导人李公朴。4 天之后，另一位民盟领袖、留美回国的诗人闻一多也遭不明人士杀害。这下子全国各大学涌起一片抗议浪潮，费正清在美国《大西洋杂志》发表专文，把整个事件诠释为是国民党暗杀民主人士，在其笔下的蒋介石，是一个冷血的独裁者。他还呼吁白宫切断对华援助。美国便停止了对华贷款谈判，同时，数个合作项目被终止。美国哈佛大学一群教授也联名谴责这两起事件。马歇尔在写给杜鲁门总统的信中传达一个印象——即使不是蒋本人、国民政府也应负起责任。可是民主同盟是个小党派，对蒋只算小麻烦，他似乎不可能甘冒国际制裁之险，下令杀害两个在昆明不甚有名气的知识分子。相形之下，300 名共军士兵在 7 月中旬伏袭美军一支补给车队，55 名陆战队员就有 7 人被杀。虽然马歇尔也说伏袭"确切是共产党所为"，却没有逼周恩来就此事道歉。蒋认为马在这件事上表现得"若无其事"。当蒋质疑抗议昆明暗杀事件的一群哈佛大学教授哪里懂得中国的情势，马歇尔明显暗讽蒋受的正式教育有限，答说他们懂的"要比一群军校高中毕业生来得多"。

　　哈佛大学与马歇尔的资讯来自西南联大的教授们，也来自受中国左翼与亲共人士刻意传播的宣传信息，中共军队伏击了美军士兵，马歇尔、费正清们不会在《太平洋月刊》上抨击，因为没什么政治正确可言，也不符合美国统战容共的国策，费正清与马歇尔等人对中共的认知缺陷，却变成了权势的傲慢，这种傲慢的背后，是国民政府不得不依恃强大的美国政府的援助。

五、马歇尔在中国的『行动』

『马歇尔计划』旨在帮助二战后欧洲重建，致力于遏制共产主义势力在西方扩张，马歇尔因此获得诺贝尔和平奖，名垂史册，马歇尔在西方是有计划的，这个计划背后是西方世界对共产主义铁幕的认知与恐惧，但马歇尔在中国，却只有『行动』而没有『计划』，因为没有对中共与苏联的充分认知，所以他的行动更多的随机性，当马歇尔的行动最终在中国失败时，他没有任何责任与义务，挥一挥手，不带走一片云彩，不留下一丝愧意。

马歇尔使华消息一传出，周恩来在若干内部文件上说明，中共和这位美国最新使节谈判时，目标将是"中立美国"，善加利用"美国对华政策的内部分歧"。周有信心，由于"美、蒋之间的矛盾"，以及他对"美国人意识形态和价值体系的熟悉"，中共将因此一注定失败的谈判，在未来成功崭露头角。这些因素事实上都会是马歇尔使华动态关系中的关键成分，没有人比周恩来更清楚热心的美国人之心理。

马歇尔一厢情愿，正好中了中共设置的伏击圈，回顾史实可以看到，马歇尔在东方被中共『计划』了，成为中共计划联俄推翻国民政府的政治工具。马歇尔与当时的美国政府不仅没有通过政治途径保护盟国不受国际共产主义侵略，反而通过压制与干预中国内政，使国民政府步步失败，整个中国与东南亚因此深陷在红色恐怖与共产主义铁幕之下。

二战后国际关系的『顶层设计』已有美英俄三巨头确定，中国的顶层设计则被斯大林控制，斯大林已与毛泽东结成同盟，其实中共一直就是苏联的政治附庸，毛泽东一直接受斯大林的指示与援助。马歇尔能做什么呢？洪水已从苏联泄入中国东北，解铃还得系铃人，此时中国东北危机或国共内战，必须由战后国际巨头来协调解决（但英美却与苏联密约，只维护自身利益），形而上的问题必须在形而上解决，而委派一位将军来解决宏大的国际政治问题，无异如用枪炮阻挡洪水，材非所用。最为重要的是，国民政府与中共的战争根本不是中国内战，而是中国政府与国际共产力量在中国的战争。民国政府需要的是美国帮助抗洪，而美国的国家决策，却是要让蒋介石让步，以阻止中国内战的名义，对中共联合苏联侵略中国姑息纵容。

马歇尔启程赴华之前，于（1945）12月8日分别和杜鲁门总统、贝尔纳斯国务卿会面。马歇尔说，他明白他需要全力以赴，影响蒋介石和中共谈判时做出合理让步，他应该向委员长暗示，美国未来援助与否与此攸关。但是马歇尔也说，他担心若是蒋不肯做出合理的让步，国共和谈破局、美国也因而终止对重庆的援助，结局恐怕就是"俄国在东北恢复势力"！也就是中国会像东欧和朝鲜被瓜分为共产和非共产中国。马歇尔认为，这样的结果就是"我们参与太平洋战争的主要目的（强盛、友好的中国）……尽付流水"。

杜鲁门要马告诉蒋介石，"因内斗不团结且陷入分裂的中国，看起来一点儿都不像美国援助的合适地方"。

从上述史料可见，马歇尔与杜鲁门已设置了唯一的路径，就是抑制蒋介石利用当时的优势，阻止其强力打击共产党，以美国援助作为要胁。周恩来完全明白了美国的用意，他曾成功离间了史迪威，又一次用政治话术，欺骗马歇尔，为中共与苏联的军事合作赢得了时间。

相比于中共对美国的政治欺骗，斯大林『坦诚』的多，1946 年斯大林发表了著名的二月九日演讲，宣称二次世界大战是"现代垄断性质的资本主义不可避免的结果"，下一场世界大战也将从同样的动态下产生。杜鲁门读完这篇讲稿，大为紧张，也非常生气，命令贝尔纳斯今后不再"玩妥协"。杜鲁门还说，美国应"复建中国，并在当地建立强大的中央政府。我们在朝鲜也应该这么做……我已不耐还要哄哄苏联"（引文与下同）。可是，周恩来在中国却继续说服马歇尔相信，中共领导人不是意识形态上的狂热者，也不是苏联的盟友，而是接受其和平计划的政治温和派。

马歇尔们对中共的认知，一是周恩来的欺骗性游说，中国会走不同于苏联的道路，中共在农村搞农村民主，中共积极抗日，与国民党政府不同，亲民不腐败；二是斯诺等左翼媒体人的报道，他们形象而『真实』地报道了红色控制区的民主与抗日，他们是中国的希望；三是延安使团与美国外交人员的报告，这些报告充满对蒋政府的批评，却对中共抱有幻想。

他（马歇尔）和幕僚见到态度轻松、风度翩翩、世故而又谦虚的周恩来。周一如往常，立刻与这群美国人打成一片。周猛灌老美迷汤，表示中国应向美国学习民主、农业改革和工业化，马歇尔的报告对这套说词毫无怀疑之意。多年之后他对一位访谈者表示："所谓共产主义的热情这种事情，我真的了解得很粗略，直到我战后到了那儿。"

由于中共领导人虚伪的坦诚，得到马的好感：毛传话给马，称颂他的停火安排"公平"，毛严肃地宣称，"中国的民主必须追随美国的道路"。周恩来向毛报告，马歇尔曾告诉他，他依赖中国共产党的真诚，但很难说服国民党的领导人。周告诉他的秘书，马使他想起了史迪威。

毛泽东回到延安后告诉党内同志，在重庆协商好的声明"还只是纸上的东西"，他告诉苏联代表内战"实质上已不可避免"。他拍发电报给中共东北局，宣称"我党我军决心动员全力，控制东北，保卫华北、华中"，毛泽东的结语是，"6个月内粉碎其进攻，然后同蒋开谈判，迫他承认华北、东北的自治地位。"毛此时思考的是暂时接受两个中国。

从上述史料可以看到，单纯的美国将军，遭遇高明老道的中共骗术高手，深陷骗局，却仍然自以为是，毛泽东表示要走美国的道路，符合美国人政治口味，周恩来一次次的对中共扩张地盘进行辩解，马歇尔也能理解，因为马歇尔能做到的只是压制蒋介石政府，对中共只能听之任之，蒋的外援在美国，中共的外援在苏联。

马自信满满，国民政府要求苏联撤离东北，苏联通知中共接管所有重要城市，周恩来的解释是，为了维持城乡秩序。中共攻打并占领长春，美国国务院1949年的中美关系白皮书谈到中国沦陷时，称中共抢占长春是"公然违背了停止敌意的命令"，但是报告执笔人并没有写它威胁到国共和谈。他们反而下结论说，此举制造出来的大麻烦是，强化了国民政府内极端反动派的声势。

1946年4月18日马从华府回到重庆，指责蒋：寻求单方面控制东北，关闭中共报馆，派遣战机侵扰延安，部队违反停火协议在本土调动，马形容这些都是愚蠢行动，会刺激中共。

蒋提供数据说明停战以来，中共发动了287次进攻，造成长春数千名政府军阵亡，但蒋无法说服马相信中共是造成和谈破裂负起部分责任。马的信息源成为问题，因为马可以破译蒋的电报，却无法破译周恩来的电报密码。

马认为自己找不到斯大林支持中共的证据，认为出卖武器给中共是军队官员的经济行为。曾在长春遭到中共扣审的纽约时报记者李伯曼和基督教科学箴言报记者艾波奈花了二个小时告诉马，中共在苏联支持下占领了东北大多数地区，且可能不会撤退。这样的资讯对马不起作用，将大部分责任归罪给国民党。马因此不愿意更多的支持国军调入充足的兵力进入东北。显然对中共善意，不能认知斯大林与苏俄在东北的野心，以及对中共的强力支持，对整个局势的误判，导致马重大决策失误。

史实证明了马歇尔步了史迪威的后尘，中共在重庆的所有承诺都是政治伎俩，让一个将军来处理国际政治问题，与史迪威一样，极易被中国问题的表象所迷惑，他能轻易得到国共双方的『真诚承诺』与书面签约，因为他没有看到苏联与中共的意识形态与地缘政治共同体的关系，形而上的问题没有看到，形而下的问题无法解决。所以，伟大的将军仅凭善良的愿景与强大的政治意志（如果和平谈判不成功就不再支持国民政府），结果只会事与愿违。马歇尔要以自己一己之力促成国共和谈，但国共之战的战争是世界性的战争，只有二战胜利国共同遏制这场面向亚洲的战争，才能促成国共和谈，唯一重要的方案就是在东北设置多国维和区，使苏联对亚洲的战争被遏制。

马对中共与毛泽东没有从本质上进行认知，延安的媒体与毛周向马传输的都是美国人想得到的『正能量』，他们深知美国人喜欢什么，需要什么，他只要向马输送适当的『信息』，就可以得到两样对延安中共极具价值的东西，一是时间，中共需要整合与苏联的军事对接，以便与国民政府军队决战，二是让美国『中立』，并借着美国人的手，对国民党政府进行压制，迫使国民政府军在最佳时间点上，不能对中共进行毁灭性的打击。马歇尔符合中共的需要保持了中立，但美国政府却没有致力于让苏联保持中立，这是马歇尔在中国行动失败的根本原因，马歇尔是来调停国共冲突，但事实上充当了共产党的挡箭牌。

既不懂国际政治、又对中国现实没有充分认知的一位将军，在这个过程中不知不觉变成了政客，按既定方针办，任何不利于自己既定方针的信息与方案，都充耳不闻，或搁置弃用，历史时刻，代表一个国家的一个人，会致命地影响到另一个国度与亚太区域的政治历史。

后来马歇尔在西方实施的计划，其决策由正确的认知之下进行，所以获得了巨大的成功，相比之下，马歇尔在中国由于大前提错误，所以他的行动越努力，错误越重大，某种意义上，他的错误直接导致了中华民国的倒台。

马歇尔的重大错误如下：

第一，马歇尔阻止了国民政府军队对中共军队在东北的一次决定性大战：1946 年 4 月 18 日至 5 月 18 日国共在东北四平的展开的一场大战，中共在精锐国军的打击下溃不成军，东北林彪军队在此打击下几乎面临崩溃。马歇尔透过无线电，数次恳请蒋立刻停火，以便"避免先前犯错的痛苦结果"。更重要的是，蒋离开南京期间，马歇尔和颇有说服力的周恩来"常常谈话"，有一次更谈了六个小时之久。

蒋介石迫于美国的压力，下令停战，国共双方在东北战场停战了四个多月，给了中共军队以喘息的时间，驻中国美军指挥官魏德迈将军后来在国会作证指出，六月停战令后国军士气低落是最终失败的重要原因。而武器禁运和美国对国民政府其他支持的失败，以及中国和美国的反国民政府各种宣传都直接造成了士气低落。

蒋中正本人也终于在他撰写的《苏俄在中国》中对他在 1946 年 6 月 6 日颁发第二次停战令对东北战争的影响，做出了这样的结论：

"从此东北国军，士气就日渐低落，所有军事行动，亦陷于被动地位。可说这第二次停战令之结果，就是政府在东北最后失败之惟一关键。当时已进至双城附近之追击部队

（距离哈尔滨不足一百里），若不停止追击，直占中东铁路战略中心之哈尔滨，则北满的散匪，自不难次第肃清，而东北全境亦可拱手而定。若此'共匪'既不能在北满立足，而其苏俄亦无法对'共匪'补充，则东北问题自可根本解决，'共匪'在东北亦无死灰复燃之可能。故三十七年冬季国军最后在东北之失败，其种因全在于这第二次停战令所招致的后果。"

著名作家白先勇也就是国民党高级将领白崇禧的儿子所写的一篇文章中的一段话："从此（四平战役之后），国军一举获胜的良机和优势一去不返。林彪正是利用哈尔滨、齐齐哈尔、佳木斯等城市得到喘息，迅速重整军队，至一九四六年底，增至三十六万，一九四七年夏季反攻之际，增至五十万，一九四八年冬季辽沈决战之际，已成一百万大军。毛在东北迅速发展的军力和活动在外在世界绝大部分看不到。由于马歇尔手下译电人员有能力破解蒋发给前敌指挥官的密电，马歇尔可能得知某些状况下委员长只是装着跟他合作。不幸的是，周恩来用的是"一次即丢"的密码，美国人无从破解周的来往函电。这一来，蒋和美国人的关系可能也受到伤害。

周恩来持续的欺骗，实质性的与马歇尔形成二人转，时间拖延对中共极其有利，因为战后一二年的时间苏联不敢公然地支持中共，只是隐蔽地支援，当美国表现出不愿意与苏联进行战争、不愿意参与到国共战争中，苏联支持中共的力度一步步加大。

其次是对华武器禁运：

在杜鲁门总统支持下，乔治·马歇尔下令自 1946 年 7
月 29 日到 1947 年 5 月 26 日，美国政府对国民政府实行武
器禁运。在颁布禁令的同时，美国通知英国、加拿大和比利
时等欧洲国家，要求它们采取同步的行动，这一请求得到了
它们的赞同。

在东北，魏德迈发现，由于枪械弹药补充的严重不足，
原来由美国在印度装备和训练的新六军已不再是当年的新六
军，其军长廖耀湘告诉魏，新六军在东北"消耗很大，又不
能休整补充，完全被拖垮了"；在枪弹方面，"自动武器大都
消磨太厉害，冲锋枪有好多已不能连发。""自动武器和迫击
炮没有充足的弹药补给，尤以炮弹奇缺"；在运输工具方
面，"汽车和其他特种车辆，都已到报废年龄"；在士气上，
"新六军战斗力赶不上当年的 1/3，官兵素质减低，士气战
志都低。"

不止在东北和苏北，各个战场上枪弹缺乏都成为普遍现
象。马歇尔在决策武器禁运前后，漠视他不愿意看到的信
息，固执地相信中共停战的诚意：

曾在长春遭中共逮捕、短暂扣押的《纽约时报》记者李
伯曼(Henry Lieberman)和《基督教科学箴言报》
(Christian Science monitor)记者艾波奈(Charlotte
Ebner)，花了两个小时向马歇尔叙述中共在苏联协助下占领
东北大多数地区且很可能不会撤退的情况。这项第一手报告
对马歇尔丝毫不起作用。尽管他最近对周恩来说重话，但他
还是将动乱大部分怪罪于国民党。

根据中国大陆某学者 1996 年撰文所说，"中共领导人

（在 1946 年秋天）清楚看到，美国基本上无力以军事手段
介入中国。"因此，"跟美维持名义上的（良好）关系不再有
意义，只是弊大于利。"马歇尔根本不察中共态度已变，他
还是认为中共路线转为强硬，乃是"共党自由派分子失去控
制力量，激进派成为领导人的迹象"。不过他依然相信毛泽
东、周恩来等高级领导人有诚意。蒋则认为，马歇尔和司徒
雷登相信共产党会真正捨弃其革命目标，不啻"缘木求
鱼"。

其三：搁置了魏德迈的正确方案：

亲共势力作出的重大错误决策，激起了中国政府与美国
国会的强烈反弹：

1947 年 7 月来自国会和"中国游说团"的抨击政府在
中国搞亲共政策，逼得美方取消禁止美国武器售予中国，马
歇尔要求魏德迈以总统特使身分重回中国了解局势。

魏德迈一回到华盛顿，立刻把他的机密报告送呈杜鲁
门，建议立即给予中国军事、经济援助，并重提他以前的旧
方案:把东北交给联合国"五强"——包括苏联在内——托
管。马歇尔对魏的报告没有采取行动，也基于若是公布了联
合国托管的方案，必会惹恼中国人的考虑，而不发表它。魏
德迈气坏了，认为马歇尔因为坚决反对对华有任何军援，才
压下他的报告。

同时，在华府方面，压制魏德迈的报告引发猜疑和反
弹。国务院在高涨的政治压力下，于 10 月间订出一套对华
经济援助的新方案。

由新美援采购的第一批军事补给品直到一九四八年十一

月才开始抵达，距马歇尔告知国会有此援助方案已经过了一年，这一切都为时已晚，无法在东北保卫战中发挥作用。"美国现无政策，又无政治家，关于魏德迈之行动态度，更可知美国之前途殊为世界人类起无限之忧虑"。

"冷战"趋于全面化之后，魏德迈报告的价值重新获得了美国军政两界的认可。约瑟夫·麦卡锡参议员称赞说：魏德迈要求继续援助国民政府的计划极为明智，只是被国务院里的"邪恶天才"所破坏。英国军事历史学家约翰·基根则称他为"美国有史以来最具智识和远见的军事思想家之一"。与此同时，魏德迈本人继续活跃于公众视野中，为对苏遏制政策和援助台湾摇旗呐喊。1954 年 7 月 19 日，美国国会批准将魏德迈的最终军衔特晋一级至上将（四星）；1985 年，里根总统授予他总统自由勋章。美国的政策变相有利于中共：

魏德迈本人认为毛泽东的中国共产党是受克里姆林宫庇护下的激进势力，因此对美国在亚洲利益构成严重威胁。魏德迈因此尽可能拉大他的权限，但能做到什么程度毕竟有严格的限制。华府方面不接受魏德迈的建议，停止美国对中国军队全部训练活动，魏德迈本人也只能基于"不干预"内战的理由，勉为其难地数次拒绝重庆要求运输之请。魏也奉命开始解散他和史迪威过去 4 年所辛苦建立的联络、作业管控、顾问和援助之机制。

有趣的是，在美国主流社会看败国民政府之时，美国有关政要仍然致力于改造国民党政府，战时搞民主立宪，战争最紧迫时刻更换总统，玩这些政治正确与符合美国人口味的游戏，只是给战时政府增加了混乱，战时集权这样的常识都被美国左翼与亲共力量故意漠视，如此这般，只是增加整个社会对蒋政府的反感，而美国政要应该做的事情，因此被忽视。譬如说，毛泽东认为，美国选择了李宗仁为总统，进而会帮助民国政府防守长江，国共会划江而治。但司徒雷登却明白的告诉周恩来的信使，美国不会干预中国内政。司徒雷登这句话本身就是干预中国内政，甚至是主动抛弃战时盟国，鼓励共产主义力量一统中国。而司徒雷登却留守南京，等待着与中共政府做政治交易，因为周恩来曾给过他太多的承诺。

美国政府实质性的干预了国民政府的所谓内战，干预的原因看起来是基于维护美国国家利益，也是为了中国民主和平，但由于对中共抱有幻想，所以马歇尔调停过程实质上是制止了当时中国国民政府在最有利的时间与地点，打击国内反政府恐怖组织的正确行动。马歇尔被周恩来牵着鼻子走，害怕激怒中共，但中共仍然投身苏联怀抱。美国不是失去了中国，而是养大了一个敌人，把盟友的国家轻易让渡对了强大的敌人阵营。

杜鲁门主义没有把共产主义在东方的扩张纳入战略视野，不仅不如此，反而纵容中共在苏联的支持下，颠覆了中华民国。

六、美国在中国亲左，在西方亲右

1. 美国右转：抛弃东方保卫西方

马歇尔在中国的行动是容共亲左，当马歇尔在实施西方的马歇尔计划时，摇身一变，成为右翼反苏的英雄。由此，我们来追溯，美国在二战前后从左倾、亲共，转型到极右国族主义的过程：

当我们责备马歇尔方案致力于保卫西方，而让东方世界成为共产主义大洪水的泄洪区时，马歇尔的责任因此重大。但马歇尔只是做了形而下的事情，或者说是一位顺水推舟者，二战后的世界格局是由丘吉尔、罗斯福、斯大林在二战结束之前的几次会议或密约中决定的。

丘吉尔在二战后走向右翼国族主义，其背景是西方中心主义、英语民族主义、英国对欧洲大陆的均衡方略。西方中心主义不是丘吉尔独有，整个西方世界对一战二战定义为世界大战，就是典型的西方中心主义叙事。一战与二战本质上是西方的战争，因西方殖民扩张而起，主要是西方国家参战，最终由西方国家决定了战争的结局，其它国家只是被波及与被卷入战争，而与一战特别是二战并行的东方世界大战，先是北洋政权与苏联扶持的革命力量之间的战争，孙中山联俄联共，并不是为了扶助农工，而是为了北伐北洋政权，一统中国；后又有了苏联、共产国际扶持的中华苏维埃与中华民国之间的战争，中国战场上发生的东方世界战争的复杂性先是因为日本的侵入，后又有美国卷入东亚战争。中国政府与中国人民同时打两场世界大战，一是与共产国际的战争，另一场战争是与美国联盟反法西斯战争。而美国是联苏甚至联（中）共，以对付日本，所以漠视甚至反感中国政府进行的反共产主义的战争，因为美国在国际社会中联苏，而在中国却容共，幻想联共。

美国左右逢源，罗斯福左倾，联苏俄容（中）共，打击日本，获得了胜利。二战后派出的马歇尔在中国的调解行为，实质上是帮助了中共与苏联赢得了时间，扩展了空间，并导致了中华民国政权被颠覆。当马歇尔在中国调停失败后，美国在丘吉尔的鼓动下，右转，跟在丘吉尔后面成为国族主义者，即美国利益与英语民族利益至上，制定了马歇尔计划，保卫的是西方世界、英语民族，符合了英国的欧洲大陆均衡国策。谁是欧洲大陆最强大者，英国就会联合其它力量对其进行遏制。二战后英国选择联合美国，抛出的是英语民族共同体概念，东方民族因此蒙受苦难，丘吉尔与西方主流社会完全漠视，甚至是故意的向东方泄洪，任由苏联向东方扩张空间，释放其扩张能量。

丘吉尔在哈佛的铁幕讲话，引导了整个美国保卫西方英语民族，而中华民国军民与美国在抗日战争中浴血战斗，付出了巨大牺牲，换来的却是美国政要的冷血回报。

东亚三国在二战前形成了恶意平衡：因为有日本在清末日俄战争中胜利，所以中日俄在东北形成了战略平衡，日本是阻止俄苏向东方扩张的重要力量，无论是国家利益还是对共产主义的仇视，日本在东亚有决定性的影响。日本战败之后，三国关系失衡，整个中国陷入到苏联共产主义势力大洪水之中，而这次大洪水，罗斯福与斯大林的密约。是开闸的源头，杜鲁门的特使马歇尔在中国遏制国民政府对中共的及时打击，造成不可逆转的事实，美国政府与主流社会的罪责，不可推卸。

杜鲁门曾与马歇尔谈过失去中国的责任，杜鲁门说，第一责任人是自己，马歇尔只是其次。其实，他们都有不可推卸的重大责任，除了对中共认知缺陷，受中共欺骗的因素之外，杜鲁门的个人心性也必须正视：1941 年 6 月 23 日，即纳粹德国进攻苏联的第二天，参议员杜鲁门说到："假如德国比苏联强，我们应该帮助苏联一方；但若果占优的是苏联，那我们便应该帮助德国，而且要尽量让他们大开杀戒，尽管我一直不愿看到希特勒在任何情况下取得胜利。"

杜鲁门这段冷血言论，对自由主义者和保守主义者来说不可接受，杜鲁门只好见机收回。但他的内心却昭然若揭，充满丛林血腥的社会达尔文主义，缺少价值判断与正义立场。他在任时决绝地对中国国民政府武器禁运，在重要的历史时刻均可以阻止中共的战争行为，但却致力于遏制国民政府对反政府恐怖组织的重拳打击。依据他的逻辑，也可以说，尽管他不愿意看到苏联支持的共产党取得胜利，但要尽量让国共大开杀戒。如果不是朝鲜入侵南韩，杜鲁门是听任中共占领台湾的，完全没有看到台湾对美国在亚太地区的重大战略意义。

2. 美国政府先左后右，祸害了中国

丘吉尔与斯大林密约，适度在东欧放水，以与苏联绥靖：1944 年 10 月丘吉尔和斯大林进行会晤，丘吉尔建议英国和苏联在东南欧各国划定势力范围，罗马尼亚、保加利亚、希腊、匈牙利、南斯拉夫由他们密会瓜分势力范围。这就是史上所谓的『百分比方案』，这份方案用小纸条递给斯大林，意味着是见不得人的一桩交易，二战后苏联对欧洲的侵蚀基本依据于此。

罗斯福总统在 1945 年的雅尔塔会议鼓动苏联向中国东北出兵扫荡日本关东军，也是以出卖中国东北相关利益为代价。美国为了国家利益，牺牲了盟友中国应得到的正义，中国东北成了苏联的势力范围。尽管战后美国有支持蒋介石收复整个东北的意愿，但并没有强大的政治意志与军事支持。不动用国际政治与国家力量来维护中国东北的归属，东北失则华北不保，华北不保则整个中国沦陷。

雅尔塔会议之后，斯大林开始通过中共布局东北，并致使中共实质性的放弃了重庆谈判。也就是说，斯大林与中共在积极备战，而美国派出的特使马歇尔则积极的抑制蒋介石应战，蒋的被迫应战在马歇尔眼中就成了挑起战争，不遵守停战协定，祭出美国不支持中国内战、停止美援甚至武器禁运。

美国的理想主义像旗帜一样召唤着中国，而美国基于国家利益的实用主义，对中共妥协对苏联绥靖，致命地伤害了蒋介石对共产主义阵营的国际性战争。

1946 年斯大林的『二月讲话』认为二战的胜利是苏维埃社会制度的胜利；苏维埃社会制度在战争火焰中胜利地经住了考验，并证明了它是有充分生命能力的。而战争之源却是资本主义世界，其内部有不可克服的矛盾，所以世界大战还会爆发，对于斯大林来说，他是要应对即将发生的资本主义世界大战，但西方世界的解读却是斯大林悍然宣布了第三次世界大战即将开始。

1946 年 3 月 5 日，退出首相大位的丘吉尔由美国总统杜鲁门陪同，在美国富尔顿城威斯敏斯特学院发表的反苏联、反共产主义的演说："从波罗的海边的什切青到亚得里亚海边的里雅斯特，一副横贯欧洲大陆的铁幕已经拉下。""铁幕"一词之意攻击苏联和东欧社会主义国家"用铁幕笼罩起来"，因此此演说被称为"铁幕演说"。铁幕演说也被认为是正式拉开了美苏冷战的序幕。丘吉尔也很早就提出要恢复德国的实力，共同抵御共产主义在欧洲的扩散，所以从这里亦可以找到马歇尔计划的缘由与源头。

丘吉尔两大发明，一是用铁幕来形象地揭示苏联即将成为资本主义世界特别是西方世界的第一敌人，将西方与苏联在二战过程中形成的合作与暧昧关系完全撕裂，迫使斯大林做出强烈的反应，由此形成激烈的反应链。

二是发明了英语民族，他呼吁"说英语的人民之间"要有"兄弟般的联合"，此联合基于"英联邦、大英帝国和美国之间的特殊关系"。丘吉尔坚称，这一关系不仅依赖于特殊的亲和性，如语言等，他还谈到了军事合作、通用武器、共享基地乃至于共同的公民身份等方面。

斯大林指责丘吉尔的演说无异于"向苏联宣战"，他表示，丘吉尔企图证明英语国家才是"唯一有价值的民族，应当统治世界上的其余民族"。他还形容这是基于语言的"种族主义理论"："很容易就会让人想起希特勒及其同党。"

丘吉尔的思想引导出杜鲁门主义（Truman Doctrine），杜鲁门于 1947 年 3 月 12 日发表《国情咨文》主张："自由人民正在抵抗少数武装份子或外来势力征服之意图，美国政策必须支持他们。"他因此要求国会为援助土耳其和希腊政府，拨款 4 亿美元，以抵抗共产党的侵蚀。有人认为杜鲁门主义的成型是冷战的开始，奠定了战后世界的基本格局，但很少有人分析，为什么杜鲁门主义使中国成为例外。

斯大林讲话激发出杜鲁门的敌意，又有了凯南的『长电报』对苏联共产主义的刨根究底，整个西方世界因此同仇敌忾形成了对抗苏联共产主义制度的共识。遗憾的是，对抗苏联只守护西方，在这个时间点上，西方主流社会没有世界观念，世界大战时民国政府属于世界，而需要世界共同对抗共产主义发动的国际性战争时，西方主流社会眼中只有西方，只有英语民族的国家利益与安全。

从一九四七年五月至一九四八年末，凯南协助马歇尔落实了长电报中所提出的观点，即"美国必须以经济手段援助西欧以防共产主义意识形态进一步扩散"为基础，凯南在一年半内具体制定了一系列援欧政策，也就是众所周知的"马歇尔计划"（官方名称"欧洲复兴计划"），以马歇尔一九四七年六月著名的哈佛大学演讲（凯南撰写的讲稿）作为系列政策的启动标志。凯南的长电报是"马歇尔计划"的直接诱因，凯南本人又是"马歇尔计划"的具体起草者，居功至伟。

而这个时间段，马歇尔身处国务卿高位，还有机会逆转他在中国造成的错误，但是他没有。此时他已完全清楚的认知到共产主义扩张将带来的灾难，我们只能说，此时美国已被英语种族主义者丘吉尔牵着鼻子走上了右翼的道路，只守护西方世界，完全放弃了中国与东亚。

今天回顾历史，我们是从这个角度反思当时的美国政府与主流社会，他们在中国亲共容共，甚至有联共的幻想，将塔里班性质一样的反中国政府的恐怖组织看成正常的政治政党，所以做出了极其错误的决策，而早期的赫尔利与战后的魏德迈都做出了正确的方案，均被漠视与搁置。在凯南长电报之后，美国与西方主流社会充分认知到共产主义危害与扩张之时，美国政府选择性对东方失明，倾美国国家之力保护与振兴英语民族国家，听任共产主义大洪水肆虐中国与东亚。尽管美国政府在五十年代初有沉痛的反思与对共产党势力的清理，但美国对中国与东亚受共产主义祸害的人民一直没有郑重的道歉。

共产主义受难者纪念碑前，应该有一组群雕，将当年那些亲中共的西方政要与精英们的下跪像安置在那里，永远谢罪。

（感谢冯崇义先生对编辑整理此文的贡献，本文收入《左祸百年，中国之国殇》）

中共领导人批判

毛泽东的政变与权变

中共内部的政变与权变，一直没有停息过，只是胜利者的政变，美其名曰革命或政治运动，现在叫维护国家安全或政治安全，而失败者的政变，无论义还是不义，均被视之为颠覆或叛乱。

为了党国的"政治安全"，中共的多少罪恶因此而生发。与中共政治安全相关的两个重罪，以前叫反革命罪，现在叫颠覆国家政权罪。中共所谓的政治安全，实为极权统治的安全，或者是极权统治者的安全。

一、国家政制与政治安全

政治安全问题在毛时代还没有形成一个政治术语，但这并不意味着毛时代就没有政治安全问题及其焦虑。

政治安全问题一直是中共第一要义，中共的政治安全、中共领导人的政治安全、中共党内派系的政治安全，是中共最高领导人的生命线，三个政治安全可谓三项一体，失去任何一项政治安全，中共都可能出现内乱或崩盘。

在宪政民主国度，只存在国家（国土）安全与国民安全（人权安全），保障领导人与普遍国民安全的，是独立的司法体系，保证国家安全的是国防与三权分立的政治体制。独立的司法、独立的国家军队。

没有三权分立的政治体制，中共与中共领导人只能通过其它方式，谋求党国与自己的政治安全。中共领导人与中共体制，更多的只关注上述三种政治安全，并以领导人的安全为核心，而国民的安全与普遍的人权保障，则是等而下之的考量，更多的时候是被完全漠视或被侵犯。

只有共产主义国家，才存在政治安全问题，政治安全看起来是意识形态的安全，其实这种安全是虚，而实际的安全是最高当权者的安全，列宁同志的安全，史达林元帅的安全，波尔布特的安全，金正日的安全，毛泽东或习近平的安全，这是专制国家的核心安全。

在宪政民主国家，最高领导人的安全是常态化的保护，而专制国家则是非常态的保护，他们一方面要表演亲民，访贫问苦与人民打成一片，而另一方面，则动用国家军警力量，严加保护，对所有接近领导人的群众都要严加审查与防范，以防不测。

政治安全不仅要通过军警力量来保卫，还要通过其它方式，一是打击与迫害异己的政治力量，无论是体制内部的，还是外部的异己者，都在打击之列；二是建立自己的政治派系，让自己信得过的人进入权力核心周围，"忠诚不绝对就是绝对不忠诚"（天津市委书记李鸿忠语），要让绝对忠诚于自己的人入局，这样的结果，当然是庸人与奴才人格才能进入重要权位。一些共产政权国家，为了政治安全，不惜搞血统继承制，只有自己的儿子或兄弟才信得过，譬如北朝鲜与古巴。

中共在政治安全领域所做的政治设计，远远超过其它社会主义国家，譬如，毛泽东奠定的支部设在连队上，使党或党的最高领导人可以直接指挥枪，保证了军队是党卫军，这是中共政权稳定的制度背景，也是当年毛在军队中至高无上的影响力的历史根由。

中共在员警系统设立了政治处，后来做大成了国家安全保卫局（对内的国家政治安全部门），即臭名昭著的"国保"，对异议人士、维权律师、知识份子的控制与迫害，均由这个政治安全保卫部门用超越法律方式解决。不仅如此，中共还另设立了"中共中央政法委"，周永康时期将其做到了一个极致，它使法律、员警、检察甚至传媒体系完全统一在一位政治寡头手上，这也是周永康可以与当时的中央对抗的本钱，当然，也是周永康权极而败的原因。

分析中共的政治安全与政变、权变，我们不得不从毛泽东说起。

二、打天下之时毛泽东的权变与政变

毛泽东一辈子发动了三次革命性的大政变还有一系列的权变。

第一次政变是参与成立中国共产党，并成立国际共运组织领导下的苏维埃中央政府，颠覆了中华民国政府，最终成立了中华人民共和国；

第二次政变是中共建政之后，废弃了共和国的政治基础多党政治协商制度，建立中共控制下的全国人大，共和国变成了党国（党天下），国家政权的性质发生了质变。

第三次政变是毛泽东发动文革，废除共产党政治体系，重建革命会员取代共产党，毛泽东成功颠覆了中国共产党，另立革命领袖的中央，党国成为领袖之国，共和国的国家主席被废黜并被迫害致死。没有人意识到，中共的政权又一次发生了革命性的质变。

政变是让整个国家的政局发生根本性的变化，或者颠覆了国家最高领导人或领导集体，改变了国家政制。而权变，则是为了个人或自己的政治派系的权力稳固，迫害异己派系或重要政治人物。纵观毛泽东的一生，就是追求极端的政治威权，不断发生政变与权变的一生，1927 年以降的民生灾难，几乎都与中共领导人的维护政治安全有关，一次次的政变与权变，就是一次次的国民灾难。

毛泽东的第一次政变，遭到国家军队的围剿，因为日本入侵中国，使中共苏维埃政权获得生存机会，并因西安事变，获得合法性，日本投降后，国共两党本可以致力于政治合作，使中国进入民主共和宪政时代，中共在其宗主国苏联的支持下，一意为了自己的共产政治，不惜内战牺牲数百万战士与百姓的生命，推翻了亚洲最早、最大的民主国家中华民国。第一次政变获得成功。

中共推翻国民政府的政变，不计算 1927 到 1945 年期间内战伤亡数，仅 1946 到 1950 年的内战，就造成了近千万人的直接伤亡，政治代价则使中国失去了民主宪政的和平进程，国家痛失政治文明现代化的千古良机。

中共推翻合法的民国政府，是一次革命性的政变，而毛泽东从井岗山到长征，从延安整风到中共建政之后，在体制内，则进行了一系列的权变，譬如将党支部建到连队上，使军队直接服务于中共政治意识形态，枪杆子里面出政权，枪杆子时面也出极权，毛泽东的内部权变，也是依赖的是自己对枪杆子的控制与影响力。毛泽东通过控制枪杆子，一系列权变成为现实，对陈独秀的开除，对张国涛的排挤，对王明的打压，对整个延安知识界的整肃，然后由刘少奇抬出一个毛泽东思想，完成了毛作为中共核心权威的神圣不可颠覆的地位。忠于毛泽东的政治派系（周恩来、朱德、刘少奇、林彪、康生、江青），也因此诞生。

打天下之时，毛泽东在体制内外，均建立了广泛的统一战线与同盟，到了坐天下之后，他将通过一系列的政变与权变，重建自己的核心政治派系与统一战线。

三、建政之后毛泽东的权变与政变

毛泽东第二次政变是将联合政府变成党领导下的中央政府，不仅政协的地位下降（虚置），政协的政治权力让位于全国人大，而全国人大的代表完全由中共控制，即便如此，人大代表作为中共的政治花瓶地位是象征性的，它的存在只是为了保证中共表面上的合法性，中共的党代表地位则更高（当然，党代表也只是中共高层的政治工具）。

1957 年 6 月 1 日《光明日报》总编（储安平）的会议发言并被公开发表：《向毛主席和周总理提些意见》，他认为中共已将共和国演变成"党天下"。储安平是第一个说出皇帝没有穿衣服的孩子，共和国已被毛泽东政治集团所蜕变。

当党国的阳谋被人识破之时，声势浩大的反右运动开始，数百万知识份子被打压、迫害，失去发声的可能。

毛泽东政治集团的政变，以一系列权变为基础：改变（剥夺）农民的土地权，改变（剥夺）工商业者的经营权，改变（剥夺）民主人士的发言权，并通过庐山会议，又剥夺了中共内部的批评权，毛泽东的个人威权获得进一步维护。

毛泽东的每一次权变，都是在剥夺整个社会或异己者的政治、经济、文化权益，而毛泽东的每一次政变，都伴随着国民的巨大灾难。

毛泽东的中共推翻民国，其过程造成上千万国民伤亡，而毛泽东在五十年代的权变与政变，直接迫害的伤亡人数数以百万计，而饥荒造成的非正常死亡国民，则达四千万左右。民主的代价是选票与选举过程中的巨额资金投入，而不民主的代价，则是千百万人头落地，为权变与政变血祭。

毛泽东的第三次重要政变，就是发动无产阶级文化大革命，最重要的目标是刘少奇，剥夺其国家主席职务，以使党国政权完全掌控在自己手中，整个中共的元老阶层悉皆被迫害或流放（只有极少数元老幸免于难）。

这一次是全民性的一次大革命，对传统文化、对整个知识界、对中共元老阶层，全面打击、破坏与迫害，为什么会发动如此近乎毁灭性的大革命？与前二次权变一样，是毛泽东的核心政治地位受到威胁，五十年代毛的极端路线激进的社会主义政治，造成了数以千万计百姓非正常死亡，刘少奇等人要向毛泽东问罪。这一次权变，已升格到一次政变，是毛的派系对中国共产党整个体系的一次成功颠覆，而这次颠覆之所以能够成功，一是毛泽东掌握了军队的绝对领导权，整个军队都向毛效忠，二是毛泽东成功利用了年轻人的政治热诚，让年轻人的造反、叛逆精神得到渲泄，毛泽东炮打了中共的另一个司令部，另立中央，建立了自己的文革领导小组，在保证自己的政治绝对安全的前提下，让自己的派系得以建立，培养了未来的政治接班人华国锋、江青、王洪文等，而政治元老或被流放，或迫害致死，对毛的派系难以构成威胁。

文革过程中，毛泽东还制造了林彪事件，使毛的政治派系更为稳固，没有异已的重要人物。毛泽东在生命的最后时刻，还发动了最后一次权变，反击右倾翻案风，批林批孔外加批周公（影射周恩来），打击了重出政坛的邓小平之后，准备打击周恩来，为江青等政治接班扫清最后障碍。

人算不如天算，毛氏的机关算尽，也改变不了历史新政变的进程。中共政制下，任何派系都难以绝对保证自己的政治安全。如果有江青等人的政治安全，就不可能有邓小平们的政治安全，反之亦然，毛泽东文革主力、毛泽东核心团队，被华国锋等人的政变"打倒"，并被押上历史的审判台。

毛泽东的遗体与毛泽东的天安门画像，特别是毛泽东思想，却超然地拥有了"政治安全"，这并不是因为毛泽东真的神圣伟大，而是因为他可以成为邓小平的精神屏障，毛思想是中共的灵魂，中共体制内没有力量替换这样的政治幽灵，所以只能充当圣物，以护卫中共的血旗。

可以说，毛泽东的政治没有破产。拥有"政治安全"，有毛思想的安全，就没有异见者的政治安全，所以中国的政治难以进入文明与安全状态。今天回顾与梳理毛时代的政治安全与政变及权变，是为了对照当今中国的现实，习近平现在正重演毛泽东的套路，为了党国的政治安全、为了派系的政治安全、为了自身的政治安全，穷极一切手段，通过一系列的权变，甚至可能的政变或所谓的平息政变，来改变中国政治版图。限于篇幅，习中央的权变与政变，将另文专述。

2017-8-25 风传媒

邓小平的改革开放是超级烂尾工程

电视剧《历史转折中的邓小平》正在热播，人们对邓小平也开始了热评。官方媒体给出的评价基本如下：

70年代末，邓小平主导的真理和实践大讨论，解开了思想界的束缚，给改革拓开一条生路。90年代初，当全社会依然纠结于姓社姓资的时候，邓小平南巡讲话，再一次以开放的哲学呼吁人们放弃对姓社姓资的无谓争议，一心一意谋发展，让意识形态的争议，在发展中探索求证。这两次转折点，邓小平都发挥了巨大的作用。

我肯定邓小平个人力量，对促进当时中国的改革开放，起着无可估量的作用，可以说是力挽狂澜或中流砥柱。但放宽视野，我们也同时会发现，邓小平结束了毛泽东文化大革命的烂尾工程，自己却一步一步地制造改革开放的烂尾工程。

毛泽东的烂尾工程制造了数以百万计的地富反坏右阶级敌人，并使国民经济处于崩溃状态（不是边缘而是现实），为什么会造成如此烂尾状？因为他认为阶级斗争是历史发展动力，只有通过斗争才能斗出一个理想的新中国，通过继续革命，才能建设一个理想的社会主义制度。

邓小平主导的改革开放，现在的领导人还没有超越邓小平的构想或圈套，我们看到的现状或结果是这样：国家法律、社会道德、自然生态，已到了崩溃状态，除了城市里的房子建了起来，其它的一切都烂了下去，特别是公权体系腐败溃烂，难以收拾。

毛泽东高举的旗帜是革命与斗争，邓小平的旗帜上写着发展与财富，一个只搞革命政治，一个只搞资本经济，而这一切，都在一党一人领导之下，出现任何对最高权力者的挑战，或异端声音，都会遭到残酷的政治打击与迫害，从刘少奇到赵紫阳，都是例证。

为什么改革开放是巨大的烂尾工程呢？

法律正义问题一直没有解决、民主宪政问题一直没有解决、自由平等问题一直没有解决，连户籍二元制，也没有解决，自然生态保护没有解决，把发展当成硬道理，而把人权当成软柿子，每年数以万计的人进京上访，数以十万计的维权冲突事件，导致党国政府声言让稳定压倒一切，导致维稳经费超出军费。这应验了当年中共恶骂国民党政府那句话：一党独裁，遍地是灾：毒奶粉、地沟油、素肉精猪肉、推熟的肉鸡肉猪甚至各种水果，这些并不是党国政府鼓励生产出来的，但，政府没有有效的监管，完全等同于共同作恶，这些作恶，反映出的是专制治下，人民与大地一样，被毒化，人心道德腐烂。

邓小平只恢复了经济生活生产领域的常识，而没有同步恢复人类的政治文明常识，经济契约如果没有政治契约陪护，经济契约等于废纸，而腐败的政治与经济相勾联，权贵必然形成共同体，国家经济看起来飞速发展，但百姓却难以分享经济改革成果或红利。现在我们还可以看出，贪官们被捕后，动辄数千万、数亿、十亿甚至百亿的贪污资产，权贵资本主义坐大之后，所有的维稳，都是为了使专政型政治与掠夺型经济得到安全。

毛邓共同点是什么？就是说些即兴式正确的话，做没有底线的错误事，说巨大的政治正确的话，做没有边际的错误的事。

毛泽东为人民服务，追求民主共和新中国，让人民过上社会主义幸福新生活，要多美好有多美好，但整个革命过程呢从战争革命到文化大革命，永远在剥夺一部分人的合法财富，永远在打击一部分人合法生存权，通过打击一部分人，使更多的人恐惧，并因此获得相对幸福感，相比于地富反坏右，贫困的人们是不是有一种相对幸福感？邓小平呢，让一部分人先富起来，先富带动后富，实现共同富裕，多么美好的蓝图？但用什么力量来保证先富起来的人会带动贫困人口致富呢？先富起来的人，通过与权力部门联合，去强拆没有任何人权保障的贫困者房子，使别人沦为上访户，成为维稳对象，成为被精神病患者。

改革开放总设计师，是一顶大桂冠，但经不起认真推敲，邓认同摸石头过河（摸论是陈云的经济摸索观点），走一步看一步，不愿意按西方政治模式走宪政民主之路，那么只有摸石头过河了，既然是摸石头过河，其设计从何谈起？经济领域的设计也没有，小岗村的承包分田，不是邓设计出来的，而深圳的试验，邓画了一个圈，给一个宏大的政策，也算政治设计吗？深圳部分开放了城市建设与发展模式，以接受香港的资金与市场链接，通过香港而获得发展与机会。

作为政治家，没有任何政治制度方面的设计与改革，这才是他最大的败笔，直到九二南巡，开启面向世界的市场经济，邓说社会主义也可以搞市场经济，这能算制度设计么？
党领导下放开市场的口子，让权贵们近水楼台先致富，更为
重要的是，不允许争论，看起来是不允许左派发难，但对宪
政民主派，一样严厉打压。

邓小平可以冒天下之大不韪在八九六四屠城，他当然应
该有勇气杀开一条血路，进行政治改革，但他没有，工具性
地利用了实践是检验真理的唯一标准大讨论，颠覆了华国锋
二个凡是派，但自己却张罗出四个坚持，将马列主义、毛思
想、党的专政领导、社会主义道路列为不可改变的政治红
线，正是利用这条政治红线，他没有停息过对知识界与政治
对手的残酷打击，从反精神污染、反自由化到镇压八九民
运，从打击胡耀邦到打击赵紫阳，甚至毁灭性地打击整个八
十年代崛起的民主思想人士，这与当年毛泽东发动反右，镇
压数以十万计的知识分子完全一样，毛反右之后，他就可以
搞激进的社会主义运动，剥夺知识人思想与发言权、人身自
由权之后，就可以为所欲为地搞专制，邓镇压六四之后，全
面打击知识界，并让知识界卷入市场经济，搞起了经济开放
大运动，没有任何力量制约公权与资本势力，中国人又经受
了一次经济大革命的血腥洗礼。

这次血腥洗礼的结果，如上所述，人心与自然、法制与
道德全然溃败。

邓小平如果是改革开放的总设计师的话，那么，我们看
到，改革开放这样的经济大革命的后果，就是建筑了虚假崛
起的伪劣烂尾工程。邓小平铺垫了蓝图，江泽民疯狂建设、
胡温十年泡沫推进，以经济发展为核心，而不以人权正义、

民主自由为价值，经济改革与开放，但中共没有改革与开放，中共领导人更没有完成自我革命（没有民选的合法性），这样一个巨大的烂尾工程，习李时代如何收拾？

除了民主宪政法治，还有其它路径可供选择吗？

东网 2014

从邓小平到习近平——中共为什么要置刘晓波于死地？

一、《零八宪章》只是理性、和平地提出一份政治主张

《零八宪章》在 2008 年 12 月发佈，主要宣导的政制理念是自由、人权、平等、共和、民主，要求修改宪法、三权分立、直选立法机构、保障人权等等。

BBC 中文记者蔡晓颖在她的专稿《刘晓波如何参与零八宪章》中，提出了一个话题：刘晓波并没有宣导推翻中共政体，而零八宪章中的内容，多与国家宪法一致，当然，与中共延安时代的宣导更无矛盾衝突之处，那么，究竟是什麽因素导致刘晓波被处于重刑？蔡晓颖介绍说：「有分析指《零八宪章》主张联邦共和，建立中华联邦共和国，是最触碰中国政府神经的一条」，中共真的对一位异见学者提出的联邦共和制视若寇雠麽？

现在看来，以颠覆国家政权罪判刑刘晓波十一年刑期，无异於对他判处了死刑，特别是，刘晓波被发现肝癌并很快就进入晚期，仍然无法出境得到有效治疗，中共将人权置于自己的政权之下，任意迫害欺凌，全世界都在见证。

海外媒体也有讨论，是不是中共蓄意谋杀了刘晓波，当然，现在难以有充分的证据予以左证，但监狱里面的食物与环境，对一个身患肝病者来说，诱发更严重的病症，也是极有可能。流亡海外的富商郭文贵在视频中也说过，国安高级

官员亲口告诉他说，中共不会让刘晓波活着出去。

如果刘晓波离开了被控制的监狱，他又将成为一个有号召力的政治英雄，特别是获得诺贝尔和平奖之后，他的每一个行动与公开的话语，都将产生世界性的影响，这当然也会使中共无法忍受。

所以，有一点是可以肯定的，中共不愿意看到健康的刘晓波获得自由之身，对他充满畏惧，因此施加迫害，最终给没有敌人的和平主义者一个悲剧性的结局。

从广场和平撤退，到起草零八宪章，刘晓波一直是一个和平主义者，他所做的一切努力，都是促使中共和平转型，并提供自己的「建设性」纲领文本甚至具体的方案，人们一直有一个疑问：这一切是为什么？

二、邓小平、江泽民无意置刘晓波于死地

关于刘晓波，还得从八九广场说起。

邓小平要的是夺取天安门广场，这是一种权力象征，象征着他与他的团队的政治实力，也象征着他对自己的政治对手赵紫阳等人的政治征服，而屠城，则是手段，同时也是宣誓自己的血性威权获得胜利，从成立之日起，中共的血性政治一直没有和平转变，枪杆子与流血，决定他们的政治生命。

邓小平政治集团完全清楚，刘晓波与一些学生领袖，不可能掀起这样大的政治风波，媒体把刘晓波宣传为民运黑手，也不过是一种象征性说法，为他入狱找到一个藉口。打击一个人或一些人，警诫更多的人参与民运。

　　无论是和平撤离广场，还是刘晓波入狱后出狱，邓小平均无意于置刘晓波于死地，邓小平及其政治继承人们用的方式是「严防死守」，他们不再想用天安门屠城的方式再次制造血案，因为，无论是国家社会，还是他们政治集团，都无法再次承受这样的风波。

　　邓小平与江泽民时代对刘晓波，相比后来胡温时代对刘晓波零八宪章的处理，可能更「宽容」一些，譬如，他们看到了刘晓波等四君子在劝学生撤离广场之时的影响与价值，在刘晓波「配合」官方说明广场上并没有见到「死人」之后，释放了刘晓波，此后刘晓波仍然能够出境。

　　而从刘晓波后来在台湾出版的文字看，晓波对其配合中共的见证，有耻感，他没有听朋友劝说，通过政治庇护流亡国外，而是回到国内，继续从事民主运动，某种意义上，他后续的政治行为，都在雪耻，他甚至「希望」有机会入狱，做一个纯粹的极权国家的政治囚徒。

　　大的政治环境与背景还有：邓小平晚年与江泽民接手政权之时，由于九十年代初的再一次开放，此时的邓小平要防右，但主要是防止左。中国需要西方信任与市场进入，所以对刘晓波等异见分子并没有严加迫害，所以刘晓波还是能够在 1993 年自由出行澳大利亚与美国，并在境外接受纪录「天安门」製作者的采访。

　　某种意义上，刘晓波也是一位「党主立宪」主义者，党主立宪，或者让中共自我觉悟，兑现历史的承诺，和平转型，这对于中国社会与中共本身，都是代价最小，但中共极端保守的意识形态无意于主动政改，1995 年 2 月 20 日，刘晓波起草并与包遵信、王若水、陈子明、徐文立等共 12 人连署发表《反腐败建议书——致八届人大三次全会》，5 月，又和陈小平共同起草《汲取血的教训推进民主与法治进程——「六四」六周年呼吁书》，并与 14 人发起连署，这一系列行动招致北京市公安局以「监视居住」的形式对其单独关押，直到 1996 年 1 月才被释放。

刘晓波第二次被捕：1996 年 8 月，刘晓波与王希哲向国民党和共产党提出《对当前我国若干重大国是的意见》，包括两岸统一的政治基础问题、西藏问题、关於健全全国人民代表大会制的问题、钓鱼岛问题等四项，就这么提出一份和平的建议书，按中共自己的说法，属於积极的、有建设性的政治文本，也被北京市公安局以「扰乱社会秩序」被处劳动教养三年。

这些相比零八宪章事件，尽管都属政治打压与迫害，但并没有被抬升到一个令人不可思议的高度：这个高度当然就是成为国家公敌，颠覆国家政权罪。

还有一个原因，就是邓小平在八九屠城之后，还是有一份自信，对知识份子们的言论与追求，只要不至于引发「动乱」，在自己可控範围内，都不会过于上纲上线，致异见者于死地。

邓与江当时最大的敌人，当时是赵紫阳，加之江与邓在权力交接过程中，所以，刘晓波并没有过于吸引当权者火力，没有招致致命的迫害。

三、胡温时代为什么出手如此残酷

邓小平在 1989 年 6 月 9 日讲话中说：六四风波迟早会来，迟来不如早来，早来，有我们这些老同志在（大意）。

邓小平与王震、薄一波等一批所谓的「老同志」，就是敢于杀人放火的革命家，六四风波因为这些老革命家，而变成一场人类史上罕见的灾难。如果这些政治老人不在了，如何办？像胡锦涛这样的政客，即使想痛下杀手，也会处境危险，因为他们在军中没有像邓小平等人那样的威望，也没有那样的杀机、杀心。

那么，后邓小平时代只有次差选择（不是次优选择），就是花巨大代价，把任何民主运动的星星之火，消灭于萌生状态。任何风吹草动，都如临大敌，对任何政治组织、政治抗议甚至政治动议，都严加防範、及时扼杀。对他们来说，无论花多大代价，都由全社会来承担，无论花多大代价，都比开坦克在北京屠城，受损害更小。

整个江泽民时代，有民运人士成立民主党派，当局也是毫无留情。但由于当时没有网路影响力，所以对个别地方形成的政治力量，及时处置之后，并没有造成重大的社会影响。

再则，江泽民时代最大的迫害与打击，一是针对极左力量，极左力量对邓小平开启的市场化，对江泽民的叁个代表「重要思想」予以强烈的反制，江泽民打压了魏巍等人的中流杂誌、前线杂誌还有理论思潮刊物等，因此无力投入更多的力量，来广泛地加害民运人士。

而当时整个知识界多卷入市场经济，或得到市场经济利益分享，当局与知识界整体上是相对和谐的，或者说是一种比较暧昧的关系，整个知识界无力于政治抗争改变命运，但可以通过新开启的有限自由市场，来获得市场利益与经济自由。

江泽民另一只手致力于打击民间信仰者（法轮功），完全用一种运动整肃的方式，大面积打击法轮功信仰者，甚至以灭绝人伦的方式，这一打击，也缓解了江时代对异见者新思潮的打击，一些人之所以怀念江时代的某种开放，是因为上述多种原因，当然，来自上海的江泽与朱镕基在观念上，相对还是能接受西方文明思潮的，特别是市场化与开放，上海人有天然的、习惯性的接受。

江时代对仍然起事的刘晓波，也持续打击，但并没有把他看成重量级的政治对手，只是通过监视居住、劳动教养方式，进行迫害。

话题回到零八宪章，这么一份和平宪章，如果在江泽民时代，也许还是劳动教养或拘禁三五年时间，据刘霞本人介绍，刘晓波自己也没有想到，这样一份和平的宪政纲领，会招来如此大祸。对刘晓波的重拳打击，以所谓的颠覆国家政权罪判十一年徒刑，原因多重。

一是参照１９９８年（江泽民当政时期）中国民主党成立者判刑时限，当时的发起人王有才等人均被判十年以上，但在江泽民时代，通过与欧美的政治经济交易，会不定期释放政治犯，以换取中共的国际经济利益，而到了胡温时代，这一方式几乎被停止。所以现在人们看到的政治案件，国际社会无论如何呼吁，都无济于事，中共铁了心地要严厉处置政治领域的挑战者，哪怕是刘晓波这样的和平宪政主张者。

二是国际大背景，从东欧巨变，到茉莉花革命，使中共产生巨大的危机感，我记得胡温当政之初，我曾与一位国务院退居二线的局长聊天，说到国际变局，他非常激动，他认为：民主宪政派上来了，就是要中共人头落地。他们对齐奥塞斯库夫妇被处以极刑，感同身受。所以任何萌芽状态的政治行为，都会被视同颠覆国家政权，要置中共高层于死地。

六四之后，中共保守势力或极左势力占上风，他们对西方甚至对改革开放充满敌意，在将政治经济主要权力瓜分到自己后代手中之后，形成权贵政治同盟，扛著红旗闷声发大财，几个大家族手上染上了国人鲜血，海外又转移了巨额财富，整个国家无法和平逆转。加之江泽民时代对民间信仰的运动式大规模迫害，中共高层极其恐惧政治清算，害怕齐奥塞斯库的命运与茉莉花革命带来的后果。

三是，刘晓波如果仅仅发表一篇关于民主宪政的宣言，可能不会受到如此严厉的惩处（即使内容中有联邦制），其一是发起签名，形成广泛的社会效应，这对中共来说，就是有组织有「预谋」的政治活动，与组党一样，担忧会引发他们无法预计的后果，必须扼杀于萌芽时期。其二是，宪章涉及对六四（邓、李家族）、对法轮功的平反（江派与政法系、员警系统），这样就引发几大政治势力的警觉与联手，使胡温不得不施以重手。

知情者透露，刘晓波还没有完全修改好零八宪章，早前征集到的签名，或者说第一批公布的签名人，还没有来得及看定稿文本，就被「及时收审」，这显然并不是看到了零八宪章已产生了重大影响，或引发了社会事件，而是认为，它可能会造成社会事件，必须将重量级人物刘晓波控制住。被收审控制之后的刘晓波，当然成为中共体制内各种势力刀俎下的政治符号。他们要把自己对国内外敌对势力的仇视、对可能兴起的民主运动的恐惧、对自己家族利益的维护，都集中发泄到了刘晓波身上，杀一人以警天下。

中共体制内曾有一种关于政权危机的说法，就是「击鼓传花」，中共政权高危，不知达摩克利斯剑何时落下，所以击鼓传花，都在等著鼓声嘎然停息下来。

极度恐惧生杀机，而这样的杀性、杀机，对于刘晓波来说，也是被当局以一种击鼓传花的方式加害、谋杀。

邓小平把杀害刘晓波的机会，让给了江泽民，江泽民把加害刘晓波的机会，让给了胡温，胡温则把刘晓波死亡的契机让给了习中央。

习中央可以勇敢地让刘晓波出国救治，以缓解自己的加害之嫌，但习还是被恐惧笼罩内心，他害怕自由的刘晓波，害怕刘晓波的自由，他无法改变体制内的压力，只能让世界和平奖得主病死在自己的牢狱中。

所以，我们可以说，从邓小平到习近平，中共极权政制通过击鼓传花方式加害或谋杀了宪政民主的和平精神象征。他们击鼓所传的花，当然是恶之花。用别人的鲜血，涂抹红色极权的冠冕。

这个政制，就是每一个主事人与当事人，都没有责任，都没有良知与耻感。也没有任何一种力量，可以对其有效惩处。不仅海外民运人士无法参与拯救刘晓波，连国际主流社会，在这一事态上表现，也是非常无力。中国和平的符号象征被扼杀，全世界都默然承受暴政在邪恶地崛起。

2017-07-29 民主中国

邓小平与毛泽东谁更邪恶？

一、邓小平用毛泽东思想庇护自己的政治安全

毛泽东作为中共最高领导人，通过毛思想的确定，毛语录的传播，全社会的歌颂，形成对毛的个人崇拜，毛被完全神化，拥有与政教合一国家的精神领袖一样的至上地位。

毛泽东的政治安全，在其最后执政期，几乎不用靠枪杆子了，或者不完全依仗枪杆子，因为他拥有了超人的政治地位。

邓小平在毛时代三起三落，完全没有政治安全感，当然人身安全、家庭安全也谈不上（其中一个儿子在文革中因迫害致废），邓小平因此特别看重枪杆子对政治安全的份量。毛用自己的个人影响力，最终颠覆了中国共产党，将国家变成领袖主导的、革命委员会替代党政的一个无产阶级继续革命的体系。也可以说，毛通过文革斗争，一直将国家保持在准战争状态。毛之所以可以终身制，因为革命、斗争仍然在继续，战争仍然没有结束。

上篇文章讲述了毛泽东一生颠覆了中华民国、中华人民共和国，还成功颠覆了中国共产党，实现了一人之治，邓小平在中共历史上创造了第 2 个奇迹，就是一将（相）废了「三帝」，邓一直没有成为中共最高领导人，但他因为拥有控制枪杆子的实力或威权，连续废掉了华国锋、胡耀邦、赵紫阳 3 任中共总书记。

邓小平的权变与政变，也无外乎是为了维护党国的安

全，为了维护派系的安全，当然，核心是维护自己的政治地位与家人的政治安全、财富安全。

邓小平并没有废止毛泽东思想，因为毛思想是邓的政治安全屏障，中共的政治安全首先是意识形态的安全，这是其历史合法性来源，邓小平没有重建意识形态的能力，他是 1 位朴素的实用主义者，他的经典语言都是来自生活，譬如「不管黑猫白猫，抓到老鼠就是好猫」、「摸着石头过河」、「防右，更要防左」、「马克思主义老祖宗不能丢」。

邓小平反对华国锋的两个凡是，同时反对毛泽东的个人崇拜，这些都是在形而下的层次反对，他反对华国锋的两个凡是，自己却主张 4 个坚持，这 4 个坚持，实则是 4 个凡是，马克思主义、毛泽东思想、共产党领导、社会主义政制，都不允许改变。在维护中共的极权统治方面，看不出他与华国锋有什么本质的区别。

邓小平打造的 4 个坚持，是中共精神防火墙，邓小平维护的，首先是这 4 面墙的绝对安全，他打击胡耀邦，是因为胡打击所谓的资产阶级自由化「精神污染」不力，而打击赵紫阳，则是党国的政治安全与派系安全、个人安全全方位受到威胁，所以才史无前例驱动坦克屠城，制造了震惊世界的血案。成为历史的罪人，也在所不惜，他对赵紫阳的惩罚，也远过于对华国锋的处理。

二、邓小平 3 次权变与政变

邓小平 3 次政变或权变，为了是防止对手的「政变」或权变。对于邓来说，改变中共的意识形态，或中共的意识形态受到自由化侵蚀，党国就不安全，所以，防止政治变局，就对自己的对手祭以杀手。

邓的第1次政变，推翻了华国锋，团结了老人，元老们整体获得了最高政治权利，邓小平甚至成立元老组成的中央顾问委员会，通过政治元老，既增加自己的威权，又通过元老们享有特权，体现集体政治分赃的特色，邓的泛元老政治派系初步形成。由于恢复高考、平反右派等冤假错案，收获了民心民意，并通过土地承包等，使经济得以恢复，整个社会都有「获得感」。

邓的党内外政治威权因此形成，政治威权是政治安全的软实力保证。

邓的第2次政变，让中共总书记胡耀邦下台，是为了稳定自己的政治派系，或者为了自己保守的政治派系，打击自己的偏右翼合作者，而且，胡耀邦已开始威胁到自己个人的政治威权（胡动员邓下台），基于个人与派系政治安全的需要，邓发动了一次权变，废黜了中共名义上的最高领导人。

邓小平不仅本人拥有军队的直接影响力，还有自己的盟友杨尚昆、王震等的协力，枪被邓小平第2次用来指挥党中央或改变中共权力版图。

第1次政变靠的是元老派系，而胡耀邦是马前足，主力还有万里、赵紫阳等形成改革开放的右翼派系，邓的左翼则是陈云、李鹏、王震等，为了政治安全，邓小平玩转了左右翼的政治平衡。

当胡耀邦被废黜，邓左右平衡也就被打破，新崛起的菁英阶层开始向中共要求政治权力，整个政局出现崩溃之势，为了维持中共专政极权，邓不惜动用军队坦克屠城，这是中共的耻辱，邓也被绑在耻辱柱上。扶持江泽民成为中共总书记后，极左势力开始扩张，邓的政治安全受到威胁，邓的经济领域的改革开放也面临终结，极左文革曾造成了他本人与家人的灾难，防止极左复辟，就是防止家与国又一次被政治灾难毁灭。

邓小平南巡，要打破的是极左造成的新困局，通过新一轮的市场经济，让每一个人再次得到「获得感」：极左的中顾委被解散，新的同盟元老们在洗牌过程中又一次获得权力或政治福利，更为重要的是，邓确立了隔代指定领导人的权力，以保障党国政权的安全时间，元老们不仅得到现有的权利，通过陈云的提议，他们的子女分享了副部级的政治、经济特权，权贵政治经济联盟，在高层以血亲关系得以确立。

菁英们呢，获得了市场经营权（一定的经济自由度），在更广阔的领域获得了发财的空间，高校与科研院所等知识菁英可以下海经营或在体制内经营，深圳特区是一个重要标志。血腥的夏天之后，秋后算帐之后，权贵经济的又一个春天，真的来临。

三、邓小平是不是比毛泽东险恶

中共官方认为，毛泽东思想是中共集体智慧的结晶，那么，毛时代或邓时代，其罪其恶，当然也是集体领导的恶果，只是，毛时代，毛泽东要负主要责任，邓时代，邓小平要负主要责任。

毛泽东的「高妙」在于，没有亲自指挥屠城，他是通过意识形态与政治运动，迫害人、杀人于无形，毛时代非正常死亡不低于 6 千万，邓小平八九六四屠城，伤亡数字可能上万人，这方面与毛泽东相比，没有可比性。

毛时代无论怎样险恶，毛去世了，他的时代就结束了，顶峰造极之后，必然彻底崩塌，但邓时代其借助市场造恶，并用经济滋养专政，却难以终结，更为隐蔽的是，邓隔代接班人制度、寡头集体领导、意识形态的固守、维稳政策、还有红色家族对政治经济的垄断与控制，都使中共的专制得以持续。

比隔代指定接班人影响更大的一项不成文的制度确立，是「核心」制。核心制，就是威权加枪杆子控制中共的制度，谁控制枪杆子，并同时拥有党内威权，那么，他就是中共的政治核心，至于是不是中共总书记，不是关键，邓小平确立核心制，甚至常委的七上八下制度，都完全是实用的政治方式。正是邓小平的核心制，才有江泽民控制胡锦涛 10 年的局面，因为江泽民控制了枪杆子，并拥有党内威权，所以，江一直是核心，而胡一直没有成为中共核心的机会。为什么习当政的第一个任期一定要拿下「核心」的称号，并要求形成党内共识，根本原因是，习认为自己已然控制了枪杆子，并拥有了党内威权，所以，要废除仍然健在的江核心，确立新的核心，军队要效忠新核心，全党要效忠新核心。

毛泽东的政变与权变，既有自己的独裁意念，又有宏大的政治远景（胸怀祖国，放眼世界），对外援助与卷入战争、对内打击政治异己与政治运动，都有上述双重因素构成。

邓小平没有了宏大的政治远景，他的政变与权变，既是为了自己与自己的政治派系安全，又是为了对党国有实用价值，维系党国政治安全。

毛泽东完全是禁绝了思想自由、市场自由、信仰自由，工作自由，甚至迁徙自由，邓时代开始，有了下半身的解放或开放，思想与市场、信仰与迁徙的自由，均在党的领导与控制下，有了进步，而个人工作与经营的自由，还有出国的相对自由，是质的进步。中国的菁英阶层与中产阶级、市民社会得以发展，但菁英没有思想与传播的自由、中产阶级没有参政的自由、市民没有成为公民的自由，中国人的自由，无法突破中共意识形态的天花板，无论是反精神污染，还是镇压八九学潮，都是中国菁英在争思想自由与政治自由化民主化过程中，遭受邓小平政治集团的暴力镇压。

八九是中国政治另一次分水岭，政治舵手可以引导国家航船向左，也可以向右。可以向民主宪政和平政变，也可以向极权专政，血腥暴力折返。

在历史最紧要关头，邓小平选择了暴政邪恶，因为他选择了与极左联手，对新兴的政治变革力量祭以杀手，中国历史又一次向恶发展。

邓小平之时，政治改革的机会非常良好，邓拥有威权，枪在手，可以用枪指挥党，实现政治文明转型；此其一，整个社会都有获得感，中共在人心中已开始的经济转型，政治转型呼之即出，邓可以顺势而为，此其二；最为重要的是，当时的权贵腐败并不严重，或者非常轻微，商人还没有形成原罪，新的官员还没有巨额腐败，转型过程中，权贵不会受到社会追责问罪，体制内相对健康。唯一的阻力，是原教旨共产党人，如果政治转型，他们只是失去了极左意识形态，但可以获得一定的经济保障，和平转型风险非常小，代价更小。

　　长江当时要冲破三峡，邓小平却封锁河道，形成了巨大的堰塞湖，这种高压状态，一直延续至今，无法改变，而且越来越难以改变。也可能是明镜何频先生指责邓对中国与世界坏的影响，比毛深远的原因吧。

鄧時代的罪他律與分裂人民

鄧小平時代對右派、地主富農等進行了大規模的平反，某種意義上，這確實是一次偉大的撥亂反正，結束了毛澤東發動的無產階級文化大革命，也就是結束了以階級鬥爭為綱（分裂人民）的路線。

鄧小平時代的進步是經濟領域裏回歸到常識，白貓黑貓不再分裂，社會主義與市場經濟不再水火不融，一國也可以兩制（資本主義與社會主義在一國之內可以和平共處），香港問題和平解決，這一切都可以見出，鄧小平是政治實用主義者，只要經濟實用，且不損害黨國政制，就可以借鑒，一旦與黨國政制衝突，黨國利益則高於一切，其他均可以被廢止。

因此，鄧小平還是為自己的時代留下了紅色的尾巴。

結束了毛澤東的文革，鄧並沒有根除毛澤東的思想路線，而階級鬥爭在一定範圍內還存在，反對二個凡是，但鄧小平卻開始了自己的四個堅持（堅持黨的領導、無產階級專政等），非法的專政方式還繼續推行。毛澤東思想戰無不勝、中共偉大光榮正確，仍然寫在中南海新華門牆上，它是中共政權永遠的「臉書」（把政治口號書寫在自己臉上）。既然自己永遠偉大光榮正確，那麼，異己者必然永遠卑賤、可恥、有罪錯。如果社會出現問題，有罪的必然不是中共或制度，而是敵對勢力搗亂。鄧時代「罪他律」仍然是中共意識形態第一定律。

　　鄧小平時代開始，階級鬥爭與階級敵人開始被虛化，也即，政治上對人民的分裂被虛化，而經濟上將人民分裂，則被實化。

　　政治上分裂人民怎樣的虛化呢？儘管沒有地主、右派了，但資產階級自由化分子、學潮幕後黑手、煽動顛覆國家政權、國內外敵對勢力等等政治帽子通過意識形態方式與刑事罪名，戴在異己者頭上，甚至宗教人士、公共知識分子、披露真相的媒體人、維權律師、維權人士也被泛政治化，成為被維穩的對象。

　　經濟領域人民被分裂的實化，既是毛時代的遺存，也有鄧時代的發展，毛時代人民在政治上被分為工人階級、農民階級，對應的是城市人與農村人，城鄉二元體制，城市與工人階級享有一定的經濟保障，而農民對國家的貢獻是一樣的，卻沒有任何經濟保障。因政治原因造成的經濟分裂，現在仍然存在，農村人進入城市打工，叫農民工，幾乎沒有任何保障，孩子上學更是難以解決，城鄉被分裂造成數以千萬計的農村家庭被分裂（毛澤東時代上山下鄉與政治鬥爭，造成無數家庭分裂），農村只有老年人口與未成年人留守，養育中國城市的鄉村被空心化。

　　鄧小平說，讓一部分人先富起來。

　　這一部分人是誰呢，改革開放三十年後，大家都看清了，這一部分人從人民中分離開來富足起來的，是權貴階級，是紅二代官二代，鄧小平還認為，如果出現貧富巨大分化，那麼證明社會主義是失敗的。現在的中國，東部與西部經濟文化教育差距懸殊，城鄉差距懸殊、官民後代經濟與受教育差距懸殊，毛澤東的革命社會主義失敗了，鄧小平的權貴社會主義按鄧自己的標準，也是失敗的。

鄧小平的社會主義為什麼做成了權貴資本主義？因為沒有政治改革，沒有徹底否定毛澤東路線，沒有放棄專政思維與方式，經濟發展維護的是黨國利益，而不是國民權益。鄧小平自己也意識到政治改革的重要性，但由於自己不願意放棄特權，加上家族貪腐，最後只能淪為一介鐵血屠夫。

從西單牆事件對魏京生的有罪化處罰，到對方勵之、劉曉波等知識分子的打壓與迫害，都是將政治異己有罪化，鄧小平對政治異己的打擊已完全沒有毛澤東時代那樣的威力了，為什麼？因為大量的知識分子與中高層幹部都經歷過文革，都不願意去以莫須有的罪名打擊他人，鄧小平對政治異己的打擊，完全是靠自己點名，然後地方單位迫於政治壓力，再行處理。當年毛澤東則是通過把人民分裂成不同的階級，人民之間殘酷鬥爭，毛澤東超然其上，鄧小平本人呢，則只能捲入其中，參與政鬥（鄧小平只能自己命令坦克鎮壓學生、市民，而不是軍人自發地與民主運動進行鬥爭）。

鄧小平親自參與策劃與指揮了對八九民運的鎮壓與屠城，他不將學生運動或民主運動看成是整個社會的覺醒，是人民對自己主權和平而合法的捍衛，而看成是敵對勢力發動的針對黨國政府的顛覆行為（將民主運動有罪化），並說這樣的風波必然會來，遲來不如早來，早來我們這些老人還在（老人們敢下殺手）。

可以避免的政治災難，可能通過中央政府的改革與妥協來求得社會進步，化解學潮危機，但鄧小平將整個民運有罪化，為自己的鎮壓找到借口（因為別人有罪，所以自己的鎮壓就是正義行為，為自己的屠殺洗白脫罪）。正是八九六四，鄧小平將自己釘在人類歷史的恥辱柱上，成為永遠的罪人，真正有罪的是他自己與他的政治同盟者，還有邪惡的專政制度。

政治改革是先有政治契約與規則，後有經濟發展，這樣的社會才有真正的和平繁榮，而經濟與社會發展核心價值是遵守憲法、保障人權，捍衛憲法底線、不侵犯人權應該是政治經濟發展的命脈，鄧小平為什麼會突然底線？因為他沒有確立人權的核心價值，而將經濟發展當成硬道理，人權屈從於經濟發展與穩定，本末倒置，直到現在還沒有真正得到改變。2014-12-31 東方日报网

"资产阶级自由化"背后的故事

邓小平本人的解释是，资产阶级自由化就是否定党的领导，就是全盘西化，实行三权分立。

先说一个故事：八九北京民运的时候，北京市政府在郊区组织了农民示威游行，支持中央反对"动乱"，农民们打的旗帜上就有反对资产阶级自由化，有农民带头喊口号：反对资产阶级自由，其他农民跟后面喊：反对资产阶级自由。领头喊口号的发现少了一个"化"字，就接着再喊，"还有一个化"，后面的人也跟着喊，"还有一个化"。

如果问这些农民兄弟，资产阶级自由化是什么，他们谁也不可能搞清，其实你就是问邓力群、胡乔木、甚至邓小平本人，他们也说不清楚。因为资产阶级自由化这个大词，与其所指完全不同，邓小平本人的解释是，资产阶级自由化就是否定党的领导，就是全盘西化，实行三权分立。

"资产阶级自由化"与资产阶级无关，因为资产阶级一词在中国名声被搞得不好，所以，什么东西只要戴上资产阶级的帽子，基本就可以在政治上被定性，尽管无产阶级也追求自由平等，但在中共看来，资产阶级的自由是假的。那么无产阶级的自由化，是真的么？可惜，没有人思考过，无产阶级自由化的历史与现实及其造成的罪恶。

现在我们看到的资产阶级自由化一词，与谁有关？如果与一个人有关，他就是邓小平，如果要与两个人有关的话，这个人就是陆定一。

人们都知道，毛泽东在上世纪五十年代提出过百花齐放百家争鸣，但人们不知道，这个提法最初是由中共主管文化宣传的陆定一提出来的，经毛泽东之口，就成了毛的指示或语录。但就是这么个正常的提法，中苏交恶之时，苏联老大哥将双百方针定性为"资产阶级自由化"，资产阶级自由化一词，现在我们看到的资料，始于此。据龚育之先生文章介绍：刘少奇1959年《马克思列宁主义在中国的胜利》一文，不点名回应了当时苏联的批评："有人说，我们采取'百花齐放、百家争鸣'的方针，就是采取资产阶级'自由主义'的政策，即所谓'自由化'的政策。……我们采取这个方针，绝不是实行资产阶级的'自由化'政策，而是实行无产阶级的极端坚定的阶级政策。"

邓小平时代，陆定一是坚定的反对"资产阶级自由化"提法的体制内人士，他为什么反对呢？

陆定一曾对龚育之说："资产阶级自由化"的提法是有毛病的。我们不应该把民主、自由归到资产阶级那里加以反对，应该对它们作历史的分析。他还说，在他的印象中，"资产阶级自由化"这个词是"文化大革命"中批判他才发明出来的，他举出1967年8月29日《人民日报》上发表的"旧文化部延安红旗总团"的文章《陆定一的反动鸣放纲领必须彻底批判》为例，来证明这一点。这篇文章称："陆定一所鼓吹的百花齐放、百家争鸣，是同毛主席提出的百花齐放、百家争鸣这一灭资兴无的革命方针根本对立的……是资产阶级自由化的政策。"陆定一认为，如果"资产阶级自由化"是"文革"中批他才发明的词汇，那末，我们今天为什么还要沿用这个词汇呢？

文革逻辑是世界上最强大的逻辑，这种逻辑认为，陆定一鼓吹的双百方针与毛泽东的双百方针有本质的区别。那么，自由或自由化呢，资产阶级的与无产阶级追求的自由，也有本质的区别。这种文革逻辑现在还在发挥强大的生命力，市场经济分为社会主义市场经济与资本主义市场经济，自由民主也有社会主义与资本主义之分。有什么区分呢，就是社会是主义民主是真的，资本主义的是假的。这无异于说，原产地的货是假货，而山寨货，是真货。但这些文革人就敢于这么说，敢于这么认定。

陆定一，这位从延安时代到中共建政后的五十年代，一直是意识形态主管身份（中宣部部长），他为什么能在五十年代提出双百方针，又在邓小平时代强烈要求删除"资产阶级自由化"这个罪词？

1986 年，龚育之为十二届六中全会起草"精神文明决议"，去征询中共意识形态元老陆定一的意见，陆定一对龚育之提出的上述意见不仅进入起草小组的视线，也被当时的中共总书记胡耀邦关注，但当胡耀邦将陆定一等人的意见送达幕后垂帘者邓小平案头时，邓小平非常坚决地要求保留资产阶级自由化的提法，邓小平认为，这一提法自己提得最多，其所指是核心内容是反对中共的领导、社会主义道路等。

邓小平一个人的想法，一个人固守的意识形态名词或帽子，就这样进入中共十二届六中全会起草"精神文明决议"，个人意志代表了党的政治意志，党的意志又会转化成不成文法律，以此对知识分子进行无端的打击。

邓小平通过意识形态的打击，是因为他看到了社会民意或知识分子（王若望们）将矛头直指邓本人，邓需要有一枚精神武器予以还击，这个武器就是一顶叫资产阶级自由化的帽子。维护党的利益、维护国家的稳定、维护个人的极权，不知不觉中完成了统一。在对政治异已的打压过程中，邓小平也在不知不觉中走到了政治文明的对立面。

在陆定一看来，资产阶级自由化是一个咒语，因为文革中，刘少奇就是用这个咒语亲自完成了对陆定一的打倒，戏剧性的是，后来刘少奇也被毛泽东的政治咒语咒倒，毛泽东炮打司令部，当然是炮打资产阶级的司令部。而毛泽东最后的一场政治运动也是针对邓小平的，反击右倾翻案风，邓小平是走资本主义道路的当权派。

文革结束后，陆定一是想结束魔道，进入人道，但，邓小平却固守魔道，对魔道中的政治帽子戏法运用自如得心应手，所以，邓当时要求中共反资产阶级自由化还得反至少二十年。

现在是习时代，主张依法治国，资产阶级自由化一词还会由一帮极左人士使用，但全然没有法律效果，因为资产阶级自由化，毕竟无法构罪，怎样对这些自由化分子或政治异见者构罪呢？用煽动颠覆社会主义制度、泄漏国家秘密、危害国家安全这些罪名，以国家、制度的名义，来构罪于政治异见者，比大而无当的资产阶级自由化，更能精准地打击政治异已者。网友说得好，不解决人民提出的问题，而要解决提出问题的人民。

　　政治改革不能进步，但反对政治改革的理论与技术，却获得了巨大的进步。注，文中提及龚育之文章，见：《陆定一与"资产阶级自由化"之争》（《党史札记末编》中共党史出版社 2008 年 1 月版）2014-12-02

无法告别的江泽民的时代

习近平要面对的是习近平当政五年来造成的严峻问题，这些问题在根子上，多是江泽民时代的遗留，当然也可以说，是中共政制持续埋下的祸根。江泽民时代没有远去、无法告别，是因为中国仍然在权贵主导的社会生态中，尽管权贵已出现裂变，并受到反腐的强力打击，但这只能将权贵的盟友关系打压到地下，更为隐秘。中共极权政制，加上市场经济，必然形成权贵合谋合力，并随时对反腐打压进行颠覆

江泽民重病的消息成为前一时间热点，人们似乎还有一些热切的期待，但这种期待细想起来，已然是没有意义的期待，江泽民无论去世与否，都与现实没有多大关系了，习近平确立核心之后，特别是习对江系军中力量的毁灭性打击，使江系势力难以对时政有任何大的影响力了。

习近平要面对的是习近平当政五年来造成的严峻问题，这些问题在根子上，多是江泽民时代的遗留，当然也可以说，是中共政制持续埋下的祸根。

江泽民时代没有远去、无法告别，是因为中国仍然在权贵主导的社会生态中，尽管权贵已出现裂变，并受到反腐的强力打击，但这只能将权贵的盟友关系打压到地下，更为隐秘。中共极权政制，加上市场经济，必然形成权贵合谋合力，如果真的被打压完成，那么，经济也就完全没有进步的动力了。

用社会主义特权发展资本主义市场经济，没有权贵合

力，没有权贵腐败，是不可想象的。

一、八九民运悲剧成就了江泽民

江泽民成为中共一号人物，并成为核心人物，并不是他自己努力追求或竞选的结果，而是八九民主运动的畸形产物（对社会来说是悲剧性苦果）。说他与李鹏是踩着民主运动的血迹走上中南海的红地毯，这是不争的事实。江退休后在一次与老同志的座谈会上聊及自己成为总书记，觉得很意外，他自己真正的想法是想退休后成为上海交大的一名教授。

八九中共危难之时，他临危受命，当他接到命令直飞北京时，他自己还有他的家人是非常恐惧的，一是不知道自己已被内定为传人，二是当时的动荡一切未为可知。但他是陈云、邓小平们共同需要的产物，他必须坐在中共的红色龙椅上，假装自己是总书记发号施令。

当时中南海极左的力量居主导地位（陈云等极左派仍然有强大的影响力，李鹏是总理），江泽民只好顺水左推，陈希同甚至在京郊农村要恢复人民公社模式，因为把生产队与生产大队改成村民小组与乡镇、村，是邓小平的一种政治改革，是对文革农村政策的一种废止。

相信美国特殊渠道的游说与邓小平自己的"政治自觉"，使他断然地通过南巡来扭转左退的政局，毕竟军权掌握在自己或自己的同盟者（杨尚昆）手中，邓小平无法替换江泽民了，只有通过声势浩大的新开放宣传，１９９２年开始，江泽民被迫开始推进新一轮的改革开放。

１９９２到１９９７年，仍然是邓小平垂帘听政，这个时期的政治经济，幕后主导者仍然是邓小平，邓小平奠定了中国打左派向右转的政治经济方向，打着社会主义的旗帜走资本主义道路，到了江泽民的第二个任期，江的核心地位得以确立，并最终提出"三个代表重要思想"，江泽民让中国进入到了权贵资本主义新时代。

作为一位资深上海人，江泽民骨子里不太可能极左，因为上海充溢着商业精神，登陆北京之后左转，应该是当时中南海极左力量对其胁迫的结果，当江泽民尝到了权贵资本主义甜头之后，当他的派系人马获得丰厚的收益之后，当整个社会都有"获得感"的时候，他是心甘情愿地接受权贵资本主义模式，并着手让自己即便在下台后，仍然掌控中南海。

二、江泽民开启了权贵资本主义新时代

邓去世之后，江泽民才成为真正的中共核心。

1997年5月29日江泽民在中共中央党校省部级干部进修班的毕业典礼上发表讲话，高调反左，批判了"左"的危害，强调改革开放的重要性，著名左刊中流、真理的追求等杂志均被封杀，著名极左作家魏巍公开对抗江泽民的右转，特别是反对资本家入党，挨整并降低了生活待遇。

在这个时间段，江泽民有一定的促进政治进步的倾向，譬如提出"三个有利于"，有利于人民有利于国家的改革是比较务实的政治口号，以三个有利于为主导，在理论上抢占了制高点。 在具体改革促进不乏亮点：将中国国有企业重组为股份制公司、重视资本与现代金融市场手段；而在党内政治改革中，首次在中共中央委员选举中采取无记名投票。还有：朱镕基主导了国家精简机构、裁撤了11个部委以及近 50 万的地方公务员，而国有企业的改革，则下岗了数百万工人。

积极的方面，江泽民促进了市场更为自由繁荣，而消极的方面，是权贵经济开始形成，三个有利于，本质上是有利于中共获得执政的经济基础，有利于权力阶层将国有企业以转制的名义，转移到利益集团手中，对下岗工人还有进城的农民工，并没有积极的意义，只有一首歌让下岗工人们传唱：大不了从头再来。而农民工到现在，改革开放四十年了，还没有城市市民待遇。中国经济发展，靠剥削了谁，牺牲了谁，一目了然。牺牲了工农阶级利益。而精简的机构，又以另外的面目出现，精简的人员，一些借助政府背景，获得致富捷径，而另一些，又以其它方式服务于政府部门。

政府职能部门与非职能部门，譬如工会、妇联、共青团组织、甚至人大、政协，都是没有任何行政服务的国家供养机构，中共的政制无法摆脱行政臃肿庞大，其一是因为财政与编制由中共完全控制，只要有需要，就会增设机构与人员，没有任何制约的可能；其二是官僚体制事务下压，而增设机构却可以做大自己的体系，所以无法实质性缩减。

三、习中央无法挥别江泽民时代

邓小平保卫了毛泽东的思想与形象，邓反对华国锋的两个凡是，但却以意识形态的四个坚持替代，换汤没有换药。

江泽民保卫了邓小平的改革与红色江山，改革就是致富，就是闷声发大财，这完全符合上海的商业精神，而保卫了邓及左派们的红色江山，一是陈云在六四后认为还是自己的孩子们放心，核心高层一家一个分配一个副部级位置，由红色后代直接掌管国家政治经济权力部门，江泽民无法扭转，江泽民要致力去做的，当然不是政治改革，而是做强做实自己的嫡系，特别是军方高层的任命，不仅使自己持续留任二年中央军委主席，而且在胡温当政时，在中南海与中央军委保留首长办公室，进行实质性干政与监政。

现在我们看到，江、胡时代留下的臃肿而庞大的党政体系无法改变，它吞食了改革的经济成果，这些党政人员不仅吃财政，还是贪腐的主力，也是制造经济阻力的力量。

江泽民三个代表思想，开放党校、开放中共、开放人大政协，让资本家或富人进入，使市场主力直接进入体制，与官员形成精英权贵共同体，这些人同舟共济，共同掌控了国家政治经济命脉。

江泽民时代开始的房地产与滥印钞票，使中国经济泡沫化，严重依赖房地产与国家投资，严重的污染与经济不公，则由社会来承担，而资本大鳄与红色贪腐者则安全无忧，只有极少数人因各种原因被淘汰出局或被反腐。

权力对上负责，压力必向下施加，这是导致中国政府普遍侵犯人权，并致力于暴力维稳的根本原因，侵略人权与产权，习时代仍然无法更改或逆转。

江时代就形成的所谓政令不出中央，那是因为中央被权贵攻破，还有一个原因，就是中央只负责发号施令，而从来不承担责任，下级无法执行，或因贪腐节流，中央被实质性架空。制度问题与中央本身的问题，是政令不出中南海的根本原因。

毛的思想、邓的主义、江、胡的方式都在持续累积问题，这些问题都压到习中央头上，习无论怎样亮剑挥刀，都难以断其毒流。

抽刀断水水更流，为什么？因为抽刀人也在逆流行舟，而不愿意上岸，用真诚的依法治国的方式，向民主宪政靠拢。2017-6-4

江泽民时代的罪他律与分裂人民

朱镕基对下岗工人与进城农民工的方式，显示人道主义与人权对党国经济发展是障碍。

江泽民时代也是朱镕基时代，可以说是"江表朱里"，邓小平发现了朱镕基，认为他是一个懂经济的人，但这样一位懂经济的人，是懂真正的公平正义的市场经济，还是懂党国的政治经济呢？

朱的分税制，使党国经济做强做大，这是后来国家经济泡沫化、虚假繁荣与崛起的根本保证，正是经济上巨大的保障，使党国极权政治为所欲为，朱为什么要搞分税制？1993年9月16日，他在广州与广东省委、省政府负责同志座谈时说得明白："目前中央财政十分困难，已经到了难以为继的地步。如果不适当地集中中央财政收入、加强中央财力，日子就过不下去，最终全国都要受害，都搞不下去。"（明明是中央在专断的经济收权，却不忘同时以此威胁地方）

看起来中央经济主导、地方经济相对自给，是一种利国利地方的经济分权模式，但它造成了中央经济集权，而地方既要向中央跑步钱进，又向底层百姓掠夺，既掠夺土地、资源、民力，又通过计划生育、滥罚款等方式，谋取地方更多的非法利益。朱在经济开放方面是划时代的进步，使中国加入了WTO，使世界市场与技术促进中国快速发展，如果说中国真的有崛起与发展的成绩，除了民力与资源被不计成本输出，就是国际市场与技术向洼地中国涌入带来的红利。无论怎样，市场经济是双赢经济，也是一体化经济，中国人在意识形态上暂时无法与世界同步一致，但经济形态上，相对达到了共同体境界（中国从此难以与外面的世界割离）。

朱的分税制并不是为了制造后来出来的罪错，但制度的痼疾，使他的重大决策，都为党国罪错埋下了伏笔。为了国家经济效率，懂政治经济学的朱总理用剥离的方式，分裂了人民，运动式地剥夺城市工人合法权益，这种政治主导的工人下岗，实质是一种剥离，国家政府不再对工人负责，国家经济发展不再带被视为负担的工人阶级发展，为了让国有企业转型，600万以上工人被下岗，领导国家的工人阶级，实质上不复存在，国家用廉价的、没有保障的农民工进城，以刺激城乡经济急速发展。

这样就形成了工人在自己城市里吃劳保，农民在别人城市里无保障打工。工人与农民这两个国家支柱阶级（工农联盟为基础），都成为受害者，什么叫挖社会主义墙角？这就是。保守的计划经济开始破产，党国主导的自由市场经济，实质上是权贵资本主义或权贵官本主义经济，开始成型。

网络上流传的一首民谣是这样唱的：中国下岗工人献给朱镕基的赞歌《七律·朱镕基》：曾有高官秀神州，鞠躬尽瘁死而休；千颗地雷何所惧，万丈深渊壮志稠（酬）。国企三年愁未解，职工四方困街头。

一个官员下岗，必然有罪错，否则怎么可能离职下岗？六百万工人被下岗，当然也因为罪错，谁的罪错？当然是党国体制之罪错，但党国体制之罪错，却由工人阶级与进城农民阶级来承担了。党国体制的罪错，一次次都让百姓埋单，永远没有罪错的，是党国政府。为什么意识形态一直不允许谈人道主义？从朱总理对下岗工人与进城农民工的方式可以看出，人道主义与人权对党国经济发展是障碍，党国要经济发展与崛起，必然要牺牲工农权益、还有环境生态成本、甚至道德与法治代价。

江、朱时代是后邓小平时代，毛发动的是无产阶级专政下继续的文化大革命，而邓、江发动起来的是无产阶级专政下经济大革命，文化大革命革的是地主、知识分子的命，经济大革命呢，革的是工人、农民的命，处于社会底层的工农，一直承受经济剥夺，每年数以万计的上访，但无处可申冤，维权被维稳打压甚至迫害。政治权利得不到保障的国民，经济权利必然被无限剥夺。强大的专制暴政，需要强大的经济支撑，朱镕基为党的经济王国奠定了雄厚的基础。

有分裂或剥离，必有联合与同盟。江泽民的三个代表，是让中共成为全民党，不再将中共视为无产阶级先锋队，而是全民的先进代表，要融合不同的政治力量，形成一个庞大的政治同盟，三个代表是虚，三种力量的联合是实，哪三种力量呢？就是资本力量、官本力量与知本力量的联合，让社会成功阶层（并不是所谓精英阶层）成为一个分赃的联合体，全国政协、全国人大这样的决策与监督机构，由官员、企业家、名流、知识界、民主派别等主导，工农阶级只有极少名额，即便有代表，也是虚置的代表，权贵资本主义在江时代全成型。为什么左翼作家魏巍们猛烈抨击江泽民三个代表，因为左派们看到了权贵资本主义与原教旨马克思主义的悖离。

把整个社会拉入市场经济，在党的政治意识之下，让知本主义与资本主义、官本主义三位一体（官本主义主导一切）。

我们看到的教育市场化、医疗市场化，甚至人大代表与政协委员、军人身份与官职都被市场化，这就是极致的党领导下的腐败的市场化运动，一切都被市场化，特别是知识领域与医疗领域，无论是传统中国还是当代世界，都罕有先例，这两个领域应该代表良知与公益性，但在市场大潮中被迫沦落，现在的医患冲突与教育领域的腐败，都是江时代留下的权贵资本主义政治遗产。

城市与乡村发生分裂，官与民精神分离，这个时候，城市里出现了城管（街边摆摊或零售是有罪错的），农村里出现了计生人员（多生孩子是有罪错的），截访人员（上访维权是有罪错的），政府与百姓之间的冲突，通过粗暴的管理者法外处理（甚至纠集黑社会力量），政府与百姓之间的持久战开始了。东方日报网　（香港）2015 年 01 月 01

习近平要终结的是江泽民时代的权贵经济

现在习近平要终结的，不仅是江泽民对整个中国政坛的控制或精神（核心）影响力，还有，江时代开始做大的权贵政治共同体。邓小平改革或颠覆的，是毛的文革时代，习近平要改革与终结的，是江泽民的权贵经济。

江时代是权贵共和，江当政十年，控制十年，他隔代主推了习近平，是希望习成为自己政治派系的延续，并以此将自己的政治影响力延长十年甚至更为久远，但习近平不愿意像胡锦涛那样屈身苟且，无论是在精神上，还是在体制生态与经济时势上，习无法继续权贵共和的游戏，红二代出身的政治强人习近平必然会喝止江时代与江核心地位。

江时代发生了两次大的政变，一是意识形态领域的三个代表"重要思想"，使中共成为权贵同盟，中共被政变为中国权贵共和党。与之相应的政变是经济政变，将国有资产变成权贵资产，工人在城市不再是"领导"阶级，权贵共和代替了所谓的工农联盟，工人下岗，农民进城，市民没有公民权，而农民工却无法得到市民待遇。

一、权贵共和的时代

江泽民是邓小平最后一次政变（八九政变）的最大获利者，说他是踏着六四鲜血走上政坛，是一种形象描述。江进京初期被极左力量包围与驱使，准备左转，受到邓小平的强力遏制，邓被迫通过南巡来改变极左困境，因此差点又废黜

了新晋的中共总书记江泽民。但邓这位铁血人物，已是强弩
之末了，只能顺势而为，无可奈何地让其承继大位，江从邓
那里得到了军权，也得到了中共政治的"核心权"，所谓核
心，即便不在总书记位置上，仍然在中共党内拥有最后的决
定权。

邓时代军权与党权是分离的，党的最高领导人一直不是
军方实际领导人，所以邓能够一将废三帝，江时代军权与党
权实现了合体。江泽民当政，因此不是发动政变，所有的努
力是维护与扩张自己的威权，所谓威权，实则是党内霸权。
并保障自己政治派系的政治经济安全，所谓派系实则是中共
党内自己人的权益共同体。

中共的政制，以核心人物为圭臬，只要核心人物有能
量，就会进行权变与政变，以适应自己的统治需要，中共的
意识形态越来越虚，而中共的经济利益追求却越来越实、中
共追求政治越来越虚，维护统治者的权力稳定，越来越实，
中共维护国民的权益越来越虚，维护最高统治者心其派系的
权益，越来越实。

江泽民时代是权贵共和时代，也是左派元老、团派、江
派各政治派别共和的时代，甚至知识份子与社会底层民众，
与权贵利益集团，在某种程度上，实现了共和。邓让整个社
会都有获得感，是因为平反了冤假借案，让精英阶层恢复了
政治经济地位，九二南巡之后，邓江交接的时间段，又让精
英阶层获得了更大的市场空间，一定的政治空间。这一次的
权力交接，总体上是和平的，没有政变与枝节问题发生。

江时代让整个社会有获得感，因为权贵与精英，包括知

识精英、体制内精英，甚至一些准异见者们，还包括牢里释放出来的无业者，都获得了经济发展的空间。根本上说这是邓小平南巡讲话带来的，但江泽民通过三个代表理论，将权贵经济变成现实，人大与政协里，多了非党人士，甚至有因八九民运而入狱的知识精英，也被吸收到政协或人大中，这是江泽民时代的某种自信，也是政治笼络，江时代讲同舟共济，通过经济快速发展，让所有的人卷入经济洪流中，通过经济自由，获得某种自由感与成功感、幸福感。

江泽民不可能像邓小平那样在军中拥有威权，江通过以升官发财换保驾护航的政治经济交易，获得枪杆子拥戴，以此一招，就享有了二十年的拥戴，但这种对政治核心的有条件拥戴（你让我们腐败，我们让你当核心），军政腐败双赢的模式，习近平时代难以为继，因为腐败到极致将动摇中共的政权。

二、江泽民时代的经济政变

江泽民是被邓小平等元老们内定的中共领导人，并自然成为中共领导核心，所以，江获得最高权力，并不需要通过政变，在维护权利或树立威权过程中，他只是剪除了政治对手陈希同、军方实力派系杨尚昆等，就基本实现了权利稳固。

所以江时代更多的精力用于经济大变局。

江泽民通过三个代表理论，主导了一次中国经济巨变或政变。三个代表（所谓中共代表中国的先进生产力、先进文化、以及维护人民的利益）是虚的，而元老家族获得政治与经济权益是实的，精英阶层获得政治经济利益是实的，国有企业被权贵们转型成自己的私企，也是实的。私有经济在江时代成长，房地产业在江时代做大，中国的世界工厂，在江时代开始做大。

这既是国内时势使然，也是国际时势使然。中国的经济政变因此在某种意义上，是国际经济大势促成。

中国经济是洼地，国际资本需要寻找新的市场，并获得低价劳动力，低人权、低环保、低工资，使中国农民工成为国际资本在中国的自由奴。毛时代（或红色世界）的自耕奴，转型到资本世界的自由奴。这种自由，是流动的自由，乡下农民可以自由流动到城市工厂，也有一定的自由择业空间，但，所有的自由选择，都是在权贵资本控制下的被奴役状态。没有劳动保障，出现任何问题，都无法得到法律保护，更谈不上保障农民工的孩子在城市的上学权利。

中共的政变，每一次都得到全中国人民的"支持、拥护、参与"，最初的红军打土豪分田地，后来要求国民党抗日，再后来的没收地主富农的土地，还有人民公社运动，当然还有邓时代的包产到户制度，每一次都是经济政变，中共成功玩弄的都是土地与人民，既不保护私产，也不保护人权，但居然每一次都被"人民"拥护。这就是中共愚民洗脑有术，通过运动的方式强加给人民，如果有反抗或异议，都被当成敌对势力清除。

江泽民时代的权贵经济共和，剥夺了国企工人的合法权益，全民股权被转到权贵名下，中共红色家族获得了巨大利益，王岐山反腐，至今也没有动到红色家族头上，而这些家族既侵吞了巨额国家利益，又成为现在国际经济丑闻的主角（有香港媒体报导，近期王岐山约谈了贾庆林、曾庆红等，红色家族在江胡时代非法谋取的钜资会不会追查，全世界都在拭目以待之）。

中国经济的崛起，更多是农民工的贡献，但中国农民与农民工，仍然无法得到平等的城市市民权，无数家庭破裂，留守儿童与留守妇女，成为中国人道灾难性问题。有人说中国应该学习印度，允许城市有贫民窟，印度贫民拥有选票、拥有免费的医疗、平等的受教育机会，以及普遍的信仰与慈善关怀，使经济"落后"的印度，仍然有一份祥和与文明。中共即便允许存在贫民窟，只会增加更多的城市问题。

所以江泽民时代经济政变带来的巨大灾难，是潜在的，它使中国的政治转型变得更加艰难。权贵联盟、全方位的污染、全民拜物教、政府腐败、全民无道德底线，都是以轻歌曼舞的方式，走进新时代。

三、江泽民时代的权变

由于邓小平南巡讲话，中共进一步改革开放，更多的人可以参与市场经济经营，而中国加入世界经贸组织，使中国成为世界工厂，洼地效应使中国经济获得了快速增长，体制内外的人或朝野均卷入市场经济，几乎所有人都有"获得感"，江泽民让更多的人共用一条大船，通过三个代表理论，让中共成为全民党，让新富新贵进入人大、政协，分享政治权利，缔结权贵联盟。

邓小平说，摸着石头过河，但江泽民却让权贵们拥有了一艘大船，这些权贵们拥有了一切的先机，由中共政权为其保驾护航，只有个体户、下岗城市工人与农民工，在摸石头过河。

邓小平说，要让一部分人先富起来，江泽民时代基本确立了，让权贵们先富起来，特别是红二代与官二代，以形成权贵联盟，同时让城市相对于农村，获得发展先机，让东部相对于西部，获得更多的资源与政策倾斜。

所以，江泽民在做大权贵同盟共和的同时，制造了国家经济版图的大分裂。

说江泽民发动了经济政变，是针对其将有名无实的国有资产大规模的变成权贵私产。产权发生的革命性变化，这可以说是一次经济政变。

江泽民在意识形态也发动了一次政变，就是三个代表理论与实践。

三个代表理论为什么是一次政变呢？

因为它改变了中共的性质，中共党员是无产阶级先锋队，主体应该是工人农民，而且是工人阶级领导的工农联盟为基础的国家，三个代表理论将中共变成国家党或全民党，它以所谓的三个先进性，来掩盖其改变中共性质的实质，中共实质上成为中国权贵共和党。江泽民主导的中共，不再是无产阶级先锋队了，而是权贵主导的权贵先富队，新权贵新精英组成共同体，用政府的腐败润滑，来促使党国繁荣富强。

邓小平强调先富起来的人带动后富起来的人，共同致富理论，成为笑谈或政治谎言。邓家、李家、陈家、江家、曾家、贾家、薄家、叶家等等，都成为巨富家族，他们怎么能带动整个社会致富呢？印度的穷人有选票，通过选票可以获得富人的关注，为了拉票就得为穷人谋福利，中国的穷人靠什么来影响先富起来的人，为自己谋利益呢？

地票与选票，决定普众的利益，而这两大票，都被中共牢牢控制在自己手中，中共因为拥有这两大票仓，所以变得强大而不可一世。

为了政治安全，江泽民在政治领域有二次小动作，二次大动作。

两次小动作，一是打击了北京市委书记陈希同，清除政治对手，另一次是打击极左阵地，关闭了中流等杂志，因为极左公开反对三个代表理论，让资本家入党，令极左无法容忍。

二次大动作：一是为了党国的政治安全，另一则完全是为了自己。

全面打击与迫害民间信仰组织法轮功，几乎是倾国家之力而为之，制造了数以十万计的修练者入狱、劳改或被拘审，江泽民认为这样庞大的社会组织，极有可能挑战中共权威，所以痛下杀手，对相关修练者的迫害不进入法律程式，现在许多律师受到迫害，也与代理民间信仰者案件有关。

为了保障自己与派系的政治安全，江泽民完全掌握了中国军方高层，在退任党国最高领导人之后，仍然非法当任国家军委主席二年，并成功地通过其任命的军委副主席，架空中共最高领导人胡锦涛，使其退任后的十年，仍然拥有军委最高首长办公室，用枪指挥了党国又一个十年。

邓江时代我们可以看出，中共核心人物致力的政治安全，分三个层级：党的政治安全，就是捍卫马列毛意识形态，保证党对国家的绝对控制；其次是派系的安全，并致力于建立效忠于核心的派系力量，军、警、国安、司法体系必须保证控制在自己的人手上；还有最重要的安全，就是核心的政治安全，不仅是保障其人身绝对安全，还有形象安全，名誉安全，被体制内承认为核心，以及思想理论载入中共史册。2017-09-16 风传媒（台湾）

胡锦涛悲剧性的命运

一、胡温当政是中共权变的一个节点

胡锦涛主政中南海的时候，知情者说，整个中南海里，只有令计划是他的人，举目所见，都是江的势力范围。江泽民任总书记，李鹏任总理时，也有过类似的笑话：李鹏从中南海开完会后回家，夫人朱琳问李鹏，今天开会是什么内容啊？李鹏回答：他们都讲上海话，我也不知道他们在说什么。

胡锦涛是邓小平隔代指定的中共最高领导人，江泽民不是没有替换皇储的念头，但还是顾及中共这条大船的安全，还有红色元老们的制约，没有贸然去改变邓小平的政治意志。这种隔代指定，问题也因此出现，江与胡必然形成一种代际制约的关系，并没有血浓于水的政治亲情。既然胡不是江的钦定，那么，江必然对胡形成一种控制，尽可能把自己的人马密布在中南海与军方，使胡必须按自己的政治意志行事，以此保证自己与自己的派系政治安全。

同时，维系政治安全最重要的是掌握军权，即便胡成为中共军委主席，但通过留置自己的军委首长办公室，通过对军委副主席的任命，使胡的军权被掏空。最终，江要使自己持续拥有中共核心的位置，像要邓一样，拥有隔代指定中共最高领导人的权利。

现在看来，江的隔代指定是成功的，因为胡希望自己的团系成为继承人的愿望失败了，江系培养与指定的习近平成功地上位。同时，江的隔代指定又是失败的，因为习作为中共新一代最高领导人，在第一个五年，就要开始终结江的权贵资本主义模式，同时对江的政治派系特别是其军中派系进行了毁灭性的打击。

最令江无法想像的事情是，在江没有寿终正寝之时，习勇夺中共核心大位，并使江处于被封杀冷冻状态。习不仅终止了江的派系势力，还终结了江的政治生命与政治影响力（被封杀的江泽民现在是不是肠子都悔青了）。

有道是，富不过三代，中共的权力连结模式也难以维系三代。

毛泽东一个人坐了三代人的领导地位，设想一下，如果毛太子没有在朝鲜战争遇难，原则上他可以在1959年继承中共最高领导人位置，到1969年，毛孙一代就可以成功接任中共最高领导人位置。毛一个人把儿子、孙子的大位都给占了，生命终结之时，毛的红色时代也完全终止了。

邓小平发明的隔代指定，完全是实用主义与机会主义方式，既不符合中国传统皇权时代的继承规则，也不符合党内民主原则，当然更不符合共和国民主原则。只是极权专政的一种实用主义手段而已。

邓的政治游戏玩到第三代，就是胡锦涛这一代，就玩不下去了，胡不仅无法隔代指定最高领导人，自己的派系也被新任者一举摧毁。团系连自己的政治基地也被完全毁掉，中央团校或中国青年政治学院被取消。

二、胡温只是为红色江山看家护院？

胡当政之时，就有红二代放言：团派出身的胡锦涛只是为红色帝国看家护院，江山还得回到红二代手中。

谁也不知道，这是红二代对其它派系的轻侮，还是中共高层内部早已形成某种共识。从中共高层对习近平与薄熙来的培养看，其内部确实在下很大一盘棋，为保证红色江山的稳固，仍然首选红色基因背景的人物，来延续红色帝国的统治。

那么，胡锦涛也只能在中南海安身立命了，苟且于自己的政治历史地位，不敢轻举妄动，以保证红色江山在自己手上得以顺利传承。胡的政治恩公是宋平，这位体制内有声望的元老，不仅要保护邓的政治遗愿得以落实，即隔代指定的胡能够上位当政，还要维持各派系的权利平衡。

每一届中共领导人都会提出自己当政的关键字，胡时代提出的是科学发展观，追求的是社会"和谐"，社会道德领域提出的是"八荣八耻"，宣导八荣警诫八耻，但一些地方口号宣传时，不明就里，大书：要学习宣导胡总书记提出的八荣八耻精神（八荣与八耻等而同之）。而胡的口头禅可以更能反映他当政之时的精神状态：不折腾。

当政之始，由于上海的最高领导人陈良宇公然对抗胡温，也有说胡温过度干预上海发展，造成江势力与胡温中央的第一次对决，结果是江派牺牲了一位大将，一位可能在胡第一个任期后接替胡担任总书记的政治备胎。

胡在当政后第二年，也就是江泽民在没有中共中央任何公开身份的状态下，居然违规担任了二年的中共军委主席，监政二年后将军委主席名义让渡给了胡锦涛，但胡并没有真正掌握军权，直到 2008 年四川大地震，也无法及时调度军队救援，才使整个社会震惊。原来，在胡温中央之上，还有一位军委首长的存在，这位军委首长，不仅在军委大楼里有独立办公室，在中南海也保留着独立的办公室。

党指挥枪，在胡温时代，又一次变成枪指挥党。

胡温真的如一些红二代说的那样，成为红色家族的看家护院的过渡性人物。胡锦涛表现出某些清廉中正，而温家宝则表现出政治开明倾向，在不同场合宣导普世价值，甚至公开认为没有政治改革，经济改革的成果可能被毁弃，文革还可能重演。他当时焦虑的当然不是习近平当政后会不会重演文革，而是当时的薄熙来在重庆"成功"地上演了文革闹剧，并得到了底层民粹的拥戴。

如果说陈良宇是背靠江派强大的势力挑战胡温中央的话，薄熙来则是背靠红色势力与自己营造的红色战果，向胡中央叫板，他深知，枪并不在胡温手中，江泽民势力只是在坐山观虎斗，薄只有勇敢地战斗，才能在新一届中央高位中谋得重要一席。

胡温撼动整个江派的势力是困难的，也不可能，但对薄熙来进行毁灭性的打击，力量则绰绰有余。当然，薄熙来团队与个人的问题也被曝出，特别是王立军逃到美国领事馆，造成了巨大的国际性影响。

被拘审的薄熙来与当年的陈良宇一样，不愿"认罪伏法"，中共的手法仍然一样，让陈良宇的儿子从海外绑回，陈良宇就屈服了（更早的陈希同据说也被如此），而薄熙来的儿子被保证了安全，这一招就使得薄夫人积极配合专案组应对薄熙来，薄在山东被公审之时，还想表现出李玉和式的正义与慷慨，但最终还是屈服于专政机关的各种手段。这些手段他完全深谙其套路，他可以用这些手段这置自己政敌于绝境，同样，政敌也可以置他于秦城之狱。

三、胡时代的光荣与耻辱

纵观整个胡温时代，在权斗中，与江派斗争，扳倒了陈良宇，只是取得了个案的胜利，并没有因此获得战略性的胜利与威权。

与薄熙来斗，也就是与红色极端势力斗争，扳倒了薄熙来，还是取得了个案的胜利，胡温的政治派系在后来的时间里，仍然没有出现战略性的优势。上几篇专栏文章中我均强调，中共的政治安全，核心是最高领导人的安全，还有政治派系的安全，胡时代，胡温最终获得了政治安全，但自己的政治派系，却没有安全，我们看到，胡的核心助手令计划已入住秦城，而温的培植的新生政治力量孙政才也已落马。他们无力保护自己的政治派系的任何安全，不仅如此，不仅令计划与孙政才没有政治安全，其整个家族都受到诛连与清算。相比之下，红二代背景的薄熙来，仅仅是个人受到重创，家族力量仍然得以保全。将薄熙来与更高地位的政法委寨头周永康相比，周永康也是整个家族破产。

我们看到，胡温时代看起来是一个温和的时代，但最后的权斗，充满生死博杀，周永康拥有武警力量，薄熙来甚至可以动用一些军方力量，稍不留神，一场政变就会演变成一场内战。这个时候，中共的元老力量会发挥协调作用，宋平与江泽民这样幕后力量，最终会发挥决定性的作用。

　　胡温的政治安全无法保证，因为枪杆子一直不在自己的人手上，包括武警与安全力量。说令计划的儿子死于一场谋杀，也不一定是空穴来风。薄熙来案发后，令公子深夜乘坐的那辆法拉利豪车，毁的不仅是令公子，还有整个令家族，甚至整个团系政治力量，都毁于一车。

　　中共的政治安全似乎稳于于泰山，但中共各派系的政治安全，却是何等脆弱，中共是的稳定确实还具有某种韧性，但中共内部的派系与中共高层个人，却随时可能被脆断。

　　有一点可以肯定，中共的内部权斗，从邓时代到江时代再到胡时代，逐步升级。中共内部王道不彰，必生霸道。所以，胡温之后，产生习这样的霸道者，符合中共内在的逻辑。

　　邓小平亲手终结了中顾委，使老人政治成为历史，老人政治不能通过公开的政治平台运作，转入地下，只是有限地影响当政者。但江泽民对胡温如此控制，元老们也无法有效干预，所以中共无论如何平衡权利，都会产生失衡。

　　胡锦涛因江泽民的全覆盖式控制，而无所作为，无所作为有两面性，如果能够支持温家宝走向政改，则是良性的，如果听元老们的极左保守，则会倒退。胡锦涛在终结薄熙来入政中南海之后，通过裸退，迫使江泽民的首长办公室撤离中央军委，并退出中南海，成为退守上海的影子元老。习近平为什么赞美胡高风亮节，并对胡温更多的同情与赞佩？因为胡温不再在中南海置留办公室，使习近平很快可以进入主政角色，否则，他的头上不仅有胡温这样的前朝太上皇，还会有江泽民、曾庆红这样的太太上皇势力。

中共激烈的权斗，居然给习留下一片巨大的天空，这是中共历史给习的齐天洪福，如果他把这样巨大的自由空间做成转型的开始，他将成为历史的巨人，如果他在这片没有制约的舞台上扮演毛伟人搞文革倒退，又一场历史悲剧，则会拉开序幕。

2017-09-24

温家宝的"政改"，为何如此艰难？

如何评价胡温时代？

　　3月14日上午是温家宝任总理期间的最后一次记者招待会，人们明显感受到他内心的愧疚与坚持，他的愧疚是在任内由于体制与能力的原因。

　　记者招待会之后，有媒体采访我，对胡温当政期间做一个回顾，包括好的方面与不好的方面，我说，好的方面，如温家宝自己所说，在减免农民税收，十年义务教育免费，推进农村医疗保险等方面，均有作为，这也是政府应该做到的，因为政府欠农村的债太深重了，如果不一点点偿还，农民就没有任何生活出路了。

　　不好的方面，大家也都看得见，每年都有数以万计的人到北京上访，中央政府无力为平民百姓主张正义，"发展"像头怪兽，侵犯了弱势群体的利益，发展是"坚硬"的道理，超越了法律与人伦底线。

　　有趣的是，中共第一代领导人也是安徽人，陈独秀，他引进中国的是德先生与赛先生，科学与民主，两位先生本是结伴而行来到中国，近一百年后，中共只尊崇赛先生，而对德先生不置一词，德先生"被失踪"了。

　　当中央政府不能通过政治与法律来解决社会问题的时候，祭出的是"稳定压倒一切"的信条，"维稳办"在公安与信访体系之外，成为地方政府最重要的职能部门，稳定压倒一切，这一切包括人权与法治。从合法的上访到正常的学术活动，甚至律师正常的法律维权，也都被视为有碍稳定，予以制止或强制在家居住。

某种意义上说，"维稳办"的设立，意味着执政者的执政能力的完全失败。无论是中国历史上，还是世界政治史上，没有一个国家，通过维稳办来实现社会治理。因为违法者通过司法途径，而合法公民享有人权保护，在违法与合法之间，辟出一个稳定的政权概念，它为地方政府公开地非法使用权力埋下了祸根。

网络禁言与删贴更是无时不在，批评政府或曝光恶性事件的贴子，多以敏感的名义被删除，甚至总理或其它领导人在国内外的讲话，如果涉及到政治改革或普世价值言论，新华社发通稿时，也会照删不误。

显然，以莫须有的理由禁止公民与乃至中央领导人言论，已成为不公开的秘密，而这些秘密公开执行，却内部掌控，甚至被当成国家秘密被保密。政治文明，文，就是形成文字，使人们有章可循，明，就是光明正大地执行，行政行为在阳光下，受到公民与宪法的制约与监督。从网络与媒体对公民言论自由的限制看，政治文明的前提，还不存在。

最为严重的政治行为是对独立候选人的打压与禁止，去年下半年以来，各地人大换届选举，独立候选人通过印制宣传单或上门宣传自己的参选主张，均被以各种方式禁止，而这在八十年代与九十年代，均是民间社会的政治尝试行为，这一届政府却如临大敌，甚至不惜动用警力。

它的严重性在于，民间社会的参政通道被阻滞，地方政府将一家独大，没有任何公开的政治力量对其监督与抗衡。

地方政府通过内部指定，使官员或自己信得过的人，参与人大代表候选，这样，下一届人大代表就成为听信政府机构指令的角色，政府与人大同质化，本质上是废除了共和国的权力分立体制。

理论上的倒退表现还对普世价值的大批判上，尽管胡锦涛与温家宝在国内外多个场合都对民主自由的价值表现尊重与认同，但在〈〈求是〉〉杂志这样代表党中央声音的媒体上，民主、自由等普世价值却被视为西方价值，中共或中共主导下的中国，要坚守的是中国特色的社会主义核心价值，有关媒体封杀对普世价值的讨论与研究，主流媒体则连篇累牍地讨论自说自话的社会主义核心价值体系，特色核心价值是什么呢，是一党领导下的中国特色社会主义道路，是不搞西方议会制与三权分立的政治模式，等等。经济上融入世界的中国，不愿意在政治理念或人权理念上与文明世界保持一致，要维护的其实是执政党永远执政的神圣地位。

正是对普世价值的不尊重不认同，才使执政者没有了理论高度与价值追求，整个国家陷入不能自拔的经济追求或GDP崇拜泥潭之中。政治家不致力于政治改革与政治进步，而只是致力于科学发展与经济繁荣，必然是使政治家沦为政客。

政治家与政客的区别在于，政客将自己当成政坛上的过客，对历史没有责任感，只处理或糊弄自己眼前的行政事务。而政治家高瞻远瞩，对历史负责，对未来负责，将对政治文明的追求当成自己的神圣使命。

经济学家韩志国在自己的微博中说，看了总理的答记者问，总的感受是："政治改革已经无望，经济改革遭遇重大阻力，文革有卷土重来危险。"我在微博中回应：政治改革无望，是因为权贵集团已经坐大，即便是财产公开这样的人大议案，总理也多次提到，也得不到落实，惶论通过政治改革去剥夺他们已得到的或正在吞食的巨大权益？

而文革卷土重来，并不是危言悚听，而是离我们一步之遥，因为受文革训练的那些人还正当年，一些人还正当权，他们出生于上世纪五十年代，成长于六十年代，文革的精神与方式，深入其骨髓，当他们遇到异己者，就会视为敌对势力，他们目无法纪，通过文革的方式无情打击，得心应手，文革的方式就是以政治的名义，对异己力量冠以政治污名（"戴帽子"），然后就是进行非法打击（"打棍子"），以自己的政治正确，来打击异己力量，以谋取利益集团或个人的权益。以政治名义来超越法律，是"文革"精神遗产中的惯用手法。

江泽民时代的政治负资产

江泽民时代极左力量曾遭受重创，原因是这些极左力量反对江泽民提出的三个代表思想中的核心内容，即，反对江泽民将中共变成全民党，反对中共吸收资本家或个体经营者为中共党员，认为这改革了中共的革命性质。极左刊物中流、理论前线等杂志因此倒闭或被撤消。

但极左力量并没有被摧毁，以乌有之乡网站为阵地，他们仍然具有雄厚的背景力量与资源。甚至一些高校教授、专家也纠集其中，共同发声，为极左力量发声示威。

这些极左力量不同情上访民众，不为工人建工会，不为农民争取农会权益，而是致力于恢复对毛的崇拜，以及反美、抨击"西方"普世价值，将启蒙民主宪政的公共知识分子妖魔化为国内敌对势力。他们成为中国民间政治领域里的准宗教力量，既无理性，又不讲人权人性，漠视人类共同的价值原则与法治精神，他们活着仅仅是为自己的精神领袖或极左理念而生活与战斗。

极左力量如果仅仅表现为网络或生活中的噪声的话，中国的权贵集团则在无声地拒斥政治体制改革。而这也是江泽民时代为胡温时代埋下了种子。正是执政党全民化，将经济领域资本家引入执政党，而人大代表与政协委员也权贵化，在尊重财富与资本创造的同时，使权力与资本同居一室，形成权贵合谋的权贵资本主义模式。

权力与资本形成合力，政府获得了发展的动能，当它没有遇到阻力时，它是推土机，而当它遇到反对力量时，它立即变形为坦克或装甲车。它以经济发展的形象出现，而它背后，藏着政府权力的魔爪。为什么胡温时代房地产奇迹般在增长，城市化进程也一日千里，助推力量，就是权贵资本主义的财富软实力加政府行政权力硬实力。

无论城乡，农民的土地或城市人的住房，只要在权贵势力开发范围之内，都会先通过金钱交易来获得土地，一旦金钱交易无法进行，就会动力政府行政暴力，予以强制执行。

如果说江泽民通过三个代表理论为权贵资本主义合体奠定了理论根基，那么，朱镕基的分税制，则做大了中央政府的绝对经济权利，国家一方面获得了政治精英与经济精英的合体，另一方面，又通过分税制抽取民间巨大的税收利益。

从国家计划委员会到国家发展改革委员会，都被赋予了巨大的经济权利。地方只能通过跑步"钱"进，来获得国家分配的经济资源与政策批文。

嗜血的经济发展一旦成瘾，就难以改变。任何体制性的改革或革命，都会使原有的权力与利益链断裂，而这正是阻碍政治体制改革的根本原因。再加上没有清理过的历史政治负资产，尽管历史真相通过网络与媒体一点点解开，但执政者如果不通过还原真相，承认责任，通过妥协与和解，或赔偿与忏悔，中国的政治改革就难以翻开新的一页。

政治改革需要政治英雄。邓小平经历过战争，内心有一份英雄情结，他与胡耀邦、赵紫阳、万里等人，组成一个有变革精神的英雄团队，要做的是回归生活与政治常识，无论是安徽小岗村的田地分包到户还是深圳特区的设立，前者是改革，是顺应民心，回到生活常识，后者是面向世界，开放探索，要融进世界经济大市场。"实践是检验真理的唯一标准"大讨论，使改革派从理论上占领了思想的制高点。

而当代执政者，理论高地丧失了，普世价值的讨论，与实践是检验真理的标准讨论一样，可惜，应该前进的中国历史，在这里陷进了泥坑里，普世价值即自由、民主、宪政、人权、平等、博爱等等价值元素，被视同西方价值，被看成西方敌对势力对中国的思想渗透，是颜色革命的一部分加以拒斥。接着，独立候选人也被严厉打压，任何竞选地方人大代表的人，都被以各种方式控制。经济开放三十年之后，政治与社会不允许被开放。

只有广东的乌坎是一个亮点，可以与当年的小岗村承包土地相媲美。

胡温没有组合成一个有效率的英雄团队。而中国当代的政治改革，需要一个政治英雄团队。这个团队不仅需要体制内的政治、经济资源，也需要国内外的经济、政治文化资源。胡温的团队与资源都极其匮乏，无力于扭转正在一步步溃败的社会，包括社会法治与社会道德，还有人文理想。

这是一个应该进行政治改革，但却被耽误的十年，也是一个泡沫式崛起，并走向溃败的十年。

政治改革要超越"中国逻辑"

关于政治体制改革，温家宝显然执迷于中国特色的政治改革逻辑，也是网友们经常嘲讽的，逻辑分为人类逻辑与"中国逻辑"两种。总理认为，中国人民只要能管理好一个村庄，就能管理好一个乡镇，通过层层民主推进，就能搞好政治改革。现在我们看到的情形是，全中国只有乌坎村落实了村民自主选举，而其它的地区为什么不能有效实行民主直选？既有县乡级政府幕后操纵，又有地方家族力量甚至黑恶力量渗透，造成地方民主选举乱像。

中国的民主选举，大可不必一定要从落后的乡村开始，应该从先进的执政者那里开始，差额选举执政党的总书记与政治局委员，每一位参与竞选的领导人通过电视公开讲演，公开自己财产，公开自己的政绩，公开自己的政治愿景，通过开放的会议公开投票，这样的选举既可以取信于民，又是对基层民主的一次教育，更可以使被选上的领导人获得自信与尊重。

现在由于领导人选拔是组织内部考察与任命，所以经常造成谣言满天飞，似乎中国的领导人不是选举出来的，而是猜测出来的。连总理本人也因谣诼而感到内心受到伤害。

如果要进行基层选举，最应该公开选举的是县级领导人，县级领导人公开直选，既不会受到家族力量制约，黑恶势力也难以插手，而电视与网络等方式，使被选举人所有的生活与工作都可以得以展示。让基层民众直接参与政治选举，是对人民的尊重，也不会造成政治动荡。

如果不能一步到位选举县委书记与县长，可以直选对本县市负责的县、市长，而执政党的书记由上级任命或党内选举，执政党与政府互相制约，以减缓可能造成的政治转型带来的冲击力。

我不怀疑温家宝总理致力于政治改革的信念与良知，"苟利国家生死以，岂因祸福避趋之。"可以看成是他的政治誓言，面对记者提问，他也谈到了自己的焦虑："在我担任总理期间，确实谣诼不断，我虽然不为所动，但是心里也不免感到有些痛 苦。这种痛苦不是信而见疑、忠而被谤的痛苦，而是我独立的人格不为人们所理解，我对社会感到有点忧虑。我将坚持人言不足恤的勇气，义无反顾地继续奋斗。"

总理对"国家"负责，但遇到焦虑的时候，却对"社会"产生疑虑。国与家之间，是社会，总理对社会谈到过责任吗？总理致力于建设公民社会了吗？这正是总理政治理念中的缺憾。"国家"概念中，"家"只是"国"的后缀，胡温十年，国被继续坐大，而无数的"家"则难以为继。

数以千万计的留守儿童，数以亿计的进城农民或农二代无法融入自己工作与生活的城市。和平时代造成如此众多的骨肉分离，世所罕见。根本原因在哪里？农民的土地没有确权，不能进入市场流通，城市没有开放，不能让居者有其城市公民权。

我们看到，地方城市已开始松动，让农民可以成为城市居民，融入城市，但由于市民的公民权利没有真正的代言人，没有真正的工会与农会，也没有自己选举的人大代表，所以，城市化进程，如果不能同时体现公民社会的建设进程，仍然充满变数，大量没有公民权利的农民进城，到城市更多的是接受剥削，而难以享受到城市带来的福利。

胡温时代还剩下一年时间，我们仍然期待他们开启沉重的政改之门，给中国人民以政治文明的希望。诚如温家宝总理所言，如果没有真谚正的政治改革，经济改革带来的一切可能还会丧失，甚至"文革"还会重来，这不是危言悚听。

德国之声 03/19/2012

周永康与江泽民的责任

江泽民害了周永康，因江离任后，需要政法与武警力量也在自己人手中。周永康政变，是怎样的"政变"说周永康政变，或参与了政变，并没有得到中共媒体或主流社会认同，中共内部某种意义是老人治下的指定制，有实力的政治老人们幕后博弈，决定领导人如何换届，某种意义上又是丛林原则，毛泽东过渡到邓小平，是不是政变的结果？毛泽东指定的领导人是华国锋或江青、王洪文，但他们退出了历史舞台。尔后，邓小平通过在家里主持政治老人会议，就决定了中共总书记胡耀邦与赵紫阳下台，算不算一次又一次政变？而江泽民扶持了胡锦涛十年当政，背后有没有政治控制，而这种政治控制，是不是一种准政变的结果？如果有人说，中共现在的高层政治，是一次又一次政变的结果，也不失其道理，但周永康是不是参与了政变，而他的政变就是要改变中共既定的政治格局，使他自己成为政变的得利者，或成为又一代政治集体的幕后掌控者。持周永康政变说的是海外媒体人何频，他说，周永康是中共1949年建政以来规模最大、真正意义上的"政变集团头目"，周永康"最重要罪行"是组建"新四人帮"进行朋党活动。而习近平的反腐运动其实就是针对这次政变的一次"清党"、"清军"行动。周永康是不是已组成了新四人帮，这个有待中共高层信息的进一步公开披露，我们现在无法断言，因为境外媒体得到的信息，真假莫辨，许多向境外媒体喂料者，多有自己的政治目的，我们现在只能根据我们看到的资讯来进行分析与判断。周永康对薄熙来的支持是有目共睹的，表面上看是维稳的理念一致，背后交易也开始浮出水面，薄出事之后，周力挺，是必然的，但力挺超过了自己的权限，与胡锦涛的中央对抗之时，必然会被祭以杀手。但胡锦涛只是在任时处理了薄熙来，而将周永康的案子留给了下任。现在公布的周永康六大罪行，以其泄漏国家机密为最重，并没有涉及到颠覆国家政权或政变，但这并不意味着周永康没有相应的罪行，周永康如果企图或计划改变习近平就任大位，并有实际行动，或者采取更为凶狠的方式对待习近平，那么，必然会迫使习近平对周回以杀戒。周永康作为政法皇帝，拥有武警与警察体系支持，其个人擅权或以某种方式颠覆既定的权力继承安排，是造成他现在遭受重创的根本原因。但这一根本原因，中共官方无法说出，因为中共的权力继承是老人政治的结果，并不是基于选票民主，周永康如果有绝对的实力，挑战老人政治成功了，他就改变了历史，失败了，各种腐败问题就会浮上台面，成为被打的老虎。丛林政治的悲剧性就在这里，如果习近平不能建立政治文明游戏法则，这样的打虎闹剧，还会不断重演。让我们看日本媒体的这样一则报道，令人玩味：12月7日，《日本经济新闻》报道称，一年来，处分周永康遭遇阻碍，主要是推举周永康的中共前国家主席江泽民等警惕反腐侵犯其利益，10月前后江泽民三次露面正是其"示威行动"，以至于四中全会也没能宣布处分。江泽民对薄熙来上位，负有责任，而对周永康成为九常委之一，更是责任重大（国内网络上就有不少网友追问，是谁把周永康这样的政治流氓培养成中央常委），如果要追究用人失察的责任，江不可推卸，日本媒体报道江泽民多次露面以影响周永康案，也属必然。因为这个案子铺展开来，牵连其他层级的官员，将直接影响到自己的派系，甚至会影响到江本人。我曾经分析过，只要江本人对现任领导者不出现颠覆性的行动，应该不会受到政治冲击，包括其家人，但其派系则难以保全。他现在能守住上海的堡垒（让上海人马保持不动），已属不易。江泽民在大量铁的事实面前，不可能保护周永康，顶多他能起一个党内监督的角色，就是他要看到周永康的材料，而这些材料要让江诚服，使江不得不低下头来替周认罪。到现在为止，我们没有看到周永康承认自己罪错吧？周应该知道，他的身后必然有江在寻找机会保护他的安全，还有，他在政法系作恶无数，完全知道体制内的潜规则，无论怎样认罪，既定的罪都在那里等着他。似乎没有人去找江泽民谈话，只能听任这位政治老人显摆，习刚上台，就出现他的扬州题字，江本人是没事，但时任扬州的书记有没有事？这次快要公布周永康案了，江又出来了，江的新闻本来是不被官方媒体公开的，但市场类的网站从凤凰到新浪，还是公开了，江又公开题字，他似乎是退休的老人，不受新领导班子规定约束，也似乎不给新班子面子，又是合影，又是看自己亲外甥的展览，又是题字，还将过去自己的国家博物馆的题字晒出来，显摆显摆自己的政治实力、刺激刺激自己的政治对手？显然，没有人还有兴趣，或有实力找江同志谈话。人们等着他自然谢幕，但他像中国政治一样，是奇迹，能不断作秀表演、创造奇迹。这也使习、王主导的大戏充满另类趣味与变数。不同的政治派系似乎在各玩各的，江似乎很自信：习、王不管怎样玩，都不会玩到自己头上来，人老皮厚胆大，无耻无畏。江泽民害了周永康，所以有媒体说江全力保周，应该是应有之义。江为什么害了周？因为江离任后，需要在自己手中没有军队的情况下，政法与武警力量也在自己人手中，军中许多元老是江的派系，政法系再是江的人，就双重保险了。江在政治局中设置了一个利己的政治程序：中央常委的九总统制，胡锦涛尽管位列中央军委主席与党的总书记之职，但对具体领域并无实质性的管辖权，政法武警完全由周永康来打理，中央电视台的副台长李东生能成为公安部副部长、央视美女主持人沉冰能够成为政法委副局级干部，多位央视女主持与周永康有染，不正常之中，也是非常正常的事情了。对周永康来说，这不过是兔子吃了窝边草，权力金钱与美色的交易，也是权贵市场经济的一部分。

无法告别的江泽民的时代

东网 2014 12 15

江泽民重病的消息成为前一时间热点，人们似乎还有一些热切的期待，但这种期待细想起来，已然是没有意义的期待，江泽民无论去世与否，都与现实没有多大关系了，习近平确立核心之后，特别是习对江系军中力量的毁灭性打击，使江系势力难以对时政有任何大的影响力了。

习近平要面对的是习近平当政五年来造成的严峻问题，这些问题在根子上，多是江泽民时代的遗留，当然也可以说，是中共政制持续埋下的祸根。

江泽民时代没有远去、无法告别，是因为中国仍然在权贵主导的社会生态中，尽管权贵已出现裂变，并受到反腐的强力打击，但这只能将权贵的盟友关系打压到地下，更为隐秘。中共极权政制，加上市场经济，必然形成权贵合谋合力，如果真的被打压完成，那么，经济也就完全没有进步的动力了。

用社会主义特权发展资本主义市场经济，没有权贵合力，没有权贵腐败，是不可想象的。

一、八九民运悲剧成就了江泽民

江泽民成为中共一号人物，并成为核心人物，并不是他自己努力追求或竞选的结果，而是八九民主运动的畸形产物

（对社会来说是悲剧性苦果）。说他与李鹏是踩着民主运动的血迹走上中南海的红地毯，这是不争的事实。江退休后在一次与老同志的座谈会上聊及自己成为总书记，觉得很意外，他自己真正的想法是想退休后成为上海交大的一名教授。

八九中共危难之时，他临危受命，当他接到命令直飞北京时，他自己还有他的家人是非常恐惧的，一是不知道自己已被内定为传人，二是当时的动荡一切未为可知。但他是陈云、邓小平们共同需要的产物，他必须坐在中共的红色龙椅上，假装自己是总书记发号施令。

当时中南海极左的力量居主导地位（陈云等极左派仍然有强大的影响力，李鹏是总理），江泽民只好顺水左推，陈希同甚至在京郊农村要恢复人民公社模式，因为把生产队与生产大队改成村民小组与乡镇、村，是邓小平的一种政治改革，是对文革农村政策的一种废止。

相信美国特殊渠道的游说与邓小平自己的"政治自觉"，使他断然地通过南巡来扭转左退的政局，毕竟军权掌握在自己或自己的同盟者（杨尚昆）手中，邓小平无法替换江泽民了，只有通过声势浩大的新开放宣传，１９９２年开始，江泽民被迫开始推进新一轮的改革开放。

１９９２到１９９７年，仍然是邓小平垂帘听政，这个时期的政治经济，幕后主导者仍然是邓小平，邓小平奠定了中国打左派向右转的政治经济方向，打着社会主义的旗帜走资本主义道路，到了江泽民的第二个任期，江的核心地位得以确立，并最终提出"三个代表重要思想"，江泽民让中国进入到了权贵资本主义新时代。

作为一位资深上海人，江泽民骨子里不太可能极左，因为上海充溢着商业精神，登陆北京之后左转，应该是当时中南海极左力量对其胁迫的结果，当江泽民尝到了权贵资本主义甜头之后，当他的派系人马获得丰厚的收益之后，当整个社会都有"获得感"的时候，他是心甘情愿地接受权贵资本主义模式，并着手让自己即便在下台后，仍然掌控中南海。

二、江泽民开启了权贵资本主义新时代

邓去世之后，江泽民才成为真正的中共核心。

1997 年 5 月 29 日江泽民在中共中央党校省部级干部进修班的毕业典礼上发表讲话，高调反左，批判了"左"的危害，强调改革开放的重要性，著名左刊中流、真理的追求等杂志均被封杀，著名极左作家魏巍公开对抗江泽民的右转，特别是反对资本家入党，挨整并降低了生活待遇。

在这个时间段，江泽民有一定的促进政治进步的倾向，譬如提出"三个有利于"，有利于人民有利于国家的改革是比较务实的政治口号，以三个有利于为主导，在理论上抢占了制高点。 在具体改革促进不乏亮点：将中国国有企业重组为股份制公司、重视资本与现代金融市场手段；而在党内政治改革中，首次在中共中央委员选举中采取无记名投票。还有：朱镕基主导了国家精简机构、裁撤了 11 个部委以及近 50 万的地方公务员，而国有企业的改革，则下岗了数百万工人。

积极的方面，江泽民促进了市场更为自由繁荣，而消极

的方面，是权贵经济开始形成，三个有利于，本质上是有利于中共获得执政的经济基础，有利于权力阶层将国有企业以转制的名义，转移到利益集团手中，对下岗工人还有进城的农民工，并没有积极的意义，只有一首歌让下岗工人们传唱：大不了从头再来。而农民工到现在，改革开放四十年了，还没有城市市民待遇。中国经济发展，靠剥削了谁，牺牲了谁，一目了然。牺牲了工农阶级利益。而精简的机构，又以另外的面目出现，精简的人员，一些借助政府背景，获得致富捷径，而另一些，又以其它方式服务于政府部门。

政府职能部门与非职能部门，譬如工会、妇联、共青团组织、甚至人大、政协，都是没有任何行政服务的国家供养机构，中共的政制无法摆脱行政臃肿庞大，其一是因为财政与编制由中共完全控制，只要有需要，就会增设机构与人员，没有任何制约的可能；其二是官僚体制事务下压，而增设机构却可以做大自己的体系，所以无法实质性缩减。

三、习中央无法挥别江泽民时代

邓小平保卫了毛泽东的思想与形象，邓反对华国锋的两个凡是，但却以意识形态的四个坚持替代，换汤没有换药。

江泽民保卫了邓小平的改革与红色江山，改革就是致富，就是闷声发大财，这完全符合上海的商业精神，而保卫了邓及左派们的红色江山，一是陈云在六四后认为还是自己的孩子们放心，核心高层一家一个分配一个副部级位置，由红色后代直接掌管国家政治经济权力部门，江泽民无法扭转，江泽民要致力去做的，当然不是政治改革，而是做强做实自己的嫡系，特别是军方高层的任命，不仅使自己持续留任二年中央军委主席，而且在胡温当政时，在中南海与中央军委保留首长办公室，进行实质性干政与监政。

现在我们看到，江、胡时代留下的臃肿而庞大的党政体系无法改变，它吞食了改革的经济成果，这些党政人员不仅吃财政，还是贪腐的主力，也是制造经济阻力的力量。

江泽民三个代表思想，开放党校、开放中共、开放人大政协，让资本家或富人进入，使市场主力直接进入体制，与官员形成精英权贵共同体，这些人同舟共济，共同掌控了国家政治经济命脉。

江泽民时代开始的房地产与滥印钞票，使中国经济泡沫化，严重依赖房地产与国家投资，严重的污染与经济不公，则由社会来承担，而资本大鳄与红色贪腐者则安全无忧，只有极少数人因各种原因被淘汰出局或被反腐。

权力对上负责，压力必向下施加，这是导致中国政府普遍侵犯人权，并致力于暴力维稳的根本原因，侵略人权与产权，习时代仍然无法更改或逆转。

江时代就形成的所谓政令不出中央，那是因为中央被权贵攻破，还有一个原因，就是中央只负责发号施令，而从来不承担责任，下级无法执行，或因贪腐节流，中央被实质性架空。制度问题与中央本身的问题，是政令不出中南海的根本原因。

毛的思想、邓的主义、江、胡的方式都在持续累积问题，这些问题都压到习中央头上，习无论怎样亮剑挥刀，都难以断其毒流。

　　抽刀断水水更流，为什么？因为抽刀人也在逆流行舟，而不愿意上岸，用真诚的依法治国的方式，向民主宪政靠拢。民主中国 2017-06-04

江泽民在大陆遭遇"准封杀"？

一、江泽民在上海"冒泡"了

因为传言江泽民在上海华山医院抢救，跟进的小道消息随之在微信圈子传播，当天，一些人似乎嗅到了什么资讯，提醒圈友们：（当天）晚上收听新闻联播。

相信许多人真的破例去收看多年不看的新闻时事节目，结果肯定是什么重大新闻都没有，原因是什么呢？"江泽民同志不配合新闻联播"，江长者从胡锦涛当政时一度传出逝世的消息（香港媒体正式报导），直到这几天疯传他下半身不能动弹，在上海华山医院抢救。

但5月10日，上海实验学校传来的微信公号消息，证实了江泽民仍然"健康"地活着，他通过电话向这所实验小学祝贺成立30周年，网路查得，这所学校成立之时，江泽民是市委书记，亲自为这所学校题写了校名。

由于原全国人大副委员长布赫逝世，江泽民与其它领导人都送了花圈，所以，江因此获得了又一次官方公开露面的机会，而这次机会也证明，他近期是健康的，或者并没有进入生命垂危状态。

在民主宪政国家，退下来的领导人享有公民的自由权，不享有超国民的待遇，但在中国相反，退下来的副部级以上领导人，享有超国民待遇，但却难以享有公民的各种自由权，各种限制也越来越多。

譬如早在江泽民时代，中央委员出入北京，都要向中央汇报登记，某种意义上这是防止高层官员互相"窜访"生事，据知情人士说法，陈良宇出事，最初的起源就是他私自进入北京，去看望因病住院的黄菊，而中央完全"不知情"（没有提前向中央办公厅备案），而在许多场合，陈良宇则公然藐视胡温中央（"上海的事情你们别管"）。

而对退居二线或完全离休的中共最高领导人，则有着更为严密的控制，当然，同时享有着每年数以亿计的各种安保、保健、旅游待遇（包括全家旅游），某种意义上，退休的中共高层领导人，是世界上最幸福的囚徒。

防止江泽民公开说话，防止江泽民出现在正式媒体新闻上，这已成为最高级的防范，或者是中共媒体的不可言说的最高秘密。现在我们看到的有关江泽民的公开报导，或是经过中共中央办公厅校准的内容，主要是江泽民参与逝世人士赠送花圈，而其出行或出席活动，一概没有报导。即便出现在最高规格的习近平主导的阅兵天安门城楼上，也是只见其身不见其声。我们看到后来的报导，说到江泽民，也只是提及，江伸出一个大姆指，意思是江高度赞誉了阅兵仪式。

最近中共官方媒体报导：4月20日，中共贵州省第十二次代表大会召开，在贵州参选的中央提名代表候选人习近平，以全票当选"十九大"代表。

习在贵州当选十九大党代表，海外有媒体称，这是为了发展贵州落后的经济，同时，贵州是胡锦涛的大本营，要重点培养贵州的书记陈敏尔。我分析这只是表像，根本的原因是习本人要摆脱上海的控制，如果继续在上海选举，有可能出现变数，譬如说，没有被当选十九大代表，或者选票的数字令习近平难堪，而在边地贵州，则可以保证百分之百的选票当选。习近平对上海的不信任与顾忌，由此可见一斑。

二、有关江泽民的新闻资讯在网路上的异常出现

据海外媒体介绍，2011 年 7 月有关"去世"的乌龙新闻事件后，一段江泽民拉二胡的视频在中国网路上曝光，事实上，这段视频发生时间是 2015 年。二胡视频开始在网路流传的第二天，法广网援引港媒的报导称，在上海写回忆录的江泽民于 4 月 17 日傍晚散步时再次中风，经随行的保健医生急救后被送华东医院抢救脱险，但下身瘫痪。

今年 2 月，一则"江泽民现身上海老宅"的视频在大陆网路流传，但是经核实该视频摄于 2014 年江泽民到上海静安区愚谷村探望表妹。

通过百度新闻检索，2017 年，江泽民出现在新闻检索中的条目只有三条，而且都不是新闻而是旧闻：

1989 年 12 月江泽民出席共青团十二届二中全会并与团干部合影(中青线上 2017 年 04 月 28 日 16:00)

富三代洛克菲勒去世 曾和周恩来江泽民谈笑风生(中国网 2017 年 03 月 22 日 13:28)

除了七常委,江泽民、胡锦涛和李鹏夫妇等也向他哀悼(悼念原江苏省委书记韩培信)

有趣的是，第三则新闻本是新京报记者采写的报导，但通过新闻检索却无法在新京报网站上检索得到，而是由中国青年网 2017 年 01 月 20 日转发，并被检索到。个中奥妙，只有宣传部门高管才知晓。

由于江泽民的某种特殊的影响力，所以，封杀江泽民，不允许江泽民通过任何媒体冒泡，成为新的宣传高官们的"集体共识"。任何人任何媒体只要主动为江泽民进行报导，可能都要受到处罚。这种处罚可能不是处罚小编，而是直接处罚或免职其主编，甚至相关高层官员。

而百度检索 2016 年有关江泽民的新闻，只有区区九条之少，而且许多新闻也是旧闻，或者是与其它领导人共同参与的活动，造成的连带新闻。再往前检索，就是空白，直到 2005 年，才有更多的关于江泽民的新闻条目出现。

再顺着百度检索向下翻动，2005 年之后，又接着出现相当多的 2016 年江泽民给上海交大 120 周年的贺信，以及其它一些资料性的"新闻"条目，而且这些网页条目多出自"中国青年网"，也许只有中国青年网没有收到相关机构的删除通知，或者中青网拒不执行。

显然，百度在 2016 年之前，曾集中力量删除了有关江泽民的海量新闻报导，这样减弱了江泽民的网路影响力，而这背后，有关新闻网站与百度，是接到了怎样的内部指令才如此大规模删除与江泽民有关的新闻帖子？

2014 年江泽民到上海静安区愚谷村探望表妹视频在网路流传。

对比一下胡锦涛，2017 年百度检索，没有出现一条相关新闻，而 2016 年度出现了大量有关胡锦涛文选出版的新闻条目，并有习近平有关胡锦涛文选学习的讲话。这是不是意味着，对前任中共最高领导人的新闻宣传的准封杀状态，已形成内部规则？

进而检索邓小平与毛泽东的新闻条目，相比于江泽民与胡锦涛，却比较正常，即，主流媒体对邓与毛的相关新闻宣传相对宽松，因为他们已经过世，本人不会直接影响当前时局，而对在世的前任领导人，则进行新闻封杀或控制。

这在中国新闻史上或中国政治史上，是非常有趣的话题，也有一定的新闻政治学（或政治新闻学）研究价值。

三、中共潜规则：坚决不允许以江泽民为代表的老同志继续干政

有关中共前总书记江泽民的"新闻"，现在多通过微信管道传播，也就是以小道消息传播，官方主流媒体似乎已形成潜规则，不再主动报导其行踪。这背后隐藏的规则，令人寻味。

中共的主流媒体或者说中共中央宣传部，一直没有宣传原任中共最高领导人的宣传规范，主要靠前任领导人与现任领导人的关联性，来报导或释放消息。

毛泽东是主席终身制，他突然逝世之后，他的时代随着"四人帮"被打倒，而消失，毛泽东与毛泽东势力，没有干预到其后续的时代，其影响是精神性的，完全可以由后来的领导人选择性接受与利用其影响力。

邓小平退居二线后，通过南巡，完全改变了江泽民及其背后极左元老们的倒退路线，这是中共历史上退居二线后，仍然扭转政局的重要案例，当然。当时它是积极的，但这种方式，在中共内部却令人噤蝉（令人想起清末慈禧的垂帘听政），江泽民活学活用了邓的方式，通过控制军队，使胡锦

涛当政的十年，仍然被自己精神与行政双重控制，而且成功地隔代选定了自己指定的领导人（习近平）。这也引发了胡锦涛的致命报复，就是不再在中南海设立退休首长办公室，自己不干政，也不允许江泽民有干政的机会与可能。

分析近年来有关江泽民的公开新闻报导，是有趣的，譬如他在江苏扬州瘦西湖与夫人坐船游赏，被人拍到，就上传到网路与微信上，成为新闻。

2015 年元旦假期还未结束，中国的四大门户网站和微博等社交媒体在转载前中共领导人江泽民一家三代人在海南东山岭旅游的消息，但很快被全部删除，这就是产生国际性影响的"东山事件"，江泽民登临东山，则被海外网路炒作，江氏期翼东山再起。尽管江泽民当时讲的是要宣传东山的旅游，但外界则将其与邓小平南巡联系起来，这无疑给习中央产生巨大的压力。美国之音就有专题报导（2015 年 1 月 5 日）：　江泽民新年游东山，江苏海南官场出异动：消息删除后第二天，在江泽民出生的江苏省，南京市委书记杨卫泽被宣布接受调查，新闻传出的第二天，海南省省长蒋定之 1 月 4 日辞去省长职务。

新的习中央要确立威权，这些官员却还在拥戴老皇上，如果再闹出一曲南巡事件，唤醒体制内江系人马逼宫，习中央将面临乱局，所以，及时的快下狠手，让拥戴江的人马出局。上面提到，2015 年曾有一次大规模的有关江泽民新闻的网路内容删除，应该与东山事件相关联。

还有与之相关的新闻事件，譬如某地江泽民题字被铲除或倒塌，中央党校则将其题词位移到学校里面，也被视为具有某种象征意义。

有一点是可以肯定的，习近平要重塑威权，就必须排除元老干政，江泽民干政胡时代十年，而习入主中南海，江系功居至伟，习很容易受到江的控制。习的个性与红二代身份，又会决定他不接受儿皇帝地位，要实现自己的中国梦，指点天下，就必须清除江泽民的影响力，不允许出现太上皇。

正因此如此，有关中共前总书记江泽民的新闻，基本处于被封杀状态，不允许出现江泽民有关的独立新闻，这已是近来中共控制的新闻界的共识或潜规则。

前几年，通过海外媒体，我们总能看到一些报导，说江泽民对现任习中央的各种不满，不时写信干预，干政之心，仍然饱满，同时，上海仍然是江泽民的政治堡垒，当年胡锦涛打击了陈良宇，但并没有突破上海的堡垒，而江泽民的政治影响力与体系，特别是在军方的体系，还在多大程度上能发挥作用，或对习中央产生负面的影响，仍然是未知数。

所以封杀江泽民，是一种政治顾忌，也是对江泽民控制胡温十年的政治报复。一句话，坚决不允许以江泽民为代表的老同志继续干政。2017-05-16

周老虎倒下使江泽民政治双重破产

周永康案，从传言到坐实，花了一年多的时间，这一年多的时间里，中纪委没有闲着，动用巨大的人力物力，将周永康从家人到秘书到其提拔的干将，悉数调查拘审，其力度之大，显然超过对薄熙来的审查，阻力与难度，也远远超过薄案。周永康主持公安部与政法委工作十年之久，完全谙悉党国政法坦白从严的道理，而且他本人也不太可能亲手收取巨额贿赂、写字留证据，这样他完全可以将任何查出来的事情，归结为家教不严或用人不察，加之背后支持他的元老势力干预，要求有充足证据才可以给周定罪，如此下来，造成海量的调查与侦查、拘审，石油系、四川系、政法公安系、秘书班、家庭亲友均全方位触网。

与其说这是周永康个人腐败，不如说这是党国体制的一个恶果。周永康这只老虎的倒下，更意味着江泽民政治的破产。

周永康不是一个人，而是一个体系，甚至他不是一个孤立的帮派体系，党领导下的权贵社会资本主义，是一根巨大的毒藤，它上面硕果累累，周永康这颗毒果不仅危害国家，更危害到当今当政者，所以必除去而后快。

邓小平回光返照之际，搞了社会主义市场经济，没有将政治改革摆上日程，这是现在一切乱象之源，江泽民通过三个代表理论，将权贵做成一体，让整个国家陷入无道德与权利节制的经济发展狂欢之中，经济发展被学者总结出几大

"优势"：低人权优势、低环保优势、低人力成本优势，其实最大的优势是权贵合力，以及背后的党国可以集中权力"办大事"。

为了集中权力办大事，党领导下的权贵体制，实现双重承包制，政治承包与经济承包，政治承包具体为稳定承包，经济承包具体为绩效GDP承包，党国中央政府要求地方，要通过经济发展，使中央获得财政收益，如果中央经济乏力，全国不稳，而地方又必须通过一切手段与方式，维护稳定。当稳定问题被政治化了，所有的上访维权活动，都被视为颠覆或破坏性的活动，被政法系严加打压，这样，周永康时代的黑监狱、截访、强拆、冤案海量出现，而监控设备也海量生产与安置，而这一切监控要保护的，一是党国的整体安全，二是周永康下属、亲友团在攫取财富时的安全。底层双重利益输送模式，一是财税分开，地方政府要向中央输送地方税收，二是腐败利益输送，地方政府要获得中央财政支持，官员要升迁，要得到保护，拼命地掠夺国民财富，同时向上输送。现在查出来的贪官动辄数以亿计十亿计？就是巨大的地下输送管道已经成型。

周永康的出局，是江泽民三个代表政治的破产，或者说是党国领导下的权贵政治经济学的破产。

江泽民的暗政治也同时破产。

江泽民的暗政治，也是邓小平的暗政治之继续，就是不仅要实现党国对人民的绝对控制，还要实现个人派系对党国中央的绝对控制，邓隔代指定了胡锦涛，但江为了保全自己派系，以及个人的权势，不仅延时兼任中央军委主席二年，并通过个人办公室与原有军界重臣，实现对胡温的十年政治挟持。

当江泽民试图故伎重演，继续控制习近平之时，遭到双重打击，一是胡锦涛裸退，迫使江泽民在中南海与中央军委的办公室撤除，江在北京没有了操控的据点；二是习近平对江系重臣薄熙来、徐才厚、周永康的全面铲除，以及对江本人露面与出行的严格控制，使江的政治影响力归零。

这次公布周永康案之前，以上海为中心的航班大量延误，公开的说法是东海军演，但项庄舞剑，意在沛公，明眼人一看便知，宏大的军演行动，剑之所指；而一曲闹剧也不经意间在北京公演，巨大的蛤蟆出现在中央电视台附近的玉渊潭公园水面，网络上如潮的评论并不是在欣赏巨型蛤蟆，而是嬉谑江泽民，一些网站因此将蛤蟆列为敏感词予以禁止出现。显然，江泽民的形象在民意中，特别是网民世界中，已成为笑料。人民的江山被打造成了党的江山，党的江山又想打造成江家江山，危如累石的游戏，正在层层倒塌过程中。

邓江时代建立的党领导下的权贵资本主义体制还在，周永康建立起来的非法维稳体系还在，江系破产了，周永康腐败集体覆灭了，习如何终结造恶体制？十八届四中全会即将召开，公开的信息是中共将宣誓依法治国，依法治国的理念与口号，能终结党领导下的权贵资本主义体制么？党的专政向宪政转型，当然先要确立依法治国的理念，但，没有独立的司法体系，没有自由的言论与公民社会力量，依法治国只会停留在梦想阶段。2014 7 31

与汪洋谈广东文化的转型

"独唱团"要转型为"合唱团"

7月2日上午，广东省举行以"我为广东建设文化强省建言献策"为主题的网民代表座谈会。中共中央政治局委员、广东省委书记汪洋亲自主持会议，面对面听取网民代表的意见建议，并与网友在线交流。人民网等多家媒体对座谈会进行了现场直播。

看到汪洋书记在人民网与九名网友的交流，对他的坦诚与务实风格印象深刻。他开门见山地"顶"了知名网友十年砍柴关于"决定文化生命力、影响力的关键因素是思想是否解放，眼界是否开阔，人是否自由。给思想以自由，给舆论以空间是建设文化强省的源头活水"的言论，甚至不介意别人对他这次网络交流是"作秀"的说法。因为他希望借这次与网友交流，引领风气之先，使更多的行政官员直面网络言论，通过与网友交流，获得社会信息，沟通人际情感，使官民之间不生疏、不隔膜，通过网络互动，促进社会进步和谐。

自从总书记胡锦涛、总理温家宝与网友通过网络聊天交流之后，我们总能从网上零星看到，领导干部开博客微博、与网民聊天、对话，一些领导干部还通过网络公开自己的电话。汪洋书记也连续三年与广大网友对话聊天，谈广东的经济与文化，涉及的问题也是方方面面，这样面对面对话，他获取的信息与启示，是坐在办公室里无法实现的。

　　但这些都没有形成普遍的风气，更没有制度支持，领导干部的这些表现，与其说是为了工作，不如说是基于个人爱好或一时兴趣使然。现在我更关心的是，汪洋书记与网友聊天之后，是不是会将广东领导干部定期与网民见面、对话形成一项制度，譬如每月每个县市领导、每个司局领导有一次与网友见面对话的时间，而对网络上反映的热点难点问题，有一个正式的回应。如果能形成制度，通过网络直面社会问题，那么汪洋书记在网络上出现的声音，就不是"独唱团"，而会发展成为"合唱团"了。一位优秀的领导人，不仅要领风气之先，更要完成健全的制度建设，否则，就无异于一场作秀了。

　　认识当代广东文化，需要从大文化角度去理解与审视。由于历史原因，广东与海外，特别是毗邻的香港、澳门形成巨大的经济与文化反差，这种反差导致改革开放之前、之初大量人员外流。深圳特区与蛇口工业区的建立，经济背后的政治因素，促使广东形成了开放的文化气度与目光。政治因素促进经济发达，经济发达又促进文化传播，如果说安徽小岗引导了中国农业改革，深圳特区与蛇口工业区则引导了中国工业经济、城市文化的改革与发展。1992年邓小平南巡讲话，它启动了中国经济第二次改革，也使广东成为开放的政治文化传播策源地。为什么邓小平选择了广东？因为广东的经济与文化背景，使他的话语更具力量。

　　现在，广东的纸媒传播文化独领风骚。政治强人的话语强势传播，悄然转换成公民媒体的普遍传播，"独唱团"转换到"合唱团"。正因为广东的宽容精神、政治文化的开明、移民与侨民文化混融激荡出的多元文化，使广东媒体在九十年代出现庞大的集群，并形成强大的辐射力量。广东媒体文化进入合唱时代，自由的状态、独立的精神、理性的思考、启蒙的声音、公民意识的普及、人文知识的传播，让广东媒体独树一帜，形成泱泱之势。

代言人要转型为文化保护人

汪洋书记认同网友关于文化活水来自于"给思想以自由、给舆论以空间"的说法。这一朴素的主张背后，关涉着媒体传播的基本权利，而媒体传播也会影响到被报道利益集团的利益。地方主政者如何保护媒体舆论空间，维护思想与言论自由的理念，这需要当政者有博大的胸怀与坚强的意志力。如果听任一些机构动辄电话删文、口头传达封杀话题，甚至撤换媒体领导使媒体噤若寒蝉，如此这般，媒体不仅失去了基本的生存空间，主政者也失去了获得社会声音的渠道，民间社会弱势群体，因言论被阻更成为沉默的受害者。我们知道当年《南方都市报》程益中先生任总编辑时，曝光了发生在广东的"孙志刚事件"，它使社会正义得到伸张，使南方媒体誉满全球，更为重要的是，它使中央高层下决心，彻底改变了可耻的收容遣送制度，使每一个中国公民在自己的国度里可以自由行走，而不担心受到关禁闭、遣送，甚至劳役。

这是广东媒体给中国公民社会的伟大贡献，它促使我们行政管理者人性、平等地对待每一个中国公民。还有当年的"萨斯病毒事件"，广东媒体仗义执言，站在真相与公义一边，相当多的媒体在萨斯疫情开始初期就有大量报道。如果其他媒体都像广东媒体这样公开报道，也许就不会大规模扩散。如果说八十年代经济改革者承担的是经济开放而带来的政治风险的话，九十年代媒体先行者承担的则是因传播真相而带来的政治风险。也正是这些开拓者与先行者执意前行，改革开放的成果才一步步做实做大，公民权益才一次次受到关注与保障，社会良知一次次被唤醒，理性的公民意识得以夯实与加强。

媒体报道是一个个的过程，而不是报道某个绝对正确的结果。所以，那些指责媒体报道不公正、或可能引发社会动荡的保守思维，他们是不懂得媒体运行规律，媒体不是发红头文件，不是公布正确的意见，而是让人们通过报道，不断地获取真相、逼近真相，引起社会关注与疗救。让媒体公开报道、不遭封杀，既是尊重传播规律，也是使社会成为追求理性的最好途径。

当代的广东文化什么最辉煌灿烂？是传播文化！广东不仅是改革开放排头兵，更是新思想、新观念、新传播的引领者，南方纸媒攻城略地，势不可当，支撑它的不仅是文化精神，更是思想观念，还有精神意志，当然也有地方政府的胸襟与眼光。南方报系不仅向全中国输送有影响力的报刊杂志，还向全国甚至港澳地区输送优秀的媒体精英。

汪洋书记说，自己愿意成为广东文化的代言人，其实，广东的媒体已是广东文化形象最好的代言人，汪洋书记要做的不仅是代言人，更要充当开明的保护人。因为文化传播特别是新闻真相的传播，总会触及一些部门或权贵的利益，总会有各种关系通过各种渠道，以各种理由，来封杀言论，使正常的信息舆论无法公之于众，这样的封杀与禁锢也许可以造成稳定假相于一时，但对国家社会的长远利益，有百害而无一利。

人民文化向公民文化转型

从历史形态上看，广东文化有三大时期，古代广东文化是中原文化与广府文化交融的结果，从秦灭六国之后，中原文化开始大规模浸润南粤大地，每次朝代兴替，战乱频仍之时，就会有大量中原移民客迁广东，"客家"之名也因此诞生。一些移民又因各种原因，侨迁海外，成为数量巨大的侨民。移民文化与侨民文化，是广东文化形成的重要基础。

这种文化心态直接影响着近代广东的报国精神或报国文化。

由于睁眼看世界比内地人更早，由于在海外饱受更多的歧视与苦难，广东人最迫切地希望看到民族独立、自由与富强，所以近代中国政治风云际会多与广东有关。康梁的公车上书，戊戌变法拉开大幕，孙中山领导的辛亥革命，致力建立三民主义共和之国，黄花岗起义，北伐革命，广州起义，都在广东由年轻人的热血谱写，可以说，广东是近代中国革命文化的重要策源地。一方面这和广东远离帝国政治中心有关，可以有更大的自由度与行为空间，另一方面与广东人的文化性格相关，心系天下，为民族独立自由不惜抛头颅洒热血。无论是为了三民主义还是为了抗日战争的胜利，海外侨民都贡献巨大，或者直接回国参与行动，或者捐钱捐物，没有他们的助力，就难有中国革命的成功。

改革开放之后，他们又一次成为一支主力军，他们由前半个世纪的红色革命的资助者，变成蓝色文明的资助者，新生活理念、新时尚、新技术、新产品与巨额资金都随着侨民回国捐献与投资，使广东获得巨大的发展能量。

广东现在是新移民之地，又是新侨民之地。广东的新移民不仅来自全国各地，也来自世界各地，这些新移民多是工业移民与商业移民，新移民带来新的社会问题，怎样化解这些新问题？公民社会的文化建设因此提上日程，它需要执政者更为宽容，使民间社会获得成长的空间，使民间社会有组织有理性，信仰、言论与结社的自由与责任，都凸现成为新的问题。媒体曾经报道过的垃圾焚化事件、昭关冲突、富士康事件，都事关公民社会的建设。如果工厂更为人性化管理，工人工资收益更为合理，有真正的工会组织维护工人权益，职工文化生活更为丰富，政府公共事务更多地倾听民声，相信许多问题都可以化解于未然。新生代工人有更高的需求，特别是人格尊严与公民文化方面的精神需求，而一些行政与企业管理者，思维还停留在管理"工民"的状态中，让工民们集中集约化生产劳作，劳动者成为的工业机器的一部分，这种异化劳动使生存失去意义，必然带来诸多的社会矛盾冲突。

社会正由过去的笼而统之的"人民"，进化到"公民"这样的一个新概念上来，"人民"带有某种抽象性与假设性，是意识形态政治的话语表现，行政权力者所做的一切，都可以被视之为"为人民服务"，"人民"被动地接受一切权力服务，而自己没有权力主张与具体诉求。公民却是一个个具体的纳税人，不同的阶层、不同的利益团体都有不同的发展主张，公民社会的领导者需要调研公民意见，调整执政思路，满足社会需要。

媒体需要倡导公民文化，给人启蒙或启迪，使公众对社会问题形成共识，使公民社会和谐成长。公民社会的一个重要前提，就是共和国公民人人平等，共同享有共和国宪法规定的一切权利与责任，只有公民社会才是和谐社会的最有力的保证。（凤凰周刊 2010 年第 21 期　总第 370 期）

"我们"是谁？——致李克强兄

上次就听人说，现任辽宁省委书记的李克强在央视大讲堂讲得很好，讲实话做实事，言辞恳恳，数据凿凿，彰现新一代省级领导人不凡的实力。今天早上也是许重播吧，我有幸一睹了克强兄在大讲堂上演讲的风采。总的感觉是挺受教育挺佩服的，一个省有这样年轻有为有思想有魄力的省首，是一个省人民的福气。

李克强说了许多数据，例如辽宁还有上千万人口住在棚户区，他已经拆除了多少棚户，安置了多少原产业工人住进了整洁的新居民区，辽宁有多少零就业家庭，政府必须在二十天内了解情况登记造册予以安排就业或实施救济。这些话都是铁板钉的事实，足以把人的良心钉在感动墙上移动不得。

自信的李克强在他的演讲中用了非常多的"我们"，我们以前如何，现在怎样，我们将如何应对，我们我们我们除了我们还是我们！一切都在我们掌控与计划之中，一切都会由我们安排！我们是谁？我们是党和政府的代表，我们是权力意志，我们就是我们，是领导是安排者施教者，我们是你们的救世主！我们没有从李克强演讲中提到辽宁的地方政治改革计划日程。我们没有听到辽宁人民最想李克强书记做些什么，除了"我们"有计划地为百姓谋利益做计划外，我们是不是让"他们"也就是辽宁的人民参与到辽宁的改变辽宁的建设上来？李克强所做的是一个道德者的善行，一个从政者突然有了良心发现了，他就会主动地为人民做好事，不做坏事。如果这个领导人调走了呢，这些好事就会不了了之！只做好事，不致力于制度建设，这样造就的干部就是道德伟人！毛时代倾国家之力打造了一尊神，就是毛主席自己，一个道德伟人，就是周总理，下角料打造出四个魔鬼，就是四人帮。老百姓除了苦难什么都没得到！我们这个时代的领导人做了大量法制建设工作，但还是持之不懈的致力于把自己打造成道德伟人，不致力于政治制度改革与建设，而致力于用自己的道德感召力来为人民做这些好事那些好事，他们在抚慰我们这个时代受伤的人民，而不致力于用制度来改造我们国家。

李克强兄现在也在着力于打造自己，成为一个道德伟人。道德伟人越伟大，人民的苦难就越没有尽头！做一个政治伟人，真的那么难？中国领导人为什么不能从现在开始，把自己锻造成一个旷世的政治伟人？（作者按：这是2006-05-08 的博客文章，当时能公开发表，后载《真话文论周刊》）

重庆人民喜欢"薄书记"吗?

在宣布薄熙来免职后,"薄熙来事件"在民间沸沸扬扬,中国学者吴祚来撰文认为,人们当成喜剧旁观的该事件,本是一个国家或社会中的悲剧。

薄熙来迅速被免职,网络与非网络媒体冰火两重天,官方媒体冷处理,而网络上一片喧嚣。一些反对或质疑重庆模式的人,为薄熙来被撤职而叫好,而挺薄的阵营,主要网站被关闭,一些人通过其它网站为薄的遭遇鸣不平,甚至有人将"撤薄"看成反革命事件。

一、唱红打黑不过是为了自己的政治形象造势

在挺薄的群体中,引人关注的除了司马南、孔庆东,还有《环球时报》的编辑王文与人民日报社甘肃分社社长林治波,王文强调的是重庆人对薄的高满意率、高支持率"不可抹杀",并公开呼吁"6个月后的九个位子应该容下他",而林治波这位宣传系统局级干部公开表示:"在这个时刻,本人公开地说一句心里话:薄熙来是个好干部!"这部分人认为,重庆模式"在本质上是社会主义公平与市场经济效率的结合,这应该是中国未来三十年的方向"。

清华大学教授孙立平也为此纠结,他在微博里说:因为所谓的重庆模式中包含着两个东西,一个是人们所担心的政治因素,一个是重庆老百姓从中受益的民生因素。这个问题处理不好,很容易导致否定前一个因素的人们与拥护后一个

因素人们的对立。而到今天，可以看出这种担心不是多余的。

笔者去年五月份去到重庆，接触到的人从大学生到出租司机，从洗脚女到市政府官员，通过自己的观察，如果让我回答，重庆人民喜欢薄书记吗？我该如何回答？

出租司机说，每天的份子钱还得交二百多，与过去并没有多大改变，所以，许多地段只能拒载，堵车时间过长，拉不回份子钱，重庆的洗脚女说，现在比过去好多了，出门上街不怕了，黑社会没有了，而一家集资入股创办民营企业的小股民们，却在重庆大礼堂前面广场穿冤衣，发传单，呼吁有关方面尊重民营集资企业发展，不能通过没收处罚斩尽杀绝。政府官员对我说，百姓对薄书记是发自内心的喜欢，薄书记到百姓中间，那些老人们牵着书记的手，舍不得放开。我问重庆官员，如果薄书记离开重庆，还会有这样强力的人物，能造成这样的政治效果吗？对方无言以对。大学生说，唱红歌，学校里面组织一些学生唱，大多数学生不用参加。

即便是唱红，也不能做到大学生们或民间社会都唱红，说明薄的动员能力有限，毕竟唱红需要一定的物力支持，包括组织红歌到北京香港等地演出，还说明，唱红是利用红歌在挟持民意，证明自己的红色正统地位，以挑战中央政府可能的政治改革。红歌因此也是一种基于个人政治需要的政治性宣传造势，它无所不包的内容，也说明它机会主义的方式，不求红色的革命纯粹性，但求红色的政治宣传效果。

为了使重庆的"唱红"受到学界认同，重庆日报这样的媒体也不得不通过造假新闻，来满足薄书记的脸面。笔者发现重庆日报前年三次假借我个人名义，赞美唱红歌可以提升精神，《重庆日报》2月3日刊登《2010年知名专家"热评重庆"：很现代很亲民》一文。文中"引述"笔者的话，"红歌是精神食粮取之不尽、用之不竭的源泉，重庆市委、市政府就是在发掘和调动这种精神力量。"在我通过微博的强力抗议下，重庆日报第二天就刊登了道歉信，认为是自己报社管理不严造成的，向我本人及广大读者致歉。

为了切身感受重庆民间红歌会，去年五月我在重庆花了两个晚上体验重庆大礼堂广场上的夜夜红歌会，发现市政府广播里，播的有三分之一是歌唱祖国歌唱党甚至歌颂毛泽东的红歌，而其它歌曲，则是流行歌曲，一部分老人是自带歌曲到广场上，主要是通过音乐健身。

无论是唱红还是打黑，无论是广种银杏树还是打击民间集资办企业，无论是给农民土地票还是建立廉租房，这一切，都由一只权力之手在操控着，他想提出五个重庆，那不得有人提出六个重庆或四个重庆，他要种植银杏树，那就不能种植法国梧桐或本地槐杨，而他要打黑，即便是律师向被告眨了眼睛，也是一种犯罪。这样无可制约的公权力，是给重庆百姓带来了一些实惠，但这样的实惠是可持续的吗？是正常的吗？

表面的民生工程，使民粹与专制有了某种合法性或合理性，一时的稳定与繁荣，更使百姓感恩戴德，收获一片赞美之声。会操控经济的黄奇帆（民生）、会操控警力的王立军（打黑），加上会操控政治宣传的薄自己（唱红），重庆的三驾马车，奔驰在通往文革的路上，与旧文革不同的是，它在保障民生方面，也不惜代价，以谋取一时的经济繁荣或 GDP 数据。

薄书记比文革进步的地方是什么？就是多了一层关注民生的利益，文革时代非法打击地富反右，并没有给百姓带来物质利益，与文革相同的是用自己拥有的一己权力，来摆平一切他认为应该摆平的对象或事态。权力意志自上而下，目空一切，我代表真理来为人民服务，顺我者昌，逆我者亡。

平民百姓得到了一时的利益与稳定，与社会治安得不到保证之时相较，肯定有某种幸福感或满意度，但由于人们看不见任何公开的批评，特别是文革没有真正受到清理与反思，人们对唱红歌、对极权控制下的稳定、对权力意志下的经济发展没有任何反思，造成民意的扭曲与偏差。没有新闻的自由度与社会的开放度，执政者得到的民意满意度，十有八九是虚假的，因为执政者掌握了强大的社会舆论工具，通过洗脑与单面宣传，造成繁荣与公正的假象，这是人们认可薄熙来的根本原因。

关于打黑，本是政府份内之事，我记得上世纪九十年代初我到重庆开会，当时也是打黑后不久，负责会议的当地人士说，你们现在来重庆安全了，前不久上街被抢，是正常的事情，女孩子傍晚都不敢上街。这说明什么呢，说明重庆当地极容易产生黑社会，还是政府管理失当造成黑社会管治困境？如何解决重庆十年二十年就必然通过重拳才能遏制黑社会坐大的势头？警匪勾结是制度因素还是地方人为的因素？薄熙来显然没有从制度层面找根本原因，而是通过打击一些行政力量或个别官员，来达到警示效应与造成政治影响力。

这就是人们常说的"政客"作为，把自己当成政界"过客"，捞取政治名利之后，一走了之。什么是制度因素呢？就是司法不独立，造成司法容易被某些政客控制，百姓不能通过独立的人大或政协来发出声音，也不能通过权力分立的监督来制约公权力，这样，司法与警力必然腐败，必然为黑社会利用或控制。薄书记不仅在司法独立与权力制约方面无所作为，甚至强化一己权力，将公检法与宣传的权力集于一身，把自己做成了独霸一方的领袖式政治英雄。

二、没有民主法治前提的共同富裕是一个谎言

2012 年 2 月 2 日，时任重庆市委书记薄熙来在市委扩大会议上讲话："即使百分之五十一的人先富裕起来了，还有百分之四十九，也就是六亿多人仍处于贫困之中，也不会有稳定。中国搞资本主义行不通，只有搞社会主义，实现共同富裕社会，才能稳定，才能发展。"

共同富裕是毛时代的谎言，毛时代通过共同富裕（共同进入共产主义），诱使农民将私有土地交给国家或集体，直到现在农民还没有要回自己的土地，而到了邓小平时代，倡导要让一部分人先富起来，然后带动另一部分人致富。邓小平说，如果贫富差距拉大，那就证明改革开放是失败的。这里，我们看到，共同富裕的谎言一直在继续，即便是美国这样的发达国家，也不可能解决贫富差距问题，国家要解决的一是社会公平正义，二是基本保障，要保障每一个人的基本人权，以及医疗、养老、失业保险，现在的政府连农民土地确权、农民孩子免费午餐、异地高考都不能解决，却想一步

解决共同致富问题，这不是谎言又是什么？

政客与政治家不同点在于，政治家致力于通过政治改革，来解决社会经济问题，而政客则永远避谈政治改革，避谈民主法制的方式，不通过政治改革来建立社会正常秩序，而只是通过唱红歌、搞运动、发展经济等等，来显示政绩，我们没有看到薄熙来在民主法治建设上有任何真正的举措，譬如独立候选人竞选人大代表，重庆没有支持，出租司机与公司纠纷，他没有帮助工人组建工会，农民土地被强征，他既没有帮助农民土地确权，更没有像"革命前辈"那样，主张农民成立农会，让农民通过自己的组织来维护权益。薄熙来所做的一切，都是在彰显自己的权势，无论是经济领域还是法治领域，无论是文化传播还是政治宣传，权力的色彩涂于一身，自己浑然成为一个真正的符合革命法统的新领袖。

满足百姓的安全需求与基本利益需求，在一定程度上能收获百姓的好感，提升百姓对当政者的满意度，老百姓多是只问收成，不问天气，而重庆的政治天空一直是被控制的，连电视台播放广告都被不允许。不仅不能在重庆媒体批评政府，连网络上嘲笑薄书记，都可能被当成危害国家安全，予以拘捕。甚至刚刚的两会期间，重庆人大代表张明渝因为通过微博揭露了重庆某些领域的黑暗面，立即在北京寓所被强行押解回重庆，直到薄熙来被免职，才重获自由。信息封锁与宣传控制，是人们不能认识薄熙来真相的重要因素，更多的重庆人只能被动接受重庆的媒体宣传与洗脑，所谓重庆人民喜欢薄熙来，原因也在此。

薄熙来事件本是一个国家或社会中的悲剧，但却被人们当成喜剧旁观。而政治改革没有真正启动的国家，悲剧总是以喜剧的面目出现。这些悲剧首先是那些受害者承受，尔后，由悲剧的表演者承担。由于整个国家主流社会对文革没有真正的反思与批判，没有究责与忏悔，一些人总在期冀通过一厢情愿的权力，来直接"为人民服务"，不通过制度，不通过社会力量，而是通过自己强大的政治权力，来改变社会或改造国家，他们留下的只会是一地鸡毛，因为他们只会像一只斗鸡那样不过一世，太阳必然会从东方升起来，但与他们打鸣毫无关系。

中国执政党要从薄熙来事件中吸取教训，一是彻底告别文革思维与方式，通过揭开文革的盖子，使广大民众看到文革真相与巨大的危害；二是开启政治改革之门，通过民主法治，使社会开放，激发社会与民间政治活力，让人民真正做自己的主人，而不是靠政客的一时强权，当年邓小平说，社会主义也可以搞市场经济，现在，需要政治英雄勇敢地说出，社会主义，也可以搞自由民主宪政。德国之声中文网 2012-03-20

王沪宁与中共政治理论关键词

学者在体制内只能夹尾巴做官

美国之音近期报道并讨论中共智囊问题，这个话题自然会涉及中共三朝政治理论元老王沪宁，王沪宁上世纪九十年代被江泽民相中，进入中南海，人们普遍相信，中共政治理论关键词的出台，多与他有关，譬如江时代的三个代表、胡时代的科学发展观，还有习时代的中国梦。

让王沪宁还有同样从上海调入北京的刘吉这样的学人进入中南海或中共智囊机构，是江泽民的一种爱好，何况尊重先生或师爷毕竟是南国的传统，还有一个重要原因，就是江没有邓那样的自信了，他需要有人在理论方面为自己开蒙、谋篇、谏言，这其中，也不排除上世纪八十年代整个社会的人文启蒙，这样的大背景对江的某种潜在的影响。

但王沪宁或刘吉进入权力核心或成为中南海师爷之后，学者只能被工具化，任社会科学院副院长的刘吉有一些自己的想法，组织学者与总书记谈心，并出版成书，畅销一时，很快他就被边缘化。你刘吉不能想干什么就干什么，想谈什么就谈什么，你得揣摸圣意。王沪宁为江泽民提三个代表，按照内部规则，他可能同时要提供几套或十几套关键词方案，最后由江来选定。江泽民自己能准确说出三个代表具体内容吗？百分之九十九的党员干部无法准确表述三个代表的文字与内容。

　　所以当三个代表提出来后，许多党员干部都无比怀念毛时代的为人民服务口号，简单易记，当然也邓小平摸石头过河、猫论、让一部分人先富起来，也会让人会心一笑。江的三个代表让人笑不起来，有点考验人的记忆力或智力。

　　在接受美国之音访谈时，明镜新闻出版集团总裁何频说不可高估王沪宁的智囊作用：　"王沪宁是一个非常聪明的政治学者。但他的政治学杰出表现只是中国在'文革'之后的政治学初期发展的盲动时期。那时候他根据对西方政治学的理解，以他自己的灵性写了一些政治学文章，让人觉得王沪宁还是一个年轻有为的政治学学者。但他进入官僚体系之后，以他的资历，以我们对他个人的了解，对他认识的人的了解，从多方面观察他，可以说王沪宁不是一个真正有大智慧的人，没有治理国家的雄才大略。我说的这种雄才不是说他个人的，而是说他作为高层领导的顾问，他应当有那种思想境界，有那样的眼光。但王沪宁在这些方面都很不够。所以，他提出来的口号都越来越可笑。什么'三个代表'啦，什么'八荣八耻'啦。后来还提出个什么'科学发展观'。从格局说越来越小。

　　说句公道话，中共政治关键词格局越来越小，最终走向梦幻，这并不是王沪宁来决定的，甚至与他毫无关联，学者用知识改变不了官场，官场必然用规则改变体制内学者。六四之后，体制内的改良力量或政改派被完全清洗，极左保守力量把住了各个关口，特别是意识形态领域，从不争论到五不搞到七不准，维稳思维从社会扩展到学术界，并对网络言论严加封杀，这一切都不可能是中央政策研究室研究出来的成果，转化成了现实，而是越来越不稳定的现实，没有倒逼出改革，反而倒逼出集权与恶政。

军人治国：枪杆子里面出真理

　　毛邓都是军伍出身，都敢于打大仗，甚至敢于动用军队依恃国家机器的暴力来维系自己的统治。所以毛敢于提无产阶级专政下继续革命，不断革命不断暴力，使应该和平的中国变成了革命斗争的中国，邓敢于终结文革，敢于推翻毛指定的继承人，并通过经济领域的改革开放，以取信于民，获得一时的统治合法性或稳定性。

　　邓小平时代是一个没有理论的时代，没有理论的时代就是一个不讲理的时代，白猫黑猫论，摸石头论，让一部分人富起来论，都是随机性的生活语言，它的积极作用是回归生活常识，它的消极一面是，它不能从根子上消解马列教条，不仅如此，邓尽管反对两个凡是，却主张四个坚持，认为马列老祖宗的东西不能丢，把毛泽东个人错误与毛思想分开。真正带有革命性的思想讨论，譬如人性与人道主义讨论、自由化思潮，都被邓与他的战友们扼杀于无形，并成为胡耀邦、赵紫阳等人的罪错。

　　邓时代毕竟有实践是检验真理的唯一标准大讨论，但这一讨论并不是中南海提出的，学者的声音只是被官方媒体发现，郑重提出，邓小平团队发现这一观点是打击两个凡是的理论武器，就实用性的拾起，打击完两个凡是之后，其工具价值就没有了，似乎任何真理都被历史检验过了，中共本身就是真理与正义的化身，实践是检验真理的唯一标准，成了实用是检验真理的唯一标准，对邓实用的理论、对邓实用的人，都是有价值的，否则就会被废弃。不仅实践是检验真理唯一标准被废弃，胡耀邦、赵紫阳等有思想、有良心、有政治改革热望的体制内人士，均被废弃。

实践是检验真理的唯一标准，只起到唯一一个作用，就是颠覆了毛指定的华国锋主席位置，使邓成为所谓的第二代领导人。此后的理论提升，包括人道主义倡导，自由价值的尊重，以及人权问题，都被邓与保守势力阻止传播与讨论，邓最后的杀手锏是不争论，不争论是一切人都不要与我争论，我的理论即真理，即可定天下。人们看到不争论是不争市场经济姓社姓资的问题，但，不争论的另一面，就是权贵资本主义如果没有宪政民主加以制约，必然是另一种洪水猛兽，公权与资本联姻，将给国民带来文化大革命之后的经济大革命大灾难。

毛泽东用军队为文化大革命保驾护航，邓用军队为经济大革命保驾护航，同样的用军政手法，同样的一人独步天下，同样的枪指挥党、指挥国家、扶持人民。枪杆子里面出政权，枪杆子里面出真理，当学生们要求与最高领导人对话时，当知识分子要与统治者论争时，回答只有枪口。任何理论异见，都被视为颠覆中共政权，要么封杀理论，要么封杀理论人，军人政权时代，理论不可能获得进步。

工程师治国不懂普世价值

江时代倡导三个代表理论，这一理论一是在意识形态像枪杆子一样强硬地代表一切，当政者在思想文化与生产力一切领域，都是先进的，因为是先进的，所以可以代表一切，可以领导一切，指挥一切。其二，这一理论在实践方面，它使权贵成为一个整体，联姻了权贵，形成经济大革命时代的统一战线，使资本（资本家）、官本（官僚）、知本（知识分子）这种力量联合在一起，共同制造经济泡沫与奇迹，共同掠夺国家与百姓利益，用他们自己的话说，就是同舟共济，闷声发大财。

这一理论促使资本家可以入党，使先富起来的一部分人进入人大政协上层建筑，甚至进入行政领域，邓小平设计的是让一部分人先富起来，先富带动后富，全民共同富裕。这不过是邓一厢情愿的政治幻想，先富起来的人口头上感谢共产党和政府，而实际感谢的则是自己的资本与权力勾兑的各种关系，不可能回报与带动没有富起来的人们。

要维系富起来的人们继续富下去，要维持统治者权利稳定，三个代表的理论指定下，中共构建了权贵共同体，从人大政协的人员构成看，这是一个新的统一战线，党和政府为GDP而战，权贵们为财富而战。无论是强拆还是环境污染，无论是在牛奶里加有素物质，还是让猪吃素肉精，还有大学向官员资本家销售真的假文凭，我们不仅看到政府在失职，也看到权贵资本主义经济在三个代表的旗帜下，势不可挡，攻城掠地、制造罪恶。

不仅人大政协汇聚了权贵代表，教育、医疗、科研机构、司法部门、甚至宗教与文学艺术领域的精英们，也卷入到不顾法律、没有道德底线的拜物狂欢中，经济拜物教让整个中国社会道德与法律毁坏，也让人文环境、自然生态、经济环境被毁坏。

如果说三个代表理论形成了权贵统一战线的话，科学发展观，则是王不顾左右而只言科学。胡时代完全被江泽民政治势力扶持，不能谈民主自由宪政，不能谈平等博爱正义，只能谈科学了，讲科学本是一个中性词，政治领域的人讲科学，甚至讲八荣八耻，这些都是幼儿园里教师给孩子们讲的话题。

胡时代只讲科学，只发展经济，拒绝政治走向宪政文明，吴邦国的五不搞，坚决不搞民主宪政、不搞司法独立军队独立、不搞多党竞争与选举等等。中共官方宣传部门发文，不允许倡导与讨论普世价值，将民主自由博爱平等正义等等人类共同价值视同西方价值，视同对中共社会主义核心价值的替代与颠覆。

中共理论话语中害怕提及民主自由，只要提及这些普世概念，就会从负面加以阐述，民主不是万能的，西方民主上虚伪的，自由会带来动荡等等，但他们提科学发展观之时，却忽略了，江胡时代因为没有政治与道德文明，科学也走向了它反人性反生态甚至反人类，大到环境污染，小到假冒伪劣产品，都是科学发展出来的，科学技术没有法律与道德守护，而为害人类，并呈泛滥之势。

在理论领域仍然固守愚昧落后的意识形态，用强权语言代替理论，任何不利于稳固当政者独裁统治的理论与言论，或封杀或禁言，而对体制内的学者，则将其边缘化或使其退出体制，这样的政治生态中，不仅中共自己无法产生有价值的、有突破的理论，连社会上出现新观点或倡导政治价值常识的言论，也备受阻挠。

知青治国：只讲梦不讲理

胡锦涛时代政治关键词是科学发展观，到了习时代，应该是民主政治观吧？因为中共第一代领导人陈独秀倡导的两大价值，一是民主一是科学，即德先生与赛先生，现在赛先生一家独尊，德先生无迹可寻。中共理论理穷辞屈，只有借助一个文艺词：中国梦，来寄托新任领导人的政治情怀。

不谈理论了，只有观点或讲话，只有指示精神，为什么？

因为除了宪政理论这条西方邪路，就只有走毛氏老路，还有第三条道路吗？邓小平没有找到，所以一直摸石头过河。现在河水涨起来了，整个国家又处于危险之境，因为当政者带领整个民族在河里找石头，而不愿意走上政治文明的彼岸。

当南方周末将中国梦与宪政梦联系起来时，遭到其上级宣传部门封杀，紧接着，反普世价值、七不讲、反宪政成为〈红旗文稿〉、《求是》等中共高级别喉舌的强势声音，这些人一是健忘，他们忘却了延安时期中共将自由民主宪政当成最大的追求，而反国民党一党独裁、军队党化、限制媒体自由是当时中共媒体的主流声音。为什么七十年之后，同样的宪政民主、同样的自由平等就成了敏感词、成了西方价值，甚至成为西方颠覆中国的阴谋工具？

习当政一年，理论领域不仅掀起反宪政反普世价值、反普世人权的逆流，更有甚者是动辄亮剑，军队里也发出强音，将政治异见视同敌对势力。如果说邓的不争论、吴邦国的五不搞还是带有一种保守性的回避政改的话，习时代的七不许与理论领域亮剑，则完全是用进攻的方式，来对待政治思想领域不同的声音。

与上述现象异趣的是，习近平在不同的时间地点谈过：权为民所赋、依法治国、把公权力关进笼子里。把这三个观点串起来，就是民主宪政的理念，权为民所赋，不通过选票，还有其它方式吗？无论是直选还是代议制，但公开的票选是人类文明二千多年来最伟大的成果，中共的组织内部考察选择人才，每年数以万计的贪官落马，说明组织内选方式完全失败；依法治国，当然要尊重宪法，尊重宪法，就得尊重其独立地位，公权于必须被关在笼子里，而不是凌驾于宪法之上。

为什么习近平的宪政理念，不仅得不到中共理论喉舌的呼应、倡导，反而掀起了声势浩大的反宪政反民主甚至反普世人权的浪潮呢？因为习还没有掌控宣传理论领域？

只谈梦想不讲理论，不因时提出有世界与未来眼光的当代中国政治理论，习时代就仍然是一个混乱的时代，现实混乱是因为理论混乱，理论混乱是因为原教旨的马列毛完全过时，或完全反普世价值与政治文明，而民主宪政理论又会使中共面临新的政治挑战，所以，习谈到宪政理念时，只能蜻蜓点水，而谈马列理论时，也是敬而远之。

邓小平超越不了毛思想，江与胡更是在权贵资本主义体系里沉沦，现在，权贵资本主义已将国民财富蚕食鲸吞，习被迫与之进行一场旷日持久的软战争，如果习没有普世价值追求、不将普世人权作为国家发展的核心价值，不能将政治理论提升到宪政体系之中，习的梦想只能是幻想。

令计划：“党内民主”的牺牲品

党内只有丛林没有民主

　　中共政党最高领导人与领导集体的产生，理论上讲是「民主集中制」的产物。

　　在说到中共党史上人们喜欢谈论的七大、八大的党内民主时，著名党史研究专家吴国光教授有专著出版，他认为那个时期的「党内民主」，完全是被操控的。一些人甚至连党员也不是，居然被上级内定为党代表，进京参与选举，最为可笑的是，有人甚至在进京参加党代会的列车上被突击入党。

　　毛泽东是通过控制党代表，来控制选票，通过多种暗示，使自己中意的人进入中共高层领导集体，淘汰自己不喜欢的高层。当毛泽东在六零年代发现自己难以控制中共官僚体系之时，他认为中共主机有严重的病毒，于是发动文化大革命踢开党委，通过外挂的「政治服务器」——革命委员会，操作整个国家，让原有的主机处于休眠或废弃的状态。毛泽东凭借这样的国家暴力机器，可以置任何一个异己者于死地。

　　毛泽东之后，中共几乎没有形成真正的领导人选举制度，毛泽东曾通过法定方式，将林彪安排为自己的接班人，后来又有王洪文、华国锋、江青等被选择，这些人被毛选择为继承人，完全是他一个人的好恶决定的，没有任何规则可言。正是没有公开的选举制度，才有了当代中共高层诸多悲剧事件的发生，无论是刘少奇，还是林彪、江青、华国锋，还有胡耀邦、赵紫阳，以及我们现在看到的薄熙来与令计划，无不是中共党内民主或中共党内无真正的民主选举制度，造成的政治牺牲品。

我们看上述中共重量级受害人名单，毛泽东时代，迫害最为惨烈，刘少奇死时白发覆面，火化时甚至不能有真实姓名，林彪死于飞机出逃，江青死于后来的监禁自杀；其次是近年来，薄熙来、周永康、令计划都是无期，相比之下，邓小平时代的三位中共最高领导人华国锋、胡耀邦与赵紫阳的结局显得并不惨烈。当然，这三位中共最高领导人是在最高位置上被邓小平联合元老们拉下马的，如果按中共的规则说事，邓小平与相关元老们犯了参与非组织化活动重罪，他策划并主导颠覆了当时的中共最高领导人。而薄熙来、周永康、令计划，按照海外媒体普遍的说法，则是意在撼动中共既定的领导人接班安排。

如果说薄熙来只是想通过公开的政治博弈，以期进入中央政治局常委的话，海外媒体披露的令计划的政治「计划」，则意在问鼎中共最高领导人之大位。但这里有一个令计划没有公开追问的大问号：江泽民与曾庆红主导的中央党校高层民主选举，习近平得票高于李克强，所以形成了十八大的习李领导的中央集体，那么，令计划与李源潮在十八大之前通过他们策划的党内高层民主测评，为什么在党内就不可以作为进入新领导班子的参考？这里，我要强调一点，本文只是质问中共的党内民主规则，并不在意谁最终问鼎中共核心大位。

　　薄熙来事件与令计划事件，让人们看到的现状是：党内仍然是丛林状态，胜者为王，赢者通吃。至于赢者如何吃定败者，那则要看内斗的激烈程度，或胜者的吃相了。

令计划与习近平之间的「误解」

　　有网友说，令计划不愧为中共高级笔杆子，在受审判之时，用了一个成语「负荆请罪」，就完全表露了自己的心声。这个成语故事发生在战国时代，赵国重臣廉颇、蔺相如之间因误解而造成不和，但最后，廉颇知道实情后，亲自背负柴薪，到蔺相如门下请罪。令计划通过这则成语告诉世人，他与组织之间或他与习近平之间，是重臣之间的误解，面对这样的误解，他是主动负荆请罪的，在他被捕之前，他已在中共核心刊物《求是》杂志上发表了文章，表示自己臣服于习的核心地位，愿意扮演属下角色。（令计划这篇刊载在二〇一四年第二十四期《求是》杂志上的文章题为《坚持中国特色解决民族问题正确道路为实现中华民族伟大复兴中国梦团结奋斗》，在这篇约四千字的文章中，令计划至少十六次引述习近平讲话精神。）

　　既然令计划认为自己与习之间只是某种误解，那么，其它的所谓非组织活动、政变或贪污腐败，在令看来，都只是一种说法而已。

　　党内民主不可能真正落实的原因是，中共体制内长期养成了听从组织安排的党内奴性，组织考察与安排成为惯例，而党内的人身依附与派系，使官员们更相信人脉关系是升迁的法宝，所以，党员干部们从现实中发现，党内民主是靠不住的。所以也是不可行与不可能的。

党内民主并不是绝对没有可能，在派系博弈能量达到某种平衡，或出现内部危机之时，党内派系可能会坐下来，让元老们说话，让一定级别的党代表或中央委员们投票，来选举新一代最高领导人或最高领导集体。当然，党内民主有一个前提，就是军队、武警等力量完全中立，任何政治势力可以支配军警力量，或军警力量拥挤某一政治派系，党内民主就不可能出现，枪杆子里面出政权，在党国体系之内，则演变成枪杆子里面出极权、威权。

这次令计划被审判，是党内权斗的结果，如果细细观察，某种意义上他也是所谓的党内民主的牺牲品。

「党内民主」与非组织活动

胡锦涛能够成为江泽民之后的中共最高领导人，是因为邓小平隔代指定，江泽民没有成功撼动这种指定，但他可以效仿邓的作法，隔代指定上海市委书记陈良宇，只是陈良宇因为过分藐视胡温，被胡锦涛打击掉，江系只能在红二代中物色自己新的政治代理人，习近平成为幸运者，而习的备胎则是薄熙来。所以，二〇〇六年的中央党校中共高层选举，习近平得票最高，并被视为是江、曾系运作的结果（如果这种党内选举的方式公开化，在中共党内形成一种制度，那么，后来的事情就不会如此复杂诡异了）。

由于是党内暗箱操作，这给了团系一个机会，也就是十八大之前的北戴河会议时，由令计划、李源潮操作了另一次党内高层的民意测评，得票最高的，是令与李，这意味着，十七大之前由江曾决定的党内民主，有可能让位于令、李操作的党内民主，习近平、李克强班子，可能要让位于令计划、李源潮的班子。

中共党内已胜出的派系不会容忍来自党内的颠覆，这种颠覆，就可以定性为非组织活动或「政变」，即便不判处极刑，也要监禁终身。

胡锦涛在这一过程中扮演了怎样的角色，人们不得而知，但有一点可以肯定，胡、温最终舍弃了令计划，因为令计划儿子的那场车祸，以及他自行其是的处置方式。更为重要的是，胡放弃了江泽民的留任方式，不再续任中央军委主席两年，将所有党政军权力，转移给习近平，习因此高度赞美胡锦涛「高风亮节」，但这给团系的覆灭埋下了伏笔。

像朝鲜、古巴这样的小国家，红色政权能够顺利地搞血亲继承，与皇权时代无异，当然接班过程中清理异己，比传统皇权时代更血腥残酷，而老牌红色帝国苏联与中国，却搞政治血缘（红色基因）继承，中国的毛泽东终身制之后，血亲继承因故没有可能，政治血缘继承也告失败，华国锋靠联手老将与军方的政变，得到继承权，而邓小平靠另一次不流血政变，将政权转换到自己名下。邓小平发明了最高权力的隔代指定方式，这种方式并不是全党智慧的结果，也没有写入党章党规，只是成为某种潜规则，但这种规则，说被废弃，就立即会被废弃，只要最高领导人自信自己拥有政治实力，完全不在乎其它派系的意见。

中共的党内民主，完全是虚谈，实用的、随机性的方式，主导着权力的移交更递。

　　传统皇权时代立太子立皇储，是风险与影响极大的事件，稍有不慎，就朝廷震荡，甚至出现政权危机与颠覆。而中共现在的权力移交，看似和平，但风险指数越来越大，变数越来越多，为什么？红一代靠打江山有了威权，有了某种血酬秩序，红二代勉强有一些政治遗产可资继承，但其政治资产很快就会耗尽。红二代之后，威权靠封杀与灭杀，不可以得民心，不可以得合法性，而靠政治业绩，又非常困难，各种危机都在爆发中，只能拼命维持政权的稳定性，穷尽一切手段，但其结果难以避免山穷水尽。香港《动向》杂志2016年8月号第372期

从孟建柱的"重要讲话"说起

国内左派的"红歌会"网站上近日发表一篇署名"顽石"的文章，说在全国政法系统电视会议上，政治局委员、政法委书记孟建柱发表了重要讲话：孟书记点名批评《炎黄春秋》洪振快抹黑英雄和山东建筑大学邓相超侮辱毛主席的丑陋行径，强调毛主席是党、人民军队和新中国的缔造者，没有毛主席就没有新中国，表示决不允许任何人污蔑丑化毛主席和我们的英雄。

这篇文章存活二天的时间了，已有近四万点击率，而且有孟建柱的照片，这篇文章没有被删除，说明它在一定程度上的可靠性。

这篇文章传播开来，可以说天下毛迷尽开颜，正如作者顽石所言，孟建柱的讲话传递了一个重大信息，就是中共不允许污言毛泽东，保护毛泽东的形象，就是捍卫中共的形象，毛泽东是中共的承重墙。

还是在这个时间段，中央政法委书记孟建柱传达"最高指示"：习近平要求政法机关把维护政权安全、制度安全放在首位。

政权安全就是共产党当政的安全，制度安全就是社会主义意识形态与相应的体制的稳定，这个对中共来说比依法治国重要，比公平正义、比人权安全更重要。为什么要维护毛泽东的形象？毛泽东是中共政制的奠基人，开创者，毛泽东的形象如果完全倒塌，那么，中共的防护墙或承重墙就倒塌了。

习近平上台之初，提出文革前后三十年互不否定，这是对左派的安抚，也是其红二代身份决定的，以及他本人对毛泽东或毛时代的情感。这样的表态其意在团结左派，如果更进一步重新评价文革，那他要否决中共当年的决议，这样的政治风险他承受不起。

习近平不会深陷左右之争，特别是难以公然地复辟文革，因为中国已融入世界经济，如果大踏上退回文革，很快就要闭上关门，这对中国经济、对整个官僚体系都将形成重创，近日他将启程达沃斯，显然他还是想在面临各种经济压力下，奋力一拼，在世界经济中提升自己的影响力。

面对现在这样的情势，普世民主派应该战略性停止与极左毛迷的言语纠缠，因为毛迷们将毛泽东视为信仰，在红色迷信领域里，不可能理性讨论，我个人已经历十多年的与毛迷的讲理、论战，发现与这些执迷不悟者争论，基本是徒劳的，公民社会建设或普世价值启蒙，完全可以绕过毛氏这块顽石与毛迷部落，去做些更为积极的事情。

邓小平之后中共与毛泽东崇拜

邓小平不愿意完全废弃毛泽东思想与精神遗产，邓小平是一个实用主义者，毛泽东是一堵墙，新华门墙上的毛泽东思想战无不胜的大标语，邓不敢铲除，毛的形象也不敢拆离天安门城楼，还有华国锋主持的毛纪念堂当然也不敢撤掉或改换用途。

邓小平也公开做出过解释，根本原因是毛泽东与中共的合法性密切关联，还有毛泽东在百姓中的影响力，邓小平不愿意触动政权的根基，对邓来说，中共的精神遗产一切都可以为自己所用。这样，他团结了中共党内的原教旨毛泽东分子，形成一个新权贵共同体，让自己像毛泽东那样得势，让自己的后代像资本主义国家那样得利。国家权贵资本主义在毛泽东的旗帜下，迅速崛起。打左灯，谋取右边的利益，邓小平获得了在世时的胜利。

九十年代初邓小平说过，防右，更要防左，背后原因是极左的反邓与反扑。邓小平完全清楚，极左会毁掉他主导的中国走向世界的进程，使他"设计"的经济改革完全倒退。这种倒退不仅会使他的政绩清零，也会使他与他的家庭、整个国家，吃文革二遍苦、受极左二次难。

为什么在邓小平与江泽民时代中共完全可以抛弃毛思想，并向宪政转型而他们执迷不改？

根本原因一是社会动力不足，整个社会没有形成强大的政治转型促动力，而体制内部，正享受着资本市场带来的巨大红利，如果宪政转型，高层将被限权制约，其家庭获得的巨大利益可能受到清算，而资本与知识精英们，与权力形成合谋，以崛起过程中获得自己的身份地位。毛泽东遗产与宪政转型，被搁置了，而且是无限期的搁置，权贵共同体越做越大，越到后期，越难以逆转。

这个时期，一个重要人物对毛主义的唤醒居功至伟，他就是重庆的中共书记薄熙来。

薄熙来还有其手下的王力军在重庆是公开接见、支持左派头面人物，这个时期重庆是红色根据地，红色文化与红色革命的复兴之地。现在这些去过重庆的左派意见领袖们，并没有受到任何打压。

某种意义上，薄熙来是一个红色悲剧英雄，是潜在的精神领袖。

薄熙来为什么复活了人们对毛泽东的热情？因为他敢于打击权贵，有良知的人都清楚，薄打击的是异己的权贵，甚至动用非法方式，超限地去剥夺他人合法财产，积聚资源能量，去做他的项目，取悦于公众或民粹，并因此获取巨大的民望（民粹）。老百姓只看一时的政绩，一时的社会繁荣或稳定，一时的利益或利己性，全然不看薄的非法手段、文革方式，特别是政治图谋。

左右倒逼中央与红色血缘正统

极左一直在倒逼中央，认为邓小平走的是资本主义邪路或修正主义道路，而右派的普世价值倡导者们，也一直倒逼中共进行政治改革，尊重普世价值，尊重人权，法治中国。

现在人们看到，右边的倒逼，不仅没有成果，反而遭到多重打压，先是中共高层向下传达的八不准，普世价值与宪政、军队国家化与三权分立，这些中共延安时期就积极倡导的政治文明准则，均遭封杀禁言，接着，就一拨拨的对公知大V的网络封杀，体制内的被警告、除名，或限制出国。

相比之下，极左的倒逼却显得非常成功，他们定点打击知识分子，体制内的保守力量，加上体制外的极左人物，里应外合，这次打击邓相超、刘勇等人，是一次典型的事件，有组织有纪律，有横幅有口号，既打击邓相超，又延及邓小平（邓贼），最后迫使相关机构免去邓相超一切社会职务，还有教职，令其退休。

　　我在近日的一篇专栏文章里认为，中共存在一个地下党，这些极左力量就是原教旨毛党，从邓小平时代开始，他们就一直致力于复辟文革，并致力于用文革的手段打击政治异己。近期苏铁山在纪念毛泽东的活动中的视频流出，可以看出，他们对习近平怀有期待，散布习家与毛家的感情，特别是认为习近平干了薄熙来不敢干的事情，而且干的很好。所以，原教旨毛党应该支持习近平，地下党应该拥护地上党。

　　习中央当然乐观其成，因为这股力量还不足以撼动地上党的当政地位，不可能像文革之时，全面制造动荡，现在小股毛党的力量，正好可以狙击政治异见分子或普世价值右派，让他们用文革手法冲击政治异见，等于帮助中共维稳，减轻了中共被倒逼政治改革的压力。

　　如果毛派像拥护毛泽东那样拥护习近平，那习本人为什么不坐享其荣耀呢？民主中国 1/21/2017

卡斯特罗：是豺狼还是狐狸？

特朗普评卡斯特罗与习近平对立

习近平在唁电中指出，菲德尔·卡斯特罗同志是古巴共产党和古巴社会主义事业的缔造者，是古巴人民的伟大领袖。他把毕生精力献给了古巴人民争取民族解放、维护国家主权和建设社会主义的壮丽事业，建立了不朽的历史功勋，也为世界社会主义发展建立了不朽的历史功勋。菲德尔·卡斯特罗同志是我们这个时代的伟大人物，历史和人民将记住他。

与习近平的评价迥然相异，美国当选总统唐纳德·特朗普发表一份声明，将卡斯特罗称作压迫自己人民近六十年的"残暴独裁者"、"菲德尔·卡斯特罗的遗产是行刑队、盗贼、无法想像的苦难、贫困和对基本人权的剥夺。"

显然，这不是横看成岭侧成峰，而是立场与观点水火不相容的对立性评价。

习近平是从社会主义阵营立场，去看古巴领导人，而特朗普则是从人道人权与普世价值的立场，审视卡斯特罗。对于中共来说，对卡的评价，就是对毛泽东等共产主义阵营领导人的评价，党与社会主义事业的缔造者。但他们缔造了怎样的制度？带来的怎样的结局？是贫穷还是富有？是民主还是独裁？他是古巴人民的伟大领袖，斯大林也是苏联人民的伟大领袖，现在的前苏联人民，是不是完全唾弃了斯大林？还有波尔布特之流，无不把毕生精力献给了共产主义实验田

（用无数人的热血来浇灌）。共产主义者们致力于消灭私有制，结果，流氓无产者们制造了更多的赤贫无产者，而国家财富被一部分人（革命领袖们）控制，这部分人成为特权者，他们不仅坐享了无数革命先烈们抛头颅洒热血带来的革命成果，还坐享全民创造的剩余价值（不让资本家获取剩余价值，革命者可以直接掠夺社会财富）。

革命领袖，无论是斯大林还是毛泽东，无论是波尔布特还是卡斯特罗，无不成为终身制的大独裁者，这些独裁者为了完全掌控政权，他们控制媒体制造谎言，不仅要消灭财富精英，还要消灭知识精英，甚至连体制内的精英、战友，也要一一打击，以维系个人的绝对独裁地位。他们成为红色丛林中的胜者王者嗜血者。特朗普的评价，是现实的评价，也将是历史的评价，卡斯特罗们是残暴的独裁统治者，这些披着共产主义外衣的独裁者们，共同遗产是"行刑队、盗贼、无法想像的苦难、贫困和对基本人权的剥夺。"

是狐狸还是豺狼？

我们阅读卡斯特罗的革命历程，发现他既是一只丛林中的豺狼，对自己的人民甚至对旅居古巴的侨民如同凶狠的豺狼，而在共产国际关系中，却像一只逐利投机的狐狸。

为了谋取苏联的援助，卡斯特罗强力反美："我们要在他们鼻子底下进行一场社会主义革命"。面对当年分裂论战中的中苏，伊始古巴是骑墙策略（某种程度上，古巴领导人甚至更喜欢亲近中国），以获得两国的经济援助。一九六〇年二月，苏联部长会议第一副主席米高扬率团访问哈瓦那，宣布苏联向古巴提供一亿美元的贷款，紧接着，各种援助项目源源不断，甚至达到古巴每人可以获得四百美元左右的利益，美国封锁古巴，社会主义阵营就不惜代价援助，一九五九年十二月，中国从古巴购买五万吨原糖、一九六〇年七月，中国政府签订了为期五年的贸易协定和总额为一千三百万英镑的贸易合同。现在看来，这本质上是一次经济封锁下的革命外援战，古巴是得利者，而牺牲利益、内斗纷争的是"中苏阶级兄弟"。

由于苏联援助巨大，古巴在苏联的坚持下，与中国绝交，中方作出的反应是一九六五年大幅减少出口古巴的大米，卡斯特罗说："大米没有什么了不起的，应该习惯吃小麦，那样对健康更好。"后来说出来的话更难听："中国不过为古巴送去了大米、杂技团和安全套。"中共视苏联统治当局为修正主义者，而古巴领导人则批中共当局是修正主义者，古巴因此与苏共一样，被中共列入敌对势力，现在人们通过《人民日报》等报纸，还能找到大量的对卡斯特罗的各种批判雄文，毛泽东则在一九六六年三月的政治局会议上讥讽"卡斯特罗无非是豺狼当道"。

当邓小平启动对越南的"反击战"之时，古巴仍然是苏联阵营的得力成员，卡斯特罗宣称中国是"整个人类历史上最卑鄙的背叛革命的例子"，并威胁可能导致一场世界核战争，其喉舌媒体《格拉玛报》社论扬言："古巴将援助越南，甚至是用自己的鲜血。"

共产主义阵营里的老朋友们翻脸，真的比翻共产党宣言还快。不知几时，古巴突然又成为中国人民的好朋友了，原来，苏联解体后，无力持续对古巴援助，而中共却需要同盟者，需要在联合国获得一张选票或一次次举手，中国人民的援助又来了，代替苏联成为冤大头。

卡斯特罗迫害古巴华人

这些共产主义阵营，无论是苏联还是越南，无论是柬埔寨红色高棉还是古巴卡斯特罗，无不对华人犯下过滔天罪行。

通过公开的媒体报道出来的数据，我们看到从一八四七年到一八七四年，从中国大陆流向古巴的华工数量达到了十四万之巨，发展到二十世纪中叶，古巴的华人资本尚有杂货店一千六百六十七家、蔬菜店七百二十家、洗衣店五百九十一家、餐厅二百八十一家，农庄二十座，各类企业如烟厂、药店、首饰店、影像馆、戏院、报社应有尽有，华人在古巴已然有了自己成熟的社会。

与全世界红色革命者一样，这些古巴的共产主义者是不会放过勤劳致富的华人的，一九六一年开始，华人企业就逐步被收归国有，华人工业也落入困境，后来连华人墓地也被剥夺私有地权，这一过程，造成华人因迫害或财产被剥夺，而流亡其它国家，但想通过古巴直达中国，购得机票也得等上二、三年，所以，华人要么流亡邻近的美国，要么借道苏联返回中国大陆。到了八十年代，在古巴只有大约三百名在中国出生的第一代侨民。现在的哈瓦那大街上，昔日的"中国城"早已败落，小牌楼后面可能见得近十家华人饭馆。让华人社会在古巴消失，这是中国人民的老朋友送给中国人民的历史礼物？

　　中共源于马克思主义，组织来源则是苏联或苏维埃、共产国际，所以，中共的历史，就是接受苏维埃与共产国际资助与指示的历史，当政后，又是输出革命理念、输出革命资金的主力，至于华人有没有受到相关国家共产党政权迫害，全然无视，越南红色政权迫害华人、苏联政权迫害华人、古巴红色政权迫害华人，中共有过强烈抗议没有？没有，中共要做的，毛时代是输出革命，赢得联合国席票，邓时代以来，则通过经济方式提升自己影响力，仍然把第三世界或者古巴这样的红色政权视同联合或统战对像，不惜政治金元输送，试图延续其它国家红色政权命运，抱团取暖，同呼吸共命运，以图将来。。《动向》（香港）2016.12

别把中共党史当麻花捏

　　香港媒体近日发表署名文章，以「中兴领袖习近平」为题总结习新政以来三大建树，并创意性地提出『一党民主』新概念：

　　「1911 至 1949 年，中国形式上采取西式民主制，但实质为军阀混战，让日本侵华有机可乘。多党代议制不合国情，中共掌权是国家大一统的必然选择。中国政改的前途是一党民主化，即在加强党权的同时，扩大民权，塑造党权与民权双强的模式，而司法独立和基层民主乃此模式成功的基石。习治国理政的实践暗合这一思路。」

　　香港媒体发表的这篇文章，出自香港天大研究院研究员之手，文章发表后，大陆主流网站均予以转载，特别是官方的人民网予以转载，可见其已得到大陆有关部门的认同。

　　我们分析一下我引用的这位研究员上述一段话，可见其中国逻辑使用之娴熟，他的意思是，中国已在 1911 年实行过西式民主了，但西式民主带来了什么?军阀混战，多党代议因为不符合中国国情，所以中共的一党专权，是历史的必然选择。

　　这位研究员读不懂世界历史大局势，一战到二战期间，中国确实实行的是西式民主，二千年或三千年东方文明古国，突然实行西式民主，在磨合实验过程之中，像一个婴儿学步，当然会步履蹒跚，而此时的世界格局，按马克思的说法，是帝国主义瓜分世界的丛林社会，强者为王，适者生存，中国大量知识分子之所以选择了马克思革命思想，并倾向于与苏维埃联合，完全是革命实用主义思维所致，当然也有对西方列强的强势霸权的抵触与对抗。

我们稍微翻看一下延安时代中共对国民党的指责，就可以看到，国民党为了打击日本入侵，实行的是一党专政，连军队也是党国化，而当时这些战时做法，中共持强烈批评态度，中共认为，延安在战时通过黄豆投票，就可以完成基层民主，只有民主，才可以团结全国人民，共同抗日，只有军队国家化，脱离党派，才能有真正的抗日联合。

「照我们经验，在敌后那样艰苦的环境中，人民尚能进行普选，讨论国事，选举抗日政府，实行地方自治，那有大后方不能实行民选和自治的道理?因此，一切问题都看执政的国民党有没有决心和诚意实施宪政，如果有，就应该在抗战期中提前实行。因为民主的动员是能最有力的准备反攻，取得抗战胜利，而且从民主中，才能找到彻底解决国共关系的途径。」(1944 周恩来《关于宪政与团结问题》)

毛泽东老早就说过：「没有民主，抗日就抗不下去。有了民主，则抗他十年八年，我们也一定会胜利。」这个道理，现在全国人民都了解，所以各地人民的宪政运动，都一致嚷出：要实施宪政，就要先给人民以民主自由;有了民主自由，抗战的力量就会源源不绝的从人民中间涌现出。
(1944 周恩来《关于宪政与团结问题》)

周恩来《关于宪政与团结问题》的演说，重申中国共产党要求修改国民大会选举法和组织法，重选国大代表的主张，并提出实施宪政的三项先决条件，即保障人民的民主自由，开放党禁和实施各地自治。林伯渠代表中共中央，在三届三次国民参政会上，发出了立即召开紧急国事会议，废除国民党一党专政，建立联合政府的号召。

我们清晰地看到，中共延安时期对民主宪政的清醒认识，对一党独裁的强烈反对，以及全民普选的可能性与必然性，而将开放党禁、言论自由、地方自治看成民主宪政的三项先决条件。

我们知道，既便是民主摇篮古希腊，在战争之时，均是采取战时独裁制，只要发生国家战争，一切都会听战时最高元首，没有民主讨论的时间或程序，战争结束之后，最高元首要还权于民，所以，国民党实行军政训政与宪政三步走，当时在理论与实践上，都没有问题，问题当然出在延安方面，一方面要求军队非党化，而在重庆谈判之时，却不愿意放弃自己的根据地与党的军队。战时不到主战场上与敌厮杀，却在后方打土豪分田地，扩大势力范围，搞所谓的民主普选。

最为重要的是：共产党当时并没有认为，民主宪政三权分立的西方宪政民主制度不适合中国，不仅如此，反而致力于要求国民党实行真正的民主宪政，要求开放党禁、言论自由与地方自治的呼声，可谓穿透时空，直刺现实。

由此看来，天大研究员的文章，完全是把历史当儿戏，把中共党史当麻花捏，为了证明当代中国不适宜搞西式民主，于是，就肆意解读历史真相，1911年之后，因为军阀混战，而难以实行真正的民主宪政，被写成军阀混战是实质，民主宪政出问题，日本对华入侵，是因为二战之后国际环境，加之日本因改制而强大，中国因清末以降没有完成民主宪政转型，而国力薄弱，使日本有机可趁，这是国际环境加上中国历史转型造成的，而非民主宪政造成的。作者以此否定民主宪政在中国的实验，目的是否定民主宪政在中国当下的可能性。

香港东方日报 2014-08-17

习时代批判

习近平，2.0 版的毛泽东？

习因此而拥有了至高无上的政治威权了吗？

如果将习近平新政以来的一切努力都看成他在致力于重建威权，我们就能理解他现在的一切言论与行为。

胡锦涛承诺权力交接后不再后台听政，把"说话算数"的权力一揽子交给了习近平，也把自己时代遗留的政治与经济麻烦，一并转让。

中国当年，邓小平曾对江泽民交待说："毛在毛说了算，我在我说了算，什么时候你说了算，我就放心了"（李锐叙述，见《赵紫阳软禁中的谈话》）。

习新政之初，必然要重建威权，尽管习是毛时代以来，第二位集党政军大权于一身的党国元首，但他却并没有享有毛、邓那样的政治威权，甚至难以达到江泽民那样的权势。习应该清楚，自己不可能达到毛或邓那样的政治威望，但他内心却视自己为普京式人物，梦想通过重建个人威权，实现他的中国梦或国家复兴。在现在这样的体制下，如果没"个人说了算"的威权，在他看来，必将一事无成。

胡锦涛因为一直没有真正掌握军权，所以他没有政治自信，只能谈谈科学发展与和谐社会，习近平的"三个自信"真正来源是党政军权集于一身，老人政治的民主生活会与军人政治，可以让华国锋、胡耀邦、赵紫阳下台，也可以让胡锦涛屈身从命，当胡锦涛"高风亮节"裸身而退，老人政治在中共历史上可以说阶段性地划上了句号。即便有老人想干政，也难以从内部制度上来撼动习近平了。

习因此而拥有了至高无上的政治威权了吗？答案是否定的。

原因很简单，习的团队并不是习的人马，中央常委七个人却分属于不同的政治势力，既有邓的政治势力，又有江系、胡（团派）的政治势力，真正属于他的左臂右膀是纪委书记王岐山，这位在下乡时曾与他共卧一床的兄弟。

"共和国"不是人民的共和，也不是各民主党派的"联合中央"，某种意义上是党内政治派系的多寡头共和。常委中的四大派系并没有毛主义的代言人，宣传系统看起来仍然高举马列毛思想，但那只是一个政治幌子，他们既不能全心全意为人民服务，也不能在无产阶级专政下继续革命，唯一能做的只是用红色旗帜筑一道精神上的防护墙，以对抗民主宪政与普世价值的"入侵"。

2012 年 11 月 17 日，习在十八届中央政治局第一次集体学习时的讲话旗帜鲜明地强调："马克思列宁主义、毛泽东思想一定不能丢，丢了就丧失根本。"而邓小平也曾经说过类似的话，认为马克思列宁主义老祖宗的东西不能丢。对于威权统治者来说，如果丢掉了这面旗帜，就没有了红色的掩体，特别是红色传统中的斗争性与暴力性，在关键的时刻是超越法律、建立与保护极权的最强有力武器。

胡温时代，吴邦国说出不搞民主宪政与三权分立等"五不搞"，并不理直气壮，完全是防守姿态，但到了习新政之后，却是主动进攻态势，不仅有九号文件发往媒体与高校，规定不准谈公民社会、宪政制度、普世价值等"七不准"，并在《求是》杂志等媒体高调反民主宪政，将其归类到西方资本主义范畴中，予以排斥与抨击，广东宣传部长庹震发声：广东地处意识形态斗争"前沿"，中共党媒喉舌也纷纷发文提出"斗争"与亮剑，大有东风又在劲吹、战鼓又在擂响的架势。

而网络上面的反击，"二高"的司法解释，网贴涉嫌传播谣言攻击政府，转贴达到五百即可入罪，一些知名网络大V与相关网络营销公司被纳入打击范围。打击的方式、罗列的罪名五花八门，但目的只有一个，让网民消音、让网络减震，以夺取失控的网络宣传阵地。

习要的当然不是复兴"文革"，而是通过宣传阵地，建立自己的威权，维系当政期的稳定。但习在与宣传系的勾兑中，不知不觉陷自己于不义之地，当中共媒体提出有人利用网络反党、利用普世价值反党之时，人们自然会联想起康生对习父习仲勋的政治打击：罪名是"利用小说反党"。习父因此被打压直到文革结束，习家也因此横遭灾劫。宣传系统还没有为习建立威权，却已让习背付复辟文革的骂名与质疑。

文革中，毛是红卫兵们的政治崇拜与信仰，但邓小平之后，毛思想只是政治家或政客们的政治工具，政客们用一种政治实用主义方式对待红色列祖列宗。当习近平要打击薄熙来、打击中石油腐败团队、打击地方藩邦势力这些红色大鳄与权贵利益集团，习无法以宪政民主方式来出拳，如果真的公示财产、真的三权分立宪政民主，整个政治集团就会立即土崩瓦解，习近平唯一能借力的，只有毛泽东的方式，是

"严峻"的形势，把习逼到毛左的路线上，也就是说，习是被逼扬汤止沸。

有人会问，为什么邓小平与江泽民建立自己的权威，并没有像习这样打左灯真的左转。

邓小平与江泽民用的是加法，邓小平时代自由了经济市场，平反了冤假错案，恢复了高考，这一切都足以使他拥有民心与威权，而江泽民通过"三个代表"，将新兴的权贵们笼络于政协、人大之中，让他们共同分享政治与经济权益，邓、江时代有巨大的改革红利，足可以让权贵们分赃分到手软，但到了习近平时代，面对的是刘志军与中石油这样的利益分赃者，又有薄熙来这样的政治权利争夺者，还有地方巨大的债务危机，习的天下被利益集团们掏空了，只剩下一具中国梦的空壳，因此他面临的政治与经济危机是空前的，而在这样一个体制下，没有真正的威权，政令出不了中南海，自己也就成了儿皇帝，习因此披上毛氏红色外衣，借革命传统力量以提升个人威权。

习的威权与中国梦一样，都是虚空的，需要他自己一步一步做实。习要致力于把自己的威权做实，所以借力毛思想与毛方式，借力宣传系，当然，也得借力"警法系"（司法与警察、检察体系）。政法系因在胡温时代过度纵权，危及中央核心权力，所以，常委席位被剥夺。

到了习时代，只能依靠警法系来维护稳定，面对大量的维权人士、网络大V、公开要求官员公示财产者、以及许志永、王功权这些公民社会建设者，习治下的有关部门不能容忍其和平地存在，主动重拳出击，敢于编造莫须有罪名予以刑拘或公诉，警法系的亮剑与斗争，以维护现政权的稳定名义，一步步做大做强自己的部门威权，轻罪重判、无罪拘审或喝茶、软禁，而对因自卫而杀害城管的夏俊峰、因集资而遭到地方迫害的湖南商人曾成杰都处以极刑，警法系的亮剑，超越法治、超越普众的想象力，招招见血，已成为习新政以来一道黑色的风景。以令人恐惧的方式建立政治威权，使人想到法西斯化或斯大林时代的黑暗。

无论是宣传系、警法系还是地方政府、国企，最高权利者需要什么，这些派系或机构都能提供什么，他们在提供概念与服务的同时，他们都要为自己对势力范围进行一次有效扩张，同时也在侵蚀党国的政治与经济利益，他们有力量为最高权力者建立威权，但他们却要将自己派系、集团建设成享有法外特权的柱石，而这些柱石，不仅会成为国家社会的巨大隐患，也会成为最高权力者的隐患，上届政法系的暗厢擅权，就是绝好的例证。

习发起的整风运动在省部级流于形式、走过场，这是官场的不合作运动，地方官府已形成利益集团，官员们内部虽然有利益冲突，但面对上级的督察，他们会形成一个整体，共进共退，而这种不配合整风规避风险的方式，伤害的是习新政的面子，也会使其威权性失分，习必须亲自出场，让他自己蹲点的地方见出血色，河北省委必须撕破地方藩邦势力的一体化，一体化必然会成为一个腐败团队，也成为对抗中央威权的堡垒。当河北省委互相批评的画面通过央视播放于天下，习的自信与亲政、地方大员的问题与窘态都一一展现，如果有人真要类比文革的话，文革中毛只是象征性的接见红卫兵，而宣传毛形象、确立毛威权的事情，由林彪、周恩来、江青们执行落实，而习完全靠一已之力，他挥动一次左勾拳，对方就避让一次，或者故意受点轻伤，以保全自己的实力。

毛泽东打倒刘少奇与革命老将们、踢开党委闹了一场文化大革命，确立了自己的神圣威权地位，习近平出左勾拳，借毛泽东的旗帜、毛泽东的语言、毛泽东的方式，是不是可以将自己打造成2。0版本的毛泽东，并建立自己的威权？意识形态领域的左转、警法系非法执法，也许可以带来一时的威权与稳定，但却会埋藏更巨大的政治隐患。习近平面对进一步的宪政民主与退一步的重建威权，他正在选择后者，这是无奈的选择，也会有一个无望的结局。

2013 年 10 月 7 日, BBC

习近平在"极端"重视怎样的意识形态？

8月19日至20日在北京召开的全国宣传思想工作会议被视为新一届中共政府意识形态风向标。中共中央总书记习近平在会议发言中强调了两点，一是经济建设是党的中心工作，一百年不会变，二是意识形态工作对党"极端"重要。

我们知道，胡温时期中央常委是九位，而到了这一届政府，变成了七位，政法系的常委被减去了，而宣传系的常委却得以保留，且继承上一届升职模式：中宣部长升任为中央政治局常委。我们看到，意识形态的"极端"重要性，通过常委的职位得以体现。

近期求是杂志社社长李宝善在《求是》杂志撰文，认为新闻不仅有信息报道属性，还有意识形态属性，"没有主流媒体坚持不懈的正面宣传，我国社会大局不可能保持稳定。"他在变相告诉当局与社会，没有宣传系的持续不断"努力"，社会早已动荡失序。但这位作者没有进一步思考，一个靠意识形态宣传或控制才能稳定的社会，是不是一个正常的社会？有多少国家的和平与稳定，是靠官方控制媒体宣传出来的？

一个正常的国家，社会稳定和平靠的是全体国民的成熟的心智，而不是自上而下的意识形态洗脑宣传。常言道，百姓心里都有一杆秤，每一个人对自己的物质与精神需要、对社会善恶都有自己的诉求与判断，当执政党与政府刻意使用自己的意识形态来影响社会时，它是在用一部分人的价值判断，通过公权力来施加影响绝大多少人。我们看到，无论是反右，还是大跃进人民公社，无论是文革还是针对邓小平的反击右倾翻案风，都是意识形态作祟的结果。中共是应该顺应民意与世界民主宪政潮流，还是继续用被历史汰弃的理论来误导民众，这是摆在习时代面前最严峻的课题。

极权政体控制的意识形态总是被一些人利用，成为打击迫害政治异己的工具，而习近平的父亲与习家，是直接受害者。因此，习仲勋对一些人利用意识形态作恶，也有清醒与深刻的认识。意识形态的真正受害者，也应该意识到极左思潮对法治、对公民人权的巨大危害。

1962 年 9 月，在中共八届十中全会上，中共"理论权威"康生说习仲勋"授意炮制反党小说《刘志丹》，利用宣传刘志丹来宣传高岗，为高岗翻案"。康生在全会中给毛泽东写了一个条子，被毛当众念出："利用小说进行反党活动，是一大发明。凡是要想推翻一个政权，先要制造舆论，要搞意识形态，搞上层建筑，革命如此，反革命也如此。"康生炮制的意识形态，被毛利用，习仲勋被打成"彭、高、习反党集团"，被迫害长达 16 年，整个家庭因此蒙难受害。平反后的习仲勋对意识形态的棍子深恶痛绝，对改革开放初意识形态领域"清除精神污染"、"反对资产阶级自由化"持抵制态度，一次干部工作会议之后，习仲勋对胡耀邦说："现在，'资产阶级自由化'成了一根打人的棍子，谁要是提出不同意见，或者他们看不顺眼，想整某个人了，就给他扣上一顶'资产阶级自由化'的帽子，简直是岂有此理！"

　　半个世纪前的父辈因意识形态而受迫害，意识形态最终是谁的意识形态呢，当然是一把手个人的意识形态，毛同意了康生的观点，认同习仲勋是利用小说反党，习仲勋就成为反党集团成员，小说诗歌电影戏剧一切文化作品、一切言论都可以上纲上线，成为意识形态，习近平切身受意识形态名义的迫害，为什么一点没有反思，为什么还要利用所谓的意识形态来维护稳定？一旦确立了意识形态"极端"重要，意识形态系统就会走"极端"，就会把倡导公民社会建设、普世价值观念看成颠覆政权的西方阴谋，就会把网络上正常批评党与政府的言论当成非法言论，就会以意识形态或维稳名义，对网络上的意见领袖封号禁言，一切罪恶都可以假意识形态的极端重要性而肆虐横行。

　　有高过人权与宪法的意识形态吗？有超出人类道德底线的意识形态吗？有与人类共同价值准则相左，却是真理的意识形态吗？泛意识形态化使中国人吃尽了苦头，现在居然要重张意识形态的极端重要性，这不免会使人想起，一条没有薄的极左政治路线，不知不觉在回潮。

　　中共的"意识形态"一直视自己的理论为真理，封杀政治异见，制造繁荣假象，使百姓沉浸在虚假的盛世景象中。意识形态同时还制造虚拟的敌对势力，并将民间社会政治的维护权利与争取民主自由的力量纳入敌对势力中，动用自己控制的媒体力量与专政手段严厉打压与污名化。强化与管制意识形态，使宪法赋予公民的言论自由权、出版权被剥夺，更使中国当代思想、文化领域没有创造力，思想领域没有创新，文化领域只能跟在欧美港台韩日文化时尚后面，山寨式追风式消费。意识形态通过自己控制的媒体与教材，使历史没有真相，无所不在的意识形态禁区，使学者与文化人随时会踩到"地雷"，网络上的政治敏感词更是可以汇编成一部大辞典。

这什么官方的意识形态领域反感与畏惧网络上的意识形态呢？因为网络空间的自由开放更反映真实的民情民意，特别是，由于网民整体是年轻族群，能接受到更多的信息，所以网络上的民意更具代表性，官方用一党政治的意识形态想影响与左右网络意识形态，无异于逆流而动。官方固守的意识形态已然是干涸的内陆河，而网络上的民意，才是应该面对与正视的汪洋大海。

《南方都市报》8 月 18 日报导，2012 年 6～7 月，南开大学马得勇副教授在新浪微博、天涯论坛以及一些政治社会话题比较集中的网站进行调查。调查显示，中国网民中，左派只有 6。2%，右派则占到 38。7%，中间立场者 55。1%。97。5%的网络用户认为"不管谁当领导，权力都要受到制约"，97。2%的网络用户同意"当前中国社会的不公平现象很严重"。九成以上的受调者对"人人都有权批评政府"这一问题上持赞同立场。调查显示，互联网正在成为主导公众舆论的主要力量，是形成和表达真实民意的平台。当局为什么不反思，整个社会已中间偏右，倾向民主宪政的观念已成为主流民意之时，为什么对社会真正的主流意识形态漠视与回避呢？

习近平应该知道，文明国家是通过独立的调查公司来统治社会"意识形态"的，公民希望国家有怎样的发展、对执政党与政府有怎样的意见，或对领导人的满意度等等，均可以通过科学调查的方式，使意识形态成为公开数据，以此来制定决策，调整施政方针。执政党要遵从、顺应公民社会的意识形态，而不是公民社会的意识形态要被引导或纳入到某种教条主义的意识形态中。

一旦将某一种意识形态当成真理，必然会将真正的代表社会主流民意的意识形态当成异己的思想加以排斥，意识形态问题就成为一种思想斗争，当局通过打压自由多元的思想，以维护统治者固有的意识形态，这本质上是维依靠旧的意识形态建立起来的权贵利益集团价值体系与利益共同体。

是让死的意识形态来束缚活的社会，还是让活的社会意识形态来影响并决定政治？传统的洗脑方式、屏蔽信息的方式、非法打压的方式都在日渐失灵，在信息越来越多元化、自由化的今天，试图用政治化的意识形态来维护稳定，保持思想统一，只会是刻舟求剑、自欺欺人。BBC2013 8 26

习近平如何面对魔盒中出来的毛泽东？

一、习释放出毛泽东魔盒

习近平在中央党校关于不能用后三十年否定改革开放前三十年，近期《光明日报》发表署名文章亦称，习借邓小平之口说，为什么不能否定毛思想，因为那样会造成天下大乱。

我们看到，左派与右翼都在一厢情愿地描绘习近平，习接班之前，海外网站就盛传，习将废止毛思想，一些重要讲话表述，将从邓小平理论开始，而现在，左翼力量却出乎意料地成为表演主角，甚至有盛器尘上的气势，上有习近平对毛当政三十年的肯定，主流媒体呼应，民间有毛左们对茅于轼等人的围攻，对正常学术活动的威胁性阻挠，甚至打着毛的旗号、举着毛与习的大照片走上街头。

习近平关于前后三十年互不否定论，媒体称他释放出了毛魔盒，这意味着习将正视毛泽东的中共史呢？还是习在利用毛左以制衡右翼关于政改的压力？或者是迫于左翼的压力，通过一些政治表态，以获得体制内外红二代及左翼的支持？

毛被从魔盒中释放了出来，习就应该勇敢地面对历史真相。

二、习应该直面真正的毛泽东及其思想

革命即暴力颠覆，所以，中国历史上没有一个人，像

毛泽东这样，持续半个世纪以上对中国政治经济文化社会进行系统全面的颠覆。

井冈山时期，毛执行的是共产国际的农村暴力土改路线，通过暴力平均土地，使农民获得地权，并剥夺地主财富，这样既解决了红军的军费，又获得了农民支持，大量农民子弟加入军队。数百年形成的农村宗法社会与财富分配方式完全被破坏，连同被破坏的还有道德与信仰生态。这些地主富农们，也就是现在所说的先富起来的人，如果土地集中造成贫富分化，那么，按照后来国民党的土改政策，是政府赎买地主土地，由农民耕种，但毛却执行共产国际暴力土改方式，使暴力方式成为主导中国社会发展的"动力"。撕裂社会，也能造成巨大的动力，在战争时期有利于战争动员与资源汇集，它使社会成为一个非人的社会，法律与道德传统被毁弃。

如果习认为井冈山时期毛的暴力土改思想是对的，以暴力剥夺乡村富人的方式是正确的，那么，是不是还可以再来一次暴力土改？如果第一次国共合作时，中共放弃暴力改变社会的思维，那么，中国的多党合作制，当时就可以建立起来。国共无休止的内战，就不会发生。

延安时期，毛与中共的思想与普世价值是一致的。由于美国的参战及美国对华援助，毛与中共看到了美国精神与美国制度。通过笑蜀主编的《历史的先声》，我们可以看到1941－1946年中共延安时期领导人讲话、访谈、主流媒体社论与评论、会议报告，中共的延安价值追求关键词是民主、自由、人权、宪政共和、军队独立。

中共誓言，自己不会搞一党独裁，毛泽东与黄炎培谈到历史兴亡周期律时，坦言，中共找到了解决历史周期律的钥匙，就是"民主"。

三、毛背叛了中共的延安誓言

但 1949 年建政之后，毛在几年的时间里，开始将新民主主义革命，改变成社会主义革命，革命对象从官僚资本主义，改为工商业者、民族资本主义、并将土地从农民土地收归集体所有，通过反右，将知识阶层（5—60 万人）几乎是毁灭性地打击，联合政府被解体，一党专制成为现实。土地从农民手中收归集体所有之后，更是造成三千多万人口非正常死亡。激进的超现实的社会主义化，造成灾难性后果，同时，使农民被限制在土地上，成为公社的农奴。

五十年代党天下开始演变为毛天下，党和人民都是虚的，能做决断的，不可能是所有的人民，也不可能是全体党员，当毛能控制中共最高权力机构时，毛就实质性地控制了整个政党与国家。毛实质性的改变或颠覆了国体，共和国的联合政府被消解，没有任何力量可以制约一个领袖的"思想"。甚至让学校不再学习宪法，而改学政治，也是通过领袖给各位领导的一纸书信，就达到了目的。在不同场合，毛均表示，宪法无用。

宪法是政党、政府与人民的契约，是共和国之本，也是联合政府的制度保证，毛将宪法视为一张废纸，共和国与人权必然没有存在的基础，洪水猛兽一样的文革灾难也就成为必然。

到了 1966 年大鸣大放大字报的文革开始，毛泽东炮打了中共的司令部，他通过新的无产阶级红卫兵，通过他被塑造出来的神圣地位与超级影响力，绑架了中共中央，迫使中共八届十一中全会通过关于文化大革命的决定，中央文革领导小组五一六通知时它直接隶属中央政治局，而在十一中全会决定中，它已是常设性的最高文革领导机构，它只接受毛亲自指挥。

毛泽东颠覆共和国联合政府体制之后，成功颠覆了中共最高权力，毛泽东带领文革领导小组，踢开党委闹革命，各级共产党组织都被文革领导小组取代。毛泽东认为，党已变质腐败，所以要废弃共产党行政体系，建立领袖与人民直接关系的二元政治体制。

毛泽东一生一以贯之的思想与方式是什么？一是斗争思想或斗争精神；二是追求绝对的自由或无束缚的生活，包括不受法律束缚，不顾传统道德与人性人道；三是革命实用主义精神，为了追求胜利，动用一切手段，不惜一切代价。

如果习时代继承这样一位导师的思想，中国梦，只会带来另一场文革噩梦。2013-5

为什么要把自己绑在大清耻辱柱上

习近平团队第一次集体亮相中国国家博物馆，提出了中国梦这样一个政治理念："实现中华民族伟大复兴，就是中华民族近代以来最伟大的梦想。"接着，《人民日报》连续刊载9篇《同心共筑中国梦》呼应，党刊《求是》发表署名"秋石"的评论员文章《中国梦：汇聚磅礴正能量》助威，刘云山主导的中宣部在北京举行深化"中国梦"宣传教育座谈会，指令要将"中国梦"宣传做到"进教材、进课堂、进学生头脑"。媒体还有报道说，年初之时，中共官方智囊机构已将"实现中华民族伟大复兴'中国梦'研究"列为年度首批国家社会科学基金重大项目招标课题研究项目，中央党校也将"中国梦"作为习近平的理论体系进行立项研究，中国社科院亦成立"中国梦"研究小组。

习站在中华民族共同体立场，要通过近代中华屈辱史来建立中华屈辱、仇恨与复兴的同仇共识，似乎中华民族在"近代"之前的"古代"，帝国繁荣强大，独步天下，而近代以降，西方的船坚炮利洞开了中国大门，中华帝国没落了，当代中国人要做的，就是复兴，"复兴梦"因此出笼。

大清的君主立宪与社会革命之间的赛跑，是中国主流知识界的共识，如果立宪快过了革命，国家就可以逃脱革命之劫，如果革命快于立宪，不仅大清崩溃，立宪也会付诸东流。中共意识形态一直不愿意接受这一真相，当然也没有向社会公开承认这一历史事实，而是动用民族主义煽情方式，着力于渲染列强入侵大清，而对大清政治体制落后不置一词。

中共主流意识形态习惯于一腔情愿地制造自己的逻辑链：国家不好的时候，西方列强进入中国，所以有英法联军火烧圆明园，有八国联军入侵中国，国家做强做大了，就可以避免落后挨打，就可以实现复兴梦想。一个历史唯物主义信奉者们，没有看到大清的败落是历史的必然在，而中西方制度与价值观念的冲突，也是历史的必然，而这样的冲突，中共的老祖马克思在著作里也有客观理性的描述：

"天朝帝国万世长存的迷信受到了致命的打击，野蛮的、闭关自守的、与文明世界隔绝的状态被打破了。"（马克思《中国革命与欧洲革命》）马克思认为中国与世界因此建立了普遍的联系，大清的天下成为世界的天下。英国的大炮毁灭了大清天下梦、万岁梦，历史在血与火中进步。

落后就要挨打，大清经济并不落后（鸦片战争时期中国经济总量占世界经济总量的三分之一），落后的是其皇家礼制与反市场、反开放的统治理念，当革命与立宪赛跑时，大清没有审时度势，让革命暴力的洪水淹没了王朝，国家国民也深受其害。

大清的国耻，被当代统治集团位移到教科书中，成为几十年来经典的洗脑教材，我们看到，新的当政者仍然沉迷于愚昧而错误的教科书内容，把自己当成大清耻辱的传人，把当代中国人绑在大清的耻辱柱上，仇视西方，而对大清皇权体制破产带来的历史进步无所反思。

如果按照马克思历史唯物主义观点，孙中山及后继者中共组织应该感谢西方列强打开大清封闭的大门，因为资本主义比封建社会进步，西方列强对大清的打击与促进中国市场开放，为中国历史的进步创造了条件。但中共无视历史的进步，刻意站在民族主义立场上，把大清与列强之间的冲突，做成了爱国主义事件，无话可说的习时代还是落入民族主义俗套，以此凝聚所谓国家复兴的共同力量。

不追求人类共同的价值，仍然在百年前的所谓国耻面前，寻找国民与统治者的共同情感，而这种情感的价值导向是什么？没有，只有一个共识：落后就要挨西方欺负，只结一个种子：就是仇恨的种子。但现在中国百姓面临的问题，谁都清楚，不是西方列强来欺负中国人民的问题，而是中国的权贵欺负百姓的问题，国家有大小有先进有落后，人们没有看到经济落后的国家必然会被入侵或挨打，但没有民主自由宪政的国家，人民必然受权贵利益集团欺负与压迫。

人民的梦想是宪政民主，大清没有完成，这是大清的遗恨，也是大清的遗梦，中共如果要做大清的传人，不应该继承别人的耻辱，而应该继承大清未竟的立宪事业，进行实实在在的党主立宪，通过立宪让实现人民的百年梦想。

2013-4-20

习近平向哪儿看齐——评习近平关于党校工作的讲话

习近平最强调的是党的权威性及党的战斗性。但党的政治意志如何体现？最终必然体现在对党的领袖的意志的遵从，所谓向党中央看齐，即是向习核心看齐。

习近平在安徽与有关人士的座谈会上讲话，谈到党国政府对知识分子要有尊重，对不同的观点要有宽容。话音未落，中共中央喉舌《求是》杂志即抛出习去年十二月份在中央党校的讲话，似乎是对习的安徽讲话的一种回应。显然，习去年在党校的讲话，与安徽讲话相比，言辞更严厉，充满斗争意识。套用一句戏曲台词：习近平的讲话，理太偏。

关于共产党人的"祖宗"

习在中央党校的讲话里说：我们干事业不能忘本忘祖、忘记初心；我们共产党人的本，就是对马克思主义的信仰。

传统中国社会数典忘祖是一项大罪，每一个姓氏都有自己的祖先。中共党人敢于背弃自己的传统祖先，拜马克思为祖宗，乃至有"死后见马克思"的口头禅，此实属逆天。这意味着，中共终极负责的对象是马克思或马克思主义，而不是中国人民与中国的未来。

毛泽东说过，马克思主义就一句话：造反有理；而邓小平则认为"实事求是"是马克思主义的精髓。由此，毛泽东终生造反斗争；而邓小平实行了改革开放，同时《红旗》杂志改名为《求是》。

习近平信仰马克思主义吗？马克思的原教旨是：阶级斗争推动历史；以暴力革命解放全人类；最终消灭阶级和私有制。请问习近平：如果"不忘初心"，是否还要来一次毛革命，将全部私有企业收归国有，打倒老板老总阶级，不允许私人雇工，在农村收回农民的土地，重搞人民公社？

邓的改革开放，说到底就是放弃毛的阶级斗争，放弃世界革命，恢复经济建设，恢复正常的社会和生活，国家也在国际社会上回归常态。由此，中国才告别了毛的瞎折腾，有了这三十年的种种成就。事实说明，只有告别共产党的马克思老祖宗，中国才能走出困境，融入世界文明民族之林。

再说中共的"初心"

1944 年 7 月 4 日，《新华日报》发表了毛泽东撰写的社论《美国独立日——自由民主的伟大斗争节日》，其不仅歌颂了美国的民族斗争与民主自由精神，甚至将之与马克思主义价值相统一："马克思、恩格斯、列宁、斯大林，这些社会主义的伟大思想家和行动家，对于美国的战斗民主主义及其在世界史上的进步作用，从来都是给予高度的评价的。"

笑蜀先生主编了一部《历史的先声》，其汇集了延安时期中共各主要媒体的社论与领导人的讲话。其内容显示，延安时期，中共宣扬的马克思主义与美国主导的西方价值观是完全一致的。可惜中共建政后，完全背弃了自己的历史承诺，亲苏反美，将共和国变成党国，不断发动激进的"社会主义运动"，从土改、镇反到合作化，到反右，到文革，党国也变成了毛个人独裁之国。其间，灾难接连灾难，数千万人死于非命，数亿人遭致迫害。

《历史的先声》中的内容是中共的宣传，但宣传也是对社会的公开表述，是其对国家、人民的承诺，否则怎么会有一批批进步青年投奔延安，以致民主党派也多站到中共一边？

至于毛泽东建政后背弃承诺，一再欺骗人民，搞一党专制一人独裁，结果是导致国家灾难连连，如果习中央不汲取教训，继续背弃"当初"中共对民主自由的承诺，失去的不仅是初心民心，还会制造更大的灾难。

什么带来动荡分裂？

原教旨共产党有自己的"普世价值"，因为他们认为共产主义是人类的终极追求，斗争哲学与暴力革命是全人类的行为模式。但共产主义的母国苏联最终溃败解体，东欧各"社会主义国家"相继垮台，即使中国也被迫改变毛路线，实行改革开放。近半个世纪的冷战，两相比较，共产主义给国家民族带来的是灾难，而民主宪政国家给人民带来的是福祉，比如东西德国，南北朝鲜，对比尤其明显。

习近平的这篇中央党校讲话令人不可思议，其中心仍然是固守马列原教旨思想，认为西方普世价值藏有阴谋，党校人不能成为普世价值吹鼓手，他说：

"国内外各种敌对势力，总是企图让我们党改旗易帜、改名换姓，其要害就是企图让我们丢掉对马克思主义的信仰，丢掉对社会主义、共产主义的信念。"

习近平只要回顾一下中共的历史就会清楚，中共纯粹是外来的，无论是指导思想，还是组织架构，或是建政后的国家制度，均全盘来自苏联。中共将马克思的乌托邦思想，苏联的极权制度，强制性地全盘放到中国，结果推翻了中华民国，建立了极权国家，运动不断，革命不断，造成了大饥荒大迫害，给中国之国家、民族、文明带来毁灭性的破坏。

习近平说："冷战结束以来，在西方价值观念鼓捣下，一些国家被折腾得不成样子了，有的四分五裂，有的战火纷飞，有的整天乱哄哄的。"习的话说反了，事实是：一些国家的动荡，是因为专制或反普世价值力量为了维系自己的既得权益，才造成了动乱；而尊重普世价值的国家，譬如日本、南朝鲜、新加坡还有台湾地区，都因此而繁荣富足。

习近平要求党校教师们解释好社会主义核心价值中的"民主自由"的概念，似乎社会主义的民主自由，与资本主义的民主自由截然不同。他的意思是：社会主义民主之上，还有一个党的"集中"领导；社会主义的自由之上，还有一个领导、组织的"批准"。习近平一再强调"看齐意识"——向党中央看齐，并要求干部学习马克思原著。很遗憾，我们没有看到习近平要求中共官员向宪法看齐，以宪法为准绳，遵循宪法，尊重公民的各项自由权利，并以人权为价值核心。

习近平最强调的是党的权威性及党的战斗性。但党的政治意志如何体现？最终必然体现在对党的领袖的意志的遵从，所谓向党中央看齐，即是向习核心看齐。

毛泽东反普世价值，热衷个人独裁统治，自称是"秦始皇加马克思"。习近平到底是向毛泽东看齐呢，还是向倡导普世价值的文明世界看齐？

（《中国人权双周刊》第 182 期）

习近平又要陷入意识形态沼泽地？

8 月 19 日至 20 日在北京召开的全国宣传思想工作会议，中共中央总书记习近平在会议发言中强调意识形态工作对党"极端"重要，习的讲话一公布，学界反映强烈，有学者认为，这是没有薄的薄路线，认为习要坚持把左翼的意识形态路线一条路走到底。习的讲话为什么离知识界普遍的期望甚远？为什么他给人们的印象是沿着极左的路线顽强地走到底？

习近平说意识形态极端重要，到底什么是意识形态？意识形态英语：Ideology，希腊语：ἰδεολογία，意为"理念"。中共的意识形态鼻祖是马克思主义思想体系，其一认为阶级斗争是历史发展的动力，所以把人民分成阶级，并致力于制造斗争，以推动社会进步；其二认为私有制是社会罪恶之源，共产党人的一切努力，都是要消灭私有制，要通过暴力革命，推翻剥削制度，剥夺剥削者压迫者的财富，通过财产平等，使社会平等，以体现社会正义。

毛泽东实践的是原教旨的马克思斗争哲学，文革就是无产阶级专政下继续革命，以阶级斗争为纲。邓小平胡耀邦的价值与成功，就是终结了以阶级斗争为纲，代之以经济建设为中心。而在私有制问题上，江泽民通过"三个代表"思想，将企业家等私有企业者纳入中共体系，他们不仅可以入党，而侪身人大政协权利系统，国家立法保护公民私有财产。马克思主义意识形态的核心观念，已被摒弃，某种意义上说，现行的意识形态与马克思主义思想完全相悖。因为当代中国是权贵利益集团控制下的国家资本主义体制。按照马克思政治经济学说，中国全民的剩余价值，均收归国有，由执政党所控制与垄断，并拥有超越法律的财富分配权。

马克思主义意识形态在全世界已经破产，中国也只是高举一面空洞的旗帜，那么，习近平要求官员们学习马克思经典原著，要从中学习什么呢？马列主义从中学到大学到党校，读其千遍也不厌倦？

意识形态是一套相对封闭的思想体系，既是一套政治理念，也是一套伦理价值体系，一旦获得了执政权，执政党会将自己的意识形态转化为国家的方针政策，特别是法律制度，这个时候，官员们要学习与遵守的，不是原教旨的经典原著，而是国家宪法，而当一个国家已成为世界大国之时，要成为一个负责任的大国，一个赢得世界尊重的执政党，官员们要学习的，则是世界人权宪章系列，发展经济之上，是保护人权，使百姓获利宪法与人权宪章规定的各种政治权利与自由。

形象地说，意识形态是天空中的云彩，这片云彩转化为宪法与制度的雨水，政府官员要做的是，使这些雨水形成河流、浇灌庄稼，并使其不泛滥成灾。如果把意识形态当成遮蔽天空的道具，当成超越法律的真理、当成欺骗人民的工具，那么意识形态就成为一个不死的幽灵，一个曾经盘旋在欧洲工业革命初期天空中的幽灵，来到了中国，在中国享有了至上无上的精神控制权。

中共改革开放三十年的历史，凡是取得成功的领域，都是淡化或汰弃保守的意识形态取得的，实践是检验真理的唯一标准，让两个凡是派退出了政治舞台，不管黑猫白猫抓到老鼠的就是好猫，是对宁要社会主义草不要资本主义苗的反击，社会主义也可以搞市场经济，更是对资本主义市场价值的非意识形态化使用，对港澳台湾提出一国两制，则在制度场面上局部开放了意识形态，使意识形态不再像魔鬼一样垄断中国每一寸土地。给中国带来改变与进步的，正是这些非意识形态化策略。

习应该反思，为什么政治文明的宪政民主国家不依赖所谓的意识形态，而只有前苏联、朝鲜、古巴、中国这些政治极权国家才需要控制意识形态？控制意识形态的国家，政治信仰、媒体言论、网络信息均是不自由的，国民既看不到历史与现实的真相，也无法看到外面的世界，信息源主要掌控在当政者手中，这样的意识形态控制，在全息社会的今天，还能维持多久？意识形态与意识形态的控制，不仅越来越多的人不信，更使人们与当政者离心离德。

邓小平说："我们搞改革开放，把工作重心放在经济建设上，没有丢马克思，没有丢列宁，也没有丢毛泽东。老祖宗不能丢啊！"（邓小平1991年8月20日讲话）

邓小平说马列毛是老祖宗，老祖宗的东西不能丢，完全是把意识形态当幌子使用，马列老祖也只有牌位作用，邓的政治实用主义路线，工作核心在经济建设上，在发展市场经济上，邓小平防右，并继续反资产阶级自由化，更提防的是左，因为左反对市场经济，反对中国经济世界化与自由化。但是，市场经济已定型的今天，还继续高举意识形态大旗，剑指的必然是政治改革。

人类有没有固化的意识观念？中国传统社会在二千多年形成的仁义礼智信或礼义廉耻，是传统社会观念中的价值准则，而人类文明中共同形成的平等、自由、民主、正义、博爱、仁慈、理性、宽容、谦卑等，也是固化了人价值理念，而马克思主义价值理念中的阶级斗争、暴力革命、反资本市场等，已完全不适合当代世界。

哈维尔在他的无权者的权力一书中精辟地分析道：意识形态正日益成为权力的重要组成部分，权力的核心支柱，为权力的存在制造借口，提供内在凝聚力。意识形态的重要性加强了，越来越远离现实，但却具有了特异而实在的力量。它变成了现实本身。当然，这是个完全自我封闭的现实，在权力内部，这个伪现实在某种程度上比真正的现实还有份量。

如果当代中国人不能构建政治思想的主体性，就意味着整个中国在精神上仍然是弱智的民族，扛着别人制作的旗、沿着马克思指定的路，实验性地走到天黑。对和平年代对马克思主义的精神依赖，势必重张斗争思维与斗争方式，当政者只会被权贵利益集团绑在战车上，与公民社会为敌，不知不觉走到公民社会的对立面，视民主宪政与普世价值为敌对的异己价值，习近平应该反思：一个政党与养育自己的人民为敌，这样的执政党在特色路上能走多远？

"极端"重视意识形态，必然会使习时代再次陷入思想

斗争的沼泽地。2013 年

习近平第一个任期的破局与困局

习第一任期致力于重建其威权

中国的政治文化与传统文化有一共同点，就是多不公开否定或颠覆自己的前辈，传统的学界如此，当代中国的政治也如此，邓小平完全有能力颠覆毛泽东的意识形态，但他没有，毛像还是悬挂在天安门城楼，毛思想仍然是指导思想。习近平更没有勇气与胆识给毛思想或邓的改革进行公然的颠覆。

习近平无法颠覆，但却致力于重建自己的威权。

一是反腐败，将主要政治对手通过反腐法办，使其退出历史舞台，在秦城安度晚年。对周永康的打击，破了原有潜规则，即：刑不上常委。

二是夺取政治核心权，这是一个虚权，但却是一个至高无上的虚权。邓小平视自己为第二代领导核心，并赋予江泽民为第三代领导核心，核心就是一票否决权或确立继承人的特权。江泽民在胡锦涛当政十年，仍然拥有核心地位，依靠的是军队亲信对自己的效忠，而习当政之后，江核心并没有任何力量将其废黜，怎么办，习的团队主动确立习为核心，从江手中夺得了核心权，今年两会之时，总理李克强与政协主席俞正声都在公开的报告中承认了习的核心地位，习的核心威权真正得以确立。

三是占领理论思想领域至高点，确立习近平思想这样一个概念。这是继毛泽东思想之后，敢于建立自己思想体系的新提法，体现习近平团队的政治雄心壮志。

领导小组建制难逃陈旧发展模式

第一是行政领域：领导小组的破局与建制

习上任就成立多个领导小组，这是外挂服务器，这些小组只能制作一些高大上的项目，但具体如何实施，还得靠原有体制内的官员，习中央决策对了，这些官僚体系完全可以使其异化，变成利己或利于利益集团的项目；习中央如果做错了，这些体系内力量也无从制约，任其错谬，酿成灾难也不管（没有独立的司法或国会制约）。中共的政制，既可以让习中央雄心万丈（中央决策什么，所有官员与媒体只能叫好），也可以让习中央一败涂地（市场规则从来不由最高领导人去控制指挥）。

毛泽东当年踢开党委闹革命，因为党系难以体现他的政治意志，所以要成立一个中央文革领导小组，现在习中央成立更多的领导小组，目的是摆脱党和政府官员体系的不作为，或无法直接体现习核心的政治意志。

现在第一个任期届满，谁能对中央领导小组体制进行一个反思与评估呢？

第二是经济领域的破局与困局

中央是新的，经济模式是旧的，习李新政，希望摆脱胡温时代奠定的房地产支柱模式，辅以印钞的强刺激模式，所以，习李新政伊始，想通过股市吸引民间资金，来救活国有企业，来刺激经济发展。习李的想法是美好的，但却遭遇利益集团的狙击，一场不流血的"经济政变"发生，股市不仅没有助推到一万点大关，反而跌到谷地，股民与国家都遭到血洗。习中央只好又退回到胡温印钞——刺激房地产模式，通过泡沫化货币，使整个国家度过经济危机难关。

我们现在看到，习中央奋斗五年，仍然没有破局，还在胡温模式沼泽中沦陷，用更多的印钞量、更强的刺激来抬高大城市房价，如果房价崩盘，会对中国经济造成怎样的冲击，也许一切都还没有开始（现在只能退而强调金融安全并抓捕金融大鳄）。

第三是雄安特区的破局与困局

今年最大的新闻事件就是习中央亲自划了一个圈，筹建雄安特区，在北京、河北、天津的核心区域，划出一个经济特区，以化解大城市各种危机，新生代创业人口无法安居就业，这个特区习中央誓言要超越深圳与浦东，成为一个新亮点。

天津的滨海新区，河北的曹妃甸新区，都已有数以十亿、百亿的投资，后续难以为继，因为不是现任中央划的圈，只会任其烂掉。现在，雄安周边都支持雄安特区，最后这个特区风景如画，周边呢，又形成巨大反差，形成污染坑地，当然难以幸免于污染深重的困境。

国际关系领域的突破与困局

第一是海洋上的破局与困局

中国有一帮所谓的鹰派，既有高校研究机构的学者教授，又有军方退下来的将军，共同特点是，公开以美国为敌，以对抗美国为使命，鼓励中共领导人放弃邓小平以来的韬光养晦国策，激活民族民粹主义热情，要让中国走上一条准军国主义的不归路。

习中央当政后，一系列的举措都是这些鹰派们怂恿的结果，在东海划出航空识别区，并制造钓鱼岛冲突，在南海人工造岛，并建设军事基地，造岛投入数以百亿美元，中共最终得到的，却是外交困局，菲律宾通过国际法庭获得胜诉，中共陷入被动，只能通过金元外交，使菲国暂时不与中国争端，而对东盟各国，也如法炮制。

美国因此高调重返亚太，并威逼中共退出所造岛屿，保障海洋自由航行权。现在尽管因为朝鲜问题使这一区域暂时没有激烈争端，但它像一条握在别人手中的辫子，随时可以绞痛中国头脑。

第二是一带一路的破局与困局

一带一路是为了破局，因为中国落后的产能与产品需要更落后的地区去消耗，并扩大相关国家地区的市场，为此中国不惜以数以千亿美元的投资，来激活这一落后市场，同时扩张的市场还包括南美与非洲地区，一些政权易变的国家数以百亿的投资无法收回，砸了水漂，而落后地区的市场培育，还不如中国自己的西部地区。譬如中国以石油作担保贷款等形式陆续向委内瑞拉提供了六百亿美元的资金，被业界视为赌博性质的投资（2016 年 10 新浪财经头条曾有题为"这个国家即将破产，欠中国六百亿美元贷款"打水漂"的专题报道）。

世界上没有哪个国家倾国家之力来进行商业投资，打造所谓的世界性的经济带，只要是国家性的投资，就会有人利用国家资源谋利益集团私利，包括外交官员与涉外经济集团，他们不追求长远的市场效益，而只会谋求国家更大的投资，以此自己获利。而没有监督制约的中共政治体制，驱动市场投资最终的结果必然是灾难性的，没有人最终会对国家投资负责。而在这样一个宏大经济叙事过程中，中国钜额美元铺到一带一路上，自己的经济却无法升级换代，只能靠无限的印钞机制与房地产项目，来给自己打鸡血，制造盛世泡沫。

第三是朝鲜的破局与困局

在意识形态与经济领域（还有社会维稳领域），习中央都是困兽犹斗，或是自造困局，只有朝鲜问题，由困局在走向破局。

习当政近五年，最大的亮点是在朝鲜问题上开始转型，并获得了美国新总统的肯定与信任，某种程度上中美第一次获得空前团结一致，而这背后，是习中央对朝鲜的核游戏的反感与厌恶，这是历史性的包袱，朝鲜问题上如果能协力美国解决，习在十九大之前会获得美国总统的支持，这对中国的经济或政治转型都有极其重大的正面影响。朝鲜困局不是习中央造成的，中共如果一揽子解决了朝鲜核危机或朝鲜的政治问题，促成南北朝鲜统一，将是历史性的巨大贡献，如果联手国际社会和平解决，习本人可能因此获得诺贝尔和平奖。

动向 2017。4

避蹈覆辙，习近平还有多大转型空间？

一、人们普遍感受是，文革又一次降临中国。习如果扮演毛"伟人"，结局只会是一个，中国与中共沦落与动荡，甚至会走向军管与戒严，最终引发导致中国崩溃的大革命。革命式的颠覆重建中国政制，前提是必须有一次伟大或宏大的革命，暴力流血革命或花儿和平革命，如果中共主导政治转型，那么，在现有政制下，还是有一定的空间，本文探讨的是这一空间中，政治转型的路径。中国与中共都是人类文明的例外，所以，中国的政治转型，一切皆有可能，３６种可能中，本文探讨的是最安全的一种可能，代价最小的一种可能与路径。我并不想党主立宪，无论以什么方式终结中共我都没有意见，但我对中国卷入中共体制的人，基于人道的考量，也基于暴力颠覆或剧烈冲突造成的突然崩溃，产生不可预测的灾难性后果的惧怕，所以，郑重提出最安全的一种方案。

二、习当政之初，似乎给知识界一丝希望，主要原因是他的父亲，没的迫害过人，开明，开放，而习的朋友圈，胡家人占有重要一席。主张政治改革的胡家人，总是可以递上话，让习懂得历史与世界民主大势。习当政之后，曾有传言：我在总书记位置上，并不是自己，只有退休之后，才能恢复自己。其意指：人在宫廷中，在表演中共总书记的角色。现在看来，他显然进入角色了，也许他扮演了他自己都不愿意看到的角色，这就是中共政制机器的裹胁，胡耀邦与赵紫阳稍有异见，就被中共的历史车轮碾压。习现在扮演的似乎是最正宗、最原味的毛思想传人，红色王国掌门人。在第一个五年，他当上了核心，并可能将习思想写入党章。他的标准形象已在诸多场景中与毛泽东并列，中国出了个毛泽东，变成中国出了个习近平，东方又红，太阳又升。第二个五年，他要与毛并肩齐名，成为中共的领袖与导师，并成为影响世界的新社会主义倡导者。第三个五年，他要与美国新总统聊聊，如何共同改造人类世界。他代表东方社会主义阵营，提供东方智慧与模式，与整个西方平起平坐，青梅煮酒，此时，他的地位是马克思加秦始皇加孔子加佛祖。

三、中共在极权政治与寡头政治之间带回摆动，习近平是幸运儿，也有可能是中共或党国最大悲剧的酿造者，如果他步毛泽东后尘，把自己塑造成毛式领袖，再搞一次个人崇拜。我们现在看到的是这样：他从毛泽东那里找红色资源他从红二代那里，找体制内资源他从福建浙江上海陕西那里，找亲信资源他从传统政治中，找治国理政资源，譬如巡视视察制度。他从传统文化中，找儒佛道资源，特别是亲自参观了孔府他的家庭信奉背景中，还有佛教资源，这个秘而不宣。他从中共党史中，找建党资源他从枪杆子那里，找力量与安全保障资源他从延安那里，找红色文艺资源，但延安那里，不仅有延安文艺，延安价值却被刻意忽略了。正是因为延安价值，就是笑蜀编的那套历史的先声里，才使知识分子投奔延安中共，才使民主党派倾向中共，才使无数年轻人为中共的事业献出生命，并有美国与文明世界的信任。而延安价值追求，与中共现在倡导的社会主义核心价值观，是一致的。延安文艺是可耻的，延安整风是可恶的，中国人民在抗日烽火苦难沉重，国军抗日维艰，毛泽东中共却在那里发展自己的文艺，让文艺为党服务，让白毛女激发民粹仇恨，通过打倒地主来鼓动民众扩张中共的地盘，所以延安文艺是可耻的，延安整风是中共迫害人权，肃清异己，为进一步夺天下做好人力准备。只有延安价值，还有初心人类价值，无论是为了欺骗，还是当时确实有此认同，延安时期中共主流媒体倡导的对美国的尊敬、对民主宪政的倡导、基层民主的实验，都是普世价值希望之光。但习上台后，却颁发的内部文件，八不许，就是不许讲普世价值那一套西方政治伦理观念，不许谈司法独立宪政民主三权分立等等。显然，中共的价值观是分裂的。但习却体现了巨大的"包容性"，只要有利于中共统治的，皆能为我所用，中共所谓社会主义核心价值中的自由民主正义，也能包容其中，成为粉饰中共的化装品。

四、党国无数的社会问题就像千年的绳结，似乎永远无法解开。亚历山大东征之时，也曾面对千年绳结，任何人都无法解开。但亚历山大亮剑了，绳节也就开了，不是解开的，是挥剑断开的。习近平想用一己之力解开中共与中国人民之间的死结，这个结是永远无法解开的。自上而下的统治，在世界民主大潮中，不可持续发展，既解决不了内部腐败问题，又没有合法性，中共对人大代表与各级官僚，还有政协委员，全部都用内定的方式，这种内定，既是政治败坏，又会滋生经济腐败，更为严重的是，它成为窃国的方式，把属于人民的权益，窃取到了中共各级官员手中，人民共和国实质上成为党国，中共深知这种不义，维护不义的代价，就是变成虚伪的专政者，暴力威胁者，它实质上成为一种殖民统治。（这次纽约会议聊天中，胡平先生说，中共对自己的党代表们也是当成犯人看管，唯恐他们做出意外举动）。这种极权专政只会持续做恶，累积恶果，社会更难和解。对中共的腐败，还有山头派系，以及对异见分子知识界，习中央号召亮剑，所有的对手与异己者，在亮剑声中纷纷倒下。而习近平对中共自己的罪恶之结，却爱惜有加，前后三十年，互不否定。不敢亮剑。把文革或整个毛时代都视为社会主义探索，只是探索不成功，代价由整个国家承担，荣誉永远归于伟大光荣正确的中国共产党。

五、中共正常化，必须民主化、有限化，把无限的党变成有限的党，把不受制约的党，变成受监督制约的党，如果一步到位，也许中共不堪承受，王岐山让官员们读旧制度与大革命，说的就是变革过程中，贵族们可能死无葬身之地，整个社会土崩瓦解。所以，要严加打压与控制，不惜一切代价维稳，至于以后会不会崩盘，那就是路易十六那句话，我死后哪怕洪水滔天。为避免国家灾难，中共受政治清算，唯一的途径，就是主动政改，通过有效的渐进方式，使中国和平转型，和平转型，就是国家权利一步步回归到人民手中，让选票说话，让人民决定国家命运，让人民获得真正的自由，让国家因自由而繁荣发展，国家不可能由专政者、极权者领导出繁荣。

六、共产党面临的只有一个大问题，就是如何还权于民的问题，是崩溃之后被迫还，还是和平偿还？毛泽东是一揽子还权于社会的，因为他的生命终结了。中共如果到了天道之命终结之时才还权于民，后果确实不堪设想。因为中共积累的罪恶把南山与北山的竹子都砍完了，也写不尽。关键是，愤怒的人民到时候不是砍竹子书写中共罪恶，而是把竹子砍了，做成武器，揭竿而起，动荡与分裂、复仇与血偿，都将成为悲剧性的现实。

七、邓小平只是有限地还给人民自由迁徙权，有限的自由市场权，有限的自由表达权。邓小平解放了中国的下半身。中国人的心灵领域即信仰没有自由化，中国人的口头表达没有自由化，中国人的思想与选择当政者的选举权没有自由化（举手权）。所以，习近平面临的只有一个还权于民的问题。因为没有还权于民，所以中国才乱像丛生，不可遏制。寄希望一个铁腕人物治党国腐败，铁腕人物只会拥有特权，用之清除异己，做大自己的所谓反腐败的队伍，最后反腐败成为口号成为特权成为新腐败，甚至成为黑社会恐怖分子。这与寄希望一个英明君主或帝王，带人民带来福祉一样，这样的极权君主，身边必然簇拥一群忠奸莫辨的宠臣，成为一个权贵共同体，核心会被包围在中间，被删节的信息使核心人物成为阿斗或工具。

八、习近平如果真勇敢，就应该挥刀与中共黑恶势力还有原教旨马列主搞者完全切割，像亚历山大挥剑那样，解开中国历史与中共历史的千年死结。把全国人大，还给人民，把全国政协，还给民主党派。把中宣部变成中共内部的机构，而非意识形态掌控机构。中国是先有政协，后有人大，民主党派是中国颠覆民国政府的重要力量与同盟者，也是中共建政或所谓的开国多党派。所以，第一步，是政治改革民主党派。当年的建国纲领，叫民主建国纲领，不叫中共建国纲领，所以，不忘历史不忘初心，就要回到中共建政之时，正本清源，再造共和。

九、利用五年时间改革政协各民主党派独立谋求发展，第一步在各县市中扩大自己的党员，自筹经费作为党费，中共党员团员也可以转入民主党派，参与县级政府县长市长的竞争，中共如果落选，改为当地县市的监督党派。任何一个县市民主党派获得当政权之后，即行落实人大独立选举方式，不再由中共内定人大代表。第二个五年，民主党派可以联合或独立的方式，竞争省级省长，民主党派获得相关省长组阁权之后，亦同时改革人大，让省级人大成为独立的议会，由各省选民独立选举，中共不再内定。中共将各中共省级机构改变为中共的派驻监督机构，或变成在野党。在政治转型过程中，中共仍然拥有某种特权，譬如维护国家稳定与统一，管理军队，但军队不得干预政治。

十、社会各届与政协、有影响力的律师、媒体人、学者教授等，组建真相与和解委员会，这个委员会将设几个大的分支委员会：港台联席委员会，主谈港台联邦或政治经济一体化的可能性民族自治与和解委员会，负责新疆西藏内蒙等自治问题中共历史问题真相与和解委员会，解决中共历史遗留问题，寻求和解之道。还土地于农民，将城市房产所属土地划归私有或私有共同产权。历史遗留问题将困扰真相与和解委员会，譬如中共在建政前剥夺的地主富农土地，还有中共在建政之后剥夺的土地，等等。如何解决，需要集民族精英智慧，来予以处理，总的原则是，五十年之前的淡化，二十年之前的轻视，二十年之内的重视。

十一、无论是真相与和解委员会，还是中国政治转型委员会，都应该有联合国、美国、欧盟、台港海外民运领袖组成的观察团参加，有可能的话，聘请国际知名专家组成顾问委员会，或委托世界知名智库，研究相关课题与解决之道。

十二、十五年或二十年后，民主党派可以成为多党联合体，与中共竞争执政党，或竞选全国议会议员。当民主党派成为执政党之时，中共就可以和平谢幕了，它将以自己的和平谢幕，获得中国人民的宽恕，国家获得政治文明，人民得到民主宪政，中共获得和平退席，并可以像国民党在台湾一样，重新竞争，通过选票夺取新的执政机会。中华人民共和国的一切权力属于人民。不要诗意地谈什么初心，一切都要回归到共和国政治的原点。无数革命先烈前赴后继，不是为了共产党永远执政，而是为了共和国人民得到最高权力，得到自由民主与正义。毛颠覆了共和国，把共和国变成了党国，变成了专政之国，邓只是平反了中共一些冤假错案，社会经济有了一定的自由度，习要做的，除了政治改革，除了还权于民，没有任何其它政治比此更神圣伟大。

（本文系作者在纽约"前瞻中共十九大"研讨会发言稿，《公民议报》首发）

习近平的意识形态分裂

共产主义是纸做的大棒

我们想像一下这样的戏剧性场景：中国国家主席兼任中国共产党的总书记习近平，刚刚作完一个关于共产主义信仰问题的报告，接着就安排宣传部门宣传中美友谊正能量，同时让商务部门安排商业代表团赴美，待签上千亿美元的合作协定，还有，让秘书班子写作符合人类共同价值的讲稿，准备赴美讲演。

共产主义、资本主义、价值主义一时间都摆在习近平的办公桌上，只是，共产主义是讲给中国百姓与官员们听的，价值主义是讲给美国人或世界主流社会听的，只做不讲或可以操作的是资本主义，购买波音三百架，与美国更多的资本合作，共同谋取剩余价值，习近平不会因为这种市场方式不符合马克思主义，而令行禁止，习近平也不会思考，为什么资本主义自由的市场经济，互益交易双方、福祉人类。

习近平重新宣导共产主义，国内媒体立即跟进，（共青）团中央的微博宣传共产主义时，却遭到党内著名企业家任志强的反击，认为共产主义宣传是一种欺骗，从小学生开始就被骗，而团中央认为共产主义是事业，是人类的进程，共产党员不应该不相信共产主义。

邓小平不提共产主义远大理想，而其三个面向，却具有重大现实意义：面向现代化，面向世界，面向未来。尽管他是为一所小学题词，但却反映了这位改革开放者的政治视野，邓小平的世界与现代化，当然是西方主导世界现代化，而中国的未来也应该融入文明世界的未来。

习近平呢，也有三个面向，面向共产主义，面向中国传统，又不得不面对美国主导的西方世界。邓不提共产主义，不争论相关的政治玄学问题，是明智的，这样可以一心一意发展国民经济，习重提共产主义，或者是习着意在抢占党内理论制高点，用理论大棒，来提升自己的威权，来整肃党内异己与腐败势力。邓知道说共产主义当市场经济时代是痴人说梦，习当然也知道这个道理，但他却敢于挥动这根无形的大棒，要求中共党员有信仰，不至于在经济腐败中无底线沉沦。还有重要的一条，党内对习反对的声音开始起来，向左转，利用响亮的口号以增化自己的政治正确。

拥有博士学位的习近平应该清楚，共产主义思想无法自恰：原教旨共产主义要消灭私有制，而现在国家的宪法保护私有财产；共产党宣言强调暴力革命，全世界无产者联合起来，而这种思想与法西斯一样，是国家恐怖主义之源；还有一条，共产党是无产阶级领导的先锋队，官员财产都不敢公开的共产党高官们，早已富甲天下，红二代完全是权贵资本主义的精英，却披着无产阶级红色外衣，滑稽而荒唐。

空喊共产主义并不难，让每一个党员面向党旗宣誓也不难，难的是中共有什么标准或指标来衡量党员是不是信仰共产主义，中共党和政府现在的指标是经济发展的 GDP 指标，人口增长的控制指标，还有污染指标，甚至还有上访维稳指标，这些都是悬在各级官员头上的利剑，人们最不害怕的是实现共产主义理想这门空对空大炮。没有人对这门空炮当真，只有退休的党内"大炮"任志强（任大炮），当了一回真。

习尊重人类共同价值？

原教旨共产主义者反自由反民主，甚至反人类，但弘扬马克思主义的习近平到了美国，却认同人类共同价值：他在联合国可持续发展首脑会议上发表讲话说，和平、发展、公平、正义、民主、自由，是全人类的共同价值，也是联合国的崇高目标。

习主政之后，中共宣传部门强力反击普世价值，视自由民主人权宪政为西方价值，以《求是》杂志为首的中国主流宣传机构强力渲染世界上不存在普遍价值，甚至通过内部档通知，禁止高校老师讲授普世价值、禁止媒体宣传普世价值。

如果习读一读中共党史就会发现，中共早在延安时代就完全认同普世价值，视民主、自由、人权、正义为人类核心价值，毛泽东还认为中共建政后会接受美国的民主体制。既然延安时期中共已认同并宣导普世价值，那么，习领导的中共意识形态为什么在国内强力污名化普世价值呢，将自由民主人权等价值理论异名为西方价值，而中国或中共必须遵守自己的特色价值。

习近平访美前，中国中央电视台也一反常态，着力宣传、渲染中美友谊与合作，网路上许多网友表示严重不适应，因为央视一直是反美宣传员，突然出现宣传口径大逆转，当然令人讶异不已。

　　国内曾有言论说，习年轻时没读过多少书，所以他的思想只会停留在毛泽东时代，这种声音既有出自红二代小夥伴之口，也有出自社会学者言论中。也许是为了回应这样的声音，习近平在美国与在俄、法等国一样，高调开出自己的书单，意在告诉世人，自己年轻时早已眼界大开，读过的美国书，除了海明威等著名作家的文学作品外，还有多部美国著名的政治类的图书，譬如：《常识》、《联邦党人文集》和《世界秩序》。

　　对习近平读过这些政治名著，我们当然乐以观之。如果沿着这三部政治著作的路径，习近平是可以与文明世界主流意识形态接轨的：

　　汤玛斯·潘恩的《常识》是一部美国独立战争时期的政治启蒙读物，他告诉世人：自由、民主、独立精神是美国文明的基石；而《联邦党人文集》记录了美国 1787 年制宪会议前后，联邦党人和反联邦党人在会场内外的激烈斗争，这说明宪政并不是天上掉到美国的馅儿饼，不同阶层不同族群的权益述求都会反映到宪法中来，而社会的妥协与对公平正义的价值追求，使宪政获得最终的胜利；基辛格的《世界秩序》讲世界多元性，而在全球事务上，各个区域不能各行其道，世界和平或文明离不开法则或秩序。

　　习近平能开列出这样的书单来，并不是即兴式的吊书袋，也是要向美国或世界表明，他谙悉美国政治文明史，他知道自由民主独立精神对美国与世界的重要性，也知道宪政之路是一个艰难的过程，而区域国家尊重世界普遍法则，是人类和平的保证。

没有读美国书的邓小平，不挥舞虚伪的马克思主义大棒，打左灯右转，实现了中国的经济相对自由开放，尊重人类共同价值、谙悉美国民主进程与世界秩序的习近平，如何高举马克思的旗帜，带领中国开放政治领域？中国的现在的一切问题，都已归结到政治领域的不开放不自由，而这种不自由开放，不仅危害中国人权法治稳定，还深刻地影响到中国的经济进一步发展，新的世界经济自由同盟 TPP 已将中国排除在外（准确地讲是中国的各种不自由限制了自己加入TPP）。

意识形态领域，习近平面临考验与选择，价值主义与共产主义冰火不相容，而中国的权贵资本主义，已直到尽头。习近平的意识形态分裂，还能持续到何时？

2015-10-09

2016——中共"习核心"元年？

习近平喊出了"习核心"似要取代"江核心"，而"胡核心"似乎本来就没曾出现过。

2016 年中共第一件大事，是喊出了"习核心"这个政治话语，这意味着，江泽民核心已告结束，或已不被承认。

习近平要求中央政治局向中央看齐，习近平核心团队进一步要求中央与地方以习近平为核心，向习近平看齐。

当习近平真正被"拥戴"为新核心之时，他就成为中共真正的决断者，这是否意味着，习中央的政令可以出中南海了，还是意味着习的讲话可以通行全国，上行即可下效？

而这对于党国、对于中国社会是福是祸，却无从知道。

"习核心"呼之即出

近日，署名"学习大国"的一篇《习近平密集强调"向党中央看齐"各省如何落实》文章出现在腾讯网首页，这篇文章说：最近这段时间，"向党中央看齐"成为时政新闻中的高频词。一个多月来，习近平先后四次讲话，要求"向党中央看齐"。

看齐二字，还被习近平加上了"意识"，看齐意识就是一种政治态度，不仅口头上要与党中央保持一致，还要落实在行动上。

学习大国在文章里还找出了看齐意识的来源：1945年，毛泽东同志在党的七大预备会议上说："要知道，一个队伍经常是不大整齐的，所以就要常常喊看齐，向左看齐，向右看齐，向中间看齐，我们要向中央基准看齐，向大会基准看齐。看齐是原则，有偏差是实际生活，有了偏差，就喊看齐。"

显然，现在许多领域许多人在习近平看来，出了偏差，但出了怎样的偏差？习近平没有具体指出来，只是宏观在用看齐意识来强调，表达自己的不满意。

可惜，人们并没有看到习本人或他的团队具体指出哪些问题属于没看齐，哪些地方政府已经看齐了中央。如果既不能量化，又不能有案例说明，只能让人一头雾水，不知其所指。

习近平到底认为这"许多领域许多人"出了什么偏差？

具体看不看齐，对各地要员来说似乎不是问题，学习大国在文章里重点开列各级大员、要员纷纷向习中央效忠，并承认习近平的核心地位。

学习大国的文章里，"一口气列举了 10 个省区市，他们都表态坚决向党中央看齐，"各省市领导纷纷表示自己要做政治明白人，"经常、主动向党中央看齐，向党的理论和路线方针政策看齐，特别要突出思想看齐，切实做到表里如一、言行一致、敬终如始。"

这十个省市是：北京、天津、内蒙、辽宁、安徽、四川、湖北、山东、云南、陕西。

腾讯首页的这篇文章大谈各地要员"向习看齐"，忽略了最核心的政治关键词："习核心"。我们只有进一步去翻看各省市第一领导人的讲话，才可以见其端倪。

湖北省委书记李鸿忠在其讲话中，列举了一系列的"核心"概念："中国共产党是中国特色社会主义事业的领导核心，中共中央政治局及其常委会是党的领导核心，习近平总书记是党中央的领导核心。自觉维护党中央权威，就要自觉维护习近平总书记这个领导核心。"

这一段描述，看起来是强调党的核心有不同层次，但实质是在强调党以习中央为核心，习中央以习为核心，向习看齐，就是忠于党。中共的党内规则与逻辑关系，一目了然于李书记的讲话中。

"增加核心意识"

近日中共中央办公厅主任栗战书也强调了增加核心意识。什么是增加核心意识，就是要强调"习核心"，不允许任何人顾左右而言它，老核心时代已告结束，新核心时代已然来临，要求各一级党政大员认清形势，紧跟习中央走。

栗战书是习的大内总管，最清楚习的焦虑，或者了解整个中央级大员的境况，在此时高规格强调看齐意识与核心意识，显然是习的政治焦虑造成。

反腐造成的重压，经济形势如此严峻，社会问题集中爆发，都需要各级要员拿出办法来解决，但整个形势处于无解状态，大员要员更多的观望，习想推行的政策，也无法落实、推进。习团队此时能给予习的安慰，可能就是一顶极品的"核心"桂冠了。

习已贵为中共总书记、国家主席、中共与国家军委主席，并身兼多个中央级小组组长，仍然感到政令不畅，感到权力难以成功运行，怎么办？

现在中共内部只有顶端的桂冠，就是"核心"，现在栗战书在新年开局，就是要迫使各地大员效忠，拥戴新核心，以强化习的威权与集权，要在各地掀起学习"习理论"的热潮，要用习的理论，武装头脑，推进具体工作。

政治效忠是一种精神安慰，并无实质意义，只是让部下口服、臣服，也只有极权治下的最高统治者会要求下属效忠。

而在宪政民主制度之下，每一个政治角色完成自己的职业任务，完全不需要下级对上级的效忠，要忠诚的，只有宪法。国家最高权力在总统手中，但受到国会制约，国家的核心价值是人权或保障人权，所谓民主、自由、公平、正义等等，都是为人权而存在的价值。

"核心"的政治意义

1989 年 6 月 16 日——"六四"事件发生后的第 12 天——中共第二代领导核心邓小平，在会见杨尚昆、万里、江泽民、李鹏、乔石、姚依林、宋平、李瑞环等中共新领导时说："任何一个领导集体都要有一个核心，没有核心的领导是靠不住的。"（《邓小平文选》第三卷）这次会议邓小平完成了核心的交接，"钦定"了江泽民为第三代领导核心。

邓小平将"核心"从自己转移到江泽民手中。

说得通俗一点，核心就是谁说了算，邓小平在世时，邓小平说了算；邓小平授予江泽民以核心地位，他自己就是太上皇。

这种核心极权制度，早在古希腊之时就有过，和平之时，以民主的方式决策，但战争状态中，一切权力均交由军事元首最后决策，因为，如果不能通过集权方式形成快速决定，就会贻误战机。

邓小平在六四之时，看到中共面对学生运动与大规模民主运动时，没有"战斗力"，所以要扶持一个核心政治人物出来，由核心来最终决定对整个党国的生杀予夺。

核心是靠他对党国的贡献，或人格魅力？或党内民主推崇？都不是。邓小平的核心地位，完全靠枪杆子，江泽民之所以能凌驾于胡锦涛十年总书记之上，还是靠他对军队的成功控制。

现在习团队之所以敢于在"江核心"还在世之时号召各地大员向"习中央"效忠，向习近平看齐，并以核心称之，证明习近平已完全掌控了"枪"，枪杆子出政权，枪杆子出核心。

与江泽民不同的是，习近平这次核心的确立，是以各地大员拥戴的方式，而不是由江泽民在某一特定场合"钦定"。其中政治意味，不言自明。

"核心"的历史回顾

我们稍加回顾这种"核心"现象，会发现背后问题严重。也即，无论有无政治核心，都会引发严重的社会问题。

毛泽东没有被称为核心，但其实他是真正的核心——"伟大的领袖"、"伟大的统帅"、"伟大的舵手"——他利用自己的核心地位，利用共产党的力量，挤压、打垮了民主党派，然后又利用自己在国家近乎神圣的地位踢开党委，闹文化大革命，实现了一个人至高无上的精神领袖地位。

他一个人加上中央之外的革命委员会，就发动了史无前例的文革，造成了国家动乱与罕见的人权灾难，当然他的同志与战友包括习家，也多被迫害与摧残。

邓小平的核心地位，使邓小平可以随心所欲地打击党内外任何政敌，邓的个人威望是一方面，而他担任中央军委主席，使枪指挥党成为可能，"邓核心"制造的六四灾难至今无法平反或纠错。当然，"毛伟人"的文革灾难也没有从根子上清理，文革的政治迫害方式仍然在继续作祟。

江泽民的核心时代，右手制造"三个代表"，让资本家入党，使中国进入权贵经济模式，左手严打民间信仰者，制造大规模的信仰迫害。

胡锦涛一直没有被核心化，所以"胡时代"没有大规模的动用国家机器制造人权灾难，但相比于毛、邓、江三个核心时代的大规模焦点式作恶，"胡温时代"是散点式的侵犯人权。

"'胡温时代'是散点式的侵犯人权。"

权贵经济一旦形成，必广泛地侵犯百姓人权，每年数以十万计百万计的上访、维权案件说明，各级政权普遍地侵犯百姓的经济利益，由于司法控制在各级政府手中，任何不义不公，都无法在当地得到纠正，而当人们借助上访制度与方式之时，又使中共高层面临北京稳定的焦虑，这样各级的截访或将访民进行拘捕、劳改、关进精神病院，维稳经费每年数以千亿，高过军费。

胡锦涛没有成为核心，所以他无法控制整个国家局面。他的上面有精神领袖"江核心"，下面有无数权贵，边上有听"江核心"指挥的枪杆子，所以，不是核心的中共领导人处于被挟持的状态，无所作为。

正是因为无所作为，才有腐败蔓延，才有极端的侵犯公民人权与财产权的事件海量发生。

"习核心"的三条路

毛泽东 1945 年提出看齐意识，那时是战时状态，邓小平 1989 年提出政治核心或核心意识，也是基于一种"动乱应急"，它造成的后果，都是军人政治或政治极权。

如果一个政客，前天向"邓核心"表态忠诚，昨天向"江核心"表态忠诚，今天立即向"习核心"表态忠诚，你信吗？这样的忠诚有什么意义？

忠诚只有在局势变局过程中，在自由的选择中才有价值，当习近平已成为中共最高领导人之时，这种表态忠诚是毫无意义的，因为别人寄附你权势之篱下，只能摧眉折腰，以求平安与利禄。

所以，核心桂冠之于习近平，也许可以为其极权造势，让中共各级大员保持与习的政治一致性，使习的威权达至极权之境。

但我们看到，无论是个人极权，还是多寡头制的分权，对中国社会的危害都是一样的。这是中共政制使然。

　　"无论是个人极权，还是多寡头制的分权，对中国社会的危害都是一样的。这是中共政制使然。"

　　当然，极权或确立政治核心，可以让最高统治者更随心所欲，统治者更顺风顺心，但这种顺风顺心是建立在所有官员对核心唯唯喏喏、只有执行不敢反对的不正常的政治状态下。最高核心任何错误，都会被执行、被放大，都可以造成无可挽回的损失与国家人权灾难。

　　当习近平成为中共最高精神核心之时，习近平或其核心团队应该意识到，谁是"习核心"的监督者与制约者？

　　摆在"习核心"面前是三条道路：

　　第一条是还权于民之道（西方模式），让全国人大具有法定的监督中共中央的权利，设立宪法法院，对中共中央违宪具有独立的调查权、监督权与否决权（弹劾权），逐步让中国过渡到宪政民主制度；

　　第二条道路，新加坡方式，有限开放媒体与党禁，实行强人强权之治，让中共政权长期控制在自己或自己人手中，保证自己的政策长期执行；

　　第三种方式，就是毛泽东的文革方式（朝鲜模式），进一步封邦锁国，不允许公民社会有任何自由度，党国一体，打压知识分子与民间信仰者、打击或拘捕维权者与申张正义的律师，一切都在党的管治之下、国家警察的监控之下，实行完全的法西斯之治。

　　习核心面临艰难的选择。BB 中文网 2016 年 1 月 31 日

习近平要终结的是江泽民时代的权贵经济

现在习近平要终结的，不仅是江泽民对整个中国政坛的控制或精神（核心）影响力，还有，江时代开始做大的权贵政治共同体。邓小平改革或颠覆的，是毛的文革时代，习近平要改革与终结的，是江泽民的权贵经济。

江时代是权贵共和，江当政十年，控制十年，他隔代主推了习近平，是希望习成为自己政治派系的延续，并以此将自己的政治影响力延长十年甚至更为久远，但习近平不愿意像胡锦涛那样屈身苟且，无论是在精神上，还是在体制生态与经济时势上，习无法继续权贵共和的游戏，红二代出身的政治强人习近平必然会喝止江时代与江核心地位。

江时代发生了两次大的政变，一是意识形态领域的三个代表"重要思想"，使中共成为权贵同盟，中共被政变为中国权贵共和党。与之相应的政变是经济政变，将国有资产变成权贵资产，工人在城市不再是"领导"阶级，权贵共和代替了所谓的工农联盟，工人下岗，农民进城，市民没有公民权，而农民工却无法得到市民待遇。

一、权贵共和的时代

江泽民是邓小平最后一次政变（八九政变）的最大获利者，说他是踏着六四鲜血走上政坛，是一种形象描述。江进京初期被极左力量包围与驱使，准备左转，受到邓小平的强力遏制，邓被迫通过南巡来改变极左困境，因此差点又废黜了新晋的中共总书记江泽民。但邓这位铁血人物，已是强弩之末了，只能顺势而为，无可奈何地让其承继大位，江从邓那里得到了军权，也得到了中共政治的"核心权"，所谓核心，即便不在总书记位置上，仍然在中共党内拥有最后的决定权。

邓时代军权与党权是分离的，党的最高领导人一直不是军方实际领导人，所以邓能够一将废三帝，江时代军权与党权实现了合体。江泽民当政，因此不是发动政变，所有的努力是维护与扩张自己的威权，所谓威权，实则是党内霸权。并保障自己政治派系的政治经济安全，所谓派系实则是中共党内自己人的权益共同体。

中共的政制，以核心人物为圭臬，只要核心人物有能量，就会进行权变与政变，以适应自己的统治需要，中共的意识形态越来越虚，而中共的经济利益追求却越来越实、中共追求政治越来越虚，维护统治者的权力稳定，越来越实，中共维护国民的权益越来越虚，维护最高统治者心其派系的权益，越来越实。

江泽民时代是权贵共和时代，也是左派元老、团派、江派各政治派别共和的时代，甚至知识份子与社会底层民众，与权贵利益集团，在某种程度上，实现了共和。邓让整个社会都有获得感，是因为平反了冤假借案，让精英阶层恢复了政治经济地位，九二南巡之后，邓江交接的时间段，又让精英阶层获得了更大的市场空间，一定的政治空间。这一次的权力交接，总体上是和平的，没有政变与枝节问题发生。

江时代让整个社会有获得感，因为权贵与精英，包括知

识精英、体制内精英，甚至一些准异见者们，还包括牢里释
放出来的无业者，都获得了经济发展的空间。根本上说这是
邓小平南巡讲话带来的，但江泽民通过三个代表理论，将权
贵经济变成现实，人大与政协里，多了非党人士，甚至有因
八九民运而入狱的知识精英，也被吸收到政协或人大中，这
是江泽民时代的某种自信，也是政治笼络，江时代讲同舟共
济，通过经济快速发展，让所有的人卷入经济洪流中，通过
经济自由，获得某种自由感与成功感、幸福感。

江泽民不可能像邓小平那样在军中拥有威权，江通过以
升官发财换保驾护航的政治经济交易，获得枪杆子拥戴，以
此一招，就享有了二十年的拥戴，但这种对政治核心的有条
件拥戴（你让我们腐败，我们让你当核心），军政腐败双赢
的模式，习近平时代难以为继，因为腐败到极致将动摇中共
的政权。

二、江泽民时代的经济政变

江泽民是被邓小平等元老们内定的中共领导人，并自然
成为中共领导核心，所以，江获得最高权力，并不需要通过
政变，在维护权利或树立威权过程中，他只是剪除了政治对
手陈希同、军方实力派系杨尚昆等，就基本实现了权利稳
固。

所以江时代更多的精力用于经济大变局。

江泽民通过三个代表理论，主导了一次中国经济巨变或
政变。三个代表（所谓中共代表中国的先进生产力、先进文
化、以及维护人民的利益）是虚的，而元老家族获得政治与

经济权益是实的，精英阶层获得政治经济利益是实的，国有企业被权贵们转型成自己的私企，也是实的。私有经济在江时代成长，房地产业在江时代做大，中国的世界工厂，在江时代开始做大。

这既是国内时势使然，也是国际时势使然。中国的经济政变因此在某种意义上，是国际经济大势促成。

中国经济是洼地，国际资本需要寻找新的市场，并获得低价劳动力，低人权、低环保、低工资，使中国农民工成为国际资本在中国的自由奴。毛时代（或红色世界）的自耕奴，转型到资本世界的自由奴。这种自由，是流动的自由，乡下农民可以自由流动到城市工厂，也有一定的自由择业空间，但，所有的自由选择，都是在权贵资本控制下的被奴役状态。没有劳动保障，出现任何问题，都无法得到法律保护，更谈不上保障农民工的孩子在城市的上学权利。

中共的政变，每一次都得到全中国人民的"支持、拥护、参与"，最初的红军打土豪分田地，后来要求国民党抗日，再后来的没收地主富农的土地，还有人民公社运动，当然还有邓时代的包产到户制度，每一次都是经济政变，中共成功玩弄的都是土地与人民，既不保护私产，也不保护人权，但居然每一次都被"人民"拥护。这就是中共愚民洗脑有术，通过运动的方式强加给人民，如果有反抗或异议，都被当成敌对势力清除。

江泽民时代的权贵经济共和，剥夺了国企工人的合法权益，全民股权被转到权贵名下，中共红色家族获得了巨大利益，王岐山反腐，至今也没有动到红色家族头上，而这些家族既侵吞了巨额国家利益，又成为现在国际经济丑闻的主角（有香港媒体报导，近期王岐山约谈了贾庆林、曾庆红等，红色家族在江胡时代非法谋取的钜资会不会追查，全世界都在拭目以待之）。

中国经济的崛起，更多是农民工的贡献，但中国农民与农民工，仍然无法得到平等的城市市民权，无数家庭破裂，留守儿童与留守妇女，成为中国人道灾难性问题。有人说中国应该学习印度，允许城市有贫民窟，印度贫民拥有选票、拥有免费的医疗、平等的受教育机会，以及普遍的信仰与慈善关怀，使经济"落后"的印度，仍然有一份祥和与文明。中共即便允许存在贫民窟，只会增加更多的城市问题。

所以江泽民时代经济政变带来的巨大灾难，是潜在的，它使中国的政治转型变得更加艰难。权贵联盟、全方位的污染、全民拜物教、政府腐败、全民无道德底线，都是以轻歌曼舞的方式，走进新时代。

三、江泽民时代的权变

由于邓小平南巡讲话，中共进一步改革开放，更多的人可以参与市场经济经营，而中国加入世界经贸组织，使中国成为世界工厂，洼地效应使中国经济获得了快速增长，体制内外的人或朝野均卷入市场经济，几乎所有人都有"获得感"，江泽民让更多的人共用一条大船，通过三个代表理论，让中共成为全民党，让新富新贵进入人大、政协，分享政治权利，缔结权贵联盟。

邓小平说，摸着石头过河，但江泽民却让权贵们拥有了一艘大船，这些权贵们拥有了一切的先机，由中共政权为其保驾护航，只有个体户、下岗城市工人与农民工，在摸石头过河。

邓小平说，要让一部分人先富起来，江泽民时代基本确立了，让权贵们先富起来，特别是红二代与官二代，以形成权贵联盟，同时让城市相对于农村，获得发展先机，让东部相对于西部，获得更多的资源与政策倾斜。

所以，江泽民在做大权贵同盟共和的同时，制造了国家经济版图的大分裂。

说江泽民发动了经济政变，是针对其将有名无实的国有资产大规模的变成权贵私产。产权发生的革命性变化，这可以说是一次经济政变。

江泽民在意识形态也发动了一次政变，就是三个代表理论与实践。

三个代表理论为什么是一次政变呢？

因为它改变了中共的性质，中共党员是无产阶级先锋队，主体应该是工人农民，而且是工人阶级领导的工农联盟为基础的国家，三个代表理论将中共变成国家党或全民党，它以所谓的三个先进性，来掩盖其改变中共性质的实质，中共实质上成为中国权贵共和党。江泽民主导的中共，不再是无产阶级先锋队了，而是权贵主导的权贵先富队，新权贵新精英组成共同体，用政府的腐败润滑，来促使党国繁荣富强。

邓小平强调先富起来的人带动后富起来的人，共同致富理论，成为笑谈或政治谎言。邓家、李家、陈家、江家、曾家、贾家、薄家、叶家等等，都成为巨富家族，他们怎么能带动整个社会致富呢？印度的穷人有选票，通过选票可以获得富人的关注，为了拉票就得为穷人谋福利，中国的穷人靠什么来影响先富起来的人，为自己谋利益呢？

地票与选票，决定普众的利益，而这两大票，都被中共牢牢控制在自己手中，中共因为拥有这两大票仓，所以变得强大而不可一世。

为了政治安全，江泽民在政治领域有二次小动作，二次大动作。

两次小动作，一是打击了北京市委书记陈希同，清除政治对手，另一次是打击极左阵地，关闭了中流等杂志，因为极左公开反对三个代表理论，让资本家入党，令极左无法容忍。

二次大动作：一是为了党国的政治安全，另一则完全是为了自己。

全面打击与迫害民间信仰组织法轮功，几乎是倾国家之力而为之，制造了数以十万计的修炼者入狱、劳改或被拘审，江泽民认为这样庞大的社会组织，极有可能挑战中共权威，所以痛下杀手，对相关修炼者的迫害不进入法律程式，现在许多律师受到迫害，也与代理民间信仰者案件有关。

为了保障自己与派系的政治安全，江泽民完全掌握了中国军方高层，在退任党国最高领导人之后，仍然非法当任国家军委主席二年，并成功地通过其任命的军委副主席，架空中共最高领导人胡锦涛，使其退任后的十年，仍然拥有军委最高首长办公室，用枪指挥了党国又一个十年。

邓江时代我们可以看出，中共核心人物致力的政治安全，分三个层级：党的政治安全，就是捍卫马列毛意识形态，保证党对国家的绝对控制；其次是派系的安全，并致力于建立效忠于核心的派系力量，军、警、国安、司法体系必须保证控制在自己的人手上；还有最重要的安全，就是核心的政治安全，不仅是保障其人身绝对安全，还有形象安全，名誉安全，被体制内承认为核心，以及思想理论载入中共史册。

2017-09-16 风传媒

"习核心"—中共新极权时代来临

　　二〇一六年第一政治事态，是习近平被地方要员拥戴为"核心"。国内外媒体相继报道，有地方大员新年伊始陆续通过会议学习的方式，向习中央宣誓效忠，在向习看齐的同时，提出了"习核心"这样一个政治术语。湖北省委书记李鸿忠近日主持省委常委会会议，称习近平"展示了马克思主义政治家的雄才大略和高超政治智慧"，强调习"是党中央的领导核心"，"自觉维护党中央权威，就要自觉维护习近平总书记这个领导核心"。还是在湖北某县城，人们甚至拍摄到写有"习近平万岁"的横幅，悬挂於大道两侧。一些人为习近平新集权造势，或者向习核心讨好，不惜照用令人不耻的文革方式。

所谓"核心"即老大说了算

　　近日，学习小组推出周新民的文章《习近平的四大"核心能力"》，众多媒体也以显着位置予以刊登，学习小组不是新华社，不属於中宣部，也不是文革时的梁效，而是习身边的核心团队根据形势的特别宣传、写作小组。现在看来，它可能直接归中央办公厅管理。

　　周新民这篇大作，能够经学习小组推出，然后通过各大媒体发表，显然与习核心团队为习核心造势有关，各地大员为什么要向中央看齐，为什么要向习看齐，习为什么是核心？周文通过长篇讚誉，似乎回答了人们的疑问，文章意在使人们相信，习的核心地位并不是凭空想像出来的，而是他名符其实。但，如果这篇文章的核心人物换成毛泽东、邓小平或江泽民、胡锦涛，甚至换成华国锋、胡耀邦、赵紫阳，都可以成立，如果中共最高领导人不"具备"上述四项核心能力，那他还是中共最高领导人么？反之亦然，只要任何一个人当上了中共最高领导，门下就可以想当然地写出这样的讚美文字。这就是极权社会统治者被制造出来的"魅力"。

但民间社会或学界、国际社会看到的是怎样的一幅景象呢？

道路方面：人们看到文革死灰正在複燃，文革时对异见者的打击是反革命罪，而现在则名之为颠覆国家政权罪，大量维权律师与民间异见人士被抓，甚至长期拘狱而不审判，特色社会主义道路正在被倒退成文革死路。甚至对习的宣传模式，也山寨文革，纵容个人崇拜。

习当政三年，集党的主席、国家主席与军委主席於一身，又设立了多个中央领导小组，亲任组长，最重要的是成功掌控了军权，习近平确实已站在权力巅峰，完全可以"高瞻远瞩"，他可以带领国家融入世界政治文明社会，也可以把国家继续带回到封邦锁国的毛氏社会主义道路。而今天反普世价值反民主宪政，这是向前高瞻，还是往后远瞩？

周文说到习近平大无畏的变革能力，到现在为止，我们还看不到习近平重大的政治改革举措，他大谈依法治国，但各种非法的拘狱随处可见，对律师对维权人士还有异见人士的打击，远远超过了胡温朝代，跨境拘捕异见者或出版商，都无所不用其极，超越的不仅是国家法律，更令国际社会无法容忍。

最后一条是大国领导人风范，大国领导人要让其它国家感受到友好，如果仅仅靠大撒币，来谋取国际社会的影响力，这样的影响力得来容易，失去也非常快。中国还有数以千万计的人口在极度贫困中，大量的儿童生活艰难，在这样的境况中满世界多元援助，背后藏着多少贫困中国儿童悲苦的泪水？内政是外交的延续，如果一个国家对内不尊重自己国民的人权，他很难赢得国际社会的尊重。

习还想成为有自己思想的领袖

毛泽东靠不停的革命运动，获得了核心地位，成为"伟大的导师、伟大的领袖、伟大的统帅、伟大的舵手"，邓小平在八九民运之时，意识到党国危急关头，需要一个决断者，他自己充当了六四屠夫，也就成为了核心，同时将政治核心移交给后任的江泽民，枪杆子里面出政权，枪杆子里面也出政治核心。邓小平、江泽民的政治核心，都是拥枪的结果，而其决断力，就是敢於屠城、敢於镇压人民的恐怖能力。

无论是由於被某些不明政治力量裹胁，还是习近平本身的意愿，习上任三年来许多领域在倒退。令人匪夷所思的是，官办的人民网上，开始涌现强烈要求习近平长期执政的呼声……当习近平的大幅画像出现在市场上，或与毛的形象并列出现在大画幅之上，在中国的政治生态中，人们想到的不是一般的尊重，而是一些政治力量在刻意而为之，或是树立习的个人威权，或是将习与毛绑在一起，把习当成毛思想的继承人，或是把对毛的期望，嫁接到习的身上。

我们看到，面对这样的宣传，习本人应该也是比较"配合"的，譬如一幅象征意义特别明显的图片，习佩戴红领巾，被一群同样佩戴红领巾的少年团团围住合影，这张照片与毛泽东当年和红小兵们合影完全重合。显然，习本人也是喜欢被红色少年们围在画面核心，并接受孩子们幸福的崇拜与拥护。这是否意味着，习对文革或毛有挥之不去的怀旧情结？

当人们看到毛画像与习画像出现在同一样画面之上，成为年画或宣传画之时，当然还会自然想到，习本人讲过的话，不能将改革开放的前后三十年互相否定。尽管习没有为文革翻案，但不否定前后三十年，强调的当然是毛思想与中共领导的一致性，某种意义上，他正在继承毛的领袖形象，不仅要成为核心，还要成为有自己思想的领袖人物。去年体制内有人喊出了习核心，也有人首次提出习的经济思想，习近平战略思想，甚至也有媒体直接提出习近平的思想，这些术语在中共政治话语体系里，意味着习在党内的政治地位与思想地位又将升级。

政治核心追求是什么核心价值

极权体制需要威权，没有威权一事无成，如同客大欺店、店大欺客的坏规则，中共体制内也如此，帝威欺臣，臣强欺帝。但无论是帝威还是臣强，制造人权灾难的能量，都是一样的，根本原因，就是没有权力制衡，没有独立的司法主张正义，当然更没有公开的政治平台，进行政治竞争。

好了，习核心已不是问题，习追求的核心价值才是真正的问题。

习核心或以习为核心的中央，秉持怎样的政治理念，让中共或中国走出困境？因为政治上不愿意走西方政治模式之道，所以在经济上也无法持续与西方社会有强势的合作，於是习中央走一条新的西征路线，海上丝绸之路与陆上西进，在经济上与毛时代的第三世界接轨，通过输送美元，期待获得这些国家重大项目，以输出中国过剩的产能。但这一重大举措，国家动辄抛出数以十亿、百亿美元的钜资，既没有看到全国人大相关委员会的预算与审批，也没有看到权威经济学家们对国家重大项目的合议与评估，完全靠最高领导人或领导小组决定，外交人员配合，这些项目与早前的海外巨量投资一样，极有可能竹篮打水，体制内外、国内外的谋利集团将其掏空，不会有任何监督与制约。我们现在看到中国对南美一些国家的钜额投资，已面临这样的严峻问题。

核心极有可能异变为独夫，有独夫，必生国贼或民贼。二〇一五年股市剧烈波动，中央政府动用国家财力来干预、狙击、拯救，似乎政府动用自己强有力的手，就可以扭转经济乾坤，结果呢？政府与股民的财富巨量蒸发，中央政府只能以抓相关领域的内贼，来平息民怨。现在我们要追问的是，二〇一五——二〇一六年，中央政府在不发达国家挥洒数千亿美元，如果出现巨大亏蚀，还是去抓几个贪官了事，或者决策者出来承担责任。

鲍彤老说：第一，不可能是世界适应中国，而是中国适应世界。第二，不可能是现在走向过去，而是现在走向将来。周子瑜事件说明是大陆方面撕毁了九二共识，不允许台湾人打出中华民国的旗帜。跨界抓人，说明是大陆方面打破了一国两制，不承认香港自治。现在的情况就是内外交困、没有章法。

习中央在许多领域表现出现的不遵守章法，是因为不尊重普世价值，而普世价值的核心价值是保障人权，如果以习为核心的中央不通过司法独立来保障人权，将人权作为国家核心价值予以承认并确保，其乱局必然持续。

一个不尊重二战后确立的人权核心准则的国家、一个反对普世价值的中央政府，这样的体制中出现权力核心，是非常危险的，因为一个人，被无数权力层次包裹在中间，这些权力部门层层过滤信息，最后让核心作出令自己满意的决策，这个决策必然是有利於各级利益集团或权力集团的，否则，权力集团就会离心离德，不以核心为核心。谁不同意？请举手！党天下已成习天下。动向杂志（香港）2016 年 3 月号谁不同意？请举手！党天下已成习天下

礼贤亲政的背后—忠心表态

　　全世界共同关注的中共最新的领导"集体"在会议闭幕后一天公开亮相，显然这不是一天的会议选举产生出来的常委集体，也不是十九大一周会议选举的结果，而是此前一个月甚至半年时间，政治元老与现任中共领导人之间的妥协的结果。只是到了这个时间点上公布，就有了党内合法性，也让这些参会的党代表们有某种荣光。如果提前一个月就公布了，还要这些代表来开会干什么？

　　近日中国主流媒体主动披露，在会议前几个月，习近平亲自找五六十位重要官员谈话，直接了解情况，或者说听取意见。看起来这是礼贤亲政，但实质是习核心连党内高层的民主都害怕，一对一的谈话，官员们只会敬畏最高当权者，只有表态忠心，才可能有机会"入局"。而只有无记名投票，才能真正反映官心或民意。就像这次党代会最后全体代表表决通过党章修正稿一样，举手表决，不仅同意的要举手，弃权的与不同意的也要举手（伴以高声唱票），这给反对者与弃权者以巨大的精神压力。人们对比文革时代毛泽东主持的党代会上举手表决方式，几乎一模一样，这种公开举手，是公然玩弄民主与权术。

　　当江泽民又一次"意外"亮相于十九大主席团出席开幕式时，人们才意识到，为什么习的核心团队致力于在习的第一个任期里，决然地夺取了江的核心大位，把中共中央的核心权，掌握在自己手中。如果江泽民仍然是中共核心，那么，这位年过九旬的老者，仍然对十九大常委名单有绝对的决定权，习近平又会像胡锦涛一样，扮演中共儿皇帝角色。

人们也会想起，习当政之后，成立了十多个领导小组，相当于外挂的政治伺服器，或者相当于中南海建筑边上树立起的脚手架，因为常委与政治局委员还有整个中央体制，都是前朝元老的人马，习无法实现自己的政治意志，所以只能新成立各种领导小组，来实施自己的权力。当然，习本人最大的努力目标已然实现，就是夺取了核心大位，在中共党内有了说了算的决定权，使中共十九大基本按照自己的意志来召开与落实。

江泽民作为中共最高元老，仍然拥有一票之席，把韩正保入常委，使上海派系或自己家族理论上还可以安全五年，胡锦涛的政治影响力，体现在李克强与汪洋入常，但他们在常委中并无真正的实权，只是相对于韩正，可能要有更多的担当。也许他们还在继续"践行"胡锦涛的政治命运，苟且于权位，难以实现自己的政治抱负。

至高的权杖在习近平手中，而全国人大委员长这个"国家最高权力机关"的领导权，在习的大内总管栗战书手中，人们不会忘记，八九民运之时，全国人大委员长万里，极有可能挑战邓小平的政变，但最终屈服于邓的强权（当时的人大委员长万里在法理上是可以宣布邓小平集团的政变非法）。现在习控制了军权与人大权，还有人事权，在未来五年甚至更长远的时间里，党天下毫无疑问成为习天下。

夺取新时代冠名权，以强示人

习近平不仅夺了江的核心权，还夺了他的"新时代"冠名权。

我们都知道，1997年青年歌手张也唱的那首走进新时代"改革开放的引路人，带领我们走进新时代"，这首歌就是为江泽民献唱的。江泽民的三个代表，开启或做大了权贵资本主义，它使中国"富起来"，但同时也因权贵盗国，使整个国家腐败不堪。这种腐败在其控制的胡温时代更加蔓延不可遏制。

习近平将毛时代视为站起来的时代，邓开启的时代包括江、胡时代，是富起来的时代，而自己的新时代，才是真正的新时代，新在什么？在"强"。它是富强的强、强大的强，还是强硬、强横、强暴的"强"？

过去五年，习对内对外，都示强于人，强力反腐，强力打压网路异见，强力维稳，强力安排自己人马上位，在侵犯人权方面，也显示其强暴，以至于国际人权机构认为过去五年，中国人权状况更加恶化。

众所周知的709律师迫害案，举世震惊，政治公安系统妄自设定一个涉嫌颠覆国家政权罪，就让维权律师们下狱，以国家安全的政治案为由，不让见律师甚至让其失踪，各级政府对上访维权者的迫害打压更加残酷惨烈，对网路与线民的管控，无所不用其极，正在用管理党媒体的手法，强硬甚至野蛮地管控社会网路与自媒体，还有香港铜罗湾书店案将黑手伸向司法独立的香港，又以涉嫌经济政变的宏大罪名，将肖建华从香港拘回大陆，每一个令世界震惊的案例，都在越过一道道法治底线，显示习时代的强权无所顾忌。

对外也是以强示人，东海航空识别区，南海造岛，中印冲突，还有经济上一带一路，放弃了邓时代确立的韬光养晦的基本国策，认为中国应该通过强力的国际博弈提升自己的国际影响力，并以此获利，结果我们都看得见，内战内行，外战外行，对内的强硬，成果"丰硕"，对外的强硬，处处碰壁，无论是南海造岛还是一带一路，都损失了数百万甚至上千万美元，无法对国内经济产生任何有意义的影响，国际影响更是负面不堪。

中共的经济是政治经济，在一方面制造"政治政变"这样骇人听闻的概念，以使富商大贾听党指挥，令其财富只能投资中共希望投资的领域，另一方面，通过经济管控，不允许投资者向西方国家投资，连居民投资海外房产也予以禁止，国人处理自己私有财产的权力也因此被剥夺，政治强权完全干预了经济领域的私生活。现在的投资，更多的只向一带一路开放，以满足习的宏大梦想。政治经济只要满足当政者的权力梦想，做大了一带一路，就成为他的成绩，至于会不会产生企业经济效益，那不是政治领导人关心的问题。

习的新时代，在所有领域都以强示人，恃权逞强，但他面临的经济危局，寄生于土地房产与世界工厂的经济崛起，正在日暮途穷，社会矛盾日益严峻，因环境生态保护与工业生产的冲突，又将影响数百万人的就业与生活，会广泛而持久地造成社会冲突，新疆管控模式是不是会强行推展到全国，下一个五年因此令人担忧。

习思想入党章，习时代将继续三十年

　　新加坡总理李显龙说：中国进入入习时代，意味着习对中国的影响不仅只是今后 5 年或是 10 年，而是持续到 2050 年。此言不虚，习能不能成功掌控到 2049 或 2050 年，当然有变数，但它是习近平的中国梦，应该无人怀疑。

　　习近平新时代中国特色的社会主义思想或者说习近平思想写入中共党章，也是一个大事件。习在第一个五年夺了核心权，现在又获得了思想领域的主导权，一实一虚，抢占到了中共权力与意识形态制高点。

　　习思想入党章，意味着习成为中共的教主，离精神领袖一步之差（退位之后，就可以当精神领袖了）。一旦奠定习思想的历史地位，那么，它就像毛思想那样"放光芒"、战无不胜，后面的继任者只能提一些观点或理论，象征性的补充习思想，我们完全可以想像，未来的五年或十年，习信任的人马将布满中南海党政军要职，他的布局定在当年毛泽东之上，毛的可能接班人从刘少奇到林彪均被毛一一清除，最终选择的人马在政治与军事上都非常稚嫩，毛一逝世立即就被全员打倒，而习现在不设定接班人，在位之时可以亲自控制政局，退位之后，就用思想与亲信来控制政局，以实现自己的政治意志或满足持久的权力欲望。

　　在政治领域，它的影响力将是深远的，体制内异己者将更难撼动习的主导地位，权变与政变更为困难，习即使是五年后离任，也将成为幕后核心，对将来十年甚至二十年形成决定性的政治影响，行政权力也许难以终身制，但其核心权与思想领袖影响，可以非常久远。

习近平在中共十九大上没有像前任领导那样内定设立未来接班人，这是其强硬的权力意志决定的，也给自己未来延续最高政治权力留下的想像空间。对于中共的权力安全继承，未必是一件好事。它破了邓开始的隔代指定，也不亲自指定接班人，那么，他退休之前，是不是会安排一次党内的政治公开竞选？

由此可见，习近平党权政治布局，用心何其险远。

这次中共十九大，三朝元老出席开幕式，这将是最后的政治老人影响中共政治，五年前后，老人们会一个个谢幕，或者没有任何力量干政，习的人马将排成梯队进入中央系列并布局各地大员，他在政治用心与布局方面，与毛泽东可以比肩。

风传媒 Oct 29, 2017

习近平别当朱由检

习近平没有谈到互联网的基石：自由——中国网民与世界网民交流的自由，中国人获取外面世界信息的自由。习近平多次强调官员要学习马克思原著，但是却对马克思关于思想言论自由的观点视而不见。

中国互联网春寒料峭？

习近平四月十九日在网信工作会议上的讲话，新华社直到 25 日才全文发表。显然，习讲话全文公布，也需要"走一个程序"。

看完习近平这篇关于网络信息工作的讲话，我第一想到的是：为什么奥巴马或其他美国领导人没有关于网络信息工作的全国性会议讲话？美国是世界第一网络大国，甚至是超级大国，美国的网络发达，靠的不是党和政府的热情支持，更不是靠总统讲话，不是靠党和政府制定所谓的顶层规划，而是靠它的制度，特别是自由度——如果一个社会没有自由度，网络不可能得到发达。

第二是感觉，这一次，习近平没有像视察新华社那样大谈媒体跟党姓，更多的谈到了人民群众，甚至谈到了人民民主。有媒体人说，这是任志强炮轰的结果。尽管最高当局内心还是党的利益第一，但起码不敢那么明目张胆了。

第三感觉是，习的讲话，开始"语重心长"，谈到了党和政府要多一些包容心和耐心：对建设性意见要及时吸纳，对困难要及时帮助……对怨气怨言要及时化解，对错误看法要及时引导和纠正。习近平还说：对网上那些出于善意的批评，要欢迎。但是何为"善意"？也就是说，除了"善意"，还有"恶意"、"敌意"，它们是排除在外的。习最后讲，网络空间乌烟瘴气、生态恶化，不符合人民利益，我们要……依法加强网络空间治理，加强网络内容建设，做强网上正面宣传——应该说这才是主题。

　　体制内的许多人们，觉得习的讲话意义非凡，甚至有人惊呼"中国的互联网春天来了！"中国传媒大学副研究员熊皇说："习近平总书记的讲话，是对当前和未来互联网的运用与发展做出的顶层设计。"中国信息安全研究院副院长左晓栋表示："网络安全和信息化事关国家长远发展，党中央的坚强领导是这项事业成功的保证。"还有与会者表示，习的讲话，明确了中国互联网事业的发展目标是推动中华民族的伟大复兴。阿里巴巴集团董事局主席马云说：中国的互联网"发展理念日臻成熟、发展方向日益明确、发展蓝图日益清晰。习近平总书记的讲话让我对这一点坚定了信心。"

　　这些高调赞美的余音还袅绕在大会堂之时，海外媒体的报道像一记耳光打在他们的脸上：4 月 22 日，BBC 报道说："苹果公司证实，两大网上服务：图书和电影下载 iBooksStore 和 iTunes Movies 中国区服务突然停止。事件发生在习近平刚刚高调要求官员上网倾听民意'了解群众所思所愿'讲话后不久。"

大会堂里的春天？

关于春天的神话，人们总能想起改革开放之初那些赞颂："科学的春天"、"改革开放的春天"、"文艺的春天"……中国人在政治高压与禁锢之后，开始了正常的生产与生活，每一个人在当时确实都有某种"获得感"。

但现在，要让民众有"获得感"，必然会使党国官员有"失去感"，因为互联网的信息自由，会危及到他们的既得利益。互联网自由的阳光，会使他们不舒服不自在，他们的幽暗生活会随时被曝光。

经济改革发展到今天，中国的人力资源、自然资源、国际资源甚至民心资源都被严重耗尽之时，中国人唯一盼望的，是政治改革的春天；如果没有政治改革与开放的春天，就不可能有所谓的互联网的春天。

因为春天就是自由，就是开放，春天的风是自由的风，春天的花是开放的花，春天没有秋风的萧杀凋零，也没有严冬的迫害摧残。

习近平谈到对互联网网民的包容与耐心，那么公知与大V们的微博能够恢复吗？互联网自由的杀手、中宣部的鲁炜（国家互联网信息办公室主任）还会有另一种声音：这些被封杀的网络人士，发表的言论涉及敏感话题，他们对"党"没有善意。

就上述，谁来判断"善意"与"恶意"？各级网管、各个网络编辑，还有无数"朝阳群众"的举报，这些构成了网络封杀力量。在中国互联网与世界互联网之间，是党国政府构筑的虚拟长城：防火墙。

习近平无法解释"善意"与"恶意"的标准，那么他的通篇讲话释放的"善意"如何抵达人世间？所以，人民大会堂里，听讲话的人们呼喊着春天来了，而正在消费或准备消费 iBooks Store 和 iTunes Movies 的中国人，却感觉到冬天的凛冽。因此，春天只属于人民大会堂里的"人民"。

习近平别当朱由检

数以千计或万计的学者、网民因为发表敏感言论或批评政府的言论，而遭到封杀，有些人因此"转世"数百次，例如清华大学教授郭于华。习近平没有谈到恢复这些人发言的权利。如果改革开放之初没有冤假错案的平反，何来改革开放？封杀言论，就是封杀宪法上规定的自由；封杀一个人的微博或博客，就是封杀或剥夺那个人的政治生命。

习近平没有谈到互联网的基石：自由——中国网民与世界网民交流的自由，中国人获取外面世界信息的自由。习近平多次强调官员要学习马克思原著，但是却对马克思关于思想言论自由的观点视而不见。马克思 1842 年在《评普鲁士最近的书报检查令》一文中说，"没有出版自由，其它一切自由都是泡影"，"出版自由本身就是思想的体现、自由的体现，就是肯定的善"。为什么出版自由本身就是善呢？因为它可以阻止政府的恶，马克思说："书报检查制度就这样扼杀着国家精神。政府只听见自己的声音，它也知道它听见的只是自己的声音，但是它却欺骗自己，似乎听见的是人民的声音，而且要求人民拥护这种自我欺骗。"

所以，对互联网进行检查与封杀的中宣部还有鲁炜们，是国家的作恶者，宪法人权的侵害者。

习近平说，自己多次强调，要把公权力关进笼子里，那么，作恶的公权力中宣部与网管办鲁炜们，何时才会被关进笼子里？

习近平不可能用个人的力量把公权力关进笼子里，互联网与新闻出版领域需要一部法律，以保障宪法赋予公民的自由权得到落实。任何部门与个人要消除一则网文或信息，都要公开处理，于法于规或道德，都要有据有理；只要还是由编辑或网管或鲁炜说了算，必然就会有人攻关贿赂，有人施压或责令——而中宣部与鲁炜们却拥有封杀别人声音的法外特权。

这些作恶者其实是习中央的拍马屁者、安慰者，他们要封杀一切让习中央不高兴的帖子，要让习看到天下一片歌舞升平。当矛盾集中出现，无法掩盖的时候，也许那时悔之已晚。

新华社一则网帖说的是历史，如果奉献给习中央，也许具有警醒作用："历史上的今天"：1644 年 4 月 25 日，明朝末代皇帝朱由检（年号崇祯）在紫禁城后面的万岁山（今景山）自缢身亡，终年 34 岁。死前留下遗言："朕凉德藐躬，上干天咎，然皆诸臣误朕。朕死无面目见祖宗，自去冠冕，以发覆面。任贼分裂，无伤百姓一人。"2016-05-01

中共二十大：习近平以普京为师与台湾安危

百年前，中共以俄为师，决定了中华民国的命运，而今天，我们看到中共领导人正在以普京为师，这将关系到台湾的安危。

共产党人的使命是解放全人类，而今天，却修正为要实现中华民族的伟大复兴，『解放台湾』成了神圣使命，并在中共二十大写入党章。

当年中华民国被中共颠覆，不是『中国人民』推翻的结果，而是苏联实质性的军事与资源援助中共的结果，也就是说，因苏联支持中共，决定了中国大陆现当代历史大变局。

现在普京入侵乌克兰的结局，将深刻地影响『习共』是否攻台。如果俄罗斯很快以惨败收场，战争赔偿与国际审判追责随之进行，将对习共形成极大的威慑，使其不敢轻举妄动，如果国际社会纵容俄吞并被占领的四个州，没有战争赔偿与审判，那么，极大可能会促成习共效仿普京。

大陆与台湾的政治格局，是二战与二战之后大国间战争与博弈的结果，而地缘政治，仍然在深刻影响着今天台湾的安危，好在，历史时刻，美国已经觉醒，并有巨大的改变，无论是美国总统拜登四次公开支持台湾，美国军方与主流社会也充分意识到中共对台湾、对文明世界严重的威胁，这与二战前后美国政府与军方对中共的认知，有天壤之别。

习近平以普京为师

早在 2013 年 3 月 25 日新华网曾以这样的标题做出报道：《习近平与普京会谈：我觉得我和您的性格很相似》，性格决定命运，而极权国家的领导人性格则决定党国与人民的命运。

习近平学习普京什么呢？以下三个方面，习近平学习了普京，或者说与普京不谋而合。

一是打破任期制惯例，通过连任以图终身制，使政敌不敢反对，对异见者打压与迫害。

二是敢公然与文明世界为敌，对乌克兰公然入侵，开始是打着对抗西方、对抗北约东扩的幌子，后来话风又有改变，祭以国家民族主义的大旗。

三是将历史民族的复兴与战争侵略捆绑在一起，既获得合法化，又可以激励人民的血性与凝聚力，占领乌克兰部分区域，在枪口之下让四个州公投独立，加盟到俄联邦，这给习共入侵台湾提供了极好的借鉴。

习在政治层面上，比普京有过之而无不及，毕竟俄罗斯人告别了共产党，对斯大林主义进行了鞭笞，而中共官方马列主义专家与俄共组织却仍然在为斯大林主义招魂，2022 年 10 月，由俄罗斯社会主义学者联合会中央理事会主席伊·伊·尼基丘克主席和中方马列专家程恩富审定的中文版《斯大林全集》（补遗）第 20 卷在莫斯科由祖国出版社正式出版（显然是中共全额资助的国家重点项目），大陆红色网站均报道，此书是对中共二十大的献礼。

可见，习本人以普丁为偶像，而习共仍然是苏联为祖国，以马恩列斯为祖师，俄罗斯主流社会已唾弃列宁特别是斯大林，而中共仍然在拾遗为宝，要传之后世。

今年 2 月 21 日，普京宣布承认顿涅茨克和卢甘斯克独立的演讲中表示，乌克兰是俄罗斯历史、文化及精神世界不可分割的一部分，是与俄罗斯有血缘关系的亲人。甚至认为乌克兰从未拥有过自己真正的国家地位。

普丁为了一场莫须有的荣耀，实实在在地屠戮斯拉夫兄弟民族，摧毁了和平的主权国家，习近平的共产党也一样，复兴中华民族的伟业，居然将侵略台湾当成祭品。

以普京为师，必然像俄国一样惨败

中共早中期以俄为师，甚至以俄为父，得益于二战，美国联俄联共，对付共同的敌人法西斯国际阵营。中共能够成功颠覆中华民国，并不是毛泽东思想伟大或共产党战无不胜，而是苏联的强力援助，以及当时的美国政府以所谓中立的名义，背弃了二战时期盟友，中华民国因此败走台湾。

西方世界对俄侵略乌克兰是用经济与军事援助的方式，至今没有直接参战，如果中共侵犯台湾，美国甚至日本更大的可能是直接参与保卫台湾的战争。因为无论是美国还是日本，以及东南亚国家，都无法接受中共以战争方式改变二战之后的地缘政治格局，如果中共得逞，所有相关国家都将在中国的势力范围中失去安全感。

美國國務卿布林肯 10 月 17 日发出预警，他在加州史丹佛大学（Stanford University）的演說中表示，中国将在习近平的带領下，走向『在国内更加专制，在国外更嚣张跋扈』的道路，下定決心將在更短時間內攻打台灣、實現統一。

美国总统拜登 9 月 18 日播出的美国哥伦比亚广播公司 CBS《60 分钟》节目中受访时强调，如果北京对台湾发动"前所未有的攻击"，美国将出兵协防台湾，这意味着，美国由过去的战略模糊，转型到战略明晰。这也是拜登入主白宫以来连续四次公开表示要协防台湾，台湾实质上已成为美国保护的对象。

当美国放弃联俄联共，当文明世界不再对中共的政治转型与经济发展有任何幻想，习共如果再次以俄为师，像俄国入侵乌克兰那样侵犯台湾，遭遇的将是毁灭性的打击。

2022-11-10（本文部分内容在中华民国台湾中央台发表，特此说明）

习近平的"脑贫困"—庚子溃败与习近平的权势

人们回顾近代以来的庚子年，发现都与国难、社会巨变相关联，1840 年鸦片战争，1900 年义和团匪乱造成多国联军进入京城，1960 年是中共制造的大饥荒，2020 年，武汉疫难又一次重创中国。

这些国难都是外在力量或自然力量造成的吗？1840 时代如果大清不是封邦锁国，会有鸦片战争之难？1900 年不是当局利用暴民义和团"扶清灭洋"，何来列强"辱我大清"；1960 年前后的自然灾害，实为党政之祸，与自然灾害无关；现在的武汉疫难，官方又一次将病源体锁定在自然动物身上，但种种迹象表明，病毒研究过程与实验动物的处置都存在重大问题，中共军方是不是参与研究生化武器，也是疑点中的疑点。

上述四次庚子国难的根本原因，如果分析当政的国家元首，一个词评价他们也许恰如其分：脑贫困（严重的认知缺陷、知识与智力匮乏）。对世界、对现实、对灾情与疫情的错误认知与应对，是造成国家灾难的根本原因。

大清的两个庚子年（1840、1900），最终决定了大清的命运，现在中共的第二次庚子年，习近平个人的权势会受到怎样的影响？中共治下的国运是不是会由溃而败？

习近平遭遇疫难，李克强当不成小组长

中共的人大与政协"两会"开与不开，其实没有什么影响，本来就是一场劳民伤财的政治举手秀，习近平更多考量的是形象与威权受损，现在我们看到中办与中宣部启动了又一番宣传习共中央在决策方面的完全及时正确，用宣传气势来压倒责问与批评的声音。

庚子年本应是习氏的伟大领袖造势年，新年开局从缅甸开始，在云南搞一次大型的亲民秀，与民同乐，包括敲响祈福钟、掀开老百姓家的锅盖，这些表演秀均早已安排妥当，但此时疫难危机已悄然降临。

在去缅甸之前，习已知悉，只是做了象征性的部署，按照惯常规矩，先按下不表，内部处置，说的是不要影响春节气氛，实则不能影响习氏的表演秀行程。

局势严峻之后，产生国际性的压力，习指派李克强去武

汉，并让他担任应对疫难的中央小组长，这是一次例外，过去中央的二十多个小组长都由习担任，这次因为性命攸关，所以疫难领导小组组长让总理去做。但问题接踵而至，当小组长亲自部署指挥时，军队与警方、中央与地方，各种力量都得听令于战时总指挥，新闻联播时总理的份量一下子就盖过了总书记，而且许多重要的权力在"战时"必须让渡对领导小组长，习的权与利均严重受损，又开始强调自己一直在亲自部署与指挥了。

如果不经过习，总理无法运行军队与员警体系，当年汶川大地震，胡温当政，但军方却仍然掌控在江泽民手中，江没有同意派军队，军队就按兵不动，最后"军委首长"江泽民恩准了，军方才给予配合。

在危机时刻，习既想安全、无责，又想控制军警党政专权，无法做到，所以只能再一次虚置总理的小组长职权，使李不再以前线指挥官的身份大量出现在媒体上。习如此而为之，是为了个人的专权安全。

维稳机制无法应对疫难危机

有评论分析，习这次应对危机罪错严重，所以遇到了内部的批评，一尊地位受到严重挑战。

内部纷争肯定是有，譬如这次因为海外媒体大量的声音都在指责习专权造成的处置新冠状病毒贻误，武汉市领导在接受央视采访时也及时"甩锅"，相关疫情早已向上汇报给了国务院、中央，因为省市政府无权公开疫情，所以才造成后续种种乱象。面对责问习近平责任的声浪，习在接受世卫组织主席时，强调的是自己一直"亲自部署、亲自指挥"，尔后又在党中央刊物《求是》杂志发文，列举自己参与一系列与疫情相关的会议，均做出了"重要指示"。

习的一切开脱都是无效的，为什么？因为习的指挥与部署都是无效率、无效果，慈禧也很努力，毛泽东更是努力与天斗与地斗与人斗，但结果都是制造了国难。

共产党的维稳机制，可以扑灭一切异端言论于萌芽状态，能及时发现一位上访者出现在中国的任何一个城市，通过大资料资讯库与无处不在的摄像头，但经历十七年之前北京萨斯疫难的北京当局，却无法像维稳那样，"稳定"疫毒的传播。医护人力无法调配，医疗资源匮乏，员警力量致力于控制言论，而不协力治病救人。整个党国的机制是穷尽一切谋略保党国安全，百姓的生命安全是等而次之的选项。现在的疫难造成国民生命财产重大损失，并波及世界，习近平或习共中央的罪责无法开脱。

一部分人在疫难之际警醒，不再相信党国政府，认为中共控制的媒体皆谎言，但另一部分人却更依赖"党和政府"，甚至在美国洛杉矶我们都能听到这样的声音：如果没有中共领导，中国就乱了。这也是经济与思想控制造成的"脑贫困"，习近平当政之后，几乎打压与摧毁了一切民间组织，并在私企与外企设置党支部，同时重建农村信用合作社、重新安装村庄路口的大喇叭，其用意极其险远：就是国家经济或战争状态时，既可以控制经济命脉，又可以在断网之后，控制宣传资讯，习近平把胡温时代刚刚起步的民间组织、宗教力量、公民社会，悉皆消除或被打压，"社会"被习近平破坏了。

因为没有社会支持与互助，人们只能依赖党国政府，依赖组织，这就是习当政之后造成的恶果。

这次疫难如果半年无法解除，中国大陆成为"西朝鲜"可能成为现实：百姓越贫困，特别是"脑贫困"，越依赖威权与极权，只能等待唯一的权力者的施与与救济，否则没有任何别的途径获得资源。

对习近平无法问责，中共陷入"复工悖论"

至于对习近平的问责，体制内现在的生态中几无可能，没有一种力量能够问责到"核心"，这还不如大清朝。1840年代，有力量能问责道光皇帝？1860年代、1900年代有人能问责到慈禧？1960年代更是无法问责毛泽东。庚子年的所有当政者无论怎样造孽作恶，其地位与权势均无法撼动，除非帝国崩溃。而在这样的政制下，充当替罪羊的反而是位居第二的领导人，慈禧对光绪的拘禁，毛泽东对刘少奇的打倒，习近平会不会由此问责小组长李克强，就看疫难之后的中共内斗激烈程度。

体制内传出的李克强经常说"相忍为国"，通过忍让来维护党国的面子、避免内斗引发动荡，毕竟李背后，有胡、温与党内还残存的元老们的存在，一定程度上使李避受残酷的政治打击，加之习在疫难之际穷于应对危机，只能等待时机。

为了避免因一人决策造成自己被大量指责，习转而通过政治局常委会议讨论一些重大决策，只要真的讨论，就真的会有争论，真的会有反对意见，传出的消息是，习要求全国尽快复工，而李克强等反对（大陆媒体又有报导说，是习中央反对武汉复工）。最后结果应该是，有条件的地方复工，情况严重的地方缓行，一些地方的最新的政策是，只要检测正常，就可以出行。看起来这是务实的方式，但由于检测效果并不准确，隐性的感染者毫无症状，这样带来的隐患与风险，难以预料，一些企业刚开工就曝出有人感染，其它员工只能被迫隔离。

我们看到了疫难之际中国的"复工悖论"：如果不复工，就是等死，经济与市场供给可能引发次生危机；急于复工，则是找死，武汉病毒是"流氓病毒"，潜伏期不定，监测经常性失效，许多人无症状带病毒，这些隐性的传播已造成义大利、日本、韩国、新加坡等地病毒严重传播，由于感染人数上升，北京也开始进入"武汉时间"。

人们也因此嘲讽中共央视主持人，头天还在说要严防死守，待要家中是必须的措施，第二天就号召大家出门工作。央视话风突变，是因为最高领导人发话，最早领导人发话是因为有防疫专家与现实控制疫情的能力提高了，抑或是有了特效药？都不是，是因为经济形势严峻。

如果经济悬崖式跌落，仅靠增发货币，不能解决问题，只会引发恶性的通货膨胀，更为严峻的是：如果三个月以上不开工，国际产业大量转移，与其它国家形成产业链，这就在事实上把中国排除在世界经济之外了，中共无法在经济上承受国际工厂的整体移出。

所以强行要求人们复工，是为了党国经济安全，而保守的方式，考虑更多的是会不会引发又一轮疫病大传播。

脑贫困社会还能维系多久？

一位网友给我转来这则微文（作者不详），诚哉斯言：

这个事件是以国家主义的失败开始（舆论管制、瞒上欺下、官僚主义、麻木不仁），以国家主义的胜利结束（国家动员，战时机制，举全国之力）。然后，大力宣传这种制度的优越性，合理性，然后等待下一次的灾难再度降临。

中共媒体启动又一轮宣传造势，中央应对正确，习进入又一轮揽权与提升自己"伟大、光荣、正确"度的造势过程中：官方媒体报导是这样说，统筹推进新冠肺炎疫情防控和经济社会发展工作部署会议 23 日在北京召开，习近平表示，新冠肺炎疫情发生后，党中央高度重视，迅速作出部署，全面加强对疫情防控的集中统一领导。

面对疫难，中共既喜欢用人民战争的方式，运动式使用民间暴力阻止人员流动，又强调中央集权、统一领导。极权暴力与民间暴力总会在大灾难时刻无缝对接，共存共荣。而这正是两个极端力量脑贫困所致，无理性、无常识、通过权力赋予的暴力，无所不用其极。而造成的祸患、灾难，却无人担责、亦无从追责。

极权政治状态中，最高当政者一旦患上"脑贫困"之病，无药可医，无责可问，而这种极权者的脑贫困也像传染病一样，在抵抗力弱的群体中蔓延，形成社会性的族群之病，更无药可医的，却是这国之病。权力的傲慢，资讯被自己人控制，报喜不报忧。核心人物的脑贫困，却依仗强大的权力，盲目决定一切，对个人权力迷恋而依赖，底层则对党国形成依赖与迷信。

　　1988年崔建的歌词也是对"脑贫困"的最好的诠释：

　　那天是你用一块红布

　　蒙住我双眼也蒙住了天

　　你问我看见了什么

　　我说我看见了幸福

　　这个感觉真让我舒服

　　它让我忘掉我没地儿住

　　你问我还要去何方

　　我说要上你的路

　　看不见你也看不见路

　　我的手也被你攥住

　　你问我还在想什么

　　我说我要让你做主

　　（当核心被奴才们控制了真相与资讯，结果是奴才们做了核心的主，核心自己也成了脑贫困户）。2020-02-29

习中央在困境中如何突围？

习近平的第一次突围

习近平当政已有三年，这三年，某种意义上，他一直在困境中实现突围。

他首先突围的是旧有高层势力的监政与听政，江泽民时代，一直有邓小平监政或听政，直到邓小平老去；胡锦涛时代，既有江泽民的首长办公室置于胡中央的幕后，又有其它常委，拥有不同领域的"总统"权势，胡因此是一个弱君，胡示人以庸君形象，也被人称之为耽误的十年。

所以，习近平的第一波突围，是突破旧有政治势力的包围圈，习上台之后，对曾威胁过自己的政法系周永康予以清除，并对团系的核心人物令计划予以清除，最为关键的，当然是对江泽民时代培养起来的军中重臣徐才厚、郭伯雄及其势力的清除。

在这一系列打击政治异己的过程中，习近平组建了多个领导小组，希望自己的权力意志能够超然地决策，并得到强力的贯彻执行。江系的力量，团系的力量，还有体制内的权贵结盟，形成无数看不见摸不着的山头，为了使自己人身与权力安全，习只能徵用自己的老部下、老同学，让自己信得过的人团聚到自己的中央，成为重要人物或关键位置上的把门人。

为了这一决定性的突围，习近平只能依靠红二代的力量，甚至要借助文革的一些方式，以确立自己的新威权，其威权甚至一步步正在演变为极权。

突围过程中产生的畸变

在这一突围过程中，人们不断惊呼，第二次文革又要来临了，我曾撰文说，中国的文革并没有实质性的结束，因为毛的形象还高悬在天安门城楼，战无不胜的毛思想万岁口号，还书写在中南海南门红墙上。所谓的改革开放，中国人只是得到了有限的经济自由权，政治自由权一直没有落实。没有政治自由权的国家，必然一直处于准文革状态，只是由于市场经济的成本规律，国家与民众的逐利本性，使文革发动起来成本巨大，人们如果都共同复活第二次文革，并不能得到实际的利益，所以，文革是因为市场经济因素，而难以大规模启动。

有人说现在的文革是二点零版本，这是非常错误的判断，文革的最高境界与形式，是在毛时代，那个时代是真正的二点零版本，就是上下互动，人人主动参与，各人无私奉献力量。当时的文革代价巨大，但成本极低，官方只是给红卫兵免费路费，免费吃住，红卫兵们就四处串连，并将各种权贵力量打倒在地，再踏上一千只脚。

我们现在看，极端毛粉在攻击茅于轼的过程中，也顶多是上街示威（曾发生于河南郑州），或者扰乱会场秩序，而对任志强的攻击，也多是网络言论，或西城区委级别的对任的一定程度的打压，中共已无法无成本无代价地发动另一次文革。现在的文革只能通过政府暗中资助的方式，让一些"朝阳群众"们鼓噪或揭发，更多的时候只能动用警察国保来实施。

高层并不愿意看到文革战火真的蔓延开来，因为一旦蔓延，更多的民怨可能烧向权贵整个阶层，那些基层官员，警察、城管、暴富的权贵，而这一切并不是习中央愿意看到的、或者希望得到的结果。

习需要的是民粹或毛粉们，以效忠的方式，承认或崇拜习的核心威权地位，使自己的政治地位巍然屹立，这样既可以推行自己的政治意志，又可以威慑政治对手。

国际上的突围与被反制

中国军方或所谓的军方鹰派人物极力夸张美国及其盟军的海洋岛链，认为中国应该不断增加海上军力，以抗衡与突破美国对中国海上岛链，增加海上对抗性，甚至在通过标志性事件，来显示中国的强大崛起与军事实力。

军中力量与毛左派希望有一个新的毛泽东，让中国在国防上扬眉吐气，所以要舍弃邓小平确立的隐忍战略，人们看到的始于中国东海的防空识别区，落实于南海的造岛，甚至建立机场、设立导弹发射装置，都是在向世界展示中国的肌肉或牙齿。结果，突围岛链是子虚乌有，而引来美国与南海诸国共同对付中国，却成为现实。

中国意识形态在习近平主政之后，更加强化反普世价值，侵犯人权事件更为普遍，并不断突破法治与人伦底线。在人权问题上，中国受到国际社会愈来愈强烈的指责，中国与西方的蜜月期已过，人权问题日益提上日程，中国加入的关贸总协定WTO要兑现的承诺许多不能兑现，特别是美国开始做大 TPP（《跨太平洋战略经济伙伴关系协定》），将使中国陷入新的国际经济困境。

习中央此时在军事上虚拟突围之时，在经济上用一带一路战略，进行经济突围，试图在过去的第三世界政治圈中，建立自己的战略后方，以投入巨量美元，刺激这些不发达国家经济，以此输出中国过剩的产能。但实际效果如何？巨量美元被挥霍成为现实，而它直接或间接给中国经济带来多大效益，无从评估。

中共在经济上与世界接轨已近四十年，但意识形态上不仅不接轨，反而大倒退，反普世价值成为中共最响亮的政治口号。也正因此，习中央面临国际主流社会的抨击与指责，而这种指责与攻击，可能引发国际社会对习的不信任，特别是某些领域的制裁与反制。

据媒体报道，前美国驻华大使温斯顿？洛德接受美国之音专访时指出，习近平对内镇压、对外冒险挑衅的政策，已经使美中关系陷于暗淡和紧张。他表示，这并非只是他个人的看法，而是已经成为美国的中国事务专家学者的共识。为应对习近平当局将人权侵犯扩张到海外和对美在华记者、学者的严重骚扰，洛德建议美国政府采取反制措施：加强对华广播，有选择地拒绝中共宣传部门和传媒负责人赴美签证，考虑关闭在美的中共喉舌机构，审查孔子学院。

封闭自我还是突破自我

看齐意识与核心意识的提出，某种意义上就是一种政治封闭，也是一种政治不自信的表现。毛时代没有提出以毛为核心，也没有人提出向毛中央看齐，只有一句：毛主席挥手我前进。邓小平则有三个面向（面向现代化，面向世界，面向未来），邓尽管犯过严重的罪错，但毕竟还有政治改革的提议，以及八九十年代的两次改革开放，使中国进入市场经济形态。

而习时代，开始明目张胆地提出媒体姓党，连毛时代开始的媒体顶个人民的帽子，都摘除了，人民养育军队，军队姓党，人民养育国家，国家姓党，媒体应该服务于国家人民，现在也被严令姓党，习中央在意识形态领域也有"突破"，就是突破了中共原有的虚伪面纱，直接以强权者霸道形象示人。

我们看到，各地省委书记纷纷表态，要以习近平为核心，显然，习的核心团队在将打造习个人威权当成重大国家战略在做，而保卫习的身体安全，保卫习的个人形象，也提升到国家安全的高度，一篇劝谕习下台的信件，也成为重大政治事件，不仅相关网站负责人、编辑、技术人员被失踪，国外的报道者或披露者，其内地的家人也被拘审。

习正在深陷文革怪圈中，无力自拔。习近平最应该突破的，是毛的意识形态，还有个人崇拜的文革陷阱。2016-04-29

习近平访美与国际合法性问题

习近平的美国之旅，说穿了，就是寻找其国际合法性之旅。习近平要通过这次国际合法性的获得，增强其内政的合法性及个人威权建设。但不幸的是，习近平的美国之行遭受多重敲打。

习近平首先看到的是自己在大陆难以一见的访民围追堵截，从西雅图到华府，再到纽约，遭到迫害的民间信仰者、访民还有民运人士、大陆少数民族，直接面对习近平的车队，最严重的情况是，访民直接扑到了习的车队前，造成车队停留。

美国主流社会呢？美国国会举行非正式的早餐会，民运异见人士、维权人士等一起，与白宫唱对台戏，抗议中国政府对人权的侵犯。

而在联合国讲台上，尽管彭丽媛有着比较流利的英语发言，习近平也减免诸多不发达国家的债务，并计划设立上百亿的发展基金，结果，人们看到，只有获得好处的国家，成为听众，其它坐席空置。不仅没有人给这位大国领导人面子，与中国多有交情的希拉里，更在推特（Twitter）贴文批评，北京逮捕女权人士，习近平却主持联合国女权国际领袖会议是"无耻"。美国驻联合国大使鲍尔（Samantha Power）表示，如果要赋予女性权力，那就不应该因为言论和信仰的原因拘留他们。

美国总统奥巴马除了强烈关注网络数字安全之外，对中国人权状况也提出了严厉批评："阻止记者、律师、非政府组织和公民社会团体进行自由的运作，或者关闭教会和拒绝平等对待少数民族群体，这些在我们看来都是存在的问题。"

但习近平无法正视自己的政府侵犯人权与官方背景的网络军队窃取信息的现实，只是以国家发展阶段性或人民意愿的套话予以搪塞。

习近平访美过程中应该看到，大量的原中国民间信仰者因为受到迫害，而要求起诉、公审江泽民，访民成为中国稳定与安全的问题之后，正在成为国际性的话题，所以，内政中的侵犯人权问题，日益成为党国政府与国家领导人国际合法性的原则性问题。

一切为了建立威权

习近平当政已过一千天，无论在强力反腐败，还是南海筑岛，无论是封杀网络言论打击大V与维权律师，还是对边地少数民族的高压政策，在中央体制之中，成立多个领导小组，这一切，都是为了实现威权或极权之治。

习成长过程是毛泽东当政的过程，在个人宣传方面，还有对异己力量的强力打压方面，我们都能看到毛泽东对他深刻的影响，同时，胡锦涛时代被老人干政庸人之治、政令出不了中南海，也驱使他必须建立个人威权，在行政领域不让自己屈辱，而在国际领域，他也想"扬眉吐气"，敢于挑战既有的国际秩序或在一定程度上改变一些现状。

习一改邓时代留下来的"韬光养晦"的政治遗训，上任一二年时间，即在东海、南海、中印边境、中越边境与海域，产生了军事摩擦，敢于在东海建立防空识别区，接着在南海筑岛，引发国际社会普遍焦虑。在经济领域，为走出困境，习政府策划了一带一路的西进扩张，并设立了亚洲基础设施投资银行（简称"亚投行"），希望在区域内成为经济领袖，驱动区域经济发展，以化解中国正面临的经济危机，这种带有扩张性的经济决策，是中国经济需要突破困境使然，但也看出，习新政的一厢情愿，特别是与西方发达国家在经济规则领域与政治领域造成诸多摩擦，意图通过另辟蹊径，寻找出路。就像当年毛泽东发现一个亚非拉第三世界一样，不能遵守西方主导的世界规则的中国，仍然希望通过与非民主国家的合作，来获得国际空间，并通过强大的金元外交，换取自己在国际社会或联合国的合法性。

继毛泽东之后，习正在构建新的极权，将党的利益、国家经济、个人威权高度统一，深信自己通过强人之治，可以引领这个国家走向世界强国之列。

有一种幻觉叫中南海幻觉，身处中南海权力核心，最高权力者需要什么，身边的人就会提供什么，中央权力似乎无所不能，中国力量似乎可以无处不在，这种幻觉使当权者易生狂妄之念。人们记得，习当政之后与普京见面，就认为自己性格像普京，这意味着，习希望自己能像普京那样，敢于挑战世界现行的规则，做政治强人。所以习与西方保护着距离，在意识形态与政制方面，却倾向于北方与南方，即北方的俄罗斯，南方的新加坡，习的理想国是，像俄罗斯那样在国际上强势，像新加坡那样对国民进行有效管治。

所以习更喜欢派官员到新加坡学习管理，而在一些象征性的国事活动中，联合的却是普京，习出席普京的国际性活动，以交换普京出席习的阅兵式。俄罗斯或普京因素在多大程度上能给习的威权增添荣光，是不确定的，但在现在的国际格局中，中国龙与北极熊相拥互相取暖，以抗拒西方社会（包括对叙利亚问题的联合国相关投票）。

习在联合俄罗斯普京的同时，受到西方世界的焦虑与反感，中国不可能没有美国主导的西方市场，尽管美国总统没有出席北京的阅兵仪式，但习还是带着钱袋子，到美国救火，希望用撒钱的方式谋求其国际合法性问题。

习近平应该反思

习近平及其团队应该思考，为什么同期访美的教皇受到美国朝野崇高的礼遇，他并没有给美国带来巨额的投资或给联合国以经济援助，而中国作为新崛起的经济大国，是美国重要的债主国，一出手就购买三百架波音飞机，大笔一挥，就减免了不发达国家数以亿计美元的债务，不仅没有受到教皇那样的尊崇，反而到处被抗议者围追堵截，或被美国主流社会批评指责。

解释只有一个，这是一个价值主义的时代，尊崇人类价值的精神主体，必受尊重，而背离人类共同价值的国家，必被抨击与诟病。像希拉里这样用"粗鄙"语言抨击习近平，并不是因为习是未经选举的领导人，而是其当政之后，人权状况持续恶化。

按起葫芦浮起了瓢，内政问题国际化，国际问题也会内政化。中国政府侵犯人权，已严重影响其大国地位，在联合国人权机构的合法性也一直受到质疑，人权问题越来越受到国际社会重视，所以习政府面临的责难声会更大。而当习动用国力，以减免部分国家巨额债务、以及动用数以十亿计的美元来促进联合国有关计划实施之时，如此巨额动用国民财富，又面临国内合法性质疑与责难。中国政府一直是怎样对外援进行决策的，决策过程怎样，风险评估如何，效益评价又要如何进行？

北京的《环球时报》替中国的金元外交辩解，说舍不得对外援助，就无法在国际社会混。许多外援中国无法公开说明原因，为什么不敢公诸于众呢？因为中国需要那些国家在联合国的各种投票支持，所谓的外援就是金元换国际投票权。而这种滥用金元外交，挥霍国库以构建政权的国际合法性，正面临国际国内合法性的责难。

习近平曾多次引用这句经典："以势交者，势倾则绝；以利交者，利穷则散。"那么君子应该以什么相交？当然是情义之交，什么是情，就是博爱精神，什么是义？就是用法治的公平正义保障人权。

无论如何，习近平新政的国际合法性，仅仅靠资本交易、金元外交是不可能实现的，利的层次必须上升到义的高度，金元不可能是人类核心价值，人权以及保障人权的宪政才是核心价值，读美国精神的书，只是学生阶段，而践行人类共同价值，用价值外交替代金元外交，才是政治家应有的追求。2015-10-03BBC中文网

习近平保卫战

只不过是一封公开信

一篇敦促习近平辞职的网文，在中国掀起波澜。这篇文字第一次出现在中国西部官方网站无界网，这家网站的负责人欧阳洪亮，执行主编黄志杰，以及公司的网络安全技术人员已经被警方传唤并失联，而与此文涉嫌关联的旅居香港的媒体人贾葭（腾讯网《大家》专栏前主编），也被警方拘禁（3月15日）。有海外网站的消息说，此案已被列入中国当局大案，由中共政法委书记亲自指令公安部一位副部长牵头负责调查。

如果网文是敦促李克强或者是敦促王岐山辞职呢？我想，可能也就是一删了事，更不会牵连如此多的人员。因为习近平是中共第一领导人，最近又有多省市书记宣称向其看齐，要以他为中共的领导核心，所以此时一篇网文促习下台，而且发表在官方背景的网站上，习的核心团队不会袖手旁观，定会一查到底，看看到底是谁在幕后操持网文，是不是有体制内的人卷入"重大政治阴谋"。

这封公开信里写了什么呢，或者为什么有人公开要求习近平辞职呢？

这封公开信是以"忠诚的共产党员"名义写的，信中肯定了习近平中央反腐败的力度与成绩，但认为习的集权，导致"在政治经济思想文化等各个领域，都造成了前所未有的问题和危机"。譬如政治上，抛弃了民主集中制的中共传统，集多个小组组长于一身，走向极权；外交上，"抛弃了邓小平同志韬光养晦的一贯方针，盲目出手"，导致周边国家间关系恶化，中美在南中国海也开始形成冲突之势，"特别是在香港问题上，以非正常方式把香港书商带回内地，对"一国两制"构成了直接的伤害"；经济上，通过中央财政经济领导小组，直接参与宏观和微观经济政策的制订，导致了中国股市楼市的巨幅动荡，老百姓数以十万计的财富化为乌有，哀鸿遍野。大量外币投入"一带一路"，无法回收，经济形势严重恶化，正在走向崩溃的边缘；还有，在思想文化上，强调"媒体姓党"，而无视媒体的人民性，举国愕然。

这封公开信更是指习近平在搞历史倒退：你这些纵容个人崇拜，不许"妄议中央"，搞"一言党"的做法，让我们这些经历过"文化大革命"的人不禁暗自揪心——我们的党、国家和民族再也经不起新的十年浩劫！

不允许批评习近平？

面对这样一封公开信，习中央的核心团队应该通过网络的方式"反击"或回应，要有合理的令人信服的解释，使公众或中共忠诚的党员们相信，习近平三年来的重大举措，有着深谋远虑，非一般人可以想象。显然，习核心团队没有这份耐心，也无意于做出解释，只是用了专政机关最擅长的方式，动用警察力量，将相关人员抓捕；不是自己找理由，而是要找出公开信后面的敌对势力。

现在后果显示出来了，更多的人在谈论这封公开信，应验了一句中国成语"欲盖弥彰"。人们更多地在思考，这封公开信所谈的问题，是不是存在？无论是政治上还是经济上，习中央的决策，是不是出了大问题？这些问题不解决，而是要"解决"提出问题的人，只会使中共核心领导层的决策错误越陷越深，最终会出现灾难性的后果。

我们看到，为了保卫习近平，有关方面正在无所不用其极，也不怕突破任何法治的底线，包括不怕产生巨大的国际影响。

我本人也有切身的体会。我 2014 年度为香港媒体《东方日报》网站写专栏，2015 年元旦之际，当我看到习近平被全国人民点赞的报道后，写了一篇《我无法为习近平点赞》。为什么我无法为其点赞呢？文章开篇就有解释："因为我被大陆网站全网封杀。而到现在为止，没有一家网站对我说明封杀的原因，打开我曾经注册的网站微博或博客页面，得到的结果是，你的账号存在风险，暂时不能登陆，或者是：你访问的页面不存在或遭删除。"

令人匪夷所思的是，本人发表在香港媒体《东方日报》网站上批评刘云山的文章，内地有关部门也能令其删除，而无法为习近平点赞的文章，却导致我在香港媒体的专栏被取消（至今没有恢复）。一国两制，香港有限的媒体自由，在习时代，就这样被化为泡影。

当一个政权第一步能轻易做到封杀声音之时，第二步不需要太多的努力，就能做到禁锢生命自由，甚至杀人于无形。现在我们大家都能看到的是，为了保卫习近平的形象不受损，香港出版人既有从香港被大陆警方拘捕到大陆（香港铜锣湾书店老板李波被挟持到大陆密审），又有香港书商桂民海在泰国被跨国拘捕回大陆，并被迫到中央电视台坦白认罪。这一系列事件引发国际媒体广泛关注与报道。这样的恶性案例，是给习中央添光增彩，还是给习核心涂污抹黑？似乎没有人考虑这些，他们要做的，只是保卫习近平。

习核心团队应该改变思维

习的核心团队应该知道，有容乃大；习近平自己也信誓旦旦地说过，中共要容得下尖锐的批评。但是，我们现在看到的却是相反：对不同的声音或批评，不宽容，更不允许有尖锐的批评存在；不仅在大陆如此，只要中共触角能伸展到的地方，都要穷尽力量，予以控制。

习核心团队一手要造势，将习做成毛式的领袖，从集权到极权，从各领导小组组长，到中共领导核心，另一手，则要封杀不同的声音，特别是批评习近平的言论，置批评者于禁言或被封杀的境地。

在网络与自媒体极度发达的时代，尽管中国还没有言论自由，但想完全封杀批评的声音，就像在大海边建栅栏，不让所有的人下海。具体到公开信让习近平下台，所写的问题均客观存在，习近平核心团队应该正视，应该让习近平看到别人对他的真诚的批评，并尽可能修复错误，引领国家走向正道。

政治上，你可以树立威权，但威权应该在党内树立，并致力于将中共引向文明与正常状态。如果威权成为极权，为维护一个核心极权不顾法律底线，侵犯人权，这样的威权，就是祸害，不仅害了国家民族，最终也会祸害自己与自己的团队。

经济上，党的经济领导小组不应该取代国务院；如果一定要取代，那么应该公开取代，并承担相应的经济责任，譬如股灾与下岗潮，国务院之上的经济领导小组应该公开自己的经济政策，甚至要公开自己的具体措施，如果经济领域责权不分，出了问题只是寻找替罪羊，最后必然以宫斗收场。

外交上，不应该在南海上与美国冲突，投入巨资填海造岛，引发南海周边国家与美国形成合力，包围中国；在和平时代制造战争效果，只会贻误中国发展机遇，使中国陷于外交孤立。而对不发达国家的"一带一路"政策，大饼画得美好，但巨大的美元资本投入之后，如何回收，欠发达国家政治动荡或无经济回报，谁来负责？当然，如何决策的过程，是不是通过全国人大财经委与经济、外交专家共同研究并达成共识，也无人知晓。

由此可见，滥用公权保卫习近平的形象，毫无意义；习团队需要在人类共同价值体系中，协助习近平完成其文明人格的重构。2016-03-25

习近平为什么"没有退路"

周永康家族受到致命、彻底的打击。

比较一下薄案，谷开来与有关部门有默契，就是不伤害到自己儿子，那么她可以在一定的范围内，承认罪错，薄熙来也应该有相应的配合，但为了让自己有红二代气节，有领袖范，他在法庭表演中，出尔反尔，让习、王难看，但最终呢，还是服罪。而这，是薄瓜瓜及薄家族安全的保证。

薄熙来想不想问鼎大位？当然想，但他有没有参与政变？我们看到，由于薄家的臣服，薄熙来并没有受到更为严厉的打击，谷开来手上出了人命，仍然是两口子坐牢，全家光荣（如果薄家真的与周永康合谋政变，不可能如此安全吧）。

周永康家族则完全不同，受到致命的、彻底的打击。

早前的报道说，由于整个家族被牵连，以至于孙子辈的小孩子在北京连幼儿园都无法上，成为政治遗孤。

有人说，薄家是红二代，所以受到一定程度的保护，但，周永康是常委，而且周永康是江泽民一手提拔上来的政法皇帝，他经营警察公安与政法系十年之久，严厉惩罚他，更可能引发动荡。

通过反推，我们只能从政治传言上来认识周永康之"恶"，就是周永康对现任领导人有非常致命的行动或政治图谋，正是这种图谋，迫使习、王痛下狠手，按习、王释放出来的话来说是他们"没有了退路"，只能踏着周永康的脑袋，前进。

刑不上大夫（常委）是江时代遗留的潜规则，对许多人来说，现在刑上了常委，问题变得非常严峻，不仅是因为政治斗争更为险恶，也使高层人人自危，我们可以设想一下，常委从获得免死免查金牌，到一夜之间可能沦为阶下囚，这对常委高层的震荡是多么巨大。

所以，习、王能够破江泽民留下的惯例，非常不易，某种意义上是与江系决裂，同样也是终结刑不上大夫这样的潜规则。习王不仅要在周永康案中，不出现硬伤破绽，也不能在治国大事上出现大的问题，因为江泽民还在，江的势力与因反腐造成的不满势力随时可能纠集起来，对新领导班子进行反扑。

习在宣传造势上，得到红二代、老领导集体们的拥护，军方也多次发表声明，支持习近平（军方频频发出支持习近平的声音，在过去是罕见的），这是对反对派或反腐会造成动荡的一种回应。也说明，习还没有到完全不顾任何反对声音，完全不用靠任何政治势力支持，就可以像武松上景阳岗那样，独自把虎打了。

如果周永康没有对抗胡锦涛的中央，如果没有针对习近平接班有更凶狠的阴谋与手段，现在公之于世的周永康罪行，都是生活小节，这样的事情在腐败的高层中，只是饭后谈资而已。但，周永康主持政法委之时，对待政治异见者们，是政治问题经济解决，现在处理周永康的方式也没有变化，就是政治问题用生活问题、泄漏国家机密、贪污腐化等来解决。说周永康搞政变？或揭露周永康对现任领导人下毒手失败，这说不出口，为什么？中央自己也说不清为什么，因为这牵涉到政权的合法性问题，没有公开的政治竞选，对于中共高层换届，只是一种潜规则与另一种潜规则的较量，一些政治老人与另一批政治老人之间的博弈，胜利者解释规则，笑到最后。

习、王声言反腐没有退路，主要原因是三个方面：一是打击周永康这样的超级大老虎，不可能有退路，因为周永康祭出的杀手锏，迫使习、王做出同样级别的政治回应，这是中共内部的政治派别之争，也是你死而活之争，当年邓小平对华国锋、胡耀邦、赵紫阳都没有祭出如此重拳，那是因为政治对手没有祭出杀手锏，所以对手都相对安全。

二是周永康案无论后面有怎样的说客，包括江泽民亲自来陈情，但习、王不可能动摇既定的决心，不可能在此事上给任何人面子，周永康、徐才厚、薄熙来等大老虎都是江泽民养育提携的重臣，江泽民的政治势力裹协了胡锦涛十年，如果不予以清除，势必还会严重影响到习近平时代，习、王必然会将江变成一个政治孤老，使他没有任何死灰复燃的可能。

三是习、王都是极其自信的新领导人，如果在周永康事件上退让、妥协，那么他们身上的光环就会消失，连周永康都拿不下，选择性地打击小老鼠只会让世人笑话。

还有就是经济层面上的严峻问题，国家经济已被贪官们掏空了，如果不遏制势头惩治腐败，不杀一儆佰，不足以平民愤，不能化解腐败困局。所以王岐山说，反腐败永远在路上，此非虚言。但反腐败永远在路上，如果不能在制度层面上予以解决，不能通过权力分立的政治模式解决公权力腐败，反腐败只会永远在一条不归的路上。

2014-12-17

说说习近平和他的"朋友"陈小鲁

写在前面：没有任何意外，习中央操控的这次全国"两会"既完成了"修宪"，删除了国家主席任期限制，保证了习近平可以"合法性"地无限制连任。中共又一次实现了个人极权，东西南北中，党是领导一切的，演变成习近平或习、王（岐山）联手终身领导党国。邓小平开启的政治寡头制、权贵资本主义发展模式宣告终结，代之以政治极权制的党国资本主义模式。

这是一次重大的政治变局，说它是一次中共党内和平政变也不为过。

陈小鲁的去世，安邦等企业被减灭充公，看起来是打击一个个财阀，实为习中央正在一步步毁灭性打击邓小平开启的权贵资本主义。因为财阀的做大，不仅掏空了党国财富，还有可能暗中进行金融政变，置党国于风险之地。为了红色帝国的经济安全，无论是习的再次极权，还是对邓小平政制的终结，都是必然的。习近平的"朋友"陈小鲁，只是这一幕大戏里的一声叹息。

一、陈小鲁与习近平没有久远的友谊

有海外媒体报导：在海南省三亚市举行，前中央纪委书记王岐山夫妇、国家主席习近平弟弟习远平等致送花圈。前传媒人宋阳标透露，习近平当天向前港澳办主任王光亚说："小鲁是我多年朋友，听闻小鲁去世，深表关注，希望处理好后事！家属节哀！"王光亚是陈小鲁妹夫，妻子陈珊珊是陈毅的女儿。

陈小鲁是不是习近平的朋友，看起来只是一个私域话题，但近年发生的一系列的事态，我们如果从习、陈的关系入手，进行条分缕析，也许会发现一些重大的社会问题。陈小鲁如果是习近平的朋友，那么他是怎样层次的朋友，是无话不说的挚友，还是点头之交的面子上的朋友或饭局上的聊天友人？

与其父陈毅相比，陈小鲁的个性尽管继承了父亲的率真的一面，却更善良，并具道义底线。陈毅没有恪守道义底线？

当然，参与红色组织对传统社会的破坏、对民国政府的颠覆，红军在战场上的所谓征战实为恐怖主义式的杀戮，而在中共得到天下之后，仍然无底线背弃承诺，发动对民族资本家、商人的惨无人道的迫害与剥夺私有财产，甚至将大量跳楼自杀的商业精英笑谈成"空降部队"，可见中共完全是恐怖组织，任何人卷入其中，都会人性几乎茫然无存。

只是在文革之时，陈毅看到许多自己的同类受到迫害，良心稍有不安，希望有所抵制，立即遭到毛泽东势力的打击，在朝廷内斗中也成为继续革命的牺牲品。病老之时，林彪事件之后，陈毅得到周恩来的保护，并主张毛泽东是"经过几十年锻炼出来的天才"这样的顶级政治吹捧话语，才使自己重新获得毛泽东的欢心，据陈毅家人的回忆，陈毅病逝后，毛泽东临时起意，穿着睡衣到了八宝山，为陈毅送行，并与其家属聊了半个多小时。

　　从陈小鲁在文革中表现我们看到，许多红二代已然没有红一代那样的天然血性，尽管积极参与文革，并成立了革命委员会，通过巴黎公社式的民主选举获得了主任位置，发起对老师与领导们的批斗，当看到惨无人道的扭打，甚至致人于死地之时，陈小鲁动了"恻隐之心"，开始反思与后退，当更凶猛的斗争矛头开始指向陈小鲁时，周恩来让他躲进部队，从此获得了特殊保护，加之毛泽东参加了其父的追悼会，使他在军中的地位得到迅速提升，赵紫阳成为总书记之时，陈小鲁已位居中央改革机构的局长之位。

　　如果没有八九学潮，陈小鲁现在得到国家主席的大位应该是顺理成章。

　　由于习近平的父亲习仲勋在文革之前就因小说反党事件受到迫害，下放到外地机械厂，所以习家在文革之时仍然受到打压与迫害，习近平在文革中并不是领袖式人物，只是在很低的层次上参与红卫兵们的混斗，甚至差点被人打残或打死。周恩来没有救他，是上山下乡运动，使他逃离政治斗兽场，在延安窑洞里得以修养生息，并获得政治重生的机会。

　　无论是家族渊源，还是文革中的关联性，习近平与陈小鲁都没有悠远的友情。陈小鲁在中共改革之后，走上坡路，习近平还不名一文，而陈小鲁因六四主动退出中共政坛，习近平却意外开始走上坡路。习近平在文革之时是一位懵懂少年，陈小鲁在文革中却已有理性的反思能力，陈小鲁因六四开始意识到中共的恶政，道不同不相与谋，而习近平在八九之后，仍然在谋划自己个人的政治前程。习没有因文革与八九民运，意识到中共恶政的深刻原因。

陈在现实中的道德人格几乎完美，而其历史与社会更高层的人格，却是充满缺憾。而提出文革前后三十年互不否定的习近平，其政治人格广受诟评。政治人格相距甚远，难以成为挚友。所以安邦出事之后，陈不可能通过习、王获得通融，而习、王也不会因为陈小鲁帮安邦站台，而对吴小晖网开一面。

二、习近平已兵临权贵财阀王国的城下

习远平代表习家，到海南参加了陈小鲁的告别仪式。

这二十年来，陈小鲁并没有去为习家财团提供智力支持，或获得习家财团的利益（成为其企业的理事之类），也即，陈与习家不是利益共同体，陈相对独立，先是通过广泛体制内人脉为自己的中介公司效力，同时为某大型上市地产集团提供多年的理事顾问服务，而近十几年的时间，按照陈小鲁自己的话说，是为吴小晖的安邦公司"站台"。

为了做大自己的财阀王国，吴小晖不惜代价，猎取自己所需要一切元素，先是让红二代名流陈小鲁成为自己王国的精神领袖或形象站台人，然后又舍身进入邓家，使自己的王国拥有了两张红色王牌，正是这两张红色王牌使他拥有了几乎一切金融领域的特殊经营牌照。他因此像一条龙一样，纵行红色帝国的天下，吞噬一切，瞬间可以做空对手，强大而不可一世。完全靠空手道（所谓靠政策与资本动作），资产竟高达上万亿人民币之巨。

习近平要成为新的红色党国大帝，第一件大事，就是宫廷内清除异己，宫廷外削除藩邦、财阀，特别是被视为卷入

习第一任期的金融政变、做空股市的金融领域的财阀，还有巨量在海外投资的财阀，吴小晖的王国，因此必然被列入习、王打击的物件。

2015 年初南方周末报导的《安邦真相》一文，揭示陈小鲁是安邦的大股东，但陈立即予以否定，并让南方周末登报道歉。这篇文章令陈小鲁严重不安，因为他深知山雨欲来，所以，第一时间公告天下，自己只是替安邦站台，绝无股份可言，这句话也是说给自己的"朋友"习近平、王岐山听的，要杀要斩你看着办吧，我已净身出门（即使有承诺的股份，也一文不取）。

陈小鲁私下对朋友透露说，吴小晖知道风声已紧，躲入邓家避风头，但一出来，就被捕。而陈小鲁本人，据罗点点在陈小鲁的追悼会上透露，被上海有关部门拘审一段时间，出来后告诉朋友们，自己没事，可以旅游了。但知情者都知道，他已被禁令出国，而且还有消息说，有关部门追问他消费的安邦数千万旅游经费（这些经费应该是替安邦当理事或站台获得的报销费用）。即便陈小鲁在海南旅游，仍然会被有关方面严格盯梢，以防大佬级红二代出国，带来不可测的影响。

这次安邦事件，给陈小鲁带来的精神压力肯定是巨大的，只是他乐观的性格，在朋友面前的友善，才使外界多认为他真的没事。

如果习近平或王岐山真心的是陈小鲁的朋友，事情不会是这样的结局。

我们翻看一下十八大之前 FT 中文网主编张力奋先生对

陈小鲁的专访就可以看到，陈与中共高层顶多只是偶尔的饭局上叙旧层面，不谈政治，以免难堪，更不会上折子，因为他知道没用，不会有人听得进去。再则，他与习家的情谊，远不及陈云家族与胡耀邦家族，现在的胡家（胡德平）又能对习说些什么呢？习近平驾驶的战车，只会按照自己的轨道奔向前方。

最重要的是，削除财阀是习、王的战略行为，饭局层面上的朋友圈，不可能阻挡习、王这一战役性的举措，所以习、王当然不会给陈小鲁任何面子。而陈小鲁逝世之后，才象征性的补足面子，而这只是一种安抚，红二代统一战线的面子工程而已。

现在习治下的政局，对核心家庭，原则上进行保护，只要不卷入所谓的"政变"，原则上其家人都不会受到重创；红二代家庭，受到关照，但要与财阀进行剥离，不得参与侵蚀党国的利益，否则仍然会受到责难，甚至打击；而对吴小晖这样的边缘人物，即便与核心家庭形成亲缘，仍然难以逃脱被打击的命运，习近平在外地视察时对一位普通百姓说，自己要替党国看管好财富，这句话是说给红色家庭听的，权贵共同体对党国财富不是侵蚀，而是掏空或做空，使习近平无法容忍，这也是习近平重拳出击、不惜一切代价重创财阀的根本原因。

习近平的"朋友"陈小鲁都受到上海有关方面拘审，同时限制出国，说明习近平强大的决心，誓破权贵共同体，誓破权贵资本主义经济模式，党不仅要管枪，管文宣，还要直接抓经济，党政一体，党的力量直接渗透到重要经济体中，成为党安插在企业、金融等机构的线人。

　　权贵资本主义时代终结了，党国经济模式开启了。一些不懂经济的人，作为党代表去企业中指手划脚，有利于经济发展吗？那句著名的文革话语我们记忆犹新：宁要社会主义草，不要资本主义苗。宁要社会主义的缓慢经济发展，或者不发展，也不要权贵资本主义的快速发展。权贵资本主义羽翼丰满之后，就会飞出党国，甚至掏空党的财富，对于只要安稳地坐天下，不管其它的极权人物，他算的是政治帐，经济即便出现严重的问题，受害的也只会是中下层百姓，朝鲜就是明证：金正恩一人吃饱，朝鲜全国不饿。

　　2018-04-08 民主中国

习中央应该懂得：法治与自由是香港的核心价值

习近平这次七一香港之行，在其发表的"重要讲话"中，认为香港遇到了新问题，但在香港人看来，自己遇到了一位新核心，还有新核心时代香港的新特首。

我一直有这样的观点：28 年前天安门广场事件之后，香港成为新的中国广场或新的天安门广场，政治抗争在中国大陆没有了任何物理空间，政治抗议整体位移到了香港。现在香港人民在守护自己日渐萎缩的自由权，并争取应得的民主普选权，同时还要对抗大陆中共的政治渗透与经济控制。

香港的天空上飘扬着红色的旗帜，香港的地下一直由中共控制（中共仍然在用地下党的方式暗中操控香港，铜锣湾书局事件是典型案例），现在，香港只有地面上的行政空间，有限地留给了香港市民。

习近平这次在香港发表的讲话，24 次提及一国两制，口头上充分肯定了一国两制政策的价值，他在讲演中向香港提出四点意见之时，为香港"划出了一条红线"，这条红线就是香港不得撼动中央威权。但对于香港人来说，谁又能为习中央划一条红线呢？习中央应该被划定的红线，当然就是不得侵犯香港的自由与法治，并信守在《中英联合声明》中的承诺，实现香港的民主普选，让"两制"在香港得到真正的落实。

第一，习中央应该懂得："两制"高于"一国"。如果主权在党或主权在中央政府，那么，香港或自治的地方没有任何主权可言；但如果主权在民，并有高度自治的历史声明与法定承诺，那么，两制或遵守地方自治的政制，中央政府不得突破与改变。

我们看到，代表中央政府的中共外交部在习近平访港之时公然发表不当言论，认为《中英联合声明》是历史文献，二十年之后，已失去意义。这种公然毁弃历史法则的言论，引发国际社会一片谴责，特别是在中文网络自媒体上。如果《中英联合声明》可以废弃，那么，《中美联合公报》还有两岸"九二共识"是不是均应该废弃？中共在国内可以废弃自己在延安时期的政治承诺，像《历史的先声》一书中汇编中共当年言论、观点、承诺的图书都成为禁书，可见中共言而无信、背信弃义已成习惯，可它现在要把这种方式延伸到国际社会，当然会遇到强烈的阻击。

"两制"为什么高于"一国"？因为人权高于政权——这在二千四五百年以前的孟子那里就有教诲：民为贵君为轻，社稷次之。社稷就是国家，国家政权不能高过民权。所谓"两制"，就是香港要坚持香港的制度，香港的制度不是资本主义制度，而是保障人权的制度，就是法大于王的制度，而大陆中国，却是党大于法；香港无力改变中共的政制，但大陆不应该用自己的政制去破坏香港的法治与自由精神。

所以习中央应该清楚：一国两制，"两制"是前提，没有"两制"，"一国"不可能在香港得到尊重。

第二，习近平说，中华人民共和国宪法和香港特别行政区基本法共同构成香港特别行政区的宪制基础。这里有一个严峻的问题，中国大陆的所谓宪法，有一个序言，就是党领导制定宪法，宪法维护党的权威，宪法的制定、解释、执行，全部都在中共自己人手上。正因如此，当年国家主席刘少奇手执宪法，也无法维护自己的合法权益；习近平整个家庭遭到迫害，宪法也无法保护习家合法权益。当年康生一句"利用小说进行反党是一大发明"，就让习家遭殃了；现在，铜锣湾书店事件，何尝不又是一次"利用小说反习中央"——相关香港人士被绑架到大陆，在电视上认罪，香港的司法独立底线，就这样被突破了。

所以，中共外交人员与其他中共官员在学习大陆宪法与香港基本法之时，还要学习联合国的人权宣言；文明的法律都是以保护人权为核心，而不是为了维护所谓的党国利益践踏人权。

第三，习近平谈到香港要聚焦发展，"苏州过后无艇搭"，中共主导的话语中，发展仅指经济发展，为什么香港不能政治发展？香港的政治发展，就是民主普选。当年中共在延安用黄豆就可以选出村长县长，为什么香港人不能用选票普选出自己的特首？习中央为什么不倾听香港百姓的呼吁？为什么不珍惜这样的政治机遇？

第四，香港如何稳定与和谐？习近平认为不要制造内斗，不要将社会问题"泛政治化"，其实，最喜欢泛政治化的，是中共文宣部门与情治机构。任何一种异己的言论，都可以被其视为颠覆或涉嫌颠覆中共政权。一些年轻人主张港独，难道香港就真的可以在法理上独立？刘晓波起草一份民主宪章，就成为政治犯，十几年的冤狱；现在当局又在香港大谈不要泛政治化，其实港独问题本质是法治问题，也是言论自由范畴，同时，是深层次的政治问题。

习在香港讲到：男子二十谓之弱冠，今天就是香港特别行政区的成年礼，正所谓"如竹苞矣，如松茂矣"。

如竹苞矣，指的应该是香港年轻人，而如松茂矣，也许可以象征大陆中国。春竹之苞，可以顶起压制它们的巨石，他们在土地中孕育出巨大的生命力，而松树呢，则几百年也许都维持一样的身段。也许竹苞无法撼动老松，但丛林之中，最起码应该学会和谐共生，松树不应该用自己的古老或高大，来压抑竹苞们新崛起的生命体自由成长。

28年前，中共完全靠坦克与军队，才夺回与占有了天安门广场，现在，又一个国际性的天安门广场出现在香江之畔，习中央会故伎重演，通过暴力机器来占领香港么？如果无法使用暴力，那么，应该思考用文明的力量，来让香港人心悦诚服。

没有自由与法治，就没有今天的香港，习中央应该与人类文明进程相向而行。

民主中国 2017-07-11

习时代批判（下篇）

习中央的军国主义全面破产

————中共被小国挟持、被大国压制、被盟友利用

当中国采取闷声发大财、韬光养晦的国策之时，与周边国家、地区的关系以及与欧美大国的关系，基本正常，中共的锋芒只对内不对外，而当中国以所谓崛起的大国身份亮相于世界，经济上殖民扩张、军事上强势发展，国际形势也随之发生重大变化，几乎每一个重大步骤，都使中国自陷于自己挖出的大坑，同时陷自己于不义之地。

网路上，我们看到有网友对中共近年军国主义窘境有这样精辟的总结：

四年来，先是借口钓鱼岛，挑衅日本，结果致使日本借机修改和平宪法，加强美日安保条约，甚至再引出特朗普公然声称给予日本核保护；再挑起南海争端，填海扩岛，结果菲律宾冲冠一怒，引来海牙法庭的一纸仲裁，致南海九段线从此尽失；如今，又以六方谈朝核默许，放纵，鼓动，操纵引来了萨德。

毛时代是输出革命，与所谓的第三世界建立国际统一战线，尽管也花费了巨大的国力财力，但并没有被这些国家裹胁。邓小平开始的韬光养晦战略，加上江时代通过 WTO 融入世界经济体系，使中国获得快速发展，到了胡温时代已有数以万亿美元外汇存贮。

有趣的是，中国的改革开放获益于哪些国家，中共稍一富足，就开始对其反目为仇，中共第一虚拟敌人是美国，其次是

日本、韩国。如果没有这些国家对华投资与贸易,中国不可能有今天这样的经济发展速度与现状。中共对这些国家的仇视有历史与地缘的原因,但根本的因素,还是意识形态造成的冲突。某种意义上,中共正在走向军国主义之路,但这是一条死路,每走一步,都在付出沉重代价,现在我们看到的事实是,习中央的军国主义之路面临四面楚歌,中共在战略上已被小国(菲律宾、朝鲜)挟持、被大国(美国)压制,同时被俄罗斯这样的盟友利用。

一、被小国挟持:朝鲜与菲国南北挟持中国

被朝鲜挟持是历史原因造成的,"中朝人民用鲜血凝成的友谊",实则是卷入了一场无妄的战争,当年金日成破坏了二战后的南北朝鲜分治的格局,并得到斯大林的支持,毛泽东不顾中国国力,支持金正日,最终造成三四十万中国军人的牺牲,重创建政初期的中国。由此,中共走上了一条保卫金家的不归路,至今投入援助经费上千亿美元。弃之可能不堪其乱,守之则制造更大的祸害。

中共一直想利用朝鲜来博弈美国与国际社会,却反被金家反制,以维系其家族专制,给朝鲜人民带来巨大灾难,对韩国与日本带来威胁,而核威胁与灾难,也正一步步逼近中国东北。

这其中,俄罗斯一直扮演着一个四两拨千斤的角色,而中国却用千斤拨不动四两。当年韩战,俄罗斯大获其利,朝鲜、韩国、美国以及联合国多国部队,均遭受重创。现在如果再次出现战争,结果可能还是如此。

朝鲜挟持中共，是战略性的，经年累月，在经济投入上，基本是可控的，但一旦爆发核污染或战争，对中国特别是东北，将是毁灭性的。

在钓鱼岛问题与台湾问题无解之时，激发爱国情感，扩张战略空间，中共致力于南海造岛，每座人造岛投入达百亿美元以上，不仅遭到周边国家的抗议，菲律宾更是通过国际法庭申诉，获得法定支持，中共只能通过金元外交，来摆平菲国，菲国并没有真正失去法定岛屿与海域，只是一时不与中共叫板，而中共只能无限地喂食菲国，以获得菲国的噤声。

菲国成功地挟持了中共，以谋取经济利益最大化。而中共花费巨资造就的岛屿，能产生怎样的经济与战略利益呢？好大喜功，只能穷尽国力。

朝核事态，加强与深化了美国与日本韩国的合作，而南海造岛，不仅深化了美国与菲国的战略合作，还使美国重返亚太、加强与越南等国的合作提供了契机。中国投资数百亿美元造岛，只得到了一个虚拟的海上战略基地。这样的远程海上基地，中国的海上供应能力远远跟不上，而空中打击在几个小时内，就能将其完全毁弃。

二、被大国控制：美国对中共战略与经济上压制

由于中国成为世界第二大经济体，所以中共在国际舞台上希望扮演更重要的角色，并希望与美国重建新型大国关系，即，美国在重要国际事务上，要听中国的声音或与中国形成协商机制。

　　美国当然认为这是不可能实现的中国梦。因为中共对内侵犯人权，而在国际事务上，不仅没有承担相应的责任，反而处处与俄罗斯同步，对西方国家的国际性动议予以否决。无论是叙利亚问题，还朝核危机，其国际影响都是负面的。

　　习中央希望通过海洋争端，以显示国家军事实力，东海防空识别区失效后，钓鱼岛争端亦受到美国的警示，中共选择在南海吹沙填岛，将军事触角向南中国海延伸，并进而可控印度洋。

　　美国新任总统特朗普强硬对待中共的南海造岛，甚至不惜通过武力来解决问题，菲律宾国防部长洛伦扎纳3月9日表示，中国计划6月启动在黄岩岛上建设人工岛，中国驳船已经开始向黄岩岛运送建筑材料。但收到美国的警告后，中国已经中止这一计划。

　　由此可见，美国遏制中共海洋扩张已出现成效，而美国对中共的遏制将在更多的领域与层面展开博弈，军事上，据美联社报导，众议院以371对48票通过了2017财年5,780亿美元的国防预算法案,，如果中共展开军备竞赛，必须重蹈苏联解体的覆辙，如果不能投入巨额军事经费，那么，只能屈服于美国军力威慑。

　　经济领域对中共的平衡与遏制是特朗普总统的重心，按照特朗普竞选之时的说法，中国没有遵守WTO进入之时的承诺，致使美国失去了数千计的工厂，还有数百万工作机会，中美贸易逆差巨大，中共应该遵守承诺，要与美国实现相应的平衡。

　　美国的遏制会迫使中共不再狂妄地、无节制的膨胀与扩张，中共不是要退回到韬光养晦的状态，而应该致力于改变自己，以适应与文明世界的接轨。韬光养晦是一种卧薪尝胆以图东山再起，而自我革命，通过政治改革，实现宪政民主，则是积极地融入文明世界。

三、中共四面树敌，陷自己于不义之地

相比于俄罗斯在中国东北部侵蚀的土地，钓鱼岛或南海所造岛屿几乎是九牛之一毛，但中共从来不敢与俄正视历史遗留问题，不仅如此，对中国改革开放几无贡献的俄罗斯，却在中共与西方的意识形态斗争中，渔翁得利，成为中共倚靠的影子联盟。出卖石油与武器，均使俄摆脱了西方国家的经济制裁，俄国暗中助力中共与美国叫板，致使许多国家地区的动荡与冲突无法及时解决，并酿成灾难性的后果。

我们看到，中共与西方大国博弈过程中，最大的赢家是俄罗斯。当年斯大林怂恿毛泽东卷入朝鲜战争，中国与西方均受重创，俄因此得利，现在，历史正在重演，俄罗斯向中国输出影子影响力，使中国获得精神倚靠，与文明世界渐行渐远，甚至可能卷入新的军备竞赛之中，改革开放的经济成果，可能会毁于一旦。

没有公开提出放弃忍隐的对外战略，但习中央当政之后，经济与军事扩张使全世界触目惊心，无论是南海造岛，还是一带一路的开拓，都建立在挥洒巨额外汇的基础之上，几年下来，人们看到的结果是，外汇吃紧，百姓难以足额兑换外汇，企业家更是叫苦连天，对外投资无法获得外汇。

习中央听信了军方鹰派的建议，或者中共体制内的强硬

派符合了习中央的胃口：

一是拾起了海洋战略，似乎中国近百年国耻，就是因为没有顾及到海权，没有强化海上力量，现在有钱了，可以在海上搏击一把了；

二是，崛起的大国，通过公开的叫板，与美国这样的强势国家制造摩擦，让对手看到自己的实力，并以此方式建立新型大国关系，迫使对方与自己坐下来谈，这样就可以谋取因冲突而带来的利益；

三是做亮灰色地带，譬如东海识别区，就是想做成敏感地带，为给对手制造麻烦而预设警示，特别是南海造岛，使传说中的南海主权变成现实，国际社会难以直接干预或通过军事改变现状。

中共是花了巨大的价钱，给自己制造了巨大的麻烦或困境。东海防空识别区计划，刚刚秀了一下胳膊，就被对手按住，无法实现任何主张，南海造岛是完成了，但却成为小国菲律宾拿捏中共的痛点（中共制造了一个外挂的睾丸），菲国获得了国际法庭的胜诉，因此获得了道义上的法宝，背后又有美国重返亚太的支撑，这样，中共造岛花了数百亿美元，又要为相关国家噤声，花费巨资。中共得到的，是百无一用的"军事备用基地"。

在太空战时代，建设海岛，已是非常落后之举，而在世界主流国家拼经济拼创造的时代，走上了备战与百无一用的扩张之路，其愚昧与逆世界潮流之举，令世界侧目。

习中央当政后第一次公开露面，是在中国国家博物馆，习发表"重要讲话"的主旨，是关于近代以降，中国蒙受的国耻。雪耻与复兴，成为他当政的一个宏大叙事，中国梦就是强国梦，而强国的方式，并不是通过政治改革与创新经济与世界接轨，而是倾国家之力，炫耀武力，走军国主义之路，与周边国家制造冲突，以谋取所谓的海洋空间利益与战略要津。

这样的利益，有没有通过精算师进行成本核算？显然，为了宏大的政治叙事，中共是不计国民经济投资成本的，哪怕最后一败涂地，也要对内宣传取向了巨大的胜利。一带一路，还有对而美的投资、对非洲的巨额投资，它如何决策，投资进程与利益回报，是由国家哪个部门来核算？全国人大有没有相关部门进行批准与监督，都是一本糊涂账。中共的领导小组制，为了提高自己的效率，可以避开原有的政府机构，迅速做出决策，迅速予以实施。最后出现重大失误或整体失败，可能会找出几个替罪羊出来问罪，但最高决策机构与拍板者，没有任何力量可以问责、追究。

习中央对台需要新思维、新路径

习近平的"勇敢"决定了习马相会

习马会，习近平与马英九的发表的讲话见诸媒体，人们看到两岸关系新思维了吗？人们看到两岸关系有质的进步了吗？

没有。

时隔六十六年，两岸最高领导人，准确地说中华民国与中共最高领导人又一次握手，徒具象征意义，马英九发言刚一发表，台湾民进党领导人蔡英文就予以严厉批评，认为马英九没有提到台湾二三千百万人民的意愿，没有谈到台湾政府与大陆政府对等的政治地位，也没有谈到台湾自由民主的价值。

大陆没有反对党，没有媒体与党派批评习近平的讲话。但进入大陆网民的自媒体或聊天空间，我们还是能看到对习讲话如潮的调侃与批评。

习马会确实是水到渠成，不仅因为两岸当局已有两年的磋商，更因为自二十年前的汪辜会谈，到十年前的胡连会，现在如果习近平不能抓紧时间习马会，那么历史的机会可能就稍纵即逝（马英九还有半年时间下野），所以，崛起大国的领导人在某种程度上还是愿意屈尊，平等地与"岛国"总统互相称之以先生，平等地交流，并各自发表讲话。

习近平的强硬的个性，也是促成习马会的重要因素，江泽民、胡锦涛这样的领导人，过多的顾虑与心机，但习近平却是敢字当先，为了建立新威权，几乎在每一个领域，他都勇于"敢"，敢于打大老虎，敢于在东海划航空识别区，敢于在南海吹沙造岛，那么，在台湾问题上，习除了敢于与马英九握手，还敢于做什么？

习近平上台不久，就敢于说出一句令人心惊的话："台湾问题终究要解决，不能一代一代总这么拖下去"。

那么，在一定的时间内中共要解决台湾问题，只有两条路径，一是武力解决，二是和平解决。武力解决可能么？斗转星移，当年中共可以无休止地炮击金门等岛，全世界都睁一只眼闭一只眼，但现在空对空对着台湾方向发射一枚飞弹，你会发现全世界都在声讨，全世界都会为之震惊。内政问题一旦影响人权，特别是影响数以千万计人的生命安危之时，它就是全人类共同的问题，今天你可以灭一个小岛，明天你就可以毁一个小国，后天呢？所以，文明世界不可能都坐视不管；那么只有和平方式解决台湾问题，台湾已是自由民主宪政之地，如果是国民党当政，作为中华民国的创建政党，对一个中国还有割舍不去的情怀，甚至"光复大陆"的梦想，在民主宪政旗帜下，国民党重回大陆，通过政治竞争，逐渐两岸融合（邦联式或互为特区方式），而如果是民进党当政，习近平面对的问题，就会复杂得多。

谈经济讲亲情，不若讲人权谈宪政

我想把话说得更直白：如果习近平先生没有普世价值基础之上的新思维，台湾问题只会越来越复杂，因为仅仅在经济层面上，大陆的可用资源越来越有限，特别是民进党一旦上台，不会像马英九那样中庸保守，或为了大陆多给五斗米而摧眉折腰，蔡英文对马英九的指责就可以看出，民进党要的，是对等的政治关系，是民意前提下的两岸前途考量，民进党上台之后，才能真正考验习近平的雅量，考量他是不是把支持异端的台湾人民，当成骨肉同胞，即便打断了骨，筋脉还是相连，即便激烈反共，血浓于水的深情，仍然还将高于政治。

中共领导人一直喜欢打亲情牌，每年春节之时，党国最高领导人都会向全球华人特别是港澳同胞、海外侨胞、台湾同胞致以新年祝福。同胞是一个怎样的概念？就是有一个共同的母腹，共同的母亲，共同的血缘关系，而这一关系在中国传统观念中，是最至亲无间的，不仅超越政治，还超越生死。

但是，中共作为一个外来的当政党，亲情在他们的政治生态中，一直都是工具，当亲情理念异己于他们的政治理念，再亲的同胞也会瞬间变成敌对势力，文革时代或战争年代远的不说，就是发生在眼前的事实，我们都能看见，香港学生为香港争普选，这些学子们想到大陆旅行，都无法成行，最为残酷的是，当年因为参与或发表同情八九学生运动的海内外人士，至老至死，都无法回到自己的祖国，习近平当政后，警方或国保们已是越发离谱，他们不仅残酷打压维权律师（已有三百名左右的律师遭到无妄的打击与迫害），一些律师不仅自己不能出国旅游访问，他们的子女也不能外出访学与求学，帝王时代的诛连术，活端端在发生在习近平治下的人民共和国的大地上。

当年坦克碾压在年轻学子们的身上，骨头碎了，但筋还连着骨，近些年的强拆，推土机从百姓的身上碾过，骨连着肉，血更浓于水，更有那些为捍卫自己财产或捍卫信仰自由的人们通过自焚抗议，那些被烈焰点燃的身体，难道不是骨肉同胞？中国历史与人类历史上，哪里曾有过这样惨烈的场景？也许有人说，这些，都不是习近平愿意看到的，也不是他亲自指挥的，但这些触目惊心的场面，习近平中央如何面对？

大陆的法治不彰，贪腐盛行，人民没有任何权利制约官府，整个社会在向文革无底线滑行，习中央如何取信于台湾人民？对海内外的政治异见者都严加打压，或污名化，或以颠覆罪、煽动颠覆者拘狱，或以寻衅滋事罪与其它经济类罪名指控，一切无不用尽心机，国际人权机构评估报告认为，习当政后，人权状况持续恶化。

马英九没有与习近平谈人权，习近平却与马英九谈同胞之情，国内无数受迫害与冤屈的同胞期待习近平通过公正的法律为他们主持正义，海外无数异议人士希望回到自己故园，但千呼万唤也得不到中共高层的回应，现在人们看到的是，习却对着已经三通不再有大规模人权灾难的台湾，大谈人伦之情，这是为什么呢？

道理只有一个，台湾还没有被中共搞定。

习中央需要启动新思维新路径

如果台湾被中共搞定了，马英九立即可以被定性为台湾岛上的分裂势力，随时可以抓到央视认罪，环球时报会发表社论：国民党领导人，一惯分裂中国，从蒋介石到马英九都是中华民族千古罪人。

让马英九到央视认罪，这样的假设不成立么？当然成立，看看央视上认罪忏悔的异见者或维权律师们，司法还没有审判，中共喉舌就对其定罪了。

习近平先生主打同胞与亲情牌，不能只对着台湾同胞打，应该对着天下中华同胞打，某种意义上，台湾同胞已是强势同胞，因为他们自由独立，摆脱了极权统治，

习近平先生如果真诚地想改变台湾现状，首先要改变自己的思维。应该懂得，什么是两岸人民真正的福祉。现在我们看到的是，统一变成了中共宏大政治叙事中的至高无上的价值，这既是民粹民族主义情感造成，也是中共历史观塑造出来的，譬如在历史教科书中，秦统一六国被赋予至高无上的历史价值，既不讲历史正义，也不谈秦统一之前的邦国体制形成的文化多元。统一中国论者应该反思，如果五十年代或六十年代台湾被毛泽东统一了，台湾就不过是另一个海南岛，台湾保留下来的中华传统，还有独立发展起来的经济文化，都会荡然无存，台湾的知识分子与百姓当然也难逃反右、三年灾荒与文革的灾难。

所以，统一既不代表进步，也不能自然形成和平与文明，只有以和平、文明的方式实现统一，才能持续和平与发展。所以，急于在一定的时间内，实现两岸统一，这样的思维可能会带来另一种灾难。

所以，习近平政府不应该幻想通过威逼利诱或民族亲情战略，来拉拢或感化台湾，善意的行为可以使两岸少摩擦并

增加互信，但最为重要的是，习政府要改变自己的价值观，要汰弃中共惯有的宏大政治叙事。无论是让历史的问题回到历史语境中反思，还是现实问题，面对现实进行体察，宪政与人权这样的核心政治价值，都无法回避，而这样的核心价值，价值中的价值，却在习马会中，被两岸领导人有意无意地忽略了，连马英九也高调说什么为天地立命，为万世开太平，如果大陆不能以人权与宪政为其核心政治价值，不仅万世不可能太平，一世都不得安宁。

习近平中央应该意识到，是功夫在诗外，台湾的问题在台湾之外，不在台湾本身，譬如香港问题，譬如大陆人权问题，还有大陆政治改革进程，这些问题的解决，直接关系到人心向背，习近平应该清楚民进党有一句竞选口号：票投国民党，台湾变香港。这一句广告词，让人看到中共政府的香港政策之失败，由此散尽的不仅是香港民心，也有台湾民心。

大陆人民供养中共政府，战争年代以性命供应，和平年代也是倾其所有，但中共对大陆人民做了什么？土地私有权至今没有兑现给农民，民主选票权，更是没有兑现给大陆民众。如果习近平真的对祖国对人民有真诚的爱与相信，那么，台湾统一这样宏大的国族主题下，政治改革与和平统一，可以互为助力，通过政治改革、法治社会，还权于民，以取信于国际社会与港台，而通过引进台湾政治因素（台湾宪政经验），通过开放沿海部分市县，让国民党发展党员，竞争市县级负责人，这将改变大陆社会底层的政治生态，使腐败与庸懒的政风，得到根本的改变，没有政治竞争与监督，不可能有文明的政府。

　　所以两岸统一问题，主动权在大陆这边，习近平中央需要有基于普世价值的新思维，大陆退一步，国民党与民主宪政进一步，两岸和解和平的空间就扩大了，大陆如果没有新思维，只一心想通过暧昧的方式拉着国民党当自己的政治代理人，施之以经济实惠，动之以同胞亲情，不可能给两岸带来质的改变。大陆中央政府在价值理念上有质的提升，有新思维新路径，两岸才可能有改变的契机。

习近平会"平反"六四吗？

当前当局的高压并不意味着习近平对八九民运没有自己的想法，谁愿意把邓时代与江时代留下的血债背在身上，让自己的时代备受谴责与诟病？

那么现在为什么会出现如此高压？因为各种力量都起来了，当局感受到巨大的压力，所以要动用一切手段，在六四纪念日之际，打压各种被他们视为异端力量，使当局获得稳定或心理安慰。当局担心社会普遍行动起来，是因为遍地铺满干柴，任何星星之火，都可能造成燎原之势。北京八十五万被官方组织起来的志愿者戴上红袖章，在街道胡同里巡逻，鲍彤等与六四有关的重点人物被带离北京旅游，胡佳等有影响力的敏感人士在家中被软禁，长安街与天安门广场警察密布，处于戒严状态，在网络上发布或寻求六四真相者，则多被以寻衅滋事罪拘审，海外使领馆也高度紧张，民主人士或绝食抗议或通过"天下围城"方式要求中共承担罪责、平反六四。

对八九六四的"平反"，是习近平当政之坎，爬过了这道坎，习近平的政治成人洗礼就完成了，否则，就永远匍伏在邓江的阴影下，替他人收拾残局，坐等崩盘。

现在当局对八九六四完全采取历史虚无主义的手法，年轻的中国一代又一代人，不知道八九民运与六四镇压，有街头调查发现，举世闻名的坦克人图片，只有百分之十五的大学生略知背景，知情的学生对其懔若寒蝉。对八九六四的回避，无疑是当局心虚的表现，如果觉得当年镇压学生是正义之举，当局应该轰轰烈烈地纪念与表彰，每一个领导人心里都清楚，这是邓时代中共一次对人民的犯罪，邓自己无法改错，江与胡温当政二十年，仍然无法逾越这道血写的历史红线。

六四这道红线，正在全面割裂中共与人民、与港台、与国际社会之间的关系，毫无疑问，也终将割裂中共与国家未来的关联。

浦志强、徐友渔、刘荻等在私宅纪念研讨六四，被拘审至今没有释放，台湾公民为纪念六四研讨会无法进入香港，而香港每年为六四举行大规模示威游行与烛光晚会，台湾领导人甚至把中共平反六四当成两岸和平进程中重要事项列入议程，马英九每年都会对六四事件发表谈话，今年的题目是："六四"25周年省思，马英九说，面对六四事件这样的巨大历史伤痛，衷心希望大陆当局能认真思考，尽速平反，确保永远不再发生这样的悲剧。

国际社会也严重关切中国政府对六四的态度。美国国会举行六四听证会，并举行纪念活动，美国国务院发言人玛丽·哈夫星期二在回答记者有关中国天安门镇压事件25周年的提问时，呼吁中共政府释放六四周年前夕被捕的活动人士，并允许民众更多地讨论六四等政治话题。而在此之前，欧洲对外事务部发表声明，谴责中共对进行"六四"研讨会的维权人士进行打压。联合国人权高级专员皮莱(Navi Pillay)要求中国政府公开25年前军队在北京天安门清场时的真相。

中国在经济上已融入世界，而在政治上，在人类伦理正义中，却背离国际社会，这样的国格分裂，能走多远？这已不仅是国家形象问题，而是国格、国家良心问题，它正在使中国重回精神层面被国际社会孤立状态。

也许习近平在等待着与六四相关的政治老人生命谢幕，但这样的时间消耗战，不是一位有正义良知与独立人格的政治家所为。六四最主要当事人邓小平已故去，李鹏也没有了政治势力，而江泽民并没有主导六四镇压，只是六四的最大受益人，江的势力也在分崩离析之中，所以，习完全有条件开始着手"平反"六四，如果可能，按习喜欢的方式，成立一个处理历史遗留问题领导小组，习亲任小组长，王岐山等任副组长，通过平反六四，将中共历史遗留问题一一处理并解决。

习应该为自己算一笔政治账，为了几个过气的造恶政客，而与天下为敌，置自己的时代与自己家族于永远的不义之地？习的父亲说自己从没有整过人，在六四前后，习父都是站在耀邦一边，站在正义一边，如果习近平不能子承父志，则会被人视为毛泽东的孙子、邓小平的儿子，会与决策六四屠城的邓小平、李鹏等人一起，绑在历史耻辱柱上。习在位十年时间，难道所有的努力就是替邓江们看家护院，永远被唾骂与受辱？

将八九民运参与者视同永远的敌人，超过 25 年，这些持不同政见的流亡者无法回国与亲人团聚，这已超越人伦，以回归传统文化、承认传统美德的习近平，如何面对这种无人性、无人道的恶政？也许一些势力需要敌人，但，习近平真的需要这些敌人，并不断制造敌人吗？习如果不抛弃毛邓江思维与遗产，必将成为他们的政治尾巴，找不到自己的历史定位。如果要做划时代的政治家，就应该唾弃毛邓江留下来的专政腐败的红色烂尾工程，重建民主宪政新中国。

香港危机考验习近平政治协商智慧

当大陆中央政府隆重纪念中国政协成立65周年之时，没有政治协商机构的阿富汗传来消息，通过"政治协商"，阿富汗的独立选举委员会任命阿富汗新总统。阿两位总统候选人签署了一项权力分享协议，加尼出任阿富汗总统，其对手阿卜杜拉则得到一个相当于总理的行政职位，协议要求在一定程度上弱化总统独大的权力，以使"总理"职位永久化。

6月14日阿富汗总统大选决选以来，人们看到的都是政坛激烈争吵，以至于独立选举委员会害怕公开计票结果会造成动荡，一个国家的选举委员会公然不公开选票结果，这简直是冒天下之大不韪，但这个机构居然就具有这样的权威，而被人们视为崇拜选票民主的美国官员却美国官员却对此表示欢迎，美国总统奥巴马星期天给两位阿富汗总统候选人打电话，祝贺他们达成协议。

在选票民主力不能及的地方，我们看到了"政治协商"的价值，而在政治协商不能奏效的情形下，选票确也能发挥决定性的作用，前者我们在阿富汗政局中看到，后者呢，我们在苏格兰独立公投时见证。

选票能反映出民意，通过选票计算，能化解人们对于出任最高权力者的纷争，但选票并不是万能的，选票之上或选票之侧，还有一个不起眼的智者，他的名字叫"协商"，或"妥协"，政治协商在一定的历史情境中，具有超越选票的功能与价值。

中国百年史，可以说是一部政治协商的失败史，政治协商的失败，导致国家巨大的政治灾难，清末的君主立宪，是政治协商的失败，国民革命军北伐与国共第一次内战，是政治协商的失败，而最大的一次政治协商的失败，莫过于国共1945年的重庆谈判，造成国共四年内战，战争的创伤直到现在还没有抚平，两岸分裂局面在当时已命中注定。

中国人或中国精英阶层难道永远不会用民主协商方式来解决面临的政治危机吗？

现在，我们看到政治协商的机遇又一次降临中国，这是习近平的政治机遇，也是中华民族政治新生的机遇，1989年中共没有有效的政治协商，导致八九六四之国殇，现在民主广场前移到了香港，争普选的香港公民与学生们通过罢课或和平占中，来表达自己的政治意愿，大陆中央政府应该如何应对？习近平在政协成立65周年纪念会上说得好，"民主不是装饰品，不是用来做摆设的，而是要用来解决人民要解决的问题的"，我们不妨衍申一句："政治协商"不是空头口号，而是要用来解决人民要解决的问题的。

香港如何普选，本是可以通过政治协商来解决的，但全国人大先行通过释法，将香港特首直选限定要有限的提名人中（公民与社会没有自由提名权），众所周知，有限的提名很容易被官方操控。更为不可理解的是，在对提名人的要求上，却提出一个没有任何客观标准的"爱国爱港"作为必要条件，爱国爱港完全可以通过就职宣誓词来体现，既然"一个中国"是前提，"两种制度"是现实基础，爱国爱港在原则上就不是问题，特首是一份职位，只要他尊重"一个中国"这个前提，又得到香港人的选票肯定，他怎么可能不爱国爱港？这个问题就不应该成为大陆中央政府焦虑的症结。

对香港普选设置种种条件，使香港普选变得有名无实，也使香港的一国两制变成虚景。为什么在这些重大的政治问题上，我们看不到中国政协的政治角色与政治智慧呢？因为中国政协是对内的政治协商？还是因为中国政协完全是一个制度性摆设？但即便没有中国政协参与协调，中央政府应该通过真正的政治协商方式，来解决香港面临的政治危机，而不是让全国人大一纸文书，就让香港人无条件从命。现在我们看到，香港新生代与知识界抗命，民意不服从全国人大的释法文书，中央政府还要像当年八九民运之时，不惜一切代价，甚至动用军队来解决问题吗？

由于对内使用惯了高压，所以中共已习惯于动辄通过亮剑、威胁来解决自己面临的一切问题，中共的三个自信也是建立在枪杆子里上面，而不是政治道德与价值理念层面。当英国领导人通过动情的讲演，来呼唤苏格兰不要独立出去，要在一起成为一家人的时候，我们感受到的是政治家的人性、人格魅力，当阿富汗选举委员会协调了总统与总理之间的权力关系之时，我们感受到政治协商的智慧比刀剑还要光芒照人。

近期香港商界代表团由董建华带队，有了与中共最高领导人对话的机会，尽管这与中国政协无关，不是正式的政治协商、对话，但事实上是一次政治协商，在这次会见时，习近平谈到香港政改问题时表示：中央对香港方针政策没有变也不会变，坚持香港的"一国两制"和基本法，支持香港推进民主发展，维护香港的繁荣稳定。我们听得的习近平对香港问题的表态，是不是有积极的意味？不改变一国两制，这是前提，支持香港民主发展，这是态度，维护香港繁荣稳定，这是目的或目标。

习近平是不是在释放善意？但全国人大，永远不站在人民一边，被党的意识形态操控的人大，做的事情总是用减法而非加法，中国公民法律上有结社自由吧，但民政部不批，公民有示威游行自由吧，公安部门不批，公民有言论出版自由吧，但网络上封杀、书号上垄断。中国智慧都用在对付人民、控制人民上了。大陆人被控制得几乎麻木，没有机会政治对话，当然也无从反抗，但自由民主法制惯了的香港人，却开始了"抗命"。习近平仅有善意的表态是远远不够的，需要通过政治协商，在全国人大的释法与香港公民的政治诉求中，找到一个平衡点。

习近平在政协纪念会议讲演上说得好，一个地方的事情，要与地方进行协商。政协六十五年之后，我们希望能看到新一届领导人，在香港问题上首开政治协商新例，引入政治协商机制，通过公开、平等的对话，化解香港危机。如果还像当年对付八九民运那样对付香港争普选运动，不仅会造成香港与大陆的分离倾向，也会造成香港本身的分裂，香港政府与香港警方将与争普选的市民学生发生永无休止的冲突，而对台湾，也将产生极为不利的政治影响。

在香港危机中，我们希望看到习近平的政治协商智慧。

习近平时代的软战争

中国在精神上已是一个分裂的国家，我们不仅看到边疆分裂势力在抬头，更为严重的是，中央、权贵利益集团与公民社会也呈分裂之态，形成了精神完全不一致的三个王国：中央王国、权贵王国与公民或人民王国。中央王国不仅与边地分离势力要进行日趋艰难的软战争，还要与权贵王国、公民王国进行软战博弈。习最明智的方式是联合公民王国，通过宪政民主，使公民王国有制约权贵王国的力量。如果四面为敌，习时代将一败涂地。

习近平挑破"软战争"窗户纸

习近平上台一年，以强人形象示人，在与俄总统普京交谈时，他说自己与普京性格相像。与前几任领导人韬光养晦的对外国策不同，习无论在东海、南海还是中越、中印边界，都有所动作，尽管并没有收归一寸领土，但却在软战争中，让对方感受到军事压力，并引发广泛的国际关注与焦虑。

什么是软战争？它不同于冷战，也不同于热战，它是一种战争的纠缠状态，由于领土或利益之争，国家间通过硬实力的软化或软实力的外化，向另一个国家发起挑战，这种挑战是对沉睡已久的国家权利的捍卫，也是对原有国际秩序的重新定位。软战争以国家硬实力为后盾，通过外交或非战争性冲突，在有争议区域争夺国家权益，并以此激发民粹爱国情感，摆脱国内政治危机。这种软战争某种意义上是对外制造国家间的紧张感，来消解国内的政治经济危机与紧张感。

习现在真正面对的是国内的软战争。近期昆明发生的暴力事件，完全可以视同一场软战争行为，其动机看起来是杀人，但其目的却完全是在制造恐怖，而藏族信仰者的自焚事件，自焚不是目的，宣誓精神独立信仰自由才是。这些事件都不是习时代突然产生的，而是过去十年二十年甚至更长时间里中共宗教与民族政策种下的恶果。

这个国家在大陆上的领土是统一的，在精神上，已是一个分崩离析的国家。族群间的仇杀与宗教人士自焚，无疑是一种精神战争或软战争，中共如果一意高压强力控制，也许可以一时表象稳定，但最终的结果是更可怕的暴力事件与族群分裂。

毛泽东致力于消灭权贵王国

毛时代口头上致力于统一祖国，而实际上却终生致力于分裂人民。

毛将人民分成阶级，人为制造了人民的分裂，我曾撰文说过，毛没有分裂国家，他的最大罪恶是分裂了人民，让人民内斗，他坐观风云。毛分裂人民，人民为什么还崇拜与拥护毛呢？因为毛带领人民消灭了直接寄生在人民头上的权贵王国，给人民以平等与民主的假象。毛从井冈山开始，就鼓动人民暴民化，以消灭权贵王国为己任，通过战争，毁灭了地主与资产、中产阶级，建立了一个号称为人民服务的党国，建政后从三反五反到反右、文革，毛又通过软战争方式，发动人民与红卫兵，以权贵与知识精英为斗争对象，某种程度上，文革之时毛废弃了中共政体，以领袖一人之力，组建革命委员会，直接领导人民，使革命的狂欢登峰造极，人民没有得到财富与幸福，但人民看到了比他们更不幸更苦难的权贵们，因此获得了相对幸福感与精神上的主人身份。

毛泽东充分利用了人民王国，带领人民王国先是推翻了国民党民国政府，后来又推翻了共和国政体，把人民共和国变成党国，毛泽东与人民王国做了几笔交易，一次是用地主的土地换取数千万农民为党国献身，推翻了中华民国，又用虚拟的共产主义牛肉土豆，换取农民土地，颠覆了中华人民共和国，最后用口号：人民万岁，换取红卫兵们炮打权贵王国，毛直接成为党的领袖与人民的领袖，权贵王国与知识精英完全被毛泽东消灭了。毛废除大学教育，是在根本上要摧毁权贵王国的培养基地。

为什么大量的人民仍然怀念毛泽东，因为毛泽东摧毁了权贵王国，而这个王国现在仍罩在人民的头上。

毛泽东去世的时候，人民也同时死亡了，没有领袖的人民，没有了灵魂与方向，因为人民的的思想与灵魂都被蒙昧，领袖与人民构建了革命与暴力的共同体，摧毁社会秩序与法治，摧毁文化与道德，权贵王国是被消灭了，但正常社会也被摧毁了。

邓小平重建权贵王国

邓小平说要让一部分人先富起来，这一部分人是谁，这一部分人开始是小商贩万元户，但很快，这一部分人是权贵，有钱人只有与公权力相勾兑，才能成为可持续的富人。中共与国内外权贵联合起来，发动经济战争，剥夺百姓权益，又一个 30 多年的时间，使百姓基本处于准奴隶状态。江时代的三个代表理论，让权贵成为人大政协的主要力量，权贵与中共成为共同体，权贵们成为政协委员与人大代表，控制了中国政治经济文化宗教命脉。

胡时代，权贵成功绑架中央，中央九总统分权，没有形成有效的中央集权，政令出不了中南海，中央无法为国民主持正义，地方政府楼堂馆所豪华盖世，中央无法纠正，强拆与侵犯人权事件造成每年上百万起冲突事件。

中央被权贵分权，而无论是国企内企，还是地方政府、单位领导，都是集权独权霸权，他们是政治经济承包人，他们既非法地制造社会不稳定，又非法地帮助中央维护社会稳定。民族宗教问题根源一样，地方权贵为了一己利益，剥夺公民信仰自由，掠夺地方自然资源，使边地民族陷入穷困之境，政府对边地民族与对内地维权人士一样，动用高压政策，制造社会仇恨，遍种分裂与复仇的种子。当出现暴力冲突之时，政府又动用更强大的暴力机器，实施更残酷的手法，把所有的人都置于敌对势力范围中。这个时候，中央与权贵利益集团，又表现出精神上的高度一致性，他们成为联盟者，与公民王国进行持久的软战争。

邓江之后，中国成为一个分裂的国家，政治精神文化都是分裂的。

中央王国（党国），权贵王国，公民王国。这三个王国是立体的，民国之上是权贵王国，权贵之上是中央王国。

三个国家有共同点，一是都共同生活在同一片土地上，二是共同没有信仰也没有道德底线，只信仰金钱，三是都只考虑自己的利益，只追求利益而不追求价值。

邓小平及其后的江时代与胡温时代，都在经济领域一路狂奔，权贵们共享经济泡沫化的盛宴，既没有重建社会，也没有重建民主宪政共和政体，中央王国被权贵王国裹胁，政令出不了中南海，人民的真正儿子是公民，公民成为敏感词，公民社会或公民王国被严加打压，成为权贵鱼肉掠夺的对象。

红二代官二代们由于权力无法继承，所以多在经济领域里巧取豪夺，成为权贵王国的主体力量。其它经济新贵，多与权力部门勾兑，以获得利益。他们在获取经济利益的同时，又通过贿购人大代表与政协委员身份，以侪身国家权力主流社会，以谋取更大利益，并获得政治庇护。

权贵王国没有国王，但却有无数骄奢淫逸的王子。

习时代与权贵王国的软战争

邓时代中央王国与权贵王国初恋，江时代热恋，胡时代开始离异反目，习时代已然成仇。

为什么权贵王国与中央王国反目成仇？因为中央王国被权贵王国掏空了，权贵王国为了自己王国的利益，上绑架中央，下剥夺百姓，某种意义上，他们才是国内外敌对势力的化身。而权贵王国完全是中央王国养大的，中央王国的领导人，就是权贵王国的衣食父母。无论是周永康之子，还是其它元老子弟后代，多富可敌国，他们已左右国民经济。

习要重树全民领袖形象，要通过收归中央集权，甚至重建个人极权，与权贵王国发动一次软战争，以树立中央王国的权威。

习时代，以国家复兴中国梦来说服人民，以胡温时代发明的三个自信来自我迷信。

中共没有任何东西与人民交易了，只有一具徒有虚名的中国梦，以此唤起人民对未来的希望。但人民不仅已是亡国之民，在精神上也是无信仰无道德无政治权利的被奴役之民。肉已经被权贵吃光了，留下了骨头，由中央王国与人民王国来啃。习的梦想，能换取人民的什么呢？习被迫与权贵王国进行一场惨烈的战争，只有通过这场软战争，来维护中央王国权益，并试图取信于民。

自从共和国被毛颠覆，共产党成为共产主义殖民者，强行用外来思想，对人民强行洗脑，任何政治异己者，都要被改造或被边缘化、被列为打击对象。没有选票的人民，就是没有公民权利的人民，也就是被征服被殖民的人民。中国人民除了改变身份，成为权贵王国居民，或中央王权党民，不可能有任何政治权利。因为没有公民权，所以生育权、居住权、选举权等等，一切权利都被剥夺。殖民者是谁？某种意义上可以称他们为"红色人种"，资本帝国主义时代，白色人种殖民是资本主义殖民，以谋取经济利益或市场为宗旨，红色人种殖民，是社会主义或共产主义殖民，以暴力方式谋取天下以目的。红色殖民在全球实验已告失败，只有中国，因输进了资本主义市场血液，而苟活。

邓时代与贫困之战，与左之战，用的是钞票，是改革中共，开放中国，让中国人恢复经济与社会生活常识，邓因此赢得了民心，在中国历史上拥有一席之地，习靠一己之力还是靠人民社会之力？现在我们看到的是，习并没有开始尊重人民的政治意志，归还人民的政治权利。如果不联合人民的王国，仅靠中南海反腐，靠自己信得过的人来掌控核心权力机构，最后结果必然是失败的。

习如何成为中共恶政的终结者

习近平应该为自己与家族的荣誉而战，这一点将完全不同于前几任中共领导人，因为他们为自己为家族财富而战，或为权贵利益集团服务，习有机会成为中国历史转折的领袖人物，把中国带入民主宪政之国，而不是权贵之国，也不应该是一党之国。

我们可以把许志永被拘看成是过去政法维稳思维的惯性，也可以视近期恐怖袭击事件是过去维稳暴力方式积累的产物，甚至打击大V与公民社会、"七不许"，都是保守力量仍然固守阵地，与公民王国为敌，但，习应该成为中共恶政的终结者，要联合公民王国，使公民社会成为中央王国或自己的神圣同盟者。

毛泽东用非法的方式，使用了人民，愚昧了人民，用暴力或软暴力斗争方式，摧毁了权贵王国或中间社会，习如果站在人民一边，应该复活公民力量，让公民社会与开放的媒体，来制约权贵利益集团的一步步坐大。

中央王国是一个非常弱小的王国，如果没有强大的公民王国支持，中央王国必然会陷入周王朝模式，诸侯纷起，王室衰微，而有强大的公民社会支撑，就会形成对权贵利益集团强大的制约力量。而强大公民社会，需要政治改革，开放民间社会组织，自由结社、自由信仰、保障言论自由，特别是，让人大与政协坐实，让宪法赋予公民的选举与被选举权得到落实，司法独立，等等。

习近平只有一手抓反腐败，一手抓政治改革，才能应对日趋复杂的社会乱像，使国家文明进步。习李倡导国家治理的现代化，离开民主宪政、依宪治国，任何治理都会以失败而告终。《动向》杂志 2014 年 3 月号

习近平的党主立宪是否可能

君主立宪与党主立宪

一切问题都焦点都将归结到党是不是可以主导立宪，一般意义上的改良派认为，中共仍然具有无可替代的政治势力，无法撼动，所以更寄希望或促成中共自上而下的改良，一步步转型宪政民主，是目前最现实的选择。政治反对派或革命派、改制派认为，相信中共会改革，是相信鸭子会上树，中共过去的一次次的政治欺骗、现在进行中的一项项政治打压，都在告诉世人，不要再存幻想，你可以说现在无法撼动中共，但要摆脱奴役与压迫，只有唤醒世人抗争，通过抗争扩大力量，最终迫使中共改变或废除独裁政治。

说到党主立宪，人们自然会想起大清的君主立宪，还有国民党的党主立宪。

大清的君主统治体制有二千多年的统治经验，是农业社会生态下最为成熟发达的政制，在没有西方冲击之前，中国几乎没有人反对这个政制，人们反贪官不反皇帝，即便反了皇帝，也不反政制。西方传教士初到中国，许多人也非常赞美中国社会稳定与民风淳朴，当然，在黑格尔或马克思眼中，中国是长城围起来的怪物，历史一直没有进化，腐败的长城迟早会被西方摧毁。

西方的船坚炮利、中国人开始走出国门看到了世界、知识分子群体觉醒与抗争、统治集团权势走弱造成的危机感，促使大清开始思考与缓步走向君主立宪。大清本来认为天朝什么都有，所以无需向世界开放市场，我的天下我做主，保持长城里面的"诗意栖居"，大清宫廷这样想，其它人可不这样想。致力于激进立宪的康有为、梁启超，谁也没有想到，对他们造成最大影响与心灵冲击的，并不是个人受辱，也不是普世价值启蒙，而是《瀛寰考略》、《海国图志》这样的地理书籍，使他们看到了天朝之外还有一个强大的世界。

当读书人发现天朝不是世界的中心，天朝天下的理念就完全破产了。

尽管步伐迟缓，但大清也一直在寻找顺应时势的改变之道，国际国内形势也在逼迫大清政治转型。但最终君主立宪为什么会失败呢？因为朝廷是分裂的，而真正的实力是掌握在反对光绪皇帝改制的太后慈禧手中，康梁促使光绪变法改制，也只是过把瘾就死的游戏。当然，最终一同陪葬的，还有大清王朝。

清廷不是不想改制，因为只有通过改制才能挽救大清败局，给自己留下最后的生存空间，大清的问题出在内部，没有改制的责任人，即没有改制的威权人物，朝廷不像个朝廷，精英阶层呢，也没有精英阶层的样子，拿现在的话说，没有强大的中间社会，没有精英集团与宫廷进行有效的对话，康梁的变法是急切的、百日维新宪政是井喷式的，所以昙花一现，被扼杀于无形。

革命裹胁着民族主义、国家主义、民主主义，登上了主台，人们更愿意花更大的成本代价，来颠覆一个旧世界，建设一个新中国。人们不愿意异族皇帝还住在紫禁城里，作为汉人主体的国家象征。所以孙中山的三民主义，民族主义是第一要义。民族主义在当时是最具号召力的旗帜。孙中山在借一切力量推翻大清王朝，而不是动用一切智慧来推行民主宪政，这是百年革命乱象之源，也是孙中山持续革命之因。

革命获得了机会，但革命成功了吗？革命百年，一直没有使中国进入宪政，所以，孙中山另一句名言，像是谶语：革命尚未成功，同志仍须努力。严格来说，革命成功了，宪政尚未成功，公民需要努力。

但党主立宪在台湾获得了成功。

宪政在传统中国文化一隅台湾获得了成功，如果说台湾因地域小，所以易于民主的活，我们同样也可以认为，地域小，更易于独裁，独裁者更易于控制每一个人。台湾的民主宪政从独裁党控制之下破壳，原因是多方面的：国民党尽管独裁，但毕竟还有军政训政宪政三步走这样的远景目标，国民党政权历史上也有负债，但相对有限，并没有太多的历史包袱，使其不堪重负，害怕宪政之时被颠覆性报复；还有：台湾当局没有剥夺富人地主的财产，私有经济一直正常发展，宪政到来之时没有扯不清的历史债务或土地纠纷；台湾地方民主在县一级正常实践，中下层行政有一定的民主基础；台湾民间社会没有破坏，人们信仰自由民风纯朴，难以产生暴民政治；还有非常重要的一点，就是国民党统治还有一定的威权，蒋经国能控制政局、美国对台湾的民主政治影响力、台湾政府长期的民主宪政教育、以及民主力量自下而上的持久抗争，这些因素形成合力，促使蒋经国痛下决心，解严之后，转型民主宪政。这期间，"江南案"造成的震荡，蒋经国在美国遇刺造成的心理冲击，都促使台湾新威权人物反思，国民党的党国，何处是归途？

蒋经国的个人威权，国民党当时还存有的体制力量，对于转型过程不出大的动荡，也起着至关重要的作用。

威权人物与转型

关于威权人物在历史转型过程中作用，当年的杨度已有过精辟的论述：

"难莫难于立宪之初，易莫易于立宪之后。创宪政者，如以人力扛火车使入于轨道，其事至难；守宪政者，如以机器驱火车，使行于轨道，其事较易。"所以杨度们希望中国出现威权人物，像德国威廉第一、日本明治天皇那样的"盖世英主"把中国扛入宪政之轨。为此，他们希望赋予威权英主集权专制，专制权力可以为恶，也可以向善："夫以专制行专制，适以疾国；以专制行立宪，乃以利国，所谓事半而功倍者也"。杨度们一厢情愿地希望有一个向善的专制，使国家快捷地进入宪政轨道。

杨度认为清末立宪失败原因是"有适宜宪政之国体而不得实行宪政之贤豪"。在我看来，大清没有立宪者没有威权，才是立宪失败之关键，当然，如果有强大的理性社会力量加上精英阶层，共同促成君主立宪，也有成功的可能。

中共建政之后，毛泽东拥有了个人威权，甚至是被神圣化的绝对威权，但毛泽东一直有着威权焦虑，五十年代，认为潜藏的敌对势力会危害自己的天下，所以三反五反，后来又认为知识分子是异己的力量，于是反右，再后来认为党内有异己力量威胁自己的政治地位，于是炮打司令部，自己来帮人民主张正义，自己来带领人民走上社会主义康庄大道，领袖要求中国共产党人为人民服务，不同资产阶级服务。毛的威权变成了极权，他在延安时代是知道有一个华盛顿的，也知道民主宪政可以摆脱国家兴衰周期律，但他还是沉迷于个人极权与神化，走向一条不归路。

回过头来谈八九之前，赵紫阳与邓小平的分裂，或邓小平与胡耀邦的分裂，使中国宪政转型蒙受巨大损失，八九民运之前，体制内已着手实验地方普选、党政分离（向宪政转型），在深圳已准备实施，这是在邓、赵团结的情形下出现的好的转型契机，但学潮促使邓、赵分裂，这一分裂，最终结果是邓被拉入极左或保守势力中，不能自拔，而赵的改革、改制力量全盘覆灭。我说这一段历史是想说明，体制内不是铁板一块，体制内也有改革因子，关键是我们如何利用与激活，如何顺势利导。而改制需要体制内威权，体制内的分权或分裂，就会出现权斗，政治转型者反而可能成为失败者，因为改制要伤害体制内多数人的权益，大清官员考察西方宪政国家时就意识到，宪政利民而不利官。

那些焦虑习近平通过威权建立个人极权，并不是毫无道理，习近平如果不致力于宪政民主，不把人权当成党国价值中的核心，习如果一心一意打造中央威权，并走在通往个人极权的路上，他很可能像毛泽东那样，走上一条不归路，在这条不归路上，他会永远觉得，权力不够用，只有强化个人权力，提升个人政治形象，才能搞定政治对手，带领人民过上好日子，实现中国梦。

政治路径决定政治目标，在打击政治对手之时，也许可以闭门博弈，但要真正的追求民主宪政，就得阳光开明，要和党内的政治对手（而非政敌）开打天窗说亮话，以获得整个社会乃至文明世界的支持。

习近平一点零版的敌人，就周永康及腐败分子们，这样的敌人，与新政的习是无法对话博弈的，反扑的可能性几乎为零。

习正在面对二点零版的敌人，就是强大的党系，人们知道团系、江系、左派、政法系，但中国改革最大的阻力来自党系。八九民运失败之后，一家独大的派系，是党系，党政干部、党宣部门、党的组织部，这个派系一直延伸到村支书，而这个派系，习如果无法撼动，中国政改就是一句空话。

习在党系里如何主导立宪？

习近平主导的中央，希望固守现在这样的现状，甚至将习近平完全定性为左派保守力量，为构建个人极权而不惜一切代价，这样的定性为时过早。

习近平被多种力量牵制，特别是其上台之前，必然会对各政治力量有内部承诺，难以逾越一些樊篱，权力稳固期，他能做的大事，也就只有反腐败，以及倡导依法治国理念，加上已有的一些改革：废除劳改、户籍改革、法院垂直管理等，这样的推进速度，仍然难以满足公众的期待，普通百姓并没有看到生活的改善，宪政民主派也没有看到宪政转型的影子（反而满耳听到的都是反宪政的讨伐声）。有趣的是，与此同时，电视《历史转折中的邓小平》播放之后，左派们也引起一片失望悲鸣之声。

习把自己领导的各种小组设在党内，譬如国家安全领导小组，习是国家主席，但国家主席是虚职，国家下面是国务院，现在各小组设置以后，国务院被严重弱化，成为一个国务办公室，但各小组权力实化了没有？也没有，习分散了所有常委的权力，本是九总统制，九总统各有自己体系，尽管形不成合力，但各自在自己领地可以贯彻自己的方案。习现在既无强有力的智库，又无强有力的执行，习可能就被自己架空了。权力太大，就可能大而化之，他只有一个大而无当的威权架子。他说什么，别人跟后面执行什么，他不说，别人不执行，这就像驴推磨，一头驴无论怎样有力量，在一定的时空里也只能推动一只磨。

我在上期动向杂志中说习一头九脑，说的也是这个道理，即习还没有形成有效的政治力量，习只能利用旧体制旧体系，但这个旧体系正是造恶的体系，而不是倾向或致力于转型的体制、体系。依宪治国重要，因此逐步开放与自由化社会，更为重要。

习近期也意识到智库的重要性，习本人甚至重视海外智库的独特作用，这是以前领导人很少谈及的话题，原因是多方面的，习看到了体制内的局限性，而现在国家智库与教育部体系，宣传系，基本由左翼保守力量完全控制，他们与党系利益集团相配合，对习形成强大的捆绑、掣肘。海外有学者因此认为，习就应该通过集权完成极权，甚至军事化管治，当一个浑人，只有浑不吝的方式，一意孤行带领中国人走出埃及，重建共和宪政。其实，邓小平九二南巡之后，扮演的就是浑不吝角色，市场经济也搞成了，现在如果真出现一个为宪政民主而浑不吝的政治强人，在中国这样一个污浑的政治生态中，也不是不可能。

现在确实积重难返，最大的问题不是左的问题，也不是权贵利益集团做大，而是权贵利益集团背后，体制内的党系被做大，党系是习政权的血肉之躯，人不能拔着自己头发飞翔，更不能净空肉身做全能真人。习现在如果想政改，其难度远远超过赵紫阳时代，内部原因则是党系已固化，党系包括宣传系、组织系，党系的主体是政工干部，这些人除了维护马列思想、维护党对政府的绝对领导，恫吓、管制社会力量，他们一无所能，如果废除党系（党政分离），或让党系只在党内发挥作用，等于剥夺了他们权力，现在党系在做着各种努力，强化马列宣传、围剿异议人士、对公民维权打压、对异己力量敌对化，莫不是为了自身权益，通过各种方式绑架习近平在政改方面的任何企图。

因此作为体制边缘部分的人大政协与知识分子群体，利用有限的空间与体制资源发声发力非常重要，我不认为社会独立的政治反对不重要，我同时认为，体制内的政改建言与体制自我改良也非常重要，如果促使中共和平走下神坛，党主立宪将是人类最伟大的创举，也是中共洗刷历史罪恶的还债之举。

习近平在比利时讲演开启了一个话题

4月1日电国家主席习近平1日在比利时布鲁日欧洲学院发表演讲，在谈及中国政治体制时，他说：1911年孙中山辛亥革命推翻帝制之后，中国人"君主立宪制、复辟帝制、议会制、多党制、总统制都想过了、试过了，结果都行不通。最后，中国选择了社会主义道路。

习主席为什么会在比利时谈及中国政治体制？这既是对欧洲友邦的某种解释，又是隔空对中国国内民主宪政派的回应，许多人对习的回应表示失望，但我却看到了其积极的一面。为什么会有积极一面？

上届中央领导人吴邦国面对宪政民主改革，他的回答就是五不搞，为什么五不搞？他不告诉你，或者简单一句话，外国的制度不适合中国，中国人民选择了社会主义制度。到了习李新政第一年之时，有关部门对媒体与高校发了七不许通知，不许谈民主宪政、普世价值、三权分立等等，为什么不允许谈？不解释。

这次，习主席语重心长地谈到了中国为什么不搞西方民主宪政，并不是中国人不愿意搞，而是搞过了，1911年开始一直实验，实验均失败了：君主立宪、复辟帝制、多党制、总统制，一概失败了。

但习近平没深讲：毛泽东的社会主义也失败了。

中国什么时候才开始找到正确的道路呢？习认为：正确的道路是邓小平摸石头摸出来的："在邓小平先生领导下，我们从中国国情和时代要求出发，探索和开拓国家发展道路，形成了中国特色社会主义，提出要建设社会主义市场经济、民主政治、先进文化、和谐社会、生态文明，维护社会公平正义，促进人的全面发展，坚持和平发展，全面建成小康社会，进而实现现代化，逐步实现全体人民共同富裕。"

　　为什么中国人要走一条与世界不同的道路呢？因为"独特的文化传统，独特的历史命运，独特的国情，注定了中国必然走适合自己特点的发展道路。我们走出了这样一条道路，并且取得了成功。"

　　无论怎样，习近平在讲演中能够自圆其说，顺理成章，别人服不服没有关系，反正中国官方完全信服了自己的解释。

　　习近平没有进一步解释，为什么毛泽东的社会主义失败了，并制造了人间巨大灾难，而邓小平的社会主义却成功了，但人们还会追问，邓小平摸索出来的社会主义道路，真的成功了吗？

　　当代中国是社会主义市场经济，还是党领导下的权贵资本主义经济？习所言的民主政治，本质上应该是党主政治。宪法上序言上写着，中国国家最高权力属于人民，但人民却要接受党的领导，党中央的权力凌驾于全国人大之上，从制度上如何解释最高权利属于人民？

　　在文化领域，党管文化以来，有多少经典文化原创作品出现？习近平说，二千多年前中国先人就提出孝悌忠信、礼义廉耻、仁者爱人、与人为善、天人合一、道法自然、自强不息等理念，至今仍然深深影响着中国人的生活。那么，党领导下的宣传部门提出了哪些理念能为百姓尊重与接受，并能够成为民族国家精神文化共同财富？

　　说到和谐社会，一个连老人倒地都不敢扶起的社会道德生态，人与人之间的互信达到数千年来最低点。数千万党员数千万团员的身影又在哪里？生态文明方面，邓小平时代以来，河流、土地、空气基本被污染完毕，不说生态文明，野蛮人也不会如此对待自己的自然生态。维护公平正义，每年数以万计的上访者进京上访，接待他们的是截访人员与黑监狱，没有独立的司法，党完全超越法律之上，公平正义如何得到主张？

习近平所言的促进人的全面发展，如果没有基本人权保障，人的全面发展也只是被奴役状态中的自我禁锢，到现在为止，党领导下的全国人大还没有批准联合国《公民权利与政治权利国际公约》，至于中共要带领人民实现共同富裕，这样的宏大政治叙事，连美国总统都不敢说出来，共同富裕只有在共产主义形态下才可以实现，其它的社会形态，人与人千差万别，创造不同、贡献不同，收入也各不相同，这样的情形如何共同富裕？国家要做的，是对低收入者、老人、残疾人予以生活保障，并尽可能实现全民医疗保险，以及教育公平、就业公平等等。

习近平应该意识到，毛泽东的社会主义成了毛的极权主义，以失败告终，邓小平的社会主义，是党领导下的权贵社会主义，整个社会都被权贵所挟持与掠夺，所以邓小平的唯经济发展观，最终制造了社会不稳定，只好以稳定压倒一切，稳定压倒了人权，压到了环境，压出一个畸形的变态的社会生态，邓小平的权贵社会主义，不可能获得成功。

苏联社会主义、毛泽东社会主义、朝鲜社会主义、邓小平的社会主义都是失败的，并制造了灾难或社会巨大的不稳定，习时代，还要实验自己的社会主义新模式吗？

习近平：前院风光、后院起火

中国国家主席习近平访问欧洲，令人们欣慰地看到，他对欧洲文明重要的思想文化成果如数家珍，并说这些促进人类文明进步的思想文化，对自己产生了深刻的影响。

习的访问，在人民日报头版、在中央电视电的新闻联播时间，都占有重要版面或时段，甚至，当全世界媒体都在显要版面关注马航飞机失联事件时，人民日报却按既定方针，满版尽是习新闻，央视与人民日报，是习近平的前院，中国现实生活或百姓的境况则是习的后院，我们看到习面临的迥异处境：前院无限风光，后院多处起火。

第一把火在山东平度的一位村主任烧起

3月21日，习近平正动身前往欧洲出访时，山东平度杜家疃村主任杜群书和工地承建商崔某共同指使实施了对护地村民的纵火，造成守地村民一人死亡三人受伤。

平度纵火案是一起谋财害命案，这样的案例常见诸报端，杜某花了三十万人民币贿选得到了村主任位置，当时信誓旦旦地承诺，不卖村里一寸土地，但由于巨大的利益诱惑，还是与开发商联手，通过出卖集体土地以谋取自己的中间利益。

这起纵火案使底层社会几个基本问题血淋淋地呈现在世人面前：土地看起来属于农民集体所有，但村主任或村支书完全可以通过某种方式，将其变成自己的灰色利益，村民要通过付出生命的代价，才有可能捍卫属于自己的土地；农村基层选举，由于贿选或家族控制、黑社会控制以及上级控制，这种民主方式在当前的基层社会生态中非常薄弱。

习时代在面对基层民主难题要有所突破，一是要保证县级民主选举的公开竞争，通过县级政府的民选，以保障基层民主更有效；二是司法独立，警力不参与强拆、不干预宗教信仰以及经济事务；还有根本一条，把土地确权到农民个人手中，让农民自己对自己的私有财产负责。

如果习时代不能解决上述几条根本性的基层政治问题，平度纵火案，还会以不同方式在全国各地上演，未来十年，底层的社会生态、自然生态将被严重破坏，民无宁日，必致国无宁日。

第二把火是黑龙江黑监狱烧起来的

尽管习李新政废除了劳教制度，但黑龙江的建三江青龙山法律培训基地却用学习班洗脑的方式，非法拘押所谓的邪教信仰者，其名为法制培训基地，实在黑监狱，当著名人权律师张俊杰、江天勇、王成、唐吉田前往解救与申辩时，警方又将多名律师以参与邪教的罪名拘审，同时用暴力对待律师，从而引发更多的律师与网友前往围观，引起国际媒体广泛的关注与报道。4月1日，新华社以通稿方式发表了当地公安机关的通告，认为多名律师参加了法轮功信仰者们扰乱社会秩序活动，并在公共场所喊法轮功口号，所以予以拘审与罚款。

这是一批勇敢的维权律师、公民，他们肉身抗击地方政府非法，捍卫信仰者基本人权，使那些黑监狱、黑暗的力量得以曝光于世人面前，让最高当局不得不面对。律师、维权者们以生命的力量来撕破黑幕，如果说倒逼改革的话，这些律师与人权捍卫者是在用行动倒逼改革。

建三江事件习近平无法直接面对，或者说对习来说暂时还是无解的难题。

习首先要面对的是法轮功难题，江泽民当时一意孤行，不惜一切代价，将法轮功打成邪教，并穷极一切办法迫害、打压或通过洗脑转变信仰者。有多少人被迫害，多少人仍然还身陷囹圄，没有一个公开的统计数字。江泽民造孽，胡温十年也只能跟着淌江时代的浑水，现在，轮到习近平了。习勇敢地走对了第一步，就是废除了劳改，现在第二步要接着跟进，否则麻烦仍然不断。这第二步，就是先废除对法轮功的邪教定性，同时废除国保的超法律特权。

"国保"（因与国宝熊猫谐名，国人亦戏称其为"熊猫"）本是公安部政治处，完全是为政党的政治安全而设立，针对的对象是政治犯。维护党的政治安全，却以国家安全名义在逐渐做大，成为公安系统内部一支特殊的政治力量，只要有人被冠以国外敌对势力、邪教组织成员，甚至政治异见者，都会被他们列为内控人员，被监控、被软禁、被喝茶、被旅游、被盯梢、被失踪、被不允许出国等等，一切可能发生的事情，都可能随之在你身上发生。对政治类内控人员的监控，不计成本，不惜代价，可以动用一切力量与手段。茉莉花事件，国保对律师、政治异见者的残酷打击与摧残，可窥一斑。

建三江事件走到这一步，要么倒逼进一步司法改革，使中国法律获得进步，要么劳改以法律培训基地与黑监狱的方式变相存在，由于这种非法方式转为地下，所以更黑暗，更难以监督，一些人利用这些非法方式以维稳的名义，谋取个人或利益集团的利益，使国家人权灾难层出不穷。

由此看来，习近平要勇敢面对的，并不是一个小小的建三江黑监狱，而是平反法轮功问题，是解决国保系超越法律的问题，以及全国各地各种替代劳改的培训班洗脑班问题。司法独立性问题随之也要提上议事日程。

可见建三江这把暗火烧起，纵火的源头，却是江泽民时代埋下的火种。

习出访期间最大的一把火在广东茂名燃起

茂名市民为抗议 PX 项目落户城市附近而全城抗议，并造成与警察的冲突，警车与一些设施被纵火燃烧。群体公开抗议同时发展到省会广州，而罢课、罢工潮也正在当地酝酿爆发。我们看到政府唯一做的，似乎是派更多的警力去抓捕示威公民，而不是通过电视公开对话，以取信于民，化解危机。

抗议 PX 化工项目落户，已激起过辽宁大连、福建厦门、山东青岛、四川彭州、云南昆明等地民众激烈抗议，并多次出现流血事件。

这些事件背后的共同特征是，政府一心为了重大项目，而强行引进污染项目，他们一有上级批示，二有专家论证，三是自信自己手握专政武器，可以通过行政暴力，封锁反对的声音，摆平民间抗议力量。茂名政府甚至翼图通过强行让市民学生签名支持化工项目，来获得上级政府认可，制造假民意，其上骗中央，下压百姓的方式，在网络时代完全是裸奔的方式，难遮难掩，尽现窘态。

一旦事态扩大，政府会将责任推到听信谣言、不知真相的民众身上，或者推到传播谣言、煽动闹事的不法者身上，当然，还可以将其上升到国内外敌对势力，破坏地方经济发展、破坏社会稳定的高度，为暴力镇压寻找借口。

但当局应该看到，抗议化工产业落户城市近郊，完全是民众自发维护自身权益的合法行为，政府在没有经过广泛的论证与公众知情的情况下，强行上马化工企业，使百姓的生活生存面临恐惧，公众通过网络、微信、电话等无数现代通讯传播方式，形成最有效的动员，很快就形成全民参与的抗议浪潮，如果政府强行弹压，也许一时可以稳定局面，但最终不仅会形成生态危机，更会暗藏民间恐怖危险，当百姓无法公开抗议与维护自身权益之时，当一切合法的渠道都被堵死，年轻一代人可能会用极端的方式来对抗政府，到这个时候，政府的一切努力都会是无效的。

茂名起火，不是百姓纵火造成的，而是政府不顾百姓民意，不顾百姓安危，只一味发展经济的利欲燃起的。

习在欧洲期间，大陆后院三把大火燃起，远在欧洲风光一时的他，能遥望到故园烟火吗？他回到大陆后，会亲自过问这三起有代表性的群体事件吗？

建三江事件，是司法领域积案造成，平度纵火事件，是农民农村的老问题，而茂名反 PX 事件，则是地方经济发展与民意、生态的冲突。出现问题了，地方政府都不是通过和平的方式通过对话通过法律程序公开解决，都是通过警力甚至枪口说话，向律师、维权者、公民宣威。

习近平说，中国是一头沉睡的雄狮，现在雄狮醒了，它是和平的可爱的。我们要说的是，中国人民沉睡的公民意识觉醒了，它是和平的可爱的，但却遇到了中国政府这头笼子关不住的雄狮，习近平面临选择，是骑在这头雄狮上向公民社会宣威呢，还是与公民一道，用制度打造铁笼，让公权力这头雄狮，在笼子里不再伤害到它的衣食父母。

习近平号召"斗争"，会不会殃及香港台湾？

习近平9月3日在中共党校中青年干部培训班讲话时大谈斗争，仅官媒报公开道时出现的"斗争"一词出现58次，原文稿可能超出这一数字。为什么大剂量重倡"斗争"，习近平在讲话中指出，中共目前面临的风险愈加复杂，甚至会遇到难以想像的惊涛骇浪，因而斗争是长期的，各级官员要坚定斗争意志，骨头要硬，敢于出击，敢战能胜。

习近平为什么突然大篇幅重倡"斗争"？基于党内国内的政治需要，还是国际形势逼迫？斗争如何展开，会不会影响到香港与台湾局势？

美国之音近日报导，菲律宾总统杜特尔特日前透露出重要资讯：习近平明确告诉他在南中国海问题上中国不会让步。杜特尔特说，他认为香港示威给了习近平压力，让习近平"有些冲动"。菲律宾在南海是"依法"维权斗争，习近平则要进行"伟大的斗争"，香港抗争者在为双普选民主权利而抗争，习中央呢，仍然在进行"伟大的斗争"。

人们不难看出，习近平高喊的"伟大斗争"，成了对抗国际法理的斗争，也成为抵抗民主潮流的斗争。毛时代阶级斗争不讲法理与公理，阶级斗争是最大的道理，最大的政治正确，习中央呢，不再讲阶级斗争而代之以伟大的斗争，其本质仍然一样，不讲法理与公理，而是唯我独尊、唯我政治正确前提下，进行对敌、对政治异己的斗争。

一、缺什么才会号召什么，习氏的斗争意欲何为？

中共总是缺什么，号召什么，缺劳动力了，就号召多生育人口，缺猪肉了，就号召大力养猪，严厉的环保规则即行废止。

习近平显然认为中共或中国现在缺斗争与斗争精神，所以要求中央学校官员有斗争精神与斗争技术，敢于斗争善于斗争。习式的斗争是对异己力量的斗争，对不听话的体制内力量进行斗争，对国际国内敌对势力进行斗争，特别是所谓的疆独、藏独、港独、台独力量进行斗争。习近平如何启动全国性的斗争运动，中共与政府如何配合运动开展，则成为难题。因为整个社会都经济化追逐利益，斗争如何转换成利益、创造财富？如何解决个人面临的各种难题？阶级斗争在极度贫困化的中国是一种娱乐与发泄，而今日之中国，更多的人追求的是财富与各种有效保障。习中央认为缺乏的斗争精神，并不是整个社会追求的"精神财富"。

有分析人士以为习讲话的指向更多的是内斗、权斗，当习近平到西北视察，有人高喊习万岁，而此时的《人民日报》却在纪念邓小平反对领导干部终身制，这显然是对习近平修改宪法使党国最高领导人终身制合法化的一种抵制，这样的观点、声音能够发表出来，人民日报是不是没有斗争精神？这里的斗争，已不是阶级斗争路线斗争了，而是与习近平保持一致的斗争。

更为普遍的事实是，习治下的整个体制内官员开始犬儒化、工具化、木偶化。

习近平不可能既要求官员们听话顺从讲规矩，又要能积极搞斗争，斗争影响团结，影响同舟共济，还可能影响大局，只有习团队与习的亲信政客，才知道应该斗争什么，斗争谁，其它人不可能积极地卷入斗争、参与斗争。谁是习近平的敌人，谁是习近平的朋友，这是斗争的首要问题，这个问题官员们无法得到准确回答，所以无法展开斗争。

斗争需要领袖号召，需要运动式的群众迷狂参与，斗争需要牺牲精神，因为有斗争就有牺牲，当然，需要领袖与群众共识，还要有斗争的潜规则，这一切在文革之时基本都具备，而经济开放时代，即便希望参与斗争的官员，如何斗争，与谁斗争，斗争失败又将如何？斗争胜利了有怎样的奖励？如此复杂而无利益的斗争，稍有智商的官员与群众都不会积极参与，习的号召难以落实，更难以运动化大规模实施。

所以，现阶段习近平提出的斗争号召，只是他一时的政治意愿，一种情绪表达，对中美贸易冲突、对香港送中条例无法通过并引发抗争运动，对台湾与南海局势，特别是整个国际社会对中共开始的敌意升级，都让习焦虑不堪，外在的焦虑内化为一种冲动，似乎只有照搬毛泽东的斗争哲学，才能解决自己面临的各种难题、困境。

斗转星移，在现在的时态中，他既不可能变成毛泽东那样的精神领袖，也不可能广泛启动运动式斗争，用"困兽犹斗"来总结他现在的精神状态，可能最为真切。

二、中共的"斗争"会不会殃及香港、台湾

中共的斗争哲学已深度殃及香港，浅层次影响了台湾。

说中共的斗争哲学造成了香港动荡，是因为林郑港府与员警受制于中共意识形态与指令，用斗争方式对待提出和平诉求的香港公众，人为制造了香港动荡，甚至已造成灾难性后果。说它浅层面影响了台湾，是中共既用经济统战方式影响台湾部分民众，又通过红色媒体与爱国小粉红渗透，使台湾出现撑中共红旗的群体，在部分区域造成"斗争"冲突。

先分析香港：中共不尊重民意，让港府坚持错误的决策，造成大规模抗争，引发事端导致香港社会分裂，港府本来还是有一点体面，但此次送中条例使港府几乎完全站到中共立场上，全然不顾港人的利益与生命安危。最重要的安全保卫力量香港员警，本以文明素质令世界称道，但此次也被中共分裂，不得不听从港府与中共有关方面指令，对和平示威者祭以重拳，许多暴行与中共军警无异，完全是对敌打击的铁血手段对待香港手足。

如此残忍对待供养自己的纳税人香港民众，是不是对敌斗争思维所致？只有对待敌人才会祭出残暴的手段，决不妥协，直到最后的胜利。即便如此重拳打击，香港抗争者誓不屈服，迫使香港政府撤回送中条例，习感受到一次挫败，也正是这次挫败，既使菲律宾总统感受到习"有些冲动"，还有就是香港当局有斗争精神，但没有斗争技术，导致送中条例失败。不允许人民通过抗争获得胜利，对于中共来说，"此风不可长"，不能让抗争运52A8出现不利于中共的效应。

这一次为什么成为一次例外，习近平的斗争出现了历史性的重大挫折？

香港人众志成城，绝地抗争，不惜付出生命的代价，经济代价也是巨大，但在所不惜。加之国际社会的强力干预，特别是美国将香港问题人道解决当成解决经贸协议的前提条件。而更多的制裁与有关香港人权的法案也在制定之中。中共无法承受这样的代价，从前所说的不惜一切代价，是不惜别人生命与经济代价，而不是指自己要付出的，现在的代价不仅会影响着中共最高领导人的海外财富，国际制裁，还会影响到香港作为中共红色权贵的特权飞地。

所以默许林郑月娥以港府决定的名义退回一步，公开撤回送中条例。

既然港府可以自行撤回，为什么六月不公开说出，拖延近三个月，造成了香港人生命与财产巨大的损失，由谁来承担责任？中央政府与港府，没有一句承责与问责的相关话语。

中共在香港的斗争，只是为了特权利益。

现在人们看到，香港抗争者没有胜利，港府没有胜利，习中央当然也没有胜利。

习中央不满意，因为港府让步了，公开声明撤回送中条例，使亲共的香港力量颜面全失，香港抗争者与市民更不满意，既然送中条例不符合民意与香港情势，那么决策者是错误，没有及时修正错误导致如此严重的灾难性后果，当局无人负责，却要对抗争者进行后续的"法办"。全世界支持香港抗争运动的人们也不满意，因为抗争者提出的五项诉求合理适当，特别是普选权，这是香港基本法规定的目标，为什么当局阻挠而得以实现？

香港被分裂了，怎样的修补才能恢复常态？只有港府与中共让渡属于港人的自由民主权利，如果属于港人的权利得不到满足，等待中共的只有抗争，而中共也只会让港府与员警与市民进行斗争，这样的恶意斗争，由中共控制与制造。

对追求自由民主人权的群体进行殊死斗争，是中共既定的方针，因为人民有了自主权，中共就会失去特权，退一步，中共就会退出历史舞台，所以在自由、民主权利方面，中共是不惜一切代价进行"斗争"，在斗争过程中将对手污名化，戴上暴乱、动乱分子的帽子，并认定是国外敌对势力煽动的结果。1989 年民主运动之时，中共绝对不与学生代表对话，答应对话也拖延推搪，对话变成训话与威胁。四年前香港市民争双普选的雨伞运动，中共强硬到底，寸步不让，留给香港人的只有悲情与绝望。此次抗争只是迫于世界局势中共才退回一步，如果形势一旦有利于中共，香港的危局随时出现。

现在，人们看到的是香港的抗争运动仍然在继续，香港政府与员警仍然高压、暴力应对，与此呼应的，既有习近平的敢于斗争勇于斗争号召，又有相关中共机构发言人的恫吓，抗争的城邦面对斗争帝国，如果国际社会不强力而有效的声援与制衡中共，后续对香港抗争者肯定是悲剧。

再说台湾：台湾社会基本完成了自由民主化立宪过程，中共只能接受台湾政治现实，自欺欺人地提出一个中国各自解释，以及一国两制的构想。美国与台湾海峡的存在，使台湾免受中共"收回"之害。

中共只能以经济统战、文宣渗透、外交打压、政治恐吓对待台湾，而这一切都是中共新时期斗争方略。

这一切没有给台湾带来香港那样严重的冲突与危机，看起来是浅层面的影响，如果听任其发展扩张，后果仍然会严重不堪。

今年六月初本人到台湾参加纪念八九六四活动之时，与出租司机、普通店员聊天，都能感受到大陆经济对台湾民意的影响力，这种影响是潜在的，大陆通过收放对台湾的旅游观光，输出旅游经济资源，造成台湾部分从业者一度的"致富"，这些群体由此产生财富幻想与依赖，似乎中共大陆是取之不尽用之不竭的市场资源，而与大陆保持距离或政治抗争，则会使台湾失去巨大的市场，因此精神上开始了对大陆的顺从与依赖，当有总统竞选人基于这样的心态，高喊台湾与大陆无条件和好，发大财，相当一部分民众就不自觉地追随亲大陆的候选人。

因经济或地缘关系而亲大陆的民众，一部分进而开始撑中国国旗，唱中国国歌，成为一股公开的政治势力，公开与反共力量进行"斗争"，这些力量与中共一致的方式在于，斗争性特别强大，声势夺人，不容异己。一些国民党政治势力更是利用身份地位，游走两岸三地，谋取的是政党与个人利益，在纪念北京八九六四之时，表现得非常充分，连出席纪念活动都不敢，怕得罪中共，影响自己在大陆的关系或市场。有政客说台湾许多人在家里"绣红旗"，此言也许对某些亲共力量并不虚饰，共产党真的征战台湾，他们以亲共可能在火中取栗，就像国共内战之时，部分投诚中共的国军力量一样，但最后的结果怎样，历史早已告诉人们，投诚中共的没有好下场，在大陆一直都是中共斗争与迫害的对象。

对台湾，大陆中共却更强调斗争，没有一句妥协话语，强调不排除武力统一台湾的决心，持续在外交上打压，国际组织中排挤，从来就不考虑台湾利益与主流民意的感受。其敢于斗争精神，一以贯之。

一国两制因香港抗争事件而除魅，中共只有通过更进一步切断台湾外交与压缩台湾国际空间，来斗争台湾，并用战争恐吓台湾，这些都是中共传统的斗争手法，以斗治国，以斗乱港乱台。而那些经济诱惑，也只是狼在披着羊皮施予的"温暖"，以此包藏统战台湾的野心，一旦无法"和平"统一，最后就露出真面目。台湾如果没有美国主导的国际正义力量庇护，中共早已不惜一切代价，哪怕毁灭也要收回。斗争就是牺牲，而牺牲与代价，都是百姓与异己，中共最高统治当局，成为被祭奉者。

热爱台湾民主自由的人们，不要幻想与依赖大陆施舍的巨大利益，在历史时刻要通过政治竞争、博弈，平衡台湾的政治生态，最不要陷入的是中共的斗争思维与渗透到台湾的斗争生态中，成为牺牲品。鱼与熊掌，难以兼得，自由民主才是价值中的价值，既不让大陆统战斗争祸及台湾，也不要

染上大陆的意识形态与狂热的斗争之病。2019-09-12

在香港玩火将是习近平最后一次罪错？

一、警惕习近平在香港问题上玩火

据中央社发自北京消息，当地时间 2019 年 8 月 15 日下午北京第四次就香港情势召开记者会。全国人大基本法委员会委员韩大元表示，根据[基本法]第 18 条，当香港发生危机国家统一和安全的动乱，而特区政府不能控制的话，全国人大常委会有权决定颁布在香港实施紧急状态。

香港抗争运动持续二个月以来，事态愈发严峻，最严峻的事态是中共国务院港澳办发言人杨光已将抗争运动中出现的暴力事件（许多都是中共自己人卧底制造），上升到出现了恐怖主义苗头。这是较早前香港官方将抗争运动定性为动乱的一次严重升级。美国媒体拍摄到周三（14 日）有大批武警在深圳集结，而深圳湾口岸的体育馆有多达 500 车辆，有武警向有关媒体表示，到深圳是为了执行 "#临时任务"。这意味着，中共武装力量将随时准备弹压香港和平抗争者。

中共体制内或国际社会有没有人提醒习近平，在香港玩火，暴力镇压香港抗争运动，必将是他最后一次重大罪错，不仅会在历史上留下可耻的一页，还有可能因此受到国际法庭审判。

八九六四北京悲剧又可能重演，此时吁请国际社会严重关切并干预显得尤为重要，必须要让习近平当局充分意识到，国际形势与环境无法容忍北京再犯当年的罪错，如果一意孤行，不仅对香港与中国经济造成重创，习近平本人也将有受到国际追责甚至审判，在国际政治舞台上，他将成为一个罪人出现，或将永远退出国际政治舞台。

而香港抗争者应该更为和平理性，知进知退，适时进退，尽可能将抗争变得可持续的运动，特别是要有超越性，将无组织的分众抗争凝聚为有组织有代表的抗争，当各分众活动者各自选举自己的团队代表，最终形成公开的有组织同盟，有自己的主席与代议人，有律师与学者援助，有媒体人与国际人权组织参与观察，甚至与国际社会互动，以促进与中共当局或香港当局直接对话，真正终结送中条例，并推进双普选实施。

这一过程中抗争者通过各级议会选举，争取自己的席位与代表人进入，使抗争运动可持续的同时，对大陆也将形成示范效应。这样的抗争可以避免中共当局恶意升级运动性质，出重拳打击，玉石俱焚，习近平当局玩火，我们不能效仿着纵火，这对香港自身的民主进程也是不利的。

因为中共政权的性质，它们因无知而无畏、无底线，而国际社会的援救也只能是道义上的呼吁与后续的制裁，难以逆转大陆的高压控制甚至戒严军管。不让对手有展示穷凶极恶的机会应该是我们抗争者应有的共识。当中共开始广泛使用卧底无底线制造事端之时，抗争者以超越性思维应对，体现文明人的素质与品格。手无寸铁的民众力量无法征服对手，但我们有品格引导对手，让他们感受到和平、理性、文明的力量。不可与低级暴力的对手比拼暴力与低级无底线，所以我们必须提升自己的抗争境界与方式，超越性的追求，是升级或升华自己，通过好的方式、过程追求好的结果。

利用义和团来制造动乱、灭杀外国使节、传教士及信众，是晚清慈禧最后一次致命的罪错，也因此注定了大清最后崩溃的历史结局。习近平当局仍然在愚弄、利用新式义和国，所以极有可能像利用义和团的慈禧一样，犯下最后的一次重大罪错。

大陆的义和团仍然存活，他们潜伏于海外以留学人群、大外宣媒体、同乡社团甚至吃瓜群体中，是一种隐性的力量，在历史时刻，只要中共唤醒或驱动，立即以各种方式复活，参与到各种活动中，成为红色燃料、燃烧出一道红色风景。

如果说义和团运动被慈禧公开利用是用宏大的暴乱方式出现的话，现在中共对爱国受党群体的利用，则用隐性的、分众的方式，个别行动者以极端的方式呈现。譬如十多年前反日活动中，爱国群体怒砸日系汽车，甚至砸死日系车主，而近期香港的潜伏力量与混入香港的中共群体力量，或以白衣人方式出现过，也以福建红衬衫群体出现，还以混入示威抗争者中，以记者或便衣方式，香港员警或大陆渗透到香港员警队伍中的人员，随时换一身衣服，就渗透到抗争队伍中，使活动过程充满变数，特别是他们故意制造的事端，冲突，血案。

如果说晚清义和团运动是一点零版本的话，文革红卫兵运动则是二点零版本，现在已然升级换代到三点零四点零版本了，它是软战争时代的隐性力量，也成为一种锐实力，它可以进入布袋，刺破包装，让你感受到它的锋芒与杀伤性，既隐性又公开血腥暴力。

　　中共的媒体正在加大力度，为军队或武警进入香港制造声势，八九六四的悲剧会不会在香港重演？香港将会面临怎样的重创或打压？怎样的国际力量才能阻止习近平在香港玩火，重蹈邓小平罪错？而香港抗争者，如何应对中国施加的暴虐与军控，如果深度戒严，香港将成为一座死城，如果简单粗暴、疾风暴雨式打击，香港抗争者以命相搏，悲剧性结果将让全世界无法忍视，现在这样的和平抗争，已造成六名香港抗争者付出了生命，另有抗争者被布袋弹袭击造成一只眼睛失明。与八九年北京民运一样的，是中共寸步不退，对和平的民主运动，污名为动乱，坚决不改变定性，不对话，香港抗争者必须高度警惕习近平在香港问题上玩火。

二、香港问题严峻与美国的因素

　　美国国务卿蓬佩奥与杨洁篪在纽约会面，这既是特朗普"喊话"的结果，也是中共北戴河会议的重大"决定"，中美贸易战将对中国经济与政治造成致命的伤害，加上至今无解的香港抗争运动，都迫切需要获得美国的支援，习近平不得不通过特使级官员杨洁篪到美国寻求达成某种协定的可能。

　　如此时刻中共指派高级官员访美，又在贸易与农产品问题上向特朗普总统抛出诱饵，中共一次次失信于美国，现在会不会为了谋求镇压香港而故意释放经贸领域让步的姿态，先解决香港问题，取得美国的宽许，而经贸领域的持久战与扯皮留待日后解决。

　　为了配合杨洁篪这次美国之行，呼应美国总统对习近平的友好评价（实为无原则的政客式吹捧），中共中央电视台高调宣传美国与中国四十年的友谊，而就在前几天里，中央电视台还在无休止地批评美国是香港问题的黑手。这种翻脸比翻书快的变化，令国内爱国者手足无措，也成为推特等自由媒体最大的笑谈。

中共幻想的是签署协定与大量购买美国产品以换取香港镇压权，在他们眼中，特朗普就是一精明的商人，香港是可以用来交易的。最起码，中共通过一些口头承诺，化解美国日益升级的对华决策，既包括南海与台湾关系，也包括香港事态。

特朗普为此发表了推文，在香港问题上向中共锁定了底线，就是人道的解决方式。就是不要粗暴对待抗争者造成重大伤亡。与他的其它推文联系起来，可以看出他的基本观点，就是香港的问题是中国与香港的问题，非常棘手，你们自己商量着办，但要按照人道方式。

什么是人道灾难，三十年前邓小平主政中共之时，通过军队坦克弹压和平抗议的学生与市民，数以千计的人们在这场中共制造的灾难中失去生命，国际社会充当了旁观者和事后的谴责者，但没有有效的干预机制，美国当时的政府在短期制裁中国之后，很快恢复了对华关系，这使中共对西方世界有了某种不良的认识。

特朗普在相关推文最后还说了一句：个人性会谈？这句话有两解，既可以理解为"我们一起谈一次"，也可以理解为"你与香港民众个人性会谈一次？"习近平、金正恩这样的党国独裁者，都愿意与美国总统"个人性质"的会谈一次又一次，但却没有与抗争民众会谈的习惯与勇气、能力。而这种不对话只打压的习性，正传染给香港当局特别是香港警方，他们对自己的决策错误与员警过当执法造成的重大过失，不仅不道歉，还在通过各种方式制造血案与民间冲突，然后将这些血案与冲突污名化到抗争者头上，甚至将幕后黑手的恶名戴在美国使馆人员或美国头上，以激发国内民众爱国反美情绪。

杨洁篪到美国，与其说是为了中美九月份的贸易谈判，不如说是为了中共十一之前暴力镇压香港而寻求美国宽待或认可，他从美国总统口中得到的是人道解决方式，这对中共来说是极难完成的任务。而美国主流社会不仅对中美贸易已形成共识，就是决不退让，捍卫美国国家利益，让中共回到普世规则与美国对等贸易。香港问题一样，主流社会不允许中共在香港这样的自由城市上演八九六四悲剧。

我们就注意到，美国众议院外交事务委员会措辞强硬的声明，敦促中国避免在香港重演 30 年前的天安门残暴屠杀，否则将受到普世谴责并将承受后果。

自由亚洲近日也有报导：香港"#反送中"示威活动一浪接一浪，大专学界发起集会，促请美国国会通过《#香港人权及民主法案》，美国众议院议长佩洛西（Nancy Pelosi）发声明，指未来数周将推动通过法案。

美国之音最新的报导无疑也是对中共最严厉的警告："美国国会目前群情激昂，中国如果迈错一步，将在美国国会引起爆炸性反应，"美国国家安全顾问博尔顿在接受美国之音记者格莱塔·范·萨斯特伦专访时说。他同时敦促中国遵守一国两制，并表示中国在香港再造天安门镇压的记忆将是巨大的错误。

如果中共非人道方式对待香港抗争者，美国会做出怎样的反应？这将不是总统一句话可以决定的，美国主流社会特别是美国国会的反应，更能决定性影响美国对中共后续的惩罚，中共能不能承受后续的惩罚，包括对习近平本人的惩罚，既考量美国对普世人权的真诚尊重，也将考量习近平中央无底线会触底到怎样的程度。有一条是可以肯定的，香港并没有受到外敌入侵，中共出动军队师出无名，所以最大的可能是出动武警部队，会引发怎样冲突，会造成多大的伤亡，都是未知数。

八九北京民运之所以能够绵延近二个月时间，是因为中共高层内部斗争没有结束，内斗结束之后统治集团形成统一意志，立即不惜一切代价进行打击。

香港的问题并没有造成中共高层内斗，而是国际社会的压力、或因可能出现中共无法想像的结局，使他们暂时有所忌惮，特别是美国的态度。

正因为中共对西方世界特别是美国的忌惮，所以，香港抗争者现在应该将国际性游说、获取国际主流社会的关注、遏制中共即将在香港实施镇压当成重中之重。动用一切智力资源进行民间外交，同时，保持理性克制，为可能的镇压做好准备，也为可持续抗争做好策划方案。2019-08-17

习近平以普京为师企图武统台湾——必将惨败！

百年前，中共以俄为师，决定了中华民国的命运，而今天，我们看到中共领导人正在以普京为师，这将关系到臺湾的安危。

共产党人的使命是解放全人类，而今天，却修正为要实现中华民族的伟大復兴，『解放台湾』成了神圣使命，并在中共二十大写入党章。

当年中华民国被中共颠覆，不是『中国人民』推翻的结果，而是苏联实质性的军事与资源援助中共的结果，也就是说，因苏联支持中共，决定了中国大陆现当代歷史大变局。

现在普京入侵乌克兰的结局，将深刻地影响『习共』是否攻台。如果俄罗斯很快以惨败收场，战争赔偿与国际审判追责随之进行，将对习共形成极大的威慑，使其不敢轻举妄动，如果国际社会纵容俄吞併被佔领的四个州，没有战争赔偿与审判，那么，极大可能会促成习共效仿普京。

大陆与台湾的政治格局，是二战与二战之后大国间战争与博弈的结果，而地缘政治，仍然在深刻影响着今天臺湾的安危，好在，歷史时刻，美国已经觉醒，并有巨大的改变，美国总统拜登四次公开支持台湾，美国军方与主流社会也充分意识到中共对台湾、对文明世界严重的威胁，这与二战前后美国政府与军方对中共的认知，有天壤之别。

习近平以普京为师

早在 2013 年 3 月 25 日新华网曾以这样的标题做出报导：《习近平与普京会谈：我觉得我和您的性格很相似》，性格决定命运，而极权国家的领导人性格则决定党国与人民的命运。

习近平学习蒲亭什么呢？以下三个方面，习近平学习了蒲亭，或者说与普京不谋而合。

一是打破任期制惯例，通过连任以图终身制，使政敌不敢反对，对异见者打压与迫害。

二是敢公然与文明世界为敌，对乌克兰公然入侵，开始是打着对抗西方、对抗北约东扩的幌子，后来话风又有改变，祭以国家民族主义的大旗。

三是将歷史民族的復兴与战争侵略捆绑在一起，既获得合法性，又可以激励人民的血性与凝聚力，佔领乌克兰部分区域，在枪口之下让四个州公投独立，加盟到俄联邦，这给习共入侵台湾提供了极好的借鉴。

习在政治层面上，比蒲亭有过之而无不及，毕竟俄罗斯人告别了共产党，对史达林主义进行了鞭笞，而中共官方马列主义专家与俄共组织却仍然在为史达林主义招魂，2022 年 10 月，由俄罗斯社会主义学者联合会中央理事会主席伊·伊·尼基丘克主席和中方马列专家程恩富审定的中文版《史达林全集》（补遗）第 20 卷在莫斯科由祖国出版社正式出版（显然是中共全额资助的国家重点专案），大陆红色网站均报导，此书是对中共二十大的献礼。

可见，习本人以普京为偶像，而习共仍然是以苏联为祖国，以马恩列斯为祖师，俄罗斯主流社会已唾弃列宁特别是史达林，而中共仍然在拾遗为宝，要传之后世。

今年 2 月 21 日，普京在宣佈承认顿涅茨克和卢甘斯克独立的演讲中表示，乌克兰是俄罗斯歷史、文化及精神世界不可分割的一部分，是与俄罗斯有血缘关系的亲人。甚至认为乌克兰从未拥有过自己真正的国家地位。

普京为了一场莫须有的荣耀，实实在在地屠戮斯拉夫兄弟民族，摧毁了和平的主权国家，习近平的共产党也一样，復兴中华民族的伟业，居然企图将侵略臺湾当成祭品。

以普京为师，必然像俄国一样惨败

中共早中期以俄为师，甚至以俄为父，得益于二战，美国联俄联共，对付共同的敌人法西斯国际阵营。中共能够成功颠覆中华民国，并不是毛泽东思想伟大或共产党战无不胜，而是苏联的强力援助，以及当时的美国政府以所谓中立的名义，背弃了二战时期盟友，中华民国政府因此败走臺湾。

西方世界对俄侵略乌克兰是用经济与军事援助的方式，至今没有直接参战，如果中共侵犯臺湾，美国甚至日本更大的可能是直接参与保卫臺湾的战争。因为无论是美国还是日本，以及东南亚国家，都无法接受中共以战争方式改变二战之后的地缘政治格局，如果中共得逞，所有相关国家都将在中国的势力范围中失去安全感。

美国国务卿布林肯 10 月 17 日发出预警，他在加州史丹佛大学（Stanford University）的演说中表示，中国将在习近平的带领下，走向『在国内更加专制，在国外更嚣张跋扈』的道路，下定决心将在更短时间内攻打臺湾、实现统一。

美国总统拜登 9 月 18 日播出的美国哥伦比亚广播公司 CBS《60 分钟》节目中受访时强调，如果台湾发动「前所未有的攻击」，美国将出兵协防台湾，这意味着，美国由过去的战略模煳，转型到战略明晰。这也是拜登入主白宫以来连续四次公开表示要协防台湾，臺湾实质上已成为美国保护的对象。

当美国放弃联俄联共，当文明世界不再对中共的政治转型与经济发展有任何幻想，习共如果再次以俄为师，像俄国入侵乌克兰那样侵犯台湾，遭遇的将是毁灭性的打击。

2022-10-31 台湾中央台

习时代的缝合与分裂

习近平上任伊始重述 1840 年代故事，通过回溯近代史，想把中国重新缝合成一个整体，以皇权社会的所谓独立繁荣，延伸历史国家的宏大概念；尔后，习又想缝合文革前后三十年，因为前后三十年都在中共领导之下；当习面对世界之时，他又在缝合中国梦与美国梦、世界梦，认为都是共通的。可惜，习没有缝合中国价值与人类共同价值，而这才是政治家应该追求的核心价值。

把党国的梦想转嫁给人民

习近平的缝合之功超越时代跨越东西方，他上任伊始，带领七常委到国家博物馆，将国家复兴故事上溯到 1840 年，这无疑将当代中国与大清缝合在一起，因为大清遭受屈辱，所以，当代中国人要牢记国耻，复兴 1840 年之前的"强大与繁荣"，复述 1840 年代的故事，有多重政治意蕴，一是使当代中国历史延伸到强大繁荣的唐宋甚至久远的远古时代，以复活中华文明自信；二是将西方变成一个敌对的历史概念，因为西方列强的入侵，大清才有后来的国耻，将丛林时代西方的帽子戴在宪政民主时代西方的头上；三是中共正在带领人民超胜西方，复兴中华文明的盛世，中国人民离国家强大的梦想从来没有如此近过，把党国的梦想转嫁给人民，人民为国家梦想而奋斗，人民应该忍受个人的苦难，甚至人民在这样的国家竞技过程中应该忽略人权与利益，为国

家强大的梦想而努力，是时代主旋律。国家领导人想确立的
是国家主义，而国家主义的实质，却是党国第一。

党国强大了，人民就幸福了吗？党国强大了，人权与宪
政就有保障了吗？

宪政与人权这样的核心政治问题因此被忽略了，用虚幻
的中国梦、国家强大以及放大的历史灾难、复仇情结，来唤
起人民跟着自己走，与虚拟的敌人斗争，为虚幻的梦想献
身。一旦有人揭示真问题，表达真观点，立即成为敏感词，
最终导致社会真价值与国家假梦想的分裂。

缝合文革与改革、缝合中美梦

紧接着，习近平又抛出文革前后三十年互不否定，既走
邓路线，又背诵毛语录，将文革前后三十年缝合在一起。人
们普遍认为，习希望得到毛那样至高无上的威权，同时像邓
那样发展市场经济，自己得到政治上的强大，而党国得到经
济上的强大。也有学者认为，习缝合前后三十年，是为了获
得左右的共同认同，因为他要做全民领袖，但这样的缝合是
南辕北辙式的缝合，毛是用个人极权为自己造神，掀起一连
串的政治迫害运动，而邓在改革开放过程中获得个人威权，
只有经济开放而没有政治改革，使中国进入到权贵资本主义
时代。极权与威权都没有使中国政治获得进步，反而一步步
蜕化到反宪政反民主侵犯人权的专制状态。

习近平访美，提出"中国梦与中国人民追求美好生活的
梦想是相连的，也是与各国人民追求和平与发展的美好梦想
相通的。"显然，习近平强调的是人类的一致性，或各国人

民在精神追求方面的一致性，中国人的梦想对美国对世界人民来说，不是例外，中国人民没有特色梦想，而是与美国人民与世界各国人民梦想共通。

美国人民的梦想是什么呢，是自由平等民主正义，最著名的黑人维权领袖马丁－路德金最著名的一篇演讲就是：我有一个梦想，关于黑人与其它族裔的人平权，黑人的孩子可以与白人的孩子坐在同一个教室里，黑人可以与白人一起乘坐公共交通工具。

而在习访美之前，中央却颁发七不许禁令，不允许中国媒体与高校讲堂宣传普世价值、公民社会、宪政民主制度等方面内容，中国人在价值追求方面似乎异于美国人或世界各民族人民，但梦想却是共通的，习的讲话与党的文件如此分裂，令人不可理喻。在中国争取中国公民教育平权却是违法行为，许志永博士因到教育部门前示威，要求给予外来工子女市民待遇，却被警方以寻衅滋事、影响交通的罪名予以拘审，并被判四年徒刑，中国人民追求教育平等的因此成为恶梦。

中国城乡二元制，使中国社会成为一个分裂的社会。

缝合维稳与维权

最近习近平提出维稳与维权的统一，并要求司法部门依法行政，把追求公平正义当成司法的神圣追求，能够在维稳的同时提出维权，或者有意缝合维稳与维权的统一性，是一个进步，但，维稳是从统治者角度提出的，而维权却是受迫害受侵害者提出的，无数上访者到国家机关上访，都是为了维权，许志永博士到教育部门前示威，同样是为了维权，各级政府不作为，或直接是侵犯公民权益的主体，所以他们要借助专政工具，对维权者进行无底线打击与迫害，从而制造出更多、更复杂、更严重的社会不稳定。习近平应该看到，每一场维权事件后面，必有政府或权贵对百姓的侵权事件在背后发生，而任何一起上访案背后，多有司法不公或司法失效相对应。

维权与维稳的中介点在哪里？在司法领域，没有独立的司法，没有公平正义的审理，没有阳光公开的审判过程，维权与维稳必然是分裂的，周永康时代维稳经费超出军费，并形成一个政法系王国，是过度维稳的结果，非法的维稳同时制造出更多的不稳定。

仍停留在半殖民地半封建社会

国家复兴是宏大的政治叙事，上溯到 1840 年，试图缝合大清以前的国史与近代中国命运，可以使习时代产生某种程度上的神圣感，中国人民离国家复兴的梦想如此之近，但国家强大与百姓的自由平等却相距遥远，城乡居民不能平权，东西部贫富差距如此巨大，民主宪政仍然不能成为当政者政治价值，国家强大的梦想是近了，公民社会与宪政民主却离人民越来越远。

因为中国梦只是当政者的大国梦想，而没有基于百姓的民主自由宪政梦想，梦想的解释权在当政者手中，容不得媒体人或知识分子、普通百姓去做不同的解释与倡导，而近百年中国的历史，也被政治化利用，成为复仇与爱国教材，而不从制度层面去反思与改革。主导中国的意识形态分裂了中国特色与普世价值，从理论上维护了集权统治与极权方式，仍然固守在只有"我们"才可以为人民服务，只有我们才可以决定中国梦的内容与实现中国梦的制度，只有我们自上而下的打击腐败，发展经济，人民才能过上好日子，除了当政者，中国一切领域都是被动的接受服务，接受领导，接受统治，某种意义上，中国仍然停留在半殖民地半封建社会形态中。

当代中国史还没有开始，因为，民主宪政制度还没有启动。2014—1—30

谁需要习近平成为终身制的大独裁者？

习近平第一个任期完成了核心制，将寡头政治变成个人核心领导制（习比其它政治局常委高出一个级别，拥有最终决定权），并通过文革方式将习近平宣传成新时代的新伟大领袖，而这次十九届三中全会，不仅要通过党领导一切，还要通过党政一体化，将党、国、政府、人大、政协，全部囊括在一个核心的领导之下，告别过去的党政分权，从行政上完成二次集权。

新华社早前曝光的"删除领导人任期限制"这样重大的新闻，并不是新华社空穴来风、自造新闻，新华社提前发布消息之后，引发国际社会如潮的批评，回馈到国内，事先并不知情的元老们特别是开明派元老们开始质询与反对，造成习近平的被动，必然震怒，所以对新华社相关责任人严加处置，近日又通过人民日报相关媒体缓和"领导人任期问题"的冲击波。人民日报发表的中宣部相关权威部门的匿名评论说，领导人均没有终身制，因为身体或其它原因都可能离开岗位。

这样的解释非常无力，因为，如果删除了中共最高领导人的两届任期，后续就一切皆有可能，甚至可能党、国、人大的领导人同时无限制留任，因为党国领导人与人大换届一样，全国人大领导人如果不换届，那么党、国领导人也可以全部不换届。

现在中共体制内仍然在博弈过程中，究竟结果如何，一时难以看清，即使这次习近平核心团队无法成功实现终身制的法定修改，以后还会想尽一切办法，达成无限制控制中共党国最高权力的梦想目标。

一、从袁世凯到习近平

习近平要恢复终身制，人们第一个想起来的就是现代史上的百日皇帝袁世凯，国内网路上人们无法抨击习当局，所以袁世凯就成为网路渲泄攻击的物件，结果还是一样，袁世凯也成为敏感词，不允许出现在大陆的社交媒体上。习门失火，殃及袁家。

袁世凯的儿子袁克定希望自己的父亲当皇帝，当时的全国人民可能也需要一位元皇帝，而袁世凯的美国顾问古德诺，却也认同袁世凯当皇帝，他认为，中国人民或当时的中国，需要一位元皇帝，这是他的政治判断，基于当时的现实，但却又悖离了当时的现实。

当时的革命者还的反清反帝制的社会中坚力量，刚刚结束了帝制，此时袁世凯自己树立一个新皇帝靶子，革命者正愁没有倒袁的理由，革命军北伐、各省独立，一时风起云涌，百日皇帝成为历史笑柄。

中国一旦走出了帝制，就难以回到真正的帝制，中国精英追求共和，但却无法进入真正的共和政制，无量头颅无量血，可惜换来假共和。百年中国人的悲哀莫过于此。

习近平中央要在新一次全国人大会议上修宪，核心修改的内容是要让以前虚置的中国国家主席一职不再有任期限制，这样，习近平即便不再担任中共总书记，但仍然可以担任国家主席，国家主席因此实权化。国家主席在党主席之上，听起来也是不错的选项，但这个选项与习近平可能的个人终身制绑在一起，与袁世凯恢复帝制，就没什么两样了，如果稍有差异的话，就是，帝制是可以继承的，所以袁的儿子袁克定致力于让父亲当皇帝，而中共中央并没有在此次修宪中建议，国家主席职位可以血缘继承，国家也可以搞家庭联产承包责任制。

习近平的家族也许有习终身制的意愿，但习的女儿未必有，或者像当年袁克定那样的急切谋求父亲称帝。家族希望有自己的血亲代表在党国最高位置上，这是荣誉，也是家族日益做大的利益保障，党国专政体制，异己者上台，可能意味着原有的家族经济利益会在瞬间化为乌有（吴小晖系狱最能说明问题）。

中共权贵集团之间的内部斗争，自邓江时代之后，已开始白热化，进入你死我活、诛连家族的状态。华国锋下台，背后没有家族利益，胡耀邦下台或赵紫阳下台，也没有巨大的利益可供剥夺或需要誓死捍卫。

反抗的烈度，决定了受对手迫害的残酷度。但现在完全不同了，家族或权贵小共同体需要自己的实力掌权者，来保护"改革开放的胜利成果"，而看护党国的财产只是虚辞，坐拥国库坚守自盗，则是事实。

陈桥兵变，黄袍加身，不仅是赵匡胤个人的需要，更是小共同体的需要。小共同体势力必然簇拥着欢呼着绝对支持着习近平成为永远的领袖、终身的执政者。一定要把权益获得的时间无限延长，这是利益最大化的充分必要保障。用习近平执政的时间，来换取利益共同体的权益空间。

当人们都在关注中共中共提出恢复领导人终身制的动议之时，我们应该进一步分析，是谁在幕后操刀，缝制龙袍，急促着要习近平加冕成为终身制红色帝王。哪些力量形成联合，极力想促成习永远在台上，而哪些力量又在极力阻止，反对或阻击的力量，是不是足以让促成的力量无法得逞。

幕布正在一点点拉开。

二、习近平难以倒退到毛时代

习近平一个人是无法在这样短的时间内，完成打击异己，清除腐败、组建团队，特别是将自己由一个七寡头之一，变成唯一核心，进而成为伟大领袖，再进入通过修宪，成为终身制领袖，这样神速的权位递进。在位五六年时间，习几乎就就进入到毛泽东的极权状态，而毛泽东不仅有1921－1949 年漫长时间的打天下经历，又有 1949－1966 年的消除异己的经营过程，宣传造势也是漫长的时间。他一直培养自己的团队，维护自己的小共同体权益，终身制也得到了，但最后还是毁于一旦，毛泽东的小共同体最后还是毁于一旦。

有道是不怕强大的对手，就怕猪一样的队友，毛泽东强大的战友悉皆被迫害，猪一样的队友排着队进入毛泽东身边，最后成为颠覆者们的政治盛宴（华国锋等粉碎了四人帮）。

全国人民呢，一直保持欢呼的姿态。毛泽东说什么都欢呼，华国锋胜利了还是欢呼，四人帮如果胜利了也一样欢呼。姿态不对的个别人民呢，林昭、张志新们，一一被定点清除。异己者不是人民，是阶级敌人。

当年，毛泽东的核心团队是强大的，早期有刘少奇、林彪、周恩来，后来有周恩来、江青、张春桥等，是小共同体发动了泛民粹力量，使毛在革命斗争（实为宫廷派系斗争）中战无不胜，现在习近平的核心团队的政治影响力呢，王岐山握有杀手锏，栗战书内部操盘，王沪甯协助习的理论思想建设，这样的团队相比毛氏的革命领导小组，完全不是一个档次。最重要的是，无法再次发动红卫兵与人民群众来清除高层异己，完全靠以反腐败或政治问题这样的方式内部清除。

联想到温家宝培养的隔代接班人、重庆市委书记孙政才被清算，还有李克强的助手杨晶被处理，人们想像这是对不配合或反对习近平终身制的回击。

体制内更多的人是观望的，无力反对，甚至有自媒体曝出一则短信说，与其反对终身制被清除，不如坐上习的快速列车，分享新的荣华时代（大意）。

这样的时刻，我们看到国内一些知名人士非常勇敢地发出声音，原中国青年报的媒体人李大同、商人王瑛、社会学家李银河，以及通过推特发声的赵紫阳秘书鲍彤，都通过社交媒体勇敢发声，表达了个人自由不屈的意志，大量的线（网）民通过微博发声也多被消号禁言，而这在毛时代是可想像的事情。

海外民运学者、六四广场领袖之一王丹在第一时间写出抗议书，联合百名民运人士签名（本文作者是第一批签名者），抗议中共的政治倒退。

国内外汹涌的抗议声音，迫使中共不得不低调处理修改党国领导人任期的新闻资讯，对新华社最早发出"修宪"更改领导人任期的相关责任人严加处置。

习中央另一种处理方式就是各行各业发通知，不允许律师议论修宪，不允许媒体报导相关资讯，而军方则异常发声，支持中共中央的一切决策。这种发声与中共处理方式，让人看到了他们的无力与心虚。

三、美国对习近平可能终身制的反应

美国之音中文网报导说：白宫发言人桑德斯 26 号在记者会上回应中国取消主席任期限制"这是一个中国要决定什么对他们的国家最有利的问题。"

这样的回答显然是不负责任的，中国再次出现大独裁者，不仅会对中国产生深远的影响，也必然会影响中美关系甚至世界格局。

难道中共要搞领导人终身制，已得到白宫的同意或"嗯准"？

美国应该吸取历史教训，当年听任中共在苏联支持下推翻民国政府，很快美国就卷入朝鲜战争，伤亡惨重，直到现在朝鲜问题仍然对文明世界构成巨大威胁。可见独裁政权不仅会危害本国人民，还会破坏世界文明秩序。

在这样一个严峻的话题上，美国应该有符合自己价值立场的表态，中国在告别文革之后，终止了领导人的终身制，尽管没有告别专政体制，但终结独裁者终身制，也是一种不

小的进步，美国基于本国利益的立场还有同情中国民主进步的态度，就应该清楚地告诉中共，领导人的有限任期，是社会文明进步的重要标识，要退回到领导人终身制，应该允许中国公民有更公开的讨论，通过打压与威迫，来达到领导人终身制，将有害于中国社会，对文明世界也是有害的。而且它对那些仍然在个人极权状态中的国家，是一种鼓励。

美国的学界或中国问题专家对习恢复终身制均是持批评态度。

哥伦比亚大学政治学教授黎安友接受美国之音采访时表示，中国国家主席习近平走上终身执政道路后将面临"骑虎难下"的局面，"当他遇到麻烦时，权力斗争将爆发。"他认为，虽然现在的世界潮流显示民主体制有功能障碍，"但长期而言，专制体制更危险，不受制约的最高领导人迟早会犯大错"。

纽约大学法学院法学教授孔杰荣发表《中国可能进入另一个很长的严厉独裁期》一文指出：中共提出废除国家领导人有限任期的建议，"意味着中共已经忘记了毛泽东长期专制主义的主要教训之一。"。

对比美国白宫发言人的表态，美国的中国问题专家更能看到问题的关键，而其对美国的深远影响，也将不可轻视，习近平当政之后，一改邓小平确立的韬光养晦的国策，在中国东海、南海均有挑战原有秩序的重大举措（东海航空识别区、南海造岛），同时对印度等周边国家进行挑衅，一带一路建设也意在影响相关国家地区，与美国抗衡甚至进行是挑战。敢于倾国家之力来打造红色帝国之梦，实现某种狂妄的目标，也许最终是失败的，但整个过程对美国与世界都产生恶劣的影响。

　　有消息说习近平终身制，也有着解决台湾问题的政治意志，解放军并没有改名为国家军队，解放之义，就是为瞭解放台湾，而中共一直没有放弃"武力解决台湾问题"这样的基本国策。这对台湾、对美国、对国际社会都是隐而待发的祸因。个人极权，越老越昏庸，像毛泽东晚年一样，更容易造成灾难性的后果，一个终身制的金家王朝已使世界不得安宁，如果再来一个更胆大、国力更加雄厚、军事力量更加强大的中华红色帝国独裁者，其后果当然不堪设想。2018-03-04

给习近平上一堂国家治理公开课

中共十九届四中全会本质上是一次中共高层维稳会议，却被包装成现代化治理的宏大政治叙事。习近平肩负双重维稳重任，一是其当政以来重大决策失误，使国家政治与经济、内政与外交均陷入困境，引发体制内元老不满，并有立储的声音强势发出，习要在体制内强力维稳；其次是中美贸易战、中国经济下行，危机四伏，习需要集中党国力量维护社会稳定，稳定压倒一切是旧词，代之以国家治理现代化，其实质不过是用现代化手段维稳。

10 月 28 日至 31 日召开的中共第四次全体会议主题是研究坚持和完善中国特色社会主义制度、推进国家治理体系和治理能力现代化若干重大问题，大陆媒体发布这次会议公告之后，媒体重点突出的却是这样的标题新闻《习近平的"国家治理公开课"》，给人们的感觉是，这次四中全会不是"讨论"党国大事，而是党中央委员们集中听习近平讲公开课。

这种公开课仍然滞留在家长式的训话层次，五千多字的四中全会公报里将"坚持把马克思主义基本原理"、"坚持党的集中统一领导"、"坚持公有制为主体"及"坚持党指挥枪"等，不断重复"坚持"达 55 次。这意味着什么呢？坚持近代政治体制（中共没有完成政治文明现代化，所以滞留在近代政治生态中），却要搞现代治理，政与治严重分裂、悖离。现代文明与近代文明最大的区分，就是：现代文明以人权为核心，遵守普世价值原则，通过民主宪政，三权分立，依法治国。而近代文明或是政教合一，或是党国一体，对内侵犯人权，对外致力于军国主义扩张。正是政与治的精神悖离，造成中共在国际社会与文明世界日益激烈的冲突，在国内与公民社会冲突，中共的党治国家、人治社会如果不革命性的改变，社会治理的"现代化"，只会是非法治化、暴力化，一步步沦为员警国家，甚至进入军管戒严状态。

我们不仅要看中共四中全会在说什么，更要看四中全会前后，中共政权实际在做些什么。

大山临盆与习近平治国

拉封丹寓言里有一则《大山临盆》："大山临盆，天为之崩，地为之裂，日月星辰，为之无光。房倒屋坍，烟尘滚滚，天下生灵，死伤无数……最后生下了一只耗子。"

中共的宣传机器近日的大标题是：《习近平告诉你——制度优势如何成治理能力优势》，制度到底能发挥怎样的优势呢？另一则新闻标题做了最好的注释：胡春华领导的小组将开展重要行动可"非常手段"。报导说"雷霆出击 重拳整治"专项行动期间，全国共出动执法人员 5.45 万人次，检查在建工程项目 10.5 万个，占此期间全部在建专案的 78%，为 13.12 万农民工补发工资待遇 21.85 亿元。

中共靠农民运动起家，"成功"运用农民已近百年时间，甚至高唱过："一切权利归农会"，为什么至今农民不能依法维权？为什么农民没有农民工会？因为中共的历史承诺完全背弃，不仅如此，还不如中共建政之前，没有城乡户籍壁垒，农民在城市是二等工民，或最低等苦力，住在工棚，没有任何基本保障，大城市的农民工子弟学校也纷纷被拆除，每年却有数以十万计的农民被拖欠工资，现在一位副总理专项查处的，只会是冰山一角。这种运动式查处之后，问题还是得不到根本解决。由此可见，中共在制造制度优势、强势解决农民工工资问题的新闻时，却使人们看到了其政制的不堪，如果没有副总理级的领导亲自干预，数以十亿计的农民工血汗钱就无法讨要。

如果真的要谈制度优势，习近平应该抬眼看看西方文明世界，为什么没有农民工问题，包括农民工子女在城市上学问题，农民工工资拖欠问题，特别是农民工户籍问题。不学习文明世界的制度优势，依法运行社会，却用行政力量来强力干预社会，充当救世主角色，完全背离了现代政治文明精神。

毛泽东成立一个文革小组，用斗争方式解决一切社会问题，而习近平得成立十几个领导小组，不依法治国却依小组治国，疾风暴雨式解决，一边解决一边制造新问题，当然，解决问题是假，害怕由此引发社会不稳定与动荡，却是当务之急。

近日另一则消息更能说明中共的"现代治理"是怎样的"现代化"：河北承德市一名 15 岁李姓少年，因多次在网上观看海外对中共政府认为的"负面资讯"，遭地方公安查处，根据"双桥公安网路发言人"微博 10 月 29 日发文，指李男因登录"恶俗维琪"网站，多次观看刻意歪曲中国历史，曲解国内外热点新闻、事件的资讯，而被查处。与此同时，厦门员警还查处了一个 14 岁少年，原因也是非法注册、流览反华"精日"分子创建的境外"恶俗圈"网站，并发布丑化国家民族形象的言论。

中共限制中国人的上网自由，本身就是非法，特别是建立了阻断国际网路互联的防火墙，与明清朝代禁海一样，使中国与文明世界隔离，这完全不符合宪法，但却符合中共的现代治理精神，就是动用先进的现代手段，监控人民，无微不至，线民流览海外网站或注册都在掌控之中，并能及时"侦破"，予以处罚，如此形成威慑力，使年轻一代无法认知外面的世界，而义和团式的爱国却得到宣导，这样的现代化治理进程，使人不寒而栗。新疆管控模式，正在向全国推展。

政与治分离：古代的政与现代的治

中共媒体解读十九届四中全会主旨，是一切为了人民。其实，是一切为了统治人民。

习近平仍然是毛泽东模式，把人民这个概念神化，人民是神，中共领导人民，本质是挟人民（神）以令天下、以治天下。人民不是公民，不持有选票，不是具体的人，而是写在中共经典中的神圣概念。

中国古代精英通过天意即民意，还能让统治者有所敬畏，发生天象异常与灾难之际，还能够自我忏悔，发布罪己诏，中共无论是制造了惨绝人寰的 1958－1960 年饿死数千万人的饥荒，还是文革灾难，以及八九六四屠城，谁发布过罪己诏或受到公开审判？倾国家之力，无论造成了怎样的国难，中共既无被追责机制，也无忏悔之心。中共治理体系中，人民不仅成为概念，而且堂而皇之地通过人民代表造假，而使整个政权伪化。集中力量办大事，包括集中力量办大坏事，却没有任何力量可以制约与惩治。

中共选举法里关于公民有独立选举权与被选举权，不仅被废弃，独立参选的公民，反而会沦为阶下囚，江西独立参选人大代表的公民刘萍因参选代表而坐牢六年后近日才被释放出来，如果当面责问习近平，刘女士是不是人民？习的回答应该是：她是寻衅滋事的罪犯，因为她不是中共定内的人大代表人选。

近日习近平在上海提出一个新概念，说中共的民主是全过程民主，从酝酿到决策整个过程都有民主参与，这完全是用新概念掩盖旧谎言，内定人民代表与人民代表大会全过程只是中共党内暗箱操作的全过程，而非公开的、公民自由参与的全过程，任何独立参选人民代表、任何独立自治谋求发展，均被中共视为非法，重拳打击绝不手软。

独立参选人大代表有罪，基层独立自治也有罪：10月23日，中纪委机关报发文《"独立王国"的覆灭》，批评北京制版厂工人"以自治实验对抗党的领导"。厂长王强被开除党籍，其余被指"监管失责"的上级官员12人被处理。文章透露，这家制版厂始建于1955年，厂长王强带领工厂探索"职工自治"和"厂务公开、民主管理"，召开职工大会，选举产生了企业管理委员会和企业监督委员会，并由管委会全面负责经营管理，全面实行自治并对抗中共上级党委。

　　基层自治为什么成为罪名呢，因为现在习要将中共组织渗透到每一个企业包括外企，以全方位控制中国经济每一个细胞，所以，北京底层工人（甚至有党员身份的基层领导）的自治，也被违规被查处。中共对人民的智慧从来就是选择性的利用，不符合当政者现行政策的，均视为非法违规。

　　文革结束后，安徽小岗村民分田到户，当时还有深圳村民外包香港手工活计，农民们有了衣食富足，国家也获得了经济利益，这种古已有之的自给自足经济与小农商业经营，居然成为启发中国经济改革开放的"智慧"，使中共有了划时代的改革开放，安徽农民将属于自己的土地偷偷分包给自己耕种、深圳农民有限的边贸与代工，居然要通过中共最高领导人（邓小平）恩准，划上一个圈，限定在深圳范围内有限发展，这是五千年或三千年中华民族的奇耻大辱，居然成为中共改革开放的光荣篇章。关于深圳开放，从出土文物看，早在二千年前的秦朝，南越就与许多国家有海上交易，二千年后中共在深圳画一个圈，可以有限的经贸自主，这只是比 1840 年前的大清王朝十三行外贸稍微扩大了一点范围而已。

　　不仅选票没有回到人民手中，连自古以来属于人民的私有土地，也没有还归人民，小岗农民分包田地种庄稼，解决了温饱，也带动了整个国家的农村有限改革，而京郊的农民与其它城市周边农民集体土地上"种房子"，这种房子被视为小产权房，被地方政府承认，并收取的税费，现在却一纸令下，要求大面积拆除，同样的农民的集体土地，同样是满足百姓的基本生活需要，同样的民间创意，习近平治下与当年万里、习仲勋们的思维有天壤之别，而这背后共同点是，共产党中央根据自己的权益需要开明与开放，现在城市集体小产权房瓜分了城市房产税费，侵害了党国利益，通过拆除有利于稳定城市房价，有利于党国利益，所以中共不再表现出开明与开放。

我们看到，中共从毛到邓到习，只尊重概念化神化的人民，而对公民的神圣私权，一直剥夺、侵犯。基于一党专政的治理，是自上而下的治理，而基于民主宪政的治理，是自下而上的授权治理。治理的最高境界是无为而治，当政者无为，而民自为之。所以中共的治理，既不符合古代道家圣贤无为而治的精神，又不符合儒家仁政德治原则，更不符合当代宪政民主之治，党治的本质，是秦政之治、霸道之治，遵循的是吏治原则，以最高统治者为圣、以吏为师。

习近平无法获取毛泽东式的魔力，但却不失毛式指点江山、胸怀世界的气势，一带一路、人类命运共同体建设，还有中国模式对世界经济的指导，当一带一路、南海战略、人类命运共同体建设遭遇失败，成为烂尾工程之时，习退回自己的天下，又一次"攘外必先安内"，通过四中全会，来实施"现代化"的国家治理。国家治理不用现代文明政治，不遵守人权核心原则与普世价值，而是动用所谓的制度优势，动用党国一切力量去做大事、动用党国权力，去干预、决定一切社会事务，这种治理模式"现代"吗？只不过是古代秦制的"吏治"翻版，同时复活的还有可耻的连坐制，习氏之治，不过是秦治新版。只是二千年前没有现在这样强大的大资料控制系统，没有现在这样无处不在的监控摄像头。

如此说来，中共的治理现代化，不过是通过现代技术手段来治人、维系政权稳定而已。2019-11-06

习近平面对的红线与底线

红线只能由最高领导人解禁？

纽约时报刊登专栏作家弗里德曼的文章，批评中国政府驱逐外国新闻记者；反对新闻封杀；中国官方认为外媒的报道踩到了红线，因此才发动史无前例的驱逐记者行动，弗里德曼反驳说："是你的同僚与其儿女踩了红线，从事大规模的贪婪行为……"

近日有报道说，中国有关方面终于让彭博社记者获得签证，纽约时报也有记者开始获得签证（但还有一些记者的签证仍然有困难）。并说这是习近平亲自过问的结果。

习近平亲自过问了，红线就可以解禁？还是有关方面所谓的红线本来就子虚乌有？中国媒体被要求不得公开报道省部级以上的领导人腐败问题，这是对大陆媒体设置的红线，这道红线本来就是非法的，而有关部门却将这道红线也用来约束国际媒体，要求国际媒体"自律"，以符合中国政府对媒体管治的潜规则，现在看来，让国际媒体守住中国官方的红线难度相当大。如果对国际媒的自由报道一概予以打击，最终的结果只会使中国回到封闭状态，国际媒体不能亲历现场，而只能靠传言或网络、电话采访来报道中国，中国的形象因此只会被扭曲或不真实。

我们因此要追问一个严峻的问题：中国行政部门设置的红线，只能靠最高领导人一条一条解开吗？有关部门设置的红线依据的是什么规则？它与中国的法律或媒体自由报道的准则又是怎样的关系？还有，为什么政府有关部门不能守住法律的底线，而妄自设置自以为是的红线呢？也许习由于国际压力解开了一条红线，而红线依旧在，几度夕阳红。

红线的存在证明"有关部门"自身面临压力，如果他们不替权力集团守好门，出了问题他们就可能被问责，轻则丢饭碗，重则有牢狱之灾，所以，出现任何问题，他们先想到的是维护自己的利益，以维护党国利益为借口，打压异己言论与自由媒体报道，在封锁彭博社、纽约时报这样媒体之时，有关权力部门心中既有一个假想敌，又有一双领导的眼睛在自己的上方注视着，媒体揭露了领导人亲属商业经营或其它隐密，有关管治部门就要想领导之所想，通过打压相关媒体，以取悦于领导，即便不符合法律法规，但却符合内部的潜规则。如果有最高层领导出面干预，网开一页，也算是让领导有了面子，并无损于管理机构的权益。

习近平为外媒解开了某一条红线，那么，其它的红线如何处理？一定要由国际著名专栏作家写专栏文章指达天听，或出动副总统级人物出面抗议？

设置红线是有关部门自利的需要

设置大量红线，既是对上负责，也是使部门权力最大化，有关媒体管制部门通过大量的红线、敏感词，使各个媒体防不胜防，只要稍加碰触红线，就会被处理，威胁封网、罚以巨款、甚至动用专案组调查，最后管控部门或个人获得利益，而媒体只能收缩言论空间，尽量维护自己的商业利益不受损失。公路上设卡与媒体设红线原理一样：那些在公路上设卡的路政部门，只是想收取过往车辆过路费，路政交警们也通过各种名目的违章罚款，来谋取私利，对媒体与网路管制也一样，为了免于被高压管控，传统媒体与网络媒体不得不向有关部门公关，使他们在设置红线时，对自己稍加宽松，既为了减免处罚，也为了获得应有的发展空间。

红线看起来对中南海是一种保护，其实它使中南海失去了听取真相的机会与可能。基于商业与权贵利益集团的控制，网络管制部门每天以各种名义对传统媒体与网络媒体下达数十种甚至上百种删帖通知，这些五花八门的删贴通知中，有多少是为了维护中央权威或法律权威？既有想当然的上纲上线，更多的则是部门利益使然。

政府已不习惯于通过法律方式来维护公民权益、通过维护公民合法权益来维护社会稳定，而是私相划定红线，通过红线来维稳，通过红线来限制公民合法权利，没有红线了，庞大的维稳系人员就失去了工作，所以，维稳系只能通过不断制造红线、制造与激化矛盾，来使社会保持紧张与焦虑状态。

红线后面的隐身人有权而无责

有关部门对传统媒体与网络设置的红线，包括：民族问题、宗教问题、中央领导人财产公开或子女涉商问题、公民运动与百姓维权问题，一度被人们热议的中央九号文件规定七不许（不许谈民主宪政、普世价值、军队独立等），也是传统媒体不允许讨论与报道的红线，这些能划定红线的有关部门，有权而无责，他们永远隐身，并拥有随时向媒体发出指令的特权，茉莉花事件之时，任何人在网上谈论茉莉花，都可能被拘审，青岛发生石油管道爆炸，任何要求严惩相关责任人的贴子都立即要求删除，博主甚至被禁言。

制造与掌控红线的"有关部门"却无法律、无责任、无底线，当一个网站告诉被封杀的博主上面有令封杀你，当一个高校教授被迫辞职，也声言上面有指令只能如此，人们永远找不到有关部门，更不可能通过相关监察机构有效投诉，人们的目光只能一层层向上延伸，上面的终点是党和国家最高领导人习近平，这是在证明习近平具有至高无上的威权呢，还是反证中国只有人治而无法治？

对国际媒体来说，他们只有道德与法律底线，而不存在任何官方划定的红线，如果有关部门守住了法律底线，一切问题都可以通过法律来解决，只要不违反法律、不伤害道德底线的言论与行为，都可以自由通行无阻，外国媒体如果违法，则依法驱逐出境，而不是用一条莫须有的红线来打压异己。

弗里德曼甚至认为，媒体公开报道是在帮助习近平，因为朝代的灭亡都是腐败导致，而公开报道出来则是一种警示。也就是说，媒体在报道权贵集团们在触碰红线，而不是媒体越过红线。如果中国领导人不找耗子麻烦，却对猫的叫声反感，不仅意味着这个国家没有自由，也意味着没有前途与希望。

红线的存在就是人治而非法治，红线是对公民权利的侵犯，也是对权贵利益集团一种非法保护。无数的红线编织成一个巨大的茧，它束缚的是公民各种合法的权益，但最终它只会将最高领导人束缚在这个巨大的茧的核心，政令难出中南海，是因为真相与自由的信息难以进入权力核心。

一则视频曝光了习近平的秘密

一、一则视频里习近平强调了什么？

这则视频是习近平考察河南期间发生，在大陆自媒体中广泛传播：9 月 16 日下午，习近平来到位于新县的鄂豫皖苏区首府烈士陵园和革命博物馆，他对当地的官员与工作人员们语重心长训话：

吃水不忘掘井人，我们今天的好日子从哪里来？是千千万万先烈鲜血换来的，我是中国共产党总书记，我要打好这面旗，告慰革命先烈。

短短几分钟视频，曝光了习近平认知与情感、迷茫与焦虑、现状与追求，这些情感与追求在去年之前，多是通过接待外宾或国际论坛上发表演说来体现，多是宏大叙事，关于一带一路或者人类命运共同体，而今年北戴河会议之后，习近平开始通过与底层干部群众发表讲话，来说出自己想说的心里话。

这一席话如果出自文革之时一位延安村支书之口，我们不会奇怪，它由一位清华大学获得博士学位、出访过西方重要国家，

"吃水不忘掘井人"，我立即想起小学二年级（1970 年代）时的课本内容，后半句是"幸福不忘毛主席"，但习近平没有说出当年课文后半句，改换成，今天的好日子哪里来，是千千万万先烈鲜血换来的。这句话里虚置了毛泽东，强调了无数先烈鲜血，而对今天的人民生活也进行了勿庸置

疑的定性："好日子"。这个好日子一词，又使人想起宋祖英歌声唱的"今天是个好日子"，但这个好日子对数以百万计的上访维权人、关在新疆集中营的人们、特别是争双普选的香港人，肯定天天都是坏日子。

习近平全部话题最后归于这样的核心语句：先烈鲜血染红了旗帜，自己是中共总书记，要打好这面旗。

强调血性，强调自己是中共总书记，强调自己要打好这面血色之旗。

习近平的认知局限、面临的困境都在三个强调里展现无遗。而就在不久前时间里，习近平在中央党校强调的是伟大斗争，伟大斗争就是是不妥协不屈服，在南海问题上，在对新疆、对香港台湾、对维权律师、对宗教信仰者、对异见者，甚至对讲解宪政与法治的大学教授，都祭以斗争或迫害手段，充满血性与斗争精神，与美国的经贸谈判本是"生意"领域的事情，从央视与中共外交部发言人口中，都成为斗争的领域。

习近平不断走访长征纪念地，不断重述革命精神、革命初心，既是迫于国际压力，也是红色左倾保守在党内遭遇到强大阻力。

整个国家因开放而摆脱了贫困走上小康，如果一意孤行与美国战略对抗、经贸撕裂，国家与国民利益将遭到重创，利益集团首当其冲，所以习近平遭遇到体制内危机，摆脱困境与危机的不二法门，就是到红色纪念地倾诉衷肠，强调初心，强调自己是中共总书记，打红色旗是自己的使命。

共产党人的初心是解放全中国，解放全人类，也是建立自由民主正义的新中国，无论初心如何，现在的事实是一党专政的独裁政权，共产党的当政者不再是无产阶级，而是富可敌国的权贵利益集团，习中央要通过红色初心，来实现共产主义使命，无疑是痴人说梦。他能够恢复或者正在一步步推行的，是打土豪分田地的暴力革命模式，让更多的富豪与民间企业资源掌控到党国手中，弱化私有力量与社会资本，做强做大党国经济实力，以应对即将发生的党国经济危机。

二、伟大斗争必然带来"备战备荒"

今年的北戴河会议之后，习近平立即跑到了甘肃，到了红军纪念地；香港抗争运动与对美经贸谈判破裂，习在中央党校大谈伟大斗争；中共建政七十年大庆之前，又到河南苏区根据地，强调自己作为中共总书记，要打好红旗。

在党国危难之际，在其个人威权遭遇挑战之时，习无以应对，只能采取逃避的方式，宣誓自己对红色政权的捍卫的原教旨精神，如同清末维新变法过程中，慈禧与保守派坚守的是祖宗之法，而变法派则要因时而变，否则无法应对国家危机。

习之所以宣导重走长征路，不断光顾长征纪念地，淡化邓小平与改革开放，在他心底，认为与国际接轨带来了国际困境，一切开始受制于国外敌对势力，所以现在处于抵抗阶段，通过重访红色故地，寻找精神力量，宣誓自己维护红色政权的合法性与神圣性。

另外就是查看家底，像河南这样的农业大省，在贸易战争过程中，是否会遭受重创，影响稳定大局。细心的人们不难发现，习近平在考察河南农民种植茶油树时，叮嘱的是要搞集体经济，要形成规模效应。在他心目中，毛时代宣导的集体经济仍然有魅力，甚至要建立农村合作社，为统购统销做准备，当然，也为可能的匮乏，建立凭票配给制。

由此看来，习近平的一切准备，是毛时代的"备战备荒"的思维，而这正是习近平的底线思维，因贸易战而造成中国经济危机，就只能退回到文革时代，城镇年轻人上山下乡，重要物资凭票供应。

毛泽东的长征与持久战，因为有苏俄支持而最终战胜了"蒋委员长"，习近平的长征最终要战胜美国与一切西方敌对势力？

三、习近平遭遇体制内怎样的挑战

体制内对习近平来说，一半是火焰，一半是海水。

火焰是按照习本人的梦想点燃的，就是革命的火焰，习得到核心地位之后，又成功修宪，为其终身制做好法理基础。近期通过媒体称其为人民的领袖，并将其与马、列、毛并列，"历史地位"一跃而越过了邓小平，习在甘肃考察时，有人呼喊习万岁，而习万岁的标语早已出现在一些城乡墙面。

习近平团队成功控制了主流媒体，这种控制已无所不用其极，极端到整个人民日报头版可以全部都是习近平的相关报导，新浪等网路媒体的新闻头条甚至头三条、五条，也是习近平的相关报导或语录，这些极端的宣传，如同火焰，既让习光芒四射，也是把习放在火焰上烧烤，清醒的人们早已厌恶这种文革造神方式。

即便如此，习的团队仍然无法阻止体制内异端的声音，习近平在甘肃考察之时，《人民日报》上刊登了纪念邓小平的文章，重提废止领导终身制，是这篇文章的重点，这是终止文革后体制内的重要进步标志，这一步如果倒退了，整个国家或整个党国，又会沦陷于大独裁者之手。

求是网站发表、新华网转载的一篇文章，则是习近平本人在 2014 年的"重要讲话"，其中最重要的内容，就是关于中共已废止实际存在的领导人终身制。喉舌级网站翻出习本人的文章，以此来警醒习本人，还是对其准备终身制、连任中共总书记进行反制？

体制内的声音或用意，是要遏制其终身总书记的野心，但习因此焦虑，焦虑到在河南考察之时，面对基层干部群众，重复自己是中共总书记，强调自己要打好革命先烈传下来的红旗。旗帜要在总书记手中，最高权力也要在自己手中。

打邓小平的旗帜的人，既是要坚定改革开放的决心，以经济建设为中心，又是废止领导干部终身制的底线守卫，通过媒体报导我们可以看到，李克强几乎不谈打红色旗帜不忘初心，无论是上海还是辽宁考察，甚至近日与俄总理的会谈，接受俄罗斯塔斯社书面采访，都要提到扩大开放，以经济建设为中心，这既与其自身定位为技术官僚有关，也是在坚持邓小平的经济与开放的路线。既然中共中央并没有形成新的决定，以伟大斗争为核心，而不再以经济建设为中心，那么，李克强等政府领导坚守自己的底线，在体制内具有合法性，也更符合因改革开放而获得利益的绝大多数人的心声。李克强的声音温和理性，笔者检索写作当日的新浪新闻，居然没有出现一条与李克强有关的内容。

中共处理香港事态，进退失据之时，上海背景的原重庆市长黄奇帆，近期在广东出席中国金融四十人论坛上发表演讲时，明确表示香港的地位不可取代，在于实行资本主义制度，亦是全球资本进入中国的重要跳板。黄奇帆还强调，毛泽东、邓小平、甚至是习近平都看到香港这方面的重要性，希望外界不要"以小人之心度中央之腹。"

黄奇帆本人是在变相向习近平喊话，毛邓都看到香港的重要性，香港不能毁在现在的中央手中，不要妄想用上海或深圳来替代香港，无论社会主义沿海经济如何发达，都无法比拟香港的国际自由港地位。因为大陆社会主义制度准备一百年一千年不改变。

在香港问题上，现在的中共中央已不是君子小人的问题，而是恶人终止造恶的问题，一边动用香港员警无底线的伤害香港和平示威者，一边派出便衣、利用黑社会与民间爱国红粉，使香港问题复杂化、暴力事件上升，黄奇帆此时能够将常识说给中共中央听，属于体制内清醒的开明务实派，对那些极力怂恿习中央灭香港抬深圳势力，一记当头棒喝。

左右两边的体制内力量公开挑战习近平的可能性现在几乎为零，但双方通过特别的方式与语言来影响习近平，则是必然。譬如中美经贸谈判一些内容，左派可以推演出中共丧失经济主权，并危及政治主权，使习近平无法实质性的进行结构性的改变，而在香港问题上，右边的推演则是告之习近平，如果出兵或出警镇压香港，也许可以控制香港，但将对中国经济甚至政治产生致命的影响，如黄奇帆所坦言，社会主义中国经济与自由资本主义经济的对接点丧失掉了，中国经济如何借力世界金融资本？

中共建政70年大庆与四中全会之后，习近平是不是要改变经济建设为中心，是不是致力于将自己终身制，正成为中共体制内"最后的斗争"，这场内斗会不会白热化，会不会让中国完全倒退到文革状态？

人们似乎听到一个不祥的声音：再给我十年二十年，我给你们一个完美的文革。

如果习继续当政，终身坐稳大位，对整个改革开放利益集团可能是致命的，农村集体化，工商业也将国有化或部分国有化，这一进程业已开始，马云离场，是一个标志性符号，当然，习也有自己的恐惧，如果失去大位，他不会遭到继位者清算？毕竟不能传承给自己后代，其它人当政，一切皆有可能。

习与邓氏集团，因此出现互为恐惧性的力量，看不见的战线与斗争正在内部博弈。

有一点可以肯定，习近平在体制内现在还只是一个小团队拥戴，因为控制了军权与媒体喉舌，通过超限宣传，似乎真的达到毛泽东的领袖地位，实则是声势唬人，整个国家社会得益于改革开放，八九十年前的那些农村流氓无产者、革命者们难以海量出现，更不可能成为新的打土豪分田地的新革命力量，所以，习的红色宣誓，不过是安慰自己，表达一份江山不能变色、自己坚守大位的情怀而已。2019-09-30

习近平能不能成为伟大的颠覆者

一、回望百年中国的政治颠覆

习近平１０月７日在印尼亚太经合组织工商领导人峰会发表讲演时说，"中国是一个大国，决不能在根本性问题上出现颠覆性错误，一旦出现就无法挽回、无法弥补。"

什么是"颠覆性错误"？习近平语焉不详，这为左右派各自表述预留了想象的空间。左派的解读是，红色意识形态不可颠覆，社会主义制度、共产党领导不可颠覆，而来自"右边"的解释则是，坚持邓小平的改革路线不可改变，退回到文革则会天下大乱。

鲍彤先生在接受自由亚洲电台采访时说，中共历史上有两次颠覆，一次是遵义会议，确立了毛路线，另一次是颠覆了毛指定的继承人，确立了以邓小平成为中国的政治权力核心。

我的看法是，鲍先生所言的"颠覆"只是最高权力领域领导人的嬗变，某种意义上相当于传统皇权时代的宫廷政变，这种"政变"并没有根本性影响国家政制。只有影响国家政制的变革，才可以名之为"颠覆"。

说到"颠覆"，百年以降，孙中山对清政权是一次颠覆，成立了民国政府，确立了"三民主义"指导思想，毛泽东的中共对国民党民国政府又是一次颠覆，成立了中华人民共和国政府。这里的"颠覆"在本质上与"革命"同义。

毛泽东是一个持续的革命者或颠覆者，毛泽东带领他的团队（不同时期联合不同的政治力量），成功地实现了三次颠覆，一次是联合民主党派、工农大众，成功推翻了国民党执政的民国政府，成立了"联合政府"；第二次颠覆是１９５７年前后，以党代政，党政合一，变相废除了全国人民代表大会的最高权力，并非法而激进地废止新民主主义，直接进入社会主义；第三次颠覆是毛泽东带领林彪周恩来江青等，踢开党委闹革命，毛泽东挂帅的革命委员会领导全国，而１９７４年毛个人操控的全国人大，用法律形式规定，中共领导全国人大，共产党凌驾于全国人大之上，以立法的方式夺得了国家主权。文革已被全面否定，文革中非法制定的所谓宪法，却没有废止。

二、毛泽东对国家政体的三次颠覆

共和国成立之时，中共基本遵守的是自己对各民主党派与全国人民的政治承诺，即建立人民主权的共和国，成立与民主党派共同组成的"联合政府"，国家性质为：为新民主主义即人民民主主义的国家。"五四宪法"也明确写着：中国是人民民主国家，一切权利属于人民，国家最高权力机关是全国人民代表大会。当时并没有在人民代表大会之上，附加一条"党的领导"。

毛泽东通过五十年代一系列整风与反右等政治运动，使民主党派与知识分子阶层受到重创，进而颠覆了宪法，以及基于人民民主政体的联合政府制度，１９５７年，毛多次强调书记挂帅，强调一把手作用，１９５８年，中共中央文件规定："大政方针在政治局、具体部署在书记处"、"大政方针与具体部署都是一元化，党政不分。具体执行和细节决策属政府机构及其党组。"（党史通讯１９８７第十期），从此时开始，原先对全国人大负责的行政与司法机关，改向党的各级机关负责，党的相关对口部门原来只是监督与检查，改变为直接领导与下达指令，政府的立法行政与司法权力，全部归由党组织管理，党国一体化体制从此定型。

党控制了国家，废弃了全国人大的权力，灾难性的政治事件因此接踵而至：１９５９年庐山会议之时，毛泽东个人决策又进而代替了党的集体领导，达到权力最高峰。毛泽东改变了国家根本制度，由新民主主义直接进入到社会主义，在行政领域，毛也推行准军事化管理，五四宪法规定保护私有财产、保护民族资本主义与个体工商业者，全部废激进的公社化破坏，农民分得的田地，全部交给公社集体，反右与公社化，不仅造成数百万知识分子被打击成右派，还造成了三千万以上生命因饥饿而非正常死亡。

毛泽东通过个人权力意志，非法建立了社会主义制度，人民民主的普选并没有任何落实，毛泽东的个人权力却登峰造极，到文革之时，毛泽东的无产阶级专政下继续革命，实则是一次更彻底的颠覆，中央常委会被中央碰头会取代，而中央碰头会又受制于中央文革，文革的本质是毛颠覆了中共中央政权，领袖与人民群众直接呼应，踢开党委闹革命，毛通过红卫兵与军宣队、工宣队，直接成立各级革命委员会，国家处于无党无政府状态。直到１９７４年，第四次全国人大，不仅确立了阶级斗争为纲的基本路线，第一次明确规定全国人大归中国共产党领导，党国一体、党政合一以国家根

本大法确立。（上述相关党史资料参见郑宇硕、谢庆奎主编《当代中国政府》ＰＰ４７，香港天地图书有限公司１９９２版）

三、毛泽东的错误颠覆是国家灾难之源

习近平所言这么大的中国出现"根本性问题上出现颠覆性错误，一旦出现就无法挽回、无法弥补。"毛泽东出现了三次颠覆性错误，造成的灾难无法挽回与弥补，但这些错误后代继承者如何面对？是承认其错误，还是把他颠覆过的政治错误改正过来？我们不去纠缠"毛思想"，我们要反思"毛的政治行为"，毛以非法方式废除了全国人大的最高权力、毛一手创建的党国一体化、毛对全国人大代表的自上而下的指派而不经过普选或独立选举、军队的党化而非国家化、毛对联合政府的废止、毛对农民土地的非法集体化、还有毛时代开始的城乡二元户籍制度，这一切历经改革开放三十年，没有一项得到根本性的纠错。而正是这些根本性的颠覆，还在不断地制造腐败与专制的土壤，引发社会领域各种灾难。某种程度上，中国仍然在沿袭毛时代的军政，如果说中国现在有训政与宪政的萌芽，那也是公共知识分子与公民社会自下而上对当政者训政，并进行宪政启蒙与呼喊。而当政党对公民社会的回应却是军政方式，让警察直接打压公民社会的践行者。

邓小平只是修复了毛泽东时代遗留下来的形而下的罪错，而没有对毛泽东个人权力意志主导下的颠覆错误进行反思与反颠覆。邓平反了冤假错案，而并不去追究制造冤假错

案的制度根源与始作俑者，他通过经济修复了毛时代残局，却没有将毛颠覆的政制进行根本性的改变，党政分开的制度改革也因六四赵紫阳的下台而终止。

邓实质上仍然沿袭了毛时代的军人专制，用枪指挥了党（毛也是枪指挥党），在权力层面实现了多次颠覆，颠覆了华国锋胡耀邦与赵紫阳，既指挥党搞经济开放，又通过枪镇压民主运动。

军队国家化，中共在延安时期就有清醒的认识，并强烈要求国民党实现军队非党化，中共军队的党化，使党的领袖或在军队中有影响力的政治派别实际操控了国家命脉，毛时代的一切颠覆与罪恶，其依仗的都是军队的力量，邓、江时代出现的罪错，也与其完全掌控、利用军警力量有关，枪杆子里面出政权，在和平年代，枪杆子维护一党专权，同时制造政治罪恶与灾难。

中国没有经过新民主主义实践就直接进入社会主义，致使中国社会主义与民主相悖离，没有民主的社会主义、没有全国人大制约的监督的当政党，必然带来新极权与贪腐。邓小平及其继任者们一直继续走在毛遗留下来的政制道路上，必然会持续制造新的社会灾难。

四、习近平应该对错误的颠覆进行"颠覆"

习近平要勇敢地面对毛时代的政治颠覆，更要深刻地认识到毛对中国人民民主体制的一系列颠覆，十八届三中全会将对中国的改革进行总体规划，如果不将毛时代颠覆的制度恢复到正常状态，仅仅在经济层面、行政制度方面改革，中国灾难性的政治与经济问题还出层出不穷。

习要做政治家还是做政客？如果做政治家，就应该把毛时代颠覆的政治制度颠覆回来，把国家还给人民，而不是中共自己当年反对的一党独裁，习应该正视被毛时代颠覆的主要政制：各民主党派要实现政治独立，要有真正的参政议政权；全国人大的权威性应该高于执政党：党政应该分开，不能以党代政；司法、检察、公安与军队均应该独立，对全国人大负责；人民应该享有宪法规定的各种自由权，特别是言论自由权与独立参选人大代表的自由权；对农民使用的土地确立私有产权。

整个国家致力于经济发展时，国家的制度就发生了质的变化，成为国家资本主义，而国家资本主义由于一切权力属于党，所以必然演化为权贵资本主义，司法军警力量都没有独立，这些力量不可能捍卫人权与正义，只能服务于经济发展与所谓的社会稳定。

习近平是致力于个人威权，还是通过颠覆毛时代的政治错误重建国家政制？如果只致力于个人或中央威权，个人或中央威权消失的时候，一切腐败又会如火如荼，甚至政治灾难会接踵而至，维稳经费高过军费，还不足以说明极权政治带来的不稳定正在危及整个社会的安全？而重新确立全国人大最高权力，以及司法与军队力量的独立，废止党国一体化模式，中国才可以进入政治文明状态，否则中国梦，可能是另一场恶梦。

文革恶梦是极权治下群众运动造成，而改革以来的各种不稳定与灾难，则是极权治下的市场经济造成的。文革用政治方式让人民分裂，而国家资本主义则用经济方式让社会陷入另一场灾难，无论是政治、经济生态还是自然与道德生态，遭受的重创与破坏，无不触目惊心。

毛时代颠覆联合政府、颠覆新民主主义制度、颠覆全国人大权力至高地位，这一切都是通过个人极权主义方式一手操控的，与打击习仲勋、刘少奇、邓小平及数十万、百万计的政治受害者一样，都是政治错误，打击个人的冤假错案得到平反，而颠覆了国家基本制度与宪法的大错，却一直没有得到更正。

习近平并声言，"我们要坚持改革开放正确方向，敢于啃硬骨头，敢于涉险滩，敢于向积存多年的顽瘴痼疾开刀，切实做到改革不停顿、开放不止步。"

中国经济与社会已基本实现改革与开放，唯一没有改革与开放的领域是中共自身，中国或中共需要一位伟大的颠覆者，让被颠覆的人民共和国复活，让人民通过选票成为国家真正的主人。习近平能不能让中共谦卑地俯下身来，让人民民主重新成为中共的政治信仰，并实施到政治生活中，将考量习的政治胸怀、政治胆识，与政治能量，也直接决定着中国政治文明的进程。

www.ingramcontent.com/pod-product-compliance
Lightning Source LLC
Chambersburg PA
CBHW062106020426
42335CB00013B/878